HELMUT ZANDER

RUDOLF STEINER

HELMUT ZANDER

RUDOLF STEINER

Die Biografie

Mit 28 Abbildungen auf Tafeln

Piper München Zürich

Mehr über unsere Autoren und Bücher:
www.piper.de

ISBN 978-3-492-05448-5

Satz: Kösel, Krugzell
Druck und Bindung: Pustet, Regensburg
Printed in Germany

uxori

INHALT

Anfänge

Der Philosoph

Der Theosoph

ANFÄNGE

EINS

Kindheit. Kleinbürgerliche Kindheit mit großem Vater

Geist und Materie

Halbwahr scheint der Satz, mit dem Rudolf Steiner 1923 in seiner Autobiografie *Mein Lebensgang* von sich zu erzählen beginnt: »In Kraljevec bin ich am 27. Februar 1861 geboren.« Der Ort stimmt, Steiner hat das Licht der Welt im kroatischen, damals zu Ungarn gehörigen Örtchen Kraljevec erblickt, in einem Zimmer der Bahnstation. Aber noch in einer wohl wenige Jahre älteren Lebensskizze hatte Steiner festgehalten: »Meine Geburt fällt auf den 25. Februar 1861.«[1] Einmal, nur dieses eine Mal, wie bei einem Freudschen Versprecher, verlegt Steiner seinen Geburtstag zwei Tage vor. Die Differenz ist minimal und könnte als Versehen durchgehen, ließe sich dahinter nicht ein Programm lesen. Die Lücke von zwei Tagen ist ein Schlüssel zu Steiners Autobiografie, ja zu seinem ganzen Leben. Denn der 27. Februar ist Steiners Tauftag. Das wahre Leben, so kann man Steiners Credo lesen, beginnt nicht mit der biologischen Geburt, sondern mit der Taufe, die den Menschen zu einem geistigen Wesen mache. Diese Differenz zwischen, wie er später sagen wird, exoterischer und esoterischer Existenz war die Grundspannung seines Lebens. Er hat dieses Drama, das unter dem Titel »Materialismus« versus »Idealismus« das 19. Jahrhundert in unversöhnliche Weltanschauungslager spalten konnte, in allen Höhen und Tiefen durchlitten. Allerdings war er als Anthroposoph felsenfest davon überzeugt, dass die geistige Welt die Wahrheit sei.

Daher ist seine Autobiografie auch nicht einfach die Chronologie seines »Lebensganges«, wie er sie nennt. Vielmehr hat er den Jahresringen eine große Erzählung unterlegt, das Narrativ vom Sieg des Geistes über die Materie, vom Sieg des frommen

Theosophen Steiner, der er seit 1902 war, über den gottlosen Nietzscheaner gleichen Namens aus den letzten Jahren vor 1900. Steiners versehentliche Verlegung seines Geburtstags ist ein erster Hinweis auf dieses geheime Skript.

Bei einem genauen Blick auf die Quellen wird die Sache jedoch komplizierter.[2] Vielleicht war er irritiert gewesen, dass die Taufe nicht, wie üblich, zwei Tage nach der Geburt stattgefunden haben sollte. Aber es war eine schwere Geburt gewesen, die sich vom 26. Februar an hingezogen hatte, und die Eltern hatten den kleinen Rudolf am 27. Februar notgetauft, weil sie um sein Leben fürchteten. Wie auch immer: Man muss Steiners Lebenstableau mit einer Schere im Kopf lesen und die historische von der erinnerten Wahrheit trennen. Insoweit hat Steiners Biografie – wie jeder Lebensrückblick – zwei »halbe« Wahrheiten, eine persönliche und eine faktische.

»Ganz« wird die Wahrheit nicht werden. Für weite Teile von Steiners Kindheit und Jugend sind nur seine Aussagen verfügbar. Was wir über diese Zeit nicht durch ihn selbst wissen, wissen wir, von wenigen Splittern abgesehen, überhaupt nicht. Wir besitzen nur die Fragmente, die Steiner uns zugebilligt hat, als er seinen »Lebensgang« zwischen 1923 und 1925 in der anthroposophischen Hauszeitschrift *Goetheanum* Woche für Woche ausbreitete. Er hatte später noch ein persönliches Journal schreiben wollen, aber da der Tod dem fiebergepeinigten Körper die Feder aus der Hand nahm, ist es bei einer Autobiografie geblieben, die für die öffentliche Wahrheit zuständig war. Aus dieser Abhängigkeit hat uns Steiner allerdings selbst ein wenig herausgeholfen. Denn er hat nach 1900 immer wieder biografische Bemerkungen in seine Vorträge eingestreut und Lebensskizzen verfasst.[3] Sie ermöglichen es manchmal, den späten Steiner mit den Augen des frühen zu lesen.

Der Vater

Die Statistik ist unbestechlich: In den beiden ersten Kapiteln seiner Autobiografie, die Kindheit und Jugend behandeln, kommt Steiner achtmal auf seine Mutter zu sprechen, der Vater dagegen bringt es auf sechsunddreißig Nennungen. Zweifelsohne war Vater Johann die dominierende Gestalt in der familiären Hierarchie. Er kam aus dem niederösterreichischen Waldviertel, war in seiner Jugend Diener bei den Mönchen des niederösterreichischen Prämonstratenserstifts Geras und Jäger bei dem Grafen Hoyos gewesen und hatte, wie sein Vater, Förster werden wollen. Weil aber der Graf die Heirat Johann Steiners mit seiner geliebten Franziska Blie verbot, verließ Rudolfs Vater die agrarische Welt seiner Herkunft und ging als Telegrafist zur Südbahn – und hat es zu etwas gebracht. Hier war er weder ein abhängiger Landarbeiter noch der Proletarier eines Industriebetriebs. In Kraljevec war Johann Steiner stolzer Angestellter an der kleinen Bahnstation, gelegen an einer Linie der Südbahn-Aktiengesellschaft, die Budapest mit der adriatischen Hafenstadt Rijeka verband. Hier wachte er über den Zugang der Menschen zum Bahnsteig, er sorgte für die korrekte Weichenstellung, und als Telegrafist war er das lokale Kommunikationsrelais, denn neben den Schienen verliefen die Drähte, die die Morsezeichen durch die Welt schickten.

Dieser Migration verdankte Steiner seine Geburt in Kraljevec. Aber diesen Ort betrachtete er zeitlebens als fremde Erde. Er »stamme« vielmehr aus Horn in Niederösterreich. Aus dieser Gegend kommen jedoch nur seine Eltern, Steiner selbst hat nie in diesem »Stammgebiet« gelebt. Die häuslichen Verhältnisse werden, wenn nicht arm, so doch bescheiden gewesen sein. Rudolf war stolz, wenn er den Abendbrottisch, auf dem üblicherweise nur ein Butterbrot oder höchstens einmal ein Käsebrot lag, mit selbst gepflückten Beeren bereichern konnte. Der Preis dieses kleinen Wohlstands war für den Vater hoch gewesen: Seine Heimat hatte er verlassen, Eltern und Verwandte lebten in weiter Ferne, nur seine Frau hatte er aus dem Land seiner Kindheit mitgenommen. Zudem war der Stationsdienst kein Zuckerschlecken. Drei Tage und drei Nächte hintereinander schob er Dienst, gefolgt von einer Pause von vierundzwanzig Stunden. Aber diese Welt der Technik war das väterliche Reich, das den jungen Rudolf faszinierte und wichtige Strukturen seines Weltbilds bis zu seinem Tod prägte.

Die Mutter spielte Steiners Erinnerungen zufolge in dieser Welt nur eine Assistentenrolle, obwohl sie die Hauptlast der häuslichen Sorge trug. Sie schenkte nach »Rudl«, wie sie ihren Ältesten nannte[4], noch zwei Geschwistern das Leben: der Schwester Leopoldine, die dreieinhalb Jahre jünger war, und dem Bruder Gustav, der sehr bald, acht Monate nach der Schwester, zur Welt kam und das Sorgenkind der Familie wurde, weil er taubstumm war. Die Nachrichten über die Mutter sind so karg, dass sie nicht über ein paar Druckzeilen hinausgehen: Sie führte den Haushalt, sie strickte und häkelte, sie kümmerte sich »liebevoll« um die Kinder – und das war es schon, was Steiner über sie in seiner Autobiografie preisgibt. Was nicht heißt, dass das Verhältnis zwischen beiden gespannt war. Als erwachsener Mann hat er die Rolle des Vaters, der 1910 starb, übernommen und sich fürsorglich um seine Mutter und seine Geschwister, insbesondere um seinen behinderten Bruder, gekümmert.

Der Vater also und sein Erstgeborener, das war die Konstellation, die die ersten achtzehn Lebensjahre Steiners prägte, bis er das elterliche Haus verließ, um in Wien zu studieren. Dieser Patriarch, der »leidenschaftlich aufbrausen« konnte, wenn er in Rage geriet, erzog seinen Filius liebevoll und autoritär. Als beispielsweise der sechsjährige Rudolf in der Schule zu Unrecht beschuldigt wurde, die Tintenfässer in den Schulbänken mit Kreisen aus Tintenklecksen dekoriert zu haben, »kündigte« der Vater dem Lehrerehepaar die »Freundschaft« und unterrichtete fortan seinen Sohn selbst. Zwei, drei Jahre lang war der Vater auch der Lehrer und Rudolf Schüler in seinem Dienstraum. Was dort geschah, hört sich im gestelzten Stil von Steiners später Lebensrückschau so an: »Ich konnte ... bei ihm kein rechtes Interesse zu dem fassen, was durch den Unterricht an mich herankommen sollte.« Leuchtende Augen meint man hingegen noch im Gesicht des sechzigjährigen Steiner zu sehen, wenn er über die Bahntechnik schreibt, über die Schienen, die sich in den Bergen verlieren, und die Drähte, die die Bahn mit der Welt verkabelten. Ihn fesselten der Eisenbahndienst, die Technik, das Leben auf der Station, aber nicht der Schulstoff. Dabei hat Rudolf offenbar gut lesen, aber nur miserabel schreiben gelernt. Für die Bewältigung seiner Rechtschreibschwäche brauchte er Jahre.

Leiter einer Bahnstation zu sein bedeutete für Johann Steiner, immer wieder umzuziehen. In Kraljevec, der ersten Station, blieb man nur anderthalb Jahre, vielleicht weil der deutschnational orientierte Vater aus dem kroatischen Umfeld wegwollte. Dann zog man im Zickzack durch das Wiener Becken, für ein knappes Jahr nach Mödling, das heute am Südrand Wiens liegt, bis man Anfang 1863 nach Pottschach kam, wo der gerade zweijährige Steiner die Zeit bis zu seinem achten Lebensjahr verbrachte. Dann ging es im August 1869 nach Neudörfl auf der ungarischen Seite des Flüsschens Leitha. Von hier aus besuchte Steiner die Schule im deutschsprachigen Westen, in Wiener Neustadt. Die letzten Jahre im Elternhaus verlebte er ab 1879 in Inzersdorf, wieder vor den Toren Wiens, wohin sich der Vater hatte versetzen lassen, um dem Sohn das Studium, zu dem er ihn bestimmt hatte, von zu Hause aus zu ermöglichen. Johann Steiner blieb, bis er seinen Sohn in die Metropole Wien entließ, ein starker, ein autoritärer Vater. Fragt man sich, wo die Wurzeln von Rudolf Steiners autoritärem Anspruch auf Wissen und höchste Einsicht liegen, der sich wie ein Fluidum, manchmal unmerklich, manchmal atemraubend durch das Werk des späteren Anthroposophen zieht, kommt man an dem Übervater, welcher der Bahnwärter Johann Steiner auch war, nicht vorbei.

Technik

Aber was heißt hier Bahnwärter? Was in unseren Ohren nach Nachtwächter klingt, war am Ende des 19. Jahrhunderts die Schaltstelle einer Hightech-Welt. Die Eisenbahn war Motor der Industrialisierung, sie erschloss abgelegene Gebiete, und vor allem war sie für die Zeitgenossen ein Faszinosum. Die Semmeringbahn, an die sein Vater in Pottschach kam, wo Rudolf sechs Jahre seines Lebens verbrachte und der Vater zum Stationsvorsteher aufgestiegen war, gehörte zu den technischen Wundern des 19. Jahrhunderts. Der Ingenieur Carl Ritter von Ghega hatte diese erste Hochgebirgseisenbahn der Welt, die die Alpen querte und Wien mit dem Seehafen Triest verband, um die Abhängigkeit von Genua zu mindern, fertiggestellt. Die Technikbegeisterten sahen nie zuvor realisierte Brücken und Tunnel, hinter denen neue Dimensionen der mathematischen Berechnung von Streckenführungen standen, und staunten über Lokomotiven, die entgegen der damals herrschenden Lehre starke Neigungen ohne Seilebenen, selbst bei Eis und Schnee, bewältigten. Damit fuhr Wiens bessere Gesellschaft am Wochenende in die Projektion einer unberührten Natur, während sie sich an der technischen Unterwerfung der Natur durch atemberaubende Viadukte und Tunnel berauschte. Die »Hofratszüge« entließen die Wiener Hautevolee in die Zuckerbäckerwelt historisierender Villen mit gotisierenden Türmchen und griechischen Säulenportiken oder auf die den »Heimatstil« beschwörenden Holzbalkone des Semmeringer Kurhauses. 1999 verneigte sich die Welt vor dieser Kulturlandschaft, als sie die Semmering-Strecke als erste Eisenbahn in das Weltkulturerbe aufnahm.

An ihrer kleinen Station in Pottschach verfiel der junge Rudolf der Faszination der Technik. Er beobachtete, wie »der Schullehrer, der Pfarrer, der Rechnungsführer des Gutshofes, oft der Bürgermeister erschienen«, um die einfahrenden Züge zu bestaunen, und er saß stunden- und tagelang in der »Kanzlei« seines Vaters. In einer sehr persönlichen Impression hat der zweiundsechzigjährige Steiner diese Verzauberung seines Lebens durch Technik offengelegt:

> »Ich glaube, daß es für mein Leben bedeutsam war, in einer solchen Umgebung die Kindheit verlebt zu haben. Denn meine Interessen wurden stark in das Mechanische dieses Daseins hineingezogen. Und ich weiß, wie diese Interessen den Herzensanteil in der kindlichen Seele immer wieder verdunkeln wollten, der nach der anmutigen und zugleich großzügigen Natur hin ging, in die hinein in der Ferne diese dem Mechanismus unterworfenen Eisenbahnzüge doch jedesmal verschwanden.«

Der Kampf zwischen Technik und Natur, von dem Steiner hier berichtet, dürfte in den Kinderjahren zugunsten der »Mechanik« ausgegangen sein. Aber im Worthaushalt des späteren Anthroposophen und in dieser Textpassage liegt »das Mechanische« nahe bei dem Geistlosen, und deshalb erscheint die Technik als »Verdunklung« der Seele.

Doch in Steiners Erinnerung erklingt auch die Hintergrundmusik einer anderen Welt. Er berichtet von der Natur, die unmittelbar neben den Schienen begann. Im Gemeindewald von Neudörfl sammelte er Holz, in den umliegenden Fluren wanderte er mit seinen Eltern oder allein zu einer Kapelle, die der heiligen Rosalie geweiht war, hier schöpfte er Quellwasser und sammelte Beeren. Als alter Herr beharrte er deshalb darauf, schon früh ein Kind zweier Welten gewesen zu sein.

Schule

1869, als Rudolf acht Jahre alt war und der Vater sich nach Neudörfl hatte versetzen lassen, kam Steiner auf die dortige Dorfschule. Hier wurde noch generationenübergreifend unterrichtet, wodurch, so beklagt sich Steiner im Rückblick, keine Altersklasse zu ihrem Recht komme und Langeweile herrsche. Als Gründer der Waldorfschule wird Steiner 1919 – auch deshalb? – eine strikt altersgetrennte Erziehung dogmatisieren. Er war allerdings ein so guter Schüler, dass er drei Jahre später völlig ohne Probleme die Aufnahmeprüfung in die »Bürgerschule« von Wiener Neustadt bestand. Daraufhin witterte der Vater die Chance, seinen Sohn eine Stufe im Bildungsaufstieg überspringen zu lassen, und schickte ihn zur Aufnahmeprüfung auf die Realschule – und Rudolf schaffte es. Er schlüpfte nicht so »glänzend« durch dieses Nadelöhr wie in die Bürgerschule, aber geschafft war geschafft. Der Vater sah den Sohn dem väterlichen Traumberuf – Eisenbahningenieur!? – ein Stück näher. Und Rudolf, das kluge Köpfchen, wurde ein sehr guter Schüler. Das Zentrum seiner Lernwelt blieben, schon durch die Ausrichtung der Realschule, die »exakten« Fächer. Steiner erzählt viel von Mathematik und Physik, aber kaum etwas vom Geschichts- oder Deutschunterricht. Und insbesondere wenn seine Tonlage emotional wird, spürt man, wo sein Herz schlug: »Ich weiß, dass ich an der Geometrie das Glück zuerst kennengelernt habe.«

Allerdings, so erinnerte sich Steiner 1913 – nun schon Anthroposoph –, habe er bereits als Dreizehn- oder Vierzehnjähriger nach Wegen aus dem stahlharten Gehäuse des technischen Wissens gesucht. Begonnen habe alles mit einem Blick in die Auslage einer Buchhandlung in Wiener Neustadt, wo er im Schaufenster Kants *Kritik der reinen Vernunft* in einer Reclam-Ausgabe erblickte. Steiner beschloss, sich auf die Schultern dieses Heroen zu setzen und, so die abgeklärte Diktion der 1920er-Jahre, »zu verstehen, was menschliche Vernunft für einen wirklichen Einblick in das Wesen der Dinge zu leisten vermag«. Der Pennäler ergriff damit die Chance, die die neue Medienwelt im ausgehenden 19. Jahrhundert bot. Denn Reclam revolutionierte eine Gesellschaft, in der immer mehr Menschen lesen konnten, durch seine »Universal-Bibliothek«, in der seit 1867 wohlfeile Heftchen mit Klassikern der Weltliteratur und Philosophiegeschichte einen Massenmarkt eroberten. Aber Steiner hatte nicht wirklich Zeit zum Lesen, denn drei Stunden am Tag stahl ihm der fünf Kilometer lange Schulweg von Neudörfl nach Wiener Neustadt und zurück, wo dann Berge von Hausaufgaben auf ihn warteten. Doch der clevere Junge fand einen Weg zu Kant, indem er die Schule überlistete. Dort herrschte, so Steiner im Rückblick, große Langeweile, weil der Geschichtslehrer das Vorlesen des Lernstoffs aus einem Buch mit Unterricht verwechselte. Daraufhin habe er seine Erziehung selbst in die Hand genommen: »Ich trennte nun die einzelnen Bogen des Kantbüchleins auseinander, heftete sie in das Geschichtsbuch ein, das ich in der Unterrichtsstunde vor mir liegen hatte, und las nun Kant, während vom Katheder herunter die Geschichte ›gelehrt‹ wurde. ... In den Ferienzeiten wurde die Kantlektüre eifrig fortgesetzt. Ich las wohl manche Seite mehr als zwanzigmal hintereinander.«

Steiner hat diese Geschichte mehrfach erzählt, es besteht kein Grund, ihren wahren Kern in Abrede zu stellen. Was aber hat diese Lektüre mit dem jungen Steiner gemacht? Wir wissen nicht, wie viel er begriffen hat, aber naheliegend – so kann man aus seinen überlieferten Reaktionen schließen – ist die Vermutung, dass er gedacht hat: Wir erkennen von einem Gegenstand, von dem »Ding«, nur das, was unsere Sinnesorgane uns vermitteln. Und wir sehen das »Ding« nur auf diejenige Art und Weise, wie es unsere Augen möglich machen. Mithin ist der Gegenstand »an sich«, das »Ding an sich«, unzugänglich. So könnte Steiners Einsicht in den Fußstapfen Kants gelautet haben. Die Konsequenzen haben bei vielen Kant-Lesern des 19. Jahrhunderts ein erkenntnistheoretisches Erdbeben ausgelöst. Der Glaube der idealistischen Philosophie, man könne das »Wesen« der Dinge erkennen, brach vielerorts zusammen. Dabei war die Einsicht eigentlich nichts Neues, dass jeder Mensch nach den Bedingungen seiner Erkenntnismöglichkeiten begreife, sie findet sich schon in der mittelalterlichen Scholastik, etwa bei Thomas von Aquin. Und heute leben wir ganz unaufgeregt mit dem Wissen, dass es keine Erkenntnis jenseits von Biologie und Kultur gibt. Aber sowohl für die rationalistischen Erkenntnistheorien der Aufklärung, für die die Welt so erkennbar war wie für den Mechaniker ein Uhrwerk, als auch für deren idealistische Schwestertheorien des 19. Jahrhunderts, denen Ideen so sichtbar schienen wie die Wolken am Himmel, war Kants Reflexion auf die Grenzen des Erkennens – mit der er nur Platz für eine verlässliche Metaphysik hatte schaffen wollen – ein destruktiver Schock.

Das galt auch für Steiner. Sein Bericht über die Kant-Lektüre deutet darauf hin, dass auch er dessen Philosophie als eine Zerstörerin der Erkenntnis des »Wesens« der Dinge gelesen hat. Mitten in den Erzählungen über seinen Kampf mit Kant gesteht er, dass er sich bemühen musste, die religiösen Lehren mit der neuen Erkenntnistheorie in Deckung zu bringen, denn damit drohte jede Einsicht auf der Oberfläche zu enden oder gar Projektion zu sein.

Mit großen Augen liest man dann jedoch, dass die Kant-Lektüre, so Steiner 1924, keine Konsequenzen gehabt habe: »Die Ehrfurcht vor dem Geistigen ... wurde mir durch dieses Verhältnis zur Erkenntnis nicht im geringsten genommen.« Gerade durch Kant habe er erkannt, »wie der menschliche Geist erkennend den Weg ins Übersinnliche finden kann«. Das jedoch kann so nicht stimmen. Schon der massive Gebrauch von Begriffen, die in seiner theosophischen Phase Karriere machten, wie »das Übersinnliche« oder »das Geistige«, lässt erkennen, dass der alte Steiner hier dem jungen die Wörter lieh. Noch mehr Misstrauen hinterlässt eine Bemerkung wenige Zeilen später: »Ich verhielt mich zu Kant damals ganz unkritisch«, was doch im Umkehrschluss heißt, dass er Kants Erkenntniskritik akzeptierte.

Bei all dem ist Steiner ein Erinnerungsfehler, vielleicht eine weitere Freudsche Fehlleistung unterlaufen, indem er seine Kant-Lektüre weiter zurück in seine Biografie verlegte, als es die Wirklichkeit hergab. Denn die Reclam-Ausgabe erschien erst 1877. Steiner war also schon sechzehn Jahre alt, als er auf Kant stieß, nicht dreizehn oder vierzehn, wie er in *Mein Lebensgang* behauptet. Das härteste Argument jedoch für die Einsicht, dass der Sturm der Kantschen Kritik den Schüler zerzaust zurückließ, ist Steiners Leben in den nächsten fünfzig Jahren. Die lebenslange gereizte Auseinandersetzung mit Kant dokumentiert, dass dessen Philosophie den jungen Rudolf mächtig verunsichert hatte. Mit Dutzenden kritischer bis polemischer Äußerungen hat Steiner Kant verfolgt, weil sein Denken die Aussicht auf eine »objektive« Erkenntnis verbaut habe. Noch der Theosoph Steiner verdammte den Königsberger Philosophen dazu, als »Neger« und damit in einer für Steiner »degenerierten« Rasse zu reinkarnieren.[5]

Summa summarum: Es spricht alles dafür, dass die Kant-Lektüre viel Porzellan der unbedarften, naturfrommen Weltsicht des Sechzehnjährigen zerbrochen hat. Mit den eingehefteten Kant-Blättern begann eine philosophische Pubertät, der Abschied vom kindlichen Kosmos, in dem Gegenstand und Wahrnehmung noch siamesische Zwillinge gewesen waren. Man kann Steiners Biografie als einen lebenslangen Versuch lesen, die von Kant in die Wege geleitete Vertreibung aus dem Paradies eines unmittelbaren Zugangs zur Welt wieder rückgängig zu machen.

1878, Steiner war nun siebzehn Jahre alt, unternahm er eine neue Expedition ins Reich der Philosophie, indem er einen Untergrundkampf mit seinem Deutschlehrer, Josef Mayer, aufnahm. Steiner hatte, möglicherweise durch einen Aufsatz dieses Lehrers im Jahresbericht der Wien Neustädter Realschule, bemerkt, dass Mayer ein Anhänger der Philosophie Johann Friedrich Herbarts war, des großen, philosophisch ambitionierten Systematikers der Pädagogik im frühen 19. Jahrhundert. Deshalb spürte er seinem Lehrer nach und besorgte sich Literatur aus der Herbart-Schule: ein Lehrbuch der Psychologie und eine Einleitung in die Philosophie des Herbartianers Gustav Adolf Lindner. Nach der Lektüre inszenierte Steiner in Schulaufsätzen ein »Versteckspiel«, indem er Herbartsche Gedanken aufscheinen ließ. Der Lehrer reagierte offenbar verunsichert und maßregelte Steiner. Er solle das Lesen von philosophischer Literatur lassen, denn dies verwirre nur seine Gedanken.

Wir wissen nicht, was Steiner aus den Werken der Herbart-Schule herausgezogen hat. Möglicherweise verwendete er den Herbartianismus als Hilfsmittel gegen Kant, denn die Argumentation der Herbartschen Metaphysik lief darauf hinaus, die Gegenstände doch für einen Ausdruck ihres Wesens zu halten und so einen Weg zur Erkenntnis des Dings »an sich« zu bahnen.

In all den Schuljahren muss Steiner ein einsames Kind gewesen sein. Von Freunden ist in seiner Autobiografie keine Rede. Die Jahre in der Bahnstation von Pottschach unter den Fittichen seines Vaters, der lange Schulweg nach Wiener Neustadt, den er allein gehen musste, und die fehlende Chance, nachmittags mit Schulfreunden zu spielen, lassen vermuten, dass die Rede vom einsamen Rudolf keine bloße Selbststilisierung war. Dazu tritt der irritierende Befund, dass Steiner es in seinen Lebenserinnerungen liebte, Menschen anonym auftreten zu lassen. Keinen Lehrer, keinen Schüler nennt er mit Namen. Sie erscheinen wie Figuren, die eine Rolle spielten, aber keine Beziehung zu Steiner haben. Sein Mitschüler Albert Pliwa bestätigt, dass Steiner ein Einzelgänger war: Er war »für uns als Klassenkamerad eigentlich gestrichen. Tatsächlich wurde er bei allen losen Streichen, die wir anderen ausheckten und wofür wir bestraft wurden, stets selbstverständlich überhaupt nicht genannt.«[6]

Deutschtum

Steiners Heimat im Wiener Becken war auch der Rand des deutschsprachigen Siedlungsrayons im Habsburgerreich. Kaiser Franz Joseph, der seit 1848 Kaiser in Wien war und es bis zu seinem Tod 1916 bleiben sollte, gebot über ein Imperium, das von der Leitha in einen cisleithanischen, deutschsprachigen Bereich und in einen transleithanischen Osten geteilt wurde. Dieser Nebenfluss der Donau wurde für das Habsburgerreich zum

Symbol eines kulturellen Grabens, und genau auf dieser Grenze wohnte Steiner. Jeden Tag, wenn er von Neudörfl nach Wiener Neustadt zur Schule ging, querte er die Leitha vom ungarischen Ufer, wo Neudörfl offiziell Leitha Szent Miklos (St. Nikolaus an der Leitha) hieß, zu den »Deutschen«, wie sich die Cisleithanen in Österreich-Ungarn nannten.

In Neudörfl, das als ungarische Halbinsel ins Wiener Becken ragte, erfuhr Steiner, was es hieß, zu einer sprachlichen und kulturellen Minderheit zu gehören. Hier begegnete er dem Ungarn Franz Maraz, seinem Pfarrherrn, der später zum Domkapitular in Sopron (Ödenburg) aufstieg und den Steiner als ungarischen Patrioten erinnerte. Hier in Neudörfl war in der Schule »alles auf ungarische Geschichte eingestellt«, denn seit den 1850er-Jahren verfolgten die Ungarn eine massive Magyarisierungspolitik, weshalb die erste Zeichnung, die von Steiner erhalten ist, den liberalen ungarischen Reformer Graf István Széchenyi zeigt.[7] Hier geriet Steiner erstmals bewusst in die Nationalitätenkonflikte des Vielvölkerreichs. Denn zur habsburgischen Politik der Gleichberechtigung der verschiedenen Sprachnationen gehörte, dass Staatsdiener, eben auch Stationsvorsteher, dort, wo sie arbeiteten, die Sprache der Mehrheitsbevölkerung zu sprechen hatten. Dies traf auch Johann Steiner, der in Neudörfl eigentlich hätte Ungarisch sprechen müssen – was er nicht tat (wobei Steiner noch 1923 ohnehin der Meinung war, dass Neudörfl in einer »urdeutschen Gegend« liege). So drohte die Versetzung, die der Vater so lange hinausschieben konnte, bis Rudolf seine Schulzeit beendet hatte. In dieser Grenzlage sah sich der Vater Johann Steiner als Mitglied einer bedrängten Minorität, »mochte« er doch »die Ungarn nicht«. Aber er liebte es, wie Steiner im Gedächtnis behielt, über dieses Thema zu Hause zu »politisieren«. Die Nationalitätenkonflikte färbten Rudolf Steiners Seele ein, noch bevor er wusste, dass die Apotheose der Nation das tödliche Gift für die europäische Kultur des 20. Jahrhunderts werden würde.

Der Junge war dieser toxischen Dosis des Nationalismus hilflos ausgeliefert. Der genannte Schulfreund Albert Pliwa erinnert sich, dass sich Steiner einmal in Sauerbrunn, wo er aus dem Zug ausstieg, weigerte, seine Fahrkarte vorzuzeigen, »weil auf dem Gebäude nicht der deutsche Name Sauerbrunn stünde, das ›hunnische‹ Savanyûkût verstünde er nicht. Darauf holte der Stationschef zu einer gewaltigen Ohrfeige aus, worauf Rudolf Steiner ihn mit ›Hunne‹ traktierte und sah, dass er aus dem Faustbereich des Schlagfertigen kam.«[8] Hier erleben wir einen kleinen, trotzig-strammen Deutschnationalen. Doch diese Geschichte hat Steiner seinen Lebenserinnerungen 1924 nicht anvertraut. Immerhin liest man, wie er sich von den kroatischen und ungarischen Wohnorten distanzierte und herausstrich, »aus einer urdeutschen Familie« zu stammen. Aber das sind, verglichen mit der Hunnenschelte, altersmilde Rückblicke, die jedoch die tief reichende nationalistische Imprägnierung seiner Kinderseele bestätigen.

Religion

Nur vorsichtig hat Steiner den Schleier über seiner religiösen Sozialisation gelüftet, obwohl wir gerade hierüber gern mehr wüssten, ist er doch zu einem der bedeutenden Religionsstifter und Weltanschauungsdenker des 20. Jahrhunderts aufgestiegen. Über vieles hat er geschwiegen, anderes zu verschiedenen Zeiten mit unterschiedlichen Interpretationen versehen.

Wenn man mit der Coda des Jahres 1923, den biografischen Äußerungen in *Mein Lebensgang,* beginnt, begegnet uns ein Steiner, der im volkskirchlichen Milieu des katholischen »Deutsch-Westungarn« (wie das heutige Burgenland damals hieß) aufwächst. In Neudörfl lebte er »in unmittelbarer Nähe der Kirche und des Friedhofs«, hier erhielt er zweimal pro Woche Religionsunterricht, hier hörte er Predigten des Pfarrers Maraz (wohl doch auf Deutsch), hier verrichtete er den »Ministranten- und Chordienst« »bei Messen, Totenfeiern und Leichenbegängnissen. Das Feierliche der lateinischen Sprache und des Kultus«, berichtet Steiner, »war ein Element, in dem meine Knabenseele gerne lebte. Ich war dadurch, daß ich an diesem Kirchendienste bis zu meinem zehnten Jahre intensiv teilnahm, oft in der Umgebung des von mir so geschätzten Pfarrers.« Und dann folgt ein Hinweis, der aufhorchen lässt: »In meinem Elternhause fand ich in dieser meiner Beziehung zur Kirche keine Anregung. Mein Vater nahm daran keinen Anteil. Er war damals ›Freigeist‹. Er ging nie in die Kirche.« »Herrendienst geht vor Gottesdienst«, habe der Vater stets gesagt.[9] Steiner berichtet also von feindlichen Kraftfeldern in der religiösen Welt seiner Kindheit. Hier das Mysterium der katholischen Liturgie, in der der Knabe aufgehe, dort der freigeistige Vater. Das Bild vom katholischen Steiner hat von dem Messdiener aus seinen Weg in unsere Steiner-Vorstellung angetreten. Aber dieses Gemälde verdeckt unter den kräftigen Farben vom Ministranten die Grautöne einer dürftigen Kirchenbindung.

Schon im nächsten Kapitel von *Mein Lebensgang*, in dem Steiner über den Schulbesuch in Wiener Neustadt berichtet, kommen Religion und Kirche nicht mehr vor. Von noch mehr Distanz spricht eine Erklärung, die Steiner 1913 abgab, als die Trennung von der Theosophischen Gesellschaft gerade vollzogen war und Theosophen ihn mit dem »Vorwurf« konfrontierten, er sei Jesuit und vielleicht sogar Jude gewesen. Steiner musste in dieser Situation einen schmalen Grat wandern. Einerseits wollte er sich der Identifikation mit dem Judentum entledigen und zeigte deshalb seinen katholischen Taufschein vor. Aber weil er auch seine Eigenständigkeit als Hellseher herausstreichen wollte, der den Raum des Katholischen längst hinter sich gelassen habe, musste er seinen Katholizismus zugleich marginalisieren. Und so erfahren wir 1913, dass die Messdienerzeit ein kurzes Intermezzo gewesen sei: Nur »eine ganz kurze Zeit« habe er den Ministrantendienst geleistet.[10] Denn als ihm wegen säumiger Pflichterfüllung Prügel drohten, habe ihm der Vater den Dienst untersagt: »Jetzt ist es aus mit der Kirchendienerei. Du gehst mir nimmer hin.«[11] Und deshalb hatte Steiner nach dem Pflichtunterricht seit der fünften Schulklasse auch keinen Religionsunterricht mehr und wurde nie gefirmt.[12] Das heißt: Steiner hat ein gebrochenes Verhältnis zur katholischen Frömmigkeit. Für eine tiefer gehende Sozialisation gibt es keine Indizien. Steiner wurde, davon muss man ausgehen, vom achten oder zehnten Lebensjahr an weitgehend areligiös groß. Lebenslang merkt man ihm an, dass er das katholische Frömmigkeitsgefühl nur sehr punktuell und das katholische Lehrgebäude nur schlecht kennt.

Was sich einige Jahre später in seiner Wiener Zeit als religiöse Sozialisation ereignete, war weniger eine Entfaltung katholischer Wurzeln als vielmehr die Entdeckung eines neuen religiösen Feldes, das ein Gegenmodell zur katholischen Lebens- und Denkwelt bildete.

Der Sensitive

Aber Steiner hat seinen Kindheitserzählungen eine weitere religiöse Matrix unterlegt, nämlich die Geschichte eines kleinen Jungen, der mit übersinnlichen Erfahrungen aufwächst: Der Pfarrer Maraz habe »zwischen der sinnlichen und der übersinnlichen Welt« vermittelt, und »die Wirklichkeit der geistigen Welt war mir so gewiss wie die der sinnlichen«, lauten Spitzensätze seiner Spiritualität. Natürlich: Wir wissen nicht, was Steiner in seiner Jugend wirklich erlebt hat. Aber unübersehbar sind solche Stellen ein Teil der großen Spiritualitätserzählung seiner Autobiografie von 1923. Hier spricht der alte Steiner, der Anthroposoph, der Indikatoren einer frühen Sensitivität für die Welt des Übersinnlichen vorweisen wollte. Schon das Vokabular – »geistige Welt«, »das Übersinnliche« – weist die Deutungen als Gäste aus einer anderen Lebensphase aus. Er schreibt 1923 eine Geschichte religiöser Autonomie, in der im Kokon kindlicher Erfahrungen der spätere Anthroposoph verpuppt ist. In gewisser Weise ist dieser sensitive Steiner ein Gegenmodell zum Messdiener, der im Gehäuse katholischer Tradition die religiöse Welt erfährt.

Aber die große Geschichte einer okkulten Wahrnehmung erzählte Steiner 1913. Der kleine Rudolf sitzt als ungefähr Achtjähriger im Wartesaal des Pottschacher Bahnhofs, als er ein inneres Gesicht hat. Er sieht eine Frau eintreten, die ihn (wie in der katholischen Fürbittpraxis) auffordert, »so viel du kannst, für mich zu tun!«[13], und dann im Ofen des Wartesaals verschwindet. Später erfährt er, dass eine Tante zu diesem Zeitpunkt den Freitod gesucht habe. Steiner als paranormal begabter Mensch, das war eine massive Statusanzeige im theosophischen Milieu. Doch wie sich kindliche Phantasie und die Erinnerung des gut fünfzigjährigen Steiner zueinander verhalten, bleibt undurchschaubar.

Steiner hat diese Erzählungen aus dem Jahr 1913 nicht in seine Autobiografie aufgenommen. Vielleicht hatte er sie für die noch geplante Biografie seines inneren Lebens zurückbehalten. Aber man kann diese Leerstelle in den Erinnerungen von 1923 auch als leise Distanzierung von seiner theosophischen Phase lesen, von dem Zwang, sich durch handfeste paranormale Phänomene legitimieren zu müssen. Denn eigentlich hatte der Theosoph Steiner die Parole ausgegeben, dass nicht mehr die dunklen Erfahrungen des Okkultismus gelten sollten, sondern die helle Rationalität reflektierter theosophischer Erkenntnis. Dann wäre das okkulte Erlebnis in Pottschach 1913 ein strategisches Argument gewesen, dem großen Hellseher eine Kindheit zu verschaffen, die in die Standardbiografie des schon immer sensitiven Religionsvirtuosen gehört. Aber vielleicht gab es auch Erinnerungssedimente aus Steiners Kindheit, die die Theosophie wieder ins Wachbewusstsein holte – vielleicht.

ZWEI

Studienzeit. Mündigkeit durch Philosophie

Der Student

Im August 1879 brach für Rudolf Steiner das Reich der Freiheit an. Von Inzersdorf aus, knapp zehn Kilometer vom Zentrum Wiens entfernt, einem kleinen Nest mit großen Industrieanlagen und einem Bahnhof, fuhr Steiner nun täglich in die Stadt des Kaisers und der Boulevards, der großen Bildungseinrichtungen und Theater, in die Hauptstadt eines Reiches, das von der Schweizer Grenze bis nach Russland, von Böhmen bis nach Transsylvanien reichte, in eine Stadt, die wie alle Metropolen des 19. Jahrhunderts aus den Nähten platzte. Die Bevölkerung hatte 1870 die Millionenmarke überschritten und verdoppelte sich bis 1910. Das Kind aus der Provinz betrat eine Weltstadt.

Steiner immatrikulierte sich an der Technischen Hochschule in Wien – ganz so, wie es der Vater für den Sohn vorgesehen hatte. Die Technische Hochschule war das Flaggschiff der Habsburger Ingenieursausbildung, das Reich der »exakten« Wissenschaften und der Ingenieure, die die Eroberung der Natur mit Tunneln und Brücken und Bahnen in Angriff nahmen. Als Student der »TH« betrat Steiner eine prosperierende Ausbildungsstätte, denn das »k.k. polytechnische Institut« war gut ein Jahrzehnt zuvor in eine Technische Hochschule umgewandelt worden. Ein Jahr vor Steiners Aufnahme hatte man die Staatsprüfungen eingeführt, aber erst 1901 erhielt die TH das Promotionsrecht. Deshalb war sie zu Steiners Lebzeiten doch noch die kleine Schwester der großen Universität, aber hier wirkten, wie man meinte, die Macher, während in der Universität die Denker in ihren Stuben hockten. Hier konnte und würde Rudolf die Ziele erreichen, die dem Vater verwehrt geblieben waren, so mochte Johann Steiner hoffen. Aber da hatte er den Unabhängigkeitsdrang seines Ältesten gewaltig unterschätzt.

Steiner begann zunächst unter anderem die Fächer Mathematik und Physik, Botanik, Zoologie und Chemie zu studieren, zudem bei dem Germanisten Julius Schröer, von dem noch viel zu erzählen sein wird, »Geschichte der Dichtkunst« und Übungen in Dichtung und im Vortrag.[1] Vermutlich wollte er Realschullehrer werden. Die Basisfinanzierung sicherte ein von Carl Ritter von Ghega gestiftetes Stipendium[2], das möglicherweise der Vater besorgt hatte. 300 Gulden erhielt er pro Jahr, das war ungefähr so viel, wie auch ein ungelernter Industriearbeiter im Jahr verdiente. Und so büffelte Steiner exakte Naturwissenschaften – mit durchaus respektablem Erfolg: Er war klug und fleißig, erhielt ausgezeichnete Noten und war auf dem besten Weg, die Vision des Vaters Wirklichkeit werden zu lassen. Bis zum Herbst 1883. Nach gut drei Jahren schmiss er das Studium und befreite sich von einer Fessel, mit der der Vater doch das Beste gewollt hatte.

Der Einstieg in den Ausstieg hatte sich schon in den ersten Studientagen angebahnt, wie man jedenfalls rückschauend, wo man natürlich immer schlauer ist, erkennt. Denn es gab Dinge, die Steiner weit mehr interessierten: wie etwa die Philosophie. Bei einem seiner ersten Besuche in Wien packte er seine Schulbücher unter den Arm, verscherbelte sie in einem Antiquariat und kaufte sich erst einmal philosophische Literatur.[3] Von diesem Tag an war Steiner auf dem Weg von der Physik in die Philosophie, sofern er es nicht schon als philosophieinteressierter Schüler war. Er muss einen unbändigen Wissensdurst besessen haben, denn er las sich, soweit wir seiner Autobiografie glauben dürfen, quer durch die neuere Philosophie: die drei Könige des deutschen Idealismus, Fichte, Schelling und Hegel, die Dichter Jean Paul und Goethe, den materialistischen Philosophen Ludwig Büchner und den Theoretiker des Unbewussten, Eduard von Hartmann, dazu die »edlen Veteranen« Kuno Fischer, Moritz Carrière, Friedrich Theodor Vischer oder Karl Rosenkranz, die heute nur noch Spezialisten der Philosophiegeschichte bekannt sind. Aber was kann Steiner eigentlich in welcher Frist mit welcher Intensität gelesen haben? Nehmen wir Fichte, Schelling und

Hegel: Andere Menschen vertiefen sich über Monate und Jahre in einen dieser Philosophen, während Steiner in *Mein Lebensgang* so nebenbei bemerkt, auch Hegel gelesen zu haben. Misstrauisch macht, dass Spuren einer dichten Hegel-Exegese in seinem Werk fehlen, die über das hinausgehen, was an frei flottierendem Bildungswissen in der Luft lag.

Hinsichtlich anderer Autoren lässt sich sogar belegen, dass Steiner deren Bedeutung erst nachträglich schuf. Ein prominenter Fall ist Robert Zimmermann, in dessen Vorlesungen über »Praktische Philosophie« er »eine starke Anregung« erhalten habe, so Steiner 1924. Zieht man allerdings seine Briefe aus dem Jahr 1881 zu Rate, stößt man auf eine gegenläufige Bewertung: Die »Freiheitsphilosophie«, die er, Steiner, gerade schreibe, werde keinesfalls »zimmermannisch aussehen«. Da fragt man sich, warum Steiner später eine derart flotte 180-Grad Pirouette drehte. Die Lösung findet sich leicht. Zimmermann hatte 1882 ein Buch mit dem Titel *Anthroposophie* publiziert und erhielt deshalb als semantischer Vorläufer von Steiners Anthroposophie 1924 die Ehre einer wohlwollenden Erwähnung. Aber dass man mit Steiners später Lebensbeschreibung schwankenden Boden betritt, ist ohnehin klar. Allerdings ist man für die Studienjahre nicht mehr ausschließlich auf diesen Text angewiesen. Es gibt nun zeitnahe Quellen, sodass wir diese kunstvoll arrangierte Partitur namens *Mein Lebensgang* nicht mehr so dringend benötigen.

Auf diesem Weg von der Welt der Technik in die Welt des Geistes stand Steiner ein Cicerone zur Seite, der schon erwähnte Germanist und Goethe-Verehrer Julius Schröer, den er 1880 kennenlernte und später seinen »väterlichen Freund« nannte. Diese warmherzige Tonlage lässt vermuten, dass Schröer bei Steiner Saiten zum Klingen gebracht hat, die bei seinem leiblichen Vater stumm geblieben waren. Steiner war von Schröers Lehrveranstaltungen »gefesselt« und durfte bald seinen Mentor »in seinem kleinen Bibliothekszimmer in der Wiener Salesianergasse« besuchen, wo er »stundenlang« an dessen Seite saß, während dieser erzählte: von Goethe, von deutschen Mundarten und von dem inneren Leben der Welt: den »Ideen«.

Schröer wurde Steiners Führer auf dem Weg in die idealistische Philosophie. »Ich hörte mit der allergrößten Sympathie alles, was von Schröer kam«, erinnert sich noch der 62-jährige Steiner, der längst selbst zum spirituellen Lehrer avanciert war. Möglich war dies, weil die Technische Hochschule keine engstirnige Ingenieursschmiede sein sollte, sondern auch Lehrveranstaltungen wie Schröers Kurse über Dichtung anbot, die andere kulturelle Kompetenzen förderten.

Schröer, 1825 im damals ungarischen Pressburg (slowakisch: Bratislava) geboren, zählte 54 Jahre, als ihn der achtzehnjährige Steiner traf. Schaut man genauer hin, wird klar, dass Steiner an einen Außenseiter geraten war. An der Hochschule gehörte Schröer zu den Professoren zweiter Klasse. Er war zwar 1866 zum Dozenten und ein Jahr später zum außerordentlichen Professor berufen worden, aber dann ließ man ihn 25 Jahre lang hängen, ehe er 1891, schon 66 Jahre alt, in den Olymp der »ordentlichen« Professoren aufgenommen wurde. Eine hohe Wertschätzung unter Kollegen sieht anders aus. Wichtiger noch war die Tatsache, dass Schröer zu einer der vielen Minoritäten Wiens gehörte: Er war Protestant in einer tiefkatholischen Stadt und stand vermutlich antiklerikalen Positionen nahe.

Und schließlich: Schröer wusste, was es heißt, zu einer deutschsprachigen Minderheit zu gehören – wie auch Steiner. Er hatte im ungarischen Teil des Habsburgerreichs, insbesondere in Pest (heute ein Teil von Budapest), als Lehrer gearbeitet und sich dabei als Spezialist für Dialekte einen Namen gemacht. Er sammelte und publizierte Texte deutschsprachiger Minderheiten aus den östlichen Provinzen Österreich-Ungarns. Das war, wie wir heute wissen, im 19. Jahrhundert nicht nur die »objektive« Dokumentation einer Minoritätenkultur, sondern bedeutete, von einzelnen Informanten abhängig zu sein, Texte auszuwählen und sie für die Veröffentlichung zu bearbeiten. Mit anderen Worten: Mundartforscher sicherten weniger die »alte Volkskultur«, als dass sie eine Tradition produzierten, die sie mit dem Nimbus der Wissenschaft zur Wirklichkeit erklärten. Von Schröer lernte Steiner das Oberuferer Christgeburtsspiel, das Drei-Königs- und das Paradeisspiel kennen, die sich an Waldorfschulen bis heute einer hohen Beliebtheit erfreuen. Auch dem Begriff der »Volksseele« könnte er bei Schröer begegnet sein. Dass dieser sich politisch für die Rechte deutscher Minderheiten einsetzte, war nur konsequent. Nicht verwunderlich ist, dass man in solchen Milieus sehnsüchtig auf das protestantisch-preußische Deutschland blickte.

Aber Schröer wäre für Steiner trotz der deutschnationalen Gemeinsamkeiten wohl eine Episode geblieben, hätte er nicht auch ein philosophisches Sinnstiftungsangebot gemacht: Goethe. Schröer war ein führender Kopf des 1878 gegründeten »Wiener Goethe-Vereins«, Verfasser eines damals bedeutenden »Faust«-Kommentars und Mitinitiator der Aufführung des vollständigen »Faust« im Jahr 1883 in der Wiener Hofburg. Goethe war für Schröer nicht nur das literarische Genie, sondern auch so etwas wie der Stifter einer alternativen, protestantischen Religionskultur: weltfromm war diese, leicht pantheistisch, eine Literaturreligion mit heiliger Schrift und ohne Tempel. Goethe habe, so glaubte Schröer (wie später auch Steiner glauben wird), den Weg von der Anschauung zu den Ideen gebahnt, von der äußeren Wahrnehmung zu dem inneren »Wesen« der Dinge. Schröer war überzeugter, bekennender »Idealist« von Goethes Gnaden. Er fragte nach dem »idealen Gehalt« in der Natur, »der doch in jedem Organischen zu suchen ist«, und war überzeugt, es könne »nur *Eine* Goetheforschung geben, das ist die, die zunächst auf die Idee ausgeht«. Wie aber erkennt man diese Ideen? Für Schröer war der Königsweg ein quasi göttlicher Akt, ein kongeniales Verstehen, in dem Versuch, Goethe »nach[zu]fühlen, womöglich wie er selbst«[4] gefühlt habe. In Steiners Worten: »Würde Goethe so empfunden oder gedacht haben?« Die Knochenarbeit am Goethe-Text, also die Erstellung verlässlicher Lesarten, die Datierung, die Ermittlungen kultureller Kontexte, all das respektierte Schröer zwar, aber sein Herz schlug für die romantische Einfühlung. Steiner sollte, trotz aller erkenntnistheoretischen Reflexionen, in diesem Punkt ein Sohn von Vater Schröer bleiben.

Der aber war nur ein Knoten in dem sozialen Netz, das Steiner um sich herum knüpfte. Erstmals begegnet uns Steiner nun im Kreis von Freunden, mit denen er alles, was an philosophischen Themen Rang und Namen hat, diskutiert. Davon wissen wir vor allem durch Steiners Briefwechsel, auch wenn der ein tückisches Quellenkorpus ist. Denn dort lesen wir zwar viel über philosophische und literarische Zirkel, aber fast nichts über das tägliche Leben, über den Ort, wo er wohnte und schlief, über die Menschen, mit denen er aß und trank. Dass er noch acht Jahre lang, bis zum Herbst 1887, bei den Eltern in Brunn am Gebirge wohnte, 15 Kilometer im Süden Wiens, erfahren wir nur durch die Absenderangaben auf seinen Briefen. Daneben besaß er allerdings bald so etwas wie ein zweites Zuhause, weil er bei der Familie Specht als Hauslehrer arbeitete – davon wird noch zu reden sein.

Über seinen leiblichen Vater verlor Steiner in den überlieferten Briefen seiner Studentenzeit kein Wort mehr. Über mögliche Konflikte mit dem Vater, der mitansehen muss, wie der Sohn an der Hand von Schröer die gewiesene Bahn verlässt, über Mutter und Schwester, über die vermutlich sehr beengten Wohnverhältnisse schwieg sich Steiner aus. Er lebte in einer neuen Welt. Erst nach dem Ende seiner Studienzeit tauchen die Eltern in den Briefen wieder auf, als Adressaten der Nachricht, dass die akademische Karriere so gut wie sicher sei (s. Kap. 6).

Bilder aus dieser Zeit zeigen einen Mann mit einem noch jungenhaften Gesicht, das füllige Haar zurückgekämmt, mit einem hochbürgerlichen Kleidungshabitus: Stehkragenhemd (der »Vatermörder«) mit Krawatte, und vielleicht schon die damals beliebte Lavallière (die »Bohèmeschleife«), einen schmalen Schal, den er zu einer großen Fliege band und lebenslang trug.[5]

Steiner kam in einen Kreis junger Männer, die in seiner Autobiografie als Funktionsstellen einer intellektuellen Auseinandersetzung erscheinen. Ihre Namen nennt er nicht ein einziges Mal. Aber man hat ihre Identitäten inzwischen detektivisch ermittelt. Da gab es Emil Schönaich aus Troppau in Schlesien, der mit Steiner in Wiener Neustadt zur Schule gegangen war. Er schwärmte für Richard Wagner, dessen Musik Steiner jedoch in seinen Lebenserinnerungen als »Barbarei« und als »das Grab eines wirklichen Musikverständnisses« abqualifizierte. Schönaich wurde Journalist, konnte damit aber »kaum sein Brot verdienen«, schreibt Steiner. Sodann gehörte Rudolf Ronsperger dazu, der sich zum Dichter berufen fühlte, aber offenbar mit Depressionen geschlagen war; er wählte schließlich den Freitod.

Des Weiteren Moritz Zitter, ein Siebenbürger Sachse, der Arthur Schopenhauer gelesen hatte und als Pessimist durchs Leben ging. Bis zu seinem Tod im Jahr 1921 blieb die Beziehung zu Steiner erhalten, obwohl dieser Zitters Hoffnungen auf eine intensivere Freundschaft wohl abgewiesen hat. Und Josef Köck, ebenfalls ein Mitschüler Steiners aus Wiener Neustadt. Auch Köck wandelte mit dichterischen Ambitionen durch die Welt und hatte dabei seine Probleme mit dem Leben. Er war ein introvertierter Mensch, dessen Verhältnis zu Frauen vor allem aus Träumen bestanden haben soll und der 1890 Steiner die Frustration über sein Scheitern anvertraute: »Ich blieb zurück. Du stiegst aufwärts, aufwärts höher und höher. Und nun stehst Du schon im Licht. ... Vielleicht schöpfen wir Mut, die wir hier zurückgeblieben im armen Dunkel.«[6] Schließlich war da noch Rudolf Schober, ein jüngerer Schüler aus der Wien Neustädter Realschule, der als Materialist Steiners Idealismus widersprochen habe. Dieser Freundeskreis war ein Milieu kleinbürgerlicher Aufsteiger, die eine ähnliche Bildungsbiografie wie Steiner durchlaufen hatten. Sie waren Kinder aus dem Wiener Umland oder einer Provinz des Habsburgerreichs, die in der großen Hauptstadt zusammentrafen. Sie suchten dort nach weltanschaulicher Orientierung in Philosophie, Dichtung oder Musik und hatten alle Probleme, ihre Herkunft mit den neuen Perspektiven zu einer stabilen Biografie zu verbinden.

Steiner spielte in seinem Kreis, wo er der »Prior« hieß[7] und seine »Gesichtsfarbe« von »meist studierstubenhafter Blässe« auffiel[8], möglicherweise bald eine führende Rolle. Jedenfalls betrachtete er sich in seiner Autobiografie als »Beichtvater« und verhielt sich in seinen Briefen wie ein Oberlehrer. Als Köck sich mit Liebeskummer wegen einer Frau namens Cyane an seinen Freund Rudolf wendet, doziert dieser: »Betrachte es als Deine Pflicht, zu erforschen, ob Dein Liebesverhältnis ganz frei war von Selbstsucht.« Dass Steiner dabei noch bemerkt, dass der Freund ihm eigentlich völlig »unbegreiflich« sei, irritiert ihn in seinem philosophischen Beratungselan offenbar überhaupt nicht. Deshalb erfahren wir im Anschluss an diese Stelle auch, welche Rolle Steiner Frauen in dieser Lebensphase überhaupt zugestand: »Das ist echte Liebe, wo man mit dem Bilde zufrieden ist und das Fleisch nicht braucht, ja es unterdrückt. Da gibt's kein Grämen, keinen Kummer.«

Es gibt jedenfalls keine Hinweise auf eine erotische Zuneigung zu einer Frau in den Jahren. Erst sieben Jahre später hören wir von einer missglückten Affäre. Im Sommer 1888 hatte sich Steiner in die zwanzigjährige Radegunde Fehr verliebt, in deren Elternhaus er mit Köck und Schober verkehrte, um über Literatur zu diskutieren. Steiner erinnerte sich an dieses Haus auch wegen einer kafkaesken Situation: Fehrs Vater war psychisch angeschlagen und lebte als unsichtbare Eminenz in einem Zimmer, welches kein Gast betreten durfte.[9] Immerhin hat Steiner der Angebeteten, die für ihn »das Urbild eines deutschen Mädchens« war, eine Art Liebesbrief geschickt – wenn man ihn denn so nennen darf. Der Namenstagsgruß war ein vierseitiger Vortrag über Politik und Literatur. Und so endete die Geschichte, wie sich Steiner sehr offen erinnerte, platonisch und verklemmt: »Wir liebten einander und wußten beide das wohl ganz deutlich; aber konnten auch beide nicht die Scheu davor überwinden, uns zu sagen, daß wir uns liebten.«

Der junge Philosoph

Was Steiner wirklich in diesen Jahren faszinierte, was mehr Leidenschaften zu entfachen schien als jede junge Frau, war schon damals die Philosophie. Selbst wenn man bei der Autorendusche, mit der Steiner uns in seiner Autobiografie konfrontiert, nicht jeden Namen auf die Goldwaage großer biografischer Bedeutung legen darf, so bleiben in den 1880er-Jahren ausreichend viele belastbare Dokumente seiner Auseinandersetzung mit philosophischen Fragen. Man versteht Steiner nur, wenn man ihn mit seinen philosophischen Leidenschaften ernst nimmt.

Aber damit baute er hohe Hürden auf, die es erschweren, ihn nach weit mehr als hundert Jahren noch zu verstehen. Denn er nötigt uns, in die Philosophiegeschichte des späten 19. Jahrhunderts zu steigen, deren Fragen und Probleme heute im Nebel der Vergangenheit zu Schemen werden und deren Autoren heute kaum noch jemand liest, insbesondere wenn es um die Wiener

Szene geht. Dies war eine komplexe Sonderwelt der deutschsprachigen Philosophie, die sich keiner schnellen Lektüre erschließt. Wen das nicht interessiert, der mag die zentrale Erkenntnis Steiners aus diesen Jahren mitnehmen und den Rest dieses Abschnitts überblättern: Es gibt, so Steiner, eine Welt der Ideen, eine Welt des Geistes. Wenn man sie erkennen könne, sei Kant widerlegt, demzufolge das »Ding an sich«, das »Wesen« der Gegenstände unerkennbar sei. Diese Erkenntnis erledige zugleich den Materialismus, der die Existenz einer geistigen Welt grundsätzlich leugne. Wen nun Steiners Weg in den Dschungel dieses Idealismus interessiert, mag hier weiterlesen – er wird mit einer Erleuchtungserfahrung Steiners belohnt.

Eine erste Expedition führte Steiner zu Johann Gottlieb Fichte, also zu einer neben Hegel und Schelling zentralen Figur des »deutschen Idealismus« um 1800. Fichte und seine Kollegen wollten nichts weniger, als die Philosophie in Reaktion auf Kants Kritiken auf ganz neue, sichere Füße zu stellen. Fichte suchte deshalb den Ausgangspunkt beim »Ich«: Es »setzt« sich selbst, kann sich seiner selbst sicher sein und ist somit »absolutes Subjekt«. Damit seien Kants Erkenntnisgrenzen, an denen sich Steiner rieb, überwunden. Fichtes Konstruktionen hatte Steiner offenbar unmittelbar nach seiner Ankunft in Wien kennengelernt, als er dessen Wissenschaftslehre von 1794 (eine von einem Dutzend Fassungen, die Fichte zeitweilig im Jahresrhythmus schrieb) erstand. Seine eigenen Überlegungen, vermutlich 1879 entstanden, also im Alter von 18 Jahren, sind in einem unvollendeten Manuskript erhalten. Zum ersten Mal blickt man Steiner bei seinen philosophischen Suchbewegungen unmittelbar über die Schulter.

Er steigt bei Fichtes Subjektbegriff ein: Das Ich sei nicht nur ein absolutes, sondern auch ein »psychologisches Ich«, eine »erkennende Person«.[10] Aber Steiner kennt auch die Probleme einer solchen Subjektkonstruktion, denn Philosophiegeschichten hatte er schon gelesen: Wie entsteht das Ich, das doch erst zur Existenz kommt, indem es sich selbst setzt? Dieser bohrenden Frage hatte sich bereits Fichte ausgesetzt gesehen, und diese Aporie realisierte auch Steiner: Das Ich »entschlüpft« uns, wenn wir nach dem Ich vor der Selbstsetzung fragen, »immer und immer nach rückwärts«. Aber man konnte noch schärfer fragen. Setzt sich das Ich überhaupt selbst oder entsteht es nicht vielmehr durch Anstöße von außen? Steiner nimmt diese Ursprungsfrage aus den Debatten um Fichtes Philosophie auf und fragt, wie »etwas ganz fremdartiges in die Tätigkeit des Ich« eintreten könne.[11] Hier wird es spannend, weil der Schritt von einer selbstbezogenen in eine soziale Konstitution des Subjekts anstand – genauer gesagt: angestanden hätte, aber bezeichnenderweise bricht das Manuskript hier ab. Steiner, der Einzelgänger aus Wiener Neustadt und der Oberlehrer seiner Wiener Studentenfreunde, hatte die sozialen Bedingungen menschlicher Existenz als philosophisches Problem vertagt. Zwei Jahre laborierte Steiner an der philosophischen Anthropologie. Dabei machte er eine philosophische Erfahrung, deren Kenntnis wir dem Briefverkehr mit seinem Freund Josef Köck verdanken. In dem ersten Brief, der uns überhaupt aus seiner Feder erhalten ist, finden wir ein aufschlussreiches und intimes Selbstzeugnis. Es ist der Bericht einer philosophischen Erleuchtung, der dokumentiert, mit welch existenzieller Verve Steiner philosophische Literatur las, wie ernst er auf der Suche nach dem Sinn jenseits der Welt technischer Machbarkeit war, in deren Begrenzungen er im Elternhaus aufgewachsen war. »Um 12 Uhr mitternachts« schreibt er am 13. Januar 1881 an Köck einen Brief, um von einer Erfahrung zu berichten, die sich drei Nächte zuvor zugetragen habe:

»Lieber, getreuer Freund!

Es war die Nacht vom 10. auf den 11. Januar, in der ich keinen Augenblick schlief. Ich hatte mich bis 1/2 1 Uhr mitternachts mit einzelnen philosophischen Problemen beschäftigt, und da warf ich mich endlich auf mein Lager; mein Bestreben war voriges Jahr, zu erforschen, ob es denn wahr wäre, was Schelling sagt: ›Uns wohnt ein geheimes, wunderbares Vermögen bei, uns aus dem Wechsel der Zeit in unser innerstes, von allem, was von außen hinzukam, entkleidetes Selbst zurückzuziehen und da unter der Form der Unwandelbarkeit das Ewige in uns anzuschauen.‹ Ich glaubte und glaube nun noch, jenes innerste Vermögen ganz klar an mir entdeckt zu haben – geahnt habe ich es ja schon längst –; die ganze idealistische Philosophie steht nun in einer wesentlich modifizierten Gestalt vor mir; was ist eine schlaflose Nacht gegen einen solchen Fund!«

Dieser Brief ist ein Wechselbalg. Er suggeriert unmittelbare Erfahrung und ist doch durch tagelanges Nachdenken stilisiert. Dabei tritt Steiner wieder in der Pose des Lehrers auf, der von seinem »Forschen« erzählt. Er gibt sich abgeklärt und souverän. Doch daneben stehen Formulierungen mit einem emotionalen Ausschlag, etwa die Rede von der »Entdeckung« inmitten der Schlaflosigkeit. Er sieht sich einen entscheidenden Schritt über Fichte hinaus, vom Denken zur Anschauung vorangeschritten. Hatte er bei Fichte noch beklagt, dass uns das »reine Ich« »entschlüpft«, so glaubte er mit Schelling, »das Ewige in uns anzuschauen«. Damit hielt er Kants Erkenntniskritik einmal mehr für erledigt, und dies legt auch der Kontext bei Schelling selbst nahe, der kurz nach der von Steiner zitierten »intellectuellen Anschauung« den Zustand bezeichnet, in dem »das anschauende Selbst mit dem angeschauten identisch ist«, das Selbst als Subjekt und als Objekt in eins fallen. Kants Grenzen, jegliche Grenzen der Erkenntnis wären damit aufgehoben.

Beim Kräutersammler und »Meister«

Am Ende dieses Jahres 1881 erfolgte eine weitere Begegnung, der Steiner eine hohe Bedeutung zuschrieb. Steiner nennt weder in seiner Autobiografie noch sonst in seinem Werk den Namen des Mannes, wir erfahren nur, dass er Heilkräuter gesammelt habe, um sie in Wiener Apotheken zu verkaufen.[12] Steiner lernte ihn auf den Bahnfahrten nach Wien kennen und besuchte ihn sogar mindestens zweimal zu Hause, wie wir inzwischen wissen, in Trumau, nochmals 15 Kilometer südlich von Brunn. Man könnte mit diesem Hinweis die Chronistenpflicht für erledigt halten, stieße man nicht in der anthroposophischen Steiner-Literatur auf eine große Oper: Der Kräutersammler sei in Wahrheit ein »okkulter Lehrer«, Steiners »Meister« gewesen und habe ihm eine »okkulte Unterweisung« erteilt – so Christoph Lindenberg. Und der weiß dann auch noch, dass die »Initiation«, die »Orientierung in der geistigen Welt«, von »Sätzen Fichtes« ausgegangen sei und bereits die revolutionäre Kosmologie theosophischer Prägung beinhaltet habe.[13] Man atmet tief durch und fragt sich: Woher weiß er das?

Natürlich hat Steiner die entscheidende Fährte gelegt. Seine große Erzählung über den Meister aus Trumau beginnt 1907, als er sich in der Theosophischen Gesellschaft als eigenständiger spiritueller Lehrer auszuweisen sucht und einem befreundeten Theosophen, dem elsässischen Schriftsteller Édouard Schuré, eine autobiografische Skizze zukommen lässt, weil Schuré nach Material für ein Vorwort von Schriften Steiners sucht, die er gerade ins Französische übersetzt. Hier erfährt man erstmals, dass Steiner vor seinem Hegel-Studium die Bekanntschaft mit dem »Gesandten« des Meisters gemacht habe, der in die »Geheimnisse« des Kosmos, des Menschen und der Geister »vollkommen eingeweiht« gewesen sei und ihn in Kontakt mit dem Meister gebracht habe.

1913, nach der Trennung von der Theosophischen Gesellschaft, stellt sich Steiner erneut als Eingeweihter dar und kommt wiederum auf diesen Dürrkräutler zu sprechen. Er habe »ungeheure okkulte Tiefen« besessen und sei der »Verkünder einer anderen Persönlichkeit« gewesen – den Begriff des »Meisters« meidet Steiner, denn im Gegensatz zu 1907 waren nun die Weichen auf Distanzierung von der Theosophie gestellt. Und anderthalb Jahrzehnte später, in seiner Autobiografie, spricht Steiner nochmals von dem Heilkräutersammler, aber wieder ist von Meistern keine Rede mehr. Wir hören nur noch ganz moderat von einem »geistigen Dialekt«, den er habe lernen müssen. Angesichts dieser immer wieder veränderten Aussagen liegt der strategische Einsatz der Informationen über den Kräutersammler offen zutage: Für den werdenden Theosophen war die Bedeutung hoch, für den arrivierten Anthroposophen hingegen überschaubar.

Ende der Fünfzigerjahre kam Licht in die Geschichte des »Kräutersammlers«. Steiners erstem Biografen, dem Anthroposophen Emil Bock, gelang ein kleiner Jahrhundertfund, er lüftete die von Steiner verborgene Identität des Dürrkräutlers: Felix Kogutzki aus Trumau, sodass heute in der maßgeblichen Edition des Jahres 1907 der Name genannt wird, den Steiner so sorgsam verschwieg: Felix Kogutzki eben, der aber nun »endgültig« der »Gesandte« des »Meisters« war.

Bei einem so gewaltigen Opernfinale hilft nur die Handwerksarbeit des Historikers, der dem »Vetorecht der Quellen« (Reinhard Koselleck) Geltung verschaffen kann. Dabei ist ein Brief Steiners vom 26. August 1881 an seinen Freund Ronsperger von zentraler Bedeutung. Denn aus inzwischen bekannten Aufzeichnungen Kogutzkis wissen wir, dass Steiner an diesem Tag zum zweiten Mal bei ihm gewesen war. Liest man Steiners Brief an Ronsperger von diesem Tag, in dem es seitenlang um sein damaliges Lieblingsthema geht, die Wahrheit des Idealismus gegenüber dem »verhassten Materialismus«, stößt man auch auf einige Zeilen, in denen er von einem Fußweg nach Trumau berichtet: »Ich lerne dabei das niederösterreichische Volk kennen und zugleich liebgewinnen. Diese Leute kommen einem mit einer erstaunlichen Aufmerksamkeit entgegen und werden bald recht zutraulich.« Schon im nächsten Satz geht es wieder um den Materialismus. Von Meistern, Agenten und Unterweisungen keine Rede. Vielmehr interessiert sich Steiner für einfache Leute, für das »Volk« – und Kogutzki ist nicht der einzige. Auf dem Weg nach Trumau war er zum Grab des Dorfschullehrers Johann Wurth gepilgert, dessen Gedichte er bewunderte. Nun kann man behaupten, Steiner habe Ronsperger von seinen »ethnologischen« Exkursionen berichten wollen, von seinem Initiationserlebnis aber eisern geschwiegen. Doch in der jovialen Rede vom »zutraulichen« »Volk«, die den Eindruck hinterlässt, Steiner habe sich wie im Zoo durch das Wiener Vorland bewegt, findet sich von auch nur vorsichtigem Respekt gegenüber einem »Meister« keine Spur. Angesichts des völligen Fehlens weiterer Hinweise auf eine Art »Initiations«-Erfahrung im Umfeld dieser Begegnung liegt ein anderer Schluss nahe: Felix Kogutzki war ein normaler Mensch, der etwas damals nicht mehr ganz Normales tat, nämlich mit Heilkräutern handeln. Vermutlich gehörte er zu den Laienheilern, die die empirische Universitätsmedizin am Ende des 19. Jahrhunderts aus der Krankenbehandlung verdrängte. In dieser Auseinandersetzung war die Pflanzenmedizin ein Rückzugsgebiet gegenüber der Schulmedizin, zu der häufig auch ein abgedrängtes, »okkultes« Denken gehörte. Dass Kogutzi irgendwie »naturmystisch« dachte, bestätigen sowohl Steiner als auch ein Sohn Kogutzkis.[14] Dieser Dürrkräutler mag Steiner beeindruckt haben, selbst wenn es dafür keinerlei zeitnahen Belege gibt. Aber ein theosophischer »Meister« wird daraus nicht.

DER PHILOSOPH

DREI

Intellektuelle Zuneigung. Goethe und andere Philosophen

Steiner wird Goethe-Forscher

Was sich da am 9. Oktober 1882 ereignet, klingt ein wenig nach der Karriere vom Tellerwäscher, der zum Millionär wird: Joseph Kürschner, Herausgeber der ersten Gesamtausgabe von Goethes Werken, überträgt Steiner die Edition naturwissenschaftlicher Werke Goethes. »Man bedenke«, bringt der Germanist Wolfgang Raub das Unerhörte auf den Punkt, »ein 21-jähriger Student, der weder irgendein Examen noch einen akademischen Grad hatte und noch durch keine Arbeit öffentlich hervorgetreten war«[1], wird in den Olymp der Goethe-Edition geladen, wo neben ihm die Koryphäen der Forschung sitzen.

Goethe-Forschung war in diesen Jahren ein kulturelles Politikum, denn der Geheimrat stieg soeben zum literarischen Nationalhelden auf. Die gerade einmal zehn Jahre alte deutsche Nation, 1871 im Spiegelsaal von Versailles im Blut des Sieges über Frankreich aus der Taufe gehoben, brauchte noch Identifikationsfiguren. Goethe-Denkmäler überzogen Deutschland, protestantische Pastoren hielten Goethe-Predigten zu Losungen des Meisters aus Weimar, Goethe-Literatur stand in den Regalen der Arbeiterbibliotheken, Goethe-Vereinigungen verschrieben sich dem Andenken des Meisters. Und nachdem in den 1880er-Jahren der Nachlass Goethes der Öffentlichkeit zugänglich wurde, nahm die Germanistik die Produktion des literarischen Praeceptor germaniae in Angriff.

Steiner verdankte seinen Aufstieg in diese deutschnationale Deutungselite seinem Mentor Julius Schröer, der ihn im Juni Kürschner avisiert hatte:

> »Ein Student in höhern Semestern, der Physik, Mathematik und Philosophie betreibt, bei mir auch seit Jahren Vorlesungen hört,

> befaßt sich eingehend mit Goethes naturwissenschaftlichen Schriften. ... Aus Gesprächen aber ersehe ich, daß er den Stoff beherrscht und eine selbständige, mir richtig scheinende Anschauung gewonnen hat. Er heißt Steiner.«[2]

Aber dahinter stand nicht nur Schröers Zuneigung zu Steiner, sondern auch ein ideenpolitisches Kalkül. Denn Schröer wollte im gerade laufenden Deutungskampf Goethe idealistisch interpretiert wissen und glaubte diese Ausrichtung durch Steiner gewährleistet. Kürschner seinerseits entschied nun weder nur ideenpolitisch noch nach den Maßstäben hehrer Wissenschaft. Denn seine Goethe-Edition war nur ein kleiner Teil eines gigantischen Publikationsprojekts, der *Deutschen National-Litteratur*, mit der die deutsche Nation ihren Klassikerkanon erhalten sollte. 220 Bände sollte das monumentale Legitimationsprojekt am Ende umfassen, und das heißt, dass Kürschner beständig auf der Suche nach Bearbeitern einzelner Bände war. Aber Kürschner, der »Lexikograph«, wie ihn die Zeitgenossen nannten, hatte eminent praktische Probleme, denn er kümmerte sich längst nicht nur um die *Deutsche National-Litteratur*. Daneben lancierte er Dutzende weiterer Projekte, darunter Nachschlagewerke wie die *Gekrönten Häupter*, das *Handbuch der Presse*, *Das ist des Deutschen Vaterland* oder *Deutschland und seine Kolonien*, sodann einen Schwung von Lexika, einige vom Umfang des großen *Brockhaus*, darüber hinaus Zeitschriften, etwa die viel gelesene Illustrierte *Vom Fels zum Meer* oder die *Kunstkorrespondenz*, und auch eine über 300 Bändchen umfassende Kollektion von Erzählungen unter dem Titel *Bücherschatz*. Die *Deutsche National-Litteratur* war »nur« das Flaggschiff dieses Publikationsimperiums. Als Großunternehmer in Sachen Literatur konnte er gar nicht jeden Band betreuen und hatte daher auch im Fall Steiners versucht, die Verantwortung zu delegieren. Schröer war als »Protektor« eingebunden, womit sich Steiner einverstanden erklärt hatte.[3]

Steiner muss sich mit einem unglaublichen Elan in die Arbeit gestürzt haben. Auf der Grundlage der Edition Salomon Kalischers in der »Hempelschen« Goethe-Ausgabe hatte er die aufzunehmenden Texte auszuwählen, was in dieser Phase wahrscheinlich noch in Abstimmung mit Schröer geschah, editionstechnisch aufzuarbeiten und eine Einleitung zu schreiben. Bereits ein halbes Jahr nach der Absprache mit Kürschner lieferte er das Manuskript des ersten Bandes an Schröer, und ein Jahr später, im März 1884, war dieser gedruckt. In dieser Goethe-Welt sah Steiner seine Zukunft. Im Oktober 1883 beendete er seine Studentenlaufbahn, wo er unter »Geistesdressur« durch »Formelgeschnörksel« habe leiden müssen – ohne Abschluss.[4] Daneben hatte ihn Kürschner auch schon für weitere Projekte beigezogen, 1884 erschienen naturkundliche Artikel Steiners in Kürschners *Taschen-Konversationslexikon.*

Goethe: Steiners erste intellektuelle Liebe

Doch Steiner begibt sich bald auf eigene Wege, immer im Reich der naturkundlichen Werke Goethes (nicht in den uns viel bekannteren Dramen und Gedichten Goethes). Noch ehe 1887 ein zweiter Band Steiners in der *Deutschen National-Litteratur* gedruckt wird, legt er seine eigene Goethe-Deutung vor, die *Grundlinien einer Erkenntnistheorie der Goetheschen Weltanschauung.* Darin aber präsentiert er nicht einfach Goethe, sondern seinen Goethe – wie jeder Goethe-Interpret. Der Angelpunkt von Steiners Goethe ist der Schröersche Goethe, der Goethe des Idealismus, der für Steiner zugleich ein Theoretiker objektiver Erkenntnis ist. Um die Attraktivität dieses Ansatzes zu verstehen, muss man sich wieder Steiners philosophische Fragen ins Gedächtnis rufen. Da war in erster Linie noch immer Kant. Man erinnere sich: Mit der Erkenntnistheorie Kants sah sich Steiner vom Inneren der Dinge, von dem Ding an sich und damit von der Welt der Ideen abgeschnitten. Vielleicht hatte sich diese Furcht an der Technischen Hochschule noch verstärkt, denn die Naturwissenschaften galten als Propagandisten einer »reinen«, »äußeren« Faktizität und oft genug als antiidealistische Front.

Gegen diese Phalanx der erkenntnistheoretischen Diesseitigkeit und des positivistischen Naturalismus bietet Steiner in der Mitte der 1880er-Jahre seine Philosophie des Idealismus auf den Spuren Goethes auf. An einem Beispiel aus den *Grundlinien* kann man sich das Grundmuster seiner Konzeption vor Augen führen: Wie gewinnt man den Allgemeinbegriff »Dreieck«? Steiner geht davon aus, dass es Dreiecke gibt, ohne dass wir sie sehen, dass Dreiecke also unserer Wahrnehmung vorausliegen. Das Dreieck komme also »nicht durch die bloße Betrachtung aller einzelnen Dreiecke« zustande, sondern existiere bereits, eben als Idee. Abstrakter gesagt: Im Denken werde der Gegenstand (das Dreieck »an sich«) »unmittelbare Erfahrung« (das wahrgenommene Dreieck), und diese »Erfahrung in der höchsten Form, sie weist jeden Versuch zurück, etwas von außen in die Erfahrung hineinzutragen«. Im Denken also, meint Steiner, ergreifen wir, besitzen wir die Idee. Dies war für ihn, wie er 1887 klarstellte, die Achse seiner Philosophie:

> »In der *Idee* erkennen wir dasjenige, woraus wir alles andere herleiten müssen: das Prinzip der Dinge. Was die Philosophen das Absolute, das ewige *Sein*, den Weltengrund, was die Religionen Gott nennen, das nennen wir, auf Grund unserer erkenntnistheoretischen Erörterungen: die *Idee.*«

Deshalb verlaufe der Prozess des Erkennens nicht vom Objekt zur Idee, sondern umgekehrt: Die Idee »*bewirkt* das zu Erfahrende«. In Steiners Augen konstruieren wir nicht vom gesehenen Dreieck ausgehend die Idee des Dreiecks, sondern weil wir die Idee des Dreiecks haben, erfahren wir das Dreieck materiell. Mit dieser Konstruktion war die Philosophie der Ideen für Steiner nur das Vehikel einer anderen Frage, mit der er sich als Kind des späten 19. Jahrhunderts vorstellte. Denn die *Grundlinien* sollten ja ausweislich des Titels eine »Erkenntnistheorie« sein. Und hier lag das eigentliche Interesse Steiners. Er schwamm mit auf der Welle der erkenntnistheoretischen Neuformulierung der Philosophie. Nicht wir sehen die Dinge an, sondern die Dinge »sehen« uns an. Anders gewendet: Wir bleiben nicht, gegen Kant gerichtet, in den Bedingungen unseres Sehens stecken, sondern die Gegenstände treten uns entgegen. Und weil beide Seiten, unser »Denken« und die »Idee« der Dinge, einen gemeinsamen Ursprung haben, können wir im »Denken« das »Innere«, das »Wesen« erkennen.

Damit ist für Steiner nicht nur der Graben zwischen dem »Wesen« der Dinge und unserer Wahrnehmung überbrückt, sondern auch die Opposition von Natur- und Geisteswissenschaften aufgelöst. Goethe ist für ihn, ganz in den Sehnsüchten des 19. Jahrhunderts, der Denker einer Philosophie, die alle Gegensätze überwindet. Steiner extrahiert aus Goethe eine monistische »Weltanschauung«. Die Durchführung dieses Gedankens ist bei Steiner komplizierter als hier skizziert, schon weil er sein Denken im Laufe der 1880er-Jahre um- und fortschrieb, doch mag, wer sich nicht für die Finessen philosophischer Begründungen interessiert, einmal mehr im nächsten Abschnitt weiterlesen.

Die konziseste Darstellung seines philosophischen Programms findet sich in der Einleitung zum zweiten Band seiner Edition von Goethes naturwissenschaftlichen Schriften aus dem Jahr 1887, wiederum seinen Ausgangspunkt von Kant nehmend. Dieser habe behauptet, dass man eine »Erkenntnis des Wesens der Dinge« nicht anstreben könne, »ohne sich zuerst zu fragen, wie eine solche Erkenntnis möglich sei«. Aber genau diese Perspektive hält Steiner für unangemessen, dieser Angelpunkt dürfe »nicht an der Spitze der Erkenntnistheorie« stehen. »Wenn ich nach der Möglichkeit eines Dinges frage, dann muß ich vorher dasselbe erst untersucht haben.« Hier gehen Steiners und Kants Ansatz auseinander: Kant denkt von unserem Wahrnehmungsapparat her, Steiner von den Dingen. Salopp gesagt: »Die Sinnenwelt stellt sich uns gegenüber wie aus der Pistole geschossen. … Wir können nur das eine sagen: Sie tritt uns gegenüber, sie ist uns gegeben« – so Steiner.

Er versucht, die Facetten und die Konsequenzen seines Ansatzes in vielfältigen Dimensionen auszufalten, etwa hinsichtlich der Metamorphosenlehre. Goethe ging davon aus, dass es eine Grundform, etwa einer Pflanze, gebe, deren Veränderung die Vielfalt von Formen erkläre. Auch Steiner ist der Meinung, dass ein Typus, »daß *eine* Grundform die Gestalt des Menschen sowohl wie der Tiere beherrsche«[5]. Damit wurde Goethe zum Evolutionsdenker avant la lettre, vor Darwins epochemachender Studie über den *Ursprung der Arten* von 1859. Aber Steiner verknüpft mit der evolutionären Deutung der Metamorphosenlehre kein historisches, sondern ein systematisches Interesse. Goethe sei die »sichere Basis« für die »moderne Deszendenzlehre« (wie man die Abstammungslehre damals auch nannte), »die Darwinsche Theorie setzt den Typus voraus«. Steiner schwimmt auf einer Welle der darwinistischen Goethe-Interpretation, die in diesen Jahren Furore machte.

Aber seine Deutungsambitionen gehen weit darüber hinaus ins Grundsätzliche: Wie sieht es mit der Erkenntnis des Zusammenhangs der Dinge aus? Bei Kant, wie er hinsichtlich der »organischen Bildungen« meinte, schlecht, denn bei ihm müssten wir »darauf verzichten, den notwendigen Zusammenhang der Idee des Ganzen, welche nur gedacht werden kann mit dem, was unseren Sinnen im Raume und in der Zeit erscheint, zu erkennen«. Aber in seiner eigenen Position, so Steiners Anspruch, sei der Graben zwischen Gegenstand und Wahrnehmung überbrückt und der »Zusammenhang« gewahrt.

Diese Wahrnehmung sollte nun kein blinder Prozess sein, sondern ein Spezifikum des bewusst reflektierenden Menschen. An dieser Nahtstelle platziert Steiner das »Denken«, das die Hauptlast seines Gegenentwurfs zu Kant trägt: »So wie jenes [das Auge] Farben, dieses [das Ohr] Töne, so nimmt das Denken Ideen wahr. Der Idealismus ist deshalb mit dem Prinzipe des empirischen Forschens ganz gut vereinbar. Die Idee ist nicht Inhalt des subjektiven Denkens, sondern Forschungsresultat.« Das Denken versteht Steiner mithin als ein Sinnesorgan des Menschen. Und weil man es als solches empirisch untersuchen könne, hatte Steiner in seinem Verständnis auch gleich die Naturwissenschaften in die Philosophie integriert. Dass sich mit Goethes Methode, der »offenbar« »einzig möglichen, um in das Wesen der Organismenwelt einzudringen«, eine »wahrhaft objektive Methode«, ein »objektiver Idealismus« begründen lasse, steht für Steiner in dieser panegyrischen Huldigung außer Zweifel. Dieses so aufgewertete Denken deutet er als Instanz, das die Wahrnehmung auf die Ideen hin komplettiere: »Erkennen heißt: zu der halben Wirklichkeit der Sinnenerfahrung die Wahrnehmung des Denkens hinzufügen, auf daß ihr Bild vollständig werde.«

Aber Wahrnehmung und Denken sind bei Steiner abstrakte Prozesse, sodass die Frage auftaucht, ob das Subjekt in diesem Erkenntnisvorgang überhaupt notwendig sei. Steiner hat darauf eine höchst ambivalente Antwort gegeben. Auf der einen Seite wertet er den Menschen in diesem Erkenntnisprozess göttlich auf. Wenn er den »Kern, der allen übrigen Wesen verborgen bleibt, enthüllt«, komme im Menschen »der Weltgeist zur Erscheinung«. Das ist bis in die Formulierung hinein populär-hegelianisches Denken. Dieser Mensch nun sei berufen, »zu vollenden, was die Urkraft begonnen hat«. Die Vollendung der Evolution ist Aufgabe des Menschen, bei der Gott zu sich selbst komme. Aber in diesem Umfeld finden sich zugleich Äußerungen Steiners, die eine ganz andere Antwort geben: Der Mensch müsse im Erkenntnisprozess »den Gedanken durcharbeiten, muß seinen Inhalt nachschaffen, muß ihn innerlich *durchleben*«. Durcharbeiten, nachschaffen, durchleben – damit beschreibt Steiner ein wenig starkes Subjekt. In einem kursiv gedruckten Merksatz in den *Grundlinien* heißt es 1886 in diesem Kontext: »*Reine Erfahrung ist die Form der Wirklichkeit, in der diese uns erscheint, wenn wir ihr mit vollständiger Entäußerung unseres Selbstes entgegentreten.*« Das ist nun in der Tat ein schwaches Subjekt. Dessen Eintritt in das Reich des Denkens und der Ideen eröffnet ihm eine absolute Erkenntnis nur dann, wenn es monistisch im Weltganzen aufgeht:

> »Indem das Denken sich der Idee bemächtigt, verschmilzt es mit dem Urgrunde des Weltendaseins; das, was außen wirkt, tritt in den Geist des Menschen ein: er wird mit der objektiven Wirklichkeit auf ihrer höchsten Potenz *eins. Das Gewahrwerden der Idee in der Wirklichkeit ist die wahre Kommunion des Menschen.*«

Man kann sich fragen, was all das noch mit Goethe zu tun hat – zu Recht. Denn Steiner nimmt sich die Freiheit, seine philosophischen Fragen von Goethe ausgehend zu reflektieren. Mit dem alten Weimarer haben Steiners Überlegungen noch Überschneidungsflächen, aber immer weniger eine gemeinsame Grundlage. Schon in der Bewertung Kants gehen beide weit auseinander. Sicher gab es bei Goethe einen kantkritischen Idealismus. Eine seiner bekanntesten Äußerungen war die Antwort an Schiller, der ihm vorhielt, die Urpflanze sei keine Erfahrung, sondern eine Idee[6], was Goethe mit der patzigen Bemerkung parierte: »Das kann mir sehr lieb sein, daß ich Ideen habe ohne es zu wissen, und sie sogar mit Augen sehe.«[7] Aber in einem langen Revisionsprozess näherte sich Goethe zentralen Auffassungen Kants an und stimmte ihm mit einer aporetischen Aussage zu, die die Gegensätze poetisch aufhob: Es sei unmöglich, das Wesen der Natur zu erkennen, aber gleichzeitig könne man nicht darüber schweigen. Goethe als schlichter Anti-Kantianer – das war eine Konstruktion Steiners.

An einem Punkt wird dieses Problem überdeutlich. Während Steiner auf eine totale Erkenntnis abzielt, konnte Goethe mit dem Geheimnis ganz gut leben. In einer populären Reflexion aus den *Sprüchen in Prosa* hatte Goethe geschrieben: »Das schönste Glück des denkenden Menschen ist, das Erforschliche erforscht zu haben und das Unerforschliche ruhig zu verehren.«[8] Steiner hatte diesen Spruch zu edieren und hat ihn kommentiert: Das Unerforschliche habe »durchaus kein Unerkennbares, Verborgenes zu sein«[9]. Das war nun eine durchaus abenteuerliche Goethe-Deutung. Von allfälligen Grenzen der Erkenntnis wollte Steiner nichts wissen. Dieser Satz Goethes hatte im Übrigen eine pikante Nachgeschichte: Lebenslang haben Kritiker Steiner mit diesem Goethe-Zitat vorgeworfen, Goethe nicht ausgelegt, sondern etwas in ihn hineingelegt zu haben.

An einem weiteren fundamentalen Punkt hingegen steht Steiner Goethe nahe. Auch Goethe war ein Metaphysiker. Unvergessen ist seine lebenslange Polemik gegen Isaac Newton, den Götzen, den »Baal Isaac«, den er der »Strahlenspalterei« des Lichts im Prisma bezichtigte[10], der in Goethes Augen »irrt, und zwar auf eine entschiedene Weise«[11]. Dass mit Goethe und Newton nicht nur zwei Naturforscher, sondern zwei Metaphysiker aufeinanderprallten, wissen wir heute genauer als zu Goethes und zu Steiners Zeiten, aber dass Steiner in diesem lichtfrommen Goethe einen Geistesverwandten fand, ist evident.

Steiners symbiotische Beziehung zu Goethe war allerdings kein trautes Zweierverhältnis, sondern Teil eines kulturellen Denkraums. Seine erkenntnistheoretische Instrumentalisierung Goethes gehörte zu den Versuchen des 19. Jahrhunderts, die Philosophie erkenntnistheoretisch neu zu begründen. Die Neukantianer hatten dies seit den 1860er-Jahren zum Programm gemacht und die naturwissenschaftliche Fundierung der Erkenntnistheorie, die Steiner für unabdingbar hielt, vorgedacht. Diese Interpretationstradition war gerade in der Goethe-Deutung damals angekommen, Salomon Kalischer hatte Steiner den Weg dazu geebnet. Aber die Fachphilosophen wussten längst, dass Goethe von »der gegenwärtigen Modekrankheit der Erkenntnistheorie noch gar nicht angesteckt war«, wie Gideon Spicker, Ordinarius für Philosophie in Münster, den Steiner schätzte, in einer Äußerung zu den *Grundlinien* klarstellte.[12]

Doch Steiner verarbeitet nicht nur »deutsche«, sondern auch spezifische Wiener Traditionen. Deshalb stößt man in den 1880er-Jahren bei ihm auf Franz von Brentano oder Johann Friedrich Herbart, auf Robert Zimmermann und Laurenz Müllner, und es liegt nahe, dass auch seine Goethe-Interpretation von diesem Umfeld beeinflusst wurde. Wenn man etwa bei dem Wiener Neukantianer Johannes Volkelt nachliest, dessen Schriften Steiner gut kannte (aber auch kritisch beurteilte[13]) und der wie Steiner ein Kant-Kritiker im Namen einer revidierten Metaphysik war, stößt man auf bemerkenswerte Ähnlichkeiten. Volkelt hatte 1879 das Buch *Immanuel Kant's Erkenntnistheorie nach ihren Grundprinzipien analysiert* vorgelegt, das sich mit den Interessen Steiners in den *Grundlinien* deckte. Im gleichen Jahr, in dem die *Grundlinien* erschienen, 1886, hatte Volkelt seine Philosophie in dem Buch *Erfahrung und Denken* nochmals zusammengefasst, und diese Positionen könnten bis in Formulierungen hinein auch bei Steiner stehen: von der Voraussetzung eines »absolut selbstverständlichen Wissens« bis zur »intuitiven Versenkung in das Naturleben als Erkenntnisquelle«[14]. Und allemal diesen Satz Volkelts über das Verhältnis von Denken und Erkenntnis hätte auch Steiner so schreiben können: »Das Denken zwar ist dasjenige, was aus dem subjektiven Erkennen ein objektives *macht*; das Denken ist die hervorbringende Ursache der objektiven Erkenntnisse.«[15]

Fünfzehn Jahre, von 1882 bis 1897, lebte Steiner im Bannkreis Goethes, fünfzehn lange Jahre dauerte diese erst große und dann doch schnell alternde Liebe. Daran war nicht nur die weltanschauliche Konkurrenz schuld, von der gleich noch zu sprechen ist, sondern auch der philologische Alltag, der schon bald die philosophische Erotik abkühlte. Neben das »Verschmelzen« »mit dem Urgrunde des Weltendaseins« in der »wahren Kommunion« trat das alltägliche Leben des Herausgebers: Texte sichten, Druckvorlagen erstellen, Fahnen korrigieren, Termine einhalten, das ganze Programm der editorischen Ameisenarbeit eben. Diese Handarbeit hat auch Steiners Liebe zu Goethe bald abkühlen lassen.

Außerdem wollte oder musste Steiner noch weiteres Geld verdienen. Denn das Stipendium, das er als Student erhalten hatte, floss nach seinem Ausscheiden aus der Technischen Hochschule im Oktober 1883 nicht weiter. Einen Teil seiner Finanzierung bildete das Herausgeberhonorar in der *Deutschen National-Litteratur*, für die Kürschner ihm möglicherweise 800 bis 1000 Reichsmark (vermutlich pauschal) zahlte.[16] Das entsprach dem Jahresgehalt eines Arbeiters im unteren Lohnbereich, aber zum Leben reichte Steiner das nicht. So bekam Goethe schnell Nebenbuhlerinnen. Nachdem Kürschner Steiners Debütband in der *Deutschen National-Litteratur* als »meisterhafte Arbeit« gelobt hatte, verstärkte sich die Zusammenarbeit. Steiner schrieb seit Oktober 1884 eine Vielzahl von Artikeln in *Kürschners Taschen-Konversations-Lexikon*, dann auch in dessen *Quart-Lexikon* und in *Pierers Konversations-Lexikon*, und er übersetzte zudem seine eigenen Texte für französische und englische Ausgaben. Allerdings erhielt Steiner die Entlohnung in Raten, je nach geleisteter Arbeit, und das sollte auf Dauer ein Problem werden.

Als Hauslehrer bei der Familie Specht

Steiner bezeichnete sich nun als »Schriftsteller«. Das war am Ende des 19. Jahrhunderts kein Synonym für einen armen Poeten, sondern die stolze Titulatur eines frei arbeitenden Intellektuellen. Ökonomisch jedoch blieb eine schriftstellerische Existenz prekär. Steiner benötigte ein regelmäßiges Einkommen. Und so nahm er im Sommer 1884 das Angebot von Pauline Specht an, die »Hofmeister-Stelle« in ihrem Haus zu übernehmen und die vier Jungen im Alter zwischen 6 und 14 Jahren zu betreuen.[17]

Am 15. Juli 1884 trat Steiner seine Stelle an, die ihm sechs

Jahre lang, bis er 1890 nach Weimar verzog, ein regelmäßiges Einkommen sicherte. Die Familie Specht war jedoch weit mehr als nur ein ökonomischer Faktor: Hier erhielt Steiner ein zweites Zuhause. Wenn Steiner 1887 einem nicht näher benannten Freund schreibt, dass er bei Menschen lebe, »die mir in solcher Liebe zugetan sind, daß in bezug darauf alle Wünsche überboten werden«, dann ist damit vor allen Dingen Pauline Specht gemeint, die Steiner damals »zu den besten Frauen, die ich überhaupt je kennen gelernt habe«, zählte. Am Ende der Wiener Zeit ist sie eine Art Mutter und Vertraute geworden, der er in der Weimarer Einsamkeit sein Herz ausschütten will und die er an seinem Lebensende als eine »treue Freundin« erinnert.

Sozial lebt er nun in einem völlig anderen Milieu als in seinem Elternhaus. Ladislaus Specht, der Mann Pauline Spechts, war als Baumwollimporteur zu einem beträchtlichen Wohlstand gekommen. Er konnte seiner Familie ein großbürgerliches Stadthaus bieten und mit der ganzen Entourage jedes Jahr an den Attersee im Salzkammergut in die Sommerfrische fahren, wohin man Steiner als Betreuer der Kinder regelmäßig mitnahm. Besonders intensiv berichtet Steiner in seinen Lebenserinnerungen über den Sohn Otto, der ein konzentrationsschwaches Kind gewesen sei, das überdies an einem Wasserkopf gelitten habe.[18] Den Lehrstoff habe er oft zwei Stunden lang für fünfzehn Unterrichtsminuten vorbereitet, denn länger sei Otto nicht aufnahmefähig gewesen. Letztlich habe er ihn dazu gebracht, das Gymnasium besuchen und Medizin studieren zu können; sogar der Wasserkopf habe sich während dieser Zeit zurückgebildet. Vermutlich steckt hinter Pauline Spechts Zuneigung zu Steiner auch ein gutes Stück Dankbarkeit für dessen Bemühungen um dieses Sorgenkind der Familie.

Durch Ottos Krankheit entwickelte Pauline Specht ein hohes Interesse an medizinischen Fragen. Über diese Frau dürfte Steiner medizinische Literatur und eine Reihe von Wiener Medizinern kennengelernt haben. Nachhaltig prägte ihn dabei vermutlich die Perspektive, mit der Pauline Specht an diese Fragen heranging. Sie habe, wie Steiner 1924 meinte, einer »naturalistischen Anschauung« nahegestanden. Vermutlich sah sie in körperlichen Faktoren die entscheidenden Auslöser auch psychischer Krankheiten. Das dürfte für den Idealisten Steiner eine Herausforderung gewesen sein, deren Konsequenzen er vermutlich, wenn er sie überhaupt gesehen hat, nicht überblickte: Eine solche »naturalistische Anschauung« barg im Ernstfall grundsätzliche Kritik an einem Idealismus. Pauline Specht dürfte ihm eine idealismuskritische Perspektive vermittelt haben, die im kommenden Jahrzehnt Goethe ausbooten sollte.

In diesem Haus lernt Steiner auch Joseph Breuer kennen, der als Hypnosearzt zu den Vorläufern der Psychoanalyse gehörte, die Breuers Bekannter, Sigmund Freud, schließlich entwickelte. Und auch hier dominierte ein naturalistisches Denken. Es gibt allerdings keine Indizien, dass sich Steiner schon in den 1880er-Jahren mit psychologischen Fragen beschäftigt hätte – oder er hat diese Dimension angesichts seiner späteren Feindschaft gegenüber der Psychoanalyse in seinen Lebenserinnerungen abgedunkelt. Nicht zuletzt, und darauf ist noch zurückzukommen, lernt Steiner mit der Familie Specht auch ein ganz neues weltanschauliches Milieu kennen: Die Spechts waren Juden – liberale.

Im intellektuellen Wien

Im Sommer 1884 dürfte sich Steiner mehr noch als sonst in die Lektüre philosophischer Werke gestürzt haben. Vielleicht hatte er eine akademische Karriere als Philosophieprofessor im Blick, aber mit abgebrochenem Studium ohne Abschluss war daran nicht zu denken. Möglicherweise hatte er gehofft, diesen Mangel durch seine Goethe-Arbeiten kompensieren zu können, vielleicht durch die *Grundlinien*. Jedenfalls liest er viel erkenntnistheoretische Literatur, etwa Werke des schon genannten Johannes Volkelt, vor allem aber einen Philosophen, der heute nur noch Fachleuten bekannt ist, damals jedoch in aller Munde war: Eduard von Hartmann. Von den einen als Philosoph des Seelenlebens hoch verehrt, von anderen wie Nietzsche abschätzig als »Modephilosöphchen« tituliert. Er war, nachdem er die Offizierslaufbahn wegen eines Knieleidens quittiert hatte, das ihn zwang, lebenslang meist liegend und unter Schmerzen arbeiten zu müssen, Privatgelehrter geworden und hatte den Zeitgeist zwischen zwei Buchdeckel unter dem Titel *Philosophie des Unbewußten* gepackt, ein Werk, das ihn 1869 über Nacht berühmt machte. So spannend diese Dimension für den späteren Steiner, den Theosophen, auch gewesen wäre: Dieses Werk hat ihn damals nicht sonderlich interessiert, vielmehr fixierte er auch Hartmann als Erkenntnistheoretiker. Dabei faszinierte ihn die Verbindung von Naturwissenschaft und Philosophie. Hartmann war für ihn ein Philosoph, der die empirischen, objektiven Naturwissenschaften zur Grundlage seiner Philosophie gemacht hatte, der sich als Metaphysiker sehe, der, so Steiner, »empirische Methode und idealistisches Forschungsresultat« vereine.

Diese Schnittstelle, an der naturwissenschaftliches Denken die Plausibilität für Metaphysik freisetzt, war die Mischung, die Steiners eigene Fragen auf den Punkt brachte. In einem langen Brief vom 4. September 1884 verneigt sich Steiner mit einer tiefen Ehrenbezeugung vor Hartmann, indem er behauptet, »seit Jahren mit aufrichtiger Verehrung zu Ihrem philosophischen Wirken emporzublicken« – was höflich geflunkert war –, um dann noch auszuführen, dass Goethes »Typus« mit Hartmanns »Unbewußtem« letztlich identisch sei – was eine, vorsichtig ausgedrückt, steile These war. Aber im Wissenschaftskonzept stimmte er Hartmann bei und nahm seinen Goethe gleich mit ins Boot: In Goethe sei die »Begründung der Organik als *wahrer Wissenschaft* zu suchen«.

Aber Steiner gefiel noch eine weitere Dimension an Hartmanns Werk. Hartmann war überzeugter Evolutionstheoretiker, namentlich die religiöse Entwicklung der Menschheit deutete er sozialdarwinistisch als Prozess einer evolutionären Höherentwicklung, hin auf eine »realistische Erlösungsreligion« mit einem »autonomen und autosoterischen Immanenzprincip«[19]. Steiner hat Hartmanns diesbezügliches Werk *Das religiöse Bewußtsein der Menschheit* aus dem Jahr 1881 gekannt und gelobt. Von seinen theosophischen Vorstellungen kultureller Evolution war er mit diesem Buch nur einen Spalt breit entfernt, aber diese Zeit war für Steiner noch nicht gekommen.

Der war mit seiner Lektüre vielmehr auf dem Weg, sich von Schröer und Goethe philosophisch selbstständig zu machen. Dabei knüpfte er Verbindungen zum intellektuellen Wien, die seine Überzeugungen auf dem von Pauline Specht gegangenen Weg tiefgreifend veränderten. 1886 lernte er die 22-jährige Marie Eugenie delle Grazie kennen, damals gerade ein aufgehender Stern am literarischen Wiener Himmel. Sie hatte zum Sturm auf den Idealismus angesetzt und propagierte einen Pessimismus, in dem die Natur das Leben diktierte und die Freiheit des Menschen als Illusion erschien. Delle Grazie schwamm damals, bevor sie in ihrer zweiten Lebenshälfte katholisch wurde, im Wasser eines Naturalismus, der die Faszination über den naturwissenschaftlichen Determinismus in die Kultur trug. Steiners Reaktion ist überraschend, nämlich unentschieden. Er himmelt delle Grazie trotz seines Idealismus und ihrer unüberhörbaren Goethe-Kritik an, stellt sie Schiller und Goethe zur Seite und verherrlicht ihre »wahre Poesie ... voll dichterisch gestaltender Kraft«. Aber zugleich gibt er seinen Idealismus nicht einfach verloren und widerspricht ihr mit einem Verehrungsgestus in der altertümlichen Form eines »Sendschreibens«, das er als Privatdruck publiziert. Darin blitzt auf, wie weit Steiner inzwischen trotz all seines Idealismus das Subjekt überhöhen konnte: »Wir wollen *nichts* der Natur, uns selbst *alles* verdanken.« Sein Ziehvater Schröer war entsetzt. Wenn Steiner so über die Natur denke, habe er sich mit ihm nie verstanden.[20]

Aber Steiner war unaufhaltsam dabei, philosophisch erwachsen zu werden, und ließ sich von derartigen Vorbehalten nicht beeindrucken, vor allem nicht von weiteren philosophischen Erkundungen abhalten. Im Umfeld delle Grazies kommt er 1886 mit einem weiteren Wiener Kreis in Berührung, der sich samstags im Cottageviertel trifft, einer Gartenstadt mit ambitionierten Gründerzeit- und Jugendstilvillen nordwestlich des Wiener Rings, etwa eine Stunde Fußweg vom Zentrum gelegen. Der Kopf dieses Zirkels ist der freisinnige katholische Theologe Laurenz Müllner, ein Philosophiehistoriker an der Theologischen Fakultät, der 1895/96 Rektor der Universität wird und später in die Philosophische Fakultät wechselt. Er spürt – wie Steiner – der Vereinbarkeit von moderner Naturwissenschaft und Metaphysik nach. Zu diesem Kreis gehört auch Adolf Stöhr, der Vorgänger Moritz Schlicks, der an der Philosophischen Fakultät

Logik unterrichtet, sodann der Alttestamentler und Zisterzienser Wilhelm Anton Neumann, der auch als Kunstwissenschaftler Ansehen genießt, oder der Erforscher der scholastischen Theologie des Mittelalters, Carl Werner. Steiner hat später seine erste große Begegnung mit der mittelalterlichen Philosophie, insbesondere derjenigen des Thomas von Aquin, in diesen Kreis verlegt. Nun wird man vielleicht auch darüber diskutiert haben, aber vornehmlich ging es in diesem Zirkel um literarische Themen.

Vermutlich verstärkten diese Bekanntschaften Steiners literarische Ambitionen, denn im Frühjahr 1889 beginnt er, Theaterkritiken zu verfassen. Dazu nutzt er einschlägig deutschnational ausgewiesene Blätter, die in Berlin erscheinende *Deutsche Post*, eine *Illustrierte Wochenschrift für die Deutschen aller Länder*, vor allem aber die seit 1889 erscheinenden *Nationalen Blätter*, das »Organ des deutschen Vereins in Wien«. Der 28-jährige Steiner geriert sich dabei als vollmundiger Kommentator. So etwa, als er den »König Midas« des norwegischen Dramatikers Gunnar Heiberg als »das Wetterleuchten einer ganz neuen Zeit« preist, hingegen den »grenzenlosen Unverstand« und die »rührende Ahnungslosigkeit« der Wiener Kritik geißelt. Dass er dabei Henrik Ibsen, den wirklich Großen der norwegischen Literatur am Ende des 19. Jahrhunderts, zum »letzten Ausläufer einer im Untergehen begriffenen Kultur« degradiert, macht deutlich, auf welch unsicheren Füßen Steiners Urteile stehen.

Hinsichtlich der Presse hat Steiner nun gar keine Vorbehalte, sich auf das hohe Ross des philosophischen Kritikers zu setzen. Gegenüber der größten habsburgischen Tageszeitung, der liberal-bürgerlichen *Neuen Freien Presse* aus Wien, poltert er, dass es in ihr »von stilistischen Verkehrtheiten, von undeutschen Wendungen« nur so wimmele und dass »jüdisch-mundartliche und andere der deutschen Sprache hohnbietende Wendungen« das Urteil rechtfertigten: »Die Journalistik tritt in einer geradezu pöbelhaften Ausdrucksweise auf: verlottert, schlottrig, schleuderhaft.« Doch immerhin weiß er manchmal, wie er ein gutes Jahr später gesteht, dass er generell einen »oft gerügten rechthaberischem Ton« besitzt.

Frondienst für Goethe

Durch all diese neuen Aktivitäten hatte sich die Herausgabe der naturwissenschaftlichen Schriften Goethes in den Hintergrund geschoben.[21] In den ersten beiden Jahren war noch alles gut gelaufen. Pünktlich hatte er 1883 das Manuskript für den ersten Band der *Deutschen National-Litteratur* geliefert. Im April dieses Jahres sollte vereinbarungsgemäß der zweite, im August der dritte Band folgen. Aber schon mit Band zwei haperte es. Mehr als zwei Jahre nach dem vereinbarten Abgabetermin bittet Kürschner im Januar 1886 »in der herzlichsten Weise, mir recht bald Aufschluß zu geben, bis wann ich nunmehr definitiv mit der Einsendung Ihres Manuskripts rechnen kann«. Kürschner lässt Milde walten, schließlich hatte er ja selbst zugestimmt, dass Steiner auch noch Dutzende von Lexikonartikeln verfasste. Und auch die 1886 abgeschlossenen *Grundlinien einer Erkenntnistheorie der Goetheschen Weltanschauung* hatte Kürschner mit eingefädelt.[22]

Zur Säumigkeit kamen editionstechnische Probleme. Man hatte mit der Herausgabe der Texte Goethes begonnen, ohne die Bestände im Weimarer Archiv präzise erfasst zu haben. Deshalb dürfte die Ordnung des Materials schwierig gewesen sein, und schließlich mussten auch mehr Bände als ursprünglich geplant aufgelegt werden. So also hebt Kürschner im Oktober 1886 leise den Finger: »Ich ersuche Sie in der dringlichsten Weise, mir sobald als möglich weiteres zu senden«, er sei »in peinlichster Verlegenheit mit dem Verlag«. Steiner arbeitet und schickt anderthalb Monate später die Goethe-Texte. Doch es fehlt die Einleitung. Und die sollte noch Monate auf sich warten lassen, denn Steiner war diskutierend und Aufsätze schreibend in Wien unterwegs. Vielleicht war er auch krank, jedenfalls begründet er Kürschner gegenüber damit im April 1887 das Ausbleiben zugesagter Texte.[23] Als die Einleitung dann im Sommer 1887 fertig wird, dokumentiert sie, dass Steiner inzwischen in einem neuen Denkmilieu zu Hause ist: Sie ist auch eine Hommage an Eduard von Hartmann im Gewand der Einleitung an Goethe.

Kürschner ist aber offenbar wieder guter Dinge und bezieht

Steiner im Herbst in ein weiteres Großprojekt ein, in die Neubearbeitung des *Pierer*, eine der großen Enzyklopädien des 19. Jahrhunderts. Ob Kürschner dabei wusste, dass Steiner im Sommer 1886 in die Herausgabe von Goethes naturwissenschaftlichen Schriften in der künftigen »Sophien-Ausgabe«, die eine historisch-kritische Gesamtausgabe werden sollte, eingewilligt hatte? Steiner jedenfalls sagt im Oktober 1887 Kürschner Einträge von teilweise erheblichem Umfang zu, erbittet weitere Artikel für den *Pierer* und beginnt überdies am 1. Januar 1888 mit seiner wöchentlichen Kommentartätigkeit in der *Deutschen Wochenschrift* (s. Kap. 5). Vielleicht hatte das auch mit finanziellen Notwendigkeiten zu tun, denn Steiner verließ im November 1887, mit gut 26 Jahren, das elterliche Haus und bezog erstmals in seinem Leben eine eigene Wohnung in der gutbürgerlichen Kolingasse bei der Familie Specht.

Aber Steiner überspannt den Bogen. Er ist unfähig, seine Aufgaben zu organisieren, und hat sein Leben immer weniger im Griff. Er sagt Abgabetermine im Dutzend zu und hält keinen ein. Am 28. Juli 1888 verspricht er fürs *Taschen-Lexikon* »täglich mindestens zwei Buchstaben«, »für Pierer ... morgen eine große Partie«, kündigt den Abschluss des dritten Bandes in der Edition der *Deutschen National-Litteratur* »in Bälde« an und ersucht Kürschner »dringend« um eine Akontozahlung in Höhe von 130 Mark für die beiden ersten Bände der Goethe-Ausgabe.[24] Steiner leidet, denn er ist, wie er seinem Freund Friedrich Lemmermayer klagt, mit den Lexika in eine »Hetzerei sondergleichen« geraten. Ein »grausamer Kopfschmerz« plagt ihn Ende Mai.[25] Steiners Seele und Geist sind in Unordnung geraten.

1889, im letzten Wiener Jahr, überschüttet Steiner Kürschner mit einer Flut ungehaltener Versprechen. Fast beliebig kann man seinen Briefwechsel aufschlagen, etwa im Frühjahr: »Beifolgende Blätter gehören noch in die Serie Daru-Desor«, »Piererartikel bis Em treffen morgen ein«, »anbei sende ich alle ... noch aus E restierenden Artikel«, »beiliegende E-Artikel entdecke ich eben als noch fehlend«, »anbei die von der fälligen Serie noch zurückgebliebenen Artikel. Der Artikel *Eiszeit* kann nur so sein, wie ich ihn gegeben habe.« Man fühlt sich in ein alpenländisches Bauerntheater versetzt. In seiner Not lügt Steiner, dass sich die Balken biegen. Am 6. Mai 1889 telegrafiert er Kürschner, dass der dritte Band fertig sei, fast ein Jahr, nachdem er den Abschluss »in Bälde« angekündigt hatte. Am 12. Juni verkündet er erneut die Fertigstellung des dritten Bandes, »*ganz bestimmt* bis längstens 20. Juni«, um am 20. Juni »um einen, wenn auch ganz kleinen Aufschub wegen des dritten Bandes« zu bitten, aber Kürschner könne »auf den Band bis *längstens* 27. d. M. rechnen«. Aber auch der Juni und auch der Juli vergehen ohne Ergebnis, erst am 7. August expediert Steiner das Manuskript. Dass es alles andere als satzfertig ist, merkt Kürschner spätestens beim Öffnen des Pakets. Erneut fehlen das Vorwort und die Einleitung, und erneut verspricht Steiner »recht bald« zu liefern. Parallel »entzückte« Steiner Kürschner mit säumiger Arbeit an Lexika-Artikeln und einem Telegrammwechsel in der Preisklasse »Gebirge Eilbrief abgegangen«. Nachdem der »in Bälde«, »ganz bestimmt bis« oder »recht bald« im Monats- und Wochenrhythmus angekündigte dritte Band kein Weihnachtsgeschenk für Kürschner wird, ist das Reservoir der verbindlichen Antworten Kürschners erschöpft:

»Stuttgart, 23. Dezember 1889

Verehrter Herr!

Ich weiß wirklich nicht, was ich Ihnen gegenüber verschuldet habe, daß Sie mich abermals in so riesige Verlegenheit bringen, wie dies mit dem Artikel ›Geologie‹ und der dazu erbetenen Tafel der Fall ist. Ich habe doch in meinem Schreiben ausdrücklich um umgehende Erledigung bzw. Rückantwort gebeten und bin bis heute noch nicht im Besitz der Sachen. Ich habe doch mit Ihren Pierer-Artikel die denkbar größte Nachsicht gehabt. ... auch über die so sehr dringende Angelegenheit betr. des Goethebandes habe ich, trotzdem mein Schreiben seit länger als 14 Tagen bei Ihnen ist, noch keine Silbe vernommen, noch Korrekturen erhalten. ...«[26]

VIER

Okkultistisches Intermezzo. Wiener Theosophen

Mitten auf dem Weg zum Naturalismus, auf den er sich in seinen Wiener Jahren begab und der ihn in immer größere Distanz zu allem brachte, was »Idee« und »Geist« hieß, traf Steiner um die Jahreswende 1889/90 auf das »mystische Element« Wiens: ein okkultistisches Milieu von Menschen, die mit der Erscheinung von Geistern experimentierten, nach ihrer letzten Reinkarnation fahndeten, von geheimen Kräften im Menschen wissen wollten, die antiken Mysterien von Eleusis und Samothrake wieder enthüllten und in der Theosophie den Schlüssel zu alldem wähnten. Das war keine Sache armer Leute, sondern das existenzielle Steckenpferd bildungsbürgerlicher Aufklärer. Das Herz dieser »heimatlosen Seelen«, wie er später die Pilger zu den spirituellen Kraftzentren nannte, Marie Lang, zählte gerade 30 Jahre, nur drei Jahre mehr als Steiner. Diese außergewöhnliche Frau, in zweiter Ehe mit dem Rechtsanwalt Edmund Lang verheiratet, Mutter von Erwin Lang, der später als Maler und Grafiker bekannt wurde und die Tänzerin Grete Wiesenthal heiratete, gehörte zur Avantgarde der Frauenemanzipation in Österreich und gründete 1893 mit der Philosophin Rosa Mayreder und der Lehrerin Auguste Fickert den Allgemeinen Österreichischen Frauenverein. Zu diesem Zeitpunkt war sie überzeugte Theosophin, der Mayreder ein »überströmendes Gefühlsleben, das keine Hemmungen durch Vernunftsgründe kannte«[1], zuschrieb. Sie lud zusammen mit ihrem Mann im Sommer 1888 theosophisch gesinnte und andere Freundinnen und Freunde in das Schloss Bellevue ein, das in der Nähe Wiens auf einer Anhöhe »mit herrlichem Rundblick«[2] lag. Der Theosoph Friedrich Eckstein, von dem gleich zu berichten sein wird, fand sich hier ebenso ein wie die theosophiekritische Rosa Mayreder oder der Komponist

Hugo Wolf. Steiner hat diesen Kreis vermutlich im Stadthaus der Langs in der Belvederestraße, im Süden Wiens nahe dem Oberen Belvedere, kennengelernt.

Vielleicht las man hier schon Blavatskys *Secret Doctrine*, ein kanonisches Werk der Theosophie, das 1888 frisch erschienen war. Sicher aber kannte man den schon 1884 auf Deutsch erschienenen *Esoterischen Buddhismus* von Alfred Percy Sinnett, einem Mitarbeiter Blavatskys. Steiner kam hier, so Rosa Mayreder, in einen »geheiligten Geheimbund«: »Da vermählte sich die Märchenwelt des deutschen Waldes mit den Geheimnissen des Orients ...; das Christentum, bis zum Überdruß profaniert durch den Handlangerdienst im Alltag, erhielt eine neue weihevolle Gestalt, indem es sich in die Priestergewänder von Samothrake und Eleusis hüllte und wieder hinunterstieg in die Königsgrüfte der ägyptischen Pyramiden, wo es seine tiefsten Geheimnisse empfangen hatte.«[3]

In diesem Zirkel dürfte Steiner mit der theosophischen Literatur in Kontakt gekommen sein, auch wenn sich das nicht mehr genauer rekonstruieren lässt. 1913, nach seiner Trennung von der Theosophischen Gesellschaft, als er ein großes Interesse daran hatte, sich als frühen Anhänger der Theosophie darzustellen, berichtete er, Sinnetts *Geheimbuddhismus* erstanden zu haben und auch ein theosophisches Meditationsbuch – Mabel Collins *Licht auf dem Weg*, das er gar einer kranken Frau erläutert habe.[4] An seinem Lebensende hingegen, als er seine Autobiografie mehr auf Eigenständigkeit hin bürstete, schrieb er, Sinnetts Buch durch »einen Freund« – vielleicht verbirgt sich dahinter Eckstein – erhalten, es aber nicht gelesen zu haben, jedenfalls nicht, bevor er »Anschauungen aus dem eigenen Seelenleben« gehabt habe. Eckstein schließlich behauptete in seinem Lebensrückblick noch, Steiner in Blavatskys »Geheimlehre« »eingeweiht« zu haben.[5] Wenn das wirklich stimmt, hat dieses Werk bei Steiner damals keine Spuren hinterlassen. Zu allem Überfluss schreibt Mayreder in ihren Erinnerungen, dass Steiner die Theosophie damals »rundweg als eine Schwachgeistigkeit« ablehnte.[6] Diese Widersprüche sind schlicht nicht auflösbar.

In diesem Kreis begegnete Steiner nun wirklich einem »Meister«, einem Grenzgänger zwischen Intellektualität und Esoterik im Wien des ausgehenden 19. Jahrhunderts: Friedrich Eckstein. Er war in einer großbürgerlichen jüdischen Familie aufgewachsen, deren liberale Ausrichtung schon an den Biografien der Kinder deutlich wird: Seine Schwester Therese war Aktivistin in der Sozialdemokratischen Arbeiterpartei, seine Schwester Emma Frauenrechtlerin und eine der ersten Patientinnen Sigmund Freuds, sein Bruder Gustav Journalist und ein Vordenker des Austromarxismus. Mit dem Erbe, das die väterliche Pergamentfabrik hergab, hatte sich Friedrich Eckstein in den religiösen »Untergrund des Abendlandes« gestürzt und viel Geld in eine stadtbekannte Bibliothek gesteckt, in der alchemistische Rezeptbücher neben den neuesten Werken der Theosophie standen. Aber Eckstein war auch ein musikalisch Sensibler. Er förderte nicht nur Hugo Wolf, sondern unterstützte auch Anton Bruckner, dessen Manuskripte die Österreichische Nationalbibliothek größtenteils Eckstein verdankt.

Als Steiner Eckstein kennenlernte, war dieser gerade tief in die Theosophie versunken. Er hatte sie wohl durch Franz Hartmann kennengelernt[7] und sich quer durch Europa auf die Suche nach Madame Blavatsky gemacht, nachdem er gehört hatte, dass diese Indien verlassen hatte. Im Frühjahr 1886 traf er sie endlich in Ostende und war, dekoriert mit Urkunde und goldenem Rosenkreuz und zum Präsidenten der Wiener Loge und Generalsekretär der österreichischen Sektion ernannt, nach Wien zurückgekehrt.[8] Für einige Jahre, vermutlich bis 1892/93, also genau in der Zeit, in der er Steiner traf, amtierte er als Wiener Obertheosoph, ehe er der Theosophie wieder den Rücken kehrte.

Steiner und Eckstein sind sich in dieser Zeit nicht nur bei den Langs begegnet, sondern auch in der »Diskussionszentrale« Café Griensteindl am Michaelerplatz, unmittelbar gegenüber dem Osteingang der Hofburg. Ecksteins Erinnerungen an diesen Umschlagsplatz der kulturellen Debatten verdanken wir ein kleines literarisches Porträt Steiners:

> »Um diese Zeit tauchte in unserem Kreise ein völlig bartloser blasser Jüngling auf, ganz schlank, mit langem Haar von dunkler Färbung. Eine scharfe Brille gab seinem Blick etwas stechendes und mit seinem langen, bis über die Knie reichenden schwarzen Tuchrock, der hochgeschlossenen Weste, der schwarzen

> Lavallière und dem ganz altmodischen Zylinderhut, machte er durchaus den Eindruck eines schlecht genährten Theologiekandidaten.«[9]

Diese Begegnung mit dem Wiener Okkultismus hätte Steiners Einstieg in die theosophische Welt sein können, aber daraus wurde nichts – vorerst. Selbst mögliche theosophische Vorprägungen aus dieser Wiener Zeit hat er von sich gewiesen, umso heftiger, je älter er wurde und je mehr er auf seine Eigenständigkeit als Hellseher pochte. Immerhin hat Steiner Marie Lang wohl 1910 bei einem Aufenthalt in Wien noch einen Besuch abgestattet[10], wo sie den Vorsitz einer theosophischen Loge führte; aber sie wandte sich später von der Theosophie ab.

FÜNF

Der Deutsche im Habsburgerreich. Nationalismus im Vielvölkerstaat

Multikulturalismus

1879, als Steiner nach Wien kam, befand sich das Habsburgerreich, der Vielvölkerstaat unter den Fittichen des kaiserlichen Doppeladlers, in einer tödlichen Zerreißprobe. Um diesen multiethnischen Herrschaftsraum, der Steiners politisches Denken und seinen deutschen Nationalismus wie ein unsichtbares Fluidum prägte, zu verstehen, muss man sich kurz einige historische Fakten vergegenwärtigen. Das habsburgische »Vielvölkerreich« war eine frühe Form der »Europäischen Union«, bevor Europa im 20. Jahrhundert knietief im Blut des Nationalismus watete. Ein Vielvölkerreich zu sein hieß, fast ein Dutzend »Völker« zu beherbergen: Deutsche, Italiener, Kroaten, Polen, Rumänen, Ruthenen (wie man die Ukrainer damals nannte), Serben, Slowaken, Slowenen, Tschechen und Ungarn, um nur die größeren Ethnien zu nennen. Von den Albanern über die Bulgaren, die Griechen und die Sinti und Roma bis zu den Rätoromanen und vielen anderen kleineren ist dabei noch nicht die Rede. Quer dazu verlief die religiöse Pluralität. Es gab die lateinischen – katholische, evangelische (lutherische und reformierte) – und die orthodoxen Christen, die als ethnische Metropolitanverbände organisiert waren: vor allem die ruthenische, rumänische und die serbisch-orthodoxe Kirche. Dazu kamen die Juden, aschkenasische im Osten und sephardische, die eng mit der westeuropäischen Kultur verbunden waren. Nicht zu vergessen die Muslime, die seit der Okkupation Bosniens und der Herzegowina im Jahr 1878 in größerer Zahl zum Habsburgerreich gehörten.

Die Lebensbedrohung für dieses Vielvölkerkunstwerk ging vom Nationalstaat aus, den man im 19. Jahrhundert gerade erfunden hatte. Er gierte nach sprachlich und ethnisch homogenen Staaten und drängte die Minderheiten meist zur Aufgabe ihrer kulturellen Eigenheiten, insbesondere ihrer Sprache. Die Faszination der Nation war unbeschreiblich, sie war die politische Religion des 19. Jahrhunderts. Auch für das Habsburgerreich notierte der Austromarxist Karl Renner, der nach dem Ersten Weltkrieg der erste Regierungschef der »Republik Deutschösterreich« wurde, in einem damals geflügelten Wort das »Erwachen des Nationalismus in den Völkern«. Schon polterten die Nationalisten, dieser »Völkerkerker« gehöre zerschlagen – und kalkulierten die Erledigung des Minoritätenproblems durch freiwillige oder erzwungene Anpassung ein.

Die Vertreter eines multiethnischen Staatskonzepts gerieten in die Defensive, zumindest in der Lautstärke der Argumentation, aber es gab sie: den Kaiser, der nicht nur deutsch sprach und Katholik war, sondern auch den Ausgleich zwischen den Ethnienund Religionsgemeinschaften beförderte, aber auch Konflikte für die eigenen Interessen funktionalisieren und Völker gegeneinander ausspielen konnte; sodann die adeligen Führungsschichten, die aufgrund ihrer familiären Bande transnationale Beziehungsnetze besaßen; Teile des katholischen Klerus, die durch die Bindung an Rom eine Perspektive über die Grenzen des Nationalstaats hinaus hatten; schließlich die Arbeiterschaft, deren soziale Probleme in unterschiedlichen Völkern gleich waren. Und natürlich suchten die Minderheiten Schutz unter den Habsburger Fittichen, allen voran die Juden, die ohne Chance auf ein eigenes Territorium waren. Schließlich wird man auch »einfache« Bevölkerungsschichten nicht schlicht den Nationalisten zuschlagen, jedenfalls kamen die Propagandisten des Nationalismus vielfach aus gebildeten Milieus. Heute wissen wir, dass die Herstellung von »Sprachgrenzen« und »Völkern« und nationaler »Identität« ein komplizierter und manchmal gewaltsamer Prozess war, den man mit Schulen, Kulturvereinen und viel Ideologie auf den Weg bringen musste. Steiners Jugend an der deutsch-ungarischen »Sprachgrenze« – de facto ein teilweise zweisprachiges Milieu mit Überlappungszonen – spielte sich in genau diesen verzweifelten politischen Versuchen ab, eindeutige Identitäten herzustellen, wo hybride Zugehörigkeiten Tradition hatten.

Unter dem Druck des Nationalismus rollten seit den 1860er-Jahren unentwegt politische Reformwellen über das Habsburgerreich, die Kompromisse zwischen den Nationalismen und dem multiethnischen Staat zu schmieden versuchten. Nach der Verfassungsreform von 1867 hieß das Habsburgerreich deshalb offiziell Österreich-Ungarn, womit man den Interessen der Magyaren entgegenkam, und der berühmte Artikel 19 des Staatsgrundgesetzes schrieb in diesem Jahr fest, dass »alle Volksstämme« ihre »Nationalität und Sprache« pflegen dürften und »gleichberechtigt« seien. Aber die Realität war komplizierter, insbesondere weil aus Unterschieden immer wieder Hierarchien wurden. Denn natürlich gab es Führungsansprüche, gerade in Wien seitens der Deutschen – und im ungarischen Grenzraum seitens der Ungarn, dies hatte ja der kleine Rudolf erfahren.

Diese Reformversuche erlebte Steiner unter Eduard Graf Taaffe, den der Kaiser im Jahr von Steiners Studienbeginn, 1879, zum Ministerpräsidenten in Cisleithanien, also dem österreichischen, deutschen Reichsteil, ernannt hatte. Taafe, monarchisch gesinnt und christlich geprägt, war ein konservativer Pragmatiker. Um die »wohltemperierte Unzufriedenheit« zu befrieden, brachte er nicht nur die moderne Sozialgesetzgebung auf den Weg, sondern suchte auch die Einheit des Reiches und die Pluralität der Ethnien zu versöhnen. Für Böhmen und Mähren erließ er 1880 die Anweisung, die Amtshandlungen in der Sprache der Eingabe abzuwickeln. Dies war der Beginn einer hochkomplexen, bis zum Ersten Weltkrieg reichenden Sprachenpolitik, die auf Ausgleich statt Dominanz zielte. Aber damit handelte man sich nicht nur Freunde, sondern auch Feinde auf allen Seiten ein. Den Tschechen in Böhmen und Mähren reichte diese Anerkennung ihrer Sprache längst nicht aus, und die Deutschen fürchteten ein Minderheitsschicksal.

Auch in Wien, an der Grenze des deutschsprachigen Siedlungsraums gelegen und begehrtes Ziel von Einwanderern aus allen Ecken des Habsburgerreichs, bestimmten zunehmend die scharfen Töne des Nationalismus die politische Agenda. Dazu gehörte nicht zuletzt ein militanter Antisemitismus, wie ihn zu Steiners Wiener Zeiten der Katholikenfresser und Alldeutsche Georg Ritter von Schönerer und um 1900 der Katholik und Wiener Bürgermeister Karl Lueger propagierten. In diesem Umfeld nationalisierte sich in den 1880er-Jahren auch Steiners unmittelbares Umfeld, die Wiener Studentenschaft wurde zur Speerspitze des universitären Antisemitismus im deutschsprachigen Raum. Steiners Wien war ein Laboratorium des Nationalismus.

Steiner, der Deutsche

Aus dem deutsch-ungarischen Grenzgebiet kommend, im elterlichen Haus mit den Marginalisierungsängsten der Deutschen des Habsburgerreichs konfrontiert und durch den Vater nationalistisch imprägniert, geriet Steiner in Wien in den Strudel der Nationalismus-Debatten. In seinem langen Wiener Jahrzehnt, von 1879 bis 1890, erhielten auch seine Überzeugungen über Nationen und Menschen und Kulturen, insbesondere über die Mission der Deutschen, fundamentale Prägungen.

In welchem Ausmaß sich deutschnationale Vorstellungen bei Steiner in den ersten Studienjahren verfestigt und entwickelt haben, dokumentieren Briefe an seine Freunde aus dem Jahr 1881. Diese lasen offenbar mit Begeisterung Heinrich Heine, den kritischen Begleiter der deutschen Nationalisierung am Beginn des 19. Jahrhunderts, der zwischen Judentum und Katholizismus und zwischen Deutschland und Frankreich gerade nicht die geforderte Eindeutigkeit lieferte. Angesichts der grassierenden Heine-Begeisterung fühlte sich Steiner aufgerufen, seinen Freunden die Leviten zu lesen: Man möge doch die Finger lassen von Heine, »dem literarischen Gassenjungen, dem Vaterlandsverächter«, der die Menschen »um den Verstand« bringe. Dieser »Deutschen-Verächter hole sich Ruhm bei den Franzosen, vielleicht findet er dort Anklang, wo er, verlottert und verbuhlt, frivole und ein edleres Gefühl verletzende Lieder gesungen hat«. Heine sei einfach »widerlich«. Stattdessen fühlte sich Steiner berufen, den Kampf gegen »rückschrittliche, undeutsche und moralisch tief stehende Verirrungen« aufzunehmen, und empfahl »deutsche edle Herzen« wie Wilhelm Müller, den Textdichter von Franz Schuberts »Winterreise«, oder Georg Gottfried Gervinus, der sich in den 1840er-Jahren zur Kanonisierung der

»poetischen National-Literatur der Deutschen« berufen fühlte. Nicht zuletzt erteilte Steiner den Ratschlag, den Präzeptor des preußisch-deutschen Nationalismus zu lesen, Johann Gottlieb Fichte, und seine »Reden an die deutsche Nation«. Das hieß, einen Menschen zu lesen, der vorschlug, eine »Nationalerziehung« einzuführen, die »die Freiheit des Willens gänzlich vernichtete«, um den Nationalstaat alles sein zu lassen.[1]

Mit der Verehrung solcher Vorbilder radikalisiert Steiner den gefühlten Nationalismus seiner Kindheit und bringt ihn auf den Begriff. Dabei dürfte das universitäre Milieu eine wichtige Rolle gespielt haben. Sein akademischer Ziehvater Schröer, aus einer deutschsprachigen Minderheit stammend, hatte Steiner mit seinem literarischen Deutschnationalismus imprägniert. Auch das studentische Umfeld verschärfte Steiners latenten Nationalismus. Das Jahr 1880 gilt als Wendejahr zum radikalen Antisemitismus in der Wiener Studentenschaft, mit ausgelöst durch neue tschechische Lehrkanzeln an der Prager Universität als Konsequenz der Sprachenverordnung. Die deutschsprachigen Studenten organisierten sich verstärkt, unter anderem in Lesevereinen. In einer solchen Einrichtung wird Steiner aktiv. Seit dem Frühjahr 1881 ist er ehrenamtlicher Bibliothekar und später kurzzeitig Vorsitzender der »Deutschen Lesehalle«.

Auch seine religiösen Orientierungen integriert Steiner in seinen wachsenden Nationalismus. Der römische Katholizismus mit seiner internationalen Verflechtung erscheint ihm suspekt. 1882 proklamiert er, der antirömische »Altkatholizismus« sei die »*Religions*form für unser Volk«. Diese Position verbindet ihn mit vielen reichsdeutsch ausgerichteten österreichischen Nationalisten; Schönerer etwa trat 1900 zum Protestantismus über. Aber für Steiners Lebenspraxis bleiben solche Überlegungen folgenlos, er ist dem kirchlichen Christentum längst entfremdet.

Sein Interesse für politische Fragen nimmt in den Achtzigerjahren zu. So verfolgt er wohl 1886 die parlamentarischen Debatten des »Reichsrates« mit seinen beiden Kammern, dem Abgeordneten- und dem Herrenhaus, die seit 1883 im Parlamentsgebäude an der Ringstraße tagten, auf der Zuschauergalerie. In diesem Haus spielte sich der Versuch ab, der ethnischen Vielfalt im Habsburgerreich einen parlamentarischen Rahmen zu geben.

Die Geschäftsordnung sah vor, dass alle in ihrer Muttersprache und ohne Zeitbegrenzung reden durften. Damit konnte man jede parlamentarische Debatte und jeden demokratischen Entscheidungsprozess lahmlegen. Dieser Versuch, die multiethnische Vielfalt des Habsburgerreichs parlamentarisch zu bündeln, war ein historisches Debakel.

Steiner hat solche Debatten mit seiner deutschnationalen Brille gelesen. Wenn er noch an seinem Lebensende die »schneidenden Anklagen« des nationalliberalen Reichsrates Bartholomäus Carneri »gegen das Ministerium Taaffe« als eine »Verteidigung des Deutschtums in Österreich« lobt, wird deutlich, wes Geistes Kind er damals war. Immerhin kommentierte Steiner den Missbrauch der parlamentarischen Verfahren kritisch, beklagte »höchst unwürdige Szenen« oder die »Skandalsucht«. Doch letztlich stabilisierte dieses Parlament bei vielen antiparlamentarische Haltungen, auch bei Steiner, dessen Demokratiekritik sich bis zu seinem Lebensende durchhielt. Damit stand er bekanntlich nicht allein. Das folgenreichste Beispiel ist ein anderer Deutschösterreicher, der ebenfalls aus einem antiklerikalen Elternhaus kam und auch sehnsüchtig auf Reichsdeutschland starrte: Adolf Hitler.

Steiner hat keinen Hehl daraus gemacht, dass er in (reichs-) deutschnationalen Überzeugungen seine politische Heimat fand: »Mit um so größerer Begeisterung verschrieben wir uns der aufstrebenden deutsch-nationalen Bewegung. Ihre Führer kümmerten sich wenig um das, was man vorher den ›österreichischen Staatsgedanken‹ genannt hatte.« Steiner stand denen nahe, die für das multiethnische Habsburgerreich keinen Pfifferling mehr gaben. »Um so hoffnungsfreudiger glaubten die jüngeren Deutschen« (Österreicher), »in die Zukunft blicken zu dürfen, wenn sie ihr eigenes Volkstum betonten, wenn sie sich in ihre Nationalkultur vertieften und den Zusammenhang mit dem Gange des Geisteslebens in Deutschland pflegten«, meinte Steiner 1900. Sein politischer Blick war nach Norden gerichtet, auf das Deutsche Reich. Den Doppeladler hatte er abgeschrieben.

1888 fühlte sich Steiner, 27 Jahre alt, berufen, seine politischen Überzeugungen in die Öffentlichkeit zu tragen. Sein Medium wurde die *Deutsche Wochenschrift*, das in Berlin und Wien erscheinende »Organ für die nationalen Interessen des deutschen Volkes«. Die großdeutsche Orientierung war Programm. Man sei »ein Organ ... für die gemeinsamen nationalen Interessen Oesterreichs und Deutschlands, denn diese sind Interessen des deutschen Volkes«. »Mit rücksichtsloser Entschiedenheit wird die *Deutsche Wochenschrift* überall in den schweren nationalen Kampf eintreten, den die Deutschösterreicher führen.«[2] Steiner schwamm in einem hochkonzentrierten nationalistischen Fahrwasser. Im April 1888 verbot die österreichische Zensur eine Ausgabe wegen eines Artikels »Die Tschechen«, da man dort »durch Schmähungen Andere zum Hasse oder zur Verachtung gegen das Abgeordnetenhaus«[3] aufreize, und am 13. Juli erlebte Steiner die »Confiscation« der *Deutschen Wochenschrift* mit.[4]

Vom Januar bis zum Juni 1888, als die Zeitung eingestellt wurde, schreibt Steiner Woche für Woche einen Überblick über das politische Geschehen und kommentiert politische Vorgänge in der Rubrik »Die deutschnationale Sache in Österreich«. Als alter Mann hat er 1924 eingestanden, dass ihm all das aufgrund mangelnden Wissens »nicht leicht« gefallen sei. Kein Wort findet sich dabei allerdings zu seinem – man kann es kaum anders nennen – verbalmilitanten Kulturimperialismus nach dem Motto »Deutsche lehren – Slawen lernen«. Im Originalton hörte sich Steiners Vision von der »Kulturmission, die dem deutschen Volke in Österreich obliegt«, so an:

> »Die nicht-deutschen Völker Österreichs [müssen], um zu jener Bildungshöhe zu kommen, die eine notwendige Forderung der Neuzeit ist, das in sich aufnehmen ..., was deutscher Geist und deutsche Arbeit geschaffen haben. ... Wenn die Völker Österreichs wetteifern wollen mit den Deutschen, dann müssen sie vor allem den Entwicklungsprozess nachholen, den jene durchgemacht haben, sie müssen sich die deutsche Kultur in deutscher Sprache ebenso aneignen, wie es die Römer mit der griechischen Bildung in griechischer, die Deutschen mit der lateinischen in lateinischer Sprache getan haben. Der aus der Geschichte mit Notwendigkeit sich ergebende Entwicklungsprozeß der Völker sollte die Gesichtspunkte abgeben ...« »Die Slaven müssen noch lange leben, bis sie die Aufgaben, die dem deutschen Volke obliegen, verstehen, und es ist eine unerhörte Kulturfeindlich-

keit, dem Volksstamm bei jeder Gelegenheit Prügel vor die Füße zu werfen, von dem man das geistige Licht empfängt, ohne welches einem die europäische Bildung ein Buch mit sieben Siegeln bleiben muß.«

In solchen patriarchalischen Maßregelungen war das intellektuelle Gewaltpotenzial des nationalistischen Denkens versammelt: Es gebe kulturell entwickelte und unterentwickelte Gruppen, aus denen »Völker« konstruiert werden, die sich in einem Evolutionsprozess befinden, der den entwickelten Völkern die »Aufgabe« zuweise, als Lehrer zu walten und die Siegel der Bildung zu erbrechen. Vielen Zeitgenossen kam diese Überzeugung, etwas weniger biologistisch formuliert, in diesen Jahrzehnten leicht über die Lippen: »Am deutschen Wesen soll die Welt genesen« – so der Dichter Emanuel Geibel 1861.

Wenn man diesen Steiner verstehen will, muss man die Ängste kennen, die die deutschen Österreicher umtrieben: die Furcht vor dem Verlust der führenden Rolle im Habsburgerreich, die zunehmend militante Organisation des Nationalbewusstseins in anderen Ethnien, etwa bei den Jungtschechen, oder die Probleme, »die« Deutschen als politische Gruppe zu sammeln. Gerade in Wien mit seiner großen Zahl von Migranten aus den östlichen Gebieten des Habsburgerreichs und den nur wenige Stunden entfernten slawischen Siedlungsgebieten hatten solche Bedrohungsszenarien Konjunktur. Diese Ängste hatte Steiner mit der Muttermilch aufgesogen.

Erlösung von dieser Untergangsangst versprach das Deutsche Reich. So verwundert es nicht, dass Steiner in den Wochenchroniken dem deutschen Kaiserhaus im »Drei-Kaiser-Jahr« 1888 hymnisch huldigt. Wilhelm I., der 1888 gestorben war, lobt er als »greisen Helden«, seinen Sohn Friedrich III. als »edlen Prinzen«, und den 29-jährigen Enkel, der als Wilhelm II. im Juni den Thron besteigt, feiert er als Verkünder »einer wahrhaft großartigen Botschaft an das deutsche Volk«, die »den Strebungen des Volksgeistes und nationalen Sinnes im vollsten Maße Rechnung« trage. Dass gerade Wilhelm II. zu den Totengräbern des alten Europa und des Habsburgerreichs gehören sollte, weil er die Deutschen in den Weltkrieg nach Verdun und Ypern führte, konnte man zu diesem Zeitpunkt noch nicht wissen. Eigene Erfahrungen mit dem gelobten Deutschland hatte Steiner zu diesem Zeitpunkt nicht. Seine erste Reise führte ihn im August 1889 in den Norden, mehr als ein Jahr nach dem Ende seiner Chronistentätigkeit in der *Deutschen Wochenschrift*.

Antisemitische Allianzen

Ende der 1880er-Jahre vernetzte sich Steiner mit einem konservativen Dichter-Milieu, einer Art Gegenfraktion zur »Wiener Moderne«, wie sie Hermann Bahr repräsentierte. In diesem Umfeld pflegte man drei Grundhaltungen: Man war idealistisch gesinnt, kulturkritisch angehaucht und vor allem überzeugt deutschnational. Dazu gehörte der Dichter Johann Kleinfercher, der sich mit dem Dichternamen Johann Fercher von Steinwand selbst geadelt hatte, oder Fritz Lemmermayer, der als Literaturkritiker reüssierte und über den Steiner 1886/87 Robert Hamerling kennenlernte, der wiederum seinen katholischen Vornamen Rupert in den »deutschen« Robert verwandelt hatte. Diese Männer verband über ihre Ideale hinaus ein gemeinsames Herkunftsmilieu: Alle entstammten kleinbürgerlichen, teilweise ärmlichen Verhältnissen.

Insbesondere Hamerling, der wohl meistgelesene österreichische Dichter des 19. Jahrhunderts, wurde für Steiner zu einem Gefährten seiner nationalistischen Gesinnung. Hamerling schrieb sich in seinen Dichtungen das Leiden an einer entgötterten Gegenwart von der Seele, verherrlichte das deutsche Volk und insbesondere Bismarck, verfocht, Schönerer nahestehend, die nationale Einigung aller Deutschen – und war Antisemit. Persönlich erlitt er ein schweres Schicksal: jahrelang schwer krank, war er die letzten Lebensjahre meist ans Bett gefesselt.

Im Herbst 1887 erscheint eines seiner neobarocken Epen, der *Homunkulus*, das Steiner im April 1888 in der *Deutschen Wochenschrift* hymnisch bespricht. »Tiefsinn« und »herrliche Phantasie« attestiert er Hamerling und lobt ihn als den »berufensten poetischen Darsteller« historischer Sujets. Homunkulus, den von einem gelehrten »Magister« geschaffenen, künstlichen

Menschen, deutet Steiner als »den Repräsentanten des modernen Menschen«: eine »maschinenhafte« Existenz, von »innerer Hohlheit«, geldgierig, Agent des politischen Parteienhaders, liiert mit »Lurlei, der Nixe«, einem »seelenlosen Weib, als Typus echter, moderner weiblicher Unnatur«. Homunkulus sei ein Macher, der schließlich in seinem Tatendrang die »Juden« zur »Auswanderung nach Palästina« dränge. An dieser Stelle fühlt sich Steiner bemüßigt, seine Vorstellungen über Hamerling und das Judentum kundzutun.

> »Aber die Juden brauchen Europa, und Europa braucht die Juden. Und so kehren sie, nachdem sie sich völlig unfähig zur Führung eines eigenen Reiches erwiesen, nach Europa zurück. Homunkulus, ihren König, schlagen sie zuvor ans Kreuz. In diesem Gesang steht Hamerling mit der überlegenen Objektivität eines Weisen sowohl den Juden wie den Antisemiten gegenüber.«

Im Gewand der Christus-Geschichte kritisiert Steiner den entstehenden Zionismus und dessen Forderung nach einem eigenen Staat in Palästina.

Als ihm nach dieser Besprechung Widerspruch entgegenschlägt, geht Steiner zur Vorwärtsverteidigung über. »Überempfindliche Juden [hätten] die unbefangene Beurteilung der Verhältnisse schon als ein [sic] Fehler angesehen.« In seinem Furor legt sich Steiner einmal mehr mit der liberalen *Neuen Freien Presse* an, denn die habe Hamerlings Homunkulus »herabgezerrt in den Streit der Parteien, und zwar in die widerlichste Form desselben, in den Rassenkampf«. Und dann legt Steiner ein kulturpolitisches Bekenntnis über das Judentum ab:

> »Es ist gewiß nicht zu leugnen, daß heute das Judentum noch immer als geschlossenes Ganzes auftritt und als solches in die Entwicklung unserer gegenwärtigen Zustände vielfach eingegriffen hat, und das in einer Weise, die den abendländischen Kulturideen nichts weniger als günstig war. Das Judentum als solches hat sich aber längst ausgelebt, hat keine Berechtigung innerhalb des modernen Völkerlebens, und daß es sich dennoch erhalten hat, ist ein Fehler der Weltgeschichte, dessen Folgen nicht ausbleiben konnten. Wir meinen hier nicht die For-

men der jüdischen Religion allein, wir meinen vorzüglich den Geist des Judentums, die jüdische Denkweise. ... Juden, die sich in den abendländischen Kulturprozeß eingelebt haben, sollten doch am besten die Fehler einsehen, die ein aus dem grauen Altertum in die Neuzeit hereinverpflanztes und hier ganz unbrauchbares sittliches Ideal hat. Den Juden selbst muß ja zuallererst die Erkenntnis aufleuchten, daß alle ihre Sonderbestrebungen aufgesogen werden müssen durch den Geist der modernen Zeit.«[5]

Das war die volle Breitseite von Klischees des zeitgenössischen Antisemitismus: »die jüdische Denkweise« als Entwicklungshemmnis für die »abendländischen Kulturideen«. Doch Steiner schreibt damit auch eine politische Agenda: Die Juden sollten ihre Tradition, ihr »ganz unbrauchbares sittliches Ideal« aufgeben, also auf ihre Eigenheiten verzichten. Den Makel, ein »Fehler der Weltgeschichte« gewesen zu sein, können sie ausradieren, indem sie ihre »Sonderbestrebungen« im »Geist der modernen Zeit« aufgehen lassen. Das war eine Assimilationstheorie der härtesten Art. Steiner wendet sich damit gegen Bestrebungen im damaligen Judentum, jüdische und deutsche Kultur gleichberechtigt miteinander zu vereinbaren, und fordert, ganz im Fahrwasser des deutschnationalen Antisemitismus, die Aufgabe der jüdischen Eigenheiten als Entreebillet in die »moderne«, will sagen: »deutsche« Kultur. Was Steiner hier fordert, ist die kulturelle Eliminierung des Judentums. So dramatisch dieses Denken auch war: Man muss auch festhalten, dass Steiner nicht zu dem Flügel des Antisemitismus gehörte, der zwischen Aussiedlung und Mord das Ende des europäischen Judentums betrieb.

All das musste nun Ladislaus Specht lesen, der liberale Jude, der seine Kinder, wie der Sohn Richard berichtete, »nicht einmal den grundlegenden Riten unterworfen« hatte.[6] Er und seine Frau hatten Steiner die Erziehung ihrer Jungen anvertraut, in ihrem Haus lebte Steiner seit vier Jahren und hatte hier ein zweites Nest gefunden. Steiners Ersatzvater Ladislaus Specht musste erkennen, dass der Gifthauch des Antisemitismus in seinen Räumen wehte. Er setzte sich, vermutlich mit seiner Frau Pauline, hin, und schrieb Steiner, der in ihrem Haus wohnte, einen Brief. Der ist zwar verloren gegangen, aber Steiners Antwort vom 27. Juli 1888 ist erhalten. Er sei überhaupt nicht schuld, schrieb Steiner, sondern »Dr. Russell«, einer der beiden Herausgeber der *Deutschen Wochenschrift*. »Ich hielt es absolut für meine Pflicht, eine mir aufgedrungene schwierige Sache in allerkorrektester Weise zu Ende zu führen. ... Es ging eben nicht anders.« Kein Wort des Bedauerns, kein Eingeständnis der Schuld, kein Anzeichen der Sensibilität für die Situation von Juden in einer Stadt, in der Antisemiten sich zunehmend Gehör verschafften.

Aber die Reaktion seines Hausvaters hatte Steiner gleichwohl getroffen. Noch in seinen Erinnerungen aus dem Jahr 1924 ist die damalige Erschütterung greifbar. In bemerkenswerter Ehrlichkeit gibt Steiner Spechts Irritationen, gekennzeichnet als dessen wörtliche Rede, wieder: »›Was Sie da über die Juden schreiben, kann gar nicht in freundlichem Sinn gedeutet werden; aber das ist es nicht, was mich erfüllt, sondern daß Sie bei dem nahen Verhältnis zu uns und unseren Freunden die Erfahrungen, die Sie veranlassen, so zu schreiben, nur an uns gemacht haben können. ... Nein, der Mann, der meine Kinder erzieht, ist, nach diesem Aufsatz, kein „Judenfreund".‹« Aber ebenso bemerkenswert ist die Uneinsichtigkeit des inzwischen Hellsichtigkeit beanspruchenden Steiner: »Der Mann irrte; denn ich hatte ganz aus der geistig-historischen Überschau heraus geurteilt.« Eine familiäre Nähe zu Juden und antisemitische Tendenzen gingen bei Steiner Hand in Hand, er unterrichtete in einer jüdischen Familie und pflegte Umgang mit Antisemiten – »Freunde« mit »antisemitischer Nuance«, wie er sie rückblickend nannte.

SECHS

Weimar. Steiner, der Philosoph

Absturz in die Provinz

Am 29. September 1890 löste Steiner eine Zusage ein, die er vier Jahre zuvor gegeben hatte: an der Sophien-Ausgabe der Werke Goethes mitzuarbeiten. Dies war, im Gegensatz zu der Edition Kürschners, eine Gesamtausgabe mit dem Anspruch auf Vollständigkeit. Vor allem aber war sie historisch-kritisch angelegt: Texte waren nicht nur herauszugeben, sondern zuerst einmal aus dem Staub des Archivs zu heben, philologisch zu bearbeiten, ins kulturelle Umfeld einzuordnen: ein mühsames Handwerk anstelle philosophischer Höhenflüge. Diese Tätigkeit ließ sich nicht mehr aus der Wiener Distanz erledigen. Und so setzte sich Steiner, nachdem er die Abfahrt monatelang immer wieder verschoben hatte, an diesem letzten Montag des September 1890 in den Zug und verließ schweren Herzens seine Heimat Wien.

Aus der Anderthalb-Millionen-Stadt kam Steiner in das kaum 25 000 Menschen zählende Weimar, dessen wichtigste Attraktion zwei Tote waren: Goethe und Schiller. Immerhin wurde diese Provinz von einem aufgeklärten und kunstsinnigen Herrscherhaus regiert; zu Steiners Zeit waren es Großherzog Carl Alexander und seine Frau Sophie aus dem Haus Oranien-Nassau. Sie hüteten den Nachlass der beiden Dichter, weil 1885 die Erben Goethes und vier Jahre später auch diejenigen Schillers deren literarisches Vermächtnis der Großherzogin geschenkt hatten, die sich mit hohem Engagement um dessen Aufarbeitung bemühte.

In Weimar erhält Steiner ein regelmäßiges Einkommen, monatlich 180 Reichsmark und für jeden Druckbogen zehn weitere Mark.[1] Das war nicht üppig (und 25 Mark gingen für seine Zweizimmerwohnung ab), aber eine Grundlage für ein eigenständiges

Leben. Wichtiger wird ihm die soziale Aufwertung gewesen sein, der Aufstieg in die Deutungsavantgarde Goethes. Es hätte alles so schön werden können, aber es kam anders. Aus der Weimarer Zeit, die bis 1897 dauern sollte, wurde ein Leben des Jammerns und Lamentierens. Steiner klagte über alles und jeden: über bornierte Weimarer Verhältnisse, über ein kärgliches Gehalt, über philologischen Frondienst an der Goethe-Ausgabe, über die überbordende Arbeit in seinen diversen Editionen, über fehlende Anerkennung – und das jahrelang.

Vermutlich hatte er sich in der Abwägung zwischen Karriere und Heimat verkalkuliert. Denn Steiner verließ mit Wien nicht nur die Stadt, in der seine Laufbahn gerade nicht mehr weiterging, sondern er zerschnitt sein soziales Netz. Die deutschnationalen literarischen Bekanntschaften waren nun weit weg, die »Mystiker« um Marie Lang und Friedrich Eckstein nicht mehr greifbar, seine Eltern und seine Geschwister ebenso wenig. Auch die Nähe seiner zweiten Mutter hatte er verloren: Pauline Specht, der er in vielen, vielen Briefen sein Weimarer Herz ausschüttete. Und schließlich auch seine Rosa Mayreder, die sich ganz vielleicht mit ihm eine Romanze ersehnt hatte[2] und mit der er ebenfalls über viele Jahre von Weimar aus einen regen Briefwechsel führte. Jedenfalls fühlte Steiner sich in Weimar »recht vereinsamt«, klagte er zwei Wochen nach seiner Ankunft Ladislaus Specht, und Friedrich Eckstein bekannte er, »allein und unverstanden« zu sein.

Die Arbeit im Goethe-Archiv entschädigt ihn dafür nicht. Mit Bernhard Suphan, dem Leiter des Goethe- und Schiller-Archivs, kommt Steiner nicht klar. Zwar kümmert sich Suphan um den neuen Mitarbeiter, lädt ihn etwa an Heiligabend 1890 zu sich ein, und Steiner darf oder muss sich auch um dessen zwei Söhne kümmern.[3] Doch er sieht in Suphan den Pedanten, dem er seine Texte über Goethe vorlegen müsse und der Goethe »verbureaukratisiert« habe. Allerdings ist auch Steiner kein leichter Zeitgenosse, schon weil er sich oft unter Niveau behandelt fühlt und dann glaubt, von seinem »so oft gerügten rechthaberischem Ton« nicht abweichen zu dürfen.

Nichtsdestoweniger stürzt er sich mit Feuereifer in die Editionstätigkeit. Dazu nutzt er seine alten Wiener Kontakte und erbittet von Friedrich Eckstein im Oktober 1890 Informationen über die »symbolische« Bedeutung von Salz und Wasser.[4] Vielleicht hatte sich Steiner in einem der vertracktesten Rätseltexte Goethes verfangen, in dessen »Märchen«, einer Erzählung von überbordender Bilderflut, einem Verweiskosmos von Zeichen und Anspielungen. Aber schon die kryptische Formulierung in dem Brief an Eckstein, »ich hätte Ihnen vieles mitzuteilen«, lässt durchscheinen, dass es in dem verlorenen Brief mit dem »mächtigen Eck«[5], wie dieser seinen Antwortbrief unterschrieb, noch um ganz andere Dinge gegangen sein muss. Denn Eckstein doziert in seiner Antwort nicht nur über Salz und Wasser, über die alchemistische Interpretation der katholischen Messe und über »Phallizismus«, also über all das, worüber man von einem »Esoteriker« Auskunft erwartete, sondern weist ihn in ganz neue Welten ein, wie man aus einem Brief Steiners an den »lieben, verehrten Freund!« vom November 1890 erfährt:

> »Es gibt zwei Ereignisse in meinem Leben, die ich so sehr zu den allerwichtigsten meines Daseins zähle, dass ich überhaupt ein ganz anderer wäre, wenn sie nicht eingetreten wären. Über das eine muss ich schweigen; das andere aber ist der Umstand, dass ich *Sie* kennenlernte. *Was* Sie mir *sind*, das wissen Sie wohl noch besser als ich selbst; daß ich Ihnen unbegrenzt zu danken habe, das aber weiß ich. Ihr lakonischer Brief ›Lesen Sie Jung-Stillings Heimweh‹ wiegt wohl viele dickleibige Schinken auf. Solch ein Buch lehrt uns den Weg zu dem ›Stirb und Werde!‹«

Worüber Steiner schweigen wollte, bleibt im Dunkeln. Gleichwohl ist dieser opake Brief mehr als bemerkenswert. Denn Jung-Stilling war ein Pietist des späten 18. Jahrhunderts, der die innere Erfahrung ins Zentrum des Christentums gestellt hatte. In *Heimweh*, einem der meistgelesenen Bücher seiner Zeit und ein Vorläufer des Entwicklungsromans, erzählte er vom Weg der Seele zurück in ihre himmlische Heimat. Davon zeigte sich Steiner tief beeindruckt, dank Eckstein, der die Theosophie schon bald in Richtung christliche Mystik verließ.

Die Begegnung mit Eckstein muss Steiner tief beeindruckt haben, denn er hat dem »Mächtigen« lebenslang eine gewisse Treue bewahrt. 1912 oder 1913 trafen sich die beiden erneut im Wiener Café Landmann, dem Ort der ewigen Belle Époque direkt neben der Oper.

> »Steiner habe nun vorerst gefragt: ›Sag mir, glaubst du an die Meister?‹ ... Und als Eckstein nun antwortete: ›Du bist auch einst mein Schüler gewesen und hast doch selbst einige ›Meisterinspirationen‹ als Humbug erfahren‹, habe Steiner ihm erwidert: ›Schade, dann kann ich dir auch nichts darüber mitteilen‹, – worauf Eckstein seinerseits erwiderte: ›Das tut mir leid, habe ich bisher das nicht deuten können, ohne dass es mir schliesslich etwas gebracht hat, so werde ich es auch weiterhin entbehren können.‹«[6]

Aber so ganz hat Steiner von Eckstein trotz dessen Theosophiekritik nicht gelassen. 1924 oder 1925 habe er Eckstein für ein Bruckner-Buch »mit enthusiastischem Dank geantwortet«[7], und auf dem Sterbebett erreichten Steiner 1925 Grüße Ecksteins »Zur Erinnerung an vergangene Tage der Geistesfreude«[8].

Doch zurück nach Weimar, wo es derweil, Anfang 1891, großen Ärger gibt. Der Streit mit Suphan über die Editionsprinzipien eskaliert schon im Januar. Im Mai 1891 spießt Steiner ihn als »Judas der Humanität« auf; das Verhältnis zwischen beiden Männern ist zerrüttet, kaum dass es begonnen hat. Aber Steiner hat nicht nur Feinde. Herman Grimm etwa, den ältesten Sohn Wilhelm Grimms und Goethes »Reichsstatthalter« (Karl Robert Mandelkow) nach 1871, der Mitglied im Redaktionskollegium der Sophien-Ausgabe ist, schätzt Steiner. Aber das verbessert dessen Situation nicht grundlegend. Er beklagt »Weimars Jämmerlichkeiten« und somatisiert: Im März verschlägt es ihm die Sprache. Er klagt Rosa Mayreder, »daß hier niemand meine Sprache versteht«, und laboriert an einer klassischen psychosomatischen Krankheit: Tagelang leidet er – nicht zum ersten Mal, wie Pauline Specht schreibt[9] – unter einer Aphonie, einer Lähmung der Stimmbänder. Steiner geht es, ein halbes Jahr nach seinem Abschied von Wien, nicht gut: Er ist unglücklich, sein Körper spielt nicht mit, er raucht, manchmal Kette[10], und ein Abstinenzler ist er sicher auch nicht.[11] 1888 fürchtete er einmal, dass ihn »morgen wol [sic] Kater in zweiter Potenz« erwarte, denn »wir tranken und tranken und können nimmermehr«[12].

Aus dieser Krise wird Steiner einmal mehr von einer mütterlichen Frau gerettet, von der 39-jährigen Anna Eunike, einer Kapitänswitwe mit fünf Kindern, vier Mädchen und einem Jungen.[13] Spätestens im August 1892 wohnt er bei ihr, ein Vierteljahr darauf lässt die Briefanrede »Meine liebe gute Anna« auf ein enges Verhältnis schließen. Steiner spricht Jahrzehnte später davon, mit ihr »bald innig befreundet« gewesen zu sein. Über die näheren Umstände dieses Verhältnisses ist wenig bekannt, aber man darf Steiner wohl glauben, dass Anna Eunike die Routinen des täglichen Lebens »in aufopferndster Weise« besorgte. Er hat wieder ein Obdach in seinem Leben.

Die Mühen des Alltagsgeschäfts bei der Sophien-Ausgabe sind damit allerdings nicht aus der Welt, und überdies tanzt er weiterhin auf vielen, viel zu vielen Hochzeiten. Denn seine Goethe-Bände in Kürschners *Deutscher National-Litteratur* sind längst nicht fertig, seit 1892 hat er dem Verlag Cotta außerdem sowohl eine Gesamtausgabe der Werke Schopenhauers als auch eine Auswahl derjenigen Jean Pauls versprochen. Dieses Programm ist, wie schon zu Wiener Zeiten, kurzfristig schlechterdings nicht zu bewältigen, und so setzt sich die Lawine von Bitten und Ermahnungen Kürschners, von uneingelösten Versprechen Steiners und mit horrender Verspätung abgelieferter Manuskripte auch in Weimar fort. Aus dem *Pierer*-Lexikon wirft ihn Kürschner heraus, als zu den Säumigkeiten noch Qualitätsprobleme kommen, aber er braucht ihn noch für die *Deutsche National-Litteratur*. Ein Brandtelegramm Kürschners vom 15. Februar 1892 dokumentiert den Ernst der Lage:

> »*Zwei Jahre* sind es in der nächsten Zeit, daß ich auf meine *wiederholten* Mahnungen das erste Telegramm von Ihnen erhielt ›*Manuskript folgt bestimmt Sonnabend*‹. Es sind seither 87 Wochen vergangen und mindestens 4 ganz gleich lautende Telegramme auf meine Mahnungen an mich gekommen ... Lassen Sie es jetzt genug sein des grausamen Spiels und setzen Sie mich, bitte, endlich in den Besitz des Schlußbandes, jedenfalls im Lauf der nächsten beiden Wochen. Es wird Ihnen dafür sehr dankbar sein Ihr hochachtungsvollst ergebener Kürschner«.

Aber dieses »grausame Spiel« spielte Steiner noch weitere fünf Jahre. Und auf dem Schreibtisch des Cotta Verlags türmte sich im Blick auf die Schopenhauer- und Jean-Paul-Ausgaben ein vergleichbarer Briefwechsel. Die »Hetzerei« des Schreibens hielt Steiner in ihrem Zwinggriff gefangen.

Dazu kamen noch Probleme aufgrund von Steiners Arbeitshaltung. Bei der Sophien-Ausgabe fehlte es ihm an allen Ecken und Enden an Zeit oder Wissen oder der Bereitschaft, sich in die komplexe Materie einzuarbeiten.[14] Er geriet mit dem Anspruch, einen kritischen Text mit Variantenapparat zu bieten, unter die Räder. Steiner hatte so viele Materialien nicht berücksichtigt, dass 1904 ein Nachtragsband (unter Einschluss neu entdeckter Texte) zu den naturwissenschaftlichen Schriften publiziert werden musste. Aber auch an der Methodik der Edition übten die Fachleute harsche Kritik. So überzeugte die Anordnung der Texte kaum, da Steiner mehr mit weltanschaulichen als mit historisch-kritischen Kriterien arbeitete. Manche naturwissenschaftlichen Sachverhalte waren auch einfach falsch dargestellt: Texte von Goethes Sohn August hatte er dem Vater zugeschrieben, falsche Datierungen von Schriftstücken ließen sich allerorten nachweisen. Die Physikerin und Biologin Gabriele Rabel stellte deshalb Steiners Vorgehen satirisch an den Pranger:

> »Sachlich Zusammengehöriges muß unbedingt auseinander. … Alters- und Jugendarbeiten sollen regelmäßig miteinander abwechseln. Von zwei Verarbeitungen desselben Themas hat die spätere voranzugehen. Diese Regeln stehen im Dienste des Hauptgebots an den Leser: Du sollst dir von der Entstehung und Entwicklung eines Gedankens bei Goethe kein Bild machen wollen.«[15]

Die im Laufe der Jahre anschwellende Kritik hat Steiner nicht kaltgelassen. Einige Monate vor seinem Tod gestand er, er werde »nie in Abrede stellen, daß, was ich bei der Bearbeitung der Weimarischen Ausgabe in manchem Einzelnen gemacht habe, als Fehler von ›Fachleuten bezeichnet werden kann. Diese mag man richtigstellen.« Das hieß aber auch: An seiner weltanschaulichen Goethe-Deutung hielt er fest.

Der freigeistige Philosoph: Dissertation und *Philosophie der Freiheit*

Zu Steiners Verdruss trug auch bei, dass er sich eigentlich zu Höherem berufen fühlte, zu einer akademischen Karriere. Diesen Plan aus Wiener Zeiten nahm er in Weimar wieder auf. Aber Philosophie hatte er nie studiert und sein Studium in naturwissenschaftlichen Fächern abgebrochen. Dass er an dieser Malaise selbst schuld war und »zu wenig Energie« in eine akademische Qualifikation investiert hatte, wusste er allerdings: Er hatte es Pauline Specht, die ihm dies gesteckt hatte, eingestanden.

Steiner benötigte also als Erstes einen Abschluss, und hier hielt die Universität des 19. Jahrhunderts noch flexible Lösungen bereit. Ein Weg bestand darin, eine Dissertation ohne ein regulär durchgeführtes Studium einzureichen. Das war in Österreich nicht, wohl aber in anderen Staaten möglich. Steiner suchte namentlich in Deutschland, möglicherweise sogar in England[16] nach einer Lösung. Im Oktober 1890 teilte er Ladislaus Specht ganz im Vertrauen mit, dass er an der »Verwirklichung des Dozentenplanes« an der Universität Jena arbeite. Er versuchte es erst mal mit einer Promotion light, indem er seine *Grundlinien einer Erkenntnistheorie der Goetheschen Weltanschauung* aus dem Jahr 1884 in eine Dissertation zu überführen gedachte.[17] Aber dieser Versuch scheiterte. Nach einigem Suchen fand er einen Doktorvater, den Philosophiehistoriker Heinrich von Stein. Dieser war Platon-Spezialist und also Erforscher einer Philosophie, die die Präexistenz von Ideen, die Existenz von Ideen in einer »geistigen« Welt, annahm und deshalb Steiners Idealismus nahestand. Schon 1891 war die Arbeit geschrieben und erhielt den Titel: *Die Grundfrage der Erkenntnistheorie mit besonderer Berücksichtigung auf Fichte's Wissenschaftslehre.*

Diese Dissertation war, wie im 19. Jahrhundert üblich, ein schmales Werk, hatte 48 Seiten, war aber in ihrer Argumentation die konsistenteste Publikation, die Steiner je verfasst hat. Dies dürfte eine Folge der Unterwerfung unter die akademischen Regeln gewesen sein, die von Stein eingefordert hatte: eine »auch äußerlich heraustretende Auseinandersetzung mit der Litteratur des betreffenden Gegenstandes, genaue Citate und methodische Beweisführung«[18]. Steiners Arbeit bietet, wenn man auf seinen philosophischen Denkweg zurückblickt, keine Überraschung. Einmal mehr ging es ihm darum, Kant mit seiner »in eitlem Dogmenwahn lebenden Philosophie«, der in der »Erkenntnis des übersinnlichen Urgrundes, des ›Dinges an sich‹ scheitere, zu erledigen. Zusätzlich bezog er Johann Gottlieb Fichte mit ein, in dessen Wissenschaftstheorie er bereits 1881 ausweislich seines Briefes über das Anschauen »des Ewigen« gelesen hatte. Aber inzwischen glaubte er, auch Fichte längst hinter sich gelassen zu haben. Dessen Philosophie, die das Ich als Ausgangspunkt jeder philosophischen Reflexion betrachtete, verriss er als »stolzes Gedankengebäude ... ohne Fundament«, denn darin sah er, wie bei Kant, den Weg zu den »Dingen« verbaut. Seine Antwort war einfach und klar und ging wieder über »das Denken«: Weil es mit dem Ich »der Wirklichkeit« angehöre, dies war Steiners entscheidende Voraussetzung, sei die Differenz zwischen Gegenstand und Ich, zwischen dem »Ding an sich« und dem Subjekt, im Denken aufgehoben. »Das Gegebene durch das Denken bestimmen heißt *Erkennen*«, glaubte Steiner, und deshalb werde »im Denken die Essenz der Welt vermittelt«. Mit dieser »Überwindung des Subjektivismus« »begründen wir den *objektiven Idealismus*«, den er 1887 schon bei Goethe gefunden zu haben glaubte.[19] Die darin liegende Verbindung von Natur und Erkenntnis war für Steiner zugleich die Versöhnung von Naturwissenschaft und Philosophie und insoweit ein »wissenschaftliches ... Weltbild«. Eine der entscheidenden philosophischen Gegenfragen, ob das Denken nicht auch biologischen und vor allen Dingen sozialen Bedingungen unterliege, ob wir nicht auch das Denken lernen, hat Steiner an seinen »objektiven Idealismus« nicht wirklich herangelassen.

Und ein weiteres, ganz grundlegendes Problem zieht sich durch Steiners Konzeption des »Denkens«. Denn er besaß parallel dazu einen starken Begriff des »Lebens« und »Erlebens«. Man könnte seine Philosophie fast auch von diesem Angelpunkt aus schreiben. Das würde bedeuten, ihn weniger vom Verstand und mehr vom Gefühl her zu interpretieren, »Erfahrung« in ein Spannungsverhältnis zur Logik zu setzen. Immer wieder zeigt er sich an den Schwellen seines Lebens von Erlebnissen beeindruckt, die gerade nicht in der Rationalität des Denkens aufgehen; anlässlich der philosophischen Erleuchtung durch eine Schelling-Lektüre war davon schon die Rede (s. Kap. 2). Man kann sogar die Dopplung von Vorträgen und Ästhetik des späteren Theosophen in der Tradition dieser Polarität lesen. Aber in den Vordergrund rückte er in diesen Jahren nicht das »Leben«, sondern das »Denken«.

Am 23. Oktober 1891 legte er sein Rigorosum ab, aber das Ergebnis war ernüchternd bis enttäuschend: Er erhielt ein »rite«[20], die schlechteste Note, mit der man gerade noch bestand.

Im Übrigen täuscht die eingereichte Dissertation über seine Interessen zum Zeitpunkt der Abgabe im Herbst 1891. Zum einen waren die Meistererzählungen des deutschen Idealismus, eines Kant und Fichte, nur die historische Folie, hinter der Steiner seine Beschäftigung mit der Gegenwartsphilosophie versteckte, die ihn eigentlich interessierte. Denn das größte Lob erhielt Eduard von Hartmann, den Steiner in der Vorrede als die »bedeutendste philosophische Erscheinung der Gegenwart« apostrophierte und der dann auch die Widmung der publizierten Fassung der Dissertation annahm.[21] Steiner sah in Hartmann einen kongenialen Philosophen, mit dem Hegel vom Kopf auf die Füße gestellt [22] und vor allen Dingen der spekulative Idealismus durch naturwissenschaftliche Erkenntnisverfahren auf die Höhe der philosophischen Zeit gebracht sei. Dass Hartmann viele Positionen Steiners nicht teilte[23], änderte zu diesem Zeitpunkt nichts am Einverständnis beider.

Zum anderen täuscht die eingereichte Dissertation auch über Steiners Glauben an den Idealismus. Denn an diesem Punkt hatten sich grundstürzende Veränderungen ergeben. Seine Anhänglichkeit an Goethe war erodiert, die Säure antiidealistischer Kritik hatte die Fundamente seiner goetheanischen Weltanschauung angeätzt. In welchem Ausmaß Steiner schon im Frühjahr 1891 auf dem Weg in neue Gefilde war, dokumentiert sein Bericht von einem Gespräch mit der Herzogin Sophie-Luise von Sachsen-Weimar und ihrem Sohn Carl August über »Yogi, Fakire und indische Philosophie«, in dem Carl August all das für »physiologisch unmöglich« hält, seine Mutter aber »sehr begeistert« gewesen sei. Dies berichtet Steiner Pauline Specht mit dem Hinweis, dass er »wieder recht gründlich untergetaucht« sei »in das mystische Element, in dem ich eine Zeitlang in Wien fast besorgniserregend geschwommen habe«, offenbar unter Einschluss eines Besuchs in einer spiritistischen Sitzung.[24] Schon damals hatte er sich über diese Mystiker, über Eckstein und das Umfeld Marie Langs, hoch erhaben gefühlt: »Da dies wohl das letzte Stadium vor ihrem Aussterben ist, so könnte man diese Erscheinung ja mit Freuden begrüßen.« Deshalb verfällt auch der Okkultismus, der ihm später heilig werden sollte, einem scharfen Richterspruch. Die Vorstellungen des Spiritisten Allan Kardec legt er im Juli 1891 unter »Täuschung und Schwindel« ab, der Reinkarnationsvorstellung ergeht es nicht viel besser.[25] Und konsequenterweise distanziert er sich auch von Goethe. Es habe »etwas Tragisches ..., daß alle meine bisherigen Publikationen sich in irgendeiner Weise an Goethe anschließen«, klagt er – wieder einmal Pauline Specht – im Mai 1891. Damit wollte er nun nicht mehr so gern identifiziert werden.

Diese Absatzbewegungen von seinem Idealismus hatte Steiner in der eingereichten Dissertation weitgehend ausgespart, vielleicht weil er dem Idealisten Heinrich von Stein seine wahren Auffassungen nicht offenlegen wollte. Aber in Spurenelementen waren sie gleichwohl zu entdecken, etwa wenn er »unsere sittlichen Ideale ... unser eigenes freies Erzeugnis« nannte. In der gedruckten Fassung jedoch fühlte sich Steiner frei und legte seine Karten in einem nachgetragenen kurzen handlungstheoretischen Kapitel auf den Tisch. Wenn der Mensch die »Gesetzmäßigkeit« des »allgemeinen Weltgeschehens« erkannt habe, sei »unser Handeln auch *unser* Werk«. »*Die Gesetze seines Handelns erkennen heißt, sich seiner Freiheit bewußt sein.*« Wie ernst ihm dieser ethische Individualismus war, dokumentierte er in einer Attacke auf die »Gesellschaft für ethische Kultur«, die seit Ende 1891 aktiv war und für die sich unter anderem der Soziologe Ferdinand Tönnies einsetzte. Diese forderte eine humanistische, insbesondere von religiösen Vorgaben unabhängige Ethik. Aber für die soziale Dimension der Ethik hatte Steiner damals gerade überhaupt keinen Sinn. Er verriss diese Ziele als »rückständig« und forderte für »jedes Individuum ... seine eigene Sittlichkeit«, insbesondere – selbst hier blieb er deutschnational – für denjenigen, der, »wie der Deutsche, ideelles Leben in sich hat, wer im Geistigen vorwärts will«. Damit konnte man damals Aufmerksamkeit erregen. Tönnies würdigte Steiner einer scharfen Kritik, und bei Maximilian Harden, als Herausgeber der liberalen Zeitschrift *Die Zukunft* eine moralische Instanz, ergoss sich, wie Steiner schrieb, »eine Sturmflut von frankierter Entrüstung« in die Redaktion.

Fragt man sich, wie es zu dieser Abwendung Steiners vom ehedem so innig geliebten Idealismus kam, kommt man an den Wurzeln in den Wiener Kreisen, die er nach Schröers idealismusfrommer Goethe-Deutung kennengelernt hatte, nicht vorbei. Von seiner zweiten Mutter, der stark naturwissenschaftlich interessierten und vielleicht positivistisch ausgerichteten Pauline Specht, war bereits die Rede. Auch der Kreis um delle Grazie war von dem Schröerschen Idealismus weit entfernt. Aber nicht unterschätzen sollte man auch die idealismuskritische Rosa Mayreder. Er hatte sie zwar im okkultistischen Kreis um Marie Lang kennengelernt und für sie vielleicht sogar eine Verteidigung des Idealismus, »Die Atomistik und ihre Widerlegung«, geschrieben[26], aber der intensive Austausch war dabei nicht stehen geblieben. Beider Briefwechsel blieb bis zu seiner theosophischen Wende rege und schloss auch wechselseitige Besuche – Mayreder war im August 1892 mit ihrem Mann bei Steiner in Weimar zu Gast[27] – ein. Mayreder bekannte rückblickend, dass Steiner sie davon abgebracht habe, Malerin zu werden, und sie ihm philosophisch viel verdanke: »Seine Anschauungen über die Freiheit der Persönlichkeit stimmten völlig mit dem überein, was ich erstrebte, und er war es, der mir in seinen ersten philosophischen Schriften zur völligen Klarheit darüber verhalf.«[28] Umgekehrt gilt Ähnliches für Steiner: »Rosa Mayreder ist die Persönlichkeit, mit der ich über diese Formen am meisten in der Zeit des Entstehens meines Buches« – der *Philosophie der Freiheit* – »gesprochen habe«. Die beiden haben sich in der frühen Weimarer Phase möglicherweise »kongenial« und mit einer »innigen Verwandtschaft« verstanden. Bei Steiners Wende zum Materialismus dürfte sie jedenfalls eine wichtige Rolle gespielt haben.

Aber die Dissertation half seiner akademischen Karriere nicht auf die Sprünge, die Aussichten auf eine Stelle in Jena zerschlugen sich. Und so nimmt er im Herbst 1892 ein neues Projekt in Angriff, einen Lehrstuhl an der Technischen Hochschule in

Wien.[29] Wir erfahren davon bezeichnenderweise meist aus Briefen an seine Eltern und Geschwister. Ihnen gegenüber sieht Steiner offenbar noch eine Bringschuld des Sohnes und Bruders. Die Eltern sind bei dieser Nachricht erst mal schlicht besorgt, der Filius könne für die ehrenvolle, aber luftige Aussicht in Wien seine »sichere Stellung«[30] in Weimar aufgeben. Steiner beruhigt Vater und Mutter, aber seine Antworten dokumentieren auch, dass er tiefer liegende Eltern-Kind-Probleme – eher muss man wohl sagen: Vater-Sohn-Probleme – abarbeiten musste: Es scheint, als wolle er seinen Eltern beweisen, wie aus dem Sohn, der den vom Vater gewiesenen Weg verlassen hatte, der das Studium handfester naturwissenschaftlicher Fächer abgebrochen und sich stattdessen einer vergleichsweise ätherischen Philosophie zugewandt hatte, noch etwas ›Ordentliches‹ werde. Nirgendwo sonst hat er sich als derart erfolgreicher Mann mit der Aussicht auf eine glänzende Zukunft dargestellt. Er gestand ihnen, »tief durchdrungen« zu sein »von den Pflichten, die ich Euch gegenüber zu erfüllen habe«; ihnen schrieb er stolz, vom Großherzog von Weimar eine goldene Medaille verliehen bekommen zu haben;[31] ihnen teilte er 1893 mit, dass er ein weiteres Buch zur Beförderung seiner Absichten dem Ministerium in Wien vorlegen werde;[32] aus diesem Briefwechsel erfahren wir, dass zwei Jahre später immer noch nichts passiert war und Laurenz Müllner sich für eine Berufung einsetzte;[33] zu Weihnachten 1895 machte er ihnen Hoffnung, es werde »nicht mehr lange dauern, bis ich ganz in Wien bin«, nur noch eine halbjährige Probezeit ohne Honorar stehe dem im Wege (worauf er aber »niemals eingehen« werde).[34] Und so ziehen sich die Familienbriefe bis an das Ende des Jahres 1896 hin, als er seinen Eltern versichert: »Höchstens um ein paar Monate kann es sich handeln. Jedenfalls komme ich spätestens Anfang Dezember endlich nach Wien. … Ich habe seit Jahren die sichersten Anhaltspunkte, daß ich eine Berufung bekomme.« Aber die Hoffnung, ihnen »etwas Bestimmtes und hoffentlich auch Zufriedenstellendes sagen zu können«, die Hoffnung, die eigenen Träume und die Erwartungen der Eltern erfüllt zu sehen, werden letztlich nicht wahr.

Diese großen Hoffnungen sind mit einem weiteren Buch verbunden, der *Philosophie der Freiheit*, die er offenbar als eine Habilitation geplant hatte. Nach den Fingerübungen der *Grundlinien* und dem Gesellenstück der Dissertation plant Steiner nun sein philosophisches Meisterwerk. Er dürfte sich unmittelbar nach Abschluss seiner Dissertation im Herbst 1891 an das neue Buch gesetzt haben, den Wiener Lehrstuhl für Philosophie fest im Blick. Aber auf dem Weg zu einer philosophischen »Summe« stand sich Steiner selbst im Weg. Er hatte einfach keine Zeit. Denn zu seinem Brotberuf – neben die Sophien-Ausgabe und den Kürschner und die Editionen bei Cotta und die Aufsätze – trat nun noch die Beschäftigung mit Nietzsche. Steiner schrieb, wie in schlimmsten Wiener Zeiten, gleich einem gehetzten Wild. Er nahm sich jedenfalls alles andere als Zeit, um die *Philosophie der Freiheit* sorgfältig zu komponieren, und schien auch bei diesem Buch nicht daran zu denken, versprochene Termine zu halten.[35] Damit brachte er seinen Verleger Emil Felber an den Rand der Verzweiflung. Dessen Geduldsfaden war im Angesicht der sich hinziehenden Drucklegung seidendünn geworden. Er drohte, den schon laufenden Druck zu stoppen. Während bereits die ersten Korrekturbögen auf seinem Schreibtisch lagen, war Steiner noch dabei, den Schluss des Buches zu schreiben, aber er lieferte. Endlich, am 14. November 1893, erschien: *Die Philosophie der Freiheit. Grundzüge einer modernen Weltanschauung. Beobachtungs-Resultate nach naturwissenschaftlicher Methode.* Auch wenn Steiner dieses Werk lebenslang als sein Opus magnum betrachten sollte und es später zum erkenntnistheoretischen Grundlagenwerk der Anthroposophie erhob, gibt es keinerlei Zweifel, dass dieses Buch zwischen Tür und Angel entstand. Und, wie sich bald zeigen sollte, es dokumentierte nur die tagesaktuelle Zwischenbilanz seiner philosophischen Suchbewegungen.

In Aufriss und Konzeption, hinsichtlich seiner philosophischen Feinde und seiner Lösungsansätze folgte die *Philosophie der Freiheit* im Wesentlichen der Dissertation, nicht gerade unerwartet angesichts des kurzen Zeitabstands zwischen beiden Büchern. »Das Denken« war der Angelpunkt seines Lösungsvorschlags geblieben, doch hatte er jetzt die naturwissenschaftliche Dimension verstärkt: Das Denken sei ein »Beobachtungsobjekt«. Und ohne auch nur den Hauch einer vorsichtigen Formulierung beantwortete er nun die Frage: »Gibt es Grenzen des Erkennens?« Es könne »von Erkenntnisgrenzen nicht gesprochen werden«, für den wahren Erkenntnistheoretiker sei die Welt »eine Einheit (monistisch)«. Denn »in dem Denken haben wir das Element gegeben, das unsere besondere Individualität mit dem Kosmos zu einem Ganzen zusammenschließt«. »Ich bin ... wirklich die Dinge; ... insofern ich ein Teil des Allgemeinen Weltgeschehens bin«. Das »Ganze«, der »Kosmos« war hier Steiners Leitkategorie, in der alle Phänomene – die Dinge, das Ich, das Denken – aufgehen. Wo aber blieb das Individuum? Steiner wusste, dass dessen Stellung höchst prekär war, weil seine Stärke die Teilhabe an dem immer größeren »Ganzen« war. »Ich empfinde es auch als einen Mangel meines Buches«, gestand er Eduard von Hartmann, »daß es mir nicht hat gelingen wollen, die Frage ganz klar zu beantworten, inwiefern das Individuelle doch nur ein Allgemeines, das Viele ein Eines ist«; er wusste, »daß wir *im Denken* eigentlich gar nicht mehr Einzelne sind, sondern lediglich ein allgemeines Welterleben mitleben«. Und er fürchtete, damit seinem damaligen Feind ganz nahe zu stehen, der »Mystik«, die er doch nach der Exkursion mit Eckstein zu Jung-Stilling überwunden glaubte.

Eduard von Hartmann war von Steiners Buch nun alles andere als begeistert, nicht nur wegen des gefährdeten Individuums. Vielmehr war Steiners zweiter Untertitel, »Beobachtungs-Resultate nach naturwissenschaftlicher Methode«, eine kaum verhüllte Kritik an Hartmanns Untertitel »Spekulative Resultate nach inductiv-naturwissenschaftlicher Methode«, den dieser seiner *Philosophie des Unbewußten* gegeben hatte. Steiner wollte nun mal in aller Schärfe ein naturwissenschaftlicher objektiver Idealist sein und darin Hartmann überbieten. Letztlich war die Hartmann-Verehrung in der Dissertation in eine Hartmann-Kritik umgeschlagen, und das hat Steiner Vincenz Knauer, dem Philosophen und Benediktiner, den er noch aus Wiener Zeiten kannte, auch offen gestanden: »Ich stehe in dem denkbar schärfsten Gegensatze zu Eduard von Hartmann.« Man fragt sich irritiert, warum er angesichts dieser Differenz von Hartmann dann noch ein Exemplar schickte. Wollte er dem alten Vorbild etwa zeigen, wo die ›wahren‹ philosophischen Antworten liegen?

Weil schließlich die *Philosophie der Freiheit* weit mehr als eine Erkenntnistheorie sein sollte, nämlich der Gesamtentwurf einer Philosophie, konzipierte er in Fortführung des Schlusskapitels seiner Dissertationsschrift auch eine Ethik. Darin rief er den »*ethischen Individualismus*« aus: Der Mensch »kann frei handeln, wenn er nur sich selbst gehorcht«, »sittliche Prinzipien von außen«, Konvention, Religion, philosophischer Konsens sollten nicht gelten. Namentlich an solchen Stellen ist die Logik von Steiners Konzeption bis zur Widersprüchlichkeit gespannt, weil unklar bleibt, wie der »freie Mensch« sich gegenüber dem »allgemeinen Weltgeschehen« behaupten soll. Bis in die politischen Konsequenzen hinein hat Steiner seinen »freien Menschen« entworfen: Die »Staatsgesetze« seien »sämtlich aus den Intuitionen freier Geister entsprungen«, folgerichtig sei das »gemeinsame Ziel einer menschlichen Gemeinschaft ... nur die Folge der einzelnen Willenstaten der Individuen, und zwar meist einiger weniger Auserlesener, denen die anderen, als ihren Autoritäten, folgen«. Das war philosophische Aristokratie in Reinform, und die Erwartung, als Anarchist, als »Staatsgefährlicher«[36] zu gelten, sah Steiner bereits vor sich. Im Schlusskapitel schließlich, bei den der »letzten Fragen«, stürmte Steiner die Festung der Metaphysik. »Die Welt ist Gott«[37], verkündete er, »der persönliche Gott ist nur der in ein Jenseits versetzte Mensch«[38]. Dann gelte, so Steiners Schlusssatz: »Er ist *frei.*«

Wenn man sich ein wenig zurücklehnt und den Steiner der »Goetheschen Erkenntnistheorie« des Jahres 1884 mit dem »Philosophen der Freiheit« vergleicht, kann man sich fragen, was diese beiden Männer noch miteinander gemein haben. Natürlich, beide sind Monisten, beide suchen die Verschwisterung von Naturwissenschaft und Philosophie, beide postulieren eine Erkenntnis ohne Grenzen. Aber der Steiner der Dissertation und insbesondere der Steiner der *Philosophie der Freiheit* hat an entscheidenden Stellen mit seinem Wiener Idealismus gebrochen. Die vernichtende Kritik an der Metaphysik und die Apotheose des Individuums waren Zeichen einer neuen Zeit in Steiners Leben. Er hatte Positionen weiterentwickelt und neu besetzt, Schwerpunkte verlagert und sich neuen philosophischen Heroen zugewandt. Man kann diesen Prozess als eine Art innerer Entwicklung lesen, aber wenn man die Jahre 1884 und 1894 unvermittelt nebeneinanderstellt, auch von einem Bruch reden; das ist nur eine Frage der Perspektive.

Nietzsche und Haeckel

Was war nicht nur seit Wien, sondern insbesondere Anfang der Neunzigerjahre im Umfeld seiner Dissertation passiert? Die Antwort hat einen Namen, Friedrich Wilhelm Nietzsche: der Pfarrerssohn, der 1869 mit 24 Jahren Professor in Basel geworden war, dann mehr als ein Jahrzehnt freier Philosoph war und in diesen Jahren das Zeitalter des Nihilismus ausrief, der 1889 dem Wahnsinn verfiel und seine letzten »Wahnzettel« mit »Dionysos« oder »Der Gekreuzigte« unterzeichnete, bevor er unter dem Protektorat seiner herrschsüchtigen Schwester Elisabeth Förster-Nietzsche dem Tod entgegendämmerte, gelähmt und von Schlaganfällen gezeichnet, ehe er 1900 sterben konnte. Dieser Nietzsche hatte sich selbst zum Enfant terrible der bürgerlichen Moral stilisiert: der Askese den dionysischen Rausch gegenübergesetzt, die Geschichtsverliebtheit des 19. Jahrhunderts in »unzeitgemäßen Betrachtungen« als verstaubten Nachteil für das Leben verworfen, der christlichen »Sklavenmoral« die Vision des »Übermenschen« »jenseits von gut und böse« entgegengeschleudert und Christus durch neue Götter, den »Zarathustra« und den »Antichrist«, ersetzt. Anfang der 1890er-Jahre geriet auch Steiner in diese intellektuelle Feuerzone, die ihn sehr schnell nietzscheanisch geläutert hat. Bereits im Februar 1892 beantwortete er in einem Fragebogen die Frage »Wer möchtest Du wohl sein, wenn nicht Du?« mit: »Friedrich Nietzsche vor dem Wahnsinn« – und übertitelte das Ganze mit dem »Motto«: »An Gottes Stelle den freien Menschen!!!«[39]

Als Steiner am 2. April 1892 einen großen Nietzsche-Artikel veröffentlicht, zeigt er sich in Sprachgestus und Vorstellungswelt als nietzscheanischer Konvertit:

> »Unser geistiger Bestand muß zurückgeworfen werden ins Chaos. Was Jahrhunderte lang als Wahrheit gegolten hat, muß angezweifelt und neu bewiesen werden. Was Menschenalter

hindurch als Schönheit bewundert worden ist, muß es sich gefallen lassen, blasierter Gleichgültigkeit zu begegnen. ... Friedrich Nietzsche ... macht das Antlitz jeder logisch-gewissenhaften Philisterseele schamrot. ... Friedrich Nietzsche stellt alles in Frage. ... Er will das Vorurteil ›Mensch‹ selbst überwinden und zum ›Übermenschen‹ hinüberleiten.« Aus Nietzsche töne »das oberste Gesetz: der Mensch hat nur die einzige Aufgabe, die Summe seiner Persönlichkeit rücksichtslos, so stark als möglich und so weit als möglich, zur Geltung zu bringen«.

Auch wenn Steiner schon in den nächsten Monaten zu leugnen beginnt, von Nietzsche abhängig zu sein, und behauptet, er habe nietzscheanische Ideen »schon ausgebildet, bevor ich Nietzsche kennenlernte«: Das war Camouflage, seine früheren Veröffentlichungen sprechen gegen ihn. Erst jetzt vergöttert er Nietzsche, fühlt er nietzscheanisch, wie er in immer wieder neuen Bekenntnissen, etwa gegenüber Pauline Specht zu Weihnachten 1894, bezeugt:

»Ist Ihnen Nietzsches ›Antichrist‹ vor Augen gekommen? Eines der bedeutsamsten Bücher, die seit Jahrhunderten geschrieben worden sind. Ich habe meine eigenen Empfindungen in jedem Satze wiedergefunden! Ich kann vorläufig kein Wort für den Grad der Befriedigung finden, die dieses Werk in mir hervorgerufen hat.«

In solchen Äußerungen wird klar, auf wessen Schultern Steiner die antiidealistische Kehre in seiner Dissertation und in der *Philosophie der Freiheit* vollzogen hat: auf denjenigen Nietzsches.

Den Gipfel der Nietzsche-Begeisterung des »Nietzsche-Narren« Steiner, wie Ferdinand Tonnies polemisierte[40], bildet schließlich Steiners Hymnus unter dem Titel *Nietzsche – ein Kämpfer gegen seine Zeit* aus dem Jahr 1895. Im »Einklang« mit Nietzsche stellt er in diesem Buch eine Blütenlese aus dessen Werken zusammen, in deren Zentrum »der Übermensch« steht. In seinem Kampf gegen Metaphysik und Idealismus nimmt Steiner nun kein Blatt mehr vor den Mund:

»Nun stammen ursprünglich alle Ideale aus natürlichen Instinkten. Auch was der Christ als Tugend ansieht, die ihm Gott geoffenbart hat, ist ursprünglich von Menschen erfunden, um irgendwelche Instinkte zu befriedigen. Der natürliche Ursprung ist vergessen und der göttliche hinzugedichtet worden.« »Aus dem Leiden und der kranken Sehnsucht ist der Glaube an das Jenseits geboren.« »Im christlichen Gotte ist ... ein Nichts vergöttlicht.«

Der Agent dieses Nihilismus ist »das souveräne Individuum, das weiß, daß es nur aus seiner Natur heraus leben kann«: »der *Übermensch*«. Wenn der Geist »inne« geworden sei, »daß kein Gott zu ihm redet«, habe er die Abhängigkeiten von seinen eigenen Projektionen überwunden. Nun könne der »*schaffende* Einzelwille« Ziele setzen:

»Die starke Persönlichkeit, die Ziele *schafft*, ist rücksichtslos in der Ausführung derselben. Die schwache Persönlichkeit dagegen führt nur aus, wozu der Wille Gottes oder die ›Stimme des Gewissens‹ oder der ›kategorische Imperativ‹ Ja sagt.«

Steiner lässt keinen Zweifel daran, dass er sich zu dieser Elite von Herrenmenschen zählt. Wenn er etwa statt des »Nietzsche-Giglertums« »eine kleine Zahl von Lesern, die ihn verstehen« einfordert, liegt das ganz auf der Ebene der Stilisierung zum einsamen Genie, mit der schon Nietzsche Kritik zur Uneinsichtigkeit degradiert hatte. Steiner war zu einer Art nihilistischem Eingeweihten geworden.

Im gleichen Zeitraum trat ein zweiter großer Weltanschauungspropagandist des späten 19. Jahrhunderts in Steiners Denkhorizont. Nicht so laut und polternd wie Nietzsche, aber mit einer nicht zu unterschätzenden Nachhaltigkeit: Ernst Haeckel. Er war Biologe, in Jena erster Inhaber eines Lehrstuhls für Zoologie in Deutschland, Erfinder des Begriffs »Ökologie« und wissenschaftlich bekannt geworden durch die Erforschung maritimer Kleinlebewesen, der »Radiolarien«, deren Kalkskelette als Wunderwerke organischer Architektur galten. Populär wurde er jedoch durch zwei andere Dimensionen seines Werks: Zum einen illustrierte er seine Veröffentlichungen mit traumhaft schönen Abbildungen, hinter denen eine philosophische Überzeugung stand: Die wahre Künstlerin ist die Natur, will sagen, sie ist göttlich. Mit diesen Bildern wurde Haeckel zu einem der zentralen Impulsgeber des floralen Jugendstils. Zum anderen war er ein glühender Parteigänger Darwins. Er wurde zum Volkstribun der Evolutionslehre in Deutschland und überhöhte sie zu einem universalen Deutungsschlüssel: Die Evolution determiniere die Geschichte der Natur, sie sei die Grundlage der »monistischen Religion«, sie zeichne die Blaupause gesellschaftlicher Entwicklungsprozesse. Und weil Wissenschaft für ihn in politischer Verantwortung stand, zögerte er nicht, die Konsequenzen zu ziehen. Haeckel war ein Rassist, der die »Neger« für evolutionsgeschichtlich überholt hielt; er war Eugeniker, der sich für die Tötung von Behinderten aussprach[41]; und er wurde bei Ausbruch des Ersten Weltkriegs zum Bellizisten, der den Krieg als Instrument des »survival of the fittest« verteidigte. Seine Bücher gehörten zu den Verkaufsschlagern des Kaiserreichs: die *Welträthsel*, in dem er alle Welträtsel zu lösen beanspruchte, die *Kunstformen der Natur*, mit deren Bildern er die Zeitgenossen verzückte, und schließlich die *Natürliche Schöpfungsgeschichte*, in der er das evolutionäre Gegenprogramm zur biblischen Schöpfungsgeschichte entwarf.

Mit Haeckel kommt Steiner spätestens Ende 1892 in engeren Kontakt. Im ersten erhaltenen Brief, datierend vom 4. Dezember, bandelt er mit ihm über sein Lieblingsthema, die Erkenntnistheorie, an und schreibt ihm eine fette Lobeshymne. Steiner stellt sich auf Haeckels Seite in dessen Kampf gegen Naturwissenschaftlerkollegen, insbesondere gegen den Berliner Physiologen Emil du Bois-Reymond, der den Dogmatikern einer Erkenntnis ohne Grenzen sein »Ignorabimus« – Wir werden es nicht wissen! – vorgehalten hatte. Die Beziehungen zwischen Haeckel und Steiner verdichten sich nun. Man tauscht Schriften aus, am 17. Februar 1894 ist Steiner Gast auf Haeckels sechzigstem Geburtstag, und er hofft, Haeckel werde ihm in seiner akademischen Karriere weiterhelfen.[42]

Aber unermesslich wichtig wird Haeckel für die Formierung von Steiners evolutionstheoretischem Denken. Evolution hatte natürlich schon bei Goethe nahegelegen, der mit seiner Lehre von der Metamorphose, von Verwandlung und Entwicklung – Steiner wird als Theosoph zur Verdeutlichung immer Entwickelung schreiben – zu Recht als spiritueller Vordenker der Evolutionstheorie galt. Aber mit Haeckel erhielt die Evolutionstheorie eine naturwissenschaftliche, universitär abgesicherte Begründung. Seine Forschungen zu den Radiolarien hatte er zu Stammbäumen und Verwandtschaftslisten, »Taxonomien«, umgearbeitet, in denen die sichtbaren Strukturen der Lebewesen, deren Morphologie, die Schritte der Evolution augenfällig sichtbar machen sollten. Diese Legitimation war allerdings auch der Schwachpunkt der Anbindungen Haeckels. Denn er hatte seine Evolutionstheorie konzipiert, bevor im Jahr 1900 die Gene entdeckt wurden. Seine Verwandtschaften und Entwicklungen beruhten auf äußerlichen, ästhetischen Merkmalen: Nicht das Genom, sondern die Ähnlichkeit der Form bildete für Haeckel die Grundlage evolutionärer Verwandtschaft. Deshalb war er allerdings schon Ende des 19. Jahrhunderts ins Abseits geraten, im 20. Jahrhundert war Haeckel wissenschaftlich überholt. Steiner weigerte sich allerdings, wie auch Haeckel, diese Wendung der Biologie von der Morphologie zur Biochemie anzuerkennen, auch er blieb in den Augenschein als Grundlage der biologischen Evolution verliebt. Dieser Haeckel liefert Steiner die Funktionslogik von Natur und Kultur. In Steiners theosophischer Anthropologie und Kosmologie steht im Hintergrund immer wieder der Großmeister der populären Evolutionstheorie, Professor Ernst Haeckel.

Philosoph ohne Aussicht

Die letzten Weimarer Jahre, bis er 1897 nach Berlin geht, bleiben eine Leidenszeit für Steiner. Die Geschichten seiner Arbeitsüberlastung könnte man mit den Bitt- und Bettelbriefen Kürschners und den Telegrammen des Cotta Verlags bruchlos forterzählen, ebenso mit den Bedenken seiner Bekannten, der »kränkliche Steiner« sei ein unzuverlässiges »österreichisches Bummelchen«[43] respektive ein »reichlich verbummelter[,] aber hochbegabter Mann«[44]. Damit korrespondiert ein Lebensgefühl zwischen Zerknirschung und Selbstherrlichkeit. Steiners Klagen über das Gefühl, missachtet zu sein, nehmen in den Briefen an Rosa Mayreder kein Ende, während die »größte Befriedigung« und »wirkliche Begeisterung« seiner Pauline Specht über die *Philosophie der Freiheit* ihn nur mäßig getröstet haben wird. Immerhin gab er mit Otto Erich Hartleben – von ihm im nächsten Kapitel mehr – ein Goethe-Brevier heraus, das zwischen Tag und Dunkel entstand, indem die beiden Männer, mit Schere und Klebstoff bewaffnet und durch Kaffee aufgemuntert, eine Goethe-Ausgabe plünderten[45] – doch dahinter könnten pekuniäre Motive gestanden haben. Aber es gibt auch den anderen Menschen, berauschenden Intellektuellen, den die Schriftstellerin Gabriele Reuter, des »nachmals priesterlichen Antroposophenführers« eingedenk, erinnert: Der Steiner, der »groß darin [war], barocke, unerhörte Prämissen aufzustellen und sie dann mit einem erstaunlichen Aufwand von Logik, Wissen, kühnen Einfällen und Paradoxen zu verteidigen«. Manchmal entlud sich die Spannung zwischen Steiners intellektuellem Selbstbild und fehlender Anerkennung in Überheblichkeit. Reuter hörte, dass ein Bekannter Steiner nicht mehr grüße. Steiner, nach den Gründen gefragt, antwortete: »Ich hab ihn nur einen Abschaum der Menschheit genannt – und das ist er doch wirklich!«[46] Steiner konnte gar zum Misanthropen werden. Weil alles »so schwer auf meiner Seele lag«, sei er »in der letzten Zeit immer recht ungenießbar« gewesen, gestand er Anna Eunike, die ein Hafen des zumindest bürgerlichen Friedens war. Ihr dankte er Anfang 1896 dafür, dass sie ihm täglich morgens Kaffee koche und mit ihm plaudere. In diesen trüben Zeiten habe er es »ohne Deine so liebevolle Pflege und Teilnahme gar nicht aushalten können«.

Währenddessen zog er weitere Kreise im antiidealistischen Milieu. Neben Nietzsche hatte er sich in ein weiteres Enfant terrible des 19. Jahrhunderts verliebt, Max Stirner, der 1845 in *Der Einzige und sein Eigentum* eine atheistische, radikal individualistische Philosophie propagiert hatte. Diese Zuneigung gestand er im Dezember 1893 John Henry Mackay, einem Philosophen des individuellen Anarchismus. Derweil war seine Nietzsche-Verehrung noch steigerungsfähig. Im August 1895 überschlug sich Steiners Nietzscheanismus in einer schrillen Kritik an Lou Andreas-Salomé, der ehemaligen Freundin Nietzsches, später Rainer Maria Rilkes und schließlich Mitarbeiterin Sigmund Freuds.

Sie hatte ihre Nietzsche-Interpretation religiös eingefärbt. Die nun kannte Steiner aus ihrem Nietzsche-Buch, dem er wohl viel verdankte.[47] Andreas-Salomés Übermensch, der zum Mystiker werde, sei ein »psychologisches Wahngebilde, das aus *christlich-mystisch-theistischen* Instinkten heraus geschaffen ist. Jede Seite schmeckt nach Christentum; jede Seite verrät die Ohnmacht, wahre Nietzsche-Luft zu atmen.«

Am 22. Januar 1896 erblickt Steiner erst- und letztmals seinen Heros, Friedrich Nietzsche[48], der mit stieren Augen in Naumburg ins Leere blickt und den seine Schwester Elisabeth Förster-Nietzsche als eine Touristenattraktion gegenüber ihr willfährigen Nietzsche-Deutern präsentiert. Dieser Besuch steht im Zusammenhang mit Verhandlungen Steiners, Herausgeber von Nietzsches Werken zu werden, was in diesen Jahren nur über Nietzsches Schwester ging, die mit eiserner Hand sowohl über ihren Bruder als auch dessen Nachlass regierte, die Deutungshoheit beanspruchte und vor Fälschungen von Nietzsche-Texten nicht zurückschreckte. In dieses vergiftete Heiligtum der Nietzsche-Verwaltung wollte Steiner, der von sich sagte, »Ich höre jede Nuance der Nietzsche-Sprache. Ich empfinde wie einer das Formgewaltige jedes ›Zarathustra‹-Satzes«, um fast jeden Preis hinein. Vermutlich hat er versucht, den mit ihm gut bekannten Herausgeber Fritz Koegel, mit dem sich Elisabeth Förster-Nietzsche überworfen hatte und den er verteidigte, auszubooten. Dieser Herrin des halbtoten Nietzsche schrieb er noch 1898 schleimige Devotionsbriefe. Aber es nützte alles nichts. Die Tür in Naumburg blieb ihm verschlossen, weil er sich in Förster-Nietzsches Augen immer noch nicht demütig genug gezeigt hatte.

In dieser Situation begibt sich Steiner an einem Vatermord und schreibt seit Sommer 1896 das Buch *Goethes Weltanschauung*. Von dem Metaphysiker und Idealisten Goethe war nichts mehr geblieben. Dieser sei gegen Ende seines Lebens in eine »absteigende Entwicklung« mit Aufnahme »der christlich-religiösen und philosophisch-platonischen Vorstellungen«[49] gekommen. Er aber, Rudolf Steiner, sehe nun klarer:

> »Wer aber Ideen in ihrer eigensten Wesenheit anzuschauen vermag, der wird bei den sittlichen gewahr, daß nichts Äußeres ihnen entspricht, daß sie unmittelbar als Ideen produziert wer-

den. Ihm ist klar, daß weder ein göttlicher Wille, noch eine sittliche Weltordnung wirksam sind, um solche Ideen zu erzeugen.«[50]

Vielmehr sollten die »höchsten Entscheidungen aus der Welt der sittlichen Ideen, die der Mensch selbst produziert«[51], fließen. In einer makellosen Konfession bekennt sich Steiner zu Max Stirner, diesen zitierend:

> »Eigner bin ich meiner Gewalt, und ich bin es dann, wenn ich mich als *Einzigen* weiß. Im *Einzigen* kehrt selbst der Eigner in sein schöpferisches Nichts zurück, aus welchem er geboren wird. Jedes höhere Wesen über mir, sei es Gott, sei es Mensch, schwächt das Gefühl meiner Einzigkeit und erbleicht erst vor der Sonne dieses Bewußtseins. Stell' ich auf mich, den Einzigen, meine Sache, dann steht sie auf dem Vergänglichen, dem sterblichen Schöpfer seiner, der sich selbst verzehrt, und ich darf sagen: ich hab' mein Sach' auf Nichts gestellt.«[52]

Das war Nihilismus ohne Vorbehalte, Steiner hatte im Land des Atheismus Wurzeln geschlagen. Aber von seinen eigenen Sätzen hat Steiner als Anthroposoph keinen stehen gelassen, 1918 brach er seinen eigenen Formulierungen die nihilistische Spitze ab.

Mit solchen Positionen wurde Steiner in Weimar heimatlos: als atheistischer Anarchist fremd im Goethe- und Schiller-Archiv, von Elisabeth Förster-Nietzsche rüde ausgebremst, an der Universität chancenlos. Zuletzt sprach Steiner im Mai 1900 von einer akademischen Karriere – wieder in einem Brief an seine Eltern[53] –, aber es ist ganz unklar, wie realitätshaltig dieses Projekt noch war.

In Steiner reifen Pläne, ein neues Leben in Berlin zu beginnen. Im Dezember 1896 zieht er in Weimar ins Hotel »Russischer Hof«[54], weil Anna Eunike, die ihr Haus verkauft hat, bereits nach Berlin gezogen ist.[55] Auch die Menschen, die er im Laufe der Jahre kennengelernt hat, halten ihn nicht mehr: die Familie Neuffer, die ihn immer wieder eingeladen und ihm eine Hegel-Büste geschenkt hatte[56], die Musikerfamilie Stavenhagen, die mit den Neuffers verwandt ist, der Gesprächskreis um die Familie Olden, in dem er auch Gabriele Reuter getroffen hatte, oder die

Familie Crompton, die ihm gerade jetzt für einige Zeit ein Zimmer in ihrer noblen Villa zur Verfügung gestellt hat.[57]

Steiner findet den Mut zu einem Neuanfang, mit dem er die Philologie und die Professur hinter sich lassen wird. Die neue Welt soll die Redaktion einer Literaturzeitschrift sein, des *Magazins für Litteratur,* ein damals wichtiges und viel gelesenes Blatt des literarischen Naturalismus. Im Februar 1897 verhandelt er mit Otto Neumann-Hofer, dem Theaterkritiker des *Berliner Tageblatts* und ehemaligen Herausgeber des *Magazins*, der 1897 Direktor des Berliner Lessing-Theaters wurde, und dem Verleger Emil Felber, bei dem Steiner auch seine *Philosophie der Freiheit* verlegt hatte, über die finanziellen Bedingungen der Übernahme. Steiner soll das Blatt für 500 Mark jährlich von Neumann-Hofer pachten, während Felber es wiederum für 3500 Mark von Steiner pachten soll.[58] Wir wissen nicht, ob dieser Vertrag so zustande gekommen ist, aber Steiner hätte dann das Doppelte bis Dreifache des Durchschnittslohns eines Arbeiters erhalten. Doch möglicherweise sah die Realität nicht gar so rosig aus, Steiner klagte jedenfalls später über die mageren finanziellen Erträge aus dem *Magazin.* Aber er wird die Hoffnung gehegt haben, intellektuellen Einfluss und Lebenssicherung miteinander verbinden zu können. Vermutlich ging er davon aus, dass alles nicht so schwierig würde, denn mit seinem literarischen Wiener Bekanntenkreis sollte er doch einen Grundstock für Textbeiträge besitzen. So reist er im Mai auf Autorensuche nach Wien, aber nur Rosa Mayreder sagt zu.[59] Steiner muss die Sache weitgehend allein auf den Weg bringen. Am 5. Juni 1897 bricht er seine Zelte in Weimar ab und zieht nach Berlin, am 1. Juli nimmt er seine Tätigkeit als Herausgeber des *Magazins für Litteratur* auf.

SIEBEN

Berlin. Wilde Jahre

Nun begannen turbulente Zeiten. In der Literatur, seiner zweiten Liebe neben der Philosophie schon seit Wiener Tagen, suchte Steiner eine neue Heimat. Frei von den Fesseln der Weimarer Sozialkontrolle tauchte er in der Aufsteigermetropole der Belle Époque unter. Berlin – das war seit einer Generation die Hauptstadt eines Reichs fast von der Maas bis an die Memel, wie der Nationalismus im »Deutschlandlied« frohlockte. Bei Steiners Ankunft zählte die Stadt etwa zwei Millionen Einwohner und hatte, wie viele Städte im 19. Jahrhundert, innerhalb weniger Jahrzehnte ihre Bevölkerungszahl vervielfacht. Hier waren Villenkolonien und Mietskasernen entstanden, wobei die schlimmsten Armutsprobleme der Industriearbeiterschaft in den Neunzigerjahren leidlich bewältigt waren. Hier residierte der deutsche Kaiser im Schloss am Ostende des Prachtboulevards Unter den Linden, und an dessen Westende, hinter dem Brandenburger Tor, trat seit 1894 der Reichstag im neu erbauten Parlamentsgebäude zusammen.

In der Friedrichstraße, die diese Stadtallee etwa in ihrer Mitte schneidet, wird Steiner 1900 den sein Leben wendenden Schritt über die Schwelle der Theosophischen Bibliothek tun. Etwa in der Mitte zwischen der Friedrichstraße im Zentrum und der Kaiserallee im Berliner Westen, Steiners Wohnsitz in diesem Jahr, lag bis zum Oktober 1899 der Redaktionssitz des *Magazins für Litteratur*[1], in der Habsburgerstraße im damals noch nicht eingemeindeten Schöneberg, mitten im großbürgerlichen Bayerischen Viertel. Hier befand sich auch die Motzstraße, in der später die Zentrale der deutschen Adyar-Theosophen ihren Sitz hatte. Im Oktober 1899 zog er, nach einer Episode im »Elend« einer eigenen Wohnung[2], wie er klagte, mit Anna Eunike in die Kaiserallee in Friedenau, fast zehn Kilometer vom Stadtzentrum entfernt, in ein Neubauviertel der »Gründerzeit«, das man gerade aus einem Villenvorort zu einer Mietshausgegend umgestaltete. Hier verbrachte Steiner in der Gesellschaft von Anna und ihren Kindern aufregende Berliner Jahre, und hier redigierte er auch das *Magazin*. 1903 zog Steiner von Friedenau nochmals zehn Kilometer weiter nach Westen, in eine kleine Villa am Schlachtensee, ehe er in der Motzstraße lebte – aber da war er schon in den Hafen der Theosophie eingelaufen.

Literatur- und Gesellschaftskritik und das *Magazin für Litteratur*

Die literarische Welt, auf die er in Berlin trifft, hat weder etwas mit der idealistischen Bürgerlichkeit des Goethe- und Schiller-Archivs noch mit der aristokratischen Arroganz der Nachlassverwalter Nietzsches zu tun. Steiner begegnet einer Bohemewelt, in der der Aufstand gegen das bürgerliche Milieu, an dem er gerade gescheitert ist, von Bürgerkindern geprobt wird. Schon im Februar 1897, bei seinem Sondierungsbesuch von Weimar aus, hatte er den Berliner »Verbrechertisch«, einen Treffpunkt von Literaten und Künstlern, besucht, der im Restaurant Zur alten Künstlerklause in der Dorotheenstraße in der Stadtmitte tagte.

Man fühlt den Pulsschlag dieser intellektuellen Stadtindianer, wenn man sich in einem kurzen Biogramm Otto Erich Hartleben, den Gründer des »Verbrechertischs« und ein Bekannter Steiners aus Weimarer Zeiten, mit dem er das *Magazin* herausgeben sollte, vor Augen führt. Hartleben, drei Jahre jünger als Steiner und 1897 also 33 Jahre alt, war ein Schriftsteller, der sich dem Naturalismus verschrieben hatte, Kirchenkritik liebte und den seine bürgerlichen Kritiker »Pornograph« nannten. Im Sommer pflegte er in Süddeutschland und in seinem geliebten Italien auf Reisen zu gehen. Seine Frau, Selma Hesse, blieb in Berlin zurück, während Otto Erich unterwegs gern schon einmal einer Freundin huldigte und ein uneheliches Kind zeugte. Finanziell war das »Pumpgenie« eigentlich immer pleite. Davor bewahrte ihn weder eine große Erbschaft, die er 1895 erhielt und im Jahr darauf, als er den »Verbrechertisch« gründete, schon wieder aufgebraucht war, noch sein literarischer Millionenerfolg, die Offizierstragödie *Rosenmontag* aus dem Jahr 1900. Immerhin hatte er sich davon am Gardasee die Villa Halkyone kaufen können, wo er – aber das war schon nach der Zeit mit Steiner – die Halkyonische Akademie für unangewandte Wissenschaften gründete (und zu deren Mitgliedern Hartleben unter anderen den Verleger Samuel Fischer, den Schriftsteller Gerhart Hauptmann und den Maler Franz von Lenbach »berief«). Deren Programm bestand aus zwei schlichten Paragrafen: »§ 1. Die Zugehörigkeit zur Halkyonischen Akademie bringt weder Pflichten noch Rechte mit sich. § 2. Alles Übrige regelt sich im Geiste halkyonischer Gemeinschaft.«[3] Doch dieses Lebens konnte sich Hartleben nicht lange erfreuen. Der Kampftrinker war schwer alkoholkrank und starb 1905. Noch mit seinem Tod sorgte er indes für einen echten »Hartleben«, denn er hatte bestimmt, dass sein Kopf nach Deutschland gebracht werden solle. Und so trennte sein Arzt Dr. Lehmann das Haupt vom Rumpf und begab sich auf den Weg nach Deutschland. In einer Schenke jedoch, als während eines lebhaften Gesprächs die Faustschläge von Italienern den Tisch erschütterten, rollte das Paket auf den Fußboden und das sich lösende Zeitungspapier gab den Kopf Otto Erich Hartlebens ein letztes Mal frei.

An Hartlebens »Verbrechertisch« gehört Steiner schnell zur Stammbesatzung, zu der auch der Schriftsteller und Verteidiger des Naturalismus, Otto Julius Bierbaum, und Paul Scheerbart, der Poet skurriler, phantastischer Texte, zählen. Steiner ist in dieser Gruppe kein Kind antialkoholischer Traurigkeit. Schon die 1892 in Weimar bekundete Liebe für »Frankfurter Würste und Cognac«[4] zeigt Steiners Lust an alkoholischen Freuden, die sich in Hartlebens Entourage nicht verflüchtigt haben dürfte. In der Kaiserallee jedenfalls erhalten Gäste Schnaps aus einer Stoffpuppe, unter deren schwarzem Mantel sich eine Flasche französischen Cognacs, ein Geschenk seines Freundes Ludwig Jacobowski, verbirgt.[5] Aus dieser Runde der rauchenden, trinkenden und vor allen Dingen diskutierenden »Verbrecher« heraus versorgt Steiner jahrelang seine Freunde und Bekannten mit Postkarten über literarische Ereignisse und das Weltgeschehen überhaupt.

Mit Hartleben hatte Steiner nun das *Magazin für Litteratur* zu redigieren, die Herausgeber hatten auf der Mitarbeit des bekannten Literaten bestanden.[6] Wie kaum anders zu erwarten, stürzte sich Hartleben allenfalls dann in die Redaktionstätigkeit, wenn es ihm passte – also des Sommers, wenn er gern in Italien weilte, eher nicht.[7] So erledigte Steiner die Knochenarbeit meist allein. Alle zwei Wochen musste samstags eine Zeitschrift mit zwölf engbedruckten, umfangreichen (in heutigen Maßen etwa DIN A4 großen) Seiten erscheinen, wobei man vor allem in den ersten Jahren kaum eine Ausgabe ohne einen Beitrag Steiners sah. Finanziell lohnte sich die Viecherei im *Magazin* wohl nicht. »Mäßige Honorare« zahle es und biete ihm »fast gar keine materielle Lebensgrundlage«, denn die Abonnentenzahl war und blieb gering[8], teilweise kündigten Abonnenten auch wegen Steiners Positionen. Im Sommer 1898 war das Blatt offenbar fast am Ende, auch aufgrund finanzieller Probleme des Verlegers Emil Felber. Nur ein Verlegerwechsel und die finanzielle Hilfe seines Wiener Freundes Moritz Zitter, der seit Oktober 1899 – wenn auch wohl nur dem Namen nach – Mitglied im Redaktionskollegium war, retteten das *Magazin*.[9] Für viele Autoren jedoch, zumindest die jungen, muss das *Magazin* attraktiv gewesen sein, denn sie hofften, von Steiner vertröstet, der vor einem Berg von Manuskriptangeboten saß, auf Abdruck und Honorare vom »Magazin für Manuskripte«.[10]

Das *Magazin* war seit den Achtzigerjahren ein Frontblatt des literarischen Naturalismus, der die gesellschaftliche Realität im sozialen Drama auf die Bühne zu bringen beanspruchte. In diese Tradition trat Steiner ein, der damit seinem alten Idealismus weiterhin fernstand. Blättert man seine vier *Magazin*-Jahrgänge durch, wird klar, dass ihn besonders die Bühnenliteratur faszinierte und er ein zeitweise ausgesprochen eifriger Theatergänger war. Dabei beschränkte er sich nicht auf den klassischen Naturalismus, wie seine Besprechungen der Werke von Maurice Maeterlinck exemplarisch dokumentieren, des frankophonen belgischen Dichters, der damals gerade als einer der großen Schriftsteller seiner Zeit galt und 1911 den Literaturnobelpreis erhielt. Sein Markenzeichen waren abgründige, religiöse Stücke, in denen kaum gesprochen wurde, weil die Figuren im Raum des Unnennbaren,

»Göttlichen« agieren. Steiner wendete nun Maeterlincks Verweise auf eine andere Welt in ihr Gegenteil, in einen Hinweis auf das Innere dieser Welt, ganz naturalistisch und nietzscheanisch und atheistisch:

> »Nichts hindert die, welche im Innersten den Reden Zarathustras, des Gottöters, zujubeln, geheime Wollust zu empfinden, wenn Maeterlinck von den Tiefen des Göttlichen mit religiöser Andacht spricht. ... Nietzsche verkündete in seinem ›Zarathustra‹ die Heiligkeit und Göttlichkeit des Diesseits. Und Maeterlinck tat dasselbe in seinem ›Tresor des Humbles‹ [dem ›Schatz der Armen‹]. Im Grunde sagen beide Geister dasselbe. Nur betont Nietzsche: All das Anbetungswürdige, all das Heilige: es ist kein Himmel und kein Jenseits; es ist eine Erde und ein Diesseits.«

Blättert man weiter und setzt sich dem Rauschen der vielen Namen aus, die Steiner Monat für Monat den Lesern im *Magazin* (und in anderen Zeitschriften) vorstellte, hört man von Personen, die heute aus dem kollektiven Gedächtnis verschwunden sind: Wer kennt noch Wilhelm Jordan oder Friedrich Spielhagen? Vielleicht kennt man noch Peter Altenberg? Steiners Kritiken waren meist prononciert, häufig überheblich und gemessen an unserem literarischen Kanon unsicher. So lobte er den Roman *Loki* des heute fast vergessenen Ludwig Jacobowski in höchsten Tönen, vielleicht weil dieser sein Freund war, vielleicht auch weil er sich als Deutschnationaler für Jacobowskis Germanenschwärmerei begeistern konnte.[11] Bei dem großen Erzähler E.T.A. Hoffmann hingegen fand er »alles launenhaft und subjektiv«, und bei der Einschätzung, dass gerade dem französischen Realisten Honoré de Balzac »der wirklich unbefangene Blick auf die Wirklichkeit mangelt«, reibt man sich die Augen. Rainer Maria Rilke wiederum, dozierte Steiner, habe die »Ausdrucksfähigkeit des Wortes unterschätzt«, doch hielt er viel von Hugo von Hofmannsthal und lobte Gerhart Hauptmanns Naturalismus (betrachtete aber dessen metaphysisch eingefärbte symbolistische Stücke als eine »bedenkliche Rückwärtsbewegung«). Auch Henrik Ibsen kam gut weg (wenngleich er »nicht vermag zu Antworten zu kommen«), wohingegen er die Vertreter der

Wiener Moderne, seine alte Wiener Gegenfraktion, schonungslos abbürstete. Hermann Bahrs Ästhetik »erscheint weniger als eine Fortentwickelung denn als Bankerott«, und einen Einakterzyklus Arthur Schnitzlers quittierte er mit: »Das Ganze lässt gleichgültig.«

Aber Steiner bleibt in seinem *Magazin* nicht beim literarischen Rapport stehen, sondern schreibt über viele weitere Felder, wobei nur ein Defizit auffällt: Oper und Konzerte spielen fast keine Rolle, Steiner bleibt aufs Wort bezogen, nachgerade darauf fixiert. Zu den Weiterungen gehört seine Nutzung des *Magazins* als Podium gesellschaftspolitischer Stellungnahmen. In der französischen Dreyfus-Affäre, in der man den elsässischen Juden Hauptmann Alfred Dreyfus aus antisemitischem Soupçon zu Unrecht der Spionage für Deutschland bezichtigte, trat Steiner für den Angeklagten ein[12], aber als alter Deutschnationaler meinte er auch sagen zu müssen, dass Dreyfus eine »verbohrte Soldatennatur« sei, die er als Person »hasse«, weil dieser über die Eroberung des Elsass durch die Deutschen geweint habe. Auch Bismarck richtet er mit einem schnellen Urteil (»Bismarck hat nie darüber nachgedacht, wie die Welt sein soll«), und dem französischen Frühsozialisten Auguste Comte verpasst er das Etikett »ideenlose Persönlichkeit«.

Wenn er religiöse Themen aufgreift, fällt er ein durchweg kritisches Urteil. Den katholischen Modernismus verreißt er immer wieder, weil er nicht glaubt, dass Katholizismus und Moderne versöhnt werden können[13], aber noch schlechter kommen 1897 seine künftigen Freunde weg. Franz Hartmanns Übersetzung der *Bhagavad Gita* nutzt er zu einer regelrechten Hinrichtung der Theosophen: Sie würden an die »Minderwertigkeit der abendländischen Wissenschaft glauben« (eher war das Gegenteil richtig), sie hätten die »Redensart« »›wir erleben die Gottheit in uns‹« (was zutraf und Steiner wenige Jahre später auch behaupten würde) oder gingen »mit den Spiritisten Hand in Hand ..., wenn es gilt, die freie, auf Vernunft und Beobachtung allein sich stützende freie Wissenschaft der Neuzeit zu bekämpfen« (womit Steiner tief in das Reservoir polemischer Halbwahrheiten griff). Per Saldo: »Die inneren Erlebnisse sind nichts als Heuchelei.«

Hohe Wellen schlägt sein Eintreten für den Deutsch-Schotten

John Henry Mackay, den damals profiliertesten Vertreter eines literarischen Anarchismus. Steiner hatte ihn noch in Weimar kennengelernt, aber erst in Berlin entwickelt sich daraus wohl im Frühsommer 1898 eine »schöne Freundschaft«. Als Steiner im Juli das hohe Lob auf Mackays Stirner-Deutung singt[14], sieht er sich, offenbar überrascht, mit den politischen Konsequenzen des Anarchismus konfrontiert, obwohl er bereits nach der Veröffentlichung seiner *Philosophie der Freiheit* mit diesen Folgen des individualistischen Denkens konfrontiert worden war. Aber die politische Debatte um den Anarchismus spitzte sich gerade dramatisch zu, nachdem am 10. September 1898 die habsburgische Kaiserin Elisabeth (»Sisi«) in Genf von dem Anarchisten Luigi Lucheni ermordet worden war. Steiner musste nun schnellstens für klare Verhältnisse sorgen und gibt am 30. September in einem »offenen Brief« die politisch erwartete Antwort, von der er vermutlich auch überzeugt war: Er schwört der »Propaganda der Tat« ab, also dem Morden und Bombenlegen, um gleichzeitig trotzig ein Bekenntnis zu Mackay und seinem »individuellen Anarchismus« abzulegen: »Wenn ich ... sagen sollte, ob das Wort ›individueller Anarchist‹ auf mich anwendbar ist, so müßte ich mit einem bedingungslosen ›Ja‹ antworten.« Die Abonnenten des *Magazins* schreiben Steiner dafür ihre ganz eigene Quittung: »Die Professorenwelt«, erinnerte sich Steiner ein Vierteljahrhundert später, »bestellte nun bald nach und nach das Magazin ab.« Immerhin erscheint in seinem *Magazin* im November 1899 ein trauertriefender Artikel zum Jahrgedächtnis des Todes von Kaiserin Elisabeth[15], was doch sehr nach Political Correctness klingt. Zugleich politisiert Steiner seine anarchistische Position und verkündet als Alternative zur Durchsetzung von Religion, Nationalität und Staat durch »Inquisition, Kanone und Zuchthaus« den »wahren Anarchismus« und als sozialpolitisches Programm den »völlig freien Konkurrenzkampf« der Individuen. Das war eine furiose Verbindung von evolutionärem »survival of the fittest«, nietzscheanischem Individualismus und Politik.

In diesen Jahren nimmt Steiner den Mitte der Neunzigerjahre eingeschlafenen Kontakt zu Ernst Haeckel wieder auf. Im September 1899 verspricht Steiner, Haeckels *Kunstformen der Natur* in seinem *Magazin* zu rezensieren.[16] Für eine große literarische

Hommage an Haeckel – vermutlich weil dieser ihm die *Welträthsel* übersandt hatte, das wohl meistverkaufte Buch im Kaiserreich – nutzt er allerdings eine andere Zeitschrift, die *Gesellschaft*, ebenfalls ein Blatt des literarischen Naturalismus. Hier bringt er seinen damaligen Atheismus und Materialismus ungebremst zur Darstellung. Natürlich waren die »Kirchenreligionen« veraltet, war das, »was wir kurzweg ›menschliche Seele‹ nennen«, ein Ergebnis körperlicher Funktionen, und »wenn der Mystiker durch Versenken in sein Inneres sich zur Anschauung Gottes zu erheben glaubt, so sieht er in Wirklichkeit nur seinen eigenen Geist, den er zum Gott macht«.

Das *Magazin* war, wie diese Gastartikel deutlich machen, längst nicht Steiners einziges kulturpolitisches Standbein. Er war darüber hinaus Mitglied der Freien literarischen Gesellschaft (seit 1902 im Vorstand[17]), die als Gegenpol zur etablierten Literarischen Gesellschaft zeitgenössische Dramatiker förderte. Aber das gehörte auch zum Pflichtprogramm, denn das Magazin fungierte als Organ dieser »freien« Gesellschaft[18], deren Mitglieder eine wichtige Lesergruppe der Zeitschrift bildeten. Auch dem Friedrichshagener Dichterkreis, dessen Mitglieder am Müggelsee vor den Stadtgrenzen Berlins lebten, dürfte er angehört oder zumindest nahegestanden haben[19]; sie pflegten ebenfalls den literarischen Naturalismus und waren der sozialistischen Bewegung gegenüber offen. Hin und wieder hat er wohl auch an Veranstaltungen der Neuen Gemeinschaft am Schlachtensee teilgenommen, die sich 1900 aus den Friedrichshagenern heraus entwickelte.[20] Zeitweilig redigierte er zudem die *Dramaturgischen Blätter*, das »Organ des Deutschen Bühnen-Vereins«, aber diese 1898 gegründete Beilage zum *Magazin* ging schon nach gut einem Jahr wieder ein. Auch als Regisseur versuchte sich Steiner[21], doch die Inszenierung des Dramas »Balkon« von Gunnar Heiberg, den er schon in Wien verehrt hatte, versank in einem »höhnischen Lachen«. Diese Kreise darf man sich bei aller Vielfalt nicht als ein ausuferndes Netzwerk vorstellen, viele Namen tauchen in mehreren Gemeinschaften auf. Das an zeitgenössischer Literatur interessierte Berlin war überschaubar.

Die aus heutiger Sicht spannendsten Kontakte knüpft Steiner in einem weiteren Literaturzirkel mit dem nun überhaupt nicht bescheidenen Namen Die Kommenden, gegründet im Mai 1900 von Steiners Freund, dem Dichter und Juden Ludwig Jacobowski.[22] Hier lesen sich die jungen Wilden eigene Werke vor, Die Kommenden sind der große Aufsteiger unter den literarischen Vereinigungen Berlins. Bereits am Jahresende zählen sie um die hundert Mitglieder[23], und 1902 haben sie bereits mehr als einhundert Mal getagt. Zwar werden für die donnerstäglichen Sitzungen um 21 Uhr Eintrittskarten verschickt, doch ansonsten inszeniert man Abende gegen die Rituale des bürgerlichen Literaturbetriebs. Man trifft sich eben nicht im bürgerlichen Wohnzimmer, sondern im Nollendorf-Casino oder anderen Gaststätten. Dafür hatte Steiners damalige Freundin, Marie von Sivers, allerdings nur einen adeligen Dégout übrig: »Die Flügel jener Dichter und Dichterinnen hingen schwer an den Boden herab; der Alltagsstaub klebte an ihnen, die Nervenpeitsche Berlins flackerte in ihren Augen, die unästhetische Umgebung breitete einen grauen Mantel um sie.« Und überhaupt war ihr diese und die ganze moderne Lyrik viel zu »erotisch«.[24]

Nach Jacobowskis Tod im Dezember 1900 leitet Steiner Die Kommenden – und sorgt offenbar für mehr Ernst in der Diskussionsrunde: »Jetzt wird gearbeitet!«, soll er üblicherweise an einem Punkt des Abends gerufen haben, und dann ging man »an die Arbeit, und Rudolf Steiner hat mit strammem Enthusiasmus den Verlauf der Abende geleitet«[25]. Steiners Beziehungen zu den Teilnehmern waren, soweit wir sie nachvollziehen können, nicht besonders eng, aber viele Mitglieder zählen wir heute zur Avantgarde der Moderne um 1900. Dazu gehörte etwa Erich Mühsam, der Anarchist und Sozialist, den die Nationalsozialisten 1934 im KZ Oranienburg ermordeten. Er erinnnerte sich 1910 nur an Steiners »von unten ausholende, lange Gesten«, mit denen er »seine leeren Worte über die Menge«[26] geschwenkt habe. Auch Käthe Kollwitz, die 1898 als Mutter von zwei kleinen Kindern mit ihren Radierungen »Ein Weberaufstand« für Aufsehen sorgte, verkehrte hier. Mehr wissen wir über Steiners Kontakte zu Peter Hille, der sich als »Meerwunder der Erfolgslosigkeit« betrachtete und den die Berliner Literaten doch als Meister der kleinen Form – darunter liebevolle religiöse Miniaturen – verehrten. Dieser ewige Vagabund, schwer lungenleidend, bitterarm, hatte Steiner einmal besucht, in einen Mantel gekleidet, unter dem er kaum etwas trug, weil alles andere verkauft war. Er bot auf Papierstreifen und ausgeschnittenen Zeitungsrändern Steiner seine Gedichte zum Abdruck an, der sie aber nicht annahm.[27] Steiner stieß auch auf Stefan Zweig, den großen Chronisten des 19. Jahrhunderts. Zweig fand es »aufregend, ihm zuzuhören, denn seine Bildung war stupend und vor allem gegenüber der unseren, die sich allein auf Literatur beschränkte, großartig vielseitig; von seinen Vorträgen und manch gutem privatem Gespräch kehrte ich immer zugleich begeistert und etwas niedergeschlagen nach Hause zurück«[28].

Ein wenig mehr wissen wir von einer Begegnung mit Else Lasker-Schüler, der jüdischen Dichterin und Exponentin des Expressionismus. Steiner traf sie am 4. Oktober 1900. Die Dichterin war offenbar überraschend bei den Kommenden erschienen und wurde, unter anderem von Rudolf Steiner, aufgefordert, ein Gedicht zu lesen. Ein solches hatte sie nun gerade nicht dabei, fand aber in ihrer Tasche eine Skizze. Daraufhin baute sich Heinrich Hubert Houben, 25 Jahre alt, Dozent an der Humboldt-Akademie (einer der ersten Volkshochschulen), Autor des *Magazins* und Mitglied im Vorstand der Kommenden, auf und sagte grinsend und wohl unüberhörbar ironisch: »Frau Else Lasker-Schüler will auf Wunsch, wie man so sagt, vortragen.« Unter Protest verließen daraufhin Lasker-Schüler und ihre Anhänger den Kreis. Nun verlagerte sich die Debatte in die Veranstalterriege, Steiner und Houben gerieten sich in die Haare. Beim Aufbruch habe Steiner ihn beleidigt, berichtete Houben in einem Bericht über den »sensationellen Verlauf« des Abends an Jacobowski.[29] Doch Houben hatte die Mehrheit gegen sich, für ihn läutete dieser Auftritt das Ende seiner Mitgliedschaft bei den Kommenden ein.[30] Lasker-Schüler hatte jedenfalls Vertrauen zu Steiner gefasst und sandte ihm einen Monat später das Gedicht »Chaos«, vermutlich, wie ein Bezug auf Otto Erich Hartleben nahelegt, zum Abdruck im *Magazin*.[31] Aber dazu kam es nicht, vielleicht weil Steiner die Redaktion im Herbst 1900 nicht mehr innehatte.

Im Oktober 1901 gibt Steiner den frei schwebenden Abenden der Kommenden ein völlig neues, festes Format. Er hält über fast ein halbes Jahr einen Vortragszyklus, der schon seine Annäherung an die Theosophie spiegelt: »Von Buddha zu Christus«.[32] Vom Vortrag experimenteller Literatur und von offener, gar wilder Debatte konnte keine Rede mehr sein. Das letzte Lebenszeichen der Kommenden datiert vom Herbst des Jahres 1902, als Steiner einen zweiten Zyklus (»Von Zarathustra bis Nietzsche. Entwicklungsgeschichte der Menschheit«[33]) bis in das Frühjahr 1903 hielt. Dies wurde der Schwanengesang dieses ehedem literarische Funken sprühenden Literatenzirkels.

Aber es hatte schon länger in Steiners literarischem Kosmos gekriselt. Im Frühjahr 1900 war Hartleben als Herausgeber des *Magazins* ausgeschieden. Selbst wenn er keine große Hilfe dargestellt hatte, war es dennoch ein Kampfgefährte an seiner Seite, der ging. Am 22. September 1900 erscheint Steiners letzter literarischer Beitrag als Herausgeber des *Magazins*, bezeichnenderweise über seine alte Wiener Bekannte, Eugenie delle Grazie. Ein letztes Mal bejubelt und bezweifelt er in einer langen, ambivalenten Besprechung ihren Pessimismus, in dem sich »das ›Größte‹« »in leeres, schales Nichts« auflöse. Er fühlt sich von ihr verstanden, wenn sie ihn in ihren Dichtungen »über reiche Lebewelten, lebenssaftig und lebenskräftig« führe und »mit heißem Wollen« erfülle. »Aber in diesem Leben pulsieren giftige Stoffe, es sprossen Blüten, die Verwesung als ihre innerste Bestimmung in sich tragen.« Deshalb müsse er ihr auch widersprechen, wohl wissend, »daß man zur Größe ›Nein‹ sagt«. Doch letztendlich durchtränke die depressive Stimmung delle Grazies Steiners Lebensgefühl so, wie nasskaltes Wetter die Kleidung klamm macht: »Wahr ist es: Gegenwartsmüdigkeit und Zukunftshoffnungslosigkeit strömen ihre Dichtungen aus. Ich mochte aber nicht zu denen gehören, in denen von alledem keine verwandte Saite anklingt.« Im Klartext: Steiner fühlte sich auch müde und hoffnungslos. Ende September 1900 nahm er seinen Abschied vom *Magazin für Litteratur* – für dessen baldiges Ende viele Zeitgenossen Steiner verantwortlich machten.[34]

Im sozialistischen Milieu und in der Arbeiter-Bildungsschule

»In dieser für mich schweren Zeit«, wie sich Steiner an seinem Lebensende erinnerte, bietet ihm der Vorstand der Berliner Arbeiter-Bildungsschule im Dezember 1898 an, »Unterricht in Geschichte und ›Rede‹übungen zu übernehmen«. Schon im Januar 1899 tritt er diese Tätigkeit an, die ihm ein zusätzliches Einkommen verschafft, acht Mark pro Abend[35], wobei Steiner es ablehnt, angesichts seiner vergleichsweise großen Hörerzahl mehr Geld als die anderen Dozenten zu erhalten.[36] Immerhin, das Geld war leichter verdient als dasjenige in der Publikationsmühle des *Magazins*. Diese Bildungseinrichtung hatte Wilhelm Liebknecht, neben August Bebel der führende Exponent der damals noch sozialistisch orientierten deutschen Sozialdemokraten, 1891 gegründet. Sie war ein Ergebnis seiner Versuche, neue politische Verhältnisse unter der Parole »Wissen ist Macht – Macht ist Wissen« herbeizuführen. Allerdings darf man sich trotz des klangvollen Namens darunter keine große Institution vorstellen. Als Steiner eintrat, hatte die Schule schon existenzbedrohende Krisen hinter sich. Von den Tausenden, die die Gründung bejubelt hatten, waren am Ende der Neunzigerjahre ein paar Dutzend Teilnehmer geblieben. 1897 hatte man sich entschlossen, die schwächelnde Einrichtung zu reorganisieren, und dabei auch Steiner als neuen Lehrer eingestellt.[37] Als einer von vier Dozenten unterrichtete der »Schriftsteller Dr. Rudolf Steiner« nun »Rede-Uebungen« und Geschichte, 1900 etwa »Kulturgeschichte in grossen Zügen von den Anfängen der menschlichen Kultur bis zur Gegenwart«[38]. Nachdem er in Kontakt mit der Theosophie gekommen war, kamen auch religionshistorische Vorträge dazu, etwa über »Entstehung und Geschichte der verschiedenen Religionen«[39].

Steiner muss ein beliebter und engagierter Lehrer gewesen sein. Sein Kurs über Geschichte hat im Frühjahr 1900 61 Hörer, im Winterquartal sind es schon 88. Noch rasanter wächst die Zahl der Teilnehmer an den Redeübungen.[40] Und so weit uns Augenzeugenberichte vorliegen, kommt Steiner ausgesprochen positiv an. Vor den Hörern stand ein

»Dr. Steiner ..., hoch aufgerichtet in hoheitsvoller Schlankheit, gradlinig und hager, schwarz gekleidet, kleines schwarzes Bärtchen auf der Oberlippe, das nicht geschnitten und schmal gewachsen war wie er selbst, einen Kneifer vor den Augen, die langen schwarzen Haare glatt nach hinten gelegt, vorm Kragen auf der Brust eine lange und breite Schleife.«[41]

Die »hagere Gestalt« in einem »alten Gehrock« mit Hosen »wie Korkenzieher, viel zu kurz und ebenso abgetragen«, antwortete »mit unbeschreiblicher Geduld ... jedem Frager, während er seine Schrippe aß«[42], wir lesen, dass er Manuskripte mit literarischen Übungen korrigierte[43], er beeindruckte die Zuhörer, weil er ohne Notizzettel sprach und bei den Arbeitern den Eindruck eines umfassend gebildeten Menschen mit einem phänomenalen Gedächtnis hinterließ[44], es wird berichtet, dass bei den Redeübungen jeder auf ein Podium steigen durfte, um über irgendetwas zu sprechen, das Steiner korrigierte[45], er hielt an seinen patriotischen Überzeugungen fest und nahm demonstrativ eine Sozialdemokratin in Schutz, die »gegen einen gewaltigen Proteststurm die Kaiserhymne und das Deutschlandlied verteidigte«[46], wir erfahren, dass er hin und wieder an Sonntagsausflügen teilnahm, bei denen er, von Anna Eunike und ihrer Tochter begleitet[47], im Gras liegend über Konfuzius und Émile Zola, über ägyptische Geschichte und blutsaugende Schnaken plauderte.[48] Eine Hörerin, Johanna Mücke, die Schriftführerin in der Arbeiter-Bildungsschule, war so von ihm überzeugt, dass sie ihm später in die Theosophische Gesellschaft folgte und dort den Philosophisch-Theosophischen Verlag aufbaute. Es scheint, als habe Steiner unter diesen handfesten, wissbegierigen Menschen glückliche Stunden verbracht.

Es gibt auch Indizien, dass ihn die sozialdemokratische Führung schätzte. Als 1902 eine weitere Arbeiter-Bildungsschule in Spandau eröffnet wird, bietet man ihm auch hier eine Dozentenstelle an.[49] Auf der Gründungsversammlung spricht er neben Rosa Luxemburg[50], die sich zudem, als sie für eine Genossin »sachkundigen Rath« in »litterarischen Fragen« sucht, an ihn wendet.[51] Auch zu den festlichen »Sonntagsversammlungen« bittet man Steiner als Redner[52], doch der Höhepunkt seiner Laufbahn ist die Teilnahme an den Stiftungsfesten der Arbeiter-Bildungsschule in den Jahren 1903 und 1905. Und so wächst sein Engagement in der Arbeiter-Bildungsschule, während seit 1899 die Zahl seiner Artikel im *Magazin* zurückging.

An der Arbeiter-Bildungsschule hält er auch fest, als er im Oktober 1902 Sekretär der deutschen Sektion der Adyar-Theosophen wird, und er hat es letztlich auch nicht freiwillig beendet. Aber seit 1904 gab es Debatten über Steiners politische Position. Wir wissen nicht, ob einer von seinen groben Klötzen eine Rolle spielte, hatte er doch noch im Juli 1898, also kurz bevor er bei Liebknechts Bildungseinrichtung in Lohn und Brot kam, in einem seiner politischen Tiefschläge behauptet: »Von allen Herrschaften die schlimmste ist diejenige, welche die Sozialdemokratie anstrebt.« Aber 1904 ging es um ein anderes Thema, die materialistische Geschichtsauffassung des Marxismus und Sozialismus, wonach soziale und ökonomische Faktoren, nicht aber Ideen die Geschichte bestimmen sollten, in der die Arbeiter durch Klassenkämpfe und Revolution eine neue Gesellschaft herbeiführen würden. Eine solche Perspektive hatte Steiner trotz seines damaligen Materialismus nicht im Sinn.[53] Man überlegte, Karl Kautsky, den Klassenkampf-Theoretiker der Sozialdemokratie, mit Steiner diskutieren zu lassen.[54] Dieses Zusammentreffen kam nicht zustande, doch traf er am 7. Oktober 1904 auf der Generalversammlung in einem Rededuell auf Max Grunwald, einen orthodoxen Marxisten, aus dem Steiner, »umjubelt von seinen getreuen Schülern«, als Sieger hervorgegangen sei.[55] Steiners Gegner setzen sich jedoch durch, seine Tage an der Arbeiter-Bildungsschule sind gezählt. Man fragt sich natürlich, warum diese Krise erst jetzt, sechs Jahre nach Beginn seiner Lehrtätigkeit, ausbricht. In seinem Notizbuch hält Steiner fest, dass auch Franz Mehring, ebenfalls ein orthodox-marxistischer Theoretiker, gegen ihn sei, und nennt auch einen Grund: »Der Stein kam ins Rollen durch meine theosophische Stellung.«[56] Man spürte, dass Steiner dabei war, dem Materialismus Lebewohl zu sagen. Am 15. Januar 1905 beendet er seine Tätigkeit an der Arbeiter-Bildungsschule. Zu diesem Zeitpunkt hat er sich schon auf Hunderten von Seiten über Theosophie und Hellsehen ausgelassen.

Die Arbeiter-Bildungsschule war aber immer nur ein Teil seiner gesellschaftspolitischen Aktivitäten in Berlin gewesen. Man findet ihn mit einem Vortrag im Verband für Hochschulpädagogik[57] und mit mehreren Vorträgen in der Freien Hochschule, der von Bruno Wille und Wilhelm Bölsche, also zwei Friedrichshagenern, 1902 gegründeten ersten Volkshochschule in Deutschland.[58] Und er ist sich auch nicht zu schade, einen Vortrag beim Verband der Tapezierer über Gerhart Hauptmann zu halten[59]. Aus eher finanziellen Gründen begab sich Steiner nach 1900 auch nochmals an Werkausgaben, diesmal von Ludwig Uhland und Christoph Martin Wieland.

Aber auch seine philosophischen Ambitionen hatte Steiner in den Jahren an der Arbeiter-Bildungsschule nicht vergessen. Dies dokumentierte er 1900 und 1901 in den *Welt- und Lebensanschauungen im neunzehnten Jahrhundert.* Steiner erhielt von Ernst Haeckel die Zustimmung, ihm das Werk widmen zu dürfen, nachdem er ihm die Aussage zu Füßen gelegt hatte, dass im Darwinismus und insbesondere in Haeckels Evolutionsdenken »die philosophische Entwickelung des neunzehnten Jahrhunderts gipfelt«. Die beiden Bände wurden zum Vermächtnis von Steiners atheistischem Monismus, der aber in dem Augenblick, als der zweite Band das Licht der Öffentlichkeit erblickte, seine Überzeugungen schon nicht mehr repräsentierte (s. Kap. 9).

Das überraschendste Engagement aber sind vielleicht Steiners Artikel, die er 1901 in den *Mitteilungen aus dem Verein zur Abwehr des Antisemitismus* publizierte.[60] Wenn man sich seinen dumpfen Antisemitismus im Umgang mit Hamerlings *Homunkulus* ins Gedächtnis ruft, obwohl er Hauslehrer bei der jüdischen Familie Specht gewesen war, sind diese Veröffentlichungen in der Tat bemerkenswert. Vielleicht hatte er aus diesem Fehltritt gelernt, denn das Verhältnis zu Ladislaus Specht war in den folgenden Jahren doch wieder recht gut geworden. Diese Artikel könnten aber auch eine Art postumes Geschenk an seinen verstorbenen Freund Ludwig Jacobowski gewesen sein, der im »Verein zur Abwehr des Antisemitismus« stellvertretender Schatzmeister gewesen war[61] und an dessen Sarg Steiner im Anschluss an die Ansprache des Rabbiners die Totenrede gehalten hatte.[62] Wenn man sich diese Zeitschrift genauer ansieht, wird allerdings klar, dass ihre Ausrichtung Steiners kritischem Verhältnis zum Judentum entgegenkam. Denn dieses von Protestanten gegründete Organ forderte, wie auch Steiner, die Assimilation des Judentums: Die Religion sollten sie behalten, sich sonst aber anpassen.[63] Steiner nahm in diesem Rahmen das Judentum sowohl gegen germanentümelnde Grobheiten, die er bei dem freien Schriftsteller und bekennenden Antisemiten Adolf Bartels fand, als auch gegen den feinphilosophischen Antisemitismus, den er bei dem Pädagogen Friedrich Paulsen sah, in Schutz. Aber seine Forderung nach einem »assimilationsfähigen«, »denaturierten« und »denationalisierten« Judentum gab er nicht auf. Und natürlich ebensowenig seinen Anspruch auf die kulturelle Mission der Deutschen. »Wir Deutschen sind bestimmt«, sekundierte er dem Maler Lothar von Kunowski, »daß wir ›die Form der umzubildenden Welt allen Völkern vorbehalten, sie alle herbeirufen, das Werk durchführen, vornehmlich die Romanen und die Semiten‹«.

Ein letztes gesellschaftspolitisches Standbein wird schließlich der 1900 gegründete Giordano Bruno-Bund, bei dem wiederum die Friedrichshagener eine wichtige Rolle spielen. Hier propagiert man eine »einheitliche Weltanschauung«, in der sich »Naturwissenschaft, Philosophie, Kunst und Andacht harmonisch zusammenschließen müßten«[64]. Dafür eignete sich Bruno besonders gut, weil man um 1900 gern glaubte, er sei im Jahr 1600 seiner astronomischen Annahmen wegen auf dem Scheiterhaufen gelandet; dass er für seine Christologie hingerichtet wurde, passte nicht in das Bild eines Märtyrers der Naturwissenschaften. Den in diesem Kreis gepflegten »Monismus« konnte Steiner mit leichter Hand unterschreiben und sich auch mit dem Ziel, Anschluss an die Volksbildungsbewegung zu finden[65], leicht identifizieren. Aber schon bei der Gründung gerät Steiner mit Bruno Wille in Konflikt, einer treibenden Kraft des Bundes, ein Schriftsteller, religiöser Freidenker und Verfechter eines spirituellen Monismus, der sich mit Steiners materialistischem Monismus biss. Gleichwohl wird Steiner im Giordano Bruno-Bund aktiv, noch 1903 spricht er auf der Feier zur »Sommer-Sonnenwende« des Bundes an den Gräbern von Alexander und Wilhelm von Humboldt: »Herr Dr. Rudolf Steiner trat an den Fuß der Granitsäule und um das Gitter scharten sich unsere Freunde; ein junges Mädchen legte den großen aus Eichenlaub mit Seerosen und anderen Blumen bestehenden Kranz des Brunobundes am Humboldtgrabe nieder. Sodann ergriff Dr. Steiner das Wort zu einer Ansprache«, in der er die Brüder Humboldt als »Sonnensöhne« gleich wie »Religionsstiftern und Helden« pries.[66]

Doch zu diesem Zeitpunkt ist die Hochphase seines Engagements im Giordano Bruno-Bund schon vorbei. Der Auslöser für das Ende des Engagements war vermutlich der 8. Oktober 1902, knapp vierzehn Tage vor seiner Wahl zum Generalsekretär der deutschen Adyar-Theosophen. An diesem Tage nutzte er den Bruno-Bund als Podium, sich erstmals in der Öffentlichkeit zur Theosophie zu bekennen. Von dem Hauch »eisiger« Ablehnung wird noch zu berichten sein (s. Kap. 9).

Abschied

Bei aller Freude war die Lehrtätigkeit in der Arbeiter-Bildungsschule doch nur das Brot-und-Butter-Geschäft seines Lebensunterhalts, sozialistische Überzeugungen hatte er nicht. Auch die Tätigkeiten in vielen anderen Vereinigungen in Berlin um 1900 waren einer Mischung aus Interesse und Finanznot geschuldet. Und so hätte sein Vortrag über Nietzsche bei den reichen Berliner Theosophen im September oder Oktober 1900 eine biografische Fußnote sein können; dass er eine neue Ära einläuten würde, hat Steiner nicht geahnt.

Versucht man im Ausklang seiner Berliner Jahre Steiners soziales Netz näher zu erfassen, stößt man vorderhand nur auf wenige Freunde. Jedenfalls redet er in seinen Briefen aus dieser Zeit nur ganz selten Menschen als »lieben Freund« an, etwa Ludwig Jacobowski oder Moritz Zitter. Zitter, der Wiener, dürfte ein Indikator sein, dass die habsburgische Hauptstadt auch in den Berliner Jahren seine große Liebe blieb, die Stadt, in der er sich eine Professur ersehnte und der er nicht nur in seinen Briefen, insbesondere an Pauline Specht und Rosa Mayreder, die Treue hielt, sondern der er auch jährlich mehrwöchige Besuche im Sommer oder Herbst abstattete.[67]

Zu Menschen wie Hartleben, Haeckel oder Wille hatte er mehr strategische als hautnahe Beziehungen. Alte Bekannte wie Eduard von Hartmann hatte er in Berlin zwar besucht[68], aber eine engere Beziehung war daraus nicht erwachsen – was nach der Kontroverse über die *Philosophie der Freiheit* auch nicht verwunderlich ist. Vielmehr lassen Steiners schroffe, oft hochfahrende Urteile – die er etwa Kritikern gegenüber an den Tag legen konnte, wenn er ihnen an den Kopf warf, »das Nötige« »über ihren Verstand« gesagt zu haben, oder bei ihnen »Afterurteile oft ganz inferiorer Menschen« diagnostizierte – einen Zeitgenossen vermuten, der es anderen schwermachen konnte. Man hat jedenfalls nicht den Eindruck vieler Beziehungen, die den Namen Freundschaft verdienen, in der man wechselseitig Verantwortung füreinander übernimmt.

Vermutlich war sein wichtigster Hafen in Berlin Anna Eunike. In der gemeinsamen Wohnung in der Kaiserallee fand Steiner ein Zuhause. Hier trafen die Mitarbeiter der Arbeiter-Bildungsschule, wenn sie

> »an der Klingel, die sich den Ton eines elektrischen Leutewerks etwas krampfhaft vorzutäuschen bemühte«, gedreht hatten, Steiner in einem »großen hellen Raum ..., zugleich Wohn- und Arbeitszimmer. Ein breites Sofa, Polsterstühle, keineswegs neuester Fasson. Bücher an den Wänden, viele Bücher, einige Gemälde, am Fenster ein Schreibtisch riesigen Ausmaßes, übervoll beladen mit Papieren und Büchern.«[69] »... nur gerade vor dem Sitz war ein freier Platz für einen Bogen Papier. Und da schrieb er.«[70]

Hier zündete er sich bei der Arbeit gern eine Pfeife an (wobei vielleicht auch schon einmal ein Papierstapel Feuer fing[71]), hier versorgten ihn Anna und ihre Tochter Wilhelmine, und mit ihnen zeigte er sich auch in der Öffentlichkeit, ging mit ihnen des Sonntagsabends durch das nächtliche Berlin bummeln.[72] Alwin Alfred Rudolph, ein Mitarbeiter in der Arbeiter-Bildungsschule, registrierte zwei »äußerst zurückhaltende« Frauen, mit denen nur schwer in ein Gespräch zu kommen war. Allenfalls Anna Eunike war zugänglich, die Tochter hingegen »völlig verschlossen, als wage sie nicht, sich in Gegenwart Steiners zu äußern«[73]. Steiner galt der Familie Eunike wohl als der große Gelehrte, den man ein wenig ehrfurchtsvoll beherbergte. Seine »vielgeliebte gute Anna« hat er am 31. Oktober 1899 geheiratet. Natürlich nur standesamtlich, war doch Steiner von religiösen Bezügen in diesen Jahren meilenweit entfernt. Bezeichnenderweise trat den beiden als Trauzeuge John Henry Mackay zur Seite, der Anarchist, und Otto Bock, ein Ingenieur, den Steiner noch aus Weimar kannte. In seiner Autobiografie hat er offen bekannt, welchen Zufluchtsort er im Schoß der Familie Eunike hatte: »Mein äußeres Privatleben wurde mir dadurch zu einem äußerst befriedigenden gemacht, daß die Familie Eunike nach Berlin gezogen ist, und ich bei ihr unter bester Pflege wohnen konnte, nachdem ich kurze Zeit das ganze Elend des Wohnens in einer eigenen Wohnung durchgemacht hatte.« Dann allerdings folgt die mehr als gequält klingende Mitteilung: »Die Freundschaft zu Frau Eunike wurde bald darauf in eine bürgerliche Ehe umgewandelt.« Vielleicht war das eine Bedingung Anna Eunikes für den Umzug nach Berlin gewesen.[74]

Ob auch Sexualität dazugehörte, weiß niemand. Aber zumindest hatte Steiner wohl diese Bedürfnisse schon einmal bei einer Prostituierten befriedigt, wenn er von Weimar aus nach Wien fuhr. Das jedenfalls dürfte Rosa Mayreder in aller Zurückhaltung gemeint haben, als sie berichtete, dass sich ihre Schwägerinnen im Hotel Matschakerhof, das der Familie ihres Mannes gehörte, über Steiners »zweifelhafte Damenbesuche« beschwerten, während Steiner offenbar die amourösen Zubringerdienste für Neumann-Hofer, von dem er das *Magazin* gepachtet hatte und mit dem er zusammen in Wien war, seiner alten Freundin offen gestand.[75]

Aber es ist trotz dieser ganz menschlichen Seiten auch unübersehbar, dass Steiner vielen Menschen irgendwie unnahbar erschien. Der Schriftsteller Max Halbe erinnert sich der »flackernden schwarzen Augen« unter dem »pechschwarzen Haar« und der »merkwürdigen Mischung von Magistertum und Dämonie«[76], Auch der Grandseigneur Stefan Zweig hat ähnliche Erinnerungen: »In seinen dunklen Augen wohnte eine hypnotische Kraft, und ich hörte ihm besser und kritischer zu, wenn ich nicht auf ihn blickte, denn sein asketisch-hageres, von geistiger Leidenschaft gezeichnetes Antlitz war wohl angetan, nicht nur auf Frauen überzeugend zu wirken.«[77]

Am Ende seines Lebens blickte Steiner auf seine vortheosophischen Berliner Jahre als »Prüfungszeit« zurück. Das ist natürlich der Blick des Theosophen, der in einer ganz anderen Welt angekommen ist. Aber Steiner hatte zweifelsohne schwere Jahre durchlebt: immer in Geldnot, mit einer gescheiterten akademischen Karriere, ohne langfristige Perspektiven. Das Bad in den »Ismen« des ausgehenden 19. Jahrhunderts, in Materialismus, Monismus und Atheismus, hatte im Gefühl von »Gegenwartsmüdigkeit und Zukunftshoffnungslosigkeit« geendet. Man kann Steiner glauben, dass er eine »Prüfung der Seele« durchlitten hatte. Dass ihn das alles irgendwie unberührt gelassen hätte, hingegen nicht. Wenn er ebenfalls in seiner Autobiografie im Blick auf die Berliner Zeit schreibt, »mit meinen eigenen Ideen bin ich keinen Augenblick dieser Welt verfallen. Auch nicht im Unbewussten«, tut man gut daran, hier die Leseanweisung des Anthroposophen zu sehen, der die bitteren Jahre als didaktisches Exerzitium, nicht jedoch als existenzielle Krise zu deuten anordnet.

DER THEOSOPH

ACHT

Was ist Theosophie? Oder: In welche Welt kam Steiner?

Menschen

Theosophen, das sind meist Theosophinnen: Frauen, die hemdartige, bodenlange Kleider und Rosenkreuze an goldenen Kettchen um den Hals tragen, während sie im alkoholfreien Restaurant »Karl der Große« in Zürich, unmittelbar hinter dem Chor des Großmünsters, Bircher-Benner-Müsli speisen. Theosophen, das sind Männer, die mit Frauen die Mysterienkulte der Antike in freimaurerischen Riten feiern, in denen die »Meister« leuchtend rote, hohepriesterliche Gewänder tragen und die mit einem Vermögen gesegnet sind, sich dazu geeignete Tempel zu bauen. Theosophinnen sind Menschen, die der Meinung sind, »zu Füßen des tief verehrten Lehrers sitzen und den wunderbaren Offenbarungen lauschen«[1] zu dürfen, die von einem Lesepult verkündet werden, vor dem das Rosenkreuz mit sieben roten Rosen, erleuchtet mittels »elektrischer Flammen«, hängt.[2] Theosophen sind Gnostiker, die arrogant über eine »Geheimlehre« dozieren und beanspruchen, die Wahrheit hinter und in und über allen Religionen zu kennen. Theosophinnen sind, so Emil Szittya, ein Bohemien des frühen 20. Jahrhunderts, »meistens alte hysterische Weiber aus den bestimmten Kreisen, bei denen man das unappetitliche Gefühl von zurückgedrängtem sexuellen Hunger hat«[3].

Auch wenn diese Blitzlichter nicht nur verzerren: mehr noch sind sie Handlanger der Unwahrheit. Denn sie machen es letztlich unmöglich, zu verstehen, warum etwa Piet Mondrian, der Maler der geometrischen Abstraktionen, an seinem Lebensende nur noch die Bücher der Helena Petrovna Blavatsky, der theosophischen Urmutter, in seinem Atelier duldete. Warum Thomas A.

Edison, der Erfinder der Glühbirne und Pionier der Telekommunikation, der Theosophischen Gesellschaft beitrat. Warum Maria Montessori, die einen anschaulichen Unterricht für ihre reformpädagogischen Schulen konzipierte, zu Beginn des 20. Jahrhunderts ebenfalls Mitglied wurde. Warum Alma Schindler, die Ehefrau von Gustav Mahler und Walter Gropius und Franz Werfel und Muse Oskar Kokoschkas, einen Brief Annie Besants wie ein »Heiligtum« hütete.[4] Warum William Butler Yeats großartige Gedichte als leidenschaftlicher Anhänger Blavatskys schrieb. Und natürlich: Warum der Goethe-Exeget und Nietzscheaner Dr. Rudolf Steiner zur Theosophie konvertierte. Seitenlang könnte man intellektuell agile Zeitgenossen der Jahrzehnte um 1900 auflisten, die nicht in das Wahnbild autoritätsfixierter Männer und sexuell frustrierter Frauen passen. Denn die Theosophie war sehr viel mehr. Und nur wenn man zuerst ihre Stärken sieht, hat man die Chance, die magnetische Attraktion der theosophischen Welt zu verstehen. Erst danach hat man das Recht, zu begreifen, weshalb sich die Kritiker mit manchmal ungezügelter Polemik die Wut über die theosophischen Alles- und Besserwisser, die in der geistigen *Akasha-Chronik* lasen wie andere Leute im *Brockhaus,* vom Leib schrieben.

Theosophen, das waren jedenfalls Menschen mit einer großen Vision. Sie erwarteten, dass der Geist wieder über die Materie herrschen würde. Sie glaubten, dass es eine geheime Weisheit unter der verkrusteten Oberfläche der Religionen gebe. Sie suchten nach einem höheren Bewusstsein und erfanden dabei die Meditation für den Westen neu.[5] Und sie waren überzeugt, dass die Erkenntnismethoden der Naturwissenschaften, angewandt auf kulturelles Wissen, die Theosophie zur Avantgarde einer Menschheit der Zukunft machen würden.[6]

Historismus

Wie jedes große Thema versteht man die Theosophen nur, wenn man die Fragen kennt, auf die sie eine Antwort suchten. Das wichtigste Problem hieß »Historismus«. Das klingt abstrakt und verführt dazu weiterzublättern, aber nur wenn man diesen Blick in die Tiefengrammatik der europäischen Kultur wagt, kommt man an die existenzielle Lebensfrage der Theosophie heran.

Worum geht es? Europa war sich seiner kulturellen Grundlagen unsicher geworden. Seit dem 18. und insbesondere im 19. Jahrhundert wurden unvorstellbare Mengen an Quellenmaterial aus den Kulturen aller Herren Länder und Zeiten gesammelt, publiziert und übersetzt. Nun ist es im Rahmen von Kulturkontakten ganz normal, neue Texte und andere Weltbilder kennenzulernen, aber dieses Ausmaß sprengte alles bislang Dagewesene. Beispielsweise konnte man im Westen erstmals Sanskrittexte lesen, etwa 1785 die berühmte *Bhagavad Gita* oder seit Mitte des 19. Jahrhunderts die *Veden,* die *Upanischaden* oder die buddhistischen Sutren. In 50 Bänden brachte der deutsch-englische Indologe Friedrich Max Müller seit 1879 solche Texte ins Lesezimmer, zu deren Lektüre das Reiseleben eines Forschers zuvor nie und nimmer ausgereicht hätte.

Ähnliche Erweiterungen des Blickfelds ereigneten sich durch die Textarchäologie der mediterranen Kulturen. Seit der Renaissance erschloss man die antike Literatur, dazu kamen seit dem 17. und 18. Jahrhundert neue Texte aus dem Mittelmeerraum, im 19. Jahrhundert begann man, systematisch den Nahen Osten umzugraben und sumerische, hethitische, assyrische und viele andere Urkunden zu heben und zu entschlüsseln. Seit der Mitte des 19. Jahrhunderts liefen gigantische Übersetzungsprojekte, die diese Literatur aus dem Elfenbeinturm der Fremdsprachenvirtuosen befreiten. Der industrielle Buchdruck ermöglichte es, den Forschern verstreute Quellen auf den Schreibtisch zu tragen. So ließ der verlegerische Großunternehmer Jacques-Paul Migne seit 1844 in fast 400 voluminösen Folianten die Texte der Kirchenväter drucken – eine epochale Leistung. Weltweit waren die Europäer um 1900 wie Jäger und Sammler auf der Suche nach neuen Texten, auch die Theosophen: In Indien sammelten sie buddhistische Literatur, in Europa publizierten sie vornehmlich »esoterische« Schriften, etwa der antiken Gnosis oder der jüdischen Kabbala, also der jüdischen Mystik.

Aber das allein waren nur die Vorbeben der Revolution des Historismus. Die Sprengkraft dieser Texte lag in den weltanschaulichen Konsequenzen: Die eigene Kultur wurde angesichts dieses Materials als eine unter vielen anderen »Hochkulturen« erkennbar, sie war nur noch »relativ« herausragend. Historismus bedeutete Relativismus. Dieser drohte, alles zu verschlingen, und stellte eine Frage, die im »christlichen Abendland« beantwortet schien: Welche Religion ist die wahre? Sodann war der Konsequenz nicht auszuweichen, dass die eigene Kultur eine Geschichte hatte, dass sie historisch war, dies meinte »Historismus« im Wortsinn. Was aber eine Geschichte hat, kann auch anders sein, und so sterben die Ansprüche auf »ewige« Geltung oder »absolute Werte«. Man realisierte: Etwas als Vergangenheit erkennen heißt, es als Gegenwart zu verlieren. Schließlich war die europäische Theologie dabei, seit der Renaissance ihren zentralen religiösen Text, die Bibel, zu erforschen: die Geschichte des Kanons und die Entstehung und das Umfeld der einzelnen biblischen Bücher. Diese historische Kritik machte aus dem »heiligen« Text ein »normales« Stück Literatur. Namentlich diese Konsequenzen der »historisch-kritischen Methode« haben Steiner geplagt, wir werden noch darauf zurückkommen (s. Kap. 9 und 12).

Die Konsequenzen der Relativierung und historischen Auflösung der kulturellen Grundlagen kamen mit voller Wucht in der Theosophie an. Man kann sie als eine einzige große Antwort auf diesen Prozess lesen, ohne dass sich die Theosophen bewusst waren, dass man auf den »Historismus« reagierte. Aber in ihrem weltanschaulichen Zentrum offerierte die Theosophie ein antihistoristisches Heilmittel. Sie behauptete, es gebe eine geistige Welt über den historischen Religionen und Weltanschauungen. Konkrete Religionen waren in diesem Konzept nur der Schaum auf den Wellen des großen Geistigen. Die Theosophie beanspruchte, den Schlüssel zur »uralten Weisheit«, zur »höheren Erkenntnis«, zu »übersinnlichem« Wissen zu besitzen, indem sie statt Textauslegung übersinnliche Erkenntnis anbot. Damit glaubte man, eine feste Basis jenseits von Historismus und religiöser Pluralität zu haben. Und deshalb lautete das große Dogma der Theosophie: »Keine Religion ist höher als die Wahrheit.« Diese Wahrheit, dessen war man sich sicher, besitze die Theosophie.

Blavatsky und Olcott

Die Theosophie listet in ihrem Buch der Helden zwei große Namen auf: Helena Petrovna Blavatsky und Henry Steel Olcott. Blavatsky war die wahre Inkarnation einer suchenden Seele, die fleischgewordene Sehnsucht des Okkultismus nach einer höheren Welt jenseits der materiellen Oberfläche, die die »Uneingeweihten« für die Endstation der Erkenntnis hielten. Ewig heimatlos, begann das Wanderleben des aus deutsch-russischer Familie stammenden Fräulein von Hahn kurz nach ihrer Hochzeit, die sie 1849, im Alter von 18 Jahren, zur Frau des Vizegouverneurs in Eriwan, Nikifor Blavatsky, machte. Nach drei Monaten machte sie sich, als Matrose verkleidet, aus dem Staub, nach Konstantinopel, vermutlich um Sufis zu treffen. Dann tourte sie, immer auf der Suche nach okkulten Erfahrungen und Lehrern, durch Griechenland, Ägypten und Europa. 1850 segelte sie nach Nordamerika, vielleicht weil sie bei den Indianern die Geheimnisse schamanistischer Medizin vermutete. Bis in die 1860er-Jahre hinein umkreuzte sie die halbe Welt: Südamerika, Ceylon, Indien, Japan, dazwischen Europa, zeitweilig war sie auch wieder bei ihrem Mann. Ein Versuch, über Nepal das große Ziel Tibet zu erreichen, scheiterte. Tibet war mehr als eine fremde Welt, Tibet war in diesen Jahren das ideale Land für die Geheimnisse europäischer Esoteriker: hoch in den Bergen, unerforscht, von einer, wie man meinte, uralten buddhistischen Kultur geprägt, dem Zugriff der europäischen Großmächte bei ihrem Versuch, die Welt unter sich aufzuteilen, entzogen, aber eben auch praktisch unzugänglich. Hierhin konnte man noch auf Jahrzehnte unwiderlegbar die Existenz kryptischer Schriften, verborgener Bibliotheken und geheimer Meister verlegen.

1862 sah man ein Kind, Juri, an Blavatskys Seite, dessen Mutter sie aber vermutlich nicht war. Fünf Jahre später kämpfte sie auf der Seite der italienischen Nationalisten und zeigte später stolz die Schusswunden, die sie in der Schlacht von Metana davongetragen habe. Da sie nicht nach Tibet reisen konnte, fand sie die Meister in der zugänglichen Welt: Paulos Metamon in Ägypten, einen Meister Hilarion in Griechenland oder auf Zypern. In Kairo gründete sie 1871 eine spiritistische Vereinigung, die Societé spirite, der aber nur eine Lebenszeit von wenigen Monaten beschieden war, vielleicht weil sich eine aus dem Jenseits materialisierte Hand, die beherzt von einem Séanceteilnehmer ergriffen worden war, von einem ausgestopften Handschuh, wie vom Teufel verzaubert, nicht hatte unterscheiden lassen. 1873 tauchte sie in den Vereinigten Staaten auf, wo sie sich in Kreisen bewegte, die sich die Erforschung okkulter Phänomene zum Ziel gesetzt hatten. Das war ein erster Schritt von dem Glauben an die Geister des Spiritismus hin zu einer Welt, die später Theosophie heißen sollte.

In diesem Umfeld traf sie 1874 den Mann, mit dem zusammen sie ihr Lebenswerk aufbauen sollte – Henry Steel Olcott, 42 Jahre alt, ein Jahr jünger als Blavatsky: gebürtig aus einem puritanischen Elternhaus, studierter Agrarfachmann, Freimaurer und hoch dekorierter ehemaliger Offizier der Südstaaten-Armee, der in diesen Jahren, nach dem Tod seiner vier Kinder und einer geschiedenen Ehe, als trinkfester Charmeur galt. Auch Olcott hatte in spiritistischen Séancen den Verkehr mit der Geisterwelt gesucht, auch er war dabei, sich aus der Welt dieser Medien und Erscheinungen zu verabschieden, auch er hielt Ausschau nach etwas Neuem, das später Theosophie heißen sollte. Sowohl der systematische Olcott als auch die genialische Blavatsky waren auf der Suche, als sie im September 1875 die Theosophische Gesellschaft gründeten.

Spiritismus

Aber wenn man die damit beginnende Erfolgsgeschichte der Theosophie und ihre fast tödlichen Krisen verstehen will, muss man kurz innehalten und mit einer weiteren Rückblende in die Vorgeschichte der Theosophie im Spiritismus des 19. Jahrhunderts eintauchen. Dieser Spiritismus besitzt eine mythische Geburtsstunde, die Nacht des 31. März 1848. Damals saß John D. Fox, ein Mitglied der Methodisten, also einer protestantischen Gemeinschaft, für die die innere Erfahrung einen zentralen Stellenwert besitzt, mit seiner Frau und zweien seiner Töchter, der

14-jährigen Margaret und der elfjährigen Kate, in ihrem kleinen Haus in Hydesville beisammen. Sie hörten Klopfgeräusche, wie schon des Öfteren. Aber an diesem Abend beschlossen sie, auf das Pochen im Haus zu antworten und zurückzuklopfen. Denn die Zeichen stammten, wie sie behaupteten, von einem ermordeten Hausierer, der unter diesem Haus liege. Flugs entwickelten sie einen Code für die Geisterkommunikation: Einmal klopfen bedeute ja, zweimal klopfen nein, so ähnlich wie bei dem kurz zuvor erfundenen Morsealphabet. Vermutlich ahnten sie nicht, in welchem Ausmaß sie damit den Nerv des Zeitgeists getroffen hatten. Denn die nun entstehende religiöse Massenbewegung verbreitete sich epidemisch in den Vereinigten Staaten und abgeschwächt in Europa.

Natürlich hatte auch der Spiritismus wieder Vorläufer. Hydesville liegt in der Nähe von New York, und das war eine Gegend, die religiös brodelte. Hier hatte schon 1830 Joseph Smith behauptet, vom Engel Moroni das Buch Mormon erhalten zu haben, hier rechneten Adventisten seit 1843 stündlich mit der Wiederkunft Jesu Christi. Dazu kamen die älteren Wurzeln, insbesondere der von Franz Anton Mesmer kreierte animalische (»seelische«) Magnetismus, in dem die Beherrschung verborgener Lebenskräfte seit etwa 1800 zu einem Kosmos für Heilungspraktiken und zur Seelenerkundung geworden war. Auch Geisterkontakte waren seit der Romantik en vogue. Das meiste Aufsehen hatte dabei 1826 der Arzt Justinus Kerner erregt, als er bei der 25-jährigen Friederike Hauffe Somnambulismus, also Trancezustände, und Besessenheit, diagnostizierte und sie mit Mesmers Magnetkur behandelte. Die intellektuelle Avantgarde des romantischen Deutschland war an ihr Krankenbett gepilgert und hatte Aufklärung über die »Nachtgebiete der Natur« gesucht: Friedrich Wilhelm Schelling und Friedrich Schleiermacher, Franz von Baader und Joseph Görres. In diesem Umfeld hatte man um 1800 den Begriff des »Jenseits« erfunden, weil klar wurde, dass die sichtbaren Himmelskörper nicht bewohnbar waren und man für die Toten und die Geister einen neuen Raum benötigte, eben das Jenseits.

All das hatte sich in der Mitte des 19. Jahrhunderts zu einem Traditionsgeflecht verdichtet, in dem die Karriere der beiden

Fox-Sisters als Medien des Spiritismus begann. Aus ihren Klopfzeichen in Father Fox' Hütte erwuchs eine Kultur von Séancen bis in die hochbürgerlichen Wohnzimmer hinein. Zirkel entstanden, die, um einen Tisch versammelt, Ströme von Lebensenergie fließen ließen, um ihn zu bewegen. Aber da man mehr wissen wollte, erfand man schon in den 1850er-Jahren die Planchette, ein auf Rollen gelagertes und mit einem Stift an der Unterseite versehenes Brettchen, das von den Mitgliedern einer Séance bewegt wurde und dabei Schriftzüge produzierte, Botschaften aus dem Jenseits, wie die Akteure glaubten. Andere Stifte pendelten auf Tellern, an deren Rändern Buchstaben standen, die von dem Schwung der Pendelstäbe zu sinnvollen Worten und Sätzen verbunden wurden. Am Ende des 19. Jahrhunderts waren die Medien beim Schreiben dann selbstständig geworden, das »automatische Schreiben« wurde zu einer autonomen Psychotechnik des Geisterverkehrs. In den Sechzigerjahren äußerten sich die Geister nicht mehr nur durch Zeichen, sondern »materialisierten« auch höchstselbst. Marienerscheinungen hatten dabei Vorarbeit geleistet; schon 1830 hatte eine katholische Nonne, die 24-jährige Vinzentinerin Catherine Labouré, berichtet, dass ihr Maria erschienen sei, und damit im katholischen Europa eine Frömmigkeitsbewegung entstehen lassen, die den Spiritismus im protestantischen Amerika zwar nicht in der Intensität, aber in seiner Nachhaltigkeit überholte.

Aber derweil, in den 1860er- und 1870er-Jahren, war der Spiritismus schon in eine neue Metamorphose eingetreten. Denn es erschienen nicht mehr nur »Geister«, sondern auch »Materialisationen« amorpher, »feinstofflicher« Materie, »Ektoplasma« oder »Teleplasma« genannt. Was nicht weiter tragisch gewesen wäre, hätte das Ektoplasma nicht die bedrohliche Frage provoziert, ob es überhaupt aus dem Jenseits komme oder nicht doch ein »immanentes«, »animistisches«, eben ganz weltliches Produkt sei – dann bräuchte man schließlich kein Jenseits mehr.

Aber die Materialisationen waren längst nicht das Kardinalproblem des Spiritismus. Die größere Bedrohung erwuchs ihm aus seinem eigenen Anspruch, den viele Spiritisten als seine größte Stärke betrachteten. Man glaubte nämlich, das Jenseits beweisen zu können: so empirisch, so intersubjektiv, so nachprüfbar, so objektiv wie das Diesseits in den exakten Naturwissenschaften. Deshalb glichen die Séancen naturwissenschaftlichen Laboratorien: Medienführer wachten darüber, dass die Medien wie Versuchsobjekte behandelt wurden, und Protokollanten notierten alle Ereignisse peinlich genau. Spiritismus war, zumindest für viele Spiritisten, eine Naturwissenschaft vom Jenseits. Dieser Spiritismus war der Verein gewordene Anspruch, das Jenseits zu beweisen, er war ein Religionssystem, das Gewissheit durch Wissen ersetzen sollte. Gleichwohl sei der Fluchtpunkt des Spiritismus, so jedenfalls die Spiritisten, demjenigen der Naturwissenschaft in einem Punkt diametral entgegengesetzt. Denn in den spiritistischen Séancen werde bewiesen, was die Naturwissenschaften nicht beweisen konnten: dass die Materie und der Materialismus nicht das letzte Wort seien, dass es eine geistige, eine spirituelle Welt gebe. Und deshalb war der Spiritismus den Naturwissenschaften mit methodischer Zuneigung und inhaltlicher Abneigung in einer Hassliebe verbunden.

In dieser spiritistischen Metaphysik war auch Blavatsky aktiv gewesen, hatte jedoch, etwa mit ihren ausgestopft-»materialisierten« Handschuhen, Schiffbruch erlitten. Und genau hier, im spiritistischen Betrug, lag die tödliche Bedrohung. Denn Blavatsky war kein Einzelfall. Immer wieder wurden Spiritisten des faulen Zaubers überführt, spiritistische Betrügereien wurden zu einem Sport. Dieses Problem verschärfte sich gegen Ende des 19. Jahrhunderts. Die Fox-Sisters gestanden 1888, dass ihre berühmten Klopfgeräusche an dem seidenen Faden hingen, der ihren großen Zeh mit einem Hölzchen an der Tischplatte verband. Und der Zauberer Harry Houdini zog in den 1890er-Jahren als antispiritistischer Aufklärer durch Europa, indem er Phänomene, die Spiritisten als Geisterwirkungen behaupteten, etwa das Lösen hochkomplizierter Knoten und Ketten, als Tricks, ohne Geisterhand, dafür aber mit meisterlicher Zaubertechnik, produzierte. Die theosophische Gründergeneration spürte, dass die spiritistischen Erscheinungen in einer Krise waren. Die besten Zeiten als Massenbewegung waren vorüber, als Blavatsky 1875 auf die Suche nach einem neuen Okkultismus ging.

Theosophie

Die neue, die theosophische Lösung lautete, ganz kurz gesagt: statt Séancen und Geisterverkehr jetzt Kulturforschung und Selbsterfahrung. Blavatsky und Olcott beschlossen, das geheime Herz der Religion nicht mehr in materiellen Erscheinungen und Jenseitsbeweisen zu suchen, sondern in einer inneren, höheren Erkenntnis, die als große Arkandisziplin, als große geheime Wissenschaft in allen Religionen gelehrt worden sei. Man wollte ihre Praktiken und Schriften studieren, ganz im Zeitgeist des Historismus.

Das klingt nach einer radikalen Wende von den äußeren Beweisen zur inneren Erkenntnis und von der Naturwissenschaft zur Kultur, was es auch war. Dabei wurde der Anspruch auf Empirie und Objektivität auf die Kultur übertragen. Diese Wende ereignete sich der großen theosophischen Erzählung zufolge am mythischen 7. September des Jahres 1875, als sich 17 Personen in Blavatskys Wohnung trafen, um einen Vortrag von George Henry Felt zu hören. Der sprach über das verlorengegangene Wissen vom Proportionssystem der Ägypter, er entführte seine Zuhörer also in dasjenige Land, in dem man seit dem 18. Jahrhundert die großen esoterischen Geheimnisse der Menschheitsgeschichte vermutete. Aber Felt beanspruchte noch mehr Geheimwissen, er machte sich anheischig, »Elementarwesen« manifestieren zu lassen. Dies sollte in einer neuen Gesellschaft möglich werden. In den nächsten Wochen suchte man nach einem neuen Namen. Olcott erwog »Ägyptologische Gesellschaft«, »Hermetische« oder »Rosenkreuzerische Vereinigung«. Man ließ also die großen Namen des Okkultismus Revue passieren – um sie alle zu verwerfen, denn jeder davon war schon besetzt. Als dann jemand in einem Lexikon auf »Theosophie« stieß, herrschte schnell Einigkeit: Der Begriff klang tiefgründig und jungfräulich, denn die christliche Vorgeschichte in der Frühen Neuzeit war verdunstet, das Leben der Theosophischen Gesellschaft konnte also beginnen. Allerdings wusste noch kaum jemand, wohin die Reise ging.

Blavatsky versorgte die neue Gesellschaft sehr bald mit einer voluminösen Grundlagenschrift mit dem Titel *Isis entschleiert*. Auf über 1000 Seiten hatte sie das Material zusammengestellt, das sie von geheimen Meistern erhalten haben wollte. Aber wie immer war die Wirklichkeit viel komplizierter. Verkraften ließ sich noch, dass Olcott den Text redigiert, manche Passage gleich selbst geschrieben und Zitate herausgesucht hatte. Problematischer war schon, dass Okkultismusforscher schnell merkten, dass die geheimen Meister ausgesprochen belesen gewesen sein mussten, und zwar in der zeitgenössischen okkultistischen Literatur, denn von dort stammten Hunderte von Textstellen. Gleichwohl: Mit der These einer evolutionären Religionsentwicklung und ihrer Steuerung durch eine geheime Bruderschaft hatten Blavatsky und Olcott wichtige Elemente des theosophischen Programms formuliert.

Aber die bald dahinsiechende Theosophische Gesellschaft hatte ihr Lebensthema noch nicht gefunden. 1876 erklärte man sich aus nicht ganz durchschaubaren Gründen zur Geheimgesellschaft, vermutlich weil man Experimente zu außerkörperlichen Erfahrungen nicht der Öffentlichkeit preisgeben wollte: Astralreisen nannte man die Techniken, um Trancezustände herzustellen und Erfahrungen zu machen, die an eine schamanistische Seelenreise anknüpfen sollten. Aber auf diesem Feld des »praktischen« Okkultismus war die Konkurrenz groß. Hier hatten sich längst Gemeinschaften etabliert, die eine höhere Erkenntnis, »Clairvoyance« und »Clairaudience« – Hellsehen und Hellhören –, versprachen, etwa die Hermetische Bruderschaft von Luxor oder die Bruderschaft von Eulis. Mit deren »Spezialität« aber, körperbezogenen, namentlich sexuellen Praktiken, wollten Blavatsky und Olcott nun auch nichts zu tun haben, sie suchten eine »rein« geistige Erkenntnis.

Bei dieser Suche kam es wohl zu Beginn des Jahres 1878 zu engeren Berührungen mit asiatischem Denken, als nämlich indische Mitglieder der Theosophischen Gesellschaft die Verbindung zum Brahmo Samaj herstellten, einer Bewegung, die die Reform des Hinduismus anstrebte, um den massiven Einfluss des Christentums in Britisch-Indien einzudämmen. Führende Vertreter wie Swami Dayananda Saraswati kamen aus dem Brahmanenmilieu, waren aber schon durch ihre Erziehung stark vom westlichen

Denken beeinflusst. Hier wurde nun beispielsweise die Yogalehre des Patanjali, eine vermeintlich uralte, aber wohl ins 4. oder 5. nachchristliche Jahrhundert gehörende Tradition, propagiert. Im Kontakt mit derartigen Quellen und dem Brahmo Samaj könnte die Hoffnung gewachsen sein, dass in Indien die »uralte Weisheit« der Religionen greifbar sei: rein, tiefgründig und unverfälscht. 1878 nannte man sich zeitweilig The Theosophical Society of the Arya Samaj. Wenngleich dieser Impuls schnell wieder verebbte, vielleicht wegen der nationalistischen Tendenzen des Brahmo Samaj, waren die Theosophen dennoch gezwungen, ihre weltanschauliche Position zu bestimmen. Und so formulierte man drei »Prinzipien«, die das Programm der Theosophie bilden sollten, das auch Steiner noch ein Vierteljahrhundert später unterschrieb:

1. Das Studium der okkulten Wissenschaft;
2. Die Bildung eines Kerns einer universalen Bruderschaft;
3. Die Wiederbelebung orientalischer Literatur und Philosophie.[7]

Es lohnt, diese drei Punkte genauer anzuschauen. Im ersten Prinzip stellte sich die Theosophie der Konkurrenz mit den Naturwissenschaften auf Augenhöhe. Theosophie sollte keine halbdunkle Séance mehr sein, sondern tageshelle Wissenschaft. Zwar sollten die Gegenstände aus dem Okkultismus stammen und auch die Methoden dem Gegenstand angemessen sein, aber keinesfalls sollten Glaube oder subjektive Meinungen die theosophische Wissenschaft infrage stellen. Dies hat Steiner genauso gesehen. Gleichwohl, am Ende verhielten sich Okkultismus und Wissenschaft doch wie Feuer und Wasser, weil sich okkulte Phänomene der empirischen Überprüfung entzogen. Hier blieb die Theosophie ihrer spiritistischen Vergangenheit verhaftet. Dass Physik und Metaphysik nicht auf einer Ebene liegen, sondern sich wie Äpfel und Birnen zueinander verhalten, hat den Theosophen nie eingeleuchtet.

Der zweite Punkt, die Bildung des Kerns einer universalen Bruderschaft, klingt egalitär und war es auch, wenn man sich die Hierarchisierung von Völkern im damaligen Imperialismus vor Augen hält. Denn hier ergriffen Westler Partei für Kulturen, die die Europäer ansonsten gerade militärisch und kulturell eroberten. Aber letztlich war das Programm weniger egalitär als vielmehr elitär. Denn die theosophische Bruderschaft sollte den »Kern«, die Avantgarde bilden und aufgrund höherer Einsicht die Menschheit in die spirituelle Zukunft führen. Die Theosophie war eine spirituelle Aristokratie.

Der dritte Punkt, die Wiederbelebung orientalischer Literatur und Philosophie, ist ähnlich bemerkenswert wie das Konzept der universalen Bruderschaft. Auch hier artikulierten Europäer die Wertschätzung unterworfener Kulturen. Dies machte die Theosophie attraktiv, etwa für Inder, die sowohl ihre Tradition sichern als auch europäische Anerkennung erhalten wollten. Die Wirkungsgeschichte dieser Forderung ist kaum zu überschätzen: Sie ließ nicht nur viele Inder der Theosophischen Gesellschaft beitreten, sondern führte auch zu einer intensiven Beschäftigung von Europäern und Amerikanern mit der religiösen Literatur Indiens. Theosophen sammelten Texte, sie brachten Übersetzungen auf den Weg und machten Indien in europäischen Köpfen präsent. Damit wurden sie zu Mitgründern der damals gerade entstehenden vergleichenden Religionswissenschaft – und zu Förderern des Historismus, den man in seinen Auswirkungen zugleich bekämpfte.

Eine Dimension fehlte allerdings in den drei Prinzipien. Von der Entwicklung höherer Wahrnehmungsfähigkeiten findet sich kein Wort, allenfalls im zweiten Prinzip, der Organisation als Bruderschaft, kann man diese Erwartung als Arkandisziplin vermuten. Doch in dieser nicht genannten Dimension liegt ein höchst bedeutender Tätigkeitsbereich der Theosophie. Blavatsky hat europäische und indische Traditionen der Meditation, der Konzentration und der Selbstkontrolle auf Techniken hin durchgescannt, die den Zutritt zu den höheren Welten und dem geheimen Wissen der Religion eröffnen sollten. Die genannte Wiederbelebung der Meditation im westlichen Kulturkreis im 19. Jahrhundert hat hier ihre Wurzeln.

Im Mai 1878 wurde aus der theoretischen Beschäftigung mit »dem Orient« Praxis. Blavatsky und Olcott siedelten nach Indien über. Ein Jahr später gründete sie eine Zeitschrift (*The Theosophist*), 1880 besuchten beide Ceylon und versprachen, die fünf grundlegenden Gelübde des Buddhismus zu halten, »konvertierten« also insoweit zum Buddhismus. Olcott begann, ein theosophisches Schulwesen in Ceylon aufzubauen, als Gegenpol gegen die Missionsschulen, womit er zum Begründer des modernen Erziehungswesens in Ceylon wurde. 1882 schlugen sie ihr »Hauptquartier« im südindischen Adyar nahe Madras (inzwischen: Chennai) auf, wo sich bis heute das Zentrum der Adyar-Theosophie befindet.

Zugleich begannen Blavatsky und Olcott nach Lehrern zu suchen, die über ein Meditationswissen verfügten. So sollte der Erwerb okkulter Kräfte mit Kundalini-Yoga möglich werden etwa mithilfe von Patanjalis Yoga-Sutras. Bengalische Theosophen wiederum interessierten sich für den Tantrismus, eine körperbezogene Richtung des Buddhismus, vermutlich auch für sexuelle Techniken. Andere kamen hingegen zu der Überzeugung, dass der Raja-Yoga mit seinen mentalen Techniken dem Hatha-Yoga, der teilweise körperintensive Techniken kannte, vorzuziehen sei. Am Ende jedoch erwies sich die Hoffnung, in Indien existiere eine Kultur von Gurus, als Chimäre.

Viele Theosophen in Europa verfolgten diese »orientalische« Ausrichtung der Theosophie mit gemischten Gefühlen. Man war zwar weltoffen, sah aber überhaupt nicht ein, die eigene Tradition der indischen zu unterwerfen oder sie gar zur Disposition zu stellen. Zu massiven Auseinandersetzungen über den künftigen Kurs der Theosophischen Gesellschaft kam es, als der Journalist Alfred Percy Sinnett 1883 auf der Grundlage von Briefen geheimer Meister, der »Mahatmabriefe«, ein Buch mit dem Titel *Esoteric Buddhism (Geheimbuddhismus)* publizierte. Weil alle wussten, dass er de facto das Sprachrohr Blavatskys war und er darauf insistierte, dass die Theosophie auf der Grundlage dieses Buches studiert werden solle, kristallisiert sich an ihm der Widerstand. Die Ärztin und Frauenrechtlerin Anna Kingsford und der Schriftsteller Edward Maitland gründeten 1884 in London eine Hermetische Loge zur Pflege der europäischen Weisheitstraditionen und setzten dem als Universalismus verkleideten Absolutheitsanspruch Indiens einen (zumindest dem Anspruch nach) religiösen Pluralismus im Namen Europas entgegen: Ließ sich die »uralte Weisheit« nicht auch im Christentum finden? Oder in Europa vielleicht sogar noch tiefer als in den buddhistischen und hinduistischen Traditionen?

Die Frage, wie die faktische Relativität und die beanspruchte Universalität vereinbar seien, hat die Theosophie seither nicht mehr verlassen. Noch Steiner wird sich mit dieser Frage herumschlagen und – wie Kingsford und Maitland – dafür plädieren, das Christentum als den Gipfel der Religionsgeschichte zu betrachten. Aber in der frühen Phase setzte sich vorerst die »asiatische« Fraktion durch, nicht zuletzt weil Anna Kingsford bereits 1888 starb.

Derweil braute sich im Adyar das nächste, nun größere Katastrophengewitter zusammen. Das Objekt des Blitzeinschlags war ein »Schrein«, in dem die Briefe der Mahatmas materialisieren oder von ihnen dort deponiert sein sollten. Das war eine klassisch spiritistische Technik, nur waren aus den Medien jetzt die Mitglieder der Bruderschaft geheimer Meister geworden. Die »Mahatma-Affäre« nahm ihren Lauf, als ehemalige Bedienstete Blavatskys, das Ehepaar Coulomb, 1884 die Briefe einer christlichen Zeitschrift zuspielten, dem *Madras Christian College Magazine*. Die Behauptung, Blavatsky habe diese Briefe selbst geschrieben, konfrontierte sie erneut mit dem Vorwurf des spiritistischen Betrugs. Aus dieser Erschütterung wurde in den nächsten Monaten ein Erdbeben, als sich die Londoner Society for Psychical Research der Sache annahm. Diese Vereinigung von teilweise hoch angesehenen Medizinern und Physikern hatte sich der wissenschaftlichen Erforschung psychischer, okkulter und spiritistischer Phänomene (wofür Max Dessoir 1889 den Begriff »Parapsychologie« prägte) verschrieben. Sie schickte einen jungen Kollegen, Richard Hodgson, nach Indien, um der Sache auf den Grund zu gehen. Er traf Blavatsky nicht an, berichtete aber, dass der Schrein zwar im Zimmer (zu dem er sich mithilfe des Ehepaars Coulomb Zutritt verschafft hatte) neben ihrem Schlafzimmer an der Decke gehangen habe, jedoch von ihrem Zimmer durch ein Loch in der Mauer zugänglich gewesen sei. Dass bei Blavatsky nicht alles mit rechten Dingen zugegangen sein konnte, vermuteten selbst viele Theosophen, wenngleich bis heute nicht geklärt ist, wer hinter der »Materialisation« der Mahatma-Briefe steckte. Blavatsky dürfte sie nicht einfach (alle) selbst geschrieben haben, vermutlich arbeitete sie mit Indern, teilweise aus dem brahmanischen Umfeld, zusammen, vielleicht war ihr Anhänger und Schüler, Damodar K. Mavalankar, eine zentrale Schaltstation – wir wissen es nicht genau. Jedenfalls musste der »Meister« respektable Kenntnisse der okkultistischen Literatur aus Amerika haben, fanden sich doch in den Briefen wörtliche Zitate aus einer Schrift des Spiritisten Henry Kiddle. Als zwei Mitarbeiter Blavatskys, der Deutsche Franz Hartmann und der Amerikaner William Quan Judge, an den Ort des Geschehens eilten, hatten sie nichts Dringenderes zu tun, als den Schrein zu verbrennen. Im Frühjahr 1885 verließ Blavatsky nach all diesen Turbulenzen Indien – für immer.

Aber das Schlimmste stand noch bevor. Die Veröffentlichung des Hodgson-Reports im Dezember 1885 löste ein schweres Nachbeben aus. Mitglieder traten aus, die gerade gegründete deutsche Sektion löste sich wieder auf, im zehnten Jahr ihres Bestehens drohte der Theosophischen Gesellschaft das Ende. Derweil irrte Blavatsky, erneut stigmatisiert als Falschspielerin, durch Europa, wir finden sie in Neapel, Würzburg, Ostende. Aber die unverwüstliche Dame hatte schon ein neues Projekt im Koffer, einen Berg voller Papiere, um ein neues Buch zu verfertigen. Das mehrere Tausend Seiten umfassende Manuskript schickte sie an Subba Row, einen ihr vertrauten Theosophen, der aber die Redaktion des »hoffnungslosen Durcheinanders« ablehnte. Den Blätterberg bearbeiteten schließlich in London vor allem zwei Theosophen, Bertram und Archibald Keightley, wobei auch weitere Theosophen halfen, etwa Ed Fawcett, der sich um die naturwissenschaftlichen Aspekte kümmerte.

1888 erschien schließlich in London »Blavatskys« Opus magnum, die *Secret Doctrine*, die *Geheimlehre*, in zwei Bänden: mit einer »Kosmogenesis« und einer »Anthropogenesis«. An die Stelle der lockeren Sammlung von Inhalten in *Isis entschleiert* war nun die Auslegung eines geheimen tibetischen Buches getreten, der »Stanzen des Dzyan«, als deren Kommentar Blavatsky ihre Ausführungen betrachtete. Dem Material sieht man bis heute an, wie mühsam es geordnet ist, aber gleichwohl stieg die *Geheimlehre* zum Referenzwerk der europäischen Esoterik und zum Steinbruch des Okkultismus um 1900 auf.

Blavatsky, die seit 1887 in London wohnte, suchte derweil nach ihrem Platz in der Theosophischen Gesellschaft. Olcott war in Indien und Präsident geblieben, er hatte faktisch die Leitung der Gesellschaft allein in Händen, Blavatsky war ohne Macht und Einfluss. In dieser Situation schuf sie sich einen eigenen Kreis, eine Esoterische Schule. Aber mitten in ihrer rastlosen Arbeit starb sie 1891: die *Geheimlehre* unfertig, die Esoterische Schule in Arbeit.

Mit ihrem Tod brach in der Theosophischen Gesellschaft eine neue Zeit an. Während Olcott in Adyar als großer alter Herr die organisatorischen Fäden in der Hand hielt, etablierte sich in London Annie Besant, die die Theosophische Gesellschaft auf den Höhepunkt ihrer Entwicklung führen sollte, eine Frau, die Steiner hoch verehrte und mit der er sich schließlich überwarf. Nach einer unglücklichen Ehe mit dem anglikanischen Priester Frank Besant, im Anschluss an ein Engagement in der englischen Arbeiterbewegung und als Freidenkerin und Atheistin fand sie 1889 zur Theosophie, nachdem sie Blavatskys *Geheimlehre* rezensiert hatte. In dem Machtkampf nach Blavatskys Tod schaltete sie ihre Gegner, insbesondere den starken Mann der amerikanischen Theosophie, William Quan Judge, aus, der sich daraufhin mit seiner amerikanischen Landesgesellschaft selbstständig machte. Dies blieb nicht die einzige Abspaltung in Besants Ära, Steiner sollte ein weiteres Beispiel werden. Angesichts dieser zentrifugalen Tendenzen entwickelte Besant das Konzept eines differenzierten Verhältnisses von Einheit und Pluralität: Eine Vielfalt regionaler Ausprägungen sollte unter dem Dach der einen Theosophie existieren, wobei sie allerdings gedachte, ein entscheidendes Wort bei der Konstruktion dieses theosophischen Dachs mitzureden. An der Umsetzung dieses Programms sollte das Verhältnis zu Steiner zerbrechen.

Programmatisch setzte Besant auf Kontinuität, aber de facto exekutierte sie radikale Veränderungen. Besant hat die Theosophie teilweise neu erfunden. Die Theosophie, die Steiner kennenlernen sollte, ist in wichtigen Dimensionen ihr Produkt. Besant bestimmte etwa das Verhältnis zu den großen Religionen neu. Während Blavatsky und Olcott sich dem Buddhismus zugewandt hatten, näherte sich Besant dem Hinduismus an. Diese

Wendung verband sie mit einem hohen sozialpolitischen Engagement. 1898 gründete sie als Gegengewicht gegen christliche Ausbildungsinstitutionen das Central Hindu College in Benares, die Keimzelle der heutigen Benares Hindu University, und forcierte den Aufbau hinduistischer Mädchenschulen. 1917 wählten die Mitglieder des Indischen Nationalkongresses die 70-Jährige in Anerkennung ihrer Bemühungen um die indische Unabhängigkeit und um die Revitalisierung des Hinduismus als Nicht-Inderin zur Präsidentin. Dass sie sich Anfang der Zwanzigerjahre als überzeugte Britin dann doch mit der indischen Unabhängigkeitsbewegung überwarf, hat eine Spur von Tragik.

Aber die Wendung zum Hinduismus war nur eine Seite ihrer Neuorientierung in Religionsfragen. Zugleich wandte sie sich, anders als Blavatsky und Olcott, dem Christentum zu, ein Schritt, der nicht ohne die Beziehung zu dem gleichaltrigen Charles Webster Leadbeater zu verstehen ist. Der in der anglikanischen Kirche ordinierte Priester war 1883 der Theosophie begegnet und nach Adyar gereist, wo er den Anspruch erhob, ebenfalls mit den Meistern in Kontakt zu sein. Trotz seiner »Konversion« zum Buddhismus hat er das Christentum nie losgelassen, und vermutlich ist Besant über diese Brücke wieder den Weg in die christliche Tradition gegangen. 1898 erschien ihr Buch *Esoterisches Christentum oder Die kleineren Mysterien*, in denen sie das Christentum als Kind der antiken Mysterien deutete. Dies war eine Anerkennung des Christentums, wenn auch eines »esoterischen«, aus der Führungsetage der Theosophischen Gesellschaft und nicht, wie bei Kingsford und Maitland, ein Akt innertheosophischer Opposition.

Von kaum zu überschätzender Bedeutung war schließlich ihre »praktische« Esoterik. Blavatskys Esoterische Schule, diesen elitären Kreis mit viel Theorie und wenig Anwendung, gestaltete sie zu einem systematischen Schulungsweg um und schuf damit die erste Meditationsschule in Europa außerhalb der katholischen Ordenstradition. Auf dieser Grundlage präsentierte sie handfeste Ergebnisse der esoterischen Erkenntnis. 1895 erschienen Ausführungen zur »okkulten Chemie«, die sie zusammen mit Leadbeater verfasst hatte. Die beiden beanspruchten, mit hellsichtigen Mitteln »naturwissenschaftliche« Forschung auf okkulter Grundlage zu betreiben und die innere Struktur der Atome und die Konfiguration der Moleküle aufzuklären. In den nächsten Jahren folgten Bücher über die Auren von Menschen oder über die materiellen Substrate unseres Denkens (»Gedankenformen«). Der praktische Okkultismus, zu dem Blavatsky aufgrund ihrer Betrugsgeschichte ein gebrochenes Verhältnis hatte, war in der Theosophie wieder salonfähig. Der Anspruch, mit den Mitteln der Naturwissenschaft wissenschaftlichen Okkultismus zu betreiben – dieses alte Anliegen des Spiritismus –, hatte für Besant und Leadbeater im theosophischen Gewand nichts Anrüchiges.

In diese Theosophische Gesellschaft, die mit Blavatskys Werken eine sowohl unbezweifelte als auch undurchschaubare Grundlage besaß, die weltweit expandierte und sich immer neue weltanschauliche Felder erschloss und die mit Annie Besant eine charismatische und durchsetzungsstarke, aber auch machtbewusste Frau in Europa besaß, trat Steiner im Oktober 1902 ein.

Die Theosophie – ein west-östlicher Diwan?

»Wer sich selbst und andere kennt,
Wird auch hier erkennen:
Orient und Okzident
Sind nicht mehr zu trennen.«

Mit diesen Strophen verkündete Goethe in seinem *West-östlichen Diwan* das romantische Ideal der innersten Verwandtschaft von Morgen- und Abendland. In dieser Tradition, die über die Aufklärung in die Theologie der Gleichheit aller Menschen zurückreicht, stehen auch die theosophischen Visionen einer Kultur, in der die »Wahrheit« höher stehe als alle »Religionen«, die deshalb, alle gleich, nebeneinandersitzen. In diesem Geist hatte Blavatsky die Weisheit des tibetischen Buches *Dzyan* verkündet und Olcott einen *Buddhistischen Katechismus* geschrieben, mitten im Zeitalter des Imperialismus und der Eroberung Asiens durch Europäer. Theosophen hatten Indien aus dem Staub der Unterwerfung wieder auf das Polster des Diwans gehoben, neben Europa, auf Augenhöhe, wenn nicht gar ein Kissen höher gesetzt. Ex oriente lux, Licht aus Asien, lautete das kulturemanzipatorische Programm der Theosophie.

Heute wissen wir besser, wie viel Projektion, wie viel Sehnsucht in dieser Vision steckte. Theosophen fanden hier, was sie in den europäischen Religionen vergeblich suchten: das all-eine Göttliche, meditative Versenkung, philosophische Religion, reine Toleranz, ein unendliches Weltall, evolutionäre Reinkarnation. Asiens Fremdheit ist den Europäern erst langsam klar geworden. Wir wissen heute beispielsweise, dass Buddha nicht auf Selbstverwirklichung, sondern auf die Auslöschung des Subjekts zielte oder dass Religionen im europäischen Sinn in Indien erst von Europäern geschaffen wurden. Was Theosophen an »indischen« Vorstellungen im Westen präsentierten, lag oft im Prokrustesbett eurozentrischer Deutungen. Das theosophische Indien war weit weniger indisch, als man sich das um 1900 vorstellen konnte. Vielmehr gehörte die Theosophie mit zu den Agenten einer Unterwerfung Asiens, nur dass ihre Mittel subtiler waren, gekleidet in den Mantel der Emanzipation. Doch Vorsicht. Die Theosophinnen und Theosophen hatten keine Chance, all das richtig zu machen, was wir von ihnen erwarten. Wir wissen, dass wir keine andere Chance haben, als das Fremde mit unseren eigenen Augen anzusehen. Es gibt keine kulturunabhängige Wahrnehmung, keine neutrale Ebene über den Zivilisationen, keine »Wahrheit höher als die Religion«. Es bleibt trotz aller Fehlinterpretationen und Hierarchisierungen (denn auch Besant erwartete die Rasse der Zukunft im Westen) das Verdienst der Theosophie, dass sie gegen den imperialistischen Zeitgeist den Anspruch erhob, Asien wieder auf dem west-östlichen Diwan Platz nehmen zu lassen, von wo die Kanonenboote der Europäer den Kontinent heruntergeschossen hatten. Genau diese Egalität wollte Steiner allerdings nicht.

NEUN

Verwandlung. Steiner wird Theosoph

Konversionsgrammatik

Im September 1900 erhält Steiner von den deutschen Theosophen eine Einladung. Graf und Gräfin Brockdorff bitten ihn zu Vorträgen in die Berliner theosophische Bibliothek. Das war, wie wir im Nachhinein wissen, wie der Gang in einen Kreißsaal, hier begann die zweite Geburt des künftigen Anthroposophen. In wenn auch kleinen Schritten überschlugen sich Veränderungen. Steiner betrat das Parkett des reichen Bürgertums und verließ das Milieu der Berliner Boheme und der Arbeiter-Bildungsschulen. Richard Specht, der seinen ehemaligen Hauslehrer einige Jahre nach dessen Aufstieg in der Theosophischen Gesellschaft wiedersah, war jedenfalls »freudig erstaunt: er fuhr im Auto in kostbarem Pelz vor«[1]. Der ehemalige Habenichts, den noch im Juni 1902 der Kauf eines Anzugs mit »steifem Hut« und den zugehörigen Handschuhen für ein Bewerbungsgespräch an den Rand des finanziellen Ruins gebracht hatte, trug das Würdesymbol der Hautevolee, den Pelz. Steiner, der in Otto Erich Hartlebens Gesellschaft in »dunklen Gaststätten« gerüchteweise den »alkoholischen Verlockungen widerstandslos preisgegeben« war[2], zumindest aber als trinkfest gelten durfte, war dabei, sich in die Lichtgestalt eines Kämpfers für geistige Erkenntnis zu verwandeln. Der Mann, dessen Frau Anna Eunike mehr nach einer Mutter als nach einer Freundin aussah, zeigte sich mit einer feschen, sechs Jahre jüngeren Schauspielerin, Marie von Sivers, an seiner Seite. Das deutschnational sozialisierte Kind aus dem Wiener Becken, das die deutsche Sprachinsel in Mitteleuropa bislang nicht verlassen hatte, reiste schon im Juli 1902 als angehender Theosoph in die weite Welt nach London, Brüssel und

Paris. Für die Zeitgenossen begann die Zeit der großen Fragen: Mimikry? Finanznot? Depressionen? Überzeugung?

Alles sah nach einem plötzlichen Seitenwechsel von der Atheistenfront zu den theosophischen Mystikern aus. Eine solche Deutung passt fugenlos in den Typus der europäischen Konversionsbiografik, in der eine Lebenswende plötzlich und zu einem eindeutigen Zeitpunkt erfolgen soll. So wie bei den großen Vorbildern des frühen Christentums: Paulus fällt vor Damaskus vom hohen Ross auf die Erde und wird Christ, Augustinus schlägt in seiner Lebenskrise die Bibel auf und findet den Satz, der sein Leben wendet. Diese Erzählungen der Unmittelbarkeit versuchen, das Empörende einer Lebenswende, diesen Verlust an sozialer Berechenbarkeit und die fast asoziale Freiheit, ein neues Leben zu führen, zu deuten, indem sie eine fremde Macht urplötzlich eingreifen lassen.

Auch Steiner dachte, je älter er wurde, in der Kategorie des Plötzlichen über seine theosophische Verwandlung. 1907 wird er die theosophische Bekehrung einer Begegnung mit seinem Meister zuschreiben und am Lebensende von einer Art Vision, vom »Gestanden-Haben vor dem Mysterium von Golgatha« sprechen (s. Kap. 12). Aber wenn ihm seine Kritiker wetterwendische Rochaden vorwarfen oder gar mit der Keule eines biografischen Bruchs argumentierten, konnte Steiner den Spieß umdrehen und von der Kontinuität seines monistischen Denkens sprechen (darüber bald mehr), die von Wien über Weimar und Berlin bis in die theosophische Zeit reiche. Doch die Behauptung schlichter Kontinuität ist nur die Rückseite der Falschmeldung vom plötzlichen Wandel.

Letztlich besaßen weder Steiner noch seine Gegner einen Zugang zu einer Konversion als langer Transformation, in der Fragen mit Antworten abwechseln, so wie der Herbststurm Blätter in einer Hausecke verwirbelt. Konversionen mögen sich in einer Phase oder sogar zu einem Zeitpunkt eines Lebens festigen, aber meist handelt es sich um Prozesse, die erst im Rückblick, wenn eine lange Vergangenheit im Erinnerungsmoment der Gegenwart verschmilzt, zur Lebenswende werden. Auch Steiner durchlebte ein großes Drama der Verwandlung vom atheistischen Jünger Nietzsches über den geistfrommen Adepten Blavatskys zum Anthroposophen ganz eigenständiger Couleur. Wenn man das Fernrohr mit dem Mikroskop vertauscht, sieht man seit 1900 eine Phase von zwei, drei, vier Jahren, in der Steiner sein Lebensnetz neu knüpfte: neue Menschen an seiner Seite und ein neuer Anzug, neue Überzeugungen und neue Finanzquellen, neue Arbeitsfelder und ein neuer Verein, vor allem aber: neue Ideen. Doch jede Veränderung lässt sich nur als eine solche erkennen, wenn es eine Achse gibt. Mitten in diesen Veränderungen stand ein Steiner, der stabile Fragen mitbrachte: Wie ist eine Erkenntnis ohne Grenzen möglich und wie der Blick in das Innerste der Welt? Und der seinen Goethe, sein Deutschtum, seinen Monismus und die Erinnerung an seinen Idealismus im Gepäck hatte.

Fühlungnahme mit der Theosophie

Steiners theosophische Verwandlung begann Ende September oder Anfang Oktober des Jahres 1900.[3] An einem Abend in diesen Tagen hält er in der Graf Brockdorffschen Bibliothek einen Vortrag über Nietzsche. Steiner, der Gottesleugner und Anarchist, der Prophet des Übermenschen, der noch fünf Jahre zuvor die »inneren Erlebnisse« der Theosophen als schlichte »Heuchelei« verrissen hatte, tritt in den literarischen Tempel der Berliner Adyar-Theosophie ein. Den Weg hatten ihm ein oder zwei Theosophen gebahnt, Fräulein Adele Schwiebs, vielleicht auch Franz Seiler[4], der später einer von Steiners Stenografen werden sollte. Sie waren im August auf Steiner durch dessen Nietzsche-Vorträge aufmerksam geworden und hatten ihn bei Gräfin Brockdorff annonciert. Über den Bibliotheksraum im Haus der Brockdorffs in der Friedrichstraße, vom Berliner Prachtboulevard Unter den Linden leicht zu Fuß zu erreichen, wissen wir nichts, er wurde im Bombenhagel des Zweiten Weltkriegs zu Asche. Auch die Inhalte dieses ersten Vortrags sind perdu, niemand hat sich – wie später, als Steiners Anhänger ihm die Worte von seinen Lippen abschrieben – Notizen gemacht. Nur eines ist im Rückblick klar: In diesem Herbst begann Steiners Metamorphose, die den Bohemien des Berliner »Verbrechertischs« als Meister vom Stuhl der theosophischen Freimaurerei auferstehen ließ.

Dies geschah just in dem Augenblick, da Steiner einen anderen Mantel, der ihn bis dato finanziell bekleidet hatte, ablegte: Denn am 22. September erschien im *Magazin für Litteratur* sein letzter großer Beitrag, sein depressiver Jubel über Eugenie delle Grazie. Damit nährte ihn fast nur noch die Dozentur an den Berliner Arbeiter-Bildungsschulen. Steiner war finanziell, wie meist in den letzten Jahren vor 1900, klamm. Deshalb bewarb er sich, ebenfalls Ende September, um eine Stelle an der Berliner Humboldt-Akademie[5] – vergebens. In dieser Situation mag das Vortragsangebot der reichen Theosophen, genauer gesagt: zumeist Theosophinnen, wie gerufen gekommen sein. Wir wissen nicht, warum sie an diesem Herbstabend von Steiner elektrisiert waren. Hatte er noch von dem Atheisten Nietzsche, dem Verkünder des »Gott ist tot!«, gesprochen? Das wäre, wenn er sich darauf beschränkt hätte, harte Kost für die Theosophen gewesen, allenfalls genießbar als »exoterische« Vorspeise »höherer« Erkenntnis. Oder von Nietzsche als dem Propheten des Übermenschen? Darin hätten Theosophen sich immerhin als erleuchtete Initiierte wiedererkennen können. Welches Register Steiner auch immer gezogen hat, die Theosophen waren neugierig geworden. So neugierig, dass sie ihn acht Tage später einluden, über Goethes »Märchen von der grünen Schlange« zu sprechen, diese enigmatische Erzählung von den vier Königsstatuen und der grünen Schlange und den Irrlichtern und dem Jüngling und dem Tempel, in der es um Herrschaft und Liebe und um das Überwinden von Grenzen geht.

Dann überstürzten sich die Ereignisse. Am 6. Oktober 1900 eröffnete Steiner einen ganzen Zyklus von Vorträgen, die ihn bis April 1901 Woche für Woche mit den Berliner Theosophen – die Vorträge waren nichtöffentlich – zusammenführten; fünf Mark erhielt er pro Vortrag.[6] Er sprach über Mystik, genauer gesagt, über deutsche Mystiker. Wieder ist unklar, worüber Steiner sich damals verbreitet hat, denn wir haben nur noch seine verschriftlichte Publikation, deren Vorwort auf den September 1901 datiert ist. Die ehemals 27 Vorträge aus dem Vorjahr waren zwischen den Buchdeckeln auf sechs Kapitel zusammengeschnurrt, in denen Steiner ein knappes Dutzend Mystiker auf eine evolutionäre Schnur des Denkens zog: vom Mittelalter mit Meister

Eckhart über die Renaissance mit Nikolaus von Kues und Giordano Bruno bis zum 17. Jahrhundert mit Jakob Böhme und Angelus Silesius. Steiner blieb einer alten Lieblingsidee treu und konstruierte eine Geschichte der kulturellen Evolution. Dabei sollte Erkenntnis nicht mehr durch äußere Faktoren zustande kommen, etwa durch eine Offenbarung, sondern sich im Inneren des Menschen ereignen. Über genau diese Erfahrung sollen – alternativreligiösen Vorstellungen zufolge, die auch Steiner teilte – Mystiker verfügt und so »im Aufgang des neuzeitlichen Geisteslebens« eine »moderne Weltanschauung« präludiert haben. Dass diese Vorstellungen mit den historischen Personen nicht viel zu tun hatten, etwa mit den philosophisch reflektierten Exegesen des Dominikaners Meister Eckhart oder dem bibelfrommen, wenngleich dissentierenden Protestanten Jakob Böhme, hat Steiners Deutungen eher beflügelt als gehemmt.

Seine Konstruktion von »Mystikern« besaß einen weiteren, nicht zu unterschätzenden Vorteil. Innere Erkenntnis konnte man sowohl materialistisch als auch idealistisch lesen, und beide Deutungen finden sich im Abstand weniger Jahre bei Steiner. So hatte er Böhme 1899 noch ganz im Fahrwasser seines Atheismus kritisiert: Bei ihm trete »nicht das Licht des Menschen, sondern doch wieder nur der Christengott« hervor. In seiner »Mystik« vom September 1901 hingegen durfte sich Böhme »als Organ des Großen Allgeistes« fühlen, »dessen Worte Flügel haben, gewoben aus der beseligenden Empfindung, das Wissen in sich als höhere Weisheit leuchten zu sehen«. Das ist noch keine christliche Interpretation Böhmes, aber ein Ausdruck von Steiners spiritueller Wende.

Die näheren Umstände seiner Konversion vom Atheismus zum Idealismus liegen allerdings hinter einem undurchdringlichen Schleier von Quellenarmut verborgen. Irgendwo in diesem Prozess des Schreibens und Vortragens in der Theosophischen Gesellschaft hat Steiner die Rückwendung zu einem idealistischen Denken, welches er bis Anfang der Neunzigerjahre heiliggehalten hatte, vollzogen. Letztlich wissen wir nicht, warum und wann genau er das Boot des Idealismus wieder bestieg. Es scheint, als habe er sich immer einen sehnsüchtigen Blick auf die idealistische Frömmigkeit in seiner Herzkammer bewahrt, denn selbst in den härtesten Phasen seines Atheismus hatte er an dem monistischen »Einen« festgehalten. Vielleicht spielten auch die Kontingenzen des Lebens hinein, etwa der Tod Ludwig Jacobowskis, der Schriftsteller und geliebte Freund Steiners, der am 2. Dezember 1900 nur 32-jährig starb. Den an einer Hirnhautentzündung Leidenden hatte er zeitweise täglich im Berliner Krankenhaus Am Urban besucht[7], und nach dessen Tod schrieb ihm Else Lasker-Schüler, dass sie nicht wage, ihn zu trösten, »da ich weiß, wie nah Ihnen Dr. Jacobowski stand«[8]. Noch am ersten Jahrestag des Todes klagte Steiner, »die Wunde, die ich damals erhalten, blutet noch heute schwer«. Zwei Wochen nach Jacobowski verstarb zudem Karl Julius Schröer, sein Wiener Mentor, auch dieser Todesfall mag ihm zugesetzt haben.

Man tut jedoch gut daran, noch mit ganz anderen Zufällen zu rechnen. Irgendwann in dieser Vortragszeit, vermutlich im Frühjahr 1901, muss Steiner eine liebenswerte Krankheit bekommen haben, ein leises amouröses Herzflimmern. Denn die Theosophische Gesellschaft war nicht nur die Vereinigung intellektueller Hausdamen und Kommerzienräte fortgeschrittenen Alters, sondern auch der Hafen, in den junge Theosophinnen auf der Suche nach dem Sinn des Lebens einliefen. Eine davon sollte für gut zwei Jahrzehnte Steiners Schicksalsgefährtin und Muse, seine Geliebte und Mitarbeiterin werden, die sich schließlich aber eigene Arbeitsfelder erschloss: Marie von Sivers.

Die damals 34-Jährige stammte aus einer der vielen deutschprotestantischen Adelsfamilien, die nach Russland gezogen waren und dort zur politischen und kulturellen Elite gehörten. Ihr Vater war Generalleutnant in der zaristischen Armee. Wie bei solchen bildungsorientierten Familien üblich, hatte auch Marie eine »standesgemäße« Ausbildung erhalten. Nach dem Besuch einer deutschen Privatschule in Sankt Petersburg hatte sie während eines zweijährigen Aufenthalts in Paris zwischen 1895 und 1897 im Umfeld des Conservatoire Rezitation und Schauspiel erlernt. Ihre Traumkarriere auf der Bühne schien auf einem guten Weg zu sein, als sie 1899 ein Engagement am Berliner Schiller-Theater abbrach. Nun suchte sie nach einem neuen Drehbuch für ihr Leben.

Im Sommer 1900 habe sie sich in die Einsamkeit zurückgezogen, wie sie schreibt: nicht gerade in die Wüste wie die ägyptischen Mönchsmütter, aber immerhin in die kurländischen Sanddünen an der Ostsee.[9] Hier las sie theosophische Literatur, insbesondere den frankophonen Elsässer Édouard Schuré, der von einem neuen spirituellen Theater träumte und schon mehrere Stücke publiziert hatte, die später als »Mysteriendramen« in Steiners Theosophischer Gesellschaft aufgeführt werden sollten. Als Marie von Sivers in Schurés *Enfants de Lucifer* (Die Kinder des Luzifer) und in die *Sœur gardienne* (Die Seelenhüterin) eintauchte, widerfuhr ihr ein typisch protestantisches Schicksal: die sichtbare, ästhetische, fühlbare Präsenz von Religion – wenigstens das literarische Versprechen – fesselte sie, vielleicht übermächtig, da doch ihre eigene Bühnenkarriere gescheitert schien. Im Oktober 1900, nun in Berlin wohnend, vereinbarte sie mit Schuré, seine Werke ins Deutsche zu übersetzen[10]; einen Monat später trat sie der Theosophischen Gesellschaft in Berlin bei.

In Steiners Vortragszyklus über die »Mystik« kreuzte sich sein Lebensweg mit dem der Marie von Sivers. Zwei suchende Seelen waren in das Magnetfeld der Theosophie geraten, und bald würden sie nicht nur die Suche nach »uralter Weisheit« und »höheren Welten« teilen, sondern auch Tisch und Bett, sie würden einander innig lieben und den Aufbau der Adyar-Theosophie in Deutschland gemeinsam in die Hand nehmen. Aber so weit war es um die Wende zum Jahr 1901 noch nicht. Während des »Mystik«-Zyklus sind sich Steiner und Marie von Sivers erst einmal nur nähergekommen. Am 13. April, zwei Wochen vor dem Ende der Vorträge, erfahren wir von Steiner aus dem ersten erhaltenen Brief ihrer Korrespondenz, dass sie ihm die *Theosophical Review*, die theosophische Vereinszeitschrift, geschickt hatte. Steiner bestritt, dass die Schriften des frühneuzeitlichen Philosophen Francis Bacon, der um 1900 als einer der mythischen Gründungsväter der empirischen Naturwissenschaft gehandelt wurde, »einen esoterischen Sinn bergen«. Noch stand Steiner nicht in der Theosophie, aber er ließ deren Fragen an sich heran. Er hielt Ausschau nach einer neuen Welt. Das vertraute er im August 1901, als er auf einer Urlaubsreise mit Anna Eunike die Schriftstellerin Maria Stona besuchte, deren Gästebuch an: »Den ›Sinn des Lebens‹ suchen.«

Die Mystik

Was er dabei gefunden hatte, legte er einen Monat später in der »Einführung« zu der Publikation seiner *Mystik im Aufgange des neuzeitlichen Geisteslebens* offen. Diese Vorrede ist ein Bekenntnis zu einer geistigen Welt im Gewand des philosophischen Debattenbeitrags. Dessen Credo lautete: »Die von uns unabhängige Welt lebt für uns dadurch, daß sie sich unserem Geiste mitteilt.« Das klingt nach einer unprätentiösen Feststellung, ist aber umstürzlerisch, wenn man sich erinnert, dass Steiner zweieinhalb Jahre zuvor noch verkündet hatte: »Ich *erschaffe* eine Ideenwelt, die mir als das Wesen der Dinge gilt.«[11] Die Welt jenseits der Materie war für den Steiner auf dem Weg in die Theosophie keine Erfindung des Menschen mehr, sondern erneut das eigenständige Reich des Geistes.

Steiners folgende Erörterungen in der »Einführung« kann man, seiner Leseanweisung entsprechend, als philosophische Positionsbestimmung lesen. Aber man kann auch ihren Subtext offenlegen und einen sehr persönlichen Text entdecken, wenn man sich kurz auf eine dichte Lektüre zentraler Sätze einlässt. Deren Fundament war der Anspruch auf eine innere Erfahrung: »Es handelt sich bloß darum, daß wir die Verwandlung richtig belauschen, die eintritt, wenn wir unsere Wahrnehmung den äußeren Dingen verschließen und nur auf das hören, was dann noch aus uns selbst tönt. Dazu gehört eben der neue Sinn.« Die Vermutung, dass es dabei um Steiners spirituelle Wiedergeburt geht, liegt insbesondere dann nahe, wenn man einige Zeilen weiterliest. Denn dort folgen zwei Standardelemente des christlichen Konversionsformulars. Zum einen: Passivität. »Das Göttliche im Menschen« »wird erweckt«. Das grammatikalische Passiv behauptet, dass der Mensch, Rudolf Steiner, zum Objekt eines fremden Einflusses, des Göttlichen, geworden sei. Zum anderen: Licht. »Ein Licht blitzt in mir auf und beleuchtet mich, und mit mir alles, was ich von der Welt erkenne.« Die Erleuchtungsmetapher indiziert einen Zustand, in dem alles in einem neuen Licht erscheint, und unterstreicht das Ergriffensein von einer äußeren Macht. Wie beim Sturz des Paulus vor Damaskus, der geblendet ist und stürzt, um in Damaskus zum neuen Glauben zu finden, so sah sich auch Steiner erleuchtet und auf einen »neuen Sinn« verwiesen, der schon bald der »höhere« Sinn heißen wird.

Dass er damit erneut den Sieg über seinen ältesten Gegner, den philosophischen Feind seiner Jugendjahre, Immanuel Kant, feierte, gesteht er wenige Zeilen später: »Das Ding an Sich« galt ihm als Ding »in mir«. Man erinnere sich: Das Wesen der Dinge, das Ding an sich, sei, so fürchtete Steiner, von Kant in den Orkus der Unerkennbarkeit verstoßen worden. Wenn man aber das kantische »Ding an sich« in unserem Innersten finde, sei es erkannt, wie er in einem Beispiel ausführt: »Der Baum wird in mir zu mehr, als er draußen ist. Was von ihm durch das Tor der Sinne einzieht, wird in einen geistigen Inhalt aufgenommen. Ein ideelles Gegenstück zu dem Baume ist in mir.« Steiner sieht, einer Monade gleich, die ganze Welt in seinem Innern als eine geistige präsent. Alle Erkenntnisgrenzen waren damit überwunden, jedenfalls für Steiner.

Und dann folgt die große Coda seiner Konversionsgeschichte, die Immunisierung der Erfahrung. Denn eine Erweckung übersteige die Logik:

> »Diese Ausführungen enthalten nichts, was eines *logischen* Beweises fähig oder bedürftig wäre. Sie sind nichts anderes als Ergebnisse der inneren Erfahrungen. Wer ihren Inhalt in Abrede stellt, der zeigt nur, daß ihm diese innere Erfahrung mangelt. Man kann mit ihm nicht streiten; ebensowenig, wie man mit dem Blinden über die Farbe streitet.«

Punkt. Damit beendet Steiner die philosophische Debatte und eröffnet das Reich spiritueller Autorität. Zwar könne ein jeder, beeilt er sich zu entschärfen, diese Erfahrung machen, aber nur unter der Bedingung, dass er sich »dieser inneren Erfahrung« unterwerfe. Erfahrung, nicht Erkenntnis, ist hier Steiners Schlüssel zur geistigen Welt. Der erleuchtete Philosoph wird zum eingeweihten Lehrer werden, dies kündigt sich hier an.

Aber Steiner verstünde sich nicht als Philosoph, würde er sich nicht anschicken, die Freiheit trotz und in der Ergriffenheit zu retten. Denn wer diese Erfahrung mit »Selbstbeobachtung« verbinde, fährt er fort, versetze sich in »das Gebiet der *Freiheit*«. An dieser Stelle knirscht es jedoch in seiner Argumentation gewaltig. Denn im Atemzug zuvor hatte er noch die »Persönlichkeit« vom Individuellen gereinigt, »die Aufhebung des Individuellen« gepredigt und die Aufhebung »des einzelnen Ich zum All-Ich in der Persönlichkeit ... als das im Innern des Menschen sich offenbarende Geheimnis, als das Ur-Mysterium des Lebens« bezeichnet. Steiner war hin- und hergetrieben zwischen der Scylla und der Charybdis der monistischen Meerenge, die er schon in seinen vortheosophischen Jahren durchfahren hatte: zwischen der Einheit des Ganzen, in der das Individuum von der Auflösung bedroht ist, und der Freiheit der Persönlichkeit, die nur bestehen bleibt, wenn der einzelne Mensch gerade nicht vom »All-Ich« verschlungen wird. Auch dies war eine Blaupause für die nächsten Jahre: Die Persönlichkeit, die völlig frei sein soll, stand in einer antagonistischen Hochspannung mit dem Individuum, das nur eine vorübergehende Figuration bildet, ehe es im großen Zusammenhang der Dinge aufgeht. Freiheit und Alleinheit, das sind die beiden Pole, die Steiner in die Aporie aufhob, unverbunden und ungetrennt zugleich existieren zu müssen.

Für die Zeitgenossen war nun der wieder idealistische Steiner zu verdauen, der die Idealisten jahrelang als die Idioten der Philosophie bespöttelt hatte. Die so eskamotierte Haltung produzierte Erklärungsbedarf. Und ergo findet sich vor der »Einführung« in die *Mystik* ein weiteres Vorwort, das eine einzige große Apologie ist, um die Wendung zu den vormals als »Heuchler« verschmähten Theosophen zu rechtfertigen. Steiner strickt darin ein Muster, mit dem er seitdem die Erinnerung an seine anarchischen und atheistischen Jahre tilgte: »Diese Ideenwelt« – also die theosophische – »ist schon ganz in meiner ›Philosophie der Freiheit‹ enthalten.« Nur »wer nicht *unbefangen* auf meine Ideenwelt eingeht, entdeckt in ihr Widerspruch über Widerspruch«. Und in gewisser Weise hat er recht: Monist war er als »Philosoph der Freiheit«, Monist ist er als Theosoph der Erleuchtung. Aber er unterschlägt das Janusgesicht des Monismus, der sowohl in den Materialismus als auch in den Idealismus blicken kann. So versucht Steiner, diese Brüche unter den Teppich eines glatten Lebensentwurfs zu kehren. Schon auf dem Weg in die Theosophie, vom früheren philosophischen in den jetzt okkultistischen Idealismus, beginnt er, die Exkurse in das Reich des wilden Denkens vor 1900 auszuradieren.

Esoterisches Christentum

Steiner war nach der Publikation der *Mystik* noch ein schwankender Interessent für die Theosophie. Das dokumentieren Versuche im Herbst 1901, ihn definitiv zur Theosophie hinüberzuziehen. Im November 1901 trat Nina Gernet, eine Theosophin, die der englischen Sektion angehörte und sich dem Aufbau der Theosophie in Westeuropa verschrieben hatte, an Steiner heran. Sie verfolgte zusammen mit Marie von Sivers große Pläne: Beide planten gerade den Aufbau einer theosophischen Sektion in Italien. Zuvor aber sollte Steiner gewonnen werden. Dieser Überredungsversuch bei einer der literarischen Teegesellschaften im Hause Brockdorff ist als »Chrysanthementee« in die theosophische Erinnerung eingegangen. Nina Gernet habe ihn gefragt, ob es nicht nur antike Mysterien, sondern auch gegenwärtige gebe, beispielsweise in der Theosophischen Gesellschaft – und mag dabei an Steiner gedacht haben.[12]

Ob mit oder ohne Chrysanthementee, Steiner war dabei, einen weiteren Vortragszyklus vorzubereiten. Am 19. Oktober 1901 begann er, über das »Christentum als mystische Thatsache« zu referieren. Damit griff er ein Megathema der damaligen »religionsgeschichtlichen Schule« auf, wo einige Forscher die entscheidenden Wurzeln des Christentums nicht im Judentum, sondern in den Mysterienreligionen suchten. Auch in der philosophischen Literatur wurden die antike Mysterien intensiv diskutiert, hier eher mit dem Ziel, in einer »mystischen« Erfahrung die Autonomie des Subjekts zu begründen. Wahrscheinlich hat sich Steiner dabei in der *Geschichte des Idealismus* von Otto Willmann, einem katholischen Pädagogen mit weitgespannten philosophischen Interessen, umgesehen.[13]

Die Konstruktionsvorlage der Mysteriengeschichte entnahm Steiner jedoch anderen Quellen, denn er war bereits in den theosophischen Maelstrom geraten. Die Theosophie war dabei, zu seinem weltanschaulichen Koordinatensystem zu werden, das dem Erbe seiner ersten vierzig Lebensjahre einen neuen Platz zuweisen und ihm einen Fundus an Wissen zur Verfügung stellen würde, von dem er vorher nicht geträumt hatte. Nach der Wiedergeburt seines Idealismus im Vortrag über die *Mystik* folgte nun die Geburt seiner Theosophie in den Reflexionen über das »Christentum« als »Mysterienreligion« im Winter 1901/02. Wir wissen nur ungefähr, was er gesagt hat, denn diese Vorträge liegen in Stenogrammübertragungen vor, die vom gesprochenen Wort häufig abweichen dürften.[14] Jesus war für ihn ein »Ur-Initiierter« und insofern ein »Bild für den ›Christus‹«[15]. Er habe aufgrund seiner Initiation höchste Erkenntnis, wie Buddha, der wie Jesus eine »größtmögliche Zahl von Wiederverkörperungen« besitze.[16] Die Passion und die Auferstehung im »Leib« spielen keine Rolle. Die Gewährsmänner für seine Vorstellungen sind Theosophen, Charles Webster Leadbeater etwa[17], und mit ihnen glaubt er offenbar, dass der Ursprung all dieses Wissens in Indien liege.

Die überarbeitete Publikation der Vorträge im Herbst 1902 dokumentiert dann, dass diese Vorstellungen bei Steiner Wurzeln geschlagen haben. Sein Denken war aus dem Geist der Theosophie neu geboren.

Von nun an standen für ihn hinter der Menschheitsgeschichte und der Evolution geistiger Erkenntnis »große Eingeweihte«, die als Vertreter einer geheimen »Mysterienweisheit« seit der Antike den Fortschritt der Menschheit steuern. Von »Plato als Mystiker« über die Eingeweihten in der »ägyptischen Mysterienweisheit« bis hin zum Mysterienwissen in den neutestamentlichen Schriften sah Steiner Initiierte am Werk. Die noch 1901 in der *Mystik* philosophisch verstandene Evolution wurde jetzt von Eingeweihten vorangetrieben. Dass dieser Glaube theosophisch induziert war, muss man nicht durch weitere Analysen von Implikaten und Anspielungen belegen. Denn Steiner präsentierte in diesen ersten theosophischen Jahren gern und ohne seine Quellen zu verschleiern seine neuen Lesefrüchte vom Baum der theosophischen Erkenntnis. Noch trieb ihn nicht die Furcht um, dass damit seine Abhängigkeit von theosophischen Quellen sichtbar würde. Vielmehr sah er sich in einer Art wissenschaftlicher Gesellschaft von Forschern, die zwar mit okkulten Gegenständen zu tun hatten, aber – wie in der säkularen Gelehrtengesellschaft – gemeinsam eine unbekannte Geschichte entschlüsselten. Und so verwies er auf Édouard Schurés *Sanctuaires d'Orient* (Die Heiligtümer des Orients) aus dem Jahr 1898 als »glänzende Darstellung des Geistes der eleusinischen Mysterien«.

Allerdings ließ er die Katze, woher er sein Wissen über die Eingeweihten denn so genau habe, noch nicht ganz aus dem Sack. Aber als Nachgeborene sind wir klüger, wir können belegen, dass sich diese Konzeption nicht nur allgemein in der theosophischen Literatur, etwa bei Besant und Leadbeater findet, sondern als Geschichtskonstruktion insbesondere bei Schuré, in einem der viel gelesenen Bücher einer europäischen Esoterik, das seit 1889 auf dem Markt war: *Les grands initiés* (Die großen Eingeweihten). Darin hatte Schuré die eine geheime, die »innere Geschichte« der »großen Religionen« erzählt[18], eine Art Masterplan der esoterischen Religionsgeschichte. Große Eingeweihte sollten die Geschichte der Menschheit lenken, beginnend mit Rama und Krishna in Indien, gefolgt von dem griechischen Götterboten Hermes und dem Juden Moses über Orpheus, Pythagoras und Platon bis zu Jesus. Diese Protagonisten Schurés tauchen auch bei Steiner wieder auf, ausgenommen Rama und Krishna, da Steiner von der asiatischen Religionsgeschichte kaum Kenntnisse besaß, vor allem aber weil er von Beginn an Wert darauf legte, gegen die »orientalischen« Traditionen in der Theosophie die europäische Geistesgeschichte in den Mittelpunkt zu stellen. Schurés »Große Eingeweihte« sind die Morgengabe der Theosophie an Steiner, sie bestäuben sein Denken mit theosophischen Vorstellungen, hier findet sich die Matrix für seine esoterische Geschichte. Steiner zeigt Schuré gegenüber höchste Wertschätzung, unterzeichnet 1906 einen Brief mit »in hingebungsvoller Verehrung«[19], aber erst 1910, im Vorwort zur Neuausgabe des Buches *Christentum als mystische Tatsache*, wird Steiner öffentlich und explizit auf Schurés »Große Eingeweihte« verweisen. Allerdings ist dieses Geständnis schon vom Thron des etablierten Theosophenführers aus geschrieben. Bezeichnenderweise bestätigt Steiner nicht, Schuré ausgeschrieben zu haben, sondern er dreht den Spieß um: Schuré habe 1907, als er Steiners *Christentum als mystische Tatsache* ins Französische übersetzte, seinen – Steiners – »Gesichtspunkten« zugestimmt, will sagen: Steiner behauptete 1910, er habe 1902 die Geschichte von Eingeweihten und Mysterien selbst »geschaut« und nachträglich von Schuré den Segen erhalten – die reale Abhängigkeit in ihr Gegenteil verkehrend.

Aber neben den Initiierten gibt es noch eine zweite Innovation in Steiners theosophischer Erstlingsschrift: Erstmals in seinem Leben fühlt er sich bemüßigt, über das Christentum aus einer gewissen inneren Verbundenheit heraus zu schreiben. Dazu kommt er erst nach der Hälfte des Buches. Von da an aber sind christliche Autoren – anders als in der *Mystik* von 1901 – nicht mehr Chiffren für philosophische Positionen, sondern Vertreter einer genuin religiösen Botschaft. Steiners zentrale These lautet dabei, auch Jesus sei ein großer Eingeweihter gewesen. Die Deutung als Christus spielte 1902 noch keine Rolle, so weit war Steiner in seiner religiösen Biografie noch nicht.

Aber mit seinem theosophischen Jesus geriet Steiner unentrinnbar in ein intellektuelles Gravitationsfeld, das für viele Zeitgenossen furchterregend war: in die historisch-kritische Exegese. Denn die historische »Leben Jesu«-Forschung war um 1900 die große Walstatt, auf der, so glaubte man, über Erhalt oder Untergang des »christlichen Abendlandes« entschieden werde. Diese Debatte hat Steiner wie auch die Zeitgenossen bis zum Unglauben irritiert: Ist auf die Evangelien Verlass? Erzählen sie Geschichten statt Geschichte? Wissen wir etwas Verlässliches über den historischen Jesus? Hat er überhaupt gelebt? Bis zu seinem Lebensende sollte diese schwarze Sonne der Angst Steiner umkreisen. Er las dazu so schnell und so viel, wie er in diesen Wintermonaten nur bekommen konnte. Hinter seiner Verunsicherung standen zwei Fragenkomplexe der akademischen Wissenschaft: Wie sind die heute vorliegenden Texte der Bibel entstanden? Und: Wie sind sie mit ihrem kulturellen Umfeld verbunden, wie eigenständig sind sie, wie abhängig von ihm? Ein stark vermintes Gelände, in dem schon damals nur noch hoch spezialisierte Fachleute im Urteil sicher waren und in dem gleichwohl Weltanschauungsritter jeglicher Couleur sich das Material zum Bau ihrer Ideenburgen besorgten.

Steiner, das muss man ihm zugestehen, wich diesen Fragen nicht aus. Aber eine Forschungstradition, die schon damals Bibliotheken füllte, lässt sich nicht in wenigen Monaten erschließen, abgesehen davon, dass ihm das Handwerkszeug fehlte: Kenntnisse altorientalischer Sprachen, Einblick in die Methoden der Textanalyse, Wissen um die Umfeldreligionen des Christentums, überall stand Steiner lediglich auf Inseln des Wissens in einem Meer von Unwissen. Er steckte in einem Dilemma: Diese Fragen konnte er weder wissenschaftlich beantworten noch sie ignorieren. Deshalb kam er zu einer Lösung, die sich durch seine gesamte weitere Biografie zieht: Er griff zu populärwissenschaftlichen Traktaten. So auch hinsichtlich des »Eingeweihten« Jesus: Er konsultierte Rudolf Seydel (1835–1892), einen Leipziger Professor für Philosophie, also keinen Theologen oder Historiker, einen Wissenschaftler, der keinen regulären Lehrstuhl, sondern eine außerordentliche Professur besaß und die These vertrat, das Christentum sei vom Buddhismus beeinflusst. Zu dieser Vorstellung konnte man kommen, weil man seit der Mitte des 19. Jahrhunderts unmittelbar Zugriff auf buddhistische Quellen hatte. Dabei drängten sich manchem Zeitgenossen Parallelen auf: Zwei Zölibatäre, Buddha und Jesus, brechen mit dem religiösen Establishment, Buddha streitet mit den Brahmanen, Jesus mit den Sadduzäern. Beide sprechen in Bildnisreden, beide verkünden innere Erkenntnis, beide bieten Erlösung. Daraus ließ sich die Folgerung ziehen, die jüngere Religion, das Christentum, müsse von der älteren, dem Buddhismus, abhängig sein. Diese Interpretation hat die Forschung heute in der Orkus der Geschichte verbannt. Zum einen gibt es zwar Handelswege nach Indien, aber keine Hinweise, dass dabei bis zum ersten Jahrhundert auch diese Ideen umgeschlagen worden wären. Zum anderen sind die Unterschiede bei beiden Männern zumindest so groß wie die Ähnlichkeiten. Schon damals konterten kritische Zeitgenossen, dass Jesus die Erlösung des Menschen, Buddha dessen Auflösung predige, Jesus die Hinwendung zur Welt, Buddha die Abwendung. Dass all dies viel mit einer europäischen Perspektive und wenig mit den Eigenheiten des Buddhismus zu tun hatte, sah man damals weniger deutlich als heute. Aber die Bedenken der Universitätswissenschaft kamen bei Popularisten wie Seydel nicht an, der ohnehin bereits ein Jahrzehnt tot war, als Steiner ihn las.

Im Übrigen kehrte Steiner Seydels These der historischen Abhängigkeit Jesu von Buddha durch eine kleine Operation in ihr Gegenteil um. Er machte aus der zeitlichen Nachfolge einen evolutionären Aufstieg. Jesus betrete »einen höheren Grad der Initiation«. Er »zerfließt« nicht, wie Buddha, in den »Allgeist«, vielmehr »erweckt« Jesus den »Allgeist« in seiner Auferstehung »in menschlicher Gestalt«. Das Christentum war für Steiner Schöpferin der Person, des Subjekts, des »Ich« und so eine Agentin des Fortschritts und die Wegbereiterin zur Eröffnung mystischer Geheimnisse: Denn all das geschehe nicht mehr »im Innern der Mysterientempel«, sondern in der Öffentlichkeit der christlichen Gemeinde. Mysterienerkenntnis wurde für Steiner dadurch zu einer *historischen Tatsache,* wie es im Titel seines Christentums-Buches heißt.

Vereinsgründungskampf

Nun hockte Steiner 1901 nicht in einer stillen Kammer, um eine komplizierte Geschichte in theosophische Thesen zu gießen, sondern war auch ins Haifischbecken der theosophischen Vereinsgründung gesprungen. Noch während er begann, an die Eingeweihten zu glauben, trat er am 11. Januar 1902 der Theosophischen Gesellschaft bei. Unentgeltlich sei sein Mitgliedsdiplom überreicht worden, hat Steiner später gesagt[20], ganz so – darf man mithören –, wie es einem unabhängigen Eingeweihten gebührt; vermutlich hat man ihm aufgrund seines *Mystik*-Buchs eine beitragsfreie Mitgliedschaft gewährt.[21] Damit eröffnete sich für Steiner ein neues Wirkungsfeld, die institutionelle Theosophie. Das allerdings war ein Kampfplatz, denn dort standen 1902 Umbrüche an: Man wollte endlich eine eigene, deutsche Landesgesellschaft der Adyar-Theosophie gründen. Bis dato gehörten die Zweige und Mitglieder zur europäischen Sektion mit Sitz in London. Zur ersehnten Eigenständigkeit gab es eine geregelte Vorgehensweise: In einem Land mussten sieben Logen mit mindestens je sieben Mitgliedern existieren, dann konnten die Vorsitzenden der Logen beim Präsidenten am Hauptquartier in Adyar, Henry Steel Olcott, einen Antrag auf Sektionsgründung stellen. Dies bedeutete, die Vereinsorganisation mit einem langwelligen Zeitmaß zu betreiben, das im Zeitalter des Sekundentakts der E-Mails undenkbar ist. Etwa zwei Wochen lief das Postboot von Europa nach Südindien, und so lange hatte man Zeit, neue Schachzüge in Europa auszuführen.

Als Steiner im Januar 1902 beitrat, öffnete sich gerade der Vorhang dieses kleinen Welttheaters der Vereinsgründung.[22] Da trat Hübbe-Schleiden auf, der Senior der deutschen Adyar-Theosophen, ein ehemaliger Rechtsanwalt und Kolonialwarenhändler und nun Berufstheosoph, der schon 1884 Präsident der ersten deutschen Theosophischen Gesellschaft gewesen war, die über der Hodgson-Affäre zerbrochen war (s. Kap. 9). Er wollte deshalb vorerst »theosophische Forschung« betreiben und keine neue Gesellschaft organisieren. Eine weitere Rolle spielte Richard Bresch, der Vorsitzende der Leipziger Loge, der eine offiziöse Funktion besaß, weil er seit 1899 den *Vâhan* herausgab, bis 1902 das Organ der deutschen Adyar-Theosophen, in dem Übersetzungen aus dem Londoner *Theosophist*, der zentralen Vereinszeitschrift, sowie Vereinsnachrichten erschienen. Und Bresch wurde zur treibenden Kraft. Im Dezember 1901 ließ er einen Antrag zur Erteilung eines »Charter« (wie die Stiftungsurkunde bei Theosophen hieß) in den Zweigen zirkulieren – und hatte sich schon als Generalsekretär eingesetzt. »Rabiat« sei Bresch bei seiner Bewerbung vorgegangen, kommentierte Wilhelm Hübbe-Schleiden dessen Begehr. Als graue Eminenz und Strippenzieher versuchte Hübbe nun, Bresch zu verhindern. Er schickte Günther Wagner ins Rennen, Leiter der Loge im Tessiner Lugano und Hübbe-Schleidens Vetter (und zeitweilig Leiter der Schreibgeräte-Firma Pelikan), während er zugleich Breschs Initiative torpedierte, etwa indem er dessen Gründungsgesuch in London telegrafisch annullierte.

Hübbe wollte nun in einem Geniestreich weitere Probleme gleich mit lösen, etwa die Konkurrenz der zersplitterten theosophischen Gesellschaften. Denn neben den Adyar-Theosophen gab es mindestens vier weitere theosophische Gesellschaften, insbesondere die sehr viel größere und längst vereinsmäßig organisierte Internationale Theosophische Verbrüderung Franz Hartmanns. Er war ein bedeutender spiritueller Schriftsteller der Theosophie, der mit Blavatsky in Adyar gewesen war und mit den *Lotus-Blüten* die wichtigste Zeitschrift der deutschsprachigen Theosophie publizierte. Hübbe beschloss, den Hartmannianer Arthur Weber zum Präsidenten wählen zu lassen. Bresch und Hartmann wären ausgeschaltet, seine eigene Position im Hintergrund abgesichert gewesen – und dem wohl auch vorhandenen Wunsch, die zersplitterte Theosophie zu vereinen, aufgeholfen. Aber hier hatte Hübbe-Schleiden nicht mit dem Lagerdenken seiner eigenen Anhänger gerechnet: Auf einer außerordentlichen Generalversammlung im April 1902 versagten sie ihm die Gefolgschaft.

Derweil erhielt Olcott im Juni Breschs Antrag für eine deutsche Sektionsgründung, dem aber ein Fünftel der Unterschriften fehlte. Er wusste wohl, dass er zum Büttel von Bresch gemacht werden sollte, und beauftragte Bertram Keightley, den Generalsekretär der europäischen Sektion in London, der vereinsrechtlich noch für die deutschen Mitglieder zuständig war, die Sache zu regeln. Keightley wiederum unterrichtete Hübbe-Schleiden von Breschs Schachzug und ermöglichte es ihm, einen eigenen Antrag zu stellen.

Die Lage war also im Sommer 1902 unübersichtlich geworden. In Hübbe-Schleiden stiegen Zweifel hoch, ob »*unsere* theosophische Bewegung« »unter den Schlagworten Theosophie und Theosophische Gesellschaft« Erfolg haben könne.[23] Man benötige eine ganz neue Lösung, um die Sektionsgründung im Herbst zu realisieren. Deshalb beschritt er einen Weg, der in politischen Pattsituationen eine lange Tradition besitzt: Man suchte einen unbeteiligten Dritten für die Spitze. In diesem Augenblick schlug die Stunde Rudolf Steiners: intellektuell attraktiv, in den theosophischen Kabalen noch nicht verschlissen und gerade ohne berufliche Perspektive. Denn Anfang Juni hatte er seinem alten Wiener Freund Moritz Zitter berichtet, dass soeben eine Bewerbung als Feuilletonredakteur bei der Wiener Wochenzeitung *Die Zeit*, dem Organ des literarischen »Jung Wien«, gescheitert war. Er hatte dazu »alles äußere getan« und einen Anzug nebst »steifem Hut« und Handschuhen erstanden – und nun waren

»die Taschen völlig geleert«. Der Herausgeber, Heinrich Kanner, hatte dem Berliner Bohemien Steiner eine »bureaumäßige Arbeit« nicht zugetraut. Oder hatte man noch in Erinnerung, dass Steiner Hermann Bahrs Literaturauffassung, der die *Zeit* nahestand, scharf kritisiert hatte?

Doch Hübbe-Schleiden und seine Fraktion schätzten Steiner ganz hoch ein. Schon in den Tagen um den 1. Mai des Jahres 1902 herum dürften sie ihn gefragt und dieser zugesagt haben.[24] Im Juni stellte sich auch Gräfin Brockdorff offen hinter Steiner. Dieser war in diesen Monaten vermutlich mit der Bearbeitung seines Buchs *Das Christentum als mystische Thatsache* beschäftigt und innerlich auf dem Weg zum überzeugten Theosophen, als er am Sonntag, dem 29. Juni, Hübbe-Schleiden in Hannover seine Aufwartung machte. Im Umfeld dieses Besuchs dürfte der geschürzte Knoten zugezogen worden sein. Steiner übernahm die Kandidatur für das Amt des Generalsekretärs, und damit hatten fast alle anderen Stellungen im theosophischen Grabenkampf ihren taktischen Wert verloren. Natürlich brachte Steiner eigene Interessen ein. So wird die Perspektive auf irgendeine Art finanzieller Unterstützung eine Rolle gespielt haben. Aber eine Reduktion auf pekuniäre Interessen dürfte Steiners ideelle Motive sträflich unterschätzen, denn er befand sich weiterhin auf der Suche nach einem Lebenssinn und war dabei, ihn in der Theosophie zu finden. Dabei dokumentierten seine theosophischen Konfessionen im *Christentum als mystische Tatsache*, dass er einen neuen Ankerplatz gefunden hatte. Die Neunzigerjahre, in denen er Hübbe-Schleiden noch als »Zeus im Frack« verhohnepiepelt hatte, waren vorbei. Den ehedem Verspotteten zelebrierte Steiner nun als »wirkliche geistesentwicklungsgeschichtliche *Potenz*«, »den Bresch« hingegen betrachtete er als »minderwertigen Fanatiker«. Steiner hatte sich in die Schlachtordnung des theosophischen Bürgerkriegs eingereiht.

Aus dieser Position heraus fuhr er am Tag nach seinem Antrittsbesuch bei Hübbe-Schleiden von Hannover aus nach London, um an der Jahresversammlung der Europäischen Sektion der Theosophischen Gesellschaft teilzunehmen. Hier lernte er die theosophische Führungsschicht kennen. Er wurde mit George R. S. Mead bekannt, dem bedeutenden Philologen und Erforscher der Gnosis, der später mit der Theosophischen Gesellschaft brach. Er traf Alfred Percy Sinnett, Blavatskys Ghostwriter, und er näherte sich Bertram Keightley an, in dessen Haus er wohnte und mit dem er sich freundschaftlich verstanden habe.[25] Keightley hatte im Januar 1902 Steiners *Mystik* in der Vereinszeitschrift, der *Theosophical Review*, gerühmt und in den folgenden Heften das Werk passagenweise übersetzt und erläutert.[26] Gleichwohl testete Keightley Steiners theosophische Basis, denn er sah ziemlich deutlich, dass bei dessen steiler Außenseiterkarriere ganz unklar war, wie weit die Theosophie bei Steiner »wirklich« angekommen war – das jedenfalls schrieb er Olcott. Und nicht zuletzt machte Steiner die Bekanntschaft der starken Frau in der Adyar-Theosophie, von Annie Besant – »flüchtig«, wie er in seiner Autobiografie vermerkt.

Was sich in diesem Führungszirkel der europäischen Adyar-Theosophen en détail abspielte, ist unklar. Vermutlich hat sich Steiner als designierter Generalsekretär der deutschen Sektion vorgestellt, denn die Würfel im theosophischen Machtpoker waren gefallen. Keightley hatte, was Bresch wohl nicht wusste und Steiner in London vielleicht erfuhr, schon im Juni nach der Lektüre von Schriften Steiners und aufgrund des Hörensagens eine positive Einschätzung Steiners an Olcott übermittelt und ihn als belesenen, kultivierten Mann mit weitem Horizont beschrieben. Und so hatte Olcott mit Besant noch im Juni beschlossen, Hübbe-Schleiden nach dem Debakel der ersten Gründung in den 1880er-Jahren eine weitere Chance zu geben – und mit ihm Steiner als Generalsekretär. Was auch immer verhandelt wurde: Bei diesen Gesprächen erhielt Steiner wohl aus erster Hand Informationen über die Geschichte der Theosophischen Gesellschaft, über ihr Führungspersonal und ihre Konflikte. Von dieser theosophischen Welt in London war er »tief bewegt«, wie er noch gut zwanzig Jahre später gestand. Die Lobeshymnen, die er in den folgenden Monaten auf die Theosophie und insbesondere auf Besant anstimmt, bezeugen dies. Zugleich relativiert all das seine später überspitzte Behauptung seiner Eigenständigkeit und allemal seinen Anspruch, keine theosophischen »Dogmen« zu lehren.[27]

Für Steiner war dieser London-Aufenthalt auch ein Stück biografischer Internationalisierung. Als er zum ersten Mal in seinem Leben, im Alter von 41 Jahren, die Grenze des deutschsprachigen Kulturraumes überschreitet, nutzt er die anderthalb Wochen in London, um sich natur- und kunsthistorische Museen anzusehen. Auf der Rückreise steigt er in Brüssel ab und sucht im Vorort Ixelles das Wohnhaus und Museum des Malers Antoine Joseph Wiertz auf. Dann führt die Reise nach Paris, wo er acht Tage bleibt und mehrfach den Louvre besichtigt. In der französischen Hauptstadt spricht er auch vor russischen Theosophinnen und Okkultisten, hier nimmt die Faszination für Russland in Steiners Denken seinen Anfang. Eigentlich hatte er in Paris Schuré treffen wollen und, als dies scheitert, geplant, den Dichter im Elsass zu besuchen.[28] Doch dazu kommt es erst später.

Bevor er einen Monat nach seiner Abreise, am 29. Juli, wieder in Berlin eintrifft, hält er noch Vorträge in den Logen von Köln, Düsseldorf und Kassel. Steiner ist dabei, sich als künftiger Generalsekretär zu etablieren, und versucht, schwankende Logen auf seine Seite zu ziehen. Düsseldorf etwa bleibt für ihn ein schwieriges Gelände, hier manifestiert sich bald, spätestens 1907, unter der Leitung des Niederländers Johannes M. L. Lauweriks Widerstand gegen ihn.

Von dieser Reise kam ein anderer, auch äußerlich verwandelter Steiner zurück. Niemand hat das so sensibel registriert wie Alwin Alfred Rudolph, der Steiner in der Berliner Arbeiter-Bildungsschule erlebte:

> »Bei seiner Rückkehr war es uns, als stünden wir einem ganz anderen Dr. Rudolf Steiner gegenüber. ... Nun war schon das Äußere ein anderes. Der schmale spärliche schwarze Haarwuchs auf der Oberlippe war abgetan. Ein noch immer schwarzer Anzug hatte einen andern Zuschnitt, einen, den man sonst nicht sah. Der weiche, eigentlich formlose Hut war einem steifen Halbzylinder gewichen, wie ihn sonst überhaupt niemand trug. ... Frau Steiner [Anna Eunike] war merkwürdig verschlossen.«[29]

Steiners Konversionsprozess war bei den »äußeren« Dingen des Lebens angekommen: Körper, Kleidung, Beziehungen.

In Berlin legt Steiner bei der spirituellen Grundlegung der deutschen Theosophie Hand an. Er korrigiert ein Buch Hübbe-Schleidens, das dieser wohl der neuen Sektion als philosophische Grundlage zugedacht hatte: *Diene dem Ewigen!* Steiner zeigt sich von dieser Schrift »im tiefsten Sinne befriedigt«[30] und ist dankbar, seine Verbesserungsvorschläge einbringen zu können. Sie bestehen aus seinen philosophischen Vorstellungen, etwa dem Glauben an das Denken als Grundlage der Wirklichkeit.

Auch organisatorisch schlägt Steiner jetzt Pflöcke ein. Mit einem Rundschreiben vom 4. September 1902 an die zehn deutschen Zweige der Adyar-Theosophie präsentiert er sich als auserkorener Generalsekretär.[31] Aber in Deutschland fragt man sich weiterhin, ob Steiner wirklich Theosoph ist – offenbar so laut, dass er vom Feldherrnhügel des Eingeweihten aus beschwichtigen muss: »Der Zeitpunkt, in dem ich der T.S. [Theosophical Society] beigetreten bin, war für mich der Endpunkt einer langen inneren Entwickelung. Ich trat nicht früher bei, als da ich wusste, dass die geistigen Kräfte, denen ich dienen muss, in der T.S. vorhanden sind.« Das war insoweit zutreffend, als Steiner in der Tat einen langen Weg hinter sich hatte. Aber aus dem zweiten Satz mussten die Theosophen auf eine langjährige Prüfung der theosophischen Weltanschauung schließen – doch das war eine Luftblase. Steiner war, von dem Wiener Intermezzo abgesehen, ein Debütant auf der Bühne der Theosophie.

Die Zeit drängte. Nicht nur weil für Oktober die Gründung der deutschen Sektion der Adyar-Theosophie geplant war, sondern auch weil sich die anderen theosophischen Vereinigungen öffentlichkeitswirksam präsentierten. Am 20. und 21. September veranstalten die Anhänger Hartmanns einen Kongress in Berlin. Steiner lehnt es ab, dort mit den anderen Theosophen nach einem Weg aus der Zersplitterung der Theosophie zu suchen. Das »Blech«, das Franz Hartmann erzähle, findet keine Gnade vor seinen Augen: »Ich möchte bauen, nicht Ruinen ausflicken«, bescheidet er Hübbe-Schleiden.[32] Stattdessen stabilisiert Steiner seine eigene Position. Seine Gefährtin Marie von Sivers übernimmt an diesem Wochenende die Geschäftsführung der Adyar-Theosophie in Berlin.[33]

Mehr Theosophie

Während dieser Organisationskabalen, die noch bis zur Sektionsgründung Mitte Oktober anhalten, gräbt sich Steiner weiter in die theosophische Weltanschauung ein. Schon im September 1901 hatte er Annie Besants *Esoterisches Christentum* gelesen[34], am 20. August 1902 dankt er Marie von Sivers, Blavatskys *Geheimlehre* erhalten zu haben. Er studiere dieses Werk gerade und müsse darin »fortwährend nachschlagen«. Steiner war nach der Lektüre von Schurés *Großen Eingeweihten* mit Blavatskys Opus magnum bei einer weiteren Station seiner Entdeckungsreise im literarischen Kosmos der Theosophie angelangt. Hier stieß er unvermeidlich auf eine zentrale theosophische Lehre, die auch sein Weltbild künftig prägen würde: die Reinkarnation. Es ist nicht leicht zu sagen, wann dabei aus dem Bildungswissen, das er durch die Lektüre vor allem theosophischer Werke in den letzten Monaten erhalten hatte, seine Überzeugung wurde. Schon in den Vorträgen zum Christentum im Winter 1901/02 hatte er ja von den »Wiederverkörperungen« Buddhas und Jesu gesprochen. Am 2. Oktober schreibt er nun dem Schriftsteller und Theaterkritiker Wolfgang Kirchbach, mit dem er im Giordano Bruno-Bund zusammenarbeitete, er habe in den *Upanischaden* gelesen, also in den Lehrschriften des indischen Brahmanismus. Dort sei er auf den Begriff »Karman« gestoßen, mit dem das Prinzip der Vergeltung für Taten beschrieben wird, also auf Lohn und Strafe, die bei einer neuen Inkarnation das Leben bestimmen sollen. Wieder, wie schon bei der Schelling-Lektüre des Jahres 1881, berichtet Steiner von einer Leseerfahrung, wieder nutzt er die Erleuchtungsterminologie: »Eine ganze Lichtfülle«, gesteht er Kirchbach, »fällt für mich auf den Erkenntnisbegriff, wenn ich ihn sehe in der Perspektive, die Brihadâranyaka-Upanishad 3, 2, 13 eröffnet.« Gut wird »einer durch gutes Werk, böse durch böses«, lese er dort. Steiners reinkarnatorische Konfession macht mehrere Dimensionen seiner Annäherung an die Theosophie deutlich. Zum einen hielt er die ganze Reinkarnationssache für vernünftig, andernfalls hätte er davon nicht seinem monistischen Freund Kirchbach berichtet. Sodann spricht viel dafür, dass die Entdeckung nicht schon Jahre zurückliegt. Da ist zum einen die emotionale Emphase, die man im Begriff der »Lichtfülle« mitschwingen hören kann. Sodann benutzte Steiner den Begriff des Karma in diesen Tagen noch in der unüblichen Form »Karman«, während zugleich Oberbegriffe wie Reinkarnation oder Wiederverkörperung, die man erwarten könnte, fehlen. Jedenfalls dokumentiert diese Passage eine bei Steiner seltene Faszination am indischen Denken. Aber diesen Einblick in das Laboratorium seiner Überzeugungen gestattet er nur für einen kurzen Moment und nur im intimen Medium des Briefes. Als er 1903 mit seiner Reinkarnationsvorstellung an die Öffentlichkeit tritt, nimmt er seinen Ausgangspunkt von einer naturwissenschaftlichen Plausibilisierung und spricht von einer »vom Standpunkte der modernen Naturwissenschaft notwendigen Vorstellung«.

Anderthalb Wochen vor der beabsichtigten Sektionsgründung tritt Steiner am 8. Oktober erstmals als Theosoph an die Öffentlichkeit. Als Ort des Bekenntnisses hat er seinen monistischen Giordano Bruno-Bund ausgewählt. Im Bürgersaal des Berliner Rathauses spricht er über »Monismus und Theosophie«, über Annie Besant und die theosophische Bewegung. Kirchbach führt den Vorsitz, die Frau Eduard von Hartmanns ist auch anwesend, mehr als 300 Menschen sollen den Saal gefüllt haben.[35] Theosophie sei, doziert Steiner, der »Ausdruck des jeweiligen naturwissenschaftlichen Denkens« und angesichts der »Göttlichkeit der Natur« die Erkenntnis des »Ewigen«. Deshalb werde Philosophie durch »Theosophie« überhöht.[36] Die »Perspektive, die Gegensätze zwischen Religion und Wissenschaft auszugleichen«, begründet er nun theosophisch: »Wir wissen jetzt: es gibt keine andere göttliche Kraft, welche den Wurm zum Menschen hinaufbefördert, wir wissen, daß wir selbst diese ›göttliche Kraft‹ sind.« Wieder beruft sich Steiner auf Fichte, nun aber auf den Sohn des berühmten Johann Gottlieb, auf Immanuel Hermann, der den deutschen Idealismus mit dem für die Theosophie zentralen Gedanken vom göttlichen Kern im Menschen (»theosophisch« im älteren Verständnis dieses Begriffs) fortgeschrieben hatte. Und weil er die Vorbehalte gegenüber dem theosophischen Internationalismus ahnt, proklamiert er seine »echt deutsche

Theosophie«[37]. Schließlich schaltet er sich in die damals gerade grassierende Debatte ein, ob die Theosophie eine weibliche Trancetechnik sei, wie der Schriftsteller Karl Julius Duboc polemisierte. Von diesem Vorwurf einer »weiblichen Philosophie« könne man die Theosophie reinigen: »Das können wir ändern, indem wir sie im kritischen Deutschland zu einer männlichen machen.« Aber da hatte er die emanzipierten theosophischen Frauen ganz dramatisch unterschätzt.

Aber, so jedenfalls erinnerte sich Alwin Alfred Rudolph viele Jahre später, »sein Auditorium folgte ihm in fast eisiger Verwunderung ... Die eisige Benommenheit hielt nach dem Schluß noch an. Keine Hand rührte sich. Kaum bewegte sich jemand. Nicht ein geflüstertes Wort fiel. ... Ohne den üblichen Dank an den Redner leerte sich der Saal.«[38] Auch der wie üblich eine Woche später stattfindende Diskussionsabend über den Vortrag rief kritische Reaktionen hervor: »Nachplapperei indischer Vokabeln«[39], las man. Steiner hatte die Möglichkeiten, die Theosophie mit ihrem schlechten Ruf als Vereinigung von Geistersehern und Alleswissern in seine bisherige Lebenswelt einzuführen, falsch eingeschätzt.

Unterdessen geht sein ganz normales Leben zwischen Erwerbsarbeit und intellektuellen Debatten weiter. Am Samstag, dem 10. Oktober, acht Tage vor der Eröffnung der theosophischen Konvention, gibt er in der Arbeiter-Bildungsschule »Redeübungen für Fortgeschrittene«, montags spricht er über »Entwicklungsgeschichte der Menschheit« im Zirkel der Kommenden, am Dienstag in der Arbeiter-Bildungsschule über »Die Entwicklung des Weltalls und das soziale Leben der Tiere«, am Mittwoch in der Freien Hochschule über »Deutsche Geschichte von der Völkerwanderung bis ins 12. Jahrhundert«, ehe er sich abends der gerade genannten Diskussion im Giordano Bruno-Bund über seinen Vortrag zu »Monismus und Theosophie« stellt.

Sektionsgründung

Am Sonntagabend, dem 19. Oktober, nachdem er seine Pflichten in der Arbeiter-Bildungsschule erfüllt hat, schreiten Steiner und die Adyar-Theosophen zur Vereinsgründung. Steiner spielt in seiner Ansprache vor den etwa 50 Teilnehmern und Teilnehmerinnen ein dramatisches, welthistorisches, apokalyptisches Szenarium durch.[40] Die Welt stehe vor einer Zeitenwende und vor einer säkularen Entscheidung. Die Naturwissenschaften seien an ihr Ende gekommen, weil sie die Innerlichkeit des Menschen verfehlten, und die Religion habe alle Kraft verloren, über die Welt mitzureden. Aber Steiner bietet mit der Theosophie Erlösung an, denn sie werde zu einer neuen Entfaltung und Vertiefung der Geisteskräfte führen. Insbesondere das deutsche Geistesleben sei berufen, den naturwissenschaftlichen Materialismus zu überwinden.

Seine visionäre Programmatik löst die innertheosophischen Fehden jedoch nicht ganz in Hochstimmung auf. Die Debatten am Montag verlaufen trotz oder wegen der Leitung durch Steiner »chaotisch«[41], aber seine Wahl ist, da er nach den Rochaden im Vorfeld keine wirklichen Gegner mehr hat, alternativlos. Vermutlich hat man die verbliebenen antagonistischen Interessen in den Vorstand ausgelagert, wo neben Hübbe-Schleiden und Marie von Sivers auch seine Gegner Bernhard Hubo und Richard Bresch sitzen. Dieses Gremium ist vermutlich durch die widerstreitenden Interessen paralysiert, was bedeutet, dass die Inhaber der Schlüsselpositionen der Vereinsführung zu den entscheidenden Machtfaktoren aufsteigen: Rudolf Steiner als Generalsekretär und als Geschäftsführerin Marie von Sivers, deren Wahl er vermutlich zur Bedingung seiner Amtsübernahme gemacht hatte.[42]

Der Rest der Gründungsversammlung besteht aus ein wenig Wahl und vielen ehrenvollen Formalitäten: Annie Besant ist an diesem Sonntagabend vom Bahnhof abzuholen, wo sie von etwa 25 Mitgliedern der Gründungsversammlung empfangen wird. Steiner ist nicht dabei, da er einen Vortrag im Kreis der Kommenden hält. Tags darauf erfolgt die »Wahl« Steiners zum Generalsekretär, die de facto eine Akklamation der zuvor ausgeklüngelten Stellenbesetzung ist. Dann übergibt Besant den »Charter« und hält einen Grundsatzvortrag zur Theosophie, den Steiner anschließend auf Deutsch wiedergibt, vermutlich in einer Zusammenfassung. Hier entwickelt Besant ihr Programm der theosophischen Pluralität: Jede Nation betreibe Theosophie in eigener Weise, aber in Harmonie mit der ganzen theosophischen Bewegung. Das sollte schwierig werden.

Steiner macht noch an diesem Montag klar, dass er sich nicht als Grußaugust mit Vorstandswürde zu bescheiden gedenkt. Er hält einen Vortrag über »praktische Karmaübungen«, mit dem er die gerade wahltechnisch befriedete Theosophenszene offenbar in helle Aufregung versetzt. Ein »astralisches Beben und Zittern« »der alten Herren« habe er verspürt, erinnerte sich Steiner noch gut zwanzig Jahre später. In mehreren Sitzungen muss er sich anschließend rechtfertigen.[43] Die explosive Aufregung versteht man nur, wenn man sich die Mischung aus Macht und Spiritualität vor Augen führt, die diesen Vortrag zum Sprengstoff werden ließ. Steiner hatte in den »praktischen Karmaübungen« irgendwie über Reinkarnation gesprochen, vielleicht über Techniken, wie man Erinnerungen an frühere Verkörperungen erhalten könne, aber ziemlich sicher auch, denn dies erklärt wohl den Tumult, über reale Reinkarnationsverläufe. Sie bildeten in theosophischen Zirkeln einen beliebten Gegenstand der Spekulation: War man im früheren Leben eine bedeutende Persönlichkeit gewesen, Alexander der Große vielleicht oder Kleopatra? Hatte man als Hexe auf einem Scheiterhaufen gelodert oder als katharischer »Ketzer« in den Kerkern der Inquisition geschmachtet? Aber solche Reinkarnationsgeschichten waren nicht nur ein theosophisches Instrument zur biografischen Identitätsfindung. Denn wer die Reinkarnationsverläufe aufdeckte, blickte, so glaubten Theosophen, wie ein Beichtvater oder ein Psychologe tief in die Seele anderer Menschen. Die karmisch Analysierten standen mit nackter Biografie vor dem großen Eingeweihten. Es kommt jedoch noch härter: Reinkarnationswissen galt als höhere Einsicht und war als solche im Prinzip immun gegen kritische Nachfragen. Deshalb waren Karmageschichten ein spiritueller Machtfaktor par excellence. Damit konnte man Politik machen, sich und jedem seinen Platz in der Geschichte und näherhin in der Theosophischen Gesellschaft zuweisen. Wenn etwa Annie Besant, wie man unter Theosophinnen und Theosophen munkelte, die Reinkarnation Giordano Brunos war, konnte sie die Deutungshoheit über die frühneuzeitliche Naturphilosophie und die »moderne« Wissenschaft beanspruchen. Darin steckte die menschliche und vereinspolitische Brisanz von Steiners »praktischen Karmaübungen«, über die er vor dem deutschen Establishment der Adyar-Theosophie und unter den Augen Annie Besants sprach. Vermutlich wollte Steiner sich als Eingeweihten darstellen, der nicht nur das Recht der Wahl, sondern auch die Legitimation übersinnlicher Einsicht auf sich vereinigte. Dabei hatte er, Rudolf Steiner, der gerade gekrönte Youngster im Kreis des theosophischen Altvorderen, sich einfach schwer verkalkuliert. Der Schock saß tief. Erst kurz vor seinem Tod, 1924, sollte sich Steiner systematisch an dieses Thema wagen und in über 80 Vorträgen die Weltgeschichte durch Karmabiografien verflechten.

Annie Besant hat all dies aber nicht davon abgehalten, Steiner den Weg ins Herz der theosophischen Spiritualität zu eröffnen. Noch vor ihrer Abreise nahm sie ihn in ihre Esoterische Schule auf. Für Steiner begann nun eine Lebensphase, in der das Sprichwort, dass Lehrjahre keine Herrenjahre seien, nicht stimmt. Er unternahm den Spagat, sich die Theosophie als Schüler anzueignen und zugleich als Lehrer zu wirken. Steiner war ein Autodidakt, der schnell lernte, weil er einen geschulten Kopf besaß, und der zugleich den theosophischen Schülern das Gefühl vermittelte, ihnen die Geheimnisse der Welt aufdecken zu können. Diesen Lehrer treffen wir seit Mitte November 1902 in den beiden theosophischen »Konservatorien«, in denen er dienstags und samstags vor einem kleinen Kreis theosophische Inhalte vermittelt. Es gibt keine rein rezeptive Phase während seines Einstiegs in die Theosophie, keine Zeit der stillen Anverwandlung theosophischen Denkens. Sein Lernen geht unmittelbar in Lehren über, mehr noch: Steiner lernt, während er lehrt.

Derweil verehrte er eine Lehrerin über sich fast grenzenlos, wie viele Äußerungen aus den frühen theosophischen Jahren belegen: Annie Besant. Ein »religiöses Genie« sei sie und ein »Bote der Meister«. »Wo sie spricht, wird der Geist der Zuhörer zu den Höhen göttlicher Erkenntnis erhoben«, und wenn Menschen nicht »unerschütterlich« »zu Annie Besant stehen, so fügen sich diese selbst die schwerste Schädigung zu«. Wer diese öffentlichen Verehrungsadressen für strategische Verneigungen hält, lese in dem Briefwechsel mit seiner Schülerin und Vertrauten Marie von Sivers nach, der Steiner auftrug, »*alles* in vollster Treue und Hingebung an Mrs. *Besants* Intentionen« zu tun. Aber Steiner war kein Mann intellektueller Demut. Die Hingabe an die große Mutter Besant war eine zeitlich befristete Ausnahmeliebe.

Neue Liebe

Mitten in der Arbeit an dieser organisatorischen und weltanschaulichen Großbaustelle zog eine weitere Gewitterfront auf: Beziehungsprobleme. Seine Frau, Anna Eunike, dürfte mit der Sensibilität der Gattin gemerkt haben, dass Marie von Sivers für Steiner mehr war als eine intellektuelle Dienstbotin aus dem theosophischen Büro. Diese junge Dame war dabei, die Rolle der Geliebten an Steiners Seite einzunehmen.

Zu Beginn des Jahres 1903 zieht Steiner mit Anna Eunike von Friedenau knapp zehn Kilometer aus der Stadt hinaus an den Schlachtensee, in die Seestraße 40. Hier wohnt nun auch Marie von Sivers, weil man an diesem idyllischen Fleckchen Erde die Leitung der deutschen Sektion installiert hat.[44] Im Oktober siedelt Steiner dann mit seinen beiden Damen ins boomende Gründerzeitviertel im Berliner Westend in die Motzstraße 17 über, wo man das Hauptquartier der deutschen Adyar-Theosophen aufschlägt. Für Steiner wurde eine Ménage-à-trois wahr, aber der Traum, wenn er denn einer war, mutiert zu einem kleinen Albtraum. Denn in diesen Monaten, vielleicht in Schlachtensee, soll »es« dann passiert sein. Steiners Stieftochter Emmy spähte durch die Jalousie in ein Zimmer, in dem sich ihr Stiefvater und seine Geliebte befanden, und sah, »daß die beiden, im Bett liegend, sich so benahmen, wie eben Mann und Frau in erotischer Weise zusammenkommen«[45]. Diese Auskunft hat allerdings ein doppeltes Problem: Emmy Eunike war vermutlich nicht gut auf ihren Stiefvater zu sprechen. Schwerer noch wiegt, dass Schwartz-Bostunitsch, der behauptete, einen persönlichen Brief von Emmy Eunike mit diesen Informationen zu besitzen, ein völkischer Steiner-Hasser war. Und deshalb stehen auch die anderen Informationen, die Schwarz-Bostunitsch aus seiner Quelle bietet, unter Vorbehalt: Steiner habe seine Frau wie eine Dienstmagd behandelt, die Marie von Sivers und ihm in der Gartenlaube habe servieren müssen, und mehr noch habe Steiner von Anna Eunikes Geld gelebt oder gar ihr Vermögen aufgebraucht. All das klingt doch sehr nach gehässigen Halbwahrheiten, aber dass Steiner mit Marie von Sivers möglicherweise geschlafen hat, ist deshalb nicht auch gleich eine Falschmeldung.

Auf jeden Fall bleibt Anna Eunike nicht verborgen, dass die Verwaltungsangestellte ihres Mannes dessen Herz erobert hat. Die Briefe zwischen Steiner und seiner Geliebten dokumentieren verlässlich, dass im April 1903 aus dem »verehrten gnädigen Fräulein« die »liebe vertraute Schwester« geworden war. Aber zugleich offenbart dieser Briefwechsel ein asymmetrisches Liebesverhältnis. Denn spätestens seit diesem April gibt Steiner Marie von Sivers auch Meditationen, unter anderem zum Umgang mit »den devotionellen und mentalen Bildern«. Der theosophische Bruder Rudolf war dabei, tief in ihre Seele zu blicken, Liebhaber und Seelenführer zugleich zu sein. Zärtliche Bekundungen seiner Zuneigung wechseln mit klaren Anweisungen, was sie auf ihrem spirituellen Weg doch hätte tun »müssen«[46]. Marie wiederum breitet ihr Inneres vor dem verehrten Geliebten aus, beichtet ihm ihre »Gewissensbisse« und das »gesteigerte Hetzgefühl« und legt Rudolf ihre Dankbarkeit zu Füßen: »Da hast du meine eben errungene Einsicht. Dir aber tausend Dank, Du Guter, Bester, für das Meer von Licht, das Du mir gibst, und für Dein spirituelles Tragen.« Bei so viel Zuneigung wird jede räumliche Distanz zum Leiden. Deshalb treffen sie sich im Juni in London, wo die Föderation europäischer Sektionen der Theosophischen Gesellschaft gegründet wird und wohin Marie von Sivers aus Bologna angereist ist. Vier Wochen lang, bis zum 20. Juli, ist Steiner in England unterwegs, und mit ihm Marie von Sivers, vermutlich während der gesamten Zeit.[47] Seiner Frau Anna schreibt er derweil touristische Briefe von der »alten Stadt

Oxford mit ihrem wunderbaren Charakter und ihrer ganz merkwürdigen Universität« und von seiner Begeisterung für die Bilder William Turners. Zum letzten Mal schließt ein Brief Steiners am 7. Juli an »meine liebe gute Anna« mit »herzlichsten Küssen«. Doch die Ehekrise ist nicht aufzuhalten, denn die »liebe gute Anna« spürt, dass Steiner dabei ist, ihre Ehe zu brechen.

Im Februar 1904 verschärft sich der Streit zur finalen Krise. Anna Eunike stellt ihren Rudolf zur Rede: Er suche doch nur sein eigenes Glück. Steiner, im steilen Aufstieg begriffen, reklamiert Arbeit und Berufung: »Ich will wirken und arbeiten, was ich kann. Und sonst will ich nichts.« Über Marie von Sivers kein Wort. Doch das Bild des großen Gelehrten und Theosophen, der um der Sache willen auf das häusliche Glück mit Frau und Stiefkindern verzichtet, verfängt bei Anna Eunike nicht, schon weil der »ewige Klatsch« wohl dauernd neue Fakten in die Beziehungskrise spült. Steiner windet sich und sucht händeringend nach Auswegen, an der Misere nicht schuld zu sein. Nicht er selbst, sondern »du ..., liebe Anna, hast alles in der letzten Zeit schief angesehen. Sonst hättest Du nicht sagen können: Du wünschtest, daß ich glücklich werde.« Anna sehe »ich weiß nicht was für persönliche Beziehungen«, aber in Wirklichkeit gehe es immer um die »Sache«, und nie, was ungesagt bleibt, um die neue Liebe namens Marie. Aber dann realisiert er doch, dass seine Frau »nicht die geringste Schuld« treffe. Anfang April 1904 sind die Würfel gefallen: »Ich kann nicht anders«. »Ich habe eine Lebensaufgabe«, bescheidet er am 11. April seine Frau, die natürlich weiß, dass die Lebensaufgabe zugleich eine Liebesgeschichte ist. Drei Tage zuvor hatte Steiner seine Geliebte in den Briefen von der theosophischen »Schwester« zur »lieben Marie« erhoben. Bald darauf dürfte sich die gehörnte Ehefrau mit ihren Kindern von Steiner getrennt haben.

Eintauchen in die Theosophie

Steiner ist längst auf einem anderen Dampfer. Im Frühjahr 1903 beginnt er, öffentliche Vorträge zu halten. Teilweise vor einer Handvoll Menschen, aber manchmal, zuerst noch selten, füllt er auch Säle mit mehreren Hundert Zuhörern. Seit Juni gibt er zudem eine Zeitschrift heraus, die ihm das Ehepaar Brockdorff finanziert: *Luzifer* (gemeint ist, in wörtlicher Übersetzung, der »Lichtbringer«), die damit den gleichen Titel trägt wie Blavatskys Zeitschrift.

Währenddessen durchkämmt Steiner mit der Lesewut des geübten Intellektuellen, der die Erlösung zum Greifen nahe spürt, den Kosmos der theosophischen Literatur. Im Februar 1903 liest er ein Schlüsselwerk der esoterischen Aurendeutung, Charles Webster Leadbeaters gerade erschienenes Werk *Der sichtbare und der unsichtbare Mensch*. Seit Wilhelm Conrad Röntgen 1895 entdeckt hatte, dass man mit für das Auge unsichtbaren Strahlen durch die Materie hindurchsehen kann, galt auch die »wissenschaftliche« Erkenntnis einer menschlichen Aura nicht mehr als Zauberstück. Besants *Esoterisches Christentum*, ihren Versuch, das wahre Christentum als eine Geschichte der Mysterientraditionen darzustellen, das er schon 1901 gelesen hatte, bespricht er im Juli 1903. Im gleichen Monat empfiehlt er, natürlich mit kritischem Fingerzeig, auch Leadbeaters *Astral-Ebene*, einen Klassiker der theosophischen Jenseitsliteratur, sowie eine der vielen Kurzfassungen des theosophischen Weltbilds, die angesichts der unüberschaubaren Materialberge Konjunktur haben: Leadbeaters *Grundlinien der Theosophie*. Auch die theosophische Geschichtsforschung legt er seinen Anhängern ans Herz, etwa eine Übersetzung gnostischer Quellentexte, Eugen Heinrich Schmitts *Die Gnosis. Grundlagen der Weltanschauung einer edleren Kultur*, in dessen zweitem Band Steiner 1907 selbst als gnostischer Eingeweihter präsentiert werden wird. Im Herbst hat er dann wiederum Blavatsky gelesen, vielleicht in der *Isis entschleiert*, sicher aber erneut in der *Geheimlehre*.[48] Diese öffentliche Verneigung vor dem Kanon der theosophischen Schriftstellerinnen ist jedoch nur die Oberfläche einer unüberschaubaren Zahl von Verweisen ohne Namensnennung und von Anleihen ohne Quellenangabe.

ZEHN

Theosophische Weltanschauung. Geisteswissenschaft

Mensch

Wer Steiner 1903 und 1904 über die Schulter lugte, um ihm bei der Verfertigung seines neuen Weltbilds zuzuschauen, traf ihn in einer alchemistischen Begriffsküche. Zu dem alteuropäischen Dreiklang von Körper, Seele und Geist, einem von langer Tradition geadelten, im 19. Jahrhundert aber hoch umstrittenen und sowohl von der Psychologie als auch von der Theologie teilweise längst verabschiedeten Konzept, trat eine neue, ihm bis dahin fremde Anthropologie. Theosophen glauben nämlich, dass der Mensch »Körperhüllen« besitze, meist Ätherleib und Astralleib genannt, die wie Handschuhe den göttlichen Kern des Menschen umkleiden. Während einiger Monate durchforstet Steiner dieses Reservoir, wobei er einige Begriffe nur in diesen Monaten benutzt: »Ätherdoppelkörper« (der »die physischen Prozesse zusammenhalten« soll), »Kausalkörper« (für die Reinkarnationserinnerung), »Lebensleib« (mit Funktionen der klassischen Seele).[1] Und weil die Theosophen in diesen Hüllen ein altes indisches Erbe sehen, belegen sie diese europäischen Termini mit »indischen« Begriffen, die auch Steiner vorerst übernimmt: Der physische Leib heiße »Sthula sharira«, der Ätherleib »Linga sharira« und der göttliche Geistesmensch »Atma«.[2] Aber diese Begriffe besitzen bei Steiner nur eine Halbwertzeit von wenigen Monaten und sind Ausdruck einer zeitweilig experimentellen Anthropologie.

Im April oder Mai 1904 kommt seine Orientierungsphase zu einem gewissen Abschluss. Er legt die erste systematische Monografie seiner neuen Weltanschauung vor, die *Theosophie*. Möglicherweise war sie die Morgengabe für Annie Besant, die ihn am

10. Mai 1904, als er sie in London besuchte, zum Landesleiter der Esoterischen Schule erhob. Diese *Theosophie* war als erster Band einer mehrbändigen Darstellung der theosophischen Enzyklopädie gedacht und präsentierte eine Anthropologie einschließlich der Existenz im Jenseits.

Bei der Darstellung des Menschenbilds fällt vorderhand auf, dass Steiner im Aufriss des Buches nicht die theosophische Vorstellung der Körperhüllen zugrunde legte, sondern die Anthropologie von Leib, Seele und Geist. Im Inhaltsverzeichnis ist von Ätherleibern und Astralkörpern nichts zu finden. Erst im vierten Kapitel, welches die vorhergehenden Ausführungen mehr wiederholt als zusammenfasst, erscheint die theosophische Terminologie. Wie soll man diesen Befund deuten? Angesichts der Tatsache, dass beide Anthropologien nur dünn verbunden nebeneinanderstehen, liegt die Folgerung nahe, dass Steiner während der Abfassung der *Theosophie* gerade dabei war, sich die theosophischen Begriffe anzuverwandeln. Erstmals im Dezember 1903, bezeichnenderweise in einer Fußnote, hatte er die Körperglieder in der theosophischen Konzeption aufgegriffen und neun Glieder als je drei Teile von Leib, Seele und Geist verstanden (und zugleich eine siebenteilige Anthropologie als Variante davon gedeutet[3]). Dieses Anmerkungswissen war nun Teil des regulären Textes der *Theosophie* geworden. Aber zu einer systematischen Verknüpfung beider Anthropologien kam es nicht – vielleicht weil ihm die Zeit davonlief, denn die Ernennung zum Landesleiter in London stand ja vor der Tür.

Aber Steiner hat sich mit diesem halbgaren Zwischenergebnis nicht zufrieden gegeben. Kein Buch hat er so häufig revidiert, präzisiert, umgeschrieben und erweitert: in 22 Auflagen, bei denen keine der Vorgängerin gleicht. 1909 begann er sogar eine neue Anthropologie, in der Physiologie und übersinnliche Einsicht verbunden sein sollten, aber dieses Buch blieb Fragment.[4] So zeigt die *Theosophie* wie kein anderes seiner Bücher, wie er sich ein Leben lang an Themen abarbeiten konnte und dass er einen Erkenntnisfortschritt verwirklicht sehen wollte. Das aber hatte Folgen. Denn Außenstehende realisierten, dass er kontrafaktisch Veränderungen leugnete, und manche Anhänger fragten sich, ob die unentwegten Überarbeitungen die Verlässlichkeit der hellseherischen Wahrnehmung nicht infrage stellten. Dass Kritiker noch zu Lebzeiten Steiners in diesem Werkstattbetrieb den Beleg dafür sahen, dass die Schauungen doch nur hausgemachte Weltanschauungsphantome seien, ist kaum verwunderlich. Wer immer in die philologischen Katakomben von Steiners *Theosophie* hinabsteigt, entdeckt unter der polierten Oberfläche leicht die Narben und Textfugen von Montagen. Schon in der zweiten Auflage von 1908 lässt Steiner das Hakenkreuz an der Außenseite des Buches entfernen. Dies hat allerdings nichts mit dem völkischen Milieu des wilhelminischen Kaiserreichs zu tun, sondern war eine leise Distanzierung von Indien, denn den Theosophen galt das Hakenkreuz als ein Emblem der arisch-indischen Tradition. Auch die Widmung »Dem Geiste Giordano Brunos« war in der zweiten Auflage entfallen. Diese Nennung war als Reverenz vor diesem »Märtyrer« der Naturforschung ein monistisches Bekenntnis gewesen, aber die Eingeweihten konnten auch wissen, dass er damit auf Annie Besant anspielte, die als Reinkarnation Brunos galt. Nach der Trennung der Esoterischen Schule im Jahr 1907 hatte Steiner seine hochachtungsvolle Verehrung Besants ein wenig zurückgenommen. Die zunehmende Distanzierung von der »orientalischen« Theosophie dokumentiert auch die Streichung der vermeintlich »indischen« Begriffe[5], und nach der 1912 erfolgten Trennung von der Theosophischen Gesellschaft tilgt er im Text auch den Begriff Theosophie, stattdessen lasen die Leser nun »Geisteswissenschaft«. Nach dem Ersten Weltkrieg revidiert er dann die Jenseitsstrafen, nun fehlen die exzessiven Folterstrafen im Geisterland, etwa die Androhung der »furchtbarsten Qualen« im »Läuterungsfeuer«[6]. So dokumentierte jede Auflage der *Theosophie*, dass Steiner sich nicht scheute, seine Theorie auf einer Art Hochseewerft zu produzieren. Nur den Titel hat er keiner damnatio memoriae unterworfen. Die Revision eines Buchtitels wäre nun wohl doch allzu irritierend gewesen.

In diesem Prozess ventilierte Steiner auch Variationen der theosophischen Anthropologie, eine siebenteilige und eine neunteilige Liste von Körpergliedern, denen er 1910 eine weitere Reihe anfügte, die dann kanonisch wurde:

»1. Physischer Leib
2. Lebensleib [entspricht dem Ätherleib]
3. Astralleib
4. Ich als Seelenkern
5. Geistselbst als verwandelter Astralleib
6. Lebensgeist als verwandelter Lebensleib
7. Geistesmensch als verwandelter physischer Leib.«

Den materiellen, physischen Leib dachte sich Steiner von zwei Körperhüllen umgeben (die er später lieber Körperglieder nannte): Ätherleib und Astralleib, die im Grunde die Funktion der Seele, also das Leben des Körpers zu organisieren, unter sich aufteilen. Sie sollten das Ich, den göttlichen Kern des Menschen, überkleiden, und in der künftigen Fortschrittsgeschichte würden die höheren Wesensglieder – angefangen beim Geistselbst – dazukommen.

Dieses Menschenbild kam einer großen Innovation in der europäischen Religionsgeschichte gleich. Steiner übernahm es (natürlich) aus theosophischen Vorlagen, aber dies war mehr als nur eine ehrfürchtige Verneigung. Denn die Hüllenanthropologie bot einen Mehrwert gegenüber der Lehre von Leib und Seele. Man konnte zum einen den Menschen evolutionär konzipieren, zum anderen ließ sich durch diese zwiebelschalenartige Struktur der Übergang von der Materie zum göttlichen Ich leichter denken. Mit diesem Modell gradueller Unterschiede hatte schon der antike Neuplatonismus die Differenz von göttlicher Seele und Materie überbrückt und, wie Steiner, Materie und Geist so weit einander angenähert, dass man sie auch identisch verstehen konnte. Das war eine pointierte Alternative gegenüber der alteuropäischen Anthropologie, die von einer vergleichsweise scharfen Unterscheidung zwischen Materie und Geist, zwischen Mensch und Gott ausgegangen war und die Autonomie der menschlichen gegenüber der göttlichen Sphäre betont hatte. Aber die historische Spur dieser Anthropologie führt nicht in antike, »uralte Weisheit«, sondern in die Frühe Neuzeit Europas, zu den Erben des Neuplatonismus, insbesondere zu dem Arzt Paracelsus und dessen Anhängern. Dieses Denken wiederum war im 19. Jahrhundert leicht zugänglich geworden, als man in einer großen Paracelsus-Renaissance dessen Werke neu publizierte und übersetzte. Auch Steiner hat im Paracelsismus die Elemente der Hüllenanthropologie gefunden[7], allerdings erst nachdem er 1901 in Kontakt mit der Theosophie gekommen war.

Mit diesem Menschenbild führt Steiner seine Leser nun in das Leben nach dem Tod, wo der Mensch durch jenseitige Sphären mit einer Hierarchie von Regionen wandere. Er nennt diese Welt mit einem im Spiritismus popularisierten oder gar erfundenen Begriff »Geisterland«. Man erfährt, dass der Mensch hier an seiner Vervollkommnung arbeite. Konkret wurde Steiner selten, aber wenn er sich äußerte, lesen wir Folgendes: In der vierten Region »verbringen ... Künstler, Gelehrte, grosse Erfinder einen grossen Teil ihres Aufenthaltes im ›Geisterlande‹ und steigern hier ihr Genie, um bei einer Wiederverkörperung im verstärkten Masse zur Fortentwickelung der menschlichen Kultur beitragen zu können«[8].

Hinter dieser Konzeption der Perfektion des Menschen steht ein zentrales Dogma der Theosophie: die Reinkarnation. Das »Ich« sollte keine einmalige Existenz haben, sondern durch Wiederverkörperungen eine Vielzahl von Lebensläufen besitzen. Gegründet auf der alten naturphilosophischen Vorstellung »Lebendiges kann nur aus Lebendigem entstehen«, sieht Steiner mit der Lehre von der »Wiederverkörperung« vor allem zwei Gegner widerlegt: die Theologen, die keine kontinuierliche Entwicklung, sondern eine Schöpfung der Welt annahmen, und die materialistischen Naturwissenschaftler, die Vererbung auf körperliche Faktoren reduzierten.

Auch wenn Steiner seine Reinkarnationsvorstellung in diesen Überlegungen als zeitlose Anthropologie präsentiert, ist sie doch ein Kind des neuzeitlichen Europa. Während man in Indien und in der europäischen Antike eine erneute Verkörperung als Strafe verstand, wurde diese Vorstellung in der Neuzeit auf den Kopf gestellt: Die Seelenwanderung avancierte zu einer großen Chance, zu einem Projekt der Vervollkommnung des Menschen. In diese Tradition der Neuerfindung durch Umdefinition stellt sich auch Steiner. Bei ihm stehen die Chancen weit vor den Strafen im Mittelpunkt des Interesses. Wiederverkörperung ist für ihn evolutionäre Höherentwicklung, ein »Rückfall«, etwa in pflanzliche oder tierische Lebensformen, ist für Steiner nicht mehr denkbar.

Doch Reinkarnation beinhaltet nicht nur die Aussicht auf nachtodlichen Fortschritt als Ersatz für ewiges Leben, sondern auch eine Antwort auf die Herkunft des Leidens. Warum ist ein Mensch in diesem Leben arm, widerfährt ihm ein Unglück, muss er grausam leiden? Als Steiner gefragt wird, warum bei einem Feuer in einem Theater Hunderte von Menschen bei lebendigem Leibe verbrennen, denkt er das reinkarnatorische Vergeltungsdenken konsequent zu Ende: Entweder haben die Opfer in ihrem vergangenen Leben Unrecht getan, für das sie jetzt büßen müssen, oder sie erwerben sich Anwartschaften auf ein besseres, künftiges Leben.[9] Dahinter steckt ein radikales Konzept der Selbstverantwortung des Menschen, das er in seinem Schulungsweg wenige Monate später auf den religiösen Punkt bringt: Selbsterlösung.[10] Der Mensch ist für alles, was er tut, selbst verantwortlich, es gibt niemanden, keinen Gott und keinen Erlöser, der ihm die Schuld abnehmen kann. Steiner wird die Schärfe dieser Position nach seiner Begegnung mit christlichen Vorstellungen abmildern (s. Kap. 26), ihr aber nie mehr die Spitze nehmen.

Kosmos

Die theosophische Anthropologie konnte nur die Kür sein. Eine Kosmologie war im Grunde Pflicht, da Blavatskys doppelbändige *Geheimlehre* mit »Anthropogenesis« und »Kosmogenesis« wenigstens einzuholen, besser noch zu überbieten war. Und so kündigt Steiner am Ende seiner *Theosophie* 1904 »eine weitere Schrift« an[11], eine »Geheimwissenschaft« (denn mehr als Blavatskys Geheim*lehre* sollte es schon sein). Wie bei der Anthropologie vertieft er sich in die theosophische Literatur, zieht etwa *Das Transcendentale Weltall* George Harrisons zu Rate (den er öffentlich nie erwähnt[12]) und experimentiert mit seiner Darstellung, weil er überfordert war, wie er 1925 auf dem Totenbett gestand: »Die kosmischen Zusammenhänge ... waren im einzelnen da; aber nicht im Gesamtbild.«

Erst 1909 publiziert er ein gigantisches Panorama der Kosmogenese: am Anfang Geist und am Ende Geist, dazwischen die Geschichte der Materialisierung und der Prozess der Wiedervergeistigung. Die philosophisch spannendste Frage betrifft dabei den Uranfang. Steiners Antwort ist von katechismusartiger Eindeutigkeit: »Es entwickelt sich dieses Stoffliche aus dem Geistigen heraus. Vorher ist nur Geistiges vorhanden.« Wieder steht er in seiner Konzeption dem neuplatonischen Denken strukturell ganz nahe. Dort hieß diese Kosmologie »Emanation«, in der man die Entstehung der Materie als ein »Überfließen« des Geistigen verstand. Für jeden theologisch auch nur schwach gebildeten Leser war klar, dass Steiner mit seiner theosophischen Konzeption die Lehre von der geschaffenen, von Gott unabhängigen Welt verwarf. »Der Geheimschüler weiß«, hatte er schon früher gesagt, »daß aus dem Nichts nicht etwas geschaffen werden kann.« Der theologische Satz von der Creatio ex nihilo, der Schöpfung aus dem Nichts, war damit verabschiedet, letztlich weil Steiner eine Schöpfung für ein Wunder hielt, und das wiederum galt ihm als ein sacrificum intellectus gegenüber der naturwissenschaftlichen Vernunft. Auch den Gottesbegriff benötigte Steiner nicht mehr, er bevorzugte die Rede von »dem Göttlichen« oder dem »Geistigen«. Denn wenn Materie und Geist letztlich nur unterschiedliche Aggregatzustände sind, macht die Rede von einem eigenständigen Gott keinen Sinn mehr.

Damit stand Steiner eigentlich im Pantheismus, wo alles Gott und Gott alles ist. Aber diese Konsequenz lehnte er ab, denn in einer omnipotenten, geistigen Materie werden alle Gegenstände – Kosmos, Erde, Mensch, Kultur – zu flüchtigen Derivaten des Geistes. Nichts hat Bestand, nichts Eigenständigkeit, weil sich alles immer wieder im Meer des Geistigen auflöst. Seine Rettung des Individuums beschreibt er in folgender Metapher:

> »Behauptet denn jemand, der Tropfen Wasser, der dem Meere entnommen ist, sei das Meer, wenn er sagt: der Tropfen sei derselben Wesenheit oder Substanz wie das Meer? Will man durchaus einen Vergleich gebrauchen, so kann man sagen: wie der Tropfen sich zu dem Meere verhält, so verhält sich das ›Ich‹ zum Göttlichen.«

Aber das alles in sich auflösende Meer und die Individualität des Tropfens waren unvereinbare Bilder. Deshalb schwächte Steiner im Lauf seines Lebens den faktischen Pantheismus immer stärker zugunsten der Eigenständigkeit der materiellen Welt ab. In einem Vortrag auf einem Philosophenkongress in Bologna 1911 etwa beschrieb er die Wirkung des »Transzendenten« (seine Wortwahl dem gelehrten Publikum anpassend) gerade nicht als ein »materiell gedachtes Hinüberfließen«, vielmehr wirke es wie ein Petschaft, der den Siegellack präge. Aber das Zentrum dieses Denkens, dass der Kosmos (wie auch der Mensch) letztlich göttlich sei, hat er nicht fahren lassen.

Doch Steiners eigentlicher Gegner war nicht die Theologie, die nahm er nicht ernst. Sein Feind war der naturwissenschaftliche Antimaterialismus, dem er einen Todesstoß von umwerfender Einfachheit zu versetzen beanspruchte: Wenn die Materie eine göttliche Substanz war, ein kristalliner Spiritus, hatte der geistlose Materialismus verloren. Auf dieser Grundlage lehrte er seine Geheimwissenschaft mit den Begriffsflügeln der damaligen Evolutionslehre: Den in die Materie abgestürzten Geist sah er über Jahrtausende und Jahrmillionen wie auf einer Leiter wieder aufsteigen, in vier historischen Entwicklungsphasen (der Saturn-, Sonnen-, Mond- und Erdenstufe), denen drei künftige Ebenen folgen würden (Jupiter-, Venus- und Vulkanstufe). Dass er dabei einmal mehr auf theosophische Literatur zurückgriff, in diesem Fall vor allem auf Blavatsky, lässt sich an den Vorträgen seit 1903 gut ablesen, die eine kreative Umnutzung, leichtfüßig wie zielgerichtet, dokumentieren: Er erklärte, wo er Blavatsky für unerleuchtet hielt, und reduzierte, wo sie ihm zu blumig schien.

Mit seiner nach Millionen statt – wie die biblische Schöpfungserzählung – nach Jahrtausenden zählenden Kosmologie beanspruchte Steiner, Naturphilosophie auf Augenhöhe mit den Naturwissenschaften zu treiben. Niemand hatte damals eine belastbare Ahnung, in welchen Zeiträumen sich der Kosmos entwickelt hatte. Um 1900 ventilierte man einige 100 Millionen Jahre, und Jahrmillionen findet man auch bei Steiner. Allerdings war man von den heute angesetzten 4,5 bis 5 Milliarden Jahren noch ein gutes Stück entfernt. Es gab also in dieser Zeit beträchtliche

Freiräume für eine eigene Theoriebildung bis hin zur Spekulation, und diese nutzte Steiner, um seine Ideen zu platzieren.

An manchen Stellen kann man auch präzise Vorlagen identifizieren. Blickt man in die Details von Steiners Entwicklungskonzept, schaut oft die Evolutionstheorie Ernst Haeckels, seines monistischen Mentors aus vortheosophischen Jahren, heraus. Wenn Steiner, um ein Beispiel zu nennen, berichtet, dass in einem neuen »Planetenzustand« »die Erde selbst als Wiederverkörperung des früheren Zustandes«, als »Wiederholungszustand«, erscheine, steht hier Haeckels »biogenetisches Grundgesetz« Pate. Darin hatte dieser behauptet, dass der Mensch in seiner Individualgeschichte die Stammesgeschichte rekapituliere, mithin als Embryo die Evolutionsgeschichte wiederhole.

In diesem naturwissenschaftlichen Rahmen konnte Steiner dann theologische Deutungen »retten«. 1907 etwa lehrte er, dass in der Zeit, »wo der Mensch aus einem Kiemen-Atmer ein Lungen-Atmer wurde«, die Schwimmblase zu den Lungen geworden sei – das war damals populäres Evolutionswissen. »Dadurch wurde er fähig, die höheren geistigen Wesenheiten in sich aufzunehmen ... Diese Umwandlung der Schwimmblase in die Lunge drückt die Bibel mit den wunderbaren monumentalen Worten aus: ›Und Gott blies dem Menschen den Odem ein, und er ward eine lebendige Seele.‹« Die Religion müsse solche alten Berichte, lautete seine Nachricht, als verklausulierte Evolutionserzählungen lesen. Allerdings lässt sich diese Lektüre nur durchhalten, wenn man die Schöpfungsgeschichte gegen den historischen Sinn bürstet: Dass der biblische Text den griechischen Seelenbegriff nicht kennt, Schöpfung und nicht Evolution meinte und überhaupt eine Symbolerzählung bot und nicht einmal im Verborgenen eine physikalische Reportage präsentieren wollte, hat Steiner nicht gewusst oder ignoriert. Stattdessen erhob er die Evolution zum Generalschlüssel für die Kosmologie. Seine Theosophie ist in zentralen Dimensionen eine spirituelle Evolutionstheorie.

Rassen

Zwischen Mensch und Kosmos platzierte Steiner mit unbefragter Selbstverständlichkeit die Rassen. Denn warum sollten, wenn sich alles evolutionär entwickelt, dies nicht auch die Rassen tun? Und doch ist dieses Thema hochbrisant, aber das liegt an der Rezeptionsgeschichte. Denn Rassentheorie ist ein Politikum, weil das biologische Rassenkonzept in der Politik zum Rassismus werden kann. Dieses biologistische Schwert wurde seit dem ausgehenden 18. Jahrhundert geschmiedet, als man den stark kulturell geprägten Begriff des Volkes durch den biologisch geprägten der Rasse ergänzte, in dem Vererbung vor der Kultur dominiert. Außer Frage steht, dass Rassen biologische Merkmale besitzen, aber das ist eine Frage der statistischen Häufigkeit und nicht einer eindeutigen Abgrenzung. Doch im 19. Jahrhundert hat man die Bedeutung von Sprache und Tradition bei der Bestimmung von Rassen sträflich unterschätzt. Die maßgebende Rolle der Kultur hat man erst im Laufe des 20. Jahrhunderts wieder neu sehen lernen müssen – nachdem die Politiken der »Apartheid« der Rassen gescheitert waren.

Aber an diesem Punkt stand Steiner noch nicht, er lebte in der Hochphase einer biologischen Konstruktion klar abgegrenzter Rassen, die er aus der theosophischen Rassenlehre übernahm. So sah er die »Erdenstufe« von sieben »Wurzelrassen«, die evolutionär einander beerben sollten, bevölkert. Nach einer »polarischen« und einer »hyperboräischen« sollte eine »lemurische« und eine »atlantische« Rasse folgen, die in der Gegenwart von einer »arischen« Rasse abgelöst sei. Die Wurzelrassen unterteilte Steiner in Unterrassen, wiederum theosophischen Quellen folgend (wohingegen er eine weitere Unterebene nicht übernahm). In der evolutionären Logik dieses Konzepts galten Steiner etwa »Ursemiten«, »Akkadier« und »Mongolen« als Völker der untergegangenen »atlantischen Wurzelrasse«, während die »arische« Rasse gerade über die »altindische«, »urpersische«, »ägyptisch-chaldäische« und die »griechisch-lateinische« Kultur in der Gegenwart angelangt sei. Die theosophische Weltgeschichte kam mithin in der europäisch-westlichen Zivilisation auf ihren Gipfel. Die übrigen Kulturen, und dies war die fatale Konsequenz, waren die Konkursmasse der Evolution. Steiner glaubte bis zu seinem Tod an diese Hierarchie. Noch 1923 lehrte er, dass die weiße Rasse »die zukünftige, die am Geiste schaffende Rasse« sei. Unter Theosophen stritt man sich allenfalls noch – aber das nach Kräften –, ob nun der deutschen oder britischen oder amerikanischen Rasse die Zukunft gehöre. Dass dem Land der Dichter und Denker eine herausragende Rolle im großen Welttheater der Rassengeschichte zukam, stand für Steiner aber außer Frage.

In diesem Evolutionsrahmen hat er dann wie beiläufig, aber ohne Augenzwinkern, Äußerungen getätigt, die bis heute als Erbstücke des Rassismus aus dem 19. Jahrhundert gallig aufstoßen: Indianer als »degenerierte Menschenrasse« »im Sterben«, schwarze Afrikaner mit dem Stigma der »zurückgebliebenen« Rasse, das »alte jüdische Volk« mit einem kollektiven »Gruppen-Volks-Ich«. So brachte Steiner eine Top-down-Ordnung in die Geschichte von Völkern und Rassen. Er wusste genau, wer oben und wer unten ist, wer evolutionär abgehalftert ist und wem die Sonne der Zukunft lacht.

Steiner ist der Zwangsjacke seiner Evolutionsdogmatik nie entkommen. Und konsequent, wie er war, hat er auch die Rassengeschichte mit einem übersinnlichen Überbau versehen. In aller Klarheit hat er die Erlösung durch Fortschritt verkündet, denn darin sah er den zivilisatorischen Mehrwert seiner Rassentheorie:

> »Ist das nicht ein ungeheuer harter Gedanke, dass ganze Völkermassen unreif werden und nicht die Fähigkeit entwickeln, sich zu entfalten, dass nur eine kleine Gruppe fähig wird, den Keim zur nächsten Kultur abzugeben? – Aber dieser Gedanke wird für Sie nicht mehr etwas Beängstigendes haben.« »Es ist ein Fortschritt in der menschlichen Entwickelung … Es ist gleichgültig, wie wir die Dinge bewerten; der notwendige Gang führt die Menschheit vorwärts, mag man das auch später Niedergang nennen.«

Mit seiner Konsequenz hat Steiner der Anthroposophie ein bitteres Erbe aufgebürdet, dessen Schlagschatten bis in die Gegenwart reichen. Die Indianer »degenerieren« eben immer noch, während die weiße Rasse weiterhin »am Geiste schafft«. Hier hilft nur, Steiners höhere Erkenntnis als zeitbedingte Konstrukte eines evolutionsverliebten Jahrhunderts zu lesen. Aus heutiger Perspektive handelt es sich um schlichte Irrtümer. Aber auch diese Fehlurteile wirken. Nicht zuletzt weil sie in ein mentales Feld gehören, in dem in der deutschen Geschichte rassistische Konsequenzen bis in seine mörderischen Ausläufer hinein denkbar wurden. Wenn man solche Vernetzungen nicht verdrängt, kann man Steiners Rassentheorie mit einem dreifachen »aber« bedenken.

Erstens: Steiner gehörte nicht zu den wilden Rassisten im wilhelminischen Deutschland. Seinen völkischen Zeitgenossen dröhnte der Kopf von ganz anderen Exzessen, sie schreckten vor Mord und Totschlag nicht zurück.

Zweitens: Steiner hatte einen eingeschränkten Kenntnisstand und, ganz anders als viele weitgereiste Theosophen, kaum persönliche Kontakte zu Nichteuropäern. »Neger« hat er vermutlich allenfalls bei Spaziergängen durch die Völkerschauen im Baseler Zoo gesehen, wo man »originalgetreue« Dörfer mit »richtigen« »Neger«-Familien zur Stillung des Bildungshungers von Bürgern und Arbeitern bis 1935 zur Schau stellte.

Drittens: Steiners Überhöhung des Geistigen relativierte den Rassismus, denn für ihn waren die Rassen »entstanden und werden einmal vergehen«. Solange sie existierten, sollten ihre Unterschiede durch Reinkarnation entschärft sein. Denn, so Steiner, weil auch Europäer in der »schwarzen Rasse« reinkarnieren könnten, liege »doch eigentlich keine Benachteiligung« vor. Es wundert kaum, wem Steiner eine Strafinkarnation als »Neger« angedroht hatte: seinem philosophischen Erzfeind aus Jugendtagen, Immanuel Kant. Dass damit die Abwertung nicht-weißer Rassen festgeschrieben wird, ist allerdings ein bleibendes Problem.

Aus der Akasha-Chronik: Atlantis und seine prähistorischen Flugzeuge

Der Kosmos, wie Steiner ihn mit Menschen, Rassen und Planetenstufen entwarf, war monumental, Ehrfurcht heischend, überwältigend – und unendlich weit weg von dem, was Theosophinnen im alltäglichen Weltanschauungsleben so interessierte. Mit einem solchen Panorama allein war unter Theosophen kein Staat zu machen. Die Faszination der höheren Erkenntnis hing an Details: an konkreten Enthüllungen der Geheimnisse, an denen sich die »exoterische« Wissenschaft festgefressen hatte, weil sie okkultes Wissen in arroganter Verblendung ignoriert habe.

An solchen konkreten »Offenbarungen« und »Forschungs«-ergebnissen bestand in der Theosophischen Gesellschaft kein Mangel. Steiner konnte auf einen reichen Fundus zurückgreifen, ja, er musste hier mitbieten, wollte er nicht als ein anämischer Philosoph des Übersinnlichen erscheinen und den esoterischen Praktikern, insbesondere Besant und Leadbeater, das Feld überlassen. So hatte er schon 1904 begonnen, Concretissima aus der Welt des höheren Geistes zu berichten. Die Ergebnisse seiner »schauenden« Lektüre erschienen unter dem Titel *Aus der Akasha-Chronik* zuerst anonym, also im Gewand »medialer« Kundgaben, bei denen das Medium nur der Kanal des höheren Wissens ist. Diese Chronik war im theosophischen Verständnis ein universales Weltgedächtnis, bestehend aus, so Steiner, »allerfeinster Materie, in welcher der Gedanke sich unmittelbar ausprägen kann«. Mit weiteren Einzelheiten zur Konstruktion dieses Wissensspeichers hielt er sich zurück. Blavatsky allerdings hatte noch berichtet, dass das »Astrallicht« auf »Daguerrotypen«, also damaligen Fotoplatten, einen »Bericht von allem, was war, ist oder je sein wird«, fixieren könne[13], und auch dass es »Astralprojektionen« (oder »Astralreisen«), also außerkörperliche Wahrnehmungen, gebe. Doch den Begriff der Akasha-Chronik und das dahinterstehende Programm eines universalen Wissensarchivs übernahm Steiner. Für ihn war klar, dass jedes Wesen, das irgendwann gelebt hat, jedes Ereignis, das jemals geschehen ist, seine »genauen Abbilder in der geistigen Grundlage der Welt« zurückgelassen habe. Und der Hellseher könne diese »unvergänglichen Spuren alles Geistigen«, »in dem alle vergangenen Vorgänge der Welt verzeichnet sind«, lesen.

Steiner trat damit vor seine theosophische Gemeinde als Eingeweihter, der im Prinzip mit göttlicher Allwissenheit im Buch der Weltgeschichte lese. Damit war die Akasha-Chronik eine Antwort auf die Krise des historischen Wissens, des Historismus (s. Kap. 8), weil man immer mehr wusste, aber gerade dadurch die unaufhebbaren Lücken immer deutlicher sah. Die Akasha-Chronik war demgegenüber das Versprechen einer Histoire totale, ein Reservoir zur Lösung der kleinen und großen Welträtsel: Sie versprach, nicht nur irgendwie und grundsätzlich die historischen Fragen zu beantworten, sondern en détail. Daraus eine Kostprobe: Atlantis.

Wie waren eigentlich die Kontinente entstanden? Und warum gab es den Atlantik zwischen Europa und Amerika? Diese bildungsbürgerlichen Kinderfragen bargen wissenschaftlichen Sprengstoff, denn an der Antwort hing die Deutung der Entstehung der Erde. Seit dem 18. Jahrhundert kämpften an dieser Front Neptunisten, die die Kontinente als Ergebnis geologischer Ablagerungen betrachteten, gegen die Plutonisten, für die Gesteinsbildung durch Vulkane bewirkt war. Eine Klärung stand noch aus, als Steiner 1904 die Sache entschied: Die Neptunisten hätten recht, die Kontinente seien durch Hebungen und Senkungen von Sedimenten entstanden. Und zwischen Europa und Nordamerika habe eine Landmasse gelegen, die im Atlantik versunken sei: Atlantis eben.

Damit war Steiner in eine hochspekulative Debatte über untergegangene Kontinente geraten. Schon seit der Frühen Neuzeit war Atlantis das Objekt der utopischen Begierde, ein Thema, das gegen Ende des 19. Jahrhunderts in der populären Literatur ankam. 1870 ließ Jules Verne in seinem Roman *20 000 Meilen unter dem Meer* Kapitän Nemo das U-Boot »Nautilus« in Atlantis ankern und führte die Leser auf einem Unterwasserspaziergang durch dessen Ruinen. Aber die zentrale Schnittstelle des Atlantis-Fiebers um 1900 war der Amerikaner Ignatius Donnelly, der 1882 in seinem Buch *Atlantis* den ultimativen Beweis für den untergegangenen Kontinent vorzulegen beanspruchte. Er ging von einer prähistorischen Besiedlung Amerikas aus dem mediterranen Kulturraum aus und präsentierte Ähnlichkeiten als Belege: Pyramiden sowohl in Ägypten als auch in Mittelamerika, Kamele – zumindest Lamas – hier wie dort, wichtige Begriffe stimmten frappant überein, etwa das Wort für Gott, das im Griechischen »theos« und im Mexikanischen »teo« laute. Waren nicht, argumentierte er fragend, die Sagen und Mythen voller versunkener Welten? Da blieb nur noch das Problem der Wanderungswege, und das löste er mit der Landbrücke über Atlantis.

Donnelly häufte Berge von Belegen an – und von offenen Fragen: Konnten die Amerikaner Pyramiden nicht auch unabhängig von den Ägyptern erfunden haben? Wie viel Zufall steckt in sprachlichen Ähnlichkeiten? Und dann gab es noch die von Donnelly unterschlagenen Unterschiede: Sollten die Einwanderer etwa die Nutzung des Rades vergessen haben, das in Ägypten, nicht jedoch in Amerika bekannt war? Und schließlich legte Donnellys Erkenntnisinteresse nahe, dass er das Material selektiv gelesen hatte. Er war kein Wissenschaftler, sondern Politiker, ein ehemaliger Abgeordneter des amerikanischen Kongresses, der sich von einem kulturhistorischen Verlangen leiten ließ. Er wollte beweisen, dass Amerika über die gleichen Wurzeln wie Europa verfügte und nicht nur dessen neuzeitlicher Ableger war.

Auf diesen Atlantis-Zug sprangen die Theosophen auf. Schon Blavatsky hatte Donnellys »wundervolles Buch« gelobt.[14] Doch zum Durchlauferhitzer wurde der amerikanische Theosoph William Scott-Elliot, der 1896 *The Story of Atlantis* veröffentlichte, die 1903 als *Atlantis nach okkulten Quellen* auf Deutsch erschien. Steiner, der schon als Dozent an der Arbeiter-Bildungsschule an Atlantis geglaubt hatte[15], setzte sich nun auf die Schultern von Scott-Elliot und entwickelte um 1904 seine eigenen Atlantis-Vorstellungen. Seine Lektüre dieses Buches steht außer Zweifel, weil er im Juli 1904 riet, Einzelheiten, die man in seinen Ausführungen vermisse, doch bitteschön bei Scott-Elliot nachzulesen.[16] Das bedeutete nicht, dass Steiner mit handfesten Details gespart hätte. Wir erfahren von ihm, dass dieser Kontinent, heute »auf dem Meeresboden des atlantischen Ozeans« liegend, »durch etwa eine Million von Jahren der Schauplatz einer Kultur war«. »Unsere atlantischen Vorfahren« – auch im Folgenden immer O-Ton Steiner – besaßen ursprünglich ein »hochentwickeltes Gedächtnis«, aber keinen »logischen Verstand«. Immerhin entwickelte die fünfte Unterrasse »das Denken auf Kosten der Herrschaft über die Lebenskraft«. Steiner kannte sich auch in den sozialen Verhältnissen aus. Privateigentum gab es nicht, sondern nur »Gemeingut«, Siedlungen standen noch »mit der Natur im Bunde«, und die Atlantier hielten sich »für eins« mit »den früheren Ahnen«. Und so breitet Steiner Detail um Detail einer evolutionären Kulturgeschichte aus, wie sie das 19. Jahrhundert so innig liebte. Die gefühlten Verluste der Gegenwart schienen in den »primitiven Kulturen« geborgen: Gütergemeinschaft, Naturverbundenheit, Tradition. Und all das lehrte Steiner in der Gewissheit, dass Atlantis kein Wolkenkuckucksheim sei, sondern historische Realität. Höhere Einsicht ergänzte sich in seinen Augen kongenial mit Fakten, wie Donnelly und Scott-Elliot sie beibrachten. Für Steiner war in der Verbindung von Wissenschaft und okkulter Einsicht die kritische Masse des Beweises für Atlantis erbracht, der jeden Zweifel als unerleuchtete Anfechtung erscheinen ließ.

Aber es gab Menschen, die Wasser in diesen theosophischen Wein gossen. Der wichtigste war Alfred Wegener, ein deutscher Meteorologe, der 1906 darüber nachdachte, dass der Küstenverlauf von Afrika und Amerika nicht nur ineinander passte wie der Prägestempel auf eine Münze, sondern dass es auf beiden Küsten auch geologisch vergleichbare Strukturen gab. Das war die Geburt der Theorie der Kontinentaldrift, derzufolge die Kontinente durch die Verschiebung auseinandergebrochener Erdplatten entstanden sein sollten. Damit starb, wie wir heute wissen, die neptunistische Theorie aufsteigender und absinkender Kontinente, die man für den Untergang von Atlantis benötigte. Aber das konnte Steiner noch nicht wissen, und er musste es auch nicht für wahr halten. Denn als Wegener seine Überlegungen 1912 veröffentlichte, reagierten die Geologen gegenüber dem fachfremden Kollegen mit vernichtenden Kritiken. Erst seit den 1930er-Jahren setzte sich Wegeners Theorie langsam durch, heute ist sie akzeptiert.

Wenn man nun wissen will, wie Steiner die Ehe zwischen wissenschaftlicher Erkenntnis und höherer Einsicht vollzog, muss man nur genauer hinschauen. Ich greife dazu ein Beispiel aus den futuristisch anmutenden technischen Errungenschaften der Atlantiden heraus. Im Juli 1904 schreibt er, dass sie in der Lage waren, Fluggeräte zu benutzen:

> Es »wurden die in geringer Höhe über dem Boden schwebenden Fahrzeuge der Atlantier fortbewegt. Diese Fahrzeuge fuhren in einer Höhe, die geringer war, als die Höhe der Gebirge der atlantischen Zeit, und sie hatten Steuervorrichtungen, durch die sie sich über diese Gebirge erheben konnten.«

Wie, um Himmels willen, gelangte Steiner an diese Informationen? Kritische Leser fragten schon damals sehr viel spitzer: Wo hat der Steiner das abgekupfert? Die Lösung liegt, wie bei Steiner praktisch immer, im unmittelbaren zeitlichen Nahbereich, nicht irgendwo in »uraltem« Schrifttum. Fündig wird man wieder bei Scott-Elliot, der 1896 von den flugtechnischen Großtaten der Atlantiden berichtet hatte:

> »Die *Flughöhe* belief sich nur auf einige 100 Fuß, so daß, wenn hohe Berge in der Fluglinie lagen, die Richtung gewechselt und der Berg umfahren werden mußte, – die verdünntere Luft leistete nicht länger die Stütze. Hügel von etwa 1000 Fuß waren das Höchste, was überfahren werden konnte.«[17]

Es ist evident, dass Scott-Elliot Steiners Vorlage war, Steiner hatte das ja auch selbst gesagt. Aber solche Abhängigkeiten sind ein wenig langweilig, weil das Strickmuster immer gleich ist: Steiner liest theosophische Literatur, überarbeitet sie und legitimiert sie als eigene höhere Erkenntnis. Und selbstredend ist klar, dass auch Scott-Elliot wieder Ahnväter hatte, den englischen Utopie-Schriftsteller Edward Bulwer-Lytton etwa mit seinem Roman *The Coming Race*.

Spannender ist es hingegen, die Logik der Veränderung in Steiners Bearbeitung aufzudecken. Dies macht ein detaillierter Vergleich der beiden Passagen sichtbar: Da fällt auf, dass Steiner die Flughöhe, die bei Scott-Elliot noch auf »einige 100 Fuß« begrenzt ist, in die unbestimmte Formulierung einer »geringeren Höhe« überführte – die Grenzen der Flughöhe verschwimmen bei ihm. Dies war das Vorspiel für die Überwindung der Gebirge, die im nächsten Satz folgt: Bei Scott-Elliot müssen die Atlantier die Berge »umfahren«, wohingegen sie bei Steiner Steuermöglichkeiten besitzen, um sich darüber zu »erheben«. Bei dieser minimalen Differenz zwischen dem Umkurven und dem Überfliegen der Berge lacht das Herz des Historikers. Denn in der Geschichte des Fliegens stößt er auf revolutionäre Entwicklungen um 1900. Als Scott-Elliot 1896 seine Atlantis-Geschichte schrieb, waren die Europäer gerade dabei, den Himmel mit Luftschiffen zu bevölkern. Sogenannte Prallluftschiffe, aufgeblasene Zigarren mit einer Gondel, stiegen von Aerodromen in ganz Europa auf, um meist wohlbehalten wieder zu landen, manchmal aber auch wie ein Stein vom Himmel zu fallen. Exakt diese Fluggeräte hatte Scott-Elliot vor Augen, als er berichtete, dass sie nur in einigen 100 Fuß Höhe schweben konnten und Berge deshalb unüberwindbare Hindernisse darstellten. Genau diese Grenze war bei Steiner überwunden, denn seine Atlantier konnten über die Berge fliegen.

Was war geschehen? Die Geschichte des Fliegens hatte am 17. Dezember 1903 eine große Innovation gesehen. Die Brüder Wright hatten das Luftschiff gegen einen Flugapparat mit Flügeln eingetauscht, der den Auftrieb mit Tragflächen anstelle von Gasen ermöglichte. Damit war eine bahnbrechende Steuerungstechnik verbunden: Klappen an den Flügeln, die sogenannte Tragflächenverwindung, sowie Höhen- und Seitenruder ermöglichten es, diese Flugzeuge in alle Richtungen zu steuern, eben auch in die Höhe, und ergo auch über Berggipfel hinweg. Damit waren Scott-Elliots unüberwindliche Berge Vergangenheit. Bilder derartiger Flugmaschinen waren bereits Anfang 1904 in Europa zu sehen, das technikverliebte frühe 20. Jahrhundert kabelte diese Dokumente des wissenschaftlichen Fortschritts umgehend über den Atlantik. Derartige Entwicklungen hatte Steiner vor Augen, als er im Juli 1904 Scott-Elliots Prallluftschiffe in Flugzeuge verwandelte.

Wir wissen nicht, weshalb Steiner sich so unbedarft in die Werkstatt der Entstehung seiner hellseherischen Kundgaben hat blicken lassen. Vielleicht dachte er schlicht, exaktere Einblicke in die Flugwelt von Atlantis zu besitzen und Scott-Elliot korrigieren zu können – wie es jeder »ordentliche« Wissenschaftler tut. Vielleicht. Jedenfalls verdanken wir diesen Texten einen Einblick, wie Steiner seine »übersinnlichen« Lektüren im Weltgedächtnis mit dem jahresaktuellen Stand der Technik veränderte. Die uralte Weisheit war das Wissen der Zeitgenossen.

Theosophische Erkenntnistheorie

Hinter all den Konzeptionen und Einzelheiten kann man ein philosophisches Programm entdecken, eine theosophische Erkenntnistheorie. Steiner wollte kein okkulter Geschichtenerzähler sein, sondern ein Wissenschaftler, ein Geisteswissenschaftler. Man müsste von diesem Sonnengeflecht seiner Überzeugungen eigentlich in jedem Kapitel erzählen: Die Theosophie sollte kein großes Gefühl sein, sondern wiederholbare, jedem zugängliche, empirische, insofern »wissenschaftliche« Erkenntnis. Und selbst wenn sie, wie Steiner auch betonte, im »Erleben« gründete, sollte sie dort nicht enden. Steiner beanspruchte, die *Wissenschaft* vom Geheimen zu bieten, eine Geheimwissenschaft eben. Auch als Theosoph blieb er der erkenntnistheoretischen Ausrichtung wie in seiner Goethe-Zeit verbunden, wenngleich er keine systematische Theoriebildung betrieb. Theosophisches Wissen sollte jedenfalls eine sichere, nachgerade objektive Erkenntnis bieten. Höhere Erkenntnis sei zweifelsfrei möglich, wenn »der gesunde Sinn, der Wahrheit und Täuschung unterscheidet«, »gepflegt« werde. Und gewiss war sie dann, wenn sie naturwissenschaftlich arbeite: empirisch, nachprüfbar, als Forschungsprojekt einer okkulten Wissenschaftler-Gesellschaft. Diese naturwissenschaftliche Methodik glaubte er zu benötigen, weil es in den Kulturwissenschaften massive Probleme gab, für die ein schon mehrfach genanntes Stichwort stand: Historismus. Wenn die historisch-kritischen Methoden die ehemals sicheren Quellen in Trümmer zerlegten, musste Erkenntnis auf neue Grundlagen gestellt werden, eben mit den Methoden der Naturwissenschaft.

Aber unbezweifelbare Erkenntnis bedeutet Dogmatik, auch für die Theosophie. Dies kann man ohne große philosophische Klimmzüge merken, denn Steiners Texte quellen schon sprachlich vor impliziten Imperativen über, etwa in der Dauerbenutzung des modalen Verbs »müssen«. Schlägt man beispielsweise den Schulungsweg *Wie erlangt man Erkenntnisse der höheren Welten?* auf, findet sich allein hier dieses Verb 367 Mal. Schon im Vorwort von 1909 liest man, dass wir eine bestimmte »Frage aufwerfen müssen«, dass der Schüler Steiners Weg gehen »muss«, um zu übersinnlichen Erkenntnis zu gelangen, dass man dies und jenes »ganz ernstlich bedenken« »muss«. Aber weil Steiner seine »moderne« Erkenntnistheorie durch Freiheit gekennzeichnet sieht, proklamiert er zugleich Dogmenfreiheit – ein ungelöster, weil unlösbarer Konflikt.

In den ersten theosophischen Jahren sollte diese »höhere Erkenntnis« vor allem durch meditative Techniken möglich sein, die man in der Esoterischen Schule (s. Kap. 13) erlernen könne. Im Laufe der Jahre, insbesondere seit dem Ersten Weltkrieg, ergänzte Steiner diesen Ansatz durch einen weiteren Zugang. Er griff auf die Theorie seiner *Philosophie der Freiheit* zurück, die in der philosophischen Reflexion den Ankerpunkt der Erkenntnis gesucht hatte: Es gebe ein Reich der Ideen, mit dem der Mensch im Denken uranfänglich verbunden sei und dessen er sich nur bewusst werden müsse. Dies war ein ganz anderes Erkenntnismodell als das meditativ-theosophische, ließ sich jedoch damit verbinden, zumindest aber parallel betreiben. Dadurch ist aus der Anthroposophie ein erkenntnistheoretischer Hybrid geworden, der schon zu Steiners Lebzeiten den Suchern gerade deshalb attraktiv erschien: Man konnte sich dem »praktischen Okkultismus« widmen, aber auch philosophisch »forschen«.

Doch hinter dieser Aufwertung eines philosophischen Zugangs stand auch die Krise der naturwissenschaftlich-theosophischen Erkenntniseuphorie. Am 10. Januar 1925, vom Tod gezeichnet, schrieb Steiner ein letztes Vorwort zu seiner *Geheimwissenschaft*, in dem sich der erratische Satz findet: »›Geheimwissenschaft‹ ist Gegensatz von ›Naturwissenschaft‹.« Dahinter stand seine Einsicht, dass die öffentliche Wissenschaft die esoterische Erkenntnis nicht nachvollzog. Und so versuchte der späte Steiner in homöopathischen Dosen, sich aus der Zwangsjacke naturwissenschaftlicher Objektivität zu lösen. Seine Theoriebildung blieb unabgeschlossen, und das muss man ihm hoch anrechnen. Noch höher würde die Anerkennung ausfallen, wenn er die Neuordnung seines mentalen Haushalts, die Prozesse der Bearbeitung und Revisionen, auch offen eingestanden hätte. Aber das ging aus einem ganz einfachen, doch fundamentalen Grund nicht gut: Steiner wollte ja sichere, verlässliche, unbezweifelbare Erkenntnis, nicht den Einstieg in eine Diskurskultur bieten, in der alle Erkenntnis relativ und unsicher sein würde.

In diesen Prozess der Transformation seiner Erkenntniswege gehört auch ein letztes Stichwort, dessen Existenz in einem okkultistischen Milieu Seltenheitswert besitzt: Irrtum. Steiner hat immer wieder auf die Möglichkeit verwiesen, »daß auch der geistigen Anschauung keine Unfehlbarkeit innewohnt«, so schon 1904 in den Einleitungen zu den Berichten *Aus der Akasha-Chronik*. Aber bereits der Nachsatz macht die Stellung des Irrtums deutlich: Die theosophische Erkenntnis lasse sich mit der »Übereinstimmung, die zwischen den äußeren Geschichtsschreibern« bestehe, »nicht vergleichen«. »Die Eingeweihten schildern zu allen Zeiten und allen Orten im *wesentlichen* das gleiche.« Ähnlich argumentierte er 1910, als er die Schwierigkeiten eingestand,

> »die Parallelisierung der vorher aufgefundenen geisteswissenschaftlichen Tatsachen«, also der hellsichtigen Erkenntnisse, »mit den entsprechenden biblischen Stellen wirklich zu finden ... Dennoch glaube ich in gewisser Beziehung, daß ich auch nicht ein einziges Wort in diesem Vortragszyklus gebraucht habe, von dem ich nicht sagen kann: Es wird stehenbleiben können, es ist ... ein adäquater Ausdruck dessen, was zur richtigen Vorstellung führen kann.«

Oder nochmals in aller Kürze: »Allein, es gibt auch über höhere Wahrheiten in Wirklichkeit nur eine Meinung.« Die Pointe solcher Stellen lautet: Es kann Fehler geben, aber die sichere, unbezweifelbare Erkenntnis ist möglich. Daran hat Steiner trotz seiner vereinzelten Überlegungen zur Irrtumsmöglichkeit beinhart festgehalten, das war von seinem frühen Idealismus bis zur späten Anthroposophie die Achse seiner Erkenntnistheorie, das war sein großes antihistoristisches Versprechen. Nur die höhere Erkenntnis biete die Sicherheit, die die diskutierende Welt nicht geben konnte. Wenn es Probleme gab, hat er sie eher verdrängt als bearbeitet. So hat er seine Aufsätze *Aus der Akasha-Chronik* zu seinen Lebzeiten nicht mehr veröffentlicht. Das wird seine Gründe gehabt haben, er dürfte gerade bei den historischen Konkretionen gespürt haben, wie viel Zeitgeist im Weltgeist steckte. Erst Marie Steiner hat diese Texte 1939 unter dem Namen ihres Mannes publiziert.

ELF

Die Organisation des Geistes. Theosophische Vereinsgeschichte

Aufbauarbeit

Die Theosophie brauchte mehr als höhere Erkenntnis. »Geistige« Wissenschaft ist schwer greifbar, wenn sie nicht in einer Institution geborgen wird. Deshalb war die Vereinsgründung im Oktober 1902 nur der Auftakt zum vollen Programm der Organisation des Geistes. Ein Jahr später gab man sich eine Satzung, die sich in ihren drei »Zwecken«, den theosophischen Prinzipien, eng an die Vorlagen der Muttergesellschaft (s. Kap. 8) anlehnte. Man beschloss also, eine elitäre Bruderschaft zu bilden, Religionen zu vergleichen und okkulte Kräfte zu erforschen. Dazu fügte man in einem vierten Punkt eine Negativliste an:

> »Die Theosophische Gesellschaft verfolgt weder politische noch soziale Interessen. Sie ist keine Sekte und verlangt von ihren Mitgliedern keinen Glauben an irgend ein Dogma.«[1]

Die Distanz zur Politik hat die theosophische Boheme in der Tat bis zum Zusammenbruch des Kaiserreichs durchgehalten, aber der Glaubenssatz der Dogmenfreiheit und der grenzenlosen Toleranz brach schneller zusammen, als man es sich in der Euphorie der Anfangszeit geträumt haben mag. Nach drei Jahren stetigen Wachstums – die Zahl der Logen stieg von 1902 bis 1905 von 10 auf 17 – wurde der große Anspruch auf Toleranz erstmals in der Jahresversammlung vom Oktober 1905 auf die Probe gestellt, wegen einer scheinbar formalrechtlichen Frage: Hatte Olcott in Indien eine Stiftung von Salvador de la Fuente, die an die ganze Theosophische Gesellschaft gegangen war, rechtmäßig verwaltet, als er Besant zubilligte, sie nur für das Central Hindu College in Benares zu verwenden? Steiner akzeptierte Olcotts

Entscheidung, nicht jedoch Richard Bresch, Steiners alter Widersacher im Kampf um den Posten des Generalsekretärs. Es kam zur Machtprobe, und die dokumentierte, wie weit Steiners Position inzwischen konsolidiert war. Alle Zweige standen auf seiner Seite, und von den 345 Mitgliedern traten vier mit Bresch aus. Seine »untheosophische« »Intoleranz« sei nicht zu tolerieren, hieß es in der Mitgliederzeitschrift der deutschen Sektion.[2]

Die nächste Krise kam ein Jahr später, die sogenannte Leadbeater-Affäre. Leadbeater hatte ihm anvertraute Jungen Selbstbefriedigungstechniken gelehrt und sich dadurch den Vorwurf der Pädophilie oder auch der Homosexualität zugezogen. Leadbeater war angesichts dieser Vorwürfe nicht mehr zu halten und wurde Juni 1906 ausgeschlossen. Für Steiner war dies nur insoweit misslich, als er Leadbeater nicht nur kritisiert, sondern ihn noch Anfang Juli 1906 »einen der hervorragendsten Verbreiter der theosophischen Weltanschauung« genannt und seine Werke früher als »geeignete theosophische Lektüre empfohlen« hatte. Aber große Konsequenzen hatte dies für Steiner und sein Umfeld nicht.

Für die deutsche Sektion wurde erst das Jahr 1907 wichtig. Das theosophische Leben blühte unter Steiners Ägide: Die Zahl der Mitglieder hatte sich seit seinem Amtsantritt nahezu verfünffacht, von 120 Mitgliedern im Jahr 1902 auf 591 im Januar 1907, aus den zehn Zweigen im Gründungsjahr waren Ende 1906 mehr als doppelt so viele geworden. In dieser Situation starb am 17. Februar 1907 Henry Steel Olcott, der Präsident der Theosophischen Gesellschaft, im fernen Adyar. Im Angesicht seines Todes hatte Olcott versucht, das theosophische Haus in seinem Sinne zu bestellen, und mithilfe eines okkulten Votums das reguläre Wahlverfahren unterlaufen: Die »Meister« hätten Annie Besant als Nachfolgerin auserkoren. Steiners Aussichten, Olcott zu beerben, hatten damit, sollte er dieses Amt anvisiert haben, schon dramatisch abgenommen, noch bevor die Kür eines Nachfolgers oder einer Nachfolgerin überhaupt begonnen hatte. Von solchen Fingerzeigen hielt Steiner jedenfalls überhaupt nichts. »Die Meister«, schrieb er der russischen Anhängerin Anna Minsloff, die ihn als Kandidaten ins Spiel brachte, kümmerten »sich nicht um administrative Angelegenheiten«. Nun wissen wir nicht genau, wie sich Steiner in diesem Kandidatenpoker platziert hat. Es gibt Hinweise, dass er sich keine Chancen ausrechnete, aber daneben wabern Gerüchte, es habe ihn doch ins Präsidentenamt gedrängt. Am Ende hatte er jedenfalls keine Chance. Im Mai 1907 wurde Annie Besant trotz der Affäre um ihren Intimus Leadbeater zur neuen Präsidentin gewählt. Die deutsche Sektion stimmte mehrheitlich zu, während in anderen Landesgesellschaften einige Hundert Mitglieder austraten. Aber gefuchst hat Steiner diese Zurücksetzung gleichwohl. Noch vor der Wahl, als Besants Sieg bereits dräute, hatte er versucht, sie als künftige Präsidentin spirituell zu entmachten. Der Präsident der Zukunft habe eine »Administrativpersönlichkeit« zu sein: Besant sollte also eine Art Verwaltungsfachfrau werden.

Unmittelbar nach dem Abschluss des Wahlverfahrens tagte vom 18. bis zum 21. Mai 1907 wieder die Konferenz der europäischen Sektionen – in diesem Jahr in München – mit Steiner als dem Repräsentanten der gastgebenden Sektion. Wie schon 1904 in Amsterdam und 1905 in London bot die »Convention« die Gelegenheit, alte Bekannte wiederzusehen und neue kennenzulernen, Neuigkeiten auszutauschen und ein wenig theosophisches Wir-Gefühl aufzubauen, wenn man sich vereinzelt oder in kleinen Grüppchen der Theosophie hingab. Man tagte im Kaimsaal (oder »Tonhalle«, wie der Saal in der NS-Zeit wegen des »jüdischen« Namens hieß), und erlebte ein synästhetisches Gesamtkunstwerk (s. Kap. 17), das man sich einiges kosten ließ. Mehr als 4500 Mark – das wären, als grobe Annäherung, heute vielleicht 75 000 bis 100 000 Euro – kostete das Ganze, doch dank der Spenden »vom Tausendmarkschein bis zum Zehnpfennigstück« entstand kein Defizit.[3]

Aber dieser »Münchener Kongress« war viel mehr, er wurde, wie wir im Nachhinein sehen, zur pränatalen Geburtsstunde der Anthroposophie. Denn Besant und Steiner sprachen über die Zukunft der Esoterischen Schule in der deutschen Landesgesellschaft. Besant sah die Unterschiede klar, wie sie Hübbe-Schleiden vierzehn Tage später schrieb: »Dr. Steiners okkulte Ausbildung unterscheidet sich sehr von unserer. Er kennt den östlichen Weg nicht, und kann ihn, natürlich, nicht lehren. Er lehrt den christlichen und rosenkreuzerischen Weg ... Er und ich arbeiten in umfassender Freundschaft und Harmonie, aber entlang unterschiedlicher Linien«.[4] Was in dem Gespräch zwischen Besant und Steiner damals genau verhandelt wurde, wissen wir nicht. Jedenfalls einigte man sich, die Esoterische Schule zu trennen, wobei Besant den östlichen und Steiner den westlichen Weg gehen sollte. Das lag ganz auf seiner Linie, die »orientalischen Strömungen« für evolutionär überholt zu halten, und ganz auf Besants Linie, eine Vielfalt nationaler Theosophien zu fördern. Es war eine bemerkenswerte Preisgabe ihres Terrains und ziemlich sicher ein Ausdruck ihrer Wertschätzung Steiners. Aber zugleich dürfte Besant davon ausgegangen sein, dass diese Vielfalt sich in dem Rahmen abzuspielen hatte, den sie als Präsidentin absteckte. Das wird Steiner geahnt haben, und damit drohte Ungemach. Aber im Mai 1907 war die Brisanz dieser Mischung aus regionaler Eigenständigkeit und autoritärem Universalismus noch nicht absehbar. Zu diesem Zeitpunkt ging man friedlich und in wechselseitiger Wertschätzung auseinander.

Es waren weiterhin die großen, ruhigen, erfolgreichen Aufbaujahre der Adyar-Theosophie in Deutschland. Die Zahl der Mitglieder wuchs, in jedem Jahr wurden neue Zweige gegründet, die Esoterische Schule und der freimaurische »Erkenntniskult« blühten. Steiner reiste unermüdlich kreuz und quer durch Deutschland, publizierte mit hoher Schlagzahl und hielt schon damals eine kaum überschaubare Zahl von Vorträgen. Sein Renommee reichte längst über die Grenzen des deutschen Sprachraums hinaus. Aber den Vorträgen im Ausland waren enge Grenzen gesetzt. Das theosophische Reglement sah vor, dass die nationalen Generalsekretäre nur in ihrer Sektion Vorträge halten durften und ansonsten auf Einladungen angewiesen waren. Immerhin hatte Steiner schon im Vorfeld des Kongresses der europäischen Sektionen im Juni 1906 in Paris für die russische Kolonie einen Vortragszyklus veranstaltet, nachdem sich ein Besuch in Russland aufgrund der vorrevolutionären Unruhen zerschlagen hatte. In der Folge blühten in Russland theosophische Zirkel von Steiner-Anhängern, während sich in Deutschland immer mehr Ausländer bei Steiners Vorträgen einfanden. Im März 1908 besuchte er die Niederlande und Skandinavien. Steiner glänzte als aufgehender Stern am europäischen Theosophenhimmel.

Im Innengebäude der deutschen Sektion zog Steiner weitere Strukturen ein. Im August 1908 gründete er den Philosophisch-Theosophischen Verlag, der vor allem das theosophische Lesemilieu versorgte. Derweil war seine literarische Kärrnerarbeit, seine Einarbeitung in die Theosophie durch die Publikation eigener Werke, getan. Die theosophischen »Grundlagenwerke« waren bis 1905 geschrieben, nur die *Geheimwissenschaft* erschien mit Verspätung 1909 (s. Kap. 10). Zugleich begann Steiner, seiner Theosophie ganz neue, ästhetische Dimensionen zu erschließen. Seit 1908 entstand im badischen Malch ein Miniaturtempel, der die großen Ritualräume, die vor dem Ersten Weltkrieg entstehen, präludierte. Es waren Aufbruchsjahre allüberall.

Doch im Herbst 1908 zog ein neues Konfliktgewitter auf. Die Auseinandersetzungen entluden sich an Hugo Vollrath, einem Theosophen, der in Leipzig die örtliche theosophische Bibliothek betreute und vor dem Ersten Weltkrieg einer der wichtigen Verleger theosophischer Literatur war. Vollrath aber neigte zu eigenständigen und eigenwilligen, manchmal exzentrischen Aktionen. So habe er nicht nur, wie Steiner auf der Jahresversammlung berichtete, eine Mappe des Münchener Kongresses als geeignetes Weihnachtsgeschenk offeriert, nicht nur »Ehrenmitglieder der ›Literarischen Abteilung der Deutschen Sektion‹«, die gar nicht existiere, ernannt, nicht nur in das theosophische Logo die Buchstaben »HV«, also die Initialen seines eigenen Namens, eingetragen, sondern sogar das theosophische Motto »Keine Religion ist höher als die Wahrheit« durch »Ruhe ist die erste Bürgerpflicht« ersetzt – so Steiner.[5] In Leipzig sei deshalb bereits der Ruf nach einem polizeilichen Verbot der Theosophie erschollen. Aber was tun, wenn die Dogmenfreiheit Programm war? Trotzdem für klare Verhältnisse sorgen: Vollrath sei »in einem Irrtum befangen«, befand Steiner, seine Mitgliedschaft wurde auf Eis gelegt. Damit war der »Fall Vollrath« jedoch noch nicht ausgestanden. Drei Jahre später sollte Vollrath als Mitarbeiter Besants und als Gegner Steiners wieder auftauchen.

Doch die Rangeleien um Vollrath waren nur die Spitze eines Eisbergs von Problemen, die das rasante Wachstum mit sich brachte. »Wachstum«, orakelte Steiner, habe nämlich auch »etwas Gefährliches«[6]. Möglicherweise befürchtete er durch den

Eintritt neuer Mitglieder eine Verschiebung der Machtverhältnisse. Steiner muss jedenfalls trotz oder vielleicht auch wegen seiner Erfolge die Angst vor einem Kontrollverlust geplagt haben. Und so setzte er eine monarchische Revision der Satzung durch: Der Generalsekretär solle nach siebenjähriger Amtszeit lebenslang – das wäre 1909 der Fall – dieses Führungsamt bekleiden. Alle Bedenken gegen diese machiavellistische Usurpation der Macht wurden in der Jahresversammlung vom Tisch gewischt. Zwar richtete man einen »Areopag« ein, der aber nur eine beratende Funktion erhielt und sich nie zu einem Gremium entwickelte, das Steiners Macht kontrolliert oder gar begrenzt hätte. Nur einer stimmte dagegen, der niederländische Architekt Johannes L. M. Lauweriks.[7] Demokratie gehörte nicht ins theosophische Vokabular. Steiner war jetzt der unumschränkte spirituelle Meister und organisatorische Führer der deutschen Adyar-Theosophen.

Wege in die Krise

An der Blüte von Steiners Theosophie hat auch dies nichts geändert. Zwar gab es Differenzen mit der Zentrale, namentlich über die Bewertung eines künftigen Weltenlehrers. Denn Besant und Leadbeater erwarteten einen großen eingeweihten Lehrer, den sie den Theosophen in dem Knaben Krishnamurti dann auch präsentierten. Doch diese Meinungsunterschiede waren vorerst mehr Ausdruck einer innertheosophischen Pluralisierung als einer unüberbrückbaren Spaltung. Ein Indikator für die relative Harmonie war die zweite Runde der Leadbeater-Affäre. Im Dezember 1908 hatte Besant ihre Machtstellung einmal mehr unter Beweis gestellt, indem sie durchsetzte, dass der 1906 ausgeschlossene Leadbeater wieder in die Theosophische Gesellschaft aufgenommen wurde. Ein mittelschweres Erdbeben war die Folge. Allein in England stellten sich ca. 700 Theosophen hinter George R. S. Mead, den bedeutenden Gnosis-Forscher, und traten aus.[8] Steiner aber hielt sich bedeckt, statt offenen Widerstand zu leisten, übte er sanften Tadel. 1909 traf er mit Besant auf dem europäischen Kongress der theosophischen

Landesgesellschaften in Budapest zusammen, um über Krishnamurti zu sprechen. Man hielt unterschiedliche Standpunkte fest (s. Kap. 11), die Differenzen waren unübersehbar, aber von einer Untergangsstimmung konnte keine Rede sein.

Steiner hatte vielmehr den Kopf voller Visionen einer erweiterten Theosophie. Im August 1910 führte er sein erstes Mysteriendrama auf, dem bis zum Kriegsausbruch Jahr für Jahr ein weiteres folgte. Im Januar 1911 wurde in Stuttgart der Grundstein zu einem Logenhaus mit Tempel gelegt, im gleichen Jahr begründete er die Eurythmie. Zudem war er inzwischen ein gefeierter Redner auch außerhalb der okkulten Räume. Seine öffentlichen Vorträge im Berliner Architektenhaus etwa zogen Hunderte von Besuchern an. Von diesen Aktivitäten ist noch im Einzelnen zu reden.

Und doch begann 1911 die Krise, in der die abschüssige Bahn gelegt wurde, auf der die deutsche Adyar-Theosophie im Dezember 1912 in die Gründung der Anthroposophischen Gesellschaft rutschte. Der Katalysator war der »Weltenlehrer« in dem Hindujungen Krishnamurti. »Eigentlich« müsste man diese Geschichte jetzt in extenso erzählen. Aber weil sie eine eigene kleine Oper darstellt, die eng mit der Entwicklung von Steiners Christus-Vorstellung verbunden ist, folgt eine längere Beschreibung im nächsten Kapitel. Jedenfalls gehört der dogmatische Zwist über den spirituellen Status dieses Jungen in einen Prozess der Entfremdung zwischen Steiner und Besant und lieferte einen Teil des Sprengstoffs für ganz weltliche, nämlich organisatorische Auseinandersetzungen. Und weil Organisationskabalen Machtfragen sind, wurde es ungemütlich im heiligen Hain der übersinnlichen Erkenntnis.

Vermutlich gibt es keinen Punkt, von dem aus die Trennungsgeschichte unaufhaltsam ihren Lauf nahm. Vielmehr zogen sich die Gewitterwolken über mehreren Gebieten der Theosophie, längst nicht nur über Krishnamurti, zusammen. Da war die Schweiz, wo sich die fünf deutschsprachigen Zweige zur deutschen Sektion zählten, die drei französischsprachigen in Genf hingegen zur französischen. Was dort genau passiert ist, ist bis heute nicht ganz durchsichtig, aber offenbar »vermehrten« sich die Genfer von drei auf sieben Logen, um damit die (mitgliederstärkeren) deutschsprachigen Logen in einer neuen schweizerischen Landesgesellschaft zu majorisieren, der Besant im November 1910 einen Charter ausgestellt hatte. Dagegen protestierten die deutschsprachigen Logen, die man offenbar ohnehin nicht gefragt hatte, die aber wohl ihrerseits versucht hatten, durch Pro-forma-Gründungen von Logen ein Gegengewicht zu bilden. Es ist unklar, ob Besant nicht wusste, welches Spiel in Genf gespielt wurde, oder ob dahinter der strategische Versuch stand, Steiners Macht angesichts seines weit über Deutschland hinausragenden Ansehens in die Schranken zu weisen. Gründe jedenfalls gab es: etwa Steiners Bewunderer in vielen Ländern, darunter prominente wie Édouard Schuré in Frankreich und Harry Collison in England, der offensiv gegen Besant und für Steiner Stellung bezog und 1910 denn auch in den Berliner Zweig aufgenommen wurde.[9] Welche Motive Besants Vorgehen auch immer lenkten, sie zog die Unterstützung für eine gesamtschweizerische Sektion wieder zurück und genehmigte den deutschsprachigen Logen nach einer Intervention Steiners im November 1911 eine eigene Sektion.

Diese Schweizer Affäre ereignete sich nun in einer Situation, da in Steiners Umfeld schon länger von der Landesgesellschaft unabhängige theosophische Vereinigungen entstanden. So hatten seine Anhänger im August 1910 den Theosophisch-Künstlerischen-Fonds gegründet, um die Mysteriendramen und einen zentralen Aufführungsraum, den späteren Johannisbau, zu finanzieren. Steiner selbst war nicht Mitglied, aber wohl nur, um den Verein formal außerhalb der Theosophischen Gesellschaft zu halten. Weil es hier jedoch um viel Geld ging – auf 1,6 Millionen Mark belief sich der Voranschlag[10] –, verblieben alle Entscheidungen in einem elitären Kreis von sieben »ordentlichen« Mitgliedern. Faktisch wurde hier Geld außerhalb der Landesgesellschaft gehortet. Andererseits war die Ausgründung solcher theosophischer Vereinigungen kein Novum, von Besants Central Hindu College bis zu ihrem Logenkomplex des Droit humain gab es Vorläufer. Allerdings markierte der Johannisbau-Verein, der am 9. Mai 1911 in das Vereinsregister eingetragen wurde, dann doch eine neue Konfliktebene, weil er mitten in den Auseinandersetzungen um die Schweizer Logen entstand.

Währenddessen hatte auch Besant im Januar 1911 einen organisatorischen Sprengsatz gezündet und einen Verein zur Unterstützung des künftigen Weltlehrers Krishnamurti gegründet, den Orden vom Stern des Ostens. Damit erhielt die weltanschauliche Auseinandersetzung um Krishnamurti auch eine organisationspolitische Dimension. Besant ernannte Steiners alten Mitkämpfer, Wilhelm Hübbe-Schleiden, der inzwischen in das Lager von Steiners Gegnern gewechselt war, im Juni 1911 zum Repräsentanten des Sternordens, ein Posten, auf dem sie sich 1909 offenbar auch Steiner hatte vorstellen können. Über Hübbes Berufung setzte sie Steiner kurz darauf, am 4. Juli, in Kenntnis. Auch wenn es nur wenige Tage später waren, damit zeigte Besant, dass sie Steiner kein Mitspracherecht zubilligte. Problematischer noch war, dass Hugo Vollrath für die organisatorischen Angelegenheiten verantwortlich war. Mit kollegialem Führungsstil hatte das nichts mehr zu tun.

In diesem Wetterleuchten kam es zu ersten Blitzeinschlägen. Im September 1911 hatte wieder der Kongress der europäischen Sektion tagen sollen, nun in Genua, und hier hätten sich Besant und Steiner nach Budapest erneut gegenübergestanden. Aber die Konferenz wurde in letzter Minute abgesagt. Da sich aber einige Theosophen und Theosophinnen zu diesem Zeitpunkt bereits auf der Anreise befanden, heizte die Frage, ob hinter einer unklaren Formulierung in Besants Absagetelegramm Absicht oder Missverständnis standen, die Stimmung an. Weiteres Öl goss ein Anhänger Steiners, der dänische Baron Alfons Walleen-Bornemann, ins Feuer. Er machte in England Propaganda für Steiner, und dies offenbar so aggressiv, dass Besant Steiner aufforderte, seinen Anhänger zu einem maßvollen Verhalten aufzurufen.[11]

Die Explosion

Auf der Jahresversammlung der deutschen Sektion im Oktober 1911 war die Stimmung gereizt, der Ruf nach einer neuen Gesellschaft erscholl. Steiner aber hielt »diesen Augenblick« für falsch und forderte seine Anhänger auf, etwas »Positives« zu tun.[12] Gleichwohl oder deshalb beschlossen diese am 16. Dezember 1911, einen »Bund«, in dem eine »rosenkreuzerische Geisteswissenschaft« in Steiners Sinn gelehrt werden sollte, zu gründen – erstmal nur für Ausländer, die in der deutschen Sektion aufgrund der nationalstaatlichen Landesgesellschaften keine Mitglieder werden konnten. Dies war ein Fanal, Steiner legte die Lunte an Besants Konzept nationaler Theosophien unter dem Dach der theosophischen Muttergesellschaft. Die Explosion war nurmehr eine Frage der Zeit.

Der nächste Akt im Trennungsdrama hieß nun Schlammschlacht. In diese schickte Besant John H. Cordes, einen gebürtigen Hamburger und Tutor Krishnamurtis, den sie im »Council«, das in Adyar tagte, zum Repräsentanten für Deutschland ernannt hatte. Schon diese Ernennung an Steiner vorbei konnte man als Affront lesen. Sollte Besant gehofft haben, mit Cordes einen von Streitigkeiten unbelasteten Konfliktmanager ausgewählt zu haben, hatte sie die falsche Entscheidung getroffen. Denn dieser schrieb am 12. Januar 1912 einen Brief an den Hamburger Theosophen Bernhard Hubo, der im Rahmen der Gründung der deutschen Sektion zu Steiners Opponenten gehört hatte. Hubo las dort Cordes' Bitte, »soviel wie möglich private und intime Neuigkeiten zu bekommen«[13]. Aber mit dieser Bitte nach einem Griff unter die Gürtellinie war er an den Falschen geraten, denn Hubo stand inzwischen Steiner nahe und machte diesen Brief publik.

Das war ein denkbar schlechter Beginn für das Jahr 1912 – die Eröffnung des finalen Traueraktes der Zerrüttung einer theosophischen Familie, in der der Schlagabtausch zunehmend das Gespräch ersetzte. Die Hauptaktionen der Feld- und Winkelzüge, der Hiebe und Stiche waren:

- März: Steiner beendet bis auf Weiteres, bis zum Dezember, die briefliche Kommunikation mit Besant.
- Mai: Krishnamurti erhält in Taormina auf Sizilien eine weitere Einweihung, während man in Adyar zugleich einen siebenköpfigen esoterischen Leitungskreis installiert. Mitglieder unter anderem: Besant, Leadbeater und Krishnamurti.
- 8. Mai: Besant stellt sich in einem Brief an die *Mitteilungen* der deutschen Sektion hinter Vollrath. Sein Ausschluss aus der deutschen Sektion ziehe nicht den Ausschluss aus der

Theosophischen Gesellschaft nach sich (da man in der Tat auch individuelle Mitgliedschaften in Adyar kannte). Zudem habe sie von Vollraths Aktivitäten im Jahr 1909 keine Kenntnis gehabt – was so aber nicht stimmt.[14]

- Sommer: Die Hannoveraner Loge unter Leitung von Hübbe-Schleiden stellt bei Besant den Antrag auf Gründung eines weiteren Zweiges. Steiner lehnt ab, wegen »entgegengesetzter Intentionen« dieser Logen. Auch die Aufnahme einer weiteren Loge in Leipzig verweigert Steiner, weil diese bereits unmittelbar an Adyar angebunden ist. Im Hintergrund stehen Versuche, das Stimmgewicht in der deutschen Generalversammlung zugunsten von Besant-nahen Zweigen zu verschieben.
- 17. Juni: Steiner denkt laut über »Separatismus« nach und kritisiert drei Tage später offen Besants autokratischen Führungsstil. Sie wolle »Wahrheit« »einseitig auf persönliche Autorität begründen«.
- 19. Juni: Hübbe-Schleiden wirft Steiner in einem Vortrag unter dem Titel »Botschaft des Friedens« Dogmatik und Intoleranz vor: »Die Anthroposophen glauben blindlings an die Offenbarung ihres Lehrers, des Herrn Dr. Steiner.«[15]
- August: Hübbe-Schleiden gründet den Undogmatischen Verband.
- 27. bis 29. August: Etwa 800 Personen diskutieren nach den Aufführungen von Steiners Mysteriendramen in München über die Gründung einer eigenständigen Gesellschaft. Der Name Anthroposophische Gesellschaft wird dabei ins Spiel gebracht.[16]
- 8. Dezember: Der Vorstand der deutschen Sektion beschließt, einen Antrag zu stellen, auf der nächsten Generalversammlung in Adyar Besant wegen »Missbrauch und Willkür« in Ausübung der Präsidialgewalt abzusetzen. Steiner soll Besant ablösen: Er »ist nach unserer Überzeugung der grösste bekannnte theosophische Lehrer der Gegenwart«. Die Mitglieder des Sternordens, vermutlich etwa ein Viertel der etwa 2400 Mitglieder der deutschen Sektion, werden ausgeschlossen. Steiner lässt diesen Stoß jedoch durch die Vorstandsmitglieder führen und unterschreibt nicht selbst.

- 13. Dezember: Die österreichischen Logen werden von Adyar aus aufgefordert, sich Besant-nah zu organisieren – was diese ablehnen.
- Dezember: Besant pariert auf der Generalversammlung in Adyar die Rücktrittsforderung mit persönlichen Angriffen auf Steiner und behauptet, dieser sei ein abgefallener Priester, Jesuitenzögling und ein Konvertit aus dem Judentum. Dies trifft Steiner ins Mark, weil sie die Sachdebatte auf die persönliche Ebene lenkt und ihm implizit schwarze Magie statt Hellsehen unterstellt.[17]
- 28. Dezember: In Köln wird die Anthroposophische Gesellschaft gegründet, der Vorstand durch Kooptation ergänzt.[18]

Der Rest ist Abgesang: Besant unterstellt Steiner im Januar 1913, ein Agent des »schwarzen Generals«, des Jesuitengenerals, zu sein. Im Februar segnet in Deutschland eine anthroposophische Generalversammlung die Gründung der neuen Vereinigung ab, am 7. März schließt Besant die deutsche Sektion aus der Theosophischen Gesellschaft Adyar aus: Steiner habe aus der universellen Theosophie eine »christliche Sekte« gemacht.

Steiner ist nun Anthroposoph, er bleibt aber in seinem Herzen Theosoph. Im Augenblick der Gründung der Anthroposophischen Gesellschaft verkündet er, die Anthroposophie werde sich »nicht prinzipiell von dem unterscheiden, was wir hier innerhalb unserer Kreise als Theosophie immer getrieben haben«. Mit der »Hinzufügung eines neuen Namens« sei es getan. Daran war, wie immer bei Traditionsprozessen, so viel richtig wie falsch.

Szenen einer Beziehung: Besant, Steiner und die Theosophie

Von tiefer Zuneigung zu abgrundtiefer Enttäuschung – in dieser Abwärtsspirale liegt ein Schlüssel für das Drama Steiner gegen Besant und damit für das Scheitern ihrer theosophischen Ehe. Angesichts der verletzenden Vorwürfe in den letzten Wochen vor der Trennung – Autoritätsanmaßung, klagt Steiner, Jesuitenzögling, antwortet Besant – erinnere man sich an Steiners Bekenntnisse aus den ersten theosophischen Jahren: Hatte er nicht 1903 versprochen, »*alles* in vollster Treue und Hingebung an Mrs. *Besants* Intentionen« zu tun, und wollte er damals nicht »alle meine Kräfte einsetzen ..., um unserer Sache in Deutschland Verbreitung zur bringen«? Hatte es ihm nicht »sehr viel« bedeutet, »wenn mein Vorgehen Ihre Billigung findet«? Hatte er nicht im Jahre darauf »bei unserem spirituellen Oberhaupte Mrs. Besant« nachgesucht, »volle esoterische Autorisation für alles zu erhalten, was ich auf diesem Felde tue«? Nicht ihre esoterischen Publikationen gelobt und namentlich an ihrem *Esoterischen Christentum* gelernt? Nicht dafür gesorgt, dass die Leadbeater-Affäre in der deutschen Landesgesellschaft nicht hochkochte? Kein Zweifel, Steiners Frustration gründet auch in der ehedem hingebungsvollen Verehrung: Der theosophische Konflikt ist auch die Geschichte einer enttäuschten Liebe. Steiner musste lernen, dass die große Mutter Besant nicht nur Zuneigung erweckte, sondern auch Gehorsam verlangte.

Die Mühen der Ebene erlebte diese Beziehung, als Besant sich 1907 mit einem »Meister«-Votum an die Spitze der Adyar-Theosophie manövrieren ließ, aber zugleich mit Steiner eine Aufteilung der Esoterischen Schule vereinbarte. Dies war der Ernstfall für Besants Programm, nationale Theosophien zu schaffen und gleichzeitig ihre Oberautorität respektiert zu sehen. So wurde ein Konfliktknäuel gestrickt, in dem sich Sachdebatten und Psychologie überlagerten. Die Sachebene dieser Konfliktgeschichte war die Aufteilung in den westlichen Weg Steiners und den östlichen Weg Besants. Beide Protagonisten verbanden damit nicht nur unterschiedliche Religionsphilosophien, sondern auch existenzielle Überzeugungen. Steiner war seit 1906 verstärkt dabei, seine Theosophie christlich aufzuladen, und hat dabei auch zu einer persönlichen Christus-Vorstellung gefunden (s. Kap. 12). Besant hingegen sah in Krishnamurti einen geliebten Sohn und eine Art wiedergekehrten Christus. Vielleicht wäre es bei einer schiedlich-friedlichen Aufteilung geblieben, hätte Besant mit Krishnamurti nicht auch die Machtfrage gestellt. Damit geriet Steiner spirituell wie machtpolitisch in die Defensive.

Aber mit dem Aufstieg Besants zur Präsidentin stand auch die Frau gegen den Mann. Rudolf Steiner, der keine Beziehungen zu

Frauen auf Augenhöhe lebte, der als esoterischer Lehrer seine Partnerin unterrichtete, der von Verehrerinnen umschwärmt wurde, dieser Mann sollte sich Annie Besant unterordnen? Ohne, und das wurde seit 1907 ganz klar, jemals die Chance zu haben, gleichberechtigt über die spirituellen Inhalte zu entscheiden oder gar die Führung in der Theosophischen Gesellschaft übernehmen zu können? Besant hat ihn zwar immer gelobt, ihm immer wieder spirituelle Eigenständigkeit angeboten, und vermutlich hat sie das auch ernst gemeint. Aber Besant blieb die Königin und Mutter in der Theosophischen Gesellschaft – und Steiner der patriarchal sozialisierte Mann. In Besant und Steiner trafen zwei Menschen mit antagonistischen Geschlechterrollen und in je eigener Weise autoritär strukturiert aufeinander.

Steiner hatte die ehedem hochverehrte Lehrerin lange geschont, erst 1912 persönlich attackiert und sie erst im Dezember dieses Jahres von seinen Mitarbeiterinnen mit einer Rücktrittsforderung demontieren lassen. Vielleicht lag die emotionale Hürde hoch, vielleicht hatte er gehofft, dass sich die Probleme auf der Sachebene würden lösen lassen. Und vermutlich hatte Steiner auch ein Interesse daran, sich die Konflikte vom Leib zu halten, um den Aufbau der Sektion, das, was er immer »positive« Arbeit nannte, vorantreiben zu können.

Aber einer pragmatischen Lösung standen nicht nur unterschiedliche Charaktere und pragmatische Probleme entgegen. Vielmehr bewegten sich beide in einem theosophischen Rahmen, der Konflikte schuf und deren Regelung fast unmöglich machte – was beide in dieser Schärfe nicht realisierten. Da flammte zum einen die Spannung Universalismus versus Nationalismus auf. Das theosophische Ideal einer allgemeinen Menschheitsverbrüderung und das Ziel, die regionale Eigenständigkeit zu befördern, waren von Besant sicher erst gemeint, und doch scheiterte sie unentwegt an den Aporien dieses hehren Programms: Sollte das Allgemeine, die »Wahrheit« über allen Religionen, das Konkrete, die nationalen Theosophien, regulieren – oder umgekehrt? Im Konfliktfall saß Besant als Präsidentin einer Weltgesellschaft gegenüber einem Landesvorsitzenden einfach am längeren Hebel. Und davon hat sie Gebrauch gemacht. Sodann: Asien gegen Europa? Waren wirklich alle religiösen Traditionen gleich oder gab es doch »höhere«, weiter-»entwickelte«? Steiner hatte an diesem Punkt nur die Chance, von Europa aus zu argumentieren, denn von den asiatischen Traditionen hatte er so gut wie keine Ahnung, jedenfalls noch weniger als Besant. Jede Perspektive, die wie diejenige Besants Europa weltanschaulich relativierte, musste auch seine Position schwächen.

Der dramatischste Konfliktgenerator war jedoch das erkenntnistheoretische Alpha und Omega der Theosophie: die höhere Erkenntnis. Da trafen in Besant und Steiner zwei Menschen aufeinander, die sich beide als Eingeweihte verstanden, die beanspruchten, höhere Erkenntnis zu besitzen und all die Geheimnisse aufdecken zu können, an denen sich die Menschheit bis dato die Zähne ausgebissen hatte. De facto bedeutete das die unentscheidbare Konkurrenz von Wahrheitsansprüchen. Jeder konnte aufgrund übersinnlicher Erkenntnis beanspruchen, »wahres« Wissen zu besitzen. Unterschiedliche Positionen waren – und dies ist entscheidend – in letzter Instanz nicht mehr den besseren Argumenten unterworfen, sondern galten als Ergebnis höherer Einsicht. Darüber aber kann man nicht mehr diskutieren. Dann gibt es nur noch Einsichtige und Uneinsichtige. Die Konkurrenz unterschiedlicher Hellseher, die Steiner in den frühen Jahren als Normalität dieser okkulten Gelehrtengesellschaft begriffen hatte, endete im Handumdrehen als Dogmatismus der Eingeweihten – und dies zu allem Überfluss in einer Gesellschaft, die »Dogmenfreiheit« zu ihren höchsten Gütern zählte. Dies blieb die zentrale Konfliktschwäche der Theosophie. Das Harmoniepostulat, das mit der Erwartung einer allen Menschen gemeinsamen übersinnlichen Einsicht verbunden war, strandete in unlösbaren Konflikten, die es »eigentlich« gar nicht hätte geben dürfen. Steiner und Besant waren der Psychodynamik dieser uneinholbaren Vision höherer Erkenntnis fast hilflos ausgeliefert.

ZWÖLF

Christologie. Kampf um das esoterische Christentum

Irgendwann im Jahr 1906 ist es passiert. Genauer gesagt, im Laufe des Jahres 1906, denn die Zeitangabe »irgendwann« lässt das Missverständnis zu, als gebe es den Tag oder gar die Stunde. Nein, es ist vermutlich in Schüben passiert: Im Lauf des Jahres 1906 ist er zum Christen geworden. 1906 ist das geistliche Taufjahr des Dr. Steiner.

Anthroposophen können inbrünstig bestreiten, dass Steiner einmal kein Christ gewesen sei, während Kritiker manchmal den totalen Bruch zwischen dem katholisch getauften und dem theosophisch initiierten Steiner konstruieren. Aber die Wahrheit liegt nicht wirklich zwischen beiden Alternativen, denn Steiner war vor 1900 überhaupt kein Christ in einem belastbaren Sinn des Wortes. Nur zur Erinnerung: Er war das Kind aus dem Haus eines »Freigeistes« und hat einen schwachen volkskirchlichen Kontakt mit der katholischen Tradition gehabt, er hatte eine atheistische Phase durchlebt, in der er 1898 aufgerufen hatte, ein »neues Geschlecht« entstehen zu lassen, »das zu leben weiß, befriedigt, heiter und stolz, ohne Christentum«. Mit dem Eintritt in die Theosophie hatte sich dann viel verändert. Diesen Wandlungsprozess hat Steiner in seinen Vorträgen zu Protokoll gegeben. Deshalb können wir nachvollziehen, wie er den christologischen Text Woche für Woche geknüpft hat: Wie er manchmal von außen getrieben wurde und manchmal seine eigenen Ideen entwickelte – und wie meist alles zugleich und miteinander verzwirnt passierte.

Die Metamorphose des theosophischen Jesus

Steiners Christianisierung beginnt mit den theosophischen Kontakten seit dem Jahr 1900. In seinem Buch *Die Mystik im Aufgange des neuzeitlichen Geisteslebens* von 1901 kommt Christus erstmals als Gegenstand intensiven Nachdenkens vor, aber nur dort, wo Steiner die Auffassungen von »Mystikern« referiert. Ein Jahr später, in *Das Christentum als mystische Tatsache*, ist Jesus in die theosophische Weltanschauung integriert. Er gilt nun als ein Eingeweihter – und nicht als Christus, wie er ihn später und wie ihn das kirchliche Christentum versteht. Immerhin: Jesus sei ein besonders hoher Initiierter, dem zu »der Buddha-Initiation« eine »höhere Weihe« »im Sinne des Osiris-Mythus« hinzugefügt worden sei, doch er bleibt, ganz im theosophischen Verständnis ein Eingeweihter unter vielen. Über diese Schiene findet Steiner zu der Vorstellung von Jesus als dem besonderen Menschen. In dieser Jesus-Lehre ohne einen göttlichen Christus bringt Steiner auch die Auferstehung unter. Er deutet sie nicht als Auferweckung eines Toten, sondern als Erfahrung in einer Mysterienhandlung. Auferstehung als inneres Erlebnis »in der Seele des eingeweihten Menschen«: »Die Auferstehung, die Erlösung Gottes: das ist die Erkenntnis.« Ganz vereinzelt, etwa im Sommer 1903, bezieht Steiner auch eine göttliche, christologische Komponente mit ein, wenn er von »Jesus, in dem der Christus verkörpert ist«, spricht. Aber von einer »Christologie« kann keine Rede sein. Und die Tatsache, dass Jesus (und marginal Christus) in Steiners Gesichtskreis trat, hieß lange noch nicht, dass das Christentum ins Zentrum seines Denkens getreten wäre. Wie nebensächlich es damals noch war, dokumentieren die bis zum September 1905 publizierten Aufsätze des »Erkenntnispfades« *Wie erlangt man Erkenntnisse der höheren Welten?*, wo das Christentum nicht einmal in Beispielen eine Rolle spielt.

1906 jedoch erklingt ein neuer Ton in Steiners Vorträgen. Wenn er im Februar meint, eine »tiefe Verwandtschaft des Christus Jesus mit dem Gottmenschen, der in jedem Menschen veranlagt ist«, zu sehen, ist Christus als eine Art inneres Prinzip des

Menschen verstanden und zugleich Jesus in die Nähe des Göttlichen gerückt. Diese Vergöttlichung Jesu durch »den Christus« (mit Artikel, wie Steiner sagen wird) macht den Mysterientheoretiker Steiner langsam zum Christusgläubigen. Er beginnt, Jesus aus der Schar der Eingeweihten zu lösen, indem er ihn christologisch überhöht und auf den Gipfel der Religionsgeschichte stellt: über Buddha, über Zarathustra, über alle anderen Religionen – gegen die Lehre von der Gleichheit aller Religionen in der Theosophie.

Im Mai 1906 verkündet Steiner, dass die Einweihung in die antiken Mysterien »in dem Christus ihre Krönung« finde, und vierzehn Tage später, dass »das Karma und der Christus ... der Inbegriff der ganzen Evolution« seien. Nochmals einen Monat später, am 10. Juli 1906 – Steiner hatte seit einem halben Jahr begonnen, maurerische Zeremonien zu inszenieren –, doziert er über drei »Einweihungsformen«: Der »orientalischen Schulung«, in der die »bedingungslose« Autorität des »Geheimschülers« gegenüber dem »Guru« herrsche, stellt er als leuchtende Alternative die »allerfreieste«, die »rosenkreuzerische« »Schulungsart« gegenüber. Dazwischen liege die »christliche« »Einweihungsform« mit ihren sieben symbolischen »Stufen« der Fußwaschung, Geißelung, Dornenkrönung, Kreuzigung, des mystischen Todes, der Grablegung und der Auferstehung. Bemerkenswert ist an dieser Stelle weniger, dass er seine Schulung durch die Abwertung anderer Wege überhöht, sondern dass er Praktiken der christlichen Spiritualitätstradition aufruft. Es geht nun nicht mehr nur um vergleichsweise abstrakte Vorstellungen über Jesus und »den Christus«, sondern um Elemente, die zu einer praktizierten Spiritualität gehört haben könnten. Dass eine »mystische« Grablegung nebst Tod und Auferstehung in der seit wenigen Monaten praktizierten freimaurerischen Erhebung in den Meistergrad eine zentrale Rolle spielt, ist eine aufschlussreiche Koinzidenz – über die Konsequenzen werden wir noch spekulieren (s. Kap. 15).

Am 2. Dezember 1906 geht Steiner noch einen Schritt weiter. »Jesus wurde Christus im dreißigsten Jahre seines Lebens«, so lehrt er in Anlehnung an die Tauf-Christologie des Evangelisten Markus, dessen Evangelium mit der Taufe Christi im dreißigsten Lebensjahr beginnt. Und dann fällt erstmals ein Begriff, der später zunehmend in eine zentrale Position einrückt: das »Mysterium von Golgatha«. Damit ist das Christentum zur Mitte der universalen Religionsgeschichte geworden. »Der Christus« gilt ihm nun als »Träger der Erdenentwickelung«, er »ist der Erdengeist, und die Erde ist sein Leib«. Der Christus war kosmisch geworden. Für diese Vorstellung eines »kosmischen Christus« gab es in der theosophischen Gesellschaft eine einschlägige Referenz: Annie Besant. Sie hatte diese Formulierung geprägt[1] und die Konzeption eines »Esoterischen Christentums« – so der Titel ihres Buches, das 1903 ins Deutsche übersetzt worden war – in der Theosophie hoffähig gemacht. Steiner hatte es schon 1901 gelesen und pries es 1903, nach seiner Übersetzung ins Deutsche, als »Schlüsselbuch« und eine »Grundlage«, durch die »der verborgene Sinn der Bibelworte sich für den hingebungsvollen Leser enthüllt«. Verglichen mit seinen rudimentären Vorstellungen besaß Besant ein komplexes Christusbild: Sie unterschied den »historischen Christus«, den Jesus als »Heiler und Lehrer«, vom »mythischen Christus« in Symbolen und Erzählungen, und den wiederum vom »mystischen Christus«, der »im Menschen geboren wird«[2]. Steiner hat sich nie zu der mutmaßlich hohen Bedeutung dieses Buches bekannt, aber all diese Elemente finden sich auch in seiner Christus-Vorstellung. Doch 1906 war die Zeit vorbei, wo er solche Abhängigkeiten stolz als Gemeinsamkeiten der okkultistischen Gelehrtengemeinschaft vorgezeigt hätte. Dass er Besants *Esoterisches Christentum* intensiv studiert hatte, erfahren wir erst Jahre später, etwa 1909, als er im Rahmen sich abkühlender Beziehungen dieses Buch kritisiert – in Anspielungen, in denen der Name Besant aber nicht mehr fällt.

Steiner war damit in das Kraftfeld des theosophischen Christentums geraten, denn die Theosophie war ja, davon war schon die Rede, weit mehr als Asienverehrung. Immer schon hatte es die christlichen Theosophen gegeben, etwa in der »hermetischen« Gegenbewegung der Anna Kingsford und des Edward Maitland, die den Schlüssel der Religionsgeschichte im Christentum liegen sahen. Diese Debatte hatte die Theosophie schon zu Lebzeiten Blavatskys an den Rand des Zerbrechens gebracht und die spätere Aufwertung des Christentums durch Leadbeater und Besant vorbereitet.

Aber Steiner rezipierte nicht nur, er war zugleich produktiv. Im Frühjahr 1907 hören wir, wie er den »Christos« mit dem »Logos« gleichsetzt[3], also das große Thema des Johannes-Evangeliums anschlägt, das Christus mit der göttlichen Vernunft, dem Logos, identifiziert. Zu Ostern deutet Steiner den »Opfertod« des »Jesus Christus« als Hilfe für das »Karma der ganzen Menschheit«, er montiert also den Topos der theosophischen Reinkarnationsvorstellungen in die Figur eines Erlösers. Mit solchen Positionen – der religionshistorischen Einzigartigkeit des Christus, seiner Identifizierung mit dem Logos oder der allgemeinen Heilsbedeutsamkeit seines Opfers – nähert sich Steiner den Themen der großkirchlichen Theologie an. Aber es ist schwer zu sagen, woran dies lag. Möglicherweise kam er in das Kraftfeld klassischen theologischen Bildungswissens, vielleicht las er theologische Literatur, er trat sicher in Kontakt mit Theologen, etwa mit dem liberalen Max Heinrich Christlieb.[4] Steiner beginnt jedenfalls, sein christologisches Profil mit nichttheosophischem Material zu modellieren.

Produktiver Konflikt: Krishnamurti

Mitten in diese konstruktive Orientierungsphase fallen gravierende Umwälzungen in der Theosophischen Gesellschaft. Nur kurz noch einmal die wichtigsten Koordinaten: Im Mai 1907 war Annie Besant zur Präsidentin gewählt worden und an Steiner vorbeigezogen. Aber sie hatte geschmeidig auf ihren Machtzuwachs reagiert und Steiner die selbstständige Leitung der Esoterischen Schule und deren Ausbau mit einem christlichen Profil zugestanden. Dieser antwortete programmatisch. Der nächste Vortragszyklus, mit dem er am Tag nach Besants Abreise, am 22. Mai, begann, hieß »Die Theosophie des Rosenkreuzers«. Inhaltlich gab es wenig Neues, nur am Ende kam Steiner kurz auf die Rosenkreuzer zu sprechen, 1907 blieb Steiners »Rosenkreuzertheosophie« eine Theoriehülse. Aber schon der Titel war eine Ansage: Denn den rosenkreuzerischen Schulungsweg hatte er bereits als das Nonplusultra eines freien Erkenntnisgewinns definiert, und den würde er jetzt anbieten.

Das Schlüsselwort »Rosenkreuz« war dabei geschickt gewählt. An der Existenz einer rosenkreuzerischen Strömung am Beginn des 17. Jahrhunderts bestand kein Zweifel, aber die Quellenkenntnis war um 1900 so miserabel, dass man nur bei übermäßig phantastischen Spekulationen mit wissenschaftlichem Widerspruch rechnen musste. Die historische Rosenkreuzerforschung ist erst am Ende des 20. Jahrhunderts zu einem akademischen Feld geworden. Und so konnte Steiner es sich leisten, den Gründer, Christian Rosenkreuz, für eine historische Person zu halten, er teilte sogar das Jahr seiner Berufung zum »Ritter des goldenen Steines« in der Rosenkreuzerbruderschaft mit – 1459 – und glaubte fest an die Wurzeln der Rosenkreuzerei in den Mysterien der Antike und an ihr Fortleben bis in die Gegenwart. Aber zumindest das hätte er bei der Vertiefung in die wissenschaftliche Literatur wissen können: Christian Rosenkreuz war eine fiktionale Gestalt, erfunden von einem Kreis reformorientierter Protestanten um den lutherischen Pastor Valentin Andreae. Sie hatten 1614 die *Fama fraternitatis*, die Geschichte der Rosenkreuzerbruderschaft, in die Welt gesetzt, und alle noch zu Lebzeiten von Andreae publizierten Klärungen, dass es sich um eine religiöse Reform als Literaturevent gehandelt habe, konnten die Welle der Suche nach der geheimen Bruderschaft, die nun über das 17. Jahrhundert hereinbrach, nicht mehr stoppen. All diese Details waren 1907 im historischen Dunkel verschwunden, kaum einer wusste noch Genaues. Vielmehr waren seit den 1860er-Jahren neue Rosenkreuzergruppen aus dem Boden geschossen, allen voran die im freimaurerischen Milieu entstandene Societas Rosicruciana in Anglia. Rosenkreuzer waren als ideale Projektionsfolie für ein »esoterisches Christentum« en vogue. Aber Steiner hatte sich gegen allzu neugierige Fragen der historischen Wissenschaft abgesichert. Es seien »die Geheimnisse der Rosenkreuzer nur durch mündliche Tradition überliefert worden«. Das wirkte nach außen, aber natürlich auch in der innertheosophischen Auseinandersetzung wie ein Festungswerk.

Schon bald erprobt er weitere christologische Elemente. Er versucht, die Dreifaltigkeit, die Trinität zu denken, und bestimmt zu diesem Zeitpunkt seiner Theoriebildung den »Vatergott«, Christus und den Heiligen Geist als Anführer von Geistergruppen in verschiedenen planetarischen Phasen.[5] Im Mai 1908 doziert er erstmals über ein ganzes Evangelium und nicht mehr nur über Textpassagen, über das Johannes-Evangelium – natürlich in theosophischer Ausdeutung. Im gleichen Jahr notierte ein Teilnehmer: »Das Christentum ist größer als alle Religion! Das ist die Rosenkreuzerweisheit.« Eine solche Äußerung steht in der Tradition seiner Verabsolutierung des Christentums, war aber im theosophischen Sprachspiel nicht ohne Spitzen, galt in der Theosophie doch die Losung: »Keine Religion ist höher als die Wahrheit.« Auch polare Prinzipen, geistige und materielle, lagert er an die Christologie an, etwa mit der Figur des Luzifer, der für Erkenntnis und Vergeistigung steht, und seit Januar 1909 mit Ahriman als dessen Gegenpol.

Ab 1909 ändern sich langsam die Rahmenbedingungen. Besant und Leadbeater sehen nun definitiv einen »Weltenlehrer«, den sie schon seit 1904 suchten und den Besant 1908 immer lauter ankündigte. Im April 1909 hatte Leadbeater einen Jungen, Krishnamurti, »entdeckt« und ihn mehr oder weniger unsanft seinen Eltern weggenommen; der Vater verlor jedoch alle Prozesse um die Rückgabe des Sohnes. Leadbeater hatte seinen Weltenlehrer und Besant, der man ihre Kinder in einem Sorgerechtsstreit genommen hatte, einen Menschen, den sie in Briefen mit »Mein lieber Sohn« anreden konnte. Er sollte, so hofften Leadbeater und Besant, ein großer spiritueller Lehrer werden und Asien und Europa miteinander verbinden: In diesem Hinduknaben sollte der Christus einwohnen, vielleicht dachte man sogar an eine regelrechte Inkarnation des Christus. In Krishnamurti sollten jedenfalls die getrennten Wege der Religionsgeschichte wieder vereinigt sein. Und er würde die Rasse der Zukunft, die Leadbeater und Besant entstehen sahen, führen. Religionsgeschichtlich war die Figur Krishnamurtis damit ein Hybrid aus dem indischen Konzept des Avatars, der in unterschiedlichen Personen wiederkehrt, und dem europäischen Konzept des apokalyptischen Retters in der Zeitenwende.

Aber für Steiner war dieser Junge weit mehr als ein religionsphilosophisches Programm, er war eine Bedrohung. Der neue Weltenlehrer konnte, einmal erwachsen, womöglich höchste Autorität beanspruchen. Doch die Erziehung lag in den Händen von Besant und vor allem von Leadbeater, den Steiner, nachdem die Euphorie der theosophischen Anfangsjahre verflogen war, als Persona non grata behandelte. Hingegen gibt es in den ersten Jahren des Krishnamurti-Abenteuers neben diesen vereinspolitischen Vorbehalten kaum Indizien, dass Steiner mit dem religiösen Konzept des Weltenlehrers prinzipielle Probleme hatte. In Maßen beteiligte er sich sogar, wie noch deutlich werden wird, an der Debatte, wie man eine solche Person deuten könne, vielleicht hoffte er, mit dieser Kooperation die machtpolitischen Probleme entschärfen zu können. In den weltanschaulichen Differenzen den bereits tickenden Zünder des späteren Sprengsatzes zu hören, gehört jedenfalls zu den nachträglichen Bemühungen, dem Konflikt von Anfang an eine programmatische Weihe zu verleihen.

Jedenfalls rumort es im Jahr 1909. Die verunsicherten Theosophen erwarten eine Klärung in der Krishnamurti-Frage: »Woran soll man sich halten? Mrs. Besant lehrt dies, Dr. Steiner das«, ist zu hören.[6] Aber in Steiners öffentlichen Äußerungen fällt der Name Besant in diesem Zusammenhang nicht, nur zwischen den Zeilen werden die Tassen im theosophischen Schrank zurechtgerückt. Ein erstes Bollwerk errichtet Steiner schon in der Phase erster Gerüchte im April 1909, am Ostersonntag, als er die Figur des »Maitreya-Buddha, des erneuten großen Lehrers und Führers der Menschheit«, der ein Nachfolger Buddhas sei, einführt. Also: Nicht Christus sollte wiederkommen, sondern eher eine Art Bodhisattva, der, so glaubt man in der mahayanabuddhistischen Tradition, den Menschen vor seinem Eingehen ins Nirwana noch zur Seite stehe. Am Osterdienstag verstärkt er seine Bastion: Der Ankunftstermin entziehe sich völlig unserem Wissen – das sprach gegen Krishnamurti. Steiner verhandelt im Medium des Vortrags. Er akzeptiert im Prinzip den kommenden Weltenlehrer, macht aber mit der Konzeption des Maitreya-Buddha ein Deutungsangebot, das Besants und Leadbeaters Deutungsmacht begrenzen würde.

In dieser Situation anschwellender Mutmaßungen und mehr oder minder gut verstehbarer Anspielungen kommt der turnusmäßige Kongress der europäischen Landesgesellschaften der Adyar-Theosophie 1909 in Budapest gerade recht. Hier treffen sich Steiner und Besant wieder, und beide halten Vorträge über den Christus. Dabei verlegt sich Steiner auf ein spirituelles Handelsgeschäft, das etablierte Elemente des theosophischen Denkens so refiguriert, dass ein strategisches Angebot zur Vermeidung eines Weltenlehrers dabei herauskommt. Das hat zwei Ansatzpunkte: Zuerst erweitert Steiner seine Anthropologie. Am Beispiel des russischen Naturwissenschaftler Michail Lomonossow erläutert er, dass dessen naturwissenschaftliche Leistungen nur verständlich seien, wenn man wisse, dass er »den Ätherleib des Galilei in sich« getragen habe. Herausragende Fähigkeiten sollten also kein Ergebnis von Reinkarnationen sein, sondern durch die Weitergabe eines Ätherleibes entstehen. Sodann erweitert er seine kosmische Christus-Deutung: »Seit dem Ereignis von Golgatha ist er der planetarische Geist der Erde«, will sagen: Der Christus könne gar nicht als Person wiederkommen. Und dann präsentiert Steiner seinen daraus resultierenden Kompromissvorschlag nach dem Lomonossow-Modell: »Der Leib des Jesus von Nazareth, der Ätherleib, Astralleib und das Ich des Jesus von Nazareth, sie sind in großer Vervielfältigung in der geistigen Welt vorhanden«, und solche Kopien hätten etwa Augustinus, Franz von Assisi und Elisabeth von Thüringen getragen. Diese »Christus-Träger« sollten dann »auf dieser Erde die Vorbereiter sein für sein Wiedererscheinen«. Das war ein geschickter Schachzug mit einer echten Innovation in der theosophischen Anthropologie. Anstelle der üblichen Reinkarnation sollten vervielfältigte übersinnliche Körper die Identität sichern. Und strategisch hätte Steiner ein wichtiges Ziel erreicht: Der Weltenlehrer wäre auf den Vorbereiter des Christus reduziert.

Misslicherweise ist Besants Antwort nur in einem Referat Steiners an seine deutschen Vereinsmitglieder zugänglich, sodass wir nicht wissen, was sie genau gesagt hat. Aber eines ist klar: Zum Showdown ist es in Budapest nicht gekommen, nicht einmal zur großen Krise. Es habe eine »Uebereinstimmung« im »Grundprinzip« gegeben, berichtet Steiner, aber »jeder Okkultist« habe die Dinge »so darzustellen, wie sie sich ihm selbst darstellen«[7]. Das hörte sich nach Besants Konzeption einer Pluralität von Theosophien an. Gleichwohl hatte sie möglicherweise Steiners Überhöhung des Christus kritisiert und an der Position festgehalten, die auch Steiner bis 1906 vertreten hatte: Christus als einer von vielen Eingeweihten, als einer von vielen Bodhisattvas. Aber bei einer solchen Konzeption konnte der Chrisus auch wiederkehren, und das bedeutete Streit mit Steiner. Für diesen Konfliktfall hatte Besant nun ihrerseits einen Schachzug vorbereitet und hielt eine ideenpolitische Entschädigung für Steiner bereit: Sollte er den Weltenlehrer akzeptieren, könne er auf eine leitende Position in dessen noch zu begründender Organisation, dem späteren Stern-Orden, hoffen. Und als esoterisches Sahnehäubchen unterbreitete man Steiner ein weiteres spirituelles Kompensationsangebot: Er dürfe als reinkarnierter Johannes der Täufer gelten.[8] Doch Steiner wird nicht so naiv gewesen sein, nicht zu sehen, dass er mit dieser johanneischen Aufwertung zum bloßen Verkündiger abgewertet würde. Wie auch immer, noch feilschte man um Leibkopien, Leitungsposten und Reinkarnationsbiografien, beide Seiten waren flexible Verhandlungspartner. Steiner erhielt sogar »die große Subba Row Medaille« für *Wie erlangt man Erkenntnisse der höheren Welten?*.[9] Erst ganz, ganz langsam drehten die Zeichen auf Sturm.

Komplexitätssteigerung: Der doppelte Jesus und die historische Bibelkritik

Am 18. September 1909 löst Steiner einen Sturm der Entrüstung im Wasserglas der deutschen Adyar-Theosophie aus und bringt seine ihm treu ergebenen Zuhörerinnen und Zuhörer an den Rand der weltanschaulichen Verzweiflung: Jesus, so verkündet er, habe zwar nicht mehrfach nacheinander existiert, wohl aber zweifach nebeneinander. Und weil er die Geschichte en détail kennt und mit Einzelheiten nicht spart, hören seine Anhänger – und nur die, denn der Öffentlichkeit enthält er solche Informationen vor – die folgende Aufklärung über das Leben Jesu: Es gab einmal in Nazareth ein Ehepaar namens Joseph und Maria, das König Salomon zu seinen Ahnen zählte und einen Sohn namens Jesus hatte. Gut hundert Kilometer weiter südlich, in Bethlehem, wohnte ein weiteres Paar mit Namen Joseph und Maria, aus dem Priestergeschlecht Nathans stammend, die ebenfalls einen Sohn hatten, der ebenfalls Jesus hieß. Das sei, so Steiner, überhaupt »nicht weiter wunderbar«. Als die beiden Jungen zwölf Jahre alt waren, »drang« die »Zarathustra-Ichheit« »aus dem Körper des salomonischen Jesusknaben heraus und übertrug sich auf den nathanischen Jesus«, schließlich sei es zu einem »Zusammenfluss des Buddhismus und Zarathustrismus« gekommen. Der salomonische Jesus sei gestorben, ebenfalls die Mutter des nathanischen Jesus. Und weil der Vater des salomonischen Jesusknaben schon tot gewesen sei, hätten die verwitweten Elternteile ein neues Paar gebildet. Angesichts dieser Volten herrschte »bei den Zuhörern ... eine ungeheure Aufregung, von der man sich heute kaum einen Begriff machen kann. ... Und nicht alle wurden sogleich fertig damit, ja es gab Ungläubige und Zweifler damals, ... die sich allmählich zurechtfanden.«[10] Die Geschichte vom doppelten Jesus stellte Steiners Theosophen auf eine harte Glaubensprobe. Die unausgesprochene Frage lautete: Woher hat er das? Aber spannender war eine andere Frage: Warum sagt er das?

Auf der Suche nach einer Antwort trifft man auf ein zweites Kraftfeld neben der Theosophie, das auf Steiners Christologie einwirkte: die historische Bibelkritik. Und weil diese Entwicklung so wichtig ist, gehört ein Exkurs in diese Kampfzone unvermeidlich dazu (und fällt leichter, wenn man das in Kap. 8 zum Historismus noch im Kopf hat).

Folgendes war im neuzeitlichen Europa passiert: Seit dem 15. Jahrhundert hatte sich durch die Textforschung ein neuer Zugang zur Bibel entwickelt. Man lernte die Sprachen, in denen die biblischen Bücher geschrieben worden waren, Hebräisch und Griechisch, und ging zum Wortsinn zurück. Beim Vergleich alter Manuskripte stieß man auf unterschiedliche Überlieferungstraditionen und entdeckte, dass der biblische Kanon auf historischen Entscheidungen beruhte. Dies warf weitere Fragen auf: Welche Texttradition ist authentisch? Welche Anordnung der biblischen Bücher ist die richtige? Und überhaupt: Welche Bücher gehören in die Bibel? Diese dürren Fragen, die für uns heute zu den Selbstverständlichkeiten kritischen Nachfragens zählen, stellten zunehmend die Signale auf Revolution: Der heilige Text der Bibel, das göttliche Wort, geriet unter das Seziermesser philologischer Chirurgen. Das göttliche Wort würde zu einem rein historischen Produkt, die Theologie sei dabei, an dem Ast zu sägen, auf dem sie saß, fürchtete man. Als sei all das noch nicht genug, kam im 18. und vor allem im 19. Jahrhundert eine Verschärfung hinzu: Durch Ausgrabungen, Handschriftenfunde und Quellenpublikationen wurde das kulturelle Netz der Bibel in bis dato unbekannten Dimensionen sichtbar. Dies war eine zweite Revolution, weil die Abhängigkeiten des Christentums von seinen Umfeldreligionen zur Debatte standen. Auf all diese Fragen präsentierte die Theosophie ihre Antwort: Übersinnliches Wissen jenseits der historischen Quellen mache die historische Forschung überflüssig und entmachte die historische Kritik.

In dieses Bermudadreieck von Bibelkritik, antiken Quellen und Wahrheitsfrage, in dem alle Sicherheiten des Lebens vom intellektuellen Radar zu verschwinden drohten, geriet auch Steiner, als er sich auf »den Christus« einließ. Die Frage nach der Verlässlichkeit der Bibel und dem Verhältnis zu anderen Religionen hatte auch er seiner Klientel zu beantworten. Und das tat er mit einer offensiven Theoriebildung: mit der Geschichte von den beiden Jesusknaben.

Steiner wusste, dass Matthäus in seinem Evangelium einen etwas anderen Stammbaum Jesu präsentierte als Lukas. Solche Unterschiede waren der Nährboden der Religionskritik, und auch Steiner hatte schon 1907 diese doppelte Genealogie für den »Keimpunkt zu all den Zweifeln, die hinsichtlich der Einheitlichkeit der Schrift« bestünden, gehalten. Diese beiden Abstammungslinien konnte man als Ausdruck verschiedener Theologien der beiden Evangelisten deuten, aber diesen Weg ging Steiner nicht. Vielmehr hielt er die beiden Stammbäume für eine historische Realität und postulierte unter Rückgriff auf unterschiedliche, in der Bibel genannte Söhne Davids zwei Ahnenreihen Jesu. Mit dieser historischen Wortgläubigkeit besaß er nun zwei Jesusknaben. Und weil er keine zwei Christentümer konstruieren wollte, musste er die beiden Jungen verschmelzen.

Mit diesen beiden Knaben löste er nun nicht nur das Problem der Textkritik, sondern auch das Problem des Relativismus, indem er die beiden Jesusknaben religionsgeschichtlich ausbaute. Denn Zarathustrismus und Buddhismus sollten über die okkulten Körperglieder der Jesusknaben in die Christentumsgeschichte einfließen. Damit schlug Steiner gleich mehrere Fliegen mit einer Klappe: Das »Bedrohungspotential« der historischen Kritik betrachtete er als eliminiert, Krishnamurti konnte kein reinkarnierter Christus sein, und zu guter Letzt hatte er einen Weg gefunden, die Pluralität der Religionen in ein Christentum als Krone der Religionsgeschichte zu integrieren.

Dabei beantwortete er en passant die Frage, wie das Judentum religionsgeschichtlich zu bewerten sei, gleich mit. 1911 brachte er die Sache auf den Punkt und schob das alttestamentliche Judentum als eine Religion aus der Zeit des Kollektivdenkens auf das Altengleis: Im »althebräischen Volk ... ist das Bewusstsein noch nicht durchgedrungen bis zum individuellen Einzelwesen des Menschen«. In seinem »Fünften Evangelium« verkündet Steiner durch »Jesus« 1913, dass die »Evolution des Judentums« am Ende sei: »Es ist nicht mehr für diese Erde möglich die Offenbarung des alten Judentums, denn die alten Juden sind nicht mehr da, um sie aufzunehmen. Das muss als etwas Wertloses auf unserer Erde angesehen werden.«

In diesem gigantischen Forschungsfeld der urchristlichen Geschichte hatte Steiner allerdings ein Riesenproblem: Ihm fehlte in jeder Hinsicht das wissenschaftliche Rüstzeug, historisch und namentlich sprachwissenschaftlich. Seine Griechisch- und Hebräischkenntnisse waren bescheiden. Wenn er sich an eigene Übersetzungen begab, dokumentierte er mehr theosophische Interessen als eine Kenntnis des Textes. Nur ein Beispiel: Das in zwei Evangelien aramäisch überlieferte Wort Jesu »Eli, Eli, lema sabachthani« (Mt 27,46; Mk 15,34) übersetzte er mit »Mein Gott, mein Gott, wie stark, wie sehr hast du mich verherrlicht, vergeistigt«. Das hat zwar viel mit Steiners theosophischer Geist-Metaphysik zu tun, doch kaum etwas mit der Quelle. Denn vom aramäischen Text her führt schlechterdings kein Weg zu der Übertragung Steiners. Angemessen wäre zu übersetzen: »Mein Gott, mein Gott, warum hast du mich verlassen?«

Auch vom wissenschaftlichen Stand der Debatte zum kulturellen Umfeld des Christentums war Steiner meilenweit entfernt, wie drei fast beliebige Beispiele illustrieren: Für den Verfasser des Johannes-Evangeliums hielt Steiner Lazarus, den Jesus von den

Toten auferweckt habe[11]; mit dieser Deutung folgte er dem völlig isolierten Zürcher Philosophieprofessor Johannes Kreyenbühl. Dass man vor einer solchen Antwort die Frage stellen müsste, ob das Johannes-Evangelium überhaupt einen einzigen Verfasser hat, kam damit nicht einmal in den Blick. Oder: Beim Matthäus-Evangelium ging Steiner von einer »aramäischen Urschrift« aus und griff auf Daniel Chwolson zurück, einen christlichen Konvertiten aus dem Judentum und Professor für semitische Philologie in St. Petersburg; de facto aber wurde das Matthäus-Evangeliums griechisch abgefasst. Dass schließlich die Essener, also die Gruppe asketisch und in Konkurrenz zum Jerusalemer Tempel lebender Juden, »die Persönlichkeit Jesu völlig verständlich« machten, wurde zwar heiß diskutiert, war aber damals schon spekulativ. Manche Ähnlichkeiten machen noch keine Verwandtschaft.

Blickt man auf Steiners Auseinandersetzung mit der historischen Textkritik und sein Beharren auf der historischen Verlässlichkeit der jesuanischen Stammbäume bei Matthäus und Lukas zurück, könnte einen Moment lang das Missverständnis aufkommen, er mache historische Fragen zum Angelpunkt seiner Interpretation. Aber damit hätte man weit gefehlt. Für Steiner lag das wirklich verlässliche Fundament allen Wissens in der »höheren« Einsicht, daran hat er überhaupt keinen Zweifel gelassen. Die Bibel war nicht die Grundlage seines Wissens, sondern das Objekt seiner Korrekturen. Die »Wahrheiten, wie sie den Evangelien zugrunde liegen«, dekretierte Steiner 1909, seien nicht mithilfe »äußerer Dokumente« zu erfassen, sondern nur durch »Selbstseher«. Deshalb werde die theosophische Forschung »die eigentliche Richterin sein über das, was in den Urkunden vorkommt«. Steiner war mit dieser Position nur konsequent: Wer hohere Einsicht hat, bedarf keiner heiligen Schrift. Deshalb wurde die »geistige« Erkenntnis zum Angelpunkt seiner Weltdeutung und begründete seine spirituelle Autorität gegenüber der Bibel.

Mit dieser »höheren Erkenntnis« sah sich Steiner in einem Boot mit einem großen Spiritualisten der Christentumsgeschichte, die die innere Erfahrung zum Angelpunkt ihrer Theologie macht: »Gleich wie der Paulus dazumal bei Damaskus überzeugt ward: Das ist der Christus – so wird es Menschen geben, die sich durch ihr Erleben im Ätherischen überzeugen werden, dass der Christus wirklich lebt.« Da war er wieder, der Begriff des Erlebens, der im Untergrund rationaler übersinnlicher Erkenntnis die emotionale Tiefe sichern sollte. Und dieses Erleben verstand Steiner natürlich nicht als äußerliches Widerfahrnis, sondern als innere Erfahrung. Deshalb hatte er schon bei seiner Annäherung an die Theosophie im Jahr 1901 eine Dimension der Christologie des Apostels Paulus, die Vorstellung des »Christus in mir«, hochgehalten und seitdem immer wieder die Verse des Angelus Silesius, »Wird Christus tausendmal in Bethlehem geboren / Und nicht in dir: du bleibst doch ewiglich verloren«, rezitiert. Dass er selbst diese Erkenntnis verkörpere, sollte seinen Anhängern ganz klar sein. Im Herbst 1910 signalisierte Steiner den Theosophen, die indische Begriffe kannten, auf welcher höheren Ebene er sich ansiedelte. »Nur andeutend«, aber doch für die theosophischen Eingeweihten verstehbar, ließ er durchblicken: Er selbst sei ein Bodhisattva, ein zur vollständigen Erleuchtung Gelangter, der in seiner aktuellen Inkarnation auf einen höheren Status verzichte, um den Menschen auf ihrem Weg zu höherer Erkenntnis zu helfen.[12]

Im Grunde blieb Steiner der historische Jesus fremd, die Ergebnisse der kritischen Exegese um 1900 waren in seinen Augen die geistlose Oberfläche über der Wahrheit. Der theosophische Jesus Christus antworte hingegen auf Steiners philosophische Fragen, letztlich zum Verhältnis von Geist und Materie. Steiner lechzte nach einer Bestätigung für die Göttlichkeit der Welt, die einige Naturwissenschaftler mit ihrem Materialismus – hatte der Philosoph Carl Vogt nicht behauptet, der Geist verhalte sich zur Materie wie der Urin zur Niere? – siegessicher dementierten. Der kosmische Christus hingegen garantierte Steiner die Widerlegung der Behauptung, dass der Geist nichts sei als eine Camouflage der Materie. Aber von solchen philosophischen Schrauben hat Jesus keine einzige gedreht. Steiners Christus hingegen hat sie geschmiedet, und Steiner fixiert damit die Balken im Tragwerk seiner Weltanschauung. Dem historischen Jesus hingegen ging es etwa um einen neuen Anfang (»Sündenvergebung«) und um das »Reich Gottes«. All das blieb Steiner fremd, gegen die »Sündenvergebung« hat er später im Namen der Selbsterlösung Stellung bezogen (s. Kap. 26).

Fortsetzung: Theosophische Konfliktzone

Am 11. Januar 1910 unterziehen Besant und Leadbeater Krishnamurti einer ersten Einweihung. Wir wissen nicht, ob Steiner davon im Vorfeld Kenntnis erhalten hatte oder etwa telegrafisch davon erfuhr, jedenfalls unterbricht er am 12. Januar 1910 seinen Vortragszyklus, um eine neue Facette seiner Christus-Vorstellung einzuführen: Er postuliert das »Wiedererscheinen Christi im Ätherischen«, das er im Verlauf des 20. Jahrhunderts erwartete. »Allerlei Urkunden«, beschied er zwei Wochen später, würden unnötig sein, wenn die Menschen dieses »Erlebnis« hätten. Der Name Krishnamurti (oder Alkyone, wie er in Europa genannt werden sollte) fiel nicht, wie er überhaupt in seinem Vorträgen vor der Trennung von Besant nicht nachweisbar ist. Aber wenn er dann von »falschen Christussen« sprach und von dem »maßlosen Hochmut« einiger Menschen, die »sich ausgeben werden unter den Menschen als der wiederverkörperte Christus«, womit »eine der furchtbarsten Versuchungen« auf die Welt zukomme, wussten Steiners Theosophen, wer damit gemeint war. Allerspätestens mit dieser Christus-Lehre endete Steiners Anspruch, die Theosophie sei ein Lehrgebäude ohne Dogmen. Steiner war dabei, eine relativ klassische Dogmatik zu entwickeln.

In diesen zunehmenden Turbulenzen beschließt Steiner, sein Buch *Das Christentum als mystische Tatsache* aus dem Jahr 1902 neu herauszugeben.[13] Diese im Mai 1910 abgeschlossene Edition dokumentiert seine bis zu diesem Zeitpunkt aufgelaufenen Veränderungen. Aus dem Christentum als einer »Mysterienweisheit« unter anderen war ein zentrales Ereignis der Menschheitsgeschichte geworden, aus dem inneren Erlebnis »zugleich das geschichtliche Ereignis auf Golgatha«, aus der »Persönlichkeit Jesu« das »Christus-Geheimnis«. Die Rede vom »Buddha-Jesus« war getilgt, der Begriff des »Mysteriums von Golgatha« hingegen neu in den Text aufgenommen. Doch Steiner mauerte, als es darum ging, seine kreative Christologisierung einzugestehen: »Irgend etwas Wesentliches an der ersten Auflage zu ändern, hat sich der Verfasser bei Veranstaltung dieser zweiten Auflage nicht veranlaßt gesehen. Dagegen finden sich in derselben Erweiterungen des vor acht Jahren Dargestellten.« Betrachtete Steiner die neue Konstruktion wirklich als Erweiterung? Oder ließ das Image des Hellsehers ewiger Weisheiten das Eingeständnis einer produktiven Gestaltung seiner Christologie nicht zu?

Am 4. September 1910 verschärft Steiner die Abgrenzung gegenüber Besant, nun auf dem Feld des historischen Jesus. Besant hatte 1903 in ihrem *Esoterischen Christentum* behauptet, Jesus sei in Wirklichkeit als Jeshu ben Pandira im Jahr 105 v. Chr. geboren, womit sie auf spätantike, um 1900 erneut ventilierte Vorstellungen zurückgriff. Dazu hatte sich Steiner bislang noch nicht öffentlich geäußert, jetzt aber widerspricht er seiner Präsidentin frontal: Jeshu ben Pandira sei in Wahrheit »Lenker und Leiter ... in den Essäer-Gemeinden« gewesen. Historisch sind beide Positionen gleichermaßen fiktiv, aber der strategische Punkt ist ein anderer. Steiner war dabei, sich durch Kritik an Besant, an ihrer Fähigkeit, historische Fakten korrekt mit hellsichtigen Mitteln zu schauen, stärker denn je zuvor von ihr zu lösen.

Christologie war zum tagespolitischen Geschäft geworden. Dafür gab es keinen Masterplan, vielmehr schmiedete Steiner eine Waffe im Kampf mit Adyar um die ideenpolitische Macht in der Theosophischen Gesellschaft. Monat für Monat verändert er seine Christus-Vorstellung. Aber er sucht in seinen Modifikationen nun nicht mehr nach einem Konsens mit Besant, sondern entwickelt eine eigene Christologie, die sich in zentralen Punkten von der Gegnerschaft zu Krishnamurti herschreibt. Als er am 25. Oktober 1910 feststellt: »Der Christus war ein einziges Mal physisch da«, kann niemandem verborgen bleiben, dass die Zeichen inzwischen auf Sturm stehen.

Aber die Genese von Steiners Christus-Vorstellung geht nicht im Abwehrkampf gegen Krishnamurti auf. Dies dokumentiert eine Erweiterung, die er wohl erstmals am 13. Oktober 1911 formulierte. Steiner war dabei, disparate Elemente zu verschmelzen: Karma und Christus. Bislang führte die Karmaidee ein Eigenleben: Durch die Reinkarnationen nehme der Mensch sein Schicksal selbst in die Hand, büße für ein schlechtes Verhalten oder bereite den Grund für eine gute Wiederverkörperung. »Der Christus« spielte dabei seit 1903, als Steiner die Karmavorstellung zu entwickeln begann, keine Rolle. Konsequenterweise hatte Steiner in seinem Schulungsweg *Wie erlangt man Erkenntnisse der höheren Welten?* denn auch die Selbsterlösung gefordert.

1911 aber beginnt er, an dieser Stellschraube zu drehen, indem er eine Art Arbeitsteilung zwischen dem Menschen und Christus vorsieht. »Der Christus« solle für die Erlösung all derjenigen Bereiche zuständig sein, die den Einzelnen überfordern. Demnach habe jeder Mensch seine persönliche karmische Schuld durch Selbsterlösung abzutragen, wohingegen die kosmischen Schuldfolgen von »dem Christus« übernommen würden.[14] Steiner ist dabei, eine umfassende Erlösungslehre zu entwickeln. Faktisch nähert er sich dabei immer mehr Vorstellungen Besants und Leadbeaters, vor allem aber auch hier großkirchlichen Fragestellungen an.

Zumindest aus Besants Perspektive darf man aber in solchen Konfliktsteigerungen nicht zu früh ein letales Gift für das Verhältnis zwischen ihr und Steiner sehen. Denn in ihrem Konzept regionaler Theosophien lagen solche Entwicklungen wohl noch im grünen Bereich – vermutlich, solange sie ihre Autorität gewahrt meinte. Sie versucht jedenfalls noch lange, die Wogen zu glätten. Am 22. November 1911 schlägt sie Steiner in einem persönlichen Brief vor, im *Theosophist* eine Darstellung seiner Christologie zu veröffentlichen. »Ich gehe davon aus, dass Sie & ich sehr unterschiedliche Perspektiven haben.«[15] Hier mögen sich natürlich weltanschauliche Elastizität und strategisches Kalkül gekreuzt haben. Klar ist jedenfalls, dass die Fronten im Herbst 1911 noch nicht betoniert waren. Aber klar ist auch, dass der Konflikt ein zerstörerisches Potenzial enthielt. Denn es ging längst nicht mehr nur um die Christologie, sondern, wie im letzten Kapitel geschildert, inzwischen auch offen um die Macht. Dies war nicht mehr die Zeit großer christologischer Innovationen. Mit der Trennung von der Theosophischen Gesellschaft endeten die großen christologischen Vorträge. Das Gebäude von Steiners Christus-Vorstellung stand grosso modo mit dem Jahr 1911.

Anthroposophischer Abgesang auf die theosophische Christologie

Als es am 28. Dezember 1912 so weit ist und Steiner die Trennung von der Adyar-Theosophie und von Annie Besant vollzieht, hält er einen programmatischen Abgrenzungsvortrag über »Die Bhagavad Gita und die Paulusbriefe«, also über östliche und westliche Religion, implizit auch über die alte Theosophie und die neue Anthroposophie:

> »Der Lichtschein, in den sich der Christus kleidet, ist der Krishna. Und weil der Christus den Krishna zu seiner eigenen Seelenhülle genommen hat, durch die der dann fortwirkt, ist enthalten in dem, was aufstrahlt, ist in dem Christus auch alles das, was einstmals Inhalt der erhabenen Gita war.«

Das war religiöser Klartext in vereinspolitischer Absicht: Der Christus erhellt den Krishna, das Christentum ist der Gipfel der Religionsgeschichte. Einen Verweis auf Krishnamurti darf man noch mithören, aber Steiner hatte mit dem Bezug auf den Gott Krishna die Sache ins Grundsätzliche gewendet. Die theosophische Konzeption, in den vielen Eingeweihten der vielen religiösen Traditionen ein egalitäres Erbe zu sehen, das den europäischen Suprematieanspruch, sozusagen den religiösen Imperialismus, überwinden sollte, war damit verabschiedet.

Der Rest war Demontage der östlichen Traditionen. Besonders prägnant kartete Steiner im Oktober 1913 nach, als er sich zum Verkünder seines eigenen, des »Fünften Evangeliums« aufschwang, das er durch »Akasha-Forschung« ermittelt habe. Die Zeitgenossen konnten in dem Begriff des »Fünften Evangeliums«, der seit dem Ende des 19. Jahrhunderts Karriere machte, den Anspruch auf eine Überbietung der Bibel, in der nur vier Evangelien stehen, hören. Ernest Renan, Bestsellerautor des Romans *Das Leben Jesu*, oder auch Nietzsche hatten davon gesprochen. Und die Zeitgenossen dürften Steiner vor diesem Hintergrund gut verstanden haben: Er beanspruchte, eine neue Offenbarung, das wahre Evangelium zu bieten.

Zur Erläuterung seiner Offenbarung nutzt Steiner die Lücke

im Leben Jesu zwischen dem zwölften und dreißigsten Lebensjahr – eine Zeit, über die die biblischen Evangelien nichts wissen und die deshalb einer der beliebtesten Plätze religiöser Spekulateure war. Steiner lehrt nach einer Lektüre in der *Akasha-Chronik* in seinem »Fünften Evangelium« aus dieser Lebensphase Jesu über ein Gespräch zwischen Jesus und Buddha:

> »Es gehört zu meiner okkulten Verpflichtung, Ihnen den Inhalt dieses Geistgespräches mitzuteilen, denn wir dürfen, ja wir müssen heute diese bedeutsamen Geheimnisse der Menschheitsevolution berühren. In diesem bedeutsamen Geistgespräch erfuhr Jesus von Nazareth von dem Buddha, dass dieser etwa sagte: Wenn meine Lehre so, wie ich sie gelehrt habe, völlig in Erfüllung gehen würde, dann müssten alle Menschen den Essäern gleich werden. Das aber kann nicht sein. Das war der Irrtum meiner Lehre.«

Wer wollte, konnte hören: Buddha hat sich geirrt, und Buddha gesteht dies Jesus. Und wer mehr hören wollte, durfte mithören: die Theosophie hat sich geirrt, Besant hat sich geirrt. Mit den allerhöchsten Instrumentarien esoterischer Legitimation, mit »Akasha-Forschung« und Offenbarungsanspruch, identifiziert Steiner die Theosophie als Häresie. Die Nachricht lautete: Die Wahrheit ist im Besitz der Anthroposophie.

Epilog: Steiners »Gestanden-Haben vor dem Mysterium von Golgatha«

Ein Jahrzehnt später, 1923, erzählt Steiner in seiner Autobiografie von seinem »geistigen Gestanden-Haben vor dem Mysterium von Golgatha«, von dem Augenblick einer Erfahrung, von einem Moment, in dem sich eine Art Geisttaufe im Angesicht des Christus-Mysteriums ereignet habe. Diese Äußerung hat viele seiner Biografen angestrengt nach Ort und Zeit suchen lassen. Aber wenn man diese Frage zulässt, muss man heute bilanzieren: Wir wissen nicht, wo oder wann es gewesen sein könnte.[16] Doch vermutlich ist die Rede vom »Gestanden-Haben« vor einem »Mysterium« ein Konversionsbekenntnis mit Nebelkerze. Denn in diesem Rückblick auf eine einzelne »Mysterien«-erfahrung prägt wieder die europäische Matrix der punktuellen Bekehrung Steiners Skript. Sicher können wir nur sagen, dass er sich zwischen 1906 und 1911 zunehmend mit christologischen Fragen beschäftigt hat. Vielleicht – vermutlich – hat Steiner in dem Bild vom »Gestanden-Haben« seine Christus-Erfahrungen verdichtet. Am Ende seines Lebens konnte er wohl ehrlichen Herzens behaupten, vor dem Christus gestanden zu haben. Dann aber darf man mit einem gewissen Recht vermuten: Den dramatischen Umkehrpunkt, an dem Steiner ins Licht der Erkenntnis getreten wäre, so wie Paulus nach seinem Sturz vom Pferd vor Damaskus in der Erzählung des Lukas, hat es nicht gegeben. Die Metapher vom »Gestanden-Haben« ist wohl eher eine Verdichtung langer Transformationsprozesse. Das Schöne an solchen Sprachbildern ist, dass sie einen uneinholbaren Freiraum der Deutung eröffnen. Wer nun immer noch Lust auf eine konkretere Vermutung hat, möge sich bis zum 15. Kapitel gedulden.

DREIZEHN

Esoterische Schule. Höhere Erkenntnis zwischen Geist und Macht

Spot: Exerzitien

Der Tag der esoterischen Schülerin bricht mit der großen Morgenmeditation an: »Aum«, murmelt sie, die erhabene Silbe des Hinduismus. Dann folgt, so wie es Steiner vorschreibt, die »Erhebung zum höheren Selbst«, indem sie das theosophische Mantra spricht:

»Strahlender als die Sonne
Reiner als der Schnee
Feiner als der Aether
Ist das Selbst
Der Geist in meinem Herzen
Dies Selbst bin ich. Ich bin dies Selbst.«

Steiner hatte diese Verse aus Besants Schulungsprogramm wohl selbst übersetzt und, wie er es in den Anfangsjahren für alle Schüler und Schülerinnen tat, handschriftlich auf das Blatt mit den Meditationsanweisungen geschrieben.[1]

Nach fünf Minuten beginnt sie mit der Atemübung. »Einatmung: *Suche den Weg* (tief, ruhig).« Dann den Atem anhalten: »*Suche den Weg in der Versenkung.*« Und »Ausatmen (nicht stoßweise): *Suche den Weg indem kühn du heraus aus dir selbst trittst.*« Dreimal ein- und ausatmen, die Seele auf den Atem legen, Körper und Geist in Einklang bringen. Nun ist sie auf den Meditationsspruch vorbereitet: »Bevor das Auge sehen kann, muss es der Tränen sich entwöhnen.« Dieser Satz, das weiß sie, stammt aus dem Besinnungsbuch *Licht auf den Weg*, das unter dem Namen Mabel Collins im Umlauf war. Steiner verehrte die Autorin, Kenningale Cook, und trug zu ihrem Büchlein gern

Auslegungen vor. Denn ein Eingeweihter, Meister Hilarion vom Berg Athos, habe es ihr höchstpersönlich diktiert.

Weitere fünf Minuten sind vergangen. Die letzte Einheit beginnt: »Devotionelle Hingabe an das eigene göttliche Ideal.« Nochmals fünf Minuten lang. Schließlich »Ausklingen«: »Selbstvertrauen.« Eine Viertelstunde ist vorbei. Der Tag kann beginnen.

Die Esoterische Schule der Theosophischen Gesellschaft

Ein Blick zurück. Blavatsky wohnte nach ihrer Flucht aus Indien seit 1887 in London und suchte einen neuen Platz in der Theosophischen Gesellschaft, während Olcott faktisch die Leitung der Gesellschaft allein in Händen hielt. In dieser Situation schuf sie sich ein neues Wirkungsfeld, eine Esoterische Schule. Sie sollte innere Erkenntnis vermitteln, würde Blavatsky aber auch eine eigene Machtbasis verschaffen. Und so begann sie, nachdem die Suche nach Geheimlehrern und Yoga-Eingeweihten in Indien grosso modo enttäuschend verlaufen war, selbst an einem Meditationskonzept zu arbeiten. Einmal mehr entstand ein europäisches Produkt in indischem Gewand, Blavatsky kreierte Selbsterfahrungstechniken aus dem Geist des Mesmerismus, der fluidale Kräfte zu beherrschen versprach. In dem kleinen Kreis von einem guten Dutzend Menschen, in dem Blavatsky die führenden Köpfe der Theosophie zu versammeln suchte, ist es nicht zu einer intensiven meditativen Praxis gekommen; die Abende hatten sich zur Unzufriedenheit vieler Teilnehmer weitgehend in Vorträgen erschöpft, als Blavatsky 1891 starb. Aber die Idee war geboren, und mit ihr fand die Zwiebelschalenstruktur der Theosophischen Gesellschaft ihren markantesten Ausdruck: in einem innersten Kern.

Zur eigentlichen Schöpferin der Esoterischen Schule wurde nach Blavatskys Tod Annie Besant. Um zu verstehen, was sie mit der Esoterischen Schule auf den Weg brachte, muss man kurz innehalten und einen Blick auf die Geschichte der Meditation in Europa werfen. Die Tradition der Kontemplation war in der Frühen Neuzeit weitgehend marginalisiert, auf einige Ordensgemeinschaften beschränkt. Europa war ein Kontinent fast ohne meditative Techniken geworden, im Protestantismus, woher die Theosophen überwiegend kamen, allemal. In dieser spirituellen Wüste ging die Theosophie daran, die Meditation neu zu erfinden, nur in Konkurrenz zu anderen alternativreligiösen Gruppen wie dem »new thought« (der Ende des 19. Jahrhunderts entstandenen »Neugeist«-Bewegung). Hier liegt die religionshistorische Bedeutung der Esoterischen Schule.

Besant organisierte systematisch meditative Praktiken, die mit Blavatskys Frontalvorträgen nicht mehr vergleichbar waren. Auf das Werk dieser Frau traf Steiner, als er am 23. Oktober 1902[2], sechs Tage nach seinem Beitrittsgesuch und vier Tage nach seiner Wahl zum Generalsekretär, von Besant aufgenommen wurde. Über die näheren Umstände wissen wir nichts, denn Steiner hatte kein großes Interesse daran, sich über diesen Akt der Einordnung auszulassen.

Bei seinem Eintritt existierten »zwei Abteilungen«, der »Orden der Prüfung, der Hörer«, auch »Shrâvaka-Orden« genannt, und eine zweite Abteilung, in die man nach Ablegung eines Gelöbnisses gelangte und die in Grade eingeteilt war.[3] Besant stellte die Schüler dann vor die Wahl, einen von vier Wegen einzuschlagen: die allgemeine Disziplin, die christlich-gnostische Disziplin (auch Disziplin der Hingabe genannt), die pythagoräische (oder intellektuelle und künstlerische) Disziplin oder die karmische (oder Tathandlungs-) Disziplin. Der Eintritt in höhere Grade nach einem, später nach zwei Jahren, war streng von oben nach unten formalisiert: Der »Sub-Warden [Gruppenleiter] des Kandidaten« verfasste einen »Bericht«, auf dessen Grundlage der »korrespondierende Sekretär der Abteilung« die Beförderung beschloss. Jetzt konnte man sich entweder einer lokalen Gruppe anschließen oder korrespondierendes Mitglied sein.[4] Nach der Prüfungszeit legte man ein Aufnahmegelöbnis ab, das zu Steiners Eintrittszeit folgenden Wortlaut besessen haben dürfte:

> »Ich verspreche, niemandem außerhalb der E.S. [Esoterischen Schule] irgendwelche Unterlagen des Prüfungsordens der E.S. zu zeigen, sowie die Regeln der ... Disziplin, in welche ich nun eintrete, zu befolgen. Ich verspreche ferner, dem äußeren Haupt

der Schule oder ihrem Vertreter auf Verlangen erhaltene Unterlagen zurückzugeben.«

Das tägliche Leben war minutiös geregelt, und über die Erledigung der Meditationspflichten hatte der Schüler Tagebuch zu führen. Er »muß dem Sub-Warden an der ersten Zusammenkunft des Monats eine schriftliche Bescheinigung geben, daß er die Regeln befolgt hat, oder, wenn dies nicht der Fall war, welche Unterlassungen er gegangen [sic] hat, und aus welchem Grunde. Nachlässige Schüler werden nach drei Verwarnungen aufgefordert, ihre Papiere zurückzugeben und gelten nicht mehr als Mitglieder der Schule.« Alkohol, Fleisch und Drogen waren verboten[5], hingegen das Studium von Texten vorgeschrieben. Man versenkte sich im Blavatskys *Geheimlehre*, in deren drittem Band Besant Unterlagen aus Blavatskys Esoterischer Schule publiziert hatte, in Blavatskys Besinnungsbuch *Stimme der Stille*, in die *Bhagavad Gita* oder in Leadbeaters *Okkulte Chemie*.

Steiners Esoterische Schule

Leider wissen wir so gut wie nichts über Steiner in seiner Zeit als esoterischer Schüler. Es ist unklar, was er Besant versprochen hat, sofern er ein Versprechen abgelegt hat. Wir haben keine Kenntnis davon, welche Schulungsmaterialien sie ihm übergab oder ob er, wie Gustav Meyrink, Korrespondenzbriefe zu Meditationsfragen erhalten hat. Und besonders misslich ist, dass wir fast nichts über Steiners eigene Praktiken wissen. Denn er war ein Neubürger im Land der Meditation, jedenfalls gibt es keinerlei Hinweise, dass er in seiner vortheosophischen Phase damit Erfahrungen gesammelt hätte. Sofern er meditiert hat, geschah es ohne persönliche Begleitung – wer hätte es auch tun sollen? Sicher hat er, wie immer, gelesen. In seiner Bibliothek finden sich jedenfalls die *Yoga-Aphorismen des Patanjali* mit den Anmerkungen des Theosophen William Quan Judge aus dem Jahr 1904.

Kritiker und Wissenschaftler haben sich auch gefragt, welche psychische Disposition Steiner besaß, ob er, polemisch gefragt,

»geisteskrank« war oder, seriöser, an Schizophrenie litt.[6] Aber neuere psycho-medizinische Überlegungen dazu fehlen. Oder nahm er vielleicht doch Drogen? Mit dem Schnupftabak, den er liebte, könnte er auch Kokain, den »Schnee«, wie es in seinen Briefen heißt, zu sich genommen haben, vielleicht bewusst, vielleicht auch ohne es zu wissen.[7] Halluzinogene Mittel mögen, wenn er sie denn nahm, einzelne Erfahrungen erklären, aber seine Beschäftigung mit meditativen Techniken über zweieinhalb Jahrzehnte geht darin nicht auf. Steiner bleibt uns als esoterischer Schüler weitgehend verborgen.

Sehr viel mehr wissen wir über den Lehrer Steiner. Schon 1902 hatte er Hübbe-Schleiden seine Absicht eröffnet, »›*Geistesschüler*‹ auf die Bahn der Entwicklung zu bringen«[8], im April 1903 schrieb er seiner künftigen Geliebten Marie von Sivers »fleißigste Meditationsarbeit« vor, er »weiß« einige Monate später, dass sie bei ihrer Meditation »weiter kommen« wird, und er verlangt von ihr, »es mit Deiner Meditation, wie wir es besprochen haben«, zu halten. Fehlende (intensive) Praxis und die Prätention eigener Meditationserfahrung kumulieren bei Steiner zu einer irritierenden Mischung. Er trat jedenfalls nach kürzester Zeit als Meditationslehrer auf – aber wer wusste unter den Theosophen schon genau, was er vor 1900 getan hatte? Manche dürften jedenfalls ein Fragezeichen hinter Steiner als esoterischen Lehrer gesetzt haben. So schrieb er im September 1903 Johanna Mücke, der Mitarbeiterin aus der Arbeiter-Bildungsschule, »ich werde nie über irgendetwas *Geistiges* sprechen, das ich nicht aus unmittelbarer geistiger *Erfahrung* kenne«[9]. Hinter einer solchen Feststellung, die wie ein Ausrufezeichen klingt, kann man ein Fragezeichen mithören, wie es denn um Steiners eigene Erfahrung stehe.

Am 10. Mai 1904 war seine Schülerzeit offiziell vorbei. Besant überreichte ihm die Ernennungsurkunde zum »Arch-Warden«, zum Landesleiter der Esoterischen Schule in Deutschland und im Habsburgerreich, unter der Bedingung, alles, was er tue, in »direct communication«[10] mit ihr zu entscheiden. Vielleicht war er eigens für diese Ernennung nach London gefahren, und möglicherweise hatte er ihr dabei als Ausweis seiner hellsichtigen Kompetenz sein Buch *Theosophie* überreicht. Bei diesem Besuch muss Besant ihn tief beeindruckt haben, denn noch 1925, nach der Trennungsgeschichte mit ihren tiefen Verwundungen, erinnert er sich, dass er bei diesem Besuch gewusst habe, dass sie »aus der geistigen Welt« aufgrund ihrer »eigenen Erlebnisse« spreche. Steiner kam nun bis 1905 in eine Phase, in der er immer wieder stolz berichtete, Schüler eines Meisters zu sein: »Ich kann und darf nur soweit führen, als der erhabene Meister, der mich selber führt, mir die Anleitung gibt«, heißt es in einem Brief an zwei esoterische Schüler, Doris und Franz Paulus; »der Meister« habe ihn überzeugt, Theosoph zu werden[11], schrieb er Marie von Sivers; wir hören, dass ihm die Meister das Recht zur Veröffentlichung der Regeln der Esoterischen Schule gegeben hätten[12], dass er »täglich« die »Mahnung« der »heiligen Meister« vernehme, die die Esoterische Schule »selbst begründet« hätten und sie leiteten.[13] Solche Demutsbezeugungen gegenüber den »Meistern« sind nicht minder irritierend als der große Gestus des Wissenden gegenüber esoterischen Schülern zur gleichen Zeit.

Am 9. Juli 1904 amtiert er erstmals als Arch-Warden, aber es dauert noch fast ein Jahr, bis er im Juni 1905 den ersten Rundbrief mit den Regeln der Esoterischen Schule versendet.[14] Vielleicht ist das ein Indiz, dass er mit der Konzeption einer Esoterischen Schule bis über beide Ohren beschäftigt war. Der erste Versuch einer Schulungsanleitung unter dem Titel *Wie erlangt man Erkenntnisse der höheren Welten?* entstand ja zwischen Juli 1904 und September 1905, die zugehörigen Mitteilungen aus der *Akasha-Chronik* ebenfalls seit Sommer 1904. Erst im Herbst 1905 mehren sich die esoterischen Stunden[15], 1906 schließlich kommt es zum organisatorischen Abschluss mit der Einrichtung der Freimaurerei (s. Kap. 14). Am 3. Januar 1906 erhält er von Theodor Reuß das Patent zur Leitung der freimaurerischen Mystica Aeterna, und noch in diesem Jahr ernennt er einen Sub-Warden der Esoterischen Schule, Adolf Arenson in Stuttgart.[16]

Wie hat man sich das Leben in der Esoterischen Schule vorzustellen? Zuerst einmal ein wenig bürokratisch. Die Schüler hatten ein »pledge«, eine Verpflichtungserklärung, zu unterschreiben, dass sie die Regeln einhalten, die Geheimhaltung wahren und die Unterlagen auf Anforderung zurückgeben werden. Der

Empfang aller Schriften war mit einer Postkarte zu bestätigen, die Unterlagen selbst sollten in einer verschlossenen Schachtel aufbewahrt und bei Austritt aus dem »Orden« oder im Todesfall zurückgegeben werden. Anfangs schrieb Steiner alle Anweisungen für die Schüler und Schülerinnen handschriftlich selbst, in den Jahren bis 1906 teilweise mit »Streng vertraulich!« betitelt, später gab es vervielfältigte Vorlagen, in die Steiner nurmehr den Meditationsspruch sowie kurze, aus einem oder wenigen Worten bestehende Meditationsformeln eintrug.[17] Nicht ganz klar ist jedoch, wie er den Umgang mit diesen Texten praktisch handhabte. Im Jahr 1904 etwa finden sich Belege, dass das Versprechen handschriftlich abzuschreiben war, das Steiner dann an Besant weiterleiten wollte.[18] Schon 1905 aber dürfte ein vorgefertigtes Formular ausgefüllt und unterschrieben worden sein.

Ob und in welchem Ausmaß er diese Erklärungen dann an Besant geschickt hat, ist unklar; spätestens 1907, als er mit Besant übereinkam, die Esoterische Schule aufzuspalten, wird er damit aufgehört haben. Möglicherweise verzichtete Steiner seitdem vollständig darauf, schriftliche Versprechen einzuholen.

Sodann aber darf man auch ruhig an Pathos denken. Er unterrichtete in Räumen, in denen zumindest in den ersten Jahren die offiziösen Porträts der Mahatmas »Kuthumi« und »Morya« gezeigt wurden, die nach Anweisungen Blavatskys entstanden waren und die der theosophische Maler Hermann Schmiechen auch für die deutschen Adyar-Theosophen angefertigt hatte. Ergriffenheit stellte sich ein, wenn er den sogenannten Rosenkreuzerspruch »Ex deo nascimur, in Christo morimur, per spiritum sanctum reviviscismus« (Aus Gott werden wir geboren / In Christus sterben wir / Durch den Heiligen Geist werden wir wieder lebendig), den er ungezählte Male vortrug, mit feierlicher Inbrunst deklamierte: Er sprach »bei den esoterischen Stunden den zweiten Satz des Wahlspruchs: ›In ... (Schweigen – und einen anderen Blick aus seinen Augen) ... morimur‹ abgehackt, mit Strenge und Erregung, erfüllt von Jenem, was zwischen ›In‹ und ›morimur‹ steht«. Ohnehin hatten die Schüler den Eindruck, einen anderen Menschen vor sich zu sehen:

> »Wenn er zu den esoterischen Stunden kam, sah er nicht aus wie Rudolf Steiner, sondern nur wie sein Gehäuse. ›Es sprechen aus

mir die Meister der Weisheit und der Empfindungen‹, begann er. Es war stets feierlich. Man kann das gar nicht vergessen, den Ausdruck seines Gesichtes.«[19]

Steiner verstand sich in diesen Momenten als »hellsichtig« und ließ sich in diesem Zustand auch von dem Maler Fritz Hass fotografieren.[20]

Den theosophischen Meditationsrahmen füllte er mit vielen Details. Meditiert wurde mit gekreuzten Beinen und »mit den zwei Handflächen nach unten auf den Knien«. Der »Hörer« hatte morgens die große Morgenmeditation zu machen, nach einem Bad und vor dem Frühstück, abends die Rückschau auf den Tag. Dazwischen »muß« der Schüler »wenigstens eine halbe Stunde täglich ein Buch aus der beigefügten Liste studieren«. Jeder »muß« einer Ortsgruppe angehören oder mit ihr korrespondieren, eine Abwesenheit ist schriftlich zu entschuldigen. Der »Zögling« »muß« ein Meditationstagebuch führen und dem Sub-Warden bei der ersten Zusammenkunft im Monat schriftlich bestätigen, dass er die Meditationsregeln eingehalten hat. Nicht nur Alkohol und Drogen waren verboten, »sogar die mit Alkohol gefüllten Süßigkeiten sind von sehr schädlicher Wirkung«. Fleischverzicht war anempfohlen, aber wer in den ersten Grad aufsteigen wollte, musste vegetarisch leben, denn »im Fleisch genießt der Mensch die ganze Tierleidenschaft mit«. Auch für Vegetarier gab es Einschränkungen: keine Linsen, Bohnen, Erbsen und insbesondere keine Pilze, denn sie »sind ungemein schädlich; sie enthalten hemmende Mondenkraft«. Und natürlich waren all diese Übungen in den großen Rahmen der theosophischen Weltanschauung eingeordnet. Das Angebot etwa, über den Menschen als Rekapitulation der kosmischen Phasen zu meditieren[21], verband die theosophische Anthropologie mit der Kosmologie.

Man kann diese Praxis an zwei Meditationen exemplarisch illustrieren. In der »Samenkorn«-Meditation aus dem Schulungsweg *Wie erlangt man Erkenntnisse der höheren Welten?* sollte man ein Samenkorn betrachten und sich vorstellen, wie daraus eine Pflanze wachse. Dazu lasse man seine »Phantasie« spielen. Dann, so Steiner, erkenne man eine »Lichtwolke« um das Korn und schaue das Unsichtbare »auf geistig sichtbare

Art«. Will sagen: Der Meditierende habe nun übersinnliche Erkenntnis. Eine andere, die »Rosenkreuz«-Meditation aus der *Geheimwissenschaft* hingegen, arbeitete stark allegorisch: Man sehe das schwarze Kreuz als »Sinnbild für das vernichtete Niedere der Triebe und Leidenschaften« und dort, wo sich die Balken schneiden, sieben rote Rosen als »Sinnbild für ein Blut, das Ausdruck ist für geläuterte, gereinigte Leidenschaften und Triebe«. Will sagen: Der Meditierende erkenne, dass Bilder stellvertretend für geistige Dinge stehen und in sie hineinführen.

Solche Meditationen kreisten um ein Zentrum, um die Identität von Geist und Materie, um die Einsicht, dass sich alles ineinander verwandeln lasse: oben und unten, innen und außen, die sichtbare und die unsichtbare Welt. In diesem Erkenntnisprozess ereigne sich, wenn der Meditierende die Person »ausschalte«, die Geburt des »höheren Selbst«, des göttlichen im »leiblichen« Menschen. Wenn Steiner dieses spirituelle Zentrum in kürzester Form erklären wollte, hat er gemalt[22]: eine Schneckenlinie, die sich ein- und wieder ausdreht; einen Kreis, der sich in einen Punkt verwandelt und umgekehrt; Pfeile, die von einem Punkt ausgehend nach außen zeigen und daneben die gleichen Pfeile, die auf den Mittelpunkt eine Kreises verweisen. Will sagen: Innen und außen, oben und unten, Geist und Materie sind nur zwei Seiten des »Wesens« der Welt. Mithilfe dieser Besinnungstechniken sollte den Schülern, so die große Hoffnung, das ganze Reich der übersinnlichen Erkenntnis offenstehen: von der Lektüre in der *Akasha-Chronik* bis zur Erkenntnis ihrer eigenen früheren Inkarnation.

Aber diese Aufzählung einzelner Elemente unterschlägt die Variationsbreite von Steiners Anweisungen. Denn er individualisierte seine Übungen zumindest in den ersten Jahren und nahm in den folgenden unentwegt Veränderungen vor. Zu den kleineren Modifikationen gehört die Eliminierung der »indisch«-theosophischen Begriffe im Verlauf seiner Distanzierung von der Theosophie. Verändert hat sich auch die Rolle »des Christus«. Er spielte in den ersten Jahren selbstverständlich keine Rolle, erst seit 1906 war Steiner ja langsam dabei, eine Christologie zu entwickeln.

Eine einschneidende Veränderung betrifft Steiners Einstellung zu Atemübungen. In den ersten Jahren finden sich Hinweise, beim Ein- und Ausatmen Sprüche auf den Atem zu legen[23], wobei diese Übungen nur unter der Kontrolle des Geheimlehrers erfolgen sollten.[24] Aber nach dem Ersten Weltkrieg nimmt Steiners Kritik an Atemübungen zu, vermutlich in Reaktion auf die Verbreitung von Yoga-Praktiken. Unübersehbar ist auch, dass seine Vorbehalte gegenüber Geheimlehrern wachsen. Im Nachwort zu *Wie erlangt man Erkenntnisse höherer Welten?* aus dem Jahr 1918 setzt er dieses Buch an die Stelle des Lehrers: »Wenn gesagt ist: Der Geheimschüler bedürfe der persönlichen Anweisung, so fasse man dies doch so auf, dass das Buch selbst eine solche persönliche Anweisung ist.« Aber hier muss man genau auf Theorie und Praxis schauen: Er selbst hat seine autoritäre Lehrerrolle in der Praxis nie zurückgenommen, vermutlich haben die Anthroposophen ihm diese Lehrerrolle auch aufgedrängt. Man kann deshalb die Aufwertung seines Buches gar als sublime Autoritätsverstärkung gegenüber Nachfolgern lesen: Wenn er einmal nicht mehr lebte, würde das Buch seine Stelle einnehmen. Geändert hat sich auch, zumindest theoretisch, Steiners Verhältnis zur Geheimhaltung. In seinen ersten theosophischen Jahren stand es für ihn außer Zweifel, dass er zumindest »*heute* noch« verpflichtet sei, über seine Quellen »Schweigen zu beobachten«. »Wieviel von den Erkenntnissen, die im Schoße der theosophischen Strömung verborgen liegen, nach und nach mitgeteilt werden darf, das hängt ganz von dem Verhalten unserer Zeitgenossen ab.« Gegenüber der Öffentlichkeit galt es aus unterschiedlichen Gründen zurückhaltend zu sein. Steiner fürchtete »gewisse Wirkungen auf den Menschen ..., die zuweilen das sofortige Eingreifen eines erfahrenen Geheimkundigen und jedenfalls dessen fortwährende Aufsicht nötig machen«[25]. Im Klartext: Bei Psychotechniken, wie sie in der Esoterischen Schule angewandt wurden, drohten seelische Schäden, allemal, kann man ergänzen, bei einem Meditationslehrer, dem es an Erfahrung mangelt. Als ihm beispielsweise Mathilde Scholl, von Beruf Lehrerin und eine der frühen Schülerinnen Steiners, 1905 von »Depressionszuständen« berichtet, antwortet Steiner locker: »Machen Sie sich darüber keine Sorgen. Solche Erlebnisse sind notwendige Begleiterscheinungen einer wirksamen esoterischen Arbeit.« Es ist kaum überraschend, dass die psychischen Probleme aus den Schulungen bald an die Öffentlichkeit drangen.[26] Aber öffentlich hat sich Steiner zu den Gerüchten und Fakten dazu kaum geäußert. Geschlossene Fenster waren in der Esoterischen Schule auch angesichts vereinsinterner Rankünen angesagt. Eine »Fabrik für die Herstellung von Initiierten« hatten innertheosophische Kritiker schon in Besants Esoterischer Schule gesehen.[27] Damit unterstellte man nicht nur eine Einweihung zum Billigtarif, sondern befürchtete auch, hier werde die Machtelite der Theosophie herangezüchtet.

Im Laufe der Jahre verkündete Steiner dann, dass die Zeit der Geheimhaltung vorbei sei. Aber an der Praxis, geheimzuhaltende Texte zu produzieren, änderte sich fast nichts. Noch kurz vor seinem Tod dekretierte er den Ausweg, Publikationen zwar zuzulassen, aber das Gespräch darüber mit »Uneingeweihten« zu verweigern (s. Kap. 25). Letztlich ist all dies vereinssoziologisch verständlich. Denn die Esoterische Schule war nicht nur ein systematisierter Erkenntnispfad, sondern auch der Hort für den engsten, den überzeugten Kern der Theosophischen Gesellschaft. Spiritualität und Macht reichten sich die Hand. Steiner hat die Kontrolle, wer hier eintrat und was hinausging, nie aus der Hand gegeben und unbeugsam auf Geheimhaltung gepocht. Die Schulungsunterlagen wurden seitens seiner Nachlassverwalter erst Jahrzehnte nach seinem Tod publiziert, als unlizensierte Drucke durch keine Rechtsmittel mehr zu verhindern waren.

Zeitgeist: höhere Erkenntnis und Psychoanalyse

Die Frage, wer der Mensch in seinem Innersten sei, hatte Steiner zeitgleich mit einem hochberühmten Zeitgenossen gestellt, an dem er in Wien vorbeigegangen war: Sigmund Freud. Als Steiner 1904 seinen großen Schulungsweg zu schreiben begann, lag Freuds epochales Schwesterwerk seit fünf Jahren vor: die *Traumdeutung* von 1899. Beide versuchten, ein komplexes Subjekt, das mehr als die schlichte Person sei, zu erklären. Ihre Antworten scheinen diametral auseinanderzugehen. Freud sprach von der Entmachtung des rationalen Subjekts durch das Bewusstmachen des Unbewussten, Steiner von der Ermächtigung des rationalen Subjekts durch die Erkenntnis des Übersinnlichen. Freud gab die Einheit des Bewusstseins angesichts des Unbewussten auf, während Steiner an der Einheit der Person festhielt, da das »Ich« zu einer virtuell allwissenden Instanz wurde.

Aber Steiner und Freud waren näher beieinander, als Steiner es sich zugestand. Beiden ging es um einen Mehrwert im Bewusstsein, der nicht greifbar war und doch zugänglich gemacht werden sollte. Beide gingen von einer »unbewussten« Dimension aus. Diese Gemeinsamkeit war mehr als ein zufälliges Zusammentreffen, sie war das Ergebnis einer tiefen Verwandtschaft. Denn Freud kam aus der Hypnoseforschung, die wiederum ohne den Spiritismus und den Mesmerismus des 19. Jahrhunderts ganz unverständlich bleibt. So wundert es nicht, dass Freud sich zu dem spiritistischen Medium Elisabeth Seidler begab, um der Telepathie auf den Grund zu gehen. Auch Steiners theosophische Vorfahren kamen aus dem gleichen Milieu, in dem Mesmerismus, Spiritismus und hypnotische Phänomene verschwistert waren, und Steiner selbst hat seit 1916 als Medium praktiziert (s. Kap. 20). Beide fahndeten nicht nur nach den Ebenen, die uns nicht (immer) bewusst sind, sondern entwickelten strukturanaloge Verfahren zur tiefenpsychologischen oder eben höheren theosophischen Erkenntnis. Freud wie Steiner transformierten den spiritistischen »Medienführer« in ihrer Therapie respektive Schule: Freud erfand den Psychotherapeuten als moderne Variante des Seelenführers, der dem Patienten hilft, sein Unbewusstes über Träume und freie Assoziation zu entdecken. Steiner entwickelte den Lehrer, der den Schüler anleitet, über Imagination und Phantasie das Übersinnliche zu entdecken. Aus dieser Nähe entstand eine Hassliebe, die, wie so oft, mehr in Nähe als in Unterschieden gründet.

Meditationsanleitungen

Steiners Hellsehen sollte ganz anders sein als die Manifestationen in den Séancen der Spiritisten. Kein Medium sollte von einem Medienführer geleitet werden, es sollte nicht, einem Besessenen gleich, das Sprachrohr einer fremden Macht sein. Der Eingeweihte sollte sich vielmehr als selbstverantwortliches, modernes Subjekt die übersinnliche Erkenntnis selbst erarbeiten: im hellen Raum der »Clairvoyance« statt in den dunklen Räumen der Geistererscheinungen. »Hellsehen« statt stammelnder Worte war angesagt. Mesmeristen und Magnetopathen, alle Formen des »Visionären, Mediumistischen« sollten bei Steiner ausgespielt haben. Eisern verbot er seinen Schülerinnen und Schülern, der spiritistischen Versuchung zu erliegen, durch Trance und Suggestion die Abkürzung zur übersinnlichen Erkenntnis zu nehmen, um sich zu erschleichen, was durch philosophische Anstrengung und meditative Strenge zu gewinnen war. Und weil er keine Gläubigen, sondern Wissende wollte, sollten die Adepten die gleichen Methoden, mit denen die Naturwissenschaft die sinnliche Welt erkundete, zur Erforschung der übersinnlichen Welt verwenden.

Zu Beginn, im Frühsommer 1904, standen bei Steiner für diesen Weg physische Zugänge hoch im Kurs. Der Adept sollte lernen, »geistige Wahrnehmungsorgane«, »höhere Organe« oder einen »höheren Sinn« auszubilden. Steiner hielt sein Leben lang daran fest, dass es solche Organe gebe, und lokalisierte etwa in »Broca's Organ«, einer Sprachregion im Großhirn, den Ort des Reinkarnationsgedächtnisses.[28] Steiner formulierte eine Art von geistigem Materialismus mit naturwissenschaftlichem Anspruch. Aber diesen somatischen Konzepten trat noch im Laufe des Jahres 1904 ein anderes zur Seite: Steiner präsentierte seinen Schülern einen »Erkenntnispfad«, einen Schulungsweg, der es ermöglichen sollte, höhere Erkenntnis methodisch kontrolliert zu erlangen.

Das Opus magnum dieses Anspruchs ist die Aufsatzsammlung unter dem Titel *Wie erlangt man Erkenntnisse der höheren Welten?*, die er in seiner Zeitschrift *Lucifer Gnosis* seit Juni 1904 publizierte.[29] Diese Anweisungen sollten die Grundlage für den Unterricht in der Esoterischen Schule bilden, deren Landesleiter Steiner seit dem 10. Mai war. Alles hatte wieder einmal sehr schnell gehen müssen, weshalb an ein durchkomponiertes Buch nicht zu denken war. So entstand eine Aufsatzsammlung, die zudem nie fertig wurde. Noch die erste Buchausgabe erschien

1909 mit dem Versprechen, dass ein zweites Bändchen folgen werde, welches aber nie das Licht der Welt erblickte. Ursprünglich hatte der Schulungsweg sogar schon in der Mitte des heutigen Buches, nach dem Kapitel »Die Einweihung«, beendet sein sollen, so ein später getilgter Hinweis. Unter diesen Umständen darf man keinen geschlossenen Meditationsweg erwarten, keine von tiefer Erfahrung untermauerte und durch lange Selbstprüfung purifizierte Anleitung.

Der Kern dieses Schulungspfades zur Erlangung von »Erkenntnissen der höheren Welten« sind drei »Stufen« auf dem Weg des Schülers zum Eingeweihten: Von der »Vorbereitung« schreite er über die »Erleuchtung« fort zur »Einweihung«. In diese klare Struktur schüttete Steiner körbeweise Material aus Besinnungs- und Meditationstraditionen: Neben Ausführungen über Chakren stehen Anweisungen über ethisches Verhalten in und als Folge der Meditation (denn Steiner forderte immer den Gleichschritt zwischen höherer Erkenntnis und ethischer Reife), Hinweise zur »Erweckung des Kundalinifeuers« konnte der Leser neben einer Umarbeitung des buddhistischen achtgliedrigen Pfades oder den »Proben« aus der freimaurerischen Initiation finden. Aber mit der »Einweihung« sei das Ziel erreicht, sie sei »die höchste Stufe der Geheimschule«[30].

Gleichwohl schrieb er entgegen seinen ursprünglichen Absichten nach diesem Gipfel der »Einweihung« eben einfach weiter. Und so findet man wichtige Elemente nach diesem »Schluss«. Etwa Figuren, die für Steiner zu einer Metapher des Übergangs in das Reich des Todes wurden: zwei »Hüter der Schwelle«, »Todesengel«, die den Menschen nach seinem Tod mit seinem abgelaufenen Leben konfrontieren. Steiner betrachtete sie als alte, religionsgeschichtliche Figuren, ohne zu realisieren, dass sie eine Erfindung aus der Belletristik des 19. Jahrhunderts waren. Denn die Umformung eines Engelwesens in einen »Hüter der Schwelle« stammte von Edward Bulwer-Lytton[31], der durch okkultistische Sujets in seinen Romanen hochberühmt geworden war und in der esoterischen Szene als geheimer Offenbarer gehandelt wurde – aber all das ist bis auf die Mitgliedschaft Bulwer-Lyttons in einer freimaurerischen Loge Schall und Rauch.

In dieser Verbindung von Halbwissen und autoritativer Lehre

lag ein großes Risiko, dessen Steiner sich erst im Laufe der Jahre bewusst wurde. Deshalb revidierte er häufig seine Position, um ungeliebte Textstellen unsichtbar zu machen. Auf ein solches Fiasko, von dem in den heutigen Textausgaben nichts mehr zu sehen ist, weil Steiner alle Spuren ausradiert hat, stößt man, wenn man alte Ausgaben des Schulungswegs neben die gegenwärtige legt. Darin findet sich das »Kundalinifeuer«[32]. Darunter verstand Steiner das »eigentliche höhere Lebenselement«; das »Kundalinilicht« sei ein »geistiges Lichtorgan« zur Wahrnehmung übersinnlicher Gegenstände. 1914 aber entsorgt er sorgfältigst die Kundalini-Terminologie. Aus »Kundalinifeuer« und »Kundalinilicht« wird ein »Wahrnehmungsorgan«, manchmal auch eine »Wahrnehmungskraft«. Warum? Aller Wahrscheinlichkeit nach war hier eine Ebene berührt, auf die Steiner unwissentlich geraten war und bei der er nicht gewusst haben dürfte, ob Peinlichkeit und Rufschädigung die größere Katastrophe war: Sex. Denn im Rahmen der Rezeption indischer Yogapraktiken hatten Europäer seit den 1890er-Jahren mit einem sehnsüchtigen Blick auch Körpertechniken, nicht zuletzt sexuelle, aus Indien nach Europa importiert. Dabei wurden in Indien seltene und oft verborgene Praktiken zum eigentlichen Zentrum des Yoga stilisiert. Davon dürfte Steiner 1905 noch wenig oder nichts gewusst haben. Aber in den nächsten Jahren gelangte das Wissen um den Zusammenhang von Kundalini und Sexualität an eine breitere Öffentlichkeit. So hatte der Münsteraner Indologe Richard Schmidt 1908 entsprechende Texte zur Yoga-Praxis übersetzt – nicht nur ins Lateinische, sondern ins Deutsche. Nun konnte jedermann nachlesen, dass mit Kundalini sexuelle Praktiken gemeint waren, bei denen es um die Zurückhaltung des Samens und eine Aufschiebung des Orgasmus gehe.

Zur kleinen Katastrophe kam es für Steiner dann durch den Freimaurer Theodor Reuß, der uns im nächsten Kapitel noch begegnen wird. Er hatte Steiner ein freimaurerisches Ritual geliefert und führte ihn öffentlich auf der Liste seiner Ordensmitglieder. Reuß ließ sich 1912 breit über die »Sexual-Magie« in seinem Freimaurer-Reich aus, und die informierten Zeitgenossen sahen darin vermutlich eine Form des Kundalini-Yoga. So wähnte sich Steiner indirekt als Sperma-Okkultist geoutet – ziemlich sicher zu Unrecht. Spätestens jetzt muss er gemerkt haben, welche Spur er mit seiner Kundalini-Vorstellung ausgelegt hatte. Seine Antwort hieß: zurückrudern, und zwar ohne Spuren zu hinterlassen. Daher radierte er 1914 den Kundalini-Begriff in seinem Schulungsweg vollständig aus.

Gleichwohl hat Steiner aus dem Anspruch, der meisterliche Geheimlehrer für die Unerleuchteten zu sein, weder vor noch nach dieser Panne ein Hehl gemacht. Schon auf den allerersten Seiten in *Wie erlangt man Erkenntnisse der höheren Welten?* hatte er die theosophische Hierarchie offenbart. Der »Geheimschüler« sei am Beginn seiner Laufbahn meilenweit von selbstständiger Erkenntnissuche entfernt, denn er benötige als

> »Grundstimmung den *Pfad der Verehrung*, der Devotion. Nur wer diese Grundstimmung hat, kann Geheimschüler werden. ... Hast du einmal vor der Tür eines verehrten Mannes gestanden, und hast du bei diesem deinem ersten Besuche eine heilige Scheu empfunden, auf die Klinke zu drücken, um in das Zimmer zu treten, das für dich ein ›Heiligtum‹ ist, so hat sich in dir ein Gefühl geäußert, das der Keim sein kann für deine spätere Geheimschülerschaft.«[33]

Mit solchen Äußerungen betritt man das verminte Gelände von Autorität und Selbstständigkeit in Steiners Umgang mit höherer Erkenntnis. Denn so viel er auch den freien Menschen forderte, so demütig hatte dieser den steinigen Weg der Unterordnung im Schulungspfad zu gehen. Die Esoterische Schule heißt mit Bedacht »Schule« und nicht etwa Akademie, weil die unwissenden Schüler nicht mit dem wissenden Meister diskutieren. Mehr noch, diese Unterordnung sollte vom Kopf unter die Haut gehen und auf einem »Gefühl« der »Devotion« ruhen. Damit hatte Steiner ein osmotisches Verhältnis von Gehorsam und Freiheit bei der Erlangung höherer Erkenntnis eröffnet. »Clairvoyance« wurde nicht durch ein diskursives Verfahren gewonnen, sondern war der Nachvollzug einer Erkenntnis, die ein Eingeweihter mit einem unermesslichen Vorsprung besaß. Auch wenn Steiner immer wieder betonte, dass der Geheimlehrer den »freien Willensentschluß« des Schülers nicht antasten werde, blieb der Lehrer doch unerreichbar hoch über dem Schüler. Und sollte sich eine autonome Erkenntnis, eine »unwillkürliche« »Selbsteinweihung« einstellen, forderte Steiner eine »regelrechte Schulung«. Aufgrund dieser Prämissen blieb sein »Erkenntnispfad« immer hochautoritär geklammert.

Doch Steiner hat die Spannung zwischen dem »Führer« oder »Guru«[34] und seiner hochgesteckten Freiheitsrhetorik gespürt. Deshalb bearbeitete er 1914 den oben kurz zitierten Text über den »Pfad der Verehrung«. An die Stelle des Begriffs »Geheimlehrer« trat nun die Formulierung »Wahrheit und Erkenntnis«, denen der Geheimschüler seine Verehrung entgegenbringen musste.[35] Damit konnte man die Stellung des Geheimlehrers, den Steiner an vielen, aber eben längst nicht allen Stellen herausstrich, relativieren, doch an dem hierarchischen Gefälle des Lernweges änderte diese Korrektur im Prinzip nichts – und an der Praxis unter Steiners Ägide wohl ohnehin nicht.

Doch wenn der Schüler eingeweiht sein würde, dann, so Steiners großes Versprechen, würde es keine Erkenntnisgrenzen mehr geben. Wenn er den großen Hüter der Schwelle hinter sich gelassen und sein »Heimatrecht in der übersinnlichen Welt erworben« habe, dann sei klar, dass er sich »selbst erlöst« habe. In dieser entgrenzten Erkenntnis mit Selbsterlösung lag 1905 die finale Perspektive des Schulungswegs. Gott oder das Göttliche, gar der christliche Gott oder Jesus Christus spielten noch keine Rolle. Am Ende des Schulungswegs stand 1905 die nietzscheanisch anmutende Gestalt eines okkulten Übermenschen, der dann zum Erlöser der Unerlösten werden könne. Vergleichbar einem Bodhisattva im Buddhismus, der auf das endgültige Eingehen ins Nirwana verzichtet, könne er alle »Genossen in der Sinnenwelt mitbefreien«.

Steiner war mit diesem Meditationsreglement am Ende nicht zufrieden, er war kein Mann, der sich leicht mit dem Erreichten stillstellte. Schon 1905 erschien eine »Zwischenbetrachtung«, die er 1912 unter dem Titel *Die Stufen der höheren Erkenntnis* publizierte. Darin versuchte er sich an einer systematischen Grundlegung der Meditation, indem er die Stufen von Imagination, Inspiration und Intuition neu einführte – natürlich nur als erste der »höheren« Stufen. Dieser Weg führe den Menschen von der physischen Wahrnehmung zu einer Art Unio mystica

»ins ›Innere‹ der Wesen«, der Adept »verschmilzt« »mit Wesen, die in sich geschlossen sind«. Bis zu seinem Tod folgte noch ein halbes Dutzend weiterer Schulungswege. 1924 schließlich bestimmte er die Anthroposophie in seinen »Anthroposophischen Leitsätzen« in der kürzesten und überaus populär gewordenen Formulierung als Schulungsweg: »Anthroposophie ist ein Erkenntnisweg, der das Geistige im Menschenwesen zum Geistigen im Weltall führen möchte.«

Konzeptionell ist bei diesen Ansätzen, könnte man kritisch sagen, keine stringente Fortschreibung erkennbar, aber positiv gewendet suchte Steiner nach immer neuen Wegen, vielleicht hatte er auch immer neue Zielgruppen im Blick. Diese Publikationskaskade von Schulungswegen macht aber eines ganz deutlich: Steiner war und blieb auf der Suche. Seinen Schülerinnen und Schülern präsentierte er sich zwar als Meister, aber zugleich war er immer auch Adept, der working by doing sich erarbeitete, was er seinen Anhängern vermittelte.

Zwei Fragen bleiben: Kann all das – oder zumindest vieles – nicht auch Projektion, Illusion sein? Mit irritierender Sicherheit meinte Steiner, dass bei der höheren Einsicht der Irrtum marginal und Sicherheit erreichbar sei, Irrtum hielt er für peripher (s. Kap. 10). Diese schwarze Frage, die in den großen Meditationstraditionen die mystische Erfahrung bewacht, war für ihn erledigt. Eine zweite, inhaltliche Frage ist vielleicht weniger fundamental, aber nicht weniger brisant. Welche Eigenständigkeit hat das Individuum (und damit die ganze materielle Welt) gegenüber dem Geistigen, in dem alles am Ende der Geschichte aufgeht? Wenn »die Aufhebung des Individuellen, des einzelnen Ich zum All-Ich in der Persönlichkeit« das »sich offenbarende Geheimnis« der Welt ist? Das müsste kein prinzipielles Problem sein, denn viele Meditationswege kennen Vorbehalte gegenüber dem Subjekt angesichts des Geistigen. Aber: Steiner vertrat zugleich ein ambitioniertes Individualitätskonzept, in dem die soziale Person, das autonome Individuum, eine zentrale Rolle spielte. Weder Steiners Leben noch das der gebildeten Anthroposophinnen und Anthroposophen war auf Verlöschen angelegt, sondern auf eine erkennbare gesellschaftliche Rolle und ein hohes Sozialprestige. Und all das sollten sie letztlich aufgeben?

Das war nicht verlockend, und vielleicht deshalb blieben diese Konsequenzen von Steiners Schulungsweg meist unausgesprochen.

Aber die meditativen Übungen waren noch nicht der Schluss und allemal nicht das emotionale Herz der Esoterischen Schule. Dieses schlug auch nicht in den Vorträgen der »esoterischen Stunden«, die sich inhaltlich ohnehin nicht groß von den üblichen Zweigvorträgen unterschieden. Nein, der Höhepunkt der Esoterischen Schule, bei dem die persönliche Erfahrung der Initianden ganz ins Zentrum rückte, lag in der dritten Abteilung, wo den Schülern die freimaurerischen Zeremonien des »Erkenntniskultes« winkten.

VIERZEHN

Freimaurerei. Ausnahmsweise Körper statt Geist

Theodor Reuß oder: Wie kommt man zu einem maurerischen Ritual?

Steiner hatte keine Wahl. Er brauchte das Ritual. Atemübungen oder die Aktivierung von Chakren – das konnte nur der Anfang sein. Es fehlte die Krone, das große, geheime Surplus, die kultische Gnosis, der »Erkenntniskult«, wie man in anthroposophischen Kreisen sagte. Und das nicht nur, weil die Mitglieder von Steiner erwarteten, dass er sich auch hier als wahrer Eingeweihter erweise. Vielmehr hatte schon Annie Besant die kultische Theosophie als das Maß der Dinge vorgegeben und 1902 ihre eigene theosophische Ko-Freimaurerei gegründet, in der Männer und Frauen gemeinsam »arbeiteten« (und die noch heute existiert). Sie war damit wiederum in die Fußstapfen von Madame Blavatsky getreten, die schon als Freimaurerin aktiv gewesen war.

Steiner hat nie ein Wort darüber verloren, ob er von dieser Gründung gewusst hat, aber es wäre schon seltsam, wenn er angesichts der damals engen und freundschaftlichen Kontakte zur Londoner Zentrale der Theosophie und angesichts von Besants Drang zur Öffentlichkeit nichts davon gewusst haben sollte. Doch selbst wenn: Im okkulten Milieu schwirrten Kulte, Riten und Zeremonien herum, sodass jemand, der am Anfang des 20. Jahrhunderts eine Geheimgesellschaft begründen wollte, gut daran tat, auch hier ein Angebot vorzulegen. Steiner stand unter Zugzwang. Zudem war er überzeugt, jedenfalls in der Gründungsphase der Esoterischen Schule, dass geheime Gemeinschaften seit der Antike kultische Riten feierten, dass das heilige Feuer der Mysterienkulte von Eleusis oder der Kabiren in der Gegenwart noch nicht erloschen sei. Auch aufgrund dieser Überzeugungen blieb ihm keine Wahl.[1]

Aber hier war guter Rat teuer, insbesondere wenn man von der Freimaurerei keinen blassen Schimmer hatte. Steiners erster Hinweis vom 30. September 1904, dass die Freimaurerei ein »schwaches Abbild« der Druidentradition sei, war so nebulös wie historisch falsch. Mit einer solchen These füllte er seine damals noch schütteren Kenntnisse über die Ursprünge der Freimaurerei mit der theosophischen Erzählung geheimer Mysterientraditionen. Aber schon gut einen Monat später wusste er mehr, Anfang November erzählte er in esoterischen Stunden die Tempellegende.[2] Sie handelt von Hiram, dem Baumeister des salomonischen Tempels. Er verfügt, so die Erzählung, über das Meisterwort, in dessen Besitz drei Gesellen gelangen wollen. Als Hiram sein Geheimnis nicht preisgibt, verderben sie zuerst den Guss von Hirams Meisterstück, des Ehernen Meeres, indem sie der Metallspeise einen Stoff hinzufügen, der den Guss in ein »Feuermeer« verwandelt. Hiram stürzt sich dort hinein, bis zum Mittelpunkt der Erde, wo er von Tubal-Kain gerettet wird und einen Hammer erhält. Daraufhin versuchen die Gesellen erneut, Hiram das Meisterwort abzupressen. Als er sich wiederum weigert, erschlagen sie ihn, doch kann Hiram das Maurerdreieck mit dem Meisterwort in einen Brunnen werfen. Auf seinem Grab aber wächst ein Akazienzweig, mit dessen Hilfe Salomo das Grab erkennt. Das erste Wort, das am Grab gesprochen werde, solle nun das neue Meisterwort sein. So weit diese Lehrerzählung. Sie ist eine Symbolgeschichte, die unter Rückgriff auf alttestamentarische Motive all das erläutert, was Freimaurern heilig ist: Bauhüttentradition, Hammer und Winkel, Geheimnis.

Diese Legende, die in vielen Versionen umlief, hatte sich Steiner bei Charles William Heckethorn angelesen, dessen Buch über geheime Gesellschaften 1900 frisch ins Deutsche übersetzt worden war und das Steiner neben anderen masonischen Lexika, insbesondere Joseph Schaubergs *Vergleichendem Handbuch der Symbolik der Freimaurerei* aus dem Jahr 1861, konsultierte. Aber beim weiteren Vorgehen hakte es, klafft doch zwischen einem Skript und einem praktizierten Ritual ein himmelweiter Graben. Denn weder die Beschreibung von Ritualen noch der

Besitz der Ritualhandbücher ermöglichen einen rituellen Vollzug. Ein freimaurerisches Ritual ist ein hochkomplexes Interaktionsgeflecht zwischen einer Vielzahl von Personen, mit Bewegungen, Wortwechseln, Lichtregie, wechselnden Innenarchitekturen und, und, und, kurz: Es ist schlechterdings fast unmöglich, ohne Kontakte mit Menschen, die praktische Erfahrungen besitzen, solche Rituale im Sinne der maurerischen Tradition zu feiern. Zu allem Unglück gab es nicht »das« Ritual der Freimaurerei, sondern eine schwer überschaubare Zahl von Ritualen. Steiner stand vor einem gewaltigen Problem und benötigte Hilfe.

Um zu ermessen, vor welcher Herkulesaufgabe er tatsächlich stand, ist ein Ausflug in die über 200-jährige Geschichte der Freimaurerei hilfreich. Die Freimaurerei war weitgehend ein Männerbund, der aus frühneuzeitlichen Handwerkergilden entstanden war. Im Übergang von der Maurerei zur Freimaurerei hatte man die handwerkliche Arbeit symbolisch interpretiert. Im 18. Jahrhundert fand diese Maurerei eine institutionelle Form, als sich englische Logen in London zur ersten Großloge zusammenschlossen, datiert auf den 24. Juni 1717, den Tag Johannes des Täufers. In Initiationszeremonien wurden die Maurer als Lehrlinge aufgenommen und in den Meistergrad erhoben. So war aus der Bearbeitung des »rauen Steins« mit Hammer und Meißel der Anspruch entstanden, an der »Bildung« des »rauen« Menschen im Kreis der Brüder zu arbeiten. In den 1730er-Jahren kam der Gesellengrad dazu, die drei klassischen Grade von Lehrling, Geselle und Meister waren damit komplett. Schon zur Mitte des 18. Jahrhunderts wurden zudem die Hochgrade etabliert, die sogenannte Schottische Maurerei. Sie zählte 33 Grade, die man aber nicht alle rituell »bearbeitete«, sondern teilweise nur »mitteilte«. Vor allem im 19. Jahrhundert wurden die Hochgradsysteme nochmals gewaltig erweitert und konnten bis zu 96 Grade besitzen, die aber ebenfalls nur für wenige Stufen praktisch durchgeführt wurden. Auf dieser Grundlage waren um 1900 Dutzende von Ritenfamilien entstanden, mit beträchtlichen Unterschieden und zudem über der Frage zerstritten, welche Logen und Riten »regulär« oder »irregulär« seien. Dieser Dschungel war für Laien schlechterdings undurchschaubar; auch deshalb benötigte Steiner Hilfe.

Diese erhielt er durch den Hamburger Theosophen und Hochgradmaurer Albrecht Wilhelm Sellin, den er im September 1904 kennenlernte. Er erteilte Steiner brieflich Elementarunterricht in masonischen Fragen. Dabei fiel der Name, der Steiners maurerische Defizite auszuräumen versprach, ihn in Wahrheit aber – doch das konnte Steiner nicht voraussehen – in endlose Turbulenzen stürzen sollte: Theodor Reuß. Der damals knapp 50-Jährige hatte als Drogist, Opernsänger und Journalist gearbeitet und lebte zu diesem Zeitpunkt als eine Art Berufsfreimaurer, allerdings einer der besonderen Art. Ausgeschlossen aus der Londoner Pilgerloge Nr. 238, war er Mitglied in einer Vielzahl von Logen, die der englischen Großloge als »irregulär« galten: vom wiederbegründeten Illuminatenorden über den Ordre Martiniste bis zur Societas Rosicruciana in Anglia. Aber er amtierte auch als Herrscher in seinem eigenen Freimaurerreich, mit eigenen Logen und den dazugehörigen Großlogenverbänden. Im September 1902 hatte er von John Yarker, ebenfalls eine Schaltstelle für die Vermittlung »irregulärer« Freimaurerrituale, ein Patent zur »Gründung eines ›Großorients des Schottischen Ritus der Alten und Angenommenen Freimaurer‹ in Deutschland und zur Errichtung eines ›Souveränen Sanktuariums des Alten und Primitiven Ritus von Memphis und des Ägyptischen Ritus von Misraim‹« erhalten, für den Reuß im November eine Großloge, das Souveräne Sanktuarium für das Deutsche Reich, und einen Groß-Orient von Deutschland errichtete.[3] Auch intime Kenner der Szene wussten nicht, was in dieser bunten Ritenkollektion lediglich auf dem Papier stand und wo es wirklich Leben gab. Hingegen konnte man wissen, dass Reuß ein Meister der Kommerzialisierung der Freimaurerei war, denn seine Riten kosteten Geld, viel Geld. In diesem Ordensimperium strandete Steiner, der sicher nicht genau wusste, was hier gespielt wurde.

Im Herbst oder frühen Winter 1904 traf er erstmals mit Reuß zusammen. Was dabei verhandelt oder vereinbart wurde, liegt im Dunkeln. Aber am 16. Dezember hatte Steiner offenbar schon eine Entscheidung getroffen, denn er raunte, dass der Misraim-Ritus mit seinen 96 Graden das »souveräne Sanktuarium« im »Besitz der eigentlichen okkulten Erkenntnisse« sei – ein Irrtum, für den er noch bitter würde büßen müssen. In diesem Ritus, so glaubte Steiner, reiche die Mysterientradition bis ins antike Ägypten, doch in Wahrheit war der Misraim-Ritus zu Beginn des 19. Jahrhunderts entwickelt und insbesondere von den Brüdern Bédarride in Frankreich seit 1815 popularisiert worden. In den nächsten Monaten erläuterte Steiner, dass der hl. Markus, der Verfasser des gleichnamigen Evangeliums, dort eingeweiht gewesen sei, dazu die irischen Kuldeer-Mönche, die Artus-Ritter und die Templer. Unter den Mitgliedern wurde nicht mehr diskutiert, ob, sondern nur noch, welche Freimaurerei Steiner einführen wolle.

Im Oktober 1905 wird es langsam ernst. Steiner hält zwei Vorträge über »Freimaurerei und Menschheitsentwickelung«, das einzige Mal getrennt für Männer und Frauen. Am 24. November unterschreibt er bei Reuß dann zwei Quittungen über 45 Mark: die Eintrittsgebühren für Marie von Sivers und ihn selbst. Wir wissen nicht, ob damit eine feierliche Zeremonie in einem freimaurerischen Tempel verbunden war, wahrscheinlich ist das nicht. Es gab für solche Situationen eingespielte und weniger aufwendige Verfahren. Man konnte vor dem Meister knien, die Hand auf ein heiliges Buch, meist die Bibel, legen und einen Eid schwören. Auch davon wissen wir nichts, klar ist nur, dass Steiner und Marie von Sivers ein »Gelöbnis« ablegten.[4] Die Erwartungen müssen hochgeschraubt gewesen sein, dies jedenfalls lässt sich an der Enttäuschung ablesen, die Steiner drei Wochen später seiner Lebenspartnerin gesteht: Reuß sei »kein Mensch, auf den irgendwie zu bauen wäre«, und das gelte auch für seinen Orden: »Die okkulten Mächte haben sich *ganz* davon zurückgezogen.«

Steiner ahnt also, dass er an einen windigen Ritenverkäufer geraten ist, gleichwohl aber gibt er sich in die Hand des Theodor Reuß. Am 3. Januar 1906 unterzeichnet er den Vertrag mit Reuß als »Präsident des Mystischen Tempels und Kapitels ›Mystica aeterna‹ 30.° 67.° 89.°«. Und er ist bereit zu zahlen: für jedes Mitglied 40 Mark, und wenn das Geld für das hundertste Mitglied bezahlt ist, steigt Steiner zum »Amtierenden General-Großmeister 33.° 90.° 96.° für das Deutsche Reich, mit Jurisdiktion über sämtliche im Deutschen Reich bestehenden Organisationen des Ritus und Ordens« auf. Aber erst mal sind für den Charter 1500 Mark zu entrichten. Marie von Sivers wird »Gene-

Rudolf und seine jüngere Schwester Leopoldine: Zwei reizende Kinder, die auf die Vornamen der österreichischen Kaiser hören, werden hier im hochbürgerlichen Arrangement eines Fotoateliers für die Nachwelt festgehalten.

Franziska Steiner, Rudolf Steiners Mutter – die Frau, in deren schmalen Lippen man den manchmal strengen Gesichtsausdruck ihres Sohnes zu entdecken meint. Und der Vater, Johann Steiner, der sich mit dem Kaiser-Franz-Joseph-Bart als kaisertreu zu erkennen gibt.

Wie ländlich Steiners Kinderwelt war, zeigt Neudörfl, wo er von seinem achten Lebensjahr an wohnte, bis er 1879 in Wien zu studieren begann. In solchen Dörfchen war die Bahnstation – unten diejenige in Brunn, Steiners Wohnort während seiner ersten Studienjahre – der donnernde Einbruch der technischen Moderne.

Wien sprengte das Weltbild der beschaulichen Provinz, aus der Steiner kam. Das Symbol dieser Metropole war die Ringstraße: links der Reichstag, das Parlament der Habsburger Monarchie, wo Steiner – das Foto zeigt ihn als Studenten in den frühen 1880er Jahren – die nationalistisch aufgeladenen Debatten verfolgte.

An vielen Wegscheiden in Steiners Leben stehen Frauen: Rosa Mayreder in Wien (oben), seine philosophische Gesprächspartnerin, und Anna Eunike in Weimar (links), die ihm eine familiäre Heimat bot und die er 1899 heiratete. Last but not least Marie von Sivers (rechts), mit der er 1901 zur Theosophie fand. Die adelige Baltin war während zwei Jahrzehnten seine wichtigste Partnerin – persönlich wie in theosophischen Angelegenheiten; 1914 haben sie geheiratet.

In der Theosophischen Gesellschaft begegnet er Annie Besant, die er anfangs zutiefst verehrt. Dass sie hier (1907) thront und Steiner steht, dokumentiert dieses Gefälle, bevor sich ihre Wege langsam trennten.

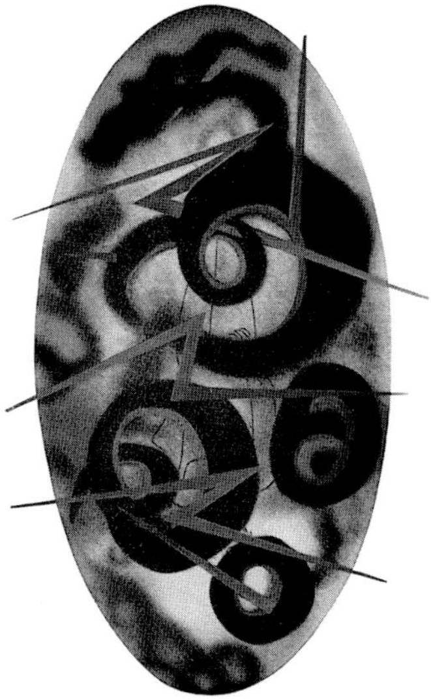

Theosophie meint die Fähigkeit, »übersinnliche« Erkenntnisse zu erlangen. Die »Aura« eines Menschen zu sehen, wie diese, die Steiner aus einem Werk Charles Webster Leadbeaters kannte. Aber bald ging er eigene Wege. Seit 1911 entwickelte er einen Tanz, die Eurythmie, die »geistige« Inhalte ausdrücken sollte – hier ein »humoristisches Rondo« aus dem Jahr 1924.

Steiner ließ sich im Zustand des »Hellsehens« fotografieren, in dieser Aufnahme durch den Maler Fritz Hass (vermutlich 1907 und auf dem gleichen Stuhl, auf dem Annie Besant saß).
Die bohrenden Augen, die das Bild des »hellsehenden« Steiner prägten, fielen auch den nichttheosophischen Zeitgenossen auf, etwa bei seinen Vorträgen. Margarete Bernstein hat diesen »tiefen Blick« in einer Karrikatur (wohl in den 1920er Jahren) festgehalten (oben rechts).

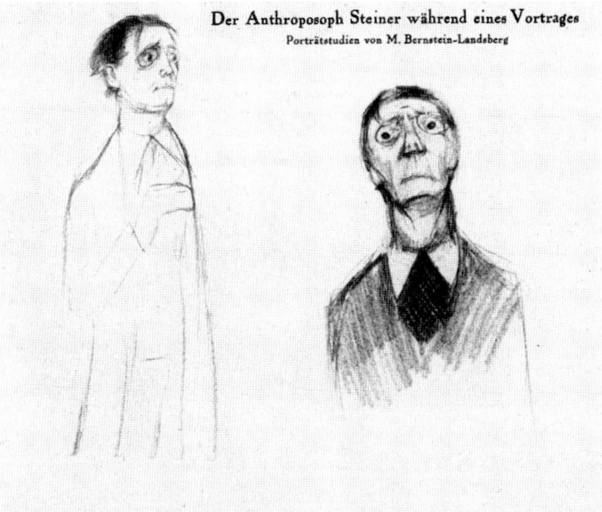

Den Gipfel des esoterischen Erkenntnisweges bildeten freimaurerische Zeremonien, für die 1911 in Stuttgart ein eigener Tempelraum gebaut wurde.

Das Herzgebäude von Steiners Esoterik war der Johannesbau in Dornach, hier in der Bauphase 1912/13.

Theosophischer Wegweiser

zur Erlangung der göttlichen Selbsterkenntnis.

MONATSSCHRIFT

zur Verbreitung einer höheren Weltanschauung

und zur Verwirklichung der Idee

einer

allgemeinen Menschenverbrüderung

auf Grundlage der Erkenntnis der wahren Menschennatur.

ORGAN

für die **deutschredenden Mitglieder** der (freien, internationalen)

Theosophischen Gesellschaft.

Enthaltend Berichte aus dem Gebiete der Theosophie, occulten Philosophie, Religionswissenschaft, Metaphysik, des Spiritualismus, der höheren Naturwissenschaft u. s. w., nebst Nachrichten über die Thätigkeit der theosophischen Vereine im In- und Auslande.

Sein zentrales Symbol war eine abstrahierte Schwinge (oben), die an dem Bau mehrfach auftauchte. Sie hatte sich im theosophischen Milieu, hier auf dem Cover einer theosophischen Zeitschrift, als Symbol für die Erhebung ins Geistige eingebürgert.

Im östlichen Kuppelsaal sollten die Mysterien wieder aufleben. Auf den kleinen »Thronsesseln« würde, so Steiners Vision, das Leitungsgremium des freimaurerischen Kultes Platz nehmen. Für die noch freie Mitte sah er die große Skulptur des »Menschheitsrepräsentanten« vor.

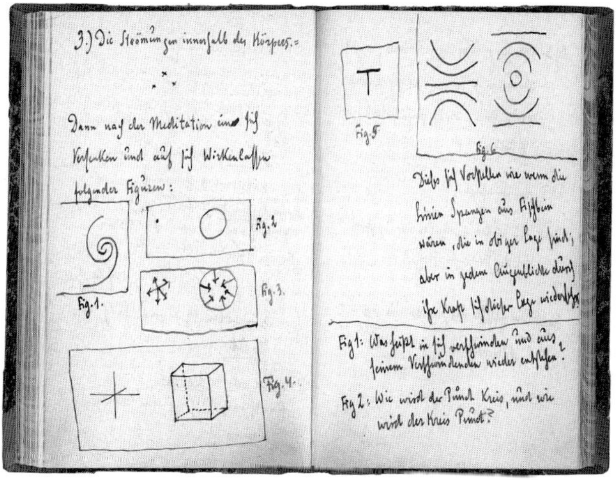

Darin sollten die Theosophen (seit 1912: Anthroposophen) »den Christus« erkennen, aber in seinen Gesichtszügen konnten sie auch Rudolf Steiner sehen. Mit Edith Maryon (oben rechts), die eine mitentscheidende Rolle bei der Entstehung dieser Skulptur spielte, fühlte sich Steiner innig, »karmisch«, wie er sagte, verbunden.
Im Alltag konnte man meditieren. Dazu gab Steiner seinen esoterischen Schülern und Schülerinnen Bilder (hier Skizzen aus einem seiner Notizbücher), mit denen sie das Zentrum der Theosophie bedenken sollten: dass Punkt und Kreis, das Innen und das Außen, Verdichtung und Ausdehnung, letztlich Geist und Materie nur unterschiedliche Zustände des einen »monistischen« Göttlichen seien.

1923 konzipierte Steiner, nachdem der Johannesbau abgebrannt war, einen Neubau: das Goetheanum, dessen Formen ganz neue Wege wiesen. Dazu bediente er sich expressionistischer Ausdrucksformen, wie sie beispielsweise Walter Gropius 1921 in seinem blitzartigen Denkmal für die Opfer des Kapp-Putsches verwandt hatte.

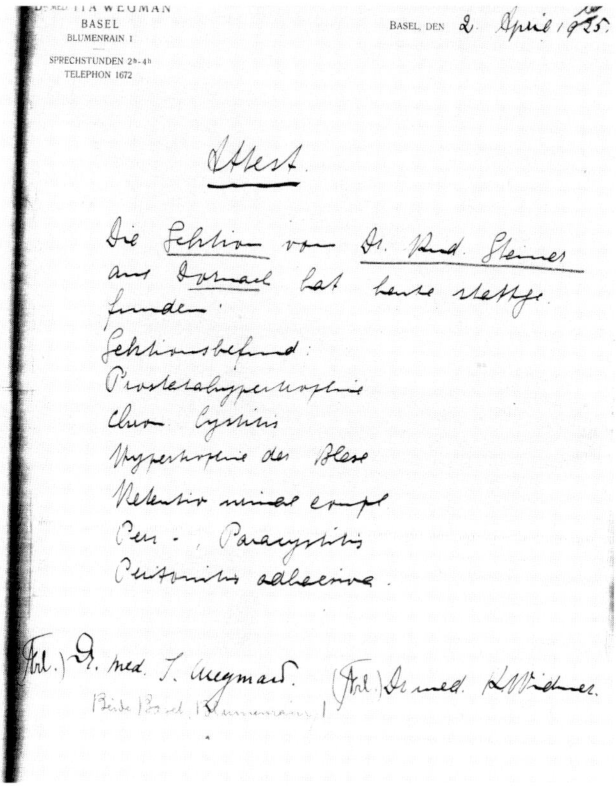

Dr. med. ITA WEGMAN
BASEL
BLUMENRAIN 1

SPRECHSTUNDEN 2h-4h
TELEPHON 1672

BASEL, DEN 2. April 1925.

Attest.

Die Sektion von Dr. Rud. Steiner aus Dornach hat heute stattgefunden.

Sektionsbefund:
Prostatahypertrophie
Chron. Cystitis
Hypertrophie der Blase
Retentio urinae compl.
Peri-, Paracystitis
Peritonitis adhaesiva.

(Sig.) Dr. med. I. Wegman. (Sig.) Dr. med. K. Widmer.
(Beide Basel, Blumenrain 1)

In seinen letzten Jahren wuchs ihm eine weitere Frau ans Herz, die Ärztin Ita Wegman. Sie wurde Steiners letzte große Liebe, die schließlich einen Obduktionsbefund für ihren toten Geliebten ausstellte.

Rudolf Steiner in seinen letzten Lebensjahren: ein stilisiertes Bild, das ihn so zeigt, wie er sich verstanden wissen wollte. Ein Mann, der in die unendliche Ferne blickt, die für ihn die übersinnliche Welt war.

ral-Großsekretärin« und zuständig für die Aufnahme von »Damen von Stand und Rang mit unabhängigem Einkommen« in eine zugehörige Adoptionsloge, die aber Steiner nicht einrichtet; er hat immer eine »gemischte« Loge, in der Frauen und Männer gemeinsam arbeiteten, betrieben. Nach der Aufnahme – wann, wissen wir nicht genau – erhält Steiner dann auch den Ritualtext. Wenn es der Misraim- oder der Memphis-Misraim-Ritus war, hielt er ein Papierpaket von einem durchaus beträchtlichen Umfang in Händen.

Man fragt sich, warum Steiner mit diesem Hasardeur zusammenarbeitete, und die Antwort lässt sich in wenigen Sätzen zusammenfassen: Zum einen brauchte er das maurerische Material, und nun war ihm halt Reuß über den Weg gelaufen. Zum anderen glaubte er, dass selbst in den Hülsen von Reuß' Texten der Geist der ägyptischen Mysterien stecke, und vielleicht glaubte er sogar, dass es einen okkulten Zwang gebe, in die freimaurerische Tradition einzusteigen. Dies jedenfalls bekundet er im August 1906:

> »Dieses Ritual ist kein anderes als dasjenige, welches der *Okkultismus* seit 2300 Jahren anerkennt, und das von den Meistern der Rosenkreuzer für europäische Verhältnisse zubereitet worden ist. ... Nun hatte ich zwei Wege: Entweder den sogenannten Orden ganz zu ignorieren, oder mich mit ihm auseinanderzusetzen. Das erstere wäre nur in einem einzigen Falle möglich gewesen: wenn der Orden eine Verständigung zurückgewiesen hätte. Im andern Falle wäre es im Sinne gewisser *historischer* Konzessionen, die der Okkultismus machen muß, illoyal gewesen.«

Aber diese »okkulte« Erklärung ist schon ein Versuch, das Feuer, welches im Reuß-Steinerschen Tempel ausgebrochen war, zu löschen. Denn Reuß hatte im ersten Heft seiner Zeitschrift, der *Oriflamme*, nichts Besseres zu tun, als stolz zu verkünden, dass Steiner bei ihm Mitglied geworden sei. Vielleicht hätte der das noch ertragen, wenn damit nicht weit größeres Ungemach über ihn hereingebrochen wäre. Denn Reuß hatte noch ein Faible, mit dem im frühen 20. Jahrhundert nicht zu spaßen war: Sexualmagie. Just 1906 hatte er die Schrift *Lingam-Yoni oder die Mys-*

terien des Geschlechtskultus drucken lassen, in der man nachlesen konnte, dass sexuelle Praktiken bei allen Völkern und zu allen Zeiten das geheime Zentrum der Religion gebildet hätten. Das allerdings irritierte nicht nur Steiner. Maximilian Dotzler, »Groß-Rat« in Reuß' Großer Freimaurerloge in Deutschland, verwahrte sich dagegen, dass im Misraim-Ritus »Phalluskult oder homosexuelle Schweinereien, oder Sexual-Magie oder sonst dergleichen« praktiziert würden. Aber davon ließ sich Reuß nicht beeindrucken. Sechs Jahre später, 1912, bekräftigte er in der *Oriflamme*, dass in seiner Freimaurerei sexuelle Praktiken im Zentrum stünden:

»Unser Orden besitzt den *Schlüssel*, der alle maurer[ischen] und hermetischen Geheimnisse erschließt, es ist die Lehre von der Sexual-Magie, und diese Lehre erklärt *restlos* alle Rätsel der Natur, alle freimaurerische Symbolik, und alle Religions-Systeme.« »Diese Übung der Transmutation der Reproduktions-Energie wird nicht gemacht zu sexuellen Exzessen, sondern zur Stärkung der Ewigen Gotteskraft auf der irdischen Ebene, wozu sexuell starke, vollkommene Menschen, männlichen und weiblichen Geschlechts, nötig sind. Die Reproduktions-Energie ist Schöpfungsprozess. Göttlicher Aktus! Im Reproduktions-Organ (männlich und weiblich) ist auf dem kleinsten Raum die größte Vital-Kraft konzentriert. Im Verlaufe der ziemlich umständlichen Uebung konzentriert der Uebende seine Gedanken, daß er die Reproduktions-Energie aus dem Organ heraufzieht zum Solar-Plexus (Sonnengeflecht), wo er ›will‹, daß es aufgespeichert werde zu Transmutationszwecken. Damit wird ein genau geregeltes Atmen verbunden. Daran schließt sich der Aktus der Transmutation der Energie, und schließlich tritt die große Vereinigung ein, wo der Uebende zum Seher wird – bei vollem Bewußtsein, – und das Gesehene erlebt. Dies ist weiße Sexual-Magie!«[5]

Damit meinte Reuß vermutlich Kundalini-Yoga.

Steiners Kritiker rieben sich die feuchten Hände – aber nach allem, was wir wissen, ohne Grund. Denn Körperdistanz prägte alle Praktiken Steiners, von der Meditation über die Freimaurerei bis zur Eurythmie. Nun könnte man vermuten, dass gerade sexuelle Riten ein Ventil für die ansonsten verdrängten Bedürfnisse gewesen seien, aber für eine solche These bräuchte es mehr als bloße Spekulation. Es gibt jedenfalls keinerlei Hinweise, dass unter seiner Ägide irgendetwas »Sexualmagisches« passiert ist. Dass er im Orientalischen Templer-Orden, dem berühmt-berüchtigten O.T.O., den Reuß in diesen Jahren gründete und der dann unter Aleister Crowley als großes Laboratorium okkulter Sexualtechniken bekannt wurde, eine Rolle gespielt habe, ist ein Gespinst seiner Gegner.

Steiner saß nun im Schlamassel – und zahlte. Erst monatlich, später jährlich, aber immer pünktlich beglich er die Gebühren für neu eintretende Mitglieder. Tausende, wohl mehr als 20000 Mark hat Steiner an Reuß überwiesen. Für einen Großmeister, dessen Ordensreich vor dem Ersten Weltkrieg dahinsiechte und der sich notorisch in Finanznöten befand, war Steiner ein Goldesel. Aber zugleich erhörte Steiner Reuß' Flehen, doch wieder mit ihm in Kontakt zu treten, nicht. Mehr noch, Steiner wollte den Geruch dieser Mesalliance loswerden. Am 16. Dezember 1911 verfügte er die Umbenennung des Misraim-Ritus in »Misraim-Dienst«, damit man nicht mehr sagen müsse, man sei in der Freimaurerei aktiv. Und seit Mai 1913 hieß das Unternehmen »Michael-Dienst«. Am Kern der Steinerschen Freimaurerei änderte das nichts.

Zurück ins Jahr 1906. Trotz oder wegen der Probleme, in denen Steiner aufgrund der Reuß-Connection knietief watete, begab er sich an den Aufbau eines eigenen freimaurerischen Systems. Noch im Januar begann er, Riten zu feiern, zuerst in Logenräumen in Berlin, dann auch in München, Köln und Stuttgart. Ohne die helfende Hand Annie Besants und abgestoßen von Theodor Reuß musste und konnte er eigene Akzente setzen. Eine erste Entscheidung bestand darin, die freimaurerischen Riten in die Esoterische Schule zu integrieren. Die ersten drei Grade wurden zur zweiten Abteilung, die höheren zur dritten. Besant hatte ein anderes Konzept verfolgt. Ihre Logen waren auch für Nicht-Theosophen offen, sie hatte sie als Scharniere zwischen esoterischer und exoterischer Welt angelegt.

Steiner bearbeitete nun das Misraim-Ritual für seine Zwecke. Die 96 Grade strich er auf neun zusammen, von denen er nur die ersten drei bei den regelmäßigen Feiern benutzte. Wenn die Grade vier bis neun bei ihm überhaupt eine Rolle spielten, dann wohl nur als Stufen, auf denen er lehrte, aber nicht praktisch arbeitete. Schließlich überformte er den Inhalt mit theosophischen Ideen; die Reinkarnationsrückführung oder die symbolische Wanderung des Initianten an den Ursprung der Welt, die bei der Beschreibung des Ablaufs der Zeremonie noch zur Sprache kommen werden, sind dafür Beispiele. Andere Elemente hat er aus okkulten Quellen entnommen, etwa von dem französischen Okkultisten Éliphas Lévi die Verwendung von Salz, Asche und Wasser. Doch im Kern, vom Ablauf über die Texte bis zum Mobiliar, bediente sich Steiner aus dem Fundus der Freimaurerei.

Um die ganze Angelegenheit ans Laufen zu bringen, nahm er zwei Dinge in Angriff. Zum einen gab er den Mitgliedern Unterricht. Er hielt sogenannte Instruktionsstunden ab, in denen er theosophische Inhalte im Blick auf die maurerischen Praktiken erklärte. In diesem Zusammenhang dürfte er auch über den Ablauf der Zeremonien aufgeklärt haben. Daraus entwickelte sich eine Tradition von Vorträgen vor der Tempelarbeit. Zum anderen war die nötige Logistik bereitzustellen, vor allem Räume, in denen man geschützt vor der neugierigen Öffentlichkeit arbeiten konnte. Manchmal benutzte man Zimmer in Wohnungen, die man für die jeweilige Tempelarbeit mit Stoffen drapierte und mit dem rituellen Mobiliar ausstattete. Aber Steiner stand ein anderes Ideal vor Augen: Er wollte Tempel, die eigens für diese Riten errichtet waren. Damit begann man 1908 (s. Kap. 19). Die ganze Maurerei war eine mehr oder minder große Baustelle, als Steiner 1906 mit den Zeremonien zur Aufnahme von Mitgliedern in den Lehrlingsgrad – über die er natürlich allein entschied – begann. Da weder Fotografien der Räume noch präzise Aufzeichnungen dieser Rituale existieren, bleibt der genaue Ablauf unbekannt.

Das Initiationsritual

Annäherungsweise kann man jedoch diese Initiation rekonstruieren[6]: Ort des Geschehens ist ein Raum, dessen Wände schwarz verhangen sind. Im Norden stehen die beiden Säulen Jachin und

Boas. Die rechte Säule, Boas, dunkelblau bemalt, trägt einen roten, unbehauenen Stein, die linke, rote einen behauenen, würfelförmigen blauen Stein – Symbole für den nicht initiierten und den initiierten Menschen. Dazwischen liegt der Tapis, die maurerische Symboltafel. Auf der Vorderseite tragen die Säulen ein Senkblei aus vergoldetem Blech, an der Seite steht ein großer Leuchter. An den drei Seiten stehen Altäre, jeder mit dem maurerischen Grundinventar: Kerze, Lichtschere, Kerzenlöscher, Hammer und Kelle. Auf dem Altar des Südens, dem »Altar der Schönheit«, liegen zudem ein Rauchfaß und ein Winkel, auf dem westlichen »Altar der Stärke« zwei Zirkel, Zollstab und ein Totenkopf. Hier amtieren die Aufseher, einen Heroldstab in den Händen. Der »Altar der Weisheit« im Osten, über dem in einem blauen Stoffviereck eine strahlende Sonne mit einem Dreieck in der Mitte prangt, trägt das »Allerheiligste«, einen Kelch. Zudem steht hier ein Kreuz mit einem Dornenkranz und ein kleinerer Altar, auf dem die Bibel beim 13. Kapitel des Johannes-Evangeliums aufgeschlagen ist, wo Jesus seinen Jüngern beim letzten Abendmahl die Füße wäscht, sowie eine in ein Dreieck gesteckte Kelle, gefertigt aus vergoldetem Blech. An diesem »Altar der Weisheit« amtiert Rudolf Steiner, hier schwört man in der Anfangszeit, die Tempelgeheimnisse nicht zu verraten.

Die Feier für die Aufnahme des Lehrlings beginnt. Die Teilnehmer betreten den Raum und nehmen auf der Nord- und der Südseite Platz. Sie tragen den maurerischen Schurz, Frauen vielleicht auch kreuzförmige Gewänder. Um den Hals sieht man Miniaturschmuckstücke, die Bijoux, mit Kelle und Dreieck, von Steiner »geweiht«. Steiner trägt als Meister, nachgerade als Hohepriester, einen langen Mantel, der von seinen Schultern herabhängt. Die assistierenden Aufseher sind in messgewandartige Umhänge gekleidet, vielleicht mit einem Sternenbesatz. Steiner beginnt die rituelle Arbeit mit dem klassischen Eröffnungsdialog: »Was ist des Maurers erste Pflicht in der Loge?« »Zu sehen, ob die Loge gedeckt ist«, antwortet ein Aufseher und versichert nach der Kontrolle, dass keine »Profanen« an der Tür stehen: »Die Loge ist gedeckt.« Während Steiner dreimal drei Hammerschläge ausführt, werden die Kerzen unter den Worten »Weisheit leite unsern Bau – Schönheit ziere ihn – Stärke führe ihn aus« entzündet.

Die Initianten, die noch nicht im Raum sind, haben eine oft stundenlange Vorbereitung hinter sich, bei der ihnen alle metallenen Gegenstände, namentlich Schmuck und Geld, abgenommen und zwei Bürgen befragt wurden.[7] In der »Kammer des Nachdenkens« haben sie über sich nachgesonnen, und nun betreten sie mit verbundenen Augen und auf spiralförmigen Wegen, das heißt hin und her durch die Stuhlreihen geführt, die Loge. Da sie die Einsicht gewonnen haben sollen, dass sie sich der materiellen Welt zugewandt hatten, werden sie symbolisch in die Hölle geführt, wieder in Spiralen. Steiner spricht, wie sich ein Teilnehmer erinnert, »als Fürst der Hölle, der mit Ketten und Torschlüssel rasselt«. Ein Schloss fällt zu, die Initiantin spürt, dass ihr ein Strick um den Hals geworfen wird. Ein Diener öffnet wiederum symbolisch das Verlies, und sie wandert »rückwärts« durch ihre Inkarnationen. Nachdem ihr der Weg zum Geist gewiesen worden ist, steigt sie eine Treppe drei Stufen hinauf, um auf der anderen Seite hinabgestoßen zu werden, wo sie von einem Bruder aufgefangen wird.[8]

Nun tritt sie durch Jachin und Boas in das »atlantische Land«, um die maurerischen Prüfungen, die »Luftprobe« und die »Wasserprobe«, zu bestehen. »Die Seele« hält ein »Zwiegespräch« mit »dem großen Geist«, gespielt von Steiner. Jetzt betritt die Probandin das Zentrum des Tempelraums und beugt das linke Knie auf eine Altarstufe, während die Hand auf dem aufgeschlagenen Johannes-Evangelium liegt. Nach dem Schweigegelöbnis, bei dem ihr das Ausreißen der Zunge angedroht wird[9], muss sie nun ein (zweites?) Gelöbnis ablegen.

> »Ich, Sophie Stinde, geboren zu Lensahn in Holstein, wohnhaft in München, gelobe und verspreche hiemit die Regeln des echten und wahren Misraim Dienstes getreulich zu halten und zu befolgen; das heilige Geheimnis streng zu wahren, nach Kräften für die Erhaltung des Sanktuariums zu sorgen und einzutreten und den Generalgroßmeister als oberste Entscheidungs-Instanz in allen Misraim-Angelegenheiten rückhaltlos anzuerkennen. Ich gelobe und verspreche ferner, daß ich mich nicht durch Hypnose, Suggestion usw. in einem unfreien Zustand versetzen lassen werde, so daß alles, was im Leben je auf mich wirken wird, mich in dem Zustande des Wachens antreffen werde, auf

daß durch mich niemals die Geheimnisse des großen Dienstes an Außenstehende verraten werden können. Sollte ich dieses mein feierliches Gelöbnis jemals brechen, so möge meine Seele ruhelos wandern ohne Ziel und Bestimmung in Räume, möge sie richtungslos sein in der unermeßlichen Zeit. Dieses gelobe ich bei den weisen Meistern des Ostens, die ihr Auge heften mögen auf meine Taten.«[10]

Inzwischen erfüllt der Weihrauch aus dem kleinen Kessel, der an Ketten geschwenkt wird, den Raum. Nun erreicht das Aufnahmeritual seinen Höhepunkt. Der Kandidatin wird »das symbolische Kleid des ersten Grades« angelegt. Hinter ihr steht jetzt der »Myste« mit dem »Licht« des »Altars des Ostens«. Die Augenbinde fällt, die Kerzen neben den Altären sind entzündet, und die »Aufzunehmende« wird vor den Altar im Osten geführt, wo Steiner und Marie von Sivers gemeinsam »walten«. Vielleicht hat Rudolf Steiner ihr an dieser Stelle »einen Totenkopf und ein Kerzenlicht vors Gesicht« gehalten und damit auf das Ende des Lebens verwiesen, vielleicht ist dies auch der Moment, wo er »als ›Generalgroßmeister‹ mit Salz, Asche und Wasser« operiert, während er »sehr schnell lateinische Zauberformeln« spricht, ehe er »zu schönklingenden Anrufungen und Rosenkreuzersprüchen« übergeht.[11] Zwei »Mysten« kreuzen über ihrer Stirn symbolische Schwerter, der »Myste des Ostens« verkündet, dass sie »in das Buch des ersten Grades derer, die da streben nach dem Lichte der ewigen Mystik«, eingetragen sei. Nach dem rituellen Abschluss folgt eine »Instruktionshandlung«, ehe die Logenarbeit mit den Schlussdialogen und den dreimaligen Hammerschlägen endet.

Die Beförderung in den zweiten Grad, ein Sandwich-Ritual zwischen der Aufnahme des Lehrlings und der Erhebung in den Meistergrad, folgt im Wesentlichen dem gleichen Schema. Der Raum ist kaum verändert, an der Lampe jedoch befindet sich der Buchstabe »G« (wohl für Gnosis), angefertigt aus vergoldetem Karton oder Blech. Die Einzuführende wird vor ein hell loderndes Feuer geführt, wobei zwei »Mysten«, die Luzifer und Ahriman darstellen, den Initianden vor polaren Grundgefahren warnen, den geistigen Affekten und dem Materialismus. Dann hält ihm ein »Myste« einen »Spiegel« vor, und der Kandidat hört die Worte »Erkenne dich selbst«.

Den Höhepunkt der Initiation jedoch bildet die Erhebung in den dritten, den Meistergrad. Der Raum ist wiederum nicht wesentlich verändert, von einem vierten Altar im Norden abgesehen. Aber nun soll die Zeremonie den Kandidaten an seine existenzielle Grenze bringen, an den Tod. Nachdem die Initiandin an die Tür geklopft und Einlass erbeten hat, schallt ihr aus dem verdunkelten Raum das »Memento mori« entgegen: »Bedenke das Ende, denke an den Tod, denke, dass alles Leibliche an dir vergänglich ist.« Rückwärts wird sie vor einen Gegenstand geführt, den sie nicht erkennen soll: den Sarg. Sie spürt einen spitzen Gegenstand auf der Brust und wird ermahnt: »Was nun geschieht, sollst du nicht bloß hören und verstehen, sondern in tiefster Seele empfindend erleben.« Sie hört vom Schicksal des salomonischen Baumeisters Hiram, vom Versuch der Gesellen, an das geheime Meisterwort zu kommen. An ihren Körper spürt die Initiantin die Versuche, Hiram zu ermorden. Symbolisch erleidet sie die tödlichen Schläge der Gesellen. Dann führen die »Diener« der Altäre des Westens, Südens und Ostens, gekleidet in einen schwarzen, einen roten und einen weißen Mantel, die symbolische Grablegung aus. Im Sarg liegend, hört die Initiantin einen Glockenschlag. Sie gehe, so erzählt ihr der »Diener des Ostens«, also Rudolf Steiner, in der kosmischen Geschichte bis zur Entstehung der Erde zurück. Nach drei Glockenschlägen vernehme sie Sphärenmusik. Mit sieben Glockenschlägen schreite die Seele weiter zurück bis zum Beginn der Kosmosgeschichte, zur Saturnphase, zur »großen Mitternachtsstunde des Daseins«, an den Punkt, wo das Geistige in Materie übergegangen sei. Zwölf Glockenschläge ertönen. »Du hörst sie, die große Mitternachtsstunde des Daseins. Du wirst sie dereinst in Wirklichkeit hören.« In dieser Stunde des Todes sieht ein Umstehender neben dem Sarg einen Kassiazweig als Zeichen des Lebens. Nun verspricht der Hohepriester, Steiner, der Initiantin die Auferstehung: »Dem Hiram gleich soll sie sein *neugeboren*. Dem Hiram gleich sei sie *Sieger über den Tod*. Dem Hiram gleich soll ihr das Licht aus dem Osten leuchten.« Während dieser Worte wird der Tempel Schritt um Schritt von Süden über den Westen in den Osten hinein erleuchtet. Der Sarg wird geöffnet, Rudolf Steiner spricht: »Mit dem Löwengriff des Meisters hebe ich dich aus deinem Grabe. Ich finde dich so, dass sich die Knochen von deinem Leibe gelöst haben.« Der Meister flüstert ihr das verlorene Meisterwort ins Ohr: »Mach ben ach«, was Steiner so interpretierte, dass sich das Geistige vom Physischen getrennt habe. Der Gehilfe des Meisters ermahnt die Initiantin nun, sie möge dieses Erlebnis »immer wieder … in deiner Meditation aufleben« lassen. Schließlich empfängt sie das geheime Erkennungszeichen.

Vielleicht hat sich nur in diesen Passagen des dritten Grades der rosenkreuzerische Schluss ereignet: der große Moment, wo eine »Alba (das lange weiße Priestergewand)« umgelegt wird, der scharlachrote Seidenmantel, der in der Freimaurerei im Rosenkreuzergrad verwandt wird, und wo die rote Stirnbinde durch eine weiße ersetzt ist. Dies ist der Moment, in dem der Dornenkranz auf dem Kreuz beim Altar des Ostens durch einen Kranz roter Rosen ersetzt wird, der Moment, in dem die schwarzen Tücher von der Wand fallen und der Raum in einem leuchtenden Rot erscheint, der Moment, in dem die Initiantin den symbolischen Übergang vom Tod zum Leben mit allen Sinnen spüren soll. Die Anweisungen des Meisters im Ohr, den Weihrauchduft in der Nase hat sie hautnah die tödlichen Schläge der Gesellen gespürt, und vor allem: Mit ihren Augen hat sie gesehen, wie aus der Dunkelheit Licht und so aus dem Tod Leben wurde. Sie hat einen Initiationsritus durchlaufen, der das Kopfwissen sinnlich spürbar machen sollte.

Was hat dieses Erlebnis mit den Menschen gemacht? Wir wissen darüber kaum etwas. In den öffentlich zugänglichen Lebenserinnerungen haben sie ihr Schweigegelöbnis durchweg gehalten. Nur wenige der über 600 Maurer in Steiners geheimer Gesellschaft haben dann doch etwas erzählt, viele erst Jahre und Jahrzehnte später, oft wenn es um die Frage ging, ob es nicht doch Wege geben könne, die Riten wiederauferstehen zu lassen. Vor allem in diesen verzweifelten Debatten hallt die große Faszination nach, die von dem Auferstehungsritual in den Meistergrad ausgegangen sein muss. Inmitten der kopfzentrierten Theosophie, der stundenlangen Vorträge Steiners und der Wände voller Bücher waren die Initianten sinnlich Steiners geistiger Welt begegnet, statt angelesenen Wissens hatten sie eine »unmittelbare« Erfahrung erlebt. Eine ästhetische Inszenierung kompensierte die kognitive Überlast der Theosophie. Vor allem Protestanten, denn darum handelte es sich in der überwiegenden Mehrzahl, hatten mit einem körperlichen Gefühl die Initiation in ein Reich höheren Bewusstseins und Wissens gespürt.

Aber was hat dieser Ritus mit Steiner gemacht? Man vergegenwärtige sich: Ein Mann im Alter von 45 Jahren, völlig liturgieunerfahren, abgesehen von wenigen, Jahrzehnte zurückliegenden katholischen Gottesdiensten als Messdiener, ein Kopfmensch par excellence, der viel las und schrieb, aber nie in einer religiösen Liturgie gesehen wurde, dieser Mann gerät quasi über Nacht in eines der sinnesintensivsten Initiationsrituale, die die Zeit um 1900 bereithielt. Ob Steiner je die symbolische Auferstehung aus dem Sarg selbst mitgemacht hat, wissen wir nicht. Auch er hat geschwiegen. Aber wir wissen, dass er im Ritual an die Stelle trat, die im Rosenkreuzergrad symbolisch Christus zugewiesen ist. Steiner wurde letztlich wie der Christus selbst, wenn er die Initianten symbolisch auferstehen ließ. Man kann nur spekulieren, was diese Rolle mit Steiner gemacht hat. Vielleicht hat sie ihn in eine emotionale Nähe zum Christentum gerückt, die ihn überrascht, vielleicht überwältigt hat. Vielleicht. Nur die Toten wissen mehr.

Der Schlussakt

Drei Tage vor dem Ausbruch des Ersten Weltkriegs, am 28. Juli 1914, amtiert Steiner letztmalig als Meister. Dann schließt er die Esoterische Schule, und damit enden auch die maurerischen Zeremonien. In einer Zeit, da Kaiser Wilhelm II. keine Parteien, sondern »nur noch Deutsche« kannte, war eine internationale Vereinigung wie die Freimaurerei schon durch ihre bloße Existenz verdächtig. Für einen Patrioten wie Steiner galt dies allemal. Er glaubte fest an eine Verschwörung der internationalen Freimaurerei und dahinterstehender okkulter Bruderschaften.[12] »Die Geheimgesellschaften der Entente-Länder«, also der Gegner Deutschlands, hätten »die Weltkatastrophe« vorbereitet.[13]

Aber daneben gab es pragmatische Gründe für die Schließung der Esoterischen Schule. Das Reisen wurde schwierig, und da Steiner allein die Hauptrolle in den Zeremonien spielte und niemanden sonst neben sich duldete, stellte seine Abwesenheit das ganze Unternehmen infrage.

Nicht zuletzt nutzte er die Chance, die kompromittierendste Altlast seiner Freimaurerei loszuwerden: Theodor Reuß. Steiner zerriss offenbar eine zentrale Urkunde, vielleicht das »Gelöbnis«.[14] Er blieb ein Leben lang an dieser Stelle dünnhäutig, wie noch 1924 in seiner Autobiografie sichtbar wird. Als er von den maurerischen Traditionen berichtet, schafft er es, den Namen Reuß nicht einmal zu erwähnen. Und als sein Verkehr mit dem Unnennbaren beschrieben werden muss, wehrt er mit beiden Händen ab. Er habe das Diplom aus »Achtung vor dem historisch Gegebenem« genommen, jedoch die »symbolisch-kultische Betätigung«, die maurerischen Zeremonien also, »ohne historische Anknüpfung« durchgeführt. Das hat ihm schon damals kaum jemand abgenommen.

FÜNFZEHN

Steiner entdeckt das Christentum. Ein Totengespräch

Rudolf Steiners christologische Wende liegt hinsichtlich zentraler Fragen im Dunkeln. Wir können sie nur auf die Zeit zwischen Sommer und Herbst 1906 eingrenzen. Erst die Entdeckung des in diesem Kapitel abgedruckten, in der *Akasha-Chronik* aufgezeichneten Gesprächs zwischen Steiner und Ludwig Graf von Polzer-Hoditz hat Licht in diese Wende von Steiners Leben gebracht.

Ludwig Graf von Polzer-Hoditz: Biogramm

1869 wurde Ludwig Graf von Polzer-Hoditz als ältestes Kind des Ritters Julius von Polzer und der Reichsgräfin Maria Christine von Hoditz und Wolframitz in Prag geboren.[1] Der Vater, ein überzeugter Theosoph, wies den Sohn auf Rudolf Steiner hin. 1911 trat Ludwig Polzer-Hoditz selbst der Theosophischen Gesellschaft bei und wurde ein Jahr später als persönlicher Schüler Steiners in die Esoterische Schule aufgenommen. Sein Bruder Arthur war ein enger Vertrauter des letzten österreichischen Kaisers Karl und lancierte 1917 Steiners Memorandum (s. Kap. 20) in die habsburgische Regierungsspitze. In den Zwanzigerjahren engagierte sich Ludwig Polzer-Hoditz als Landwirt im biodynamischen Landbau. 1936 trat er aus der Anthroposophischen Gesellschaft aus, nachdem Steiners ehemalige Vertraute, Ita Wegman, faktisch ausgeschlossen wurde. Seine Korrespondenz mit Rudolf Steiner muss weitgehend als verloren gelten.

Das im Folgenden wiedergegebene Gespräch fand im oberösterreichischen Gutau (nahe Linz) auf Schloss Tannbach statt, das Polzer 1906 erworben hatte. Dort kehrte Steiner vom 7. bis zum 11. Juni 1918 bei ihm ein, nachdem er zuvor in dem gut 100 km entfernten Horn seine Mutter und seine Geschwister besucht hatte. Steiner kam nicht zu irgendeinem Mitglied der Anthroposophischen Gesellschaft, sondern zu einem der wenigen Menschen, die er damals noch als »Freund« anredete. So haben die beiden auch über private Dinge gesprochen, nicht zuletzt über Steiners Familie, deren Fürsorge er noch drei Tage vor seinem Tod Polzer-Hoditz anvertraute. Während des Aufenthalts auf Schloss Tannach nahm Steiner mit seiner Frau und der Familie Polzer-Hoditz in Gutau an der katholischen Messe teil. Anschließend zelebrierte er, und dies war zu diesem Zeitpunkt ganz ungewöhnlich, im Schloss eine »Handlung unter dem Zeichen des Rosenkreuzes«[2]. Darüber ist nichts Näheres bekannt, aber möglicherweise war sie an freimaurerische Praktiken der Vorkriegszeit angelehnt. So weit ist der Ablauf in exoterischen Quellen dokumentiert. Das sich an dieses Ritual anschließende Gespräch zwischen Rudolf Steiner und Ludwig Graf Polzer-Hoditz ist, wie erwähnt, nur in übersinnlichen Archiven zugänglich. Die Erläuterungen in Klammern stammen vom Herausgeber.

Totengespräch

Polzer-Hoditz: Setzen Sie sich, lieber Dr. Steiner. Wir haben das Zimmer Ihrer Frau verdunkelt und hoffen, dass ihre Kopfschmerzen morgen verflogen sind. Leider ist auch meine Frau unpässlich, sodass wir den Abend alleine ausklingen lassen müssen.

Steiner: Es ist schon recht, mein guter Freund, ich wollte in jedem Fall noch ein paar Familienangelegenheiten mit Ihnen besprechen. Meiner Mutter geht es nun doch immer schlechter [Steiners Mutter starb am Heiligen Abend 1918], und wir müssen an meine Geschwister denken. Ich bin ja so dankbar, dass Sie sich kümmern. Mit der Leopoldine wird es ja gehen, als Näherin hat sie ihr Auskommen. Doch der Gustav bleibt ein Sorgenkind, er hat sich mit seiner Taubheit ein schweres Karma aufgeladen.

PH: Machen Sie sich keine Sorgen, lieber Herr Doktor, Frau Barth [eine weitläufige Verwandte Steiners] ist verlässlich. Für Gustav ist sie ohnehin fast eine richtige Tante.

S: Sie sind wirklich ein guter Mensch. Der lebendige Christus-Impuls ist in Ihnen, ich weiß es. Auch ich habe ihn heute wieder verspürt, als die Mysterien des Rosenkreuzes aufgingen. Da habe ich gewusst, dass wir den Michael-Dienst [Steiners Begriff für die Freimaurerei seit 1913] wieder aufrichten müssen nach dem Krieg. Denn die katholische Messe gehört einer untergehenden Epoche an, das hat man in Gutau doch wieder gesehen. Aber Riten brauchen wir, denn sie haben Formen, und Formen sind ein Ausdruck des Ewigen. Suchen wir in der Form das Ewige, so finden wir es. Und Sie, mein guter Polzer, werden dann Lehrer in der Esoterischen Schule sein, und den Menschen den Weg zu dem Christus weisen.

PH: Aber kann man den Christus nicht auch in der katholischen Messe finden?

S: Ich habe ihn dort nicht gefunden.

PH: Aber wo haben Sie ihn gefunden? Die Gerüchte darüber sind bei unseren Tanten [so nannte man die hoch engagierten alten Damen in der Anthroposophischen Gesellschaft] zahlreicher als die Reinkarnationen der Maria Magdalena.

S: *(lacht)* Wenn sie nicht gerade nach ihrer dritten Inkarnation von Maria Magdalena fahnden, richten die Damen ihr Äther-Lorgnon auf den Christus und fragen ihn, wann er mir erschienen ist – köstlich.

PH: Aber Sie machen es uns auch wirklich nicht leicht. Im großen Schulungsweg [*Wie erlangt man Erkenntnisse der höheren Welten?*, 1904/05] kommt der Christus ja nicht vor. Neulich hat mir noch Dr. Christlieb [Max Christlieb, protestantischer Theologe, den Steiner noch aus Weimar kannte] gesagt, Sie hätten den Christus in Weimar nicht gekannt …

S: *(steht erregt auf)* Was wollen Sie damit sagen? Ich hätte nicht …? Hören Sie mir doch auf mit dem Theologen, die sehen nie den Christus, das Geistige ist bei ihnen längst zerflattert. Die Geistesforschung ist die eigentliche Richterin über jede Erkenntnis, nur Selbstseher können den Christus schauen. Nur durch die anthroposophische Weltanschauung werden wir vorbereitet sein, das Christus-Ereignis verständnisvoll, lichtvoll zu schauen, nur Eingeweihten wird der Christus, der Herr des Karma, nicht erscheinen wie eine furchtbare Strafe. *(Steiner sinkt wieder in den Sessel.)*

PH: Entschuldigen Sie, mein lieber Herr Doktor, ich wollte Ihnen nicht zu nahe treten.

S: Ach, nein, mein guter Polzer, Sie haben ja recht, das Erleben des Christus ist nur nicht immer so einfach, wie es sich die Theologen vorstellen. Die verstehen nicht, dass man in die Haut des Drachen schlüpfen muss, sie wissen nicht, dass es die Pflicht zum okkulten Schweigen gibt, und das habe ich bis 1900 wahren müssen, ehe ich mit den wahren Mysterien vor die Menschen treten konnte. Also, ich will es Ihnen sagen, mit mir und dem Christus war es so …

PH: Lassen Sie mich gerade noch einen Scheit in den Kamin werfen, die Nächte sind noch kühl, und ich will schnell die Türe schließen, damit es warm bleibt.

S: Also, dem Gesandten des Meisters bin ich schon früh begegnet, als ich in Wien das Studium begonnen habe. Aber natürlich war das nicht der Christus. Der erscheint nur im Ätherischen. Und trotzdem war er immer bei mir, auch als ich in die Tiefen des Materialismus hinabgestiegen bin.

(Steiner steht auf und schreitet im Zimmer auf und ab. Er geht zum Fenster, blickt in die Nacht hinaus.)

Und dann ist es passiert. Ich weiß es noch genau. Im Sommer 1906 ist der Christus immer näher an das Tor der Theosophie getreten. Dann kam der Herbst mit den vielen Vorträgen. Und dann die vielen Unterweisungen für die erste Abteilung der Mystica aeterna [so nannte Steiner seine Freimaurerei].

PH: Erzählen Sie doch bitte genauer, Sie wissen doch, ich bin 1911 Ihr persönlicher Schüler geworden und erst im Jahr darauf der Esoterischen Schule beigetreten.

S: Es war in Stuttgart, noch in der alten Zweig-Wohnung [das große Zweighaus wurde 1911 eingeweiht], im Herbst. Wir hatten eine Erhebung in den Meistergrad. Tod und Auferstehung. Der Raum war noch ganz schwarz. Und der viele Weihrauch nahm mir fast den Atem. Der gute, alte Arenson [Adolf Arenson, führender Kopf der Stuttgarter Anthroposophen] liebte doch den ägyptischen Pontifikal-Weihrauch über alles. Dann verlief alles so eigentümlich. Als meine Frau der Initiandin das »Memento mori« zurief, schien mir die Aufzunehmende zu leuchten, und ich konnte ihr kaum den Meißel auf die Brust setzen, den Tod vor Augen stellen. Die Kerzen am Altar der Weisheit strahlten ein schwarzes Licht aus, die Dornenkrone hatte eine blutrote Aura. Dann habe ich an die Geschichte vom Tod des Baumeisters Hiram gedacht und sie in den Tod gelegt, in den Sarg. Und dann war sie tot, in der großen Mitternachtsstunde des Daseins, alles war still, ganz dunkel. Und dann spürte ich, wie mir der schwarze Mantel abgenommen wurde. Als die rote Albe über meinen Schultern lag und das Licht wieder anging und der Raum aus dem Schwarz des Todes in das Rot des Christus getaucht war, als das Rosenkreuz strahlte und ich die neugeborene Initiandin mit dem Löwengriff aus dem Sarg hob und ihr das Meisterwort, Mach ben Ach, ins Ohr flüsterte und sie auferstehen ließ, da geschah es. Da stand der Christus vor mir. Und dann trat er in mich, da war der Christus in mir, da durchleuchtete der kosmische Christus mein Ich, seitdem bin ich ein Christo-Phoros. Seitdem ist der Christus in mir. Und dann ...

(Im Stiegenhaus knarzen Dielen. Polzer-Hoditz geht zur Tür.)

PH: Ich glaube, Ihre Frau, Herr Doktor, braucht Sie.

S: *(steht auf und geht zur Tür)* Und den Rest, mein lieber Freund, den kennen Sie ja.

(Steiner tritt durch die Tür und wendet sich kurz zurück. Er blickt Polzer-Hoditz an und hält den erhobenen Zeigefinger der rechten Hand senkrecht vor seinen Mund.)

SECHZEHN

Theosophischer Alltag. Ein Kaleidoskop

Die Menschen

Der typische Theosoph war eine Frau: gebildet, nicht arm und Protestantin: eine Bürgersfrau eben. Dieses Sozialprofil traf man in allen theosophischen Gemeinschaften an, doch war das soziale Niveau in der Adyar-Theosophie besonders hoch: Kleinbürger fehlten fast ganz – und Adelige waren überproportional häufig, manchmal gar in der Mehrheit. Das brachte Steiner den diffamierenden Titel eines »Weiberherzogs« in einer »Mormonenwirtschaft« ein.[1] Doch diese weibliche Mehrheit war kein Ergebnis eines locker gestrickten Sexuallebens, sondern der bürgerlichen Gesellschaft. Denn was konnten gebildete Frauen im wilhelminischen Deutschland schon machen? Krankenschwester werden oder Lehrerin (dann häufig mit dem Verbot, zu heiraten), vielleicht Verkäuferin oder Äbtissin im Kloster, sie konnten als Künstlerin oder freie Schriftstellerin leben und natürlich den großen Haushalt führen. Aber sehr viel mehr ging nicht. Die Universitäten begannen erst kurz vor 1900, sich den Frauen zu öffnen, und immer noch hatte nach dem Bürgerlichen Gesetzbuch des Jahres 1900 der Ehemann die Einwilligung zur Berufstätigkeit seiner Gattin zu geben. Angesichts dieser Einschränkungen war die Theosophie ein Eldorado für selbstbewusste Frauen: Hier konnten sie Leitungsfunktionen übernehmen und einen eigenständigen spirituellen Weg gehen – und nicht selten bewegten sie ihre Männer dazu, Theosophen zu werden.

In ihrem Äußeren ähnelte die typische Theosophin um 1900 eher einer Suffragette denn einer lebensreform-bewegten Aussteigerin. Der Theosoph Emil Molt erblickte vorwiegend »Damen mit imposanten Hüten«[2], und jüngere Theosophen mokierten sich über die »Tanten«: »Viele trugen absonderliche hemdartige Kleider mit gerader Stola darüber –, auch hatten viele Ketten mit merkwürdigen Anhängern um den Hals. ... Auffallend war der Mangel an Schminke.«[3] Trotz aller Bürgerlichkeit trugen die Damen auch ein wenig Reformkleidung, Garderobe ohne Korsett, aber mit meist hochgeschlossenem Kragen. Im Dekolleté liebten sie von Steiner entworfene Rosenkreuzer-Bijoux, denn dies waren die »merkwürdigen Anhänger«: kleine Medaillons mit Kreuzen oder Brustkreuze, jeweils mit sieben roten Edelsteinen als Symbole für die Rosen. Die Männer waren, wie immer, weniger auffällig gekleidet und häufig mausgrau im bürgerlichen Anzug uniformiert. Aber Steiner passte sich diesem Kleidungscomment nicht ganz an. Seine oft zu einer wilden Schleife gebundene Lavallière, die er schon vor 1900 getragen hatte, manchmal auch der Halbzylinderhut[4] oder der abgetragene lange Gehrock markierten den feinen Unterschied gegenüber der »normalen« Männerwelt.

Manche Frauen stiegen in den engsten Führungszirkel der Adyar-Theosophie auf, die ihnen viele Mitwirkungsangebote eröffnete. Für die mäzenatische Frauenrolle steht Helene Röchling aus der Industriellenfamilie Lanz, die ihre finanziellen Mittel in ihre theosophischen Überzeugungen steckte. Viel, sehr viel Geld hat sie für den Johannesbau in Dornach lockergemacht, und die Miete für Steiners Wohnhaus, das »Haus Hansi«, zahlte sie aus der Portokasse.[5] Dann gab es die Jungen, die über die alten Damen, die »Tanten«, witzelten. Aber die große Zeit dieser neuen Frauengeneration brach erst an, als nach dem Ersten Weltkrieg die Jugendbewegung auch in der Anthroposophischen Gesellschaft ankam.

Schließlich gab es die Frauen, die mit Steiner Führungsaufgaben übernahmen, an allererster Stelle Marie von Sivers, seine zweite Frau. Die großbürgerliche Offizierstochter, die 1915 den kleinbürgerlichen Bahnarbeitersohn heiratete, etablierte die »dramatische Kunst« und nahm die Eurythmistinnen unter ihre Fittiche, sie hielt die Verwaltung der Theosophischen Gesellschaft in Händen und dolmetschte für Steiner in Frankreich und Italien, sie war die Verlegerin seiner Werke und hatte Leitungsfunktionen in der Esoterischen Schule. Und sie besaß ein ganz persönliches

Privileg: Steiner setzte sie in all seinen Testamenten als Erbin ein. Sie war das Paradebeispiel einer Frau, die mit großem Selbstbewusstsein einen eigenen Verantwortungsbereich aufbaute – unter der Bedingung, die alle, Männer wie Frauen, in der Theosophischen Gesellschaft akzeptierten: Der große Eingeweihte war nur einer, Rudolf Steiner. Aber Steiners rechte Hand zahlte auch ihren Preis für dieses Leben. Immer wieder war sie schwer krank: durch allzu viel Arbeit ausgebrannt, wie 1911 sichtbar wurde, in Konflikten möglicherweise durch psychosomatische Beschwerden gelähmt, sodass sie Beinschienen tragen oder einen Rollstuhl benutzen musste.[6] Der Preis, den Marie von Sivers und andere theosophische Frauen für ihre Karriere bezahlten, ist eine eigene Geschichte.

Der Zweig

Das organisatorische Rückgrat der Theosophie bildete die örtliche Loge oder, wie man im Laufe der Jahre lieber sagte, der Zweig. Im Regelfall organisierte man sich nach dem Vorbild des bürgerlichen Vereins mit einem gewählten Vorsitzenden, Kassierer und Schriftführer. Man traf sich in Privatzimmern, häufig auch in Wohnungen, und in seltenen Fällen, etwa in Stuttgart oder in Bonn, besaß man eigene Häuser. Wenn möglich, schuf man ein internes Heiligtum in theosophisch inszenierten Räumen, so in Berlin:

> »Wie ein Schiff oder Inselchen im brausenden Meer des modernen Großstadtlebens war das Zweiglokal in der Geisbergstraße. … In gesättigtem Blau gemalte Wände und noch dunkler blau die Tür, der Fußboden, Fenster und Stühle. Auch das seitlich gestellte Rednerpult war dunkelblau, darauf ein Strauß leuchtend roter Rosen. Die Vorhänge an den Fenstern waren hellblau, und auch die Decke war mit hellblauem Stoff bedeckt, der, in den Nähten fester angezogen, in merkwürdigen Wellen nach unten gebauscht herunterhing. … Die Büsten von Hegel, Schelling, Fichte und Novalis, sowie zwei Radierungen von Raffaels Stanzen nahmen die Räume zwischen den Fenstern ein.«[7]

Wenn ein Zweig zu groß wurde, teilte man ihn, zumindest war das die friedliche Variante. In vielen, vielleicht in den meisten Städten waren Teilungen zugleich Spaltungen, wenn die Gegensätze zwischen unterschiedlichen Fraktionen unüberbrückbar waren. So reproduzierten im elsässischen Mülhausen/Mulhouse der »Paulus-Zweig« und die »Groupe d'étude Jeanne d'Arc« das Schisma der Stadt in nationalistische Sprachgruppen.

Zur Ausstattung jeder Loge gehörte eine Leihbibliothek. Von kleinen Beständen wie in Freiburg im Breisgau, wo man 1907 59 Bände zählte, die jedoch »nicht sehr viel benutzt« würden[8], über mittelgroße wie in München, die 1905 200 Einheiten und ebenfalls 200 Ausleihen verzeichnete[9], bis zur großen Berliner Sektionsbibliothek, die 1908 allein die folgenden Neuanschaffungen präsentieren konnte:

> »G.H. Schubert: *Die Symbolik des Traums.* Goethe und Schiller: *Briefwechsel.* Torquato Tasso: *Befreites Jerusalem.* Th. Arldt: *Das Atlantis Problem.* Sante de Sanctis: *Die Mimik des Denkens. Geschichte des Rabbi Jeschua ben Josoef Hanootgri.* F. Mendelssohn Bartholdy: *Briefe.* Ant. Fogazzaro: *Der Heilige.* Geber: *Summa Perfectionis etc. Ueber Alchemie. Bhagavad Gita*, uebersetzt von M.A. Oppermann. M.A. Oppermann: *Betrachtungen über die Bhagavad Gita.* Friedrich Delitzsch: *Mehr Licht.* Annie Besant: *H.P. Blavatsky and the Masters of Wisdom.* G.W.F. Hegel: *Philosophie der Geschichte. Transactions, IInd. Annual Congress of the European Sections, Theosophical Society.* Annie Besant: *The Religious Problems in India – Islam, Jainism, Sikhism, Theosophy.* Rudolf Steiner: *Haeckel, die Welträtsel und die Philosophie.* Ders.: *Die Erziehung des Kindes.* Ders.: *Blut ist ein besonderer Saft.* Ders.: *Das Vaterunser.* Carl Unger: *Ein Weg der theosophischen Weltanschauung*«.[10]

Der Lebensrhythmus dieser Zweige macht eine Parallelwelt sichtbar. Deren Ankerpfeiler bildete die gemeinsame Lektüre theosophischer Werke, zunehmend der Vorträge Steiners. Dazu trat ein Zyklus von Festen. Ein großer Feiertag war der 8. Mai, der »Weiße Lotustag«, in Erinnerung an Blavatskys Todestag, den Steiner und seine Theosophen bis 1912 alljährlich begingen: beispielsweise mit der Lesung von Blavatsky-Texten unter einem »blauen Ampellicht«[11] oder mit einer Exegese ihrer Vorstellungen über die »Mysterien Griechenlands« durch Steiner.[12] Zunehmend aber überlagerte man auch den christlichen Festkalender, ganz obenan Weihnachten als das höchstemotionalisierte Fest des deutschen Christentums. In München etwa kamen die Mitglieder am 15. Dezember 1907 im Advent zu einer theosophischen Weihnachtsfeier zusammen:

> »Der Abend wurde eingeleitet und geschlossen mit Musik (Harmonium und Gesang). Alsdann verlas Baronin Gumppenberg ein von ihr für die Feier verfasstes Gedicht. Während der Vorlesung des Weihnachtsvortrages, den Herr Dr. Steiner im letzten Jahre in Berlin gehalten hatte, und während der ganzen Feier brannten die 33 Lichter des Baumes, der mit den bekannten Symbolen und mit Rosen geschmückt war.«[13]
>
> Das Weihnachtsfest selbst blieb zumindest damals noch unberührt.

Aber die Zweige suchten auch die Öffentlichkeit, oft ganz in bürgerlicher Tradition durch Bildungsveranstaltungen. In Berlin etwa 1908, wo

> »an den Sonntag Nachmittagen … Freiin von Eckhardtstein durch ihre Erklärungen vielseitig ausgelegter Kunstblätter eine dankbare und Belehrung suchende Zuhörerschar zu gewinnen wusste. In demselben Masse zeigte sich auch die Freude der zahlreichen Besucher an den Sonntag-Abend-Konzerten, wo gute Musik in Gestalt von Klavier-, Harmonium- und Gesangs- wie auch Violinvorträgen geboten wurde, an deren Ausübung sich eine grosse Zahl der theosophischen Mitglieder – es seien hier nur Frau von Sonklar und Herr Günther Wagner genannt – in bereitwilliger Weise beteiligten. In stimmungsvollem Wechsel zu diesen musikalischen Leistungen traten die, namentlich von Fräulein v. Sivers dargebotenen Deklamationen, die sich an einem der letzten Sonntage sogar zu einer mit grossem Beifall aufgenommenen, kleinen szenischen Wiedergabe aus dem zweiten Teile des Faust erweiterten. Hand in Hand mit diesen Versuchen einer Volksbelehrung im Dienste des Wahren, Guten und Schönen, gingen ferner die von Herrn Mitscher an den

Mittwoch Abenden bereitwillig übernommenen Vorträge über ›Mythen und Sagen‹ und die Sonnabend-Vorträge der Frau Reif über ›Das Wesen des Menschen‹.«[14]

Aber täuschen wir uns nicht: Die Berichte und Erinnerungen rücken die besonderen Ereignisse und die Hochfeste in den Mittelpunkt, aus der Vereinsforschung wissen wir jedoch, dass das Leben von den alltäglichen Kleinigkeiten bestimmt war. Man traf sich regelmäßig, hielt ein Schwätzen, schimpfte auf Gegner und sang das hohe Lied auf Steiner, wusste um Familienprobleme und Krankheiten, bildete auch schon einmal, wie in Berlin, einen »theosophischen Herren- und Damenchor«[15]. Der theosophische Zweig war, mit anderen Worten, ein Stück Heimat.

Einige Theosophinnen spürten aber auch, dass die leidenschaftliche Innerlichkeit der theosophischen Erkenntnissuche ignorant gegenüber den sozialen Fragen war. Deshalb entstanden in Berlin und München kleine Kulturzentren, »Kunst- und Musiksäle«. 1908 etwa richtete man in der Münchner Herzogstraße 39/0, mitten in Schwabing zwischen Boheme und Handwerk, in einer ehemaligen »grossen Bierwirtschaft«[16] einen Ort mit Bildern und Reproduktionen ein, wo »Märchen für Kinder«, »Konzerte« oder eine »Vorlesung über Theosophie für Anfänger« geboten wurden.

»Eine Stätte musste geschaffen werden, wo den Arbeitern Kunst und Schönheit nahe gebracht werden konnte – ein Raum, hart an der Straße liegend, wo die Vorübergehenden durch Transparente mit Programm an den Fenstern und durch die Musik im hellerleuchteten Saale angezogen würden, in ihren Arbeitskleidern hereinzukommen, um eine Stunde lang Künstlerisches in dem einfachen, aber doch schönheitsvollen Raume zu geniessen.« »Durch diesen Kunstsaal wird die Brücke geschlagen zwischen den Theosophen – den sogenannten Vornehmen und Reichen!! und der armen, arbeitenden Bevölkerung, was letztere als etwas sehr Erfreuliches empfindet.«[17]

Der theosophische Zweig war jedoch mehr als eine alternativkulturelle Insel im bürgerlichen Vereinsleben. Vielmehr gehörte die Theosophie zu einem ganz neuen Typus von Vergemeinschaftung, denn der Zweig war Teil der theosophischen »Bewegung«: An dieser konnte man teilhaben, ohne Mitglied der Theosophischen Gesellschaft zu sein, eingeknüpft in ein Netz von informellen Beziehungen. Die Eigenheit dieser Organisationstyps wird insbesondere auf biografischer Ebene deutlich. Theosophen waren häufig zugleich Mitglieder in ähnlich ausgerichteten Bewegungen, meist aus dem Umfeld der Lebensreformbewegung: bei Vegetariern, Reformhausbetreibern, Antivivisektionisten (die gegen Versuche an lebenden Tieren eintraten), Gartenstadtaktivisten, Impfgegnern – der Raum der Überlappungen war im Grunde grenzenlos. So konnte Steiner während des Essens Mandelmilch trinken[18], aber er war auch pragmatisch genug, Fleisch zu essen, wenn es in einem einfachen Lokal nichts anderes gab, während seine Anhänger in der peinlichen Starre der esoterischen Schüler um das rechte Wort rangen, da sie doch zum Vegetarismus verpflichtet waren. Diese fluide Bewegung hatte eigene Treffpunkte. In München etwa das vegetarische Speisehaus »Fruchtkorb« der Theosophin Harriet Freiin von Vacano (Spezialität: nun ja, Mandelmilch) in der Schraudolphstraße, ganz in der Nähe der Alten Pinakothek.

Steiner hören und lesen

Seinen absoluten Höhepunkt erreichte das theosophische Vereinsleben, wenn Rudolf Steiner zu Vorträgen oder gar zu Vortragszyklen anreiste. Denn Steiner war für Mitglieder wie für Außenstehende das Gravitationszentrum der Theosophie wie der späteren Anthroposophie. Ein Kritiker brachte dies mit einer launigen Bemerkung auf den Punkt: »Anthroposophie ist ein aus dem Griechischen stammendes Fremdwort und heißt auf Deutsch – Dr. Rudolf Steiner.« [19]

Das äußere Bild Steiners, welches sich dabei einprägte, hat sich dabei offenbar seit seinen Berliner Zeiten in markanten Einzelheiten nicht verändert: die schwarz gekleidete Gestalt; die »lange, kühne Geniesträhne, die er in kurzen Zeitabständen mit einem vehementen Schwung des Hauptes zurückschleuderte«[20]; die Augen, die Zeitgenossen als »flammend«, »bannend« oder

»gewaltsam« beschrieben[21]; eine Stimme, die manchen sonor und angenehm erschien, häufiger noch aber als »grell«, »Brüllen«, »Schreien«, als »maßlos« »kreischend« oder »metallisch« erschien.[22] Abgestoßen fühlten sich die einen, fasziniert die anderen.

Theosophen etwa erinnerten den »Zyklus VI« über die Johannesapokalypse, gehalten in Nürnberg im Juni 1908, in den vereinsinternen *Mitteilungen* wie folgt:

> »Eine Zeit reinster Festesstimmung für unsere Loge waren die Tage vom 17.–30. Juni. Aus den verschiedensten Himmelsrichtungen – aus den Städten Deutschlands nicht nur, sondern auch aus Holland und England, aus Frankreich und der Schweiz, aus Russland und Serbien, selbst aus dem fernen Kalifornien – waren Freunde der Theosophie herbeigeeilt, um mit uns Abend für Abend zu Füssen des tief verehrten Lehrers zu sitzen und den wunderbaren Offenbarungen zu lauschen, die er machte über die Apokalypse des Johannes.«[23]

Wie viel »Modernität« dabei möglich war, demonstrierten die Stuttgarter 1911, als sie das Logenhaus eröffneten: Während des Vortrags konnte man Steiner »im Lichte elektrischer Flammen aufblühender Rosen des an der Vorderseite des Rednerpultes angebrachten Kreuzes« bewundern.[24]

In einem Privathaus, wo die Malerin Margarita Woloschin ihren Steiner erlebte, war die Dramaturgie bescheidener, aber nicht weniger emotional verdichtet:

> »Die Vorträge fanden in dem kleinen weißen Saal eines bürgerlichen Hauses statt. Rudolf Steiner stand vor einem gelbseidenen Vorhang an einem Tischchen. Er sprach an diesem ersten Abend über den Prolog des Johannesevangeliums ›Im Anfang war das Wort‹; dabei nahm er ein Maiglöckchen aus dem Sträußchen, das vor ihm stand: so wie das Maiglöckchen aus dem Samen entstand, der Same aber in der Blüte verborgen ist, so ist die Welt und der Mensch aus dem Wort entstanden.«[25]

In solchen Bildern übersprang Steiner den Graben zwischen den intellektuellen Zweifeln und anschaulicher Plausibilität. Und weil das Anschauliche schneller begreifen lässt als das Denken, malte er auch Hunderte von »Wandtafelzeichnungen« zu seinen Vorträgen, die den trockenen Stoff durch Illustrationen zwischen kindlicher Kritzelei und faszinierender Abstraktion auflockerten.

Die Wirkung seiner Vorträge war höchst ambivalent. Sie konnten seine Anhänger bis zur intellektuellen Besinnungslosigkeit faszinieren. Immer wieder stößt man auf Erinnerungen, in denen vor schierer Betroffenheit die Inhalte fehlen. Etwa beim jugendbewegten Heinz Müller nach dem Ersten Weltkrieg: »Die warme, volltönende Stimme des Vortragenden, die Lebendigkeit jeder einzelnen Geste, die eingestreuten humorvollen Partien: alles das beeindruckte mich so sehr, daß ich nach dem Vortrage kaum in der Lage gewesen wäre, etwas vom Inhalt wiederzugeben. Keiner der Jenenser Professoren, keine noch so glänzende Vorlesung hatte auf mich je einen solchen Eindruck gemacht. Der Sturm der Begeisterung am Ende des Vortrags nahm auch mich voll mit.«[26] Andere wurden buchstäblich umgeworfen: »Ein Mensch hörte zu und kippte plötzlich um; er wurde hinausgetragen; ... der Doktor sprach: und ab und zu entstand hier und dort Unruhe; hier wurde jemand hinausgetragen, dort wurde jemand hinausgetragen; weder Steiner noch wir ließen uns dadurch stören«[27], so der berühmte russische Dichter Andrei Bely, der überdramatisierte, aber pointierte Beschreibungen des theosophischen Alltagslebens lieferte. Und die Theosophen nahmen es hin, wenn Steiner ekstatisch wurde: »›Warum schreit denn der Mann so stark?‹ fragte mancher Zuhörer«, wie Assja Turgenieff notierte.[28]

All das bedeutete nicht, dass willenlose Empfänger dem hypnotischen Meister gelauscht hätten. Menschen, die bereit waren, sich verzaubern zu lassen, trafen auf einen Mann, der bereit war, die große Sinnstiftung vorzunehmen. Und die wiederum funktionierte nicht nur über ein schlichtes Gefühl, sondern auch durch den Anspruch auf rationale Welterklärung. Steiner beanspruchte, zu argumentieren, Geisteswissenschaft zu betreiben, und gleichzeitig fesselte er emotional. Erst dieser doppelte Weg über Gefühl und Verstand öffnete ihm die Herzen seiner Hörer.

Theosophie war im Regelfall ernst, weil es um die großen, heiligen Fragen des Lebens ging und es immer etwas Lebenswichtiges zu verstehen galt. Aber natürlich brauchte man auch Distanz. Steiner konnte, wie immer wieder berichtet wird, herzhaft lachen und fröhlich erzählen.[29] Manchmal entwickelte er auch einen regelrechten theosophischen Mutterwitz, etwa angesichts des geliebten Spekulationsobjekts Reinkarnation, bei dem die hochmögenden »Tanten« »verblüffende Inkarnationsansprüche« stellten.[30] Insbesondere, so Steiner, »die Geschichte, das Alte und Neue Testament, die bilden ja ... in bezug auf Reinkarnation eine so reichhaltige Fundquelle für die Befriedigung der persönlichen Eitelkeit!« Und hier wurden die »Tanten« fündig. »Als sich jemand beklagte, Frau Z. hielte sich für die wiederverkörperte Maria Magdalena, antwortete er [Steiner] seufzend: ›Leider ist das der fünfzigste Fall in meiner Erfahrung.‹«[31] Und wenn er ganz entspannt war, konnte er den Haushund eines Gastgebers ins übersinnliche Gespräch einbeziehen und »zwischen Humor und Ernst« fragen: »Nicht wahr, Tell, du warst einmal eine Katze?«[32]

Diese Zwischentöne gab es natürlich bei den großen Vorträgen nicht. Sie waren kalkulierte Inszenierungen, hinter denen harte Arbeit stand, die man nicht wahrnimmt, wenn die Präsentation gut ist. So sah man Steiner nicht, wenn er seine Lesefrüchte ins Notizbuch schrieb, von Stichworten bis zu Dutzenden von Seiten[33], um seine Vorträge vorzubereiten, die er dann meist frei hielt. Und kaum jemand beobachtete ihn dabei, wie er Seiten aus Büchern heraustrennte, um sie als Unterlagen für seine Vorträge zu nutzen. Denn mit einem Koffer voller Bücher durch die Welt zu reisen, war nun wirklich lästig. Immerhin verdanken wir dieser Praxis Steiners, der mit den Jahren immer schweigsamer über seine Quellen wurde, einen soliden Blick in seine Lektüren. Er konnte auch, gerade bei »kleinen« Vorträgen in der Provinz, aus dem Stegreif reden. So musste er 1904 den Theosophen Ludwig Kleeberg auf dem Weg zu einem Vortrag in Kassel fragen, über welches Thema er denn nun gleich sprechen werde.[34]

Ein Podium für seine öffentlichen Reden schuf er sich dazu in den Vorträgen im repräsentativen Neorenaissance-Bau des Berliner »Architektenhauses«, zentral in der Wilhelmstraße im Berliner Regierungsviertel gelegen, wo er von 1903 bis 1918 regelmäßig auftrat.[35] Das war meist großes Theater, zu dem manchmal

Hunderte strömten. Hier erwarteten die Zuhörer einen Redner, der »pünktlich bis zur Pedanterie« immer fünf Minuten vor Beginn anwesend war.[36] Die Preußen hörten eine »österreichische Klangfarbe«[37], die manchmal in handfesten niederösterreichischen Dialekt umschlug. »Die Vegetarier essen keinen Leichnam, weil sie sich davor äkeln« oder »Gehn's, mit Ihnen spiel' ich nimmer, bis S' wieder anständig sind« – so hatten ihn Zeitgenossen aus Gesprächen im Ohr.[38] Sobald er zu reden begann, spaltete er mit seinem exaltierten Pathos die Gäste. Fasziniert waren die einen, die »Stimme des hohlen, dröhnenden Steiners«[39] hörten die anderen, wie hier Erich Mühsam. Die Dramaturgie eines großen Auftritts erinnert in einer dichten Beschreibung Paul Fechter, ein Journalist der liberalen Berliner *Vossischen Zeitung*, der nach dem Zweiten Weltkrieg die *Neuen Deutschen Hefte*, eine der bedeutenden Literaturzeitschriften im Nachkriegsdeutschland, redigierte (aber dazwischen auch Hitlers *Mein Kampf* bejubelt hatte):

> »Ich hatte Rudolf Steiner etwa seit 1907 immer wieder in seinen Versammlungen erlebt, zuerst in Dresden, an Abenden, bei denen er schmal, dunkel, fast unauffällig in irgendeinem halb dunklen und halb leeren Saal vor ein paar Dutzend älterer Damen sprach, dann den raschen Aufstieg in Berlin, wo er schon 1912 im überfüllten Festsaal des Architektenhauses in der Wilhelmstraße Tausende von Zuhörern mit seinen Vorträgen anlockte. Ich sehe noch das Bild eines Abends: den strahlend hell erleuchteten, riesigen Raum, die wogenden Menschenmassen vor dem großen Podium mit dem noch leeren Rednerpult, im Hintergrund ein vom Boden bis zur Decke reichender, auf der Hälfte geteilter Vorhang – und unter diesem Vorhang, gerade in seiner Mitte, reglos, wartend, zwei auf das leere Podium vorragende Füße in schwarzen Halbschuhen, die da unbeweglich standen und des Augenblicks harrten, in dem sie sich in Bewegung setzen konnten. Sie mußten eine ganze Weile warten, bis auf einmal der Vorhang, der bisher vor dem Manne, dem diese Füße gehörten, zusammengegangen war, hinter der schmalen, schlanken, schwarzen Gestalt im langen Gehrock zusammenschlug, so daß Rudolf Steiner plötzlich wie aus der Erde aufgetaucht am Rande des Saales stand, reglos mit

hängenden Armen und langem, schmalem, leicht abwärts geneigtem Gesicht unter dem dichten schwarzen Haar. Er stand und wartete, bis das Sprechen und Lachen im Saal ganz von selbst immer mehr abgeebbt und verstummt war. Dann erst schritt er langsam zu dem Rednerpult und begann, die Augen unter den dunklen Brauen immer noch gesenkt, halblaut und langsam zu sprechen, bis er auf einmal ein paar Worte, einen Satz fast hastig, überraschend hervorstieß und dabei zum erstenmal die schweren Augenlider hob und nun den Blick brennend und bannend auf die faszinierten, atemlosen Zuhörer richtete. An jenem Abend lautete dieser Satz der Suggestion, knapp und kurz, klanglos, beinahe auch atemlos über die Hörermassen hingeworfen: ›Das ist der Tod!‹ – Durch den Saal glitt ein zitterndes Atmen: der große Rattenfänger hatte die Schar der Kinder nun fest in der Hand.«[40]

Fechter hat hier poetisch verschärft, aber die fast hypnotische Wirkung eingefangen. Ganz ähnlich abgestoßen fühlte sich Kurt Tucholsky, der 1924 in einem Vortrag Steiners an eine Operette denken musste:

»Der Redner eilte zum Schluss und schwoll mächtig an. ... Das Finale naht ... mit einem gar mächtigen Getön und einer falsch psalmodierenden Predigerstimme, die keinen Komödianten lehren konnte. Man war versucht, zu rufen: Danke – ich kaufe nichts.«[41]

Steiners Aura wirkte ambivalent: Die einen empfanden sie als tiefe Berührung und kamen nicht mehr los, die anderen als Verletzung ihrer Freiheit und wollten weg. Steiner konnte Menschen in seinen Bann schlagen oder sie abstoßen.

Für diejenigen, die mehr wissen wollten, gab es nach vielen Vorträgen eine »Fragenbeantwortung«. Die Fragen wurden nicht mündlich gestellt, sondern waren auf Zetteln niederzuschreiben, die Steiner »wie ein Kartenspieler« in der Hand hielt.[42] Dieses Verfahren kanalisierte sicher die Vielzahl von Fragen, vermied aber auch missliebige Interventionen. Diesem Ritual war mit Bedacht jeder Anklang an eine offene Debatte genommen. So beschied Steiner bei dem Zyklus zum Matthäus-Evangelium 1910 die Anfrage, »ob er eine Diskussion wünsche«, mit einem kategorischen »Nein! Da will jeder nur sich selber hören! Diskussion nicht, aber Fragenbeantwortung.«[43] Steiner blieb der eingeweihte Herr des Verfahrens.

Seine Vorträge hielt er in fast allen größeren Städten Deutschlands. Denn der Aufbau der deutschen Sektion und die Ausrichtung auf seine Person brachten es mit sich, dass er die theosophische Diaspora durch ständige Besuche, Vorträge, esoterische Veranstaltungen zusammenhalten musste. Es gab auch andere Vortragsreisende in der Adyar-Theosophie, aber es bestand nicht der Hauch eines Zweifels, dass Steiner allein der Meister war. Und so überzog er Jahr für Jahr, nur unterbrochen durch die lange Sommerpause und die Osterferien, Deutschland und die Schweiz mit einem Spinnennetz von Reiserouten, meist mit der Bahn, nach dem Ersten Weltkrieg teilweise aber auch im Maybach oder Ford mit Chauffeur. Blickt man exemplarisch auf das Jahr 1906, sieht man ihn auf dem Weg von Berlin nach Budapest, dann in Horn (wo seine Eltern wohnten), in München, St. Gallen, Zürich, Lugano, Basel, Straßburg, Colmar, Stuttgart, München, Berlin, Kassel, Weimar, Dresden, Berlin, Leipzig – und das war nur der Januar.[44] Immerhin konnte Steiner sich, weil man in theosophischen Kreisen halt nie arm war, noble Hotels leisten. Im Wiener Grand Hotel Elefant am Ring fühlte er sich ebenso angemessen untergebracht wie im Bernerhof in Bern oder im Frankfurter Russischen Hof, allesamt erste Häuser am Platz. Aber angesichts der heimatlosen Herumreiserei kann man dies verstehen.

Wer es sich unter den Theosophen leisten konnte, wartete nicht auf Steiner, sondern begleitete ihn.

> »Eine ganze Reihe von Mitgliedern der Deutschen Sektion, die nicht beruflich gebunden waren, reiste mit, – besonders zu den Zyklen, zu den Vortragsreihen. Es wurden Einrichtungen getroffen, dass, wenn Rudolf Steiner und Marie von Sivers im Hotel wohnten, auch eine Reihe von anderen massgebenden Persönlichkeiten in diesem Hotel wohnten. Man traf sich bei den Mahlzeiten, und ungezwungene Unterhaltung und Zusammensein wurden möglich.«[45]

Wer jedoch in der reisenden Theosophie ein friedliches Konservatorium auf Bahngleisen vermutet, liegt falsch.

> »Der Außenstehende ahnte nicht, welche Rivalitäten unter den prominenten Damen – oder welche sich dafür hielten – herrschten, etwa wenn Rudolf Steiner reiste. Die eine, etwa Frau v. T., hatte irgendwie bei Frl. v. Sivers Erlaubnis und Vorrecht erreicht, die Fahrt in Rudolf Steiners Abteil machen zu dürfen, während dasselbe einer anderen nicht minder prominenten Theosophin, Frl. Mathilde Scholl, versagt wurde, und auch Frau Künstler in einem anderen Wagen reisen mußte.«[46]

Aber selbst mit einer intensiven Reisetätigkeit ließ sich keine Organisation aufbauen. Das Charisma des Redners verglühte nach dem Augenblick des Hörens. Wenn die gefühlte oder gar als Wissen betrachtete höhere Erkenntnis in Überzeugung und Tradition überführt werden sollte, mussten aus den Hörern Leser und aus der Gemeinde ein Verein werden. So wiederholten die Theosophen die Urerfahrung der Schriftkultur und überführten Mündlichkeit in Schriftlichkeit – mit allen Konsequenzen: Eine Verschriftlichung stellt den Prozess des Wissensgewinns still und braucht deshalb Kommentare. Über Kommentare aber kann man streiten, deshalb produziert Schrift »Orthodoxe« und »Häretiker«. Sodann macht Schrift unabhängig vom charismatischen Führer, denn Schrift legt nicht nur eine gemeinsame Basis, sondern auch den Grundstein für Distanz gegenüber Autorität. Schließlich und längst nicht endlich hält Schrift alles fest, insbesondere wenn jedes Wort mitgeschrieben wird: Tiefsinn und Blödsinn, tröstende Meditationen und rassistische Exkursionen gab es nun schwarz auf weiß.

Seit seinem Eintritt in die Theosophie notierten die Theosophen Steiners Gedanken, und schon bald kursierten Mitschriften der Vorträge, handschriftliche und hektografierte. Erst wehrte sich Steiner, die Unmittelbarkeit des Wortes durch einen gedruckten Text zu entwerten, aber sehr bald begann er, diese Aufzeichnungen für die Vereinsarbeit zu nutzen. Er ließ professionelle Stenografen und Stenografinnen seine Vorträge mitschreiben, von denen allein Helene Finckh seit 1915 mehr als 2500 notierte und in Klartext übertrug. Steiner fand nur in Ausnahmefällen Zeit, diese Texte durchzusehen: Übertragungsfehler zu korrigieren und Dinge, die er vielleicht besser nicht gesagt hätte, auszumerzen.

Dieses Publikationsunternehmen wollte organisiert sein, und das übernahm Marie von Sivers im Berliner Hauptquartier in der Motzstraße. Die »heiligen« Texte, mit blauer Tinte gedruckte Schriften, im gleichen kosmischen Blau eingebunden, bildeten die Basis für die Transformation der Hörergemeinde in eine Lesereligion. Damit begann die Editionsgeschichte eines riesigen Textkorpus, das heute in der *Gesamtausgabe* über 400 Bände zählt.

Die Berliner Motzstraße, wo Steiner seinen Wohnsitz hatte und weitere Theosophen ganze Etagen gemietet hatten, war vor dem Ersten Weltkrieg das Machtzentrum und die Werkstatt des theosophischen Lebens. Niemand hat es schwärmerischer überhöht als Bely, bei niemandem meint man im Kaleidoskop der Impressionen den Puls dieses Mikrokosmos so hautnah zu spüren.

> »Er« – Steiner – »trägt ein knappes, kurzes Jackett; ein nicht mehr neues Jackett; hin und wieder hat er Hausschuhe an; der Kneifer fliegt und tanzt am Bändchen und bleibt manchmal an den Portièren hängen, wenn er hindurch eilt.« ... Die »Hausbewohner unter und über Steiner hasteten in ständiger Eile von Stockwerk zu Stockwerk, mit Papieren und Durchschlägen, klapperten auf Schreibmaschinen und telephonierten. Mein Eindruck: die Wohnung Steiners steht immer offen; sie wirkte wie die Zelle einer Kommune, wo man keinen Wert auf Komfort legt; jede Minute ist verplant; und Aufgaben – Aufgaben – Aufgaben – Aufgaben. Hier wird Korrektur gelesen, dort werden Eintrittskarten für einen Vortrag verteilt, dort die Bücher ausgegeben, hier wird die Korrespondenz erledigt und zwischendurch etwas richtig gestellt oder irgend jemand geholfen. ... Und an diesen verflochtenen, aufgeschreckten Wohnungen vorbei, die atemlosen jungen Damen bei der Arbeit aufhaltend, strömen, strömen und strömen all jene, die sich zu einem Gespräch mit Steiner angemeldet haben, Menschen, die diesem brodelnden Leben eigentlich fremd sind. ... Sie kommen wie zur Beichte, in höchster Aufregung, und die meisten sind überrascht: Statt der erwarteten Feierlichkeit empfängt sie

> lautes brodelndes Lebens, das ihnen zeremoniellwidrig vorkommt.« »Und plötzlich, direkt vor der Nase, wird die Tür dieses ›geheimnisvoll‹ einfachen Zimmers blitzschnell geöffnet, völlig geheimnislos; und es erscheint der Doktor, ein wenig zerzaust, mit dem blassen Gesicht, und geleitet, vollendeter Kavalier, charmant und weltmännisch, eine Dame.«[47]

Was dann hinter Steiners Tür geschah, hat Franz Kafka, der Steiner 1911 in Prag traf, seinem Tagebuch anvertraut:

> »In einem Korridordurchblick sehe ich ihn. Gleich darauf kommt er mit halb ausgebreiteten Armen auf uns zu. ... Ich geh nun hinter ihm wie er mich in sein Zimmer führt. Sein an Vortragabenden wie gewichst schwarzer Kaiserrock, (nicht gewichst, sondern nur durch sein reines Schwarz glänzend) ist jetzt bei Tageslicht (3^{h} nachmittag) besonders auf Rücken und Achseln staubig und sogar fleckig. In seinem Zimmer suche ich meine Demut, die ich nicht fühlen kann, durch Aufsuchen eines lächerlichen Platzes für meinen Hut zu zeigen; ich lege ihn auf ein kleines Holzgestell zum Stiefelschnüren. Tisch in der Mitte, ich sitze mit dem Blick zum Fenster, er an der linken Seite des Tisches. Auf dem Tisch etwas Papiere mit paar Zeichnungen, die an jene der Vorträge über okkulte Physiologie erinnern. Ein Heftchen Annalen für Naturphilosophie bedeckt einen kleinen Haufen Bücher, die auch sonst herumzuliegen scheinen. Nur kann man nicht herumschauen, da er einen mit seinem Blick immer zu halten versucht. Tut er es aber einmal nicht, so muß man auf die Wiederkehr des Blickes aufpassen.« »Er hörte äußerst aufmerksam zu, ohne mich offenbar im geringsten zu beobachten, ganz meinen Worten hingegeben. Er nickte von Zeit zu Zeit, was er scheinbar für ein Hilfsmittel einer starken Koncentration hält. Am Anfang störte ihn ein stiller Schnupfen, es rann ihm aus der Nase, immerfort arbeitete er mit dem Taschentuch bis tief in die Nase hinein, einen Finger an jedem Nasenloch.«[48]

Kafka sandte Steiner danach eine »Probe« seiner Arbeiten[49], und das heißt bei Kafkas skrupulöser Zurückhaltung bezüglich der Weitergabe seiner Texte sehr viel – aber Steiner hat darauf offenbar nicht reagiert.

Für Außenstehende blieb Steiner als Theosoph von irritierender Fremdheit, ganz besonders, wenn man ihn von früher kannte. Etwa bei Rosa Mayreder, die ihren Wiener Freund 1918 wiedersah. Bei ihr ist die alte Zuneigung in entsetzte Entfremdung umgeschlagen, die ihre satirische Erinnerung dokumentiert:

»Das Beisammensein mit ihm erinnert mich immer an jene Geschichte von dem Besucher einer Irrenanstalt, der durch einen sehr versierten, sehr gescheiten, sehr angenehmen Menschen herumgeführt wird, weshalb er ihn für den Arzt der Anstalt hält. Zum Schluss stellte derselbe ihm noch einen Patienten vor, indem er sagt: ›Die Krankheit dieses Menschen besteht darin, dass er sich für den Kaiser von China hält – und das bin doch ich, wie Sie sehen!‹ Unsere Gespräche stimmen so lange überein, bis er auf sich und seine Tätigkeit zu reden kommt – da wird er plötzlich der Kaiser von China.«[50]

SIEBZEHN

Mysteriendramen. Das Übersinnliche schauen

Theosophisches Theater

Als sich die europäischen Theosophen im Mai 1907 in München zu ihrer jährlichen »Convention« treffen (s. Kap. 11), erwartet sie wie immer ein Programm »wissenschaftlicher« Vorträge, ganz so wie es dem Anspruch der theosophischen Erforschung des Übersinnlichen entsprach. Aber die deutschen Adyar-Theosophen wollen in diesem Jahr mehr, und das dürfte Steiner entscheidend verantwortet haben. Man hatte nicht nur den Kaim-Saal als »rosenkreuzerischen Mysterientempel« dekoriert (s. Kap. 19), sondern den Kongress als theosophisches Gesamtkunstwerk konzipiert: An den Wänden hängen zehn Bilder des Münchener Sezessionsmalers Fritz Hass und zwei Reproduktionen des großen französischen Symbolisten Gustave Moreau. Die französische Theosophin Lotus Péralté präsentiert Steiner in einer »Bronzebüste auf schwarzweißem Marmorsockel«[1] sowie Olcott in einem Relief. Zum Rahmenprogramm gehören auch Rezitationen, die Marie von Sivers vorträgt, sowie Orchesterkonzerte und Gesangsdarbietungen.

Aber den Höhepunkt bildet ein Theaterstück von Édouard Schuré, »Die Kinder des Lucifer«, das Steiner während des Kongresses aufführen lässt. Schuré hatte ja schon bei Marie von Sivers' Konversion in die Theosophie eine zentrale Rolle gespielt, die in Schurés Vision eines *Theaters der Seele*[2] eine Brücke zwischen ihrer Berufung als Schauspielerin und der Theosophie entdeckt und daraufhin 1904 die »Kinder des Lucifer« übersetzt hatte. Schuré, der glühende Wagnerianer, der Wagners »Bühnenweihfestspiel« »Parsifal« auf dem Bayreuther Hügel als Liturgie erlebte (wie übrigens später auch Steiner), hatte mit den »Kindern des Lucifer« sein eigenes Mysteriendrama geschaffen.

In dessen Zentrum steht der in der römischen Spätantike lebende Theokles, der göttliche Selbsterkenntnis besitzt und sich als Phosphoros, lateinisch Luzifer, zu deutsch Lichtträger, erkennt. Phosphoros ist ein Initiierter, der Schurés Idee eines esoterischen, gnostischen Christentums göttlicher Selbsterkenntnis repräsentiert. Aber dagegen kämpfen in dem Drama sowohl der heidnische Pontifex als auch der christliche Bischof und treiben Phosphoros in den Freitod. Doch seine Geliebte Kleonis erkennt in Phosphoros-Lucifer den Messias, der im Tod gerettet ist. Damit war Phosphoros für Steiner der »in die Materie« hinabgestiegene und »im Menschenwerk seine Erlösung findende Gott«. Wer wollte, konnte darin Wagners Schlusssatz aus dem »Parsifal«, »Erlösung dem Erlöser«, mithören.[3]

Diese Inszenierung wird ein voller Erfolg, sodass man seit 1909 jährlich ein großes theosophisches Sommertheater inszeniert. Noch 1909 kommt ausschließlich Schuré auf die Bühne, aber schon 1910 ist auch ein Stück von Steiner dabei. Vielleicht hielt er die Dominanz Schurés nicht aus, vielleicht war er auch auf den Geschmack gekommen, selbst ein Theaterstück zu schreiben. Zwar hatte er keine Erfahrung im Verfassen dramatischer Literatur, aber in seinen Wiener und vor allem den Berliner Jahren hatte er ja intensiv Theatervorstellungen besucht und besprochen und sogar eine eigene Inszenierung gewagt – allerdings damit Schiffbruch erlitten.

Steiners Mysteriendramen

Am 10. August 1910, dem in Bayern hohen Feiertag Mariä Himmelfahrt, ist es dann so weit. Steiners erstes Mysteriendrama, »Die Pforte der Einweihung. Ein Rosenkreuzermysterium«, steht auf dem theosophischen Spielplan und wird in München uraufgeführt. Zwei Monate lang hatten Steiners Theosophinnen und-Theosophen auf diesen großen Moment hingearbeitet: Das Bühnenbild verantworteten – selbst Hand anlegend und malende Theosophinnen beaufsichtigend – die drei Maler Fritz Hass, Hermann Linde und Hans Volkert. Dabei musste man mit Pinseln an langen Stangen die riesigen Leinwände bemalen, die in der Schrannenhalle am Viktualienmarkt lagerten, einem kühnen, über 400 m langen Eisenskelettbau, der 1851/53 als Getreidemarkthalle errichtet worden war. Hier standen auch die Bühnenaufbauten, etwa der »Altar«, in dessen Aufbau auf dem Altartisch ein hufeisenförmiges »Transparent« mit einem Rosenkreuz leuchtete.[4] Die Frauen, darunter die Malerin Imme von Eckardtstein, hatten die Kostüme geschneidert, und der Kaufmann Adolf Arenson, der schon Opern geschrieben hatte, die Musik komponiert[5], nachdem der damals berühmte Violinvirtuose Bernhard Stavenhagen, der noch Musik für die Aufführungen der Stücke Schurés geschaffen hatte, nicht zum Zuge gekommen war. Steiner kümmerte sich um die Details, in den Erinnerungen seiner Anhängerinnen um jede Kleinigkeit. Ob Stickereien oder Zimmermannsarbeiten, ob Requisiten oder Beleuchtung, immer schwebte er als leitender Geist über allen Handwerkern: Er bestimmte die Maße der Säulen, er formte das Modell für den ausführenden Künstler, er ging mit zu Schneidermeister Mück, um Stoffe, Schnitt und Farbe zu bestimmen (Samt, hellorange!), und er beharrte auf seinen Vorstellungen, bis sein Wille erfüllt war. Deshalb mussten die Kulissen für den Vorraum zum ersten Bild dreimal neu gestrichen werden, ehe der Indigo-Ton getroffen war, den Steiner verlangte.[6]

So nähert sich im August alles der Vollendung, nur eines fehlt: der Text. Denn Steiner war bis Anfang Juli, als die Probenarbeiten begannen, wieder einmal rastlos zu Vorträgen unterwegs gewesen. Am Abend vor der ersten Probe war so gut wie nichts auf dem Papier, wie in den wildesten Zeiten, als Kürschner händeringend auf Steiners Manuskripte wartete. Und so entstand das Mysteriendrama nicht als Ergebnis konzentrierter Textarbeit, nicht als Frucht nachdenklicher Meditation, sondern zwischen Tür und Angel. Zuerst hatte Steiner versucht, Goethes »Märchen« von der »Grünen Schlange« in ein Theaterstück umzuschreiben, dies aber aufgegeben. Etwas Neues entstand von nun an Jahr für Jahr bis zum Krieg, und regelmäßig dürfte sich die halbwegs chaotische Entstehung wiederholt haben. So konnte es passieren, dass Steiner zwischen Tag und

Dunkel schrieb. Manchmal, »frühmorgens um fünf Uhr, wenn alles noch schlief, läutete der Druckerlehrling, dem er öffnete und ihm das Geschriebene persönlich überreichte«[7]. Und wenn der Druck nicht fertig war, mussten die Schauspieler den Text selbst abschreiben:

> »Zur ersten Probe hatte Rudolf Steiner das Manuskript der ersten Szene mitgebracht und es den versammelten Darstellern vorgelesen und vorgespielt. Es wurden die Rollen ausgeteilt, und bis zum nächsten Morgen sollten sie gelernt sein. Da erschien er wieder, ließ die gestrige Szene noch einmal spielen, verbesserte und ermunterte, und dann zog er den neuen Text aus der Tasche, der jeweils in der dazwischen liegenden Nacht entstanden war.«[8] »Zunächst las Rudolf Steiner mit starker Intonierung und dezidiertem Betonen des Rhythmus das in der Nacht Neuentstandene vor. ... Er leitete die Arbeit derart, daß er niemals die Spieler unterbrach und ›verbesserte‹, sondern dieselbe Szene wieder und wieder vorsprach und vorspielte mit allen mimischen Nuancen, und so oft spielen ließ, bis er mit den Schauspielern zufrieden war.«[9]

Im Ernstfall hüpfte er auch, etwa um die Bewegungen von »Gnomen« zu demonstrieren und seine Vorstellungen bis in die Bewegungen hinein der Inszenierung aufzuprägen.[10] Heute ist nur schwer zu entscheiden, wie liberal oder autoritär Steiner wirklich agierte, in welchem Ausmaß er der alles bestimmende Theaterdirektor war oder wie weit ihn die Mitspieler zum genialen Autor, Regisseur und Dramaturgen in Person verklärten. Es ist allerdings wahrscheinlich, dass sich sein Selbstbewusstsein als initiierter Schreiber mit der Sehnsucht der Laienschauspieler nach einem leitenden Meister traf.

Doch am 15. August 1910 sind alle Nacht- und Nebelaktionen, alle Improvisationskunststücke vergessen. Noch vor Mittag, parallel zu den Gottesdienstzeiten, flanieren auf der hochnoblen Maximilianstraße die Theosophen und Theosophinnen:

> »Die Münchner Bürger schienen verwundert, bereits am Vormittag so schöne Kleider, Shawls und Hüte zu erblicken ... Die Damen legten die Sommermantillen ab und ordneten ihren Haarschmuck.«[11]

Gegenüber dem Hotel Vier Jahreszeiten, dem ersten Haus der Stadt, treten sie in das Schauspielhaus (seit 1926: Kammerspiele) ein, diese von Richard Riemerschmid 1900/01 erbaute Jugendstil-Ikone. Sie werden empfangen von »mit Schleifchen gekennzeichneten ordnenden Damen (genannt ›Lächelfräuleins‹)«[12], die man von den Kongressen der Theosophischen Gesellschaft kennt und die Mandelmilch zur Erfrischung reichen.[13] Denn rund acht Stunden dauert die Schau der neuen Mysterien. Dafür zahlen sie zwölf Mark Eintritt, das wären heute wohl 200 bis 300 Euro (oder präziser gesagt: etwa 20 Prozent des Monatseinkommens eines ungelernten Kieler Metallarbeiters im Jahr 1914).

Und dann treten sie durch die »Pforte der Einweihung« und erleben die Initiation des Malers Johannes Thomasius in die geistige Welt. Auf diesem Weg begegnen sie Benedictus, dem bereits Initiierten, und drei Uneingeweihten: Maria, schon der geistigen Welt nahe, Professor Capesius, der sich auf dem Weg dorthin befindet, und Strader, dem skeptischen Naturwissenschaftler und Protagonisten der geistfernen Welt. Dazu kommen Sophia und Estella, die die Zuschauer über die grundlegende Disposition des Dramas, etwa über den Kampf zwischen Geist und Materie, aufklären. Während Johannes in einer Lebenskrise den Weg in die geistige Welt erkennt, durchschreitet Maria »im Meditationszimmer« bereits die Pforte der Einweihung. Nach ihrem Scheintod öffnet Benedictus, nachdem er Johannes den Einweihungsspruch gegeben hat, diesem die geistige Welt:

»Des Lichtes webend Wesen, es erstrahlet
Durch Raumesweiten,
Zu füllen die Welt mit Sein.
Der Liebe Segen, er erwarmet
Die Zeitenfolgen,
Zu rufen aller Welten Offenbarung.
Und Geistesboten, sie vermählen
Des Lichtes webend Wesen
Mit Seelenoffenbarung;
Und wenn vermählen kann mit beiden
Der Mensch sein eigen Selbst,
Ist er in Geisteshöhen lebend.«

Aber in der Meditation überkommen Johannes Zweifel an seiner Initiation, und überhaupt gehen die Protagonisten unterschiedliche Wege. Während Capesius bereits »Geistesflügel« sieht und eine weitere Person, Felix Balde, Johannes auf dem rechten Weg glaubt, hält Strader all das für »Schwärmerei«. Doch schließlich fühlt Johannes seine »Schöpfermacht« und gelangt zur Einsicht in die Fähigkeit der Selbsterlösung: »Ich will mich selbst befrei'n / Wie alle Wesen, die sich selbst besiegt.« Schließlich gelangen die Akteure in den »Sonnentempel«: Johannes als geistbewusster Initiierter, der nun Felix Balde zur Initiation anleitet. Strader hingegen scheint verloren.

In den nächsten Jahren schrieb Steiner Fortsetzungen. Im zweiten Drama (»Die Prüfung der Seele«) folgte die Einweihung des Capesius, im dritten (»Der Hüter der Schwelle«) die Initiation Straders. Damit endete der Spannungsbogen aus dem ersten Drama. Deshalb setzte Steiner 1913 mit dem vierten Drama (»Der Seelen Erwachen«) neu an. Johannes, Maria, Strader, Capesius und Benedictus sollen an der Verwandlung eines materialistisch ausgerichteten Betriebes in eine spirituelle Ökonomie mitarbeiten; doch das Werk misslingt. Immerhin erhalten sie tiefere Einblicke in ihre früheren Inkarnationen. Ein fünftes Drama hatte Steiner für 1914 schon geplant. Aber da im August der Erste Weltkrieg ausbrach und Steiner seine Dramen weiterhin erst kurz vor der Aufführung zu schreiben pflegte, endete die Produktion der Mysteriendramen abrupt mit dem vierten Stück.

Die Aufführungen waren eine große Erfolgsgeschichte. 600 Theosophen besuchten sie im Jahr 1909, doppelt so viele im Vorkriegsjahr 1913. Christian Morgenstern war gekommen, vielleicht auch Wassily Kandinsky. Bald reichten die Plätze im intimen Schauspielhaus Riemerschmids nicht mehr aus. So zog man 1911 in das Theater am Gärtnerplatz, Münchens zweites Opernhaus, 1913 schließlich in das Münchner Volkstheater in der Josephspitalstraße mit seinen rund 1000 Plätzen.

Doch zurück zum 15. August 1910. Was war in dem Mysteriendrama mit den Theosophinnen und Theosophen geschehen? Wenn sie aus dem Tempel heraustraten, der in den Augen der Exoteriker das Schauspielhaus war, hatten sie eine Erfahrung gemacht, die in der Esoterischen Schule und ihren Meditationspraktiken zu Hause war. Sie hatten eine Initiation erlebt, vielleicht ihre eigene Einweihung im Geiste mitgespielt und waren, wenn der Geist sie ergriffen hatte, erleuchtet wieder in den Trubel der Maximilianstraße getreten.

Dazu hatte Steiner seinen Anhängern kein mystisches Historiendrama in einer antiken Polis geboten wie Schuré, sondern ein Mysterienstück in einem zeitlosen Raum, mit ganz reduzierter Handlung und viel Text. Seine Personen lebten nicht an einem historischen Ort wie Phosphoros und Kleonis, sondern handelten in symbolischen Räumen als typologische Figuren – und hießen auch so: Sophia (die Weisheit), Estella (die Stern[geborene]), Theodosius (die Gottesgabe), Capesius (der Kopf[mensch]). Diese Figuren agierten im Grunde ohne Persönlichkeit, sie waren letztlich handelnde Ideen.

Steiner hatte dabei das Wissen höherer Welten dargeboten und in seinen Texten als Initiierter gesprochen. »Die Pforte der Einweihung« sei nicht »von« Steiner geschrieben, sondern »durch« ihn gegeben. Steiner wollte also nicht der Autor, sondern ein Medium sein, er hatte ein Offenbarungsdrama überbracht. Dessen Zentrum war das Zentrum der Theosophie schlechthin, die höhere Erkenntnis. Dazu hatte er seine Anhänger an den Abgrund des Materialismus geführt und sie den reinkarnatorischen Weg in das Reich des Geistes schauen lassen. Denn geistiger Fortschritt sollte sich in den Wiederverkörperungen vollziehen, um den »Sinnesfesseln« zu entrinnen und »frei vom Sinnenleibe« zu sein: körperlos die »Schwelle« zur geistigen Welt zu überschreiten. Der Körper war doch der Widersacher der Seele. Und dann bot Steiner Erlösung an. Im Siegel, dem kleinen Symbolbild zur »Pforte der Einweihung«, lasen die Theosophen die Buchstaben »EDN ICM PSSR«, die Anfangsbuchstaben des »Rosenkreuzerspruchs«:

»Ex Deo nascimur;
In Christo morimur;
Per spiritum sanctum reviviscimus.«

Aus Gott werden wir geboren / In Christus sterben wir / Durch den Heiligen Geist werden wir wieder lebendig.

In einer sakralen Deklamationsweise, mit einer gedehnten, die Vokale überbetonenden Ausdrucksweise, um das Pathos von Ergriffenheit zu vermitteln, und in einer Tonlage, die nach Steiners Anweisungen zwischen Sprechen und Gesang klingen sollte[14], konnten sie die Geheimnisse der Mysterien vernehmen. Nichts hatte natürlich geklungen: Steiners Intonierung predigte einen markanten Antinaturalismus, der seine Wurzeln vielleicht in dem von Goethe kanonisierten Stil des Weimarer Hoftheaters hatte[15], vielleicht auch im antinaturalistischen »Worttonsprechen«, das sich vor dem Ersten Weltkrieg im Umfeld des Düsseldorfer Reformtheaters von Gustav Lindemann und Louise Dumont findet.[16] Mit welchen Wurzeln auch immer: Die Mysteriendramen waren der Einweihungsweg für die Bühne unter der Maßgabe: Was man nicht schauen kann, muss man sehen. Wenn sich im theosophischen Alltag keine höheren Schauungen einstellten, wenn die Meditationsübungen Leere hinterließen, konnte man die Verheißungen zumindest auf der Bühne sehen. Im Mitsehen sollte man miterleben, was man vielleicht nicht schaute. Deshalb wurden Mysteriendramen eine Esoterische Schule auf den Brettern, die die Welt bedeuten.

Steiners Biografie in den Mysteriendramen

Die Theaterstücke waren aber weit mehr eine Inszenierung materialisierter Ideen. In ihnen steckt Steiners Leben, erst mal sein intellektuelles. Wie ein unsichtbares Fluidum durchdringt der Zeitgeist der Theaterdiskussion um 1900 seine Dramenkonzeption. Auf der einen Seite steht der Naturalismus, den Steiner vor 1900 als Redakteur des *Magazins für Litteratur* vertreten hatte. Auf der anderen Seite seit den 1860er-Jahren der Symbolismus, in dessen Theorie die Realität von Zeichen vertreten wurde, die auf das Unsagbare verweisen sollten. Aber inzwischen hatte Steiner die Seiten gewechselt und sich der symbolistischen Fraktion angeschlossen (wenngleich er den Begriff für sich ablehnte, s. Kap. 19). Damit war er in der Gemeinschaft bekannter antinaturalistischer Autoren angekommen. Stéphane Mallarmé oder Maurice Maeterlinck führten die idealistische Partei im frankophonen Europa, im deutschsprachigen Raum waren es Rainer Maria Rilke, Stefan George oder Richard Wagner. Auch im okkultistischen Milieu dominierte der Symbolismus: in Katherine Tingleys theosophischem Theater im kalifornischen Point Loma, das mit Bild und Text auch in deutschen theosophischen Zeitschriften präsent war, in den vielen Reinkarnationsdramen auf den deutschen Bühnen um 1900, und natürlich gehörte auch Schuré in diese Welt.

Aber ein Autor bildete für Steiner eine Brücke in seinem Seitenwechsel zur Theosophie: Maurice Maeterlinck, den er bereits in Berlin, damals noch Atheist, hymnisch besprochen hatte. Seither war Maeterlinck zu Weltruhm gelangt: Claude Debussy hatte sein Märchenstück »Pelléas et Mélisande« 1902 vertont, 1911 erhält er den Nobelpreis für Literatur. Denn Maeterlinck hatte sein ganz eigenes symbolistisches Theater entwickelt, das »statische Drama«. So besteht sein Stück »Die Blinden« von 1891 im Kern aus einer Szene, in der zwölf Blinde von einem Priester in den Wald geführt werden, und als dieser stirbt, dem Tod führerlos ins Auge blicken und sterben. In dieser Theaterwelt gibt es kaum noch Handlung, weil Maeterlinck ganz darauf ausgerichtet ist, eine unsichtbare Innenwelt sichtbar zu machen, in der die Menschen ihre Individualität weitgehend verloren haben, weil es Maeterlinck um Typisches, Anthropologisches geht. Eben diese Elemente finden sich auch bei Steiner, sodass man in Maeterlincks Theaterkonzepten die Matrix von Steiners Mysteriendramen vermuten darf.

Aber in den Dramen trat nicht nur der Zeitgeist auf, sondern Steiner auch in gewisser Weise höchstpersönlich. Er hatte sich zur Charakterisierung der Figuren in seinem Leben umgesehen und offen darüber gesprochen, dass sich in seinen Theaterstücken Weltanschauung und Biografie wie Wein und Wasser miteinander mischten. In Capesius, der von Anfang an auf einem guten Weg zur Initiation ist, betritt Steiners Wiener Mentor Julius Schröer die Bühne. Hinter Strader, dem Skeptiker und Naturwissenschaftler, steht Gideon Spicker, ein ehemaliger Kapuziner, der nach seinem Austritt aus dem Orden und nach einer atheistischen Phase zum Religionsphilosophen wurde, der Naturwissenschaft und Metaphysik zu verbinden suchte. Ihn hatte Steiner um die

Besprechung seines ersten Goethe-Buchs, der *Grundlinien*, gebeten, doch Spicker hatte abgelehnt, weil er Steiners Position nicht teilte.[17] Aber auch Züge von Jakob Frohschammer, wie Spicker ein reformkatholischer Theologe, hat Steiner in die Figur des Strader montiert. Felix Balde schließlich war der Kräutersammler Felix Kogutzki, dem er als junger Student in Wien begegnet war, und hinter Maria dürfte Marie von Sivers stehen.

Die spannendste Frage betrifft natürlich Steiner selbst, die Frage nach der Figur, in welche er sich eingeschrieben hat. Ob er in Johannes Thomasius lebt, dem Mann, der in der »Pforte der Einweihung« durch eine Lebenskrise hindurch den Weg in die Geistwelt findet? Eben dies war ja auch Steiners Weg gewesen: Mit Capesius-Schröer hatte er den religiösen Idealismus in der Philosophie kennengelernt, wie Strader-Spicker war er vor 1900 durch die Naturwissenschaften in die große Lebenskrise geraten, und um 1900 hatte er Rettung bei Maria-Marie gefunden, der Geburtshelferin für die Initiation des Johannes-Rudolf. Oder hat sich Steiner auf mehrere Personen verteilt, steckte er zumindest teilweise auch im Benediktus, dem bartlosen modernen Mystiker, wie Steiner ihn kennzeichnete?

ACHTZEHN

Eurythmie. Theosophie in Bewegung

Geistiger Tanz

Niemand hat Steiner jemals tanzen gesehen, und doch begründete er eine theosophische Tanzform, die Eurythmie. Dabei hatte er das eigentlich nicht geplant, vielmehr kamen, wie so oft in seinem Leben, Menschen auf ihn zu, die etwas von ihm wollten. So auch im Dezember 1911. Die Auseinandersetzung mit Annie Besant war gerade auf dem Weg in den finalen Tumult, als Clara Smits, eine Düsseldorfer Theosophin, die er seit vielen Jahren kannte und in deren Haus er wohnte, wenn er in Düsseldorf war, ihren Meister in Berlin besuchte. Denn sie suchte Trost. Ihr Mann war plötzlich, mit 48 Jahren, an Herzversagen gestorben, und nun stand sie mit ihren sechs Kindern allein da.[1] Bei dem Zusammentreffen zeigt sich Steiner sensibel und lenkt das Gespräch auf die 18-jährige Tochter Lory. Tänzerin wolle sie werden, antwortet die Mutter auf die Frage nach deren Berufswunsch, oder eine Gymnastikmethode erlernen, vielleicht die Bewegungsübungen der niederländisch-deutschen Ärztin Bess Mensendieck, die 1910 gerade eine Gymnastikschule eröffnet hatte und einen sprachtherapeutischen Ansatz verfolgte. Das mochte passen. Steiner riet mit einem bezeichnenden Ja, aber. Tanz sei in Ordnung, aber »auf theosophischer Grundlage« müsse er schon stehen.[2] Das war die Geburtsstunde der theosophischen Bewegungskunst.

Steiner gab nun aus dem Stand Anweisungen zu Dingen, von denen er keine Ahnung hatte. Die ersten Direktiven waren so altbacken und kopflastig wie vernünftig. Lory Smits solle sich mithilfe eines anatomischen Atlas ein Grundwissen über den Körperaufbau aneignen, griechische Bildwerke anschauen und so viel als möglich über den griechischen Tanz lesen. Außerdem empfahl er Agrippa von Nettesheim, einen hermetischen Theologen und Philosophen des 16. Jahrhunderts, in dessen Œuvre sich im Geist der Renaissance Menschenfiguren finden, die in geometrische Formen eingestellt sind.

Während Lory Smits ihre Arbeitsaufgaben erledigte, erhielt sie von Steiner weitere Hinweise, darunter einen, der zum weltanschaulichen Nukleus der Eurythmie wurde. Die junge Dame solle Sprache tanzen, näherhin Vokale in Bewegung ausdrücken. »Stellen Sie sich aufrecht hin und versuchen Sie eine Säule zu empfinden von den Ballen der Füße bis in den Kopf; diese Säule, diese Aufrechte, lernen sie empfinden als ›I‹.«[3] Diese Konzeption war natürlich auf die deutsche Sprache bezogen. Doch schon im Deutschen – von anderen Sprachen war da noch nicht die Rede – ist die eindeutige Zuordnung von Vokalen zu konkreten Inhalten schwierig, wie auch Steiner realisieren musste. So konnte er zwar meinen, dass der Buchstabe »U« eine Nähe zum Geistigen bedeute, aber auch »die Offenbarung des Furcht-Erlebnisses der Seele« zeige. Doch wenn auch der Satz »Es naht Gefahr« Furcht ausdrücken soll, obwohl das »U« nicht vorhanden ist, wird klar, wie arbiträr solche Zuordnungen sind. Steiner realisierte das Problem und löste es mit der salvatorischen Formel, die letztlich jede Zuordnung von Laut und Inhalt möglich macht. Es sei »das Geheimnis der Sprache, dass in jedem Laut andere unhörbar in der Seele mitklingen«.

Zusätzlich unterlegte er seiner Tanztheorie theosophische Ideen: Das Geistige soll in der getanzten Sprache erscheinen, Eurythmie soll getanzter Geist sein: als »sichtbarer künstlerischer Ausdruck des Seelischen«, als »sinnlich-übersinnliche Einsicht in die ausdrucksvolle Bewegungsmöglichkeit des menschlichen Körpers« und als getanzte Liturgie eine »Erneuerung … der alten Tempel-Tanzkunst«.

Bis zum Ersten Weltkrieg entwickelte sich die Eurythmie von einem Ein-Frau-Unternehmen zu einer kleinen theosophischen »Tochter«. Steiner gab Lory Smits 1912 theoretischen Einzelunterricht, bei dem erstmals Marie von Sivers die Hände nach dem theosophischen Tanz ausstreckte, denn das Wechselverhältnis von Sprache und Kunst betrachtete die ehemalige Schauspielerin als ihr Terrain.[4] Ihr wird die Namensgebung »Eurythmie«

zugeschrieben, ein Begriff, der im 19. Jahrhundert als Synonym für das schöne Maß in der Kunsttheorie verbreitet war. Seit 1914 verband sie die Eurythmie mit Deklamationen, bei denen Texte in einer gedehnten, fast singenden Sprechweise mit hohem Pathos vorgetragen werden, und übernahm auch die Organisation der eurythmischen Praxis. Dabei blieb Lory Smits vorerst die zentrale Figur. Sie durfte 1912 während der Mysteriendramen tanzen, und im August 1913 übernahm die gerade Zwanzigjährige die Ausbildung weiterer Frauen, ehe Marie Steiner zunehmend die Eurythmie unter ihre Fittiche nahm.

Aber dann stockte das Wachstum. In der Kriegszeit stand die Eurythmie mit ihren noch »anspruchslosen Aufführungen«, wie sich eine Tänzerin erinnerte[5], fast vor dem Ende. Vonseiten Steiners war der Eurythmiekurs im August 1915 für Jahre das letzte vitale Lebenszeichen. Erst 1918 begann sich die Eurythmie wieder richtig zu bewegen: Im Februar 1919 kam es in Zürich zur ersten Aufführung in der nichtanthroposophischen Öffentlichkeit, in der Waldorfschule wurde die Eurythmie zum Unterrichtsfach, im Johannesbau fanden Aufführungen statt, 1923 gründete man das Stuttgarter Eurythmeum als Ausbildungsstätte, 1924 erweiterte Steiner die Eurythmie um die Darstellung von Musik und Gesang. Erst in diesen Nachkriegsjahren mauserte sich die Eurythmie zu einem Markenzeichen der Anthroposophie. Ihre Wiedererkennbarkeit beruhte aber nicht nur auf der Theorie des Tanzes als Ausdruck des Geistigen, sondern auch auf einem charakteristischen ästhetischen Arrangement: Die Tänzerinnen trugen bodenlange Gewänder, für die Steiner den weich fallenden, glänzenden Crêpe de Chine in Weiß bevorzugte, mit den darüber getragenen Seidenschleiern in anderer Farbe, die die Tänzerinnen wie Auren umhüllen (und deren Wurzeln vermutlich in der »feinstofflichen Materie« liegen, die spiritistische Medien am Ende des 19. Jahrhunderts produzierten). Die Bühne war mit einer Lichttechnik illuminiert, in der Spots verboten waren, um das Gefühl eines tief gestaffelten, »mystischen« Lichtraums zu erzeugen. Auch die Eurythmie stand im Dienst der Erkenntnis der geistigen Welt.

Dieses theosophische Denken prägte zuinnerst die Konzeption der Eurythmie. Darin waren Körper und Geist nicht zwei Seiten der gleichen Medaille. Vielmehr war der Körper Materie und als solcher in der theosophischen Theorie auch der Widersacher des Geistes. Dem reinen Geistigen stand der Körper der Frauen entgegen. Und deshalb verschwand deren Sinnlichkeit, verschwanden Brüste und Hüften hinter den Reformkleidern aus teurer Seide und die Füße in Strümpfen aus Wolle. Denn Steiner hatte angeordnet, dass »ein Untergewand ... die Konturen der Beine der Eurythmistinnen möglichst undeutlich machen«[6] und die Gesichter mit Schminke bedeckt sein sollten. Offenbar eigenhändig konnte er die Hälse der Eurythmistinnen rot schminken, auch gegen deren Protest.[7] Unter dem Kopf mit den meist straff gescheitelten Haaren ähnelten die Frauen in ihren sackartigen Tuniken Gewandfiguren, die genau das versteckten, womit viele der freien Tänzerinnen gespielt hatten: Erotik. Deshalb lag der Ansatz der Tanzbewegung auch nicht bei den Hüften oder dem Oberkörper, wo Sexualität mitschwingen kann, sondern beim Schlüsselbein, in der Nähe des Kopfes, der um das Geistige wissen soll. Konsequenterweise waren auch Körperkontakte zwischen den Eurythmistinnen tabu, das eurythmische Ensemble kannte keine körperliche Verbindung. Der Geist berührte sich unsichtbar, wenn überhaupt. Und der Erde schienen die Eurythmistinnen entrückt, die fließenden Gewänder imaginierten ein schwereloses Schweben – aber nicht, wie im klassischen Ballett, als künstlerischer Ausdruck der Überwindung der Schwerkraft, sondern als Symbol für den Sieg des Geistes über die Materie. Damit war auch die Eurythmie der sinnliche »Ausdruck« der theosophischen Kopfwelt.

Eurythmie und freier Tanz

Wer die Geschichte der Eurythmie als Wirkung eines Impulses erzählt, den Steiner einer jungen Frau gab und der sich dann entfaltete, täuscht. Vielmehr entstand die Eurythmie im Beziehungsnetz einer Tanzszene, die sich im frühen 20. Jahrhundert in heller Aufregung befand. Denn damals brach die Alleinherrschaft des klassischen Balletts zusammen, die 1890er-Jahre wurden zum Kreißsaal des Ausdruckstanzes. Die Amerikanerin Loïe Fuller hatte den »Serpentintanz« erfunden, bei dem sie mit ätherischen Gewandmassen und Stöcken in Verlängerung der Arme raumgreifende Figuren zeichnete. In einem »Lichtraum«, der elektrotechnisch auf dem letzten Stand war, schien sich in den Tuchwolken um den Körper der Tänzerin eine Art Ätherkörper oder Ektoplasma zu materialisieren; und da Fuller Beziehungen zur Theosophie besaß, ist diese Deutung mehr als eine Vermutung. Die Ähnlichkeiten mit dem Tanzarrangement der Eurythmie vom Lichtraum bis zum ätherischen Übergewand sind unübersehbar.

Die großen Triumphe jedoch feierte der Ausdruckstanz mit dem alle anderen Künstlerinnen überstrahlenden Stern des frühen 20. Jahrhunderts, mit Isadora Duncan, der Tänzerin, die seit 1901 in Europa auftrat und wie Steiner den griechischen Tanz wiederauferstehen lassen wollte. Aber ihr Ansatz ging in eine ganz andere Richtung. Eine »durchsichtige Tunika«, die, wie sie schrieb, »jedes Detail meines tanzenden Körpers sichtbar werden ließ«[8], machte statt des Gewandes den Körper zum Medium. Doch auch Duncan verfolgte ein spirituelles Interesse: Für sie war der Tanz »das Universum, das sich in einem Individuum konzentriert«[9]. Damit füllte sie vor dem Ersten Weltkrieg die bedeutenden Bühnen des wilhelminischen Deutschland, das Künstlerhaus in München, die Kroll-Oper in Berlin, Wagners Festspielhaus in Bayreuth, und die großen Maler der Belle Époque in Deutschland – Lenbach, Kaulbach, Stuck – haben die »göttliche Isidora« gemalt. Neben diesen großen Frauen machte eine russische Tanzkompanie Furore. 1909 stürmten die Ballets Russes die Theater, deren Vortänzer Waslaw Nijinsky die Zuschauer hypnotisierte, wenn er beim Sprung scheinbar in der Luft anzuhalten schien, oder er das ästhetische Gefühl des Publikums erstarren ließ, weil er bei eckigen Bewegungen seine Seitenansicht ganz gegen die Regeln des klassischen Balletts dem Publikum zeigte.

Es war nicht nur Loïe Fuller, sondern auch diese Welt, von der die Eurythmie entscheidende Anstöße erhielt. Als Lory Smits zu Steiner kam, war eine ganze Generation junger Tänzerinnen gerade dabei, das klassische Ballett, die große Eleganz der mit Tutu uniformierten, im Spitzentanz schwebenden Ballerinen, zu verabschieden. Vor dem Ersten Weltkrieg gab es kaum eine größere Stadt, in der nicht Tanzschulen aus dem Boden schossen, wo junge Frauen im »freien Tanz« ihren Körper entdeckten, statt dem Exerzierreglement von »Schwanensee« und »Giselle« zu huldigen. Tänzerinnen sollten nicht mehr wie Marionetten an den Fäden der Musik hängen, sondern ein eigenständiges Ausdrucksmittel werden: für Texte, für Ideen oder eben, wie bei Steiner, für den Geist.

Dabei war er sicher für den weltanschaulichen Überbau zuständig, und jeder seiner Hinweise besaß allerhöchste Autorität. Aber die theosophischen Aktivistinnen hatten einen hohen Einfluss auf die Ausformung der Eurythmie. Diese Verknüpfung der theosophischen mit der »freien« Tanzszene macht eine kleine Episode deutlich, die sich im August 1913 abspielte, mitten in Proben zu einer Eurythmiedarbietung in den Mysteriendramen. Lory Smits versuchte, der »ägyptischen Tempelszene« »dadurch einen ägyptischen Charakter zu verleihen, daß wir unsere Bewegungen – in der Art der ägyptischen Reliefs – nur nach der Seite machten«[10]. Nijinskis berühmt-berüchtigte Seitwärtsbewegungen standen hier Pate. Doch die sechzigjährige Malerin Baronin Paini-Gazotti mit dem Künstlernamen Lotus Péralté »streikte und wollte so eine ägyptische Phantasie nicht mitmachen. Sie brachte nicht nur dicke Bücher, sondern auch einen Ägyptologen in die Probe«[11]. Steiner hatte zwar das letzte, »weltanschauliche« Wort, aber die Bewegungen der tanzinteressierten Frauen waren damit längst nicht gebändigt.

Im deutschsprachigen Europa hieß dieser »freie Tanz« bald »Ausdruckstanz«. Die Künstlerinnen und Künstler – und das hieß in der Eurythmie: fast ausschließlich Frauen – sollten nicht mehr lediglich der Musik gehorchen, sondern ihre eigenen Gedanken und Vorstellungen zum »Ausdruck« bringen. Genau das machten die Eurythmistinnen auch. Wenn sie der körperliche Ausdruck – wie auch Steiner immer wieder sagte – einer geistigen Sprache sein sollten, dann standen sie damit in der Tradition des »modernen« Ausdruckstanzes. Aber in anderen Elementen beerbten sie das klassische Ballett: nicht nur mit ihren uniformen Gewändern, sondern insbesondere auch dann, wenn sie auf die Herrschaft über ihre Bewegungsformen verzichteten. Denn sie gaben die künstlerische Freiheit in zentralen Bereichen auf, indem sie sich zum Medium der von Steiner definierten Inhalte des großen Geistigen machten. Die Eurythmistinnen sahen sich vermutlich anders: als gestalteten Ausdruck der übersinnlichen Welt.

NEUNZEHN

Architektur und Kunst. Ästhetisches Gesamtkunstwerk

Geheimes Wissen braucht geheime Orte, braucht Räume, um die arkanen Rituale vor profanen Blicken zu schützen. Dies wusste auch Steiner, als er 1906 begann, freimaurerische Kulte zu zelebrieren. Anfangs nutzte man umgestaltete Räume der Zweige (die man ohnehin gern »Logen« nannte) und bestückte sie je nach Bedarf mit den notwendigen Mobilien und Kultgegenständen. Dies war im Übrigen bei den Freimaurern des frühen 18. Jahrhunderts, die sich in den Hinterzimmern von Wirtshäusern getroffen hatten, nicht anders gewesen, ehe man repräsentative Logenhäuser errichtete. Auch die Theosophen betrachteten profane Räume allenfalls als die zweitbeste Lösung, der Bau eigener Zeremonialräume galt als der Königsweg. Aber weil ein Geheimnis keines ist, wenn niemand darum weiß, braucht auch der geheimste Ritus eine Öffentlichkeit, die ahnt, dass es etwas gibt, was sie nicht sehen soll. Deshalb entstanden auch in Steiners Theosophie Kultbauten. Sie bilden die Wurzel der anthroposophischen Architekturtradition.[1]

Anfänge

Die Geschichte der Kulträume begann im Mai 1907 in München, als sich die europäischen Sektionen der Theosophischen Gesellschaft trafen (s. Kap. 11 und 18). Dazu hatte Steiner den Kaim-Saal, einen Theater- und Veranstaltungsraum in der Maxvorstadt am südwestlichen Rand von Schwabing, mit freimaurerischen Versatzstücken in einen »Rosenkreuzertempel« umgestalten lassen, unter anderem, um dort Édouard Schurés Mysteriendrama aufzuführen. Wir wissen letztlich nicht, wer für das Arrangement verantwortlich zeichnete, aber es spricht nichts dagegen, dass Steiner zumindest das letzte Wort hatte. Denn gerade zu der Zeit baute Steiner das »Rosenkreuzertum« zu einem Merkmal seiner christlichen Theosophie aus (s. Kap. 12).

In München entstand ein Saal im Saal, mit künstlichen Decken und Wänden aus roten Tüchern. Sieben etwa zweieinhalb Meter hohe Säulen, auf Bretter gemalt und am Innenrand aufgestellt, versinnbildlichten mit Planetensymbolen die evolutionäre Kosmologie der Theosophie. Zwei Säulen neben der leicht erhöhten Bühne, eine rote mit dem Buchstaben J, eine blaue mit B, die Säulen Jachin und Boas, verwiesen auf die Freimaurerei. Und die Wissenden mochten noch den Rosenkreuzergrad der Hochgradmaurerei imaginieren, in dem die rote Farbe auf das christliche Erlösungsmysterium anspielte. Ohne auch nur ein Wort zu sagen, hatte Steiner den aus ganz Europa anreisenden Theosophen seinen Anspruch verkündet, die Mysterientradition, die Rosenkreuzer und die Freimaurerei zu beerben.

Weitere weltanschauliche Unterweisung erhielten die Besucher mit sieben »Siegeln«, runden Tafeln, in denen Steiner mit Bildern aus der Johannes-Apokalypse die theosophische Anthropologie visualisierte. Im letzten Rundbild präsentierte er die »rosenkreuzerische« Bestimmung des Ortes, dort fanden sich die Anfangsbuchstaben des lateinischen Rosenkreuzerspruches (»Aus Gott werden wir geboren / In Christus sterben wir/ Durch den heiligen Geist werden wir wieder leben«). Die Bildvorlage hatte er in einem der am weitesten verbreiteten esoterischen Handbücher des 19. Jahrhunderts gefunden, dem *Dogma und Ritual der hohen Magie* des französischen Okkultisten Éliphas Lévi, aber die Siegel auch mit Jugendstilmotiven ergänzt, die er aus Ernst Haeckels Zeichnungen maritimer Kleinstlebewesen, den Radiolarien, kannte; deren Drucke hatte ihm Haeckel geschenkt. Schließlich hatte Steiner auch Anregungen aus dem Münchner Umfeld aufgenommen. In den Kapitellen der Säulen findet sich das Motiv eines hängenden Tropfens, das sich durch Steiners theosophische Architektur ziehen wird und dem Proszeniumsbogen des Münchner Schauspielhauses (heute: Kammerspiele) entstammt, Richard Riemerschmids Meisterwerk des floralen Jugendstils aus den Jahren 1900/1901.

Die Kulissenarchitektur der Kaim-Säle entzündete in den Theosophen die Sehnsucht nach einem eigenen »Tempel«. In diese Traumfabrik trat Steiner 1908 ein und beförderte die Idee in die Realität. Das erste Ergebnis war ein Bau, der zu den interessantesten esoterischen Architekturen des 20. Jahrhunderts zählt. Der Zweig Malsch, im Badischen zwischen Karlsruhe und Rastatt gelegen, errichtete 1908/09 einen Miniaturbau, den man mit 1,74 m Höhe gerade noch begehen konnte. In einem elliptischen Raum grenzten zwei Reihen mit je sieben Säulen einen Raum im Raum ab, und dies blieb ein Kennzeichen aller weiteren Kultbauten in Steiners Tradition. Damit war ein »Rosenkreuzertempel«[2] entstanden, den man nun auch für »symbolisch-kultische Betätigungen«[3], im Klartext: für freimaurerische Rituale, nutzte.

Damit begann eine Bautätigkeit in großem Stil. Am 15. Oktober 1911 wurde nach kaum einem Jahr Bauzeit in der Stuttgarter Landhausstraße ein »Theosophenheim« eingeweiht[4], das der Architekt Carl Schmid-Curtius entworfen hatte: ein mächtiges Stadthaus mit drei Stockwerken und Vortragssaal auf insgesamt gut 270 m² Grundfläche. Das Arkanum lag in der Kellerzone: ein elliptischer Saal, wieder mit Säulen und Planetensymbolen sowie mit theosophischen Symbolbildern, hier auf der blau grundierten Decke. In diesem Raum feierte man die freimaurerischen Initiationen. Finanzielle Probleme waren beim Bau im Übrigen nicht aufgetreten. Für den etwa 60000 Mark teuren Bau hatte allein der Berner Apotheker Karl Heim 30000 Mark beigesteuert.[5]

Sehr schnell kam der Wunsch auf, ein repräsentatives Zentrum der deutschen Adyar-Theosophie zu bauen. Deshalb gründeten Anhänger Steiners im August 1910 den Theosophisch-Künstlerischen-Fonds, um Mittel für die Aufführungen der Mysteriendramen und für ein Bauprojekt zu akquirieren. Das war auch ein Schritt in die organisatorische Unabhängigkeit von Annie Besant (s. Kap. 11), denn Mysterienbauten waren immer zugleich Vereinspolitik. Das wusste auch Steiner, als er verkündete: »Nur diejenigen bauen diesen Zentralbau, die eben das Geld dafür hergeben.«[6] Auch hier waren die Kosten, kalkuliert hatte man mit gut anderthalb Millionen, im Prinzip kein Problem. Von den Mitgliedern des Meistergrades wurden mindestens 50 Mark pro Jahr erwartet, das dürfte schon einmal 30000 Mark oder mehr jährlich ergeben haben. Das adelige und hochbürgerliche theosophische Milieu zeigte sich jedoch auch darüber hinaus spendabel. Der bayerische Gutsherr Otto von Lerchenfeld oder der Schweizer Nationalrat (also Parlamentsabgeordnete) Johann Daniel Hirter und seine Frau Marie spendeten großzügig, insbesondere von Frauen sollen »Geldgaben, Vermächtnisse und Stiftungen« hinzugekommen seien, und eine Fama wäre, wenn sie nicht wahr ist, so doch mit gutem Gespür erfunden: »Eine Schweizerdame« habe »auf einer silbernen Platte Dr. Steiner 100 Tausender-Noten überreicht«[7]. Die finanzielle Hauptlast dürfte Helene Röchling geschultert haben, eine geborene Lanz, deren Familie die »Lanz Bulldog«-Traktoren herstellte. Der schließlich in Dornach realisierte Johannesbau beschied allerdings die Kostenrechnungen der Vorkriegszeit als Wunschdenken: Fünf bis sieben Millionen Mark – statt der geplanten anderthalb – dürften eine realistische Größenordnung sein.

Münchner Planungen

1910 begab man sich an die Realisierung. Die Wahl fiel auf München, nachdem Steiner die Zweige in Stuttgart, Berlin und Kassel als Bewerber aussortiert hatte. Man erstand ein Filetstück im Norden Schwabings, unmittelbar hinter der evangelischen Erlöserkirche, das die große städtebauliche Achse von der Feldherrnhalle über die Ludwigstraße und die Leopoldstraße abschließt: eine 8000 m^2 große Parzelle, wofür vermutlich mehrere 100000 Mark hinzublättern waren.

Schmid-Curtius wurde erneut mit der Ausführung beauftragt, doch die Konzeption gilt als Werk Steiners. Damit gerät man in ein kaum durchschaubares Geflecht von Ansprüchen, sich mit diesen Bauten in die Weltgeschichte einzuschreiben: Für viele Theosophen waren die Architekturen Steiners Werk. Aber war er wirklich der große Inspirator? Haben ihm andere Theosophen entscheidende Ideen eingeflüstert? Welchen Beitrag leisteten die Architekten, die für freischwebende Konzepte realisierbare Baupläne zeichneten? Welche Rolle spielten die Baubüros, die die

Zeichnungen auf geduldigem Papier in ein statisch belastbares Gebäude umzusetzen hatten? Klar ist nur, dass Steiners Vorstellungen im Prinzip eine dogmatische Verbindlichkeit erhielten. Seine berühmt-berüchtigten »Doktor-Korrekturen« in den Entwürfen tolerierten keinen Widerspruch. Und weil er bis zum Schluss als genialischer Architekt und Offenbarer zugleich galt, stritt man nach seinem Tod, ob sein Fingerabdruck zufällig oder absichtlich Mulden im Plastilinmodell des Goetheanum hinterlassen hatte.[8]

In der Münchner Konzeption erweiterte man den Einraumbau von Malsch und verschnitt zwei Zylinder ineinander. Um diesen Doppelzylinder sollten Mietshäuser einer Theosophenkolonie entstehen, dazu Vortragsräume, eine Bibliothek, Ateliers, eine Hochschule für Geisteswissenschaft und ein Krankenhaus, um wie ein Schutzwall den Johannesbau vor neugierigen Straßenblicken zu schützen. Hier wurde offen mit dem Geheimnis gespielt, und es nimmt nicht wunder, dass die Münchner schon bald munkelten, hier entstehe ein Theosophenkloster.

Im Mai 1912 lagen die Pläne vor: ein kleinerer Zylinder im Osten, dessen Kuppel von zwölf Säulen getragen wurde, ein größerer mit 14 Säulen im Westen, in dem wie in einem Amphitheater ansteigende Sitzreihen für 900 Personen vorgesehen waren und der im Westen eine Orgel besitzen sollte. Das Herzstück bildete der kleine Kuppelsaal. Hier waren an den Basen der Säulen sogenannte »Thronsessel« vorgesehen, in deren Mitte eine altarartige Skulptur Aufstellung finden sollte.

Diese Konzeption wirft eine Reihe von Fragen auf: Warum verdoppelte Steiner den Säulenraum? Wozu dienten die Thronsessel, wozu die Skulptur? Überhaupt: Was wollte man wirklich mit diesem Bau? Noch zu seinen Lebzeiten hatte Steiner an einem großen Schleier gewoben, um das Geheimnis dieses Ensembles zu verbergen. Ein Raum für die Aufführung der Mysteriendramen habe der Johannesbau werden sollen, sagte er, und diese Begründung lag angesichts der misslichen Situation nahe, in öffentlichen »Sälen, ... deren Formen einer untergehenden Kultur angehören«, wie Steiner meinte[9], die Mysterien der Theosophie darbieten zu müssen. Später hat man auch Eurythmie-Darbietungen als Zweckbestimmung genannt, aber in der

Münchner Planungsphase war der theosophische Tanz noch weitgehend der Traum von Lory Smits (und abgesehen davon war der schräge Boden im kleinen Kuppelraum denkbar ungeeignet für Tanzdarbietungen). Nein, das wahre Ziel des Münchner Johannesbaus blieben, wie in Malch und Stuttgart, die freimaurerischen Riten, es gibt keinen Grund, in die Kontinuität der Architektur neue Bauinteressen hineinzulesen. Einen Schlüssel zur Identifizierung dieser Funktion bieten die für München neu konzipierten Ausstattungsstücke im kleinen Kuppelraum: die zwölf Thronsessel und die Skulptur. Über Steiners Absichten sind wir (derzeit) nur durch spätere Quellen unterrichtet. Aber die Antwort dürfte folgendermaßen lauten: Steiner wollte auf den Sesseln die Vertreter eines arkanen Kollegiums Platz nehmen lassen. Diese »Meisterklasse« von zwölf Personen hätte »an den drei Altären gleichzeitig zelebriert«.[10] In ihrer Mitte wäre das Figurenensemble mit dem Christus-»Menschheitsrepräsentanten« zu stehen gekommen, dessen Mensa als Altar des Ostens gedient hätte.

Aber wozu benötigte man dann den großen Saal, der die Intimität der Handlung im kleinen Saal einer vielhundertköpfigen Zuschauermenge preisgab? Die Antwort enthält ein gerüttelt Maß an Pragmatik: Im Prinzip hatten alle Mitglieder der dritten Abteilung der Esoterischen Schule das Recht, einer Aufnahme- oder Einweihungszeremonie beizuwohnen, und das waren zu Beginn des Ersten Weltkriegs 600 bis 800 Personen. Was in Stuttgart unmöglich war, hätte in München Wirklichkeit werden können: Die theosophischen Maurer und Maurerinnen sollten im großen Kuppelraum Platz nehmen und wie in einem Theater den Ereignissen im kleinen Kuppelsaal zuschauen. Was wie die Profanierung eines sakralen Rituals erscheinen mag, war in großen Logenverbänden, namentlich in Amerika, längst üblich.

Schon verkauften die ersten Theosophen ihre Häuser, um in das künftige Zentrum nach München zu ziehen. Doch in der Stadt gab es Streit. Die Vorbehalte waren vorderhand ästhetischer Natur. Der große Baukomplex würde die relativ kleinteilige Umgebungsbebauung sprengen, befürchtete man, als unästhetisch empfand man auch die ungewöhnlichen T-förmigen Fenster (die nahe verwandt sind mit den T-Kreuzen auf Golgatha in den

Glasfenstern des schließlich gebauten Johannesbaus). Aber vermutlich spielten bei der Erlöserkirchengemeinde auch Vorbehalte gegenüber der theosophischen Weltanschauung eine Rolle. Zudem dürften alle gespürt haben, dass Steiner und seine Anhänger die Karten, was wirklich in diesem Areal passieren sollte, nicht offen auf den Tisch legten. Kurz und gut: Nachdem man die Lokalbaukommission im April 1912 noch zur Zustimmung für das Baugesuch hatte bewegen können, legte die Kirchengemeinde auf der Grundlage der Bauordnung, die das »Einverständnis« der »beteiligten Nachbarn« vorsah[11], Einspruch ein, dem 1913 vom bayerischen Innenministerium endgültig stattgegeben wurde.[12] Damit war das Münchner Projekt gescheitert.

Der Johannesbau in Dornach

Im Frühjahr 1913 suchte Steiner fieberhaft nach einer Alternative. Der Dichter und Okkultist Alexander von Bernus bot ihm im August 1913 einen Bauplatz aus seinem Besitz Stift Neuburg nahe Heidelberg an, doch Steiner lehnte ab: »Das Karma« habe auf Dornach gewiesen.[13] Denn zu diesem Zeitpunkt waren die Würfel für Dornach längst gefallen, und die Motive waren um einiges pragmatischer, als es die spirituelle Begründung glauben machen will. Der Zahnarzt und Theosoph Emil Grosheintz und seine Frau Nelly besaßen in Dornach Land, das man Steiner mit einem Argument andiente, das nach den bitteren Münchner Erfahrungen zog: In Dornach gab es keine Baugesetze. Schnell erwarb man in einer Undercover-Aktion weitere Parzellen, noch ehe die Dornacher Bürger bemerkten, was gespielt wurde. Offenheit war nicht mehr angesagt: »Wir machen darauf aufmerksam, dass wir eine ›Hochschule für Geisteswissenschaften‹ zu errichten gedenken, und bitten dringend, alle anderen Bezeichnungen, die die öffentliche Meinung irreführen und gegen uns einnehmen könnten, zu vermeiden«, schärfte Steiner seinen Anhängern ein.[14] Finanzielle Fragen waren wieder einmal kein Hindernis. Alfred Gysi, Mitbegründer des zahnärztlichen Instituts an der Universität Zürich, erneut Marie Hirter-Weber oder Maria Schieb-Schwenter, die in Montreux mit ihrem Mann ein Nobelhotel betrieb, und natürlich insbesondere Helene Röchling zeigten sich freigiebig.

Im Herbst 1913 war es so weit. »Am 20ten des September Monats 1880 n.d.M.v.G. [nach dem Mysterium von Golgotha] d.i. 1913 n.Ch. Geb. da Merkur als Abendstern in der Waage stand«, so die Gründungsinschrift[15], wurde der Grundstein aus zwei unterschiedlich großen kupfernen Dodekaedern mit pergamentener Gründungsurkunde und zwei Pyriten bei Regenwetter mit anlassgemäßem Sturm und Blitzen im Dornacher »Bluthügel«, wo die Eidgenossen 1499 die Habsburger geschlagen hatten, eingesenkt. Präzise in der Ost-West-Achse, die Steiner mittels einer »Kristallkugel« bestimmt hatte.[16] Aber ein wenig pragmatisch blieb man trotz aller kosmologischen Determination des Zeitpunkts gleichwohl, denn man verschob die Eröffnung der Zeremonie um eine Stunde, weil der Zug der Mäzenin Lucie Bürger-Bandi Verspätung hatte. Unter dem Abendhimmel standen rund 70 Anthroposophen mit Pechfackeln im Kreis um die Baugrube, die ein brennender Holzstoß erleuchtete. Angelehnt an den Prolog des Johannes-Evangeliums verkündete Steiner den Anbruch einer neuen Zeit: »Und das Wort erschien den Menschenseelen und hat zu den Menschenseelen gesprochen: Erfüllet die Erdenevolution mit dem Sinn der Erde!« Das »Evangelium der Erkenntnis«, das »Fünfte Evangelium«, sei nun unter ihnen, und er übergab den Anthroposophen das »makrokosmische Weltengebet«, eine anthroposophische Bearbeitung des Vaterunsers.

In Dornach schossen wilde Gerüchte ins Kraut. Ein lebendiger Mensch sei dort begraben worden, mutmaßten die einen, von einem buddhistischen Kloster munkelten die anderen. Aber man tappte im Dunkeln. Erst als längst Fakten geschaffen waren, kamen langsam die weltanschaulichen Hintergründe und der Umfang des Bauprogramms ans Licht.

Ein überaus ambitioniertes Architekturprojekt wuchs in den Dornacher Himmel. Schon die Gerüste waren ein kleines Wunderwerk, denn der Bau, der im Sockelgeschoss 80 m in der Länge maß, ragte mit der großen Kuppel 26 m hoch auf. Eine Vielzahl von Einzelproblemen war zu lösen, von der Statik der Doppelschalen-Kuppeln bis zur Wasserableitung der verschnittenen

Dachflächen. Steiner führte die Architekten immer wieder an den Rand des Machbaren. Bei einem Planungsverfahren mit einer »normalen« Kosten- und Machbarkeitsabwägung wäre der Johannesbau wohl nie über das Traumstadium hinausgekommen. Vermutlich ließ man sich auf das Abenteuer dieses wunderbaren Baus letztlich nur ein, weil Steiner mit der Autorität des Sehers alle Diskussionen als unerleuchtete Kleingeisterei vom Tisch wischte. Eigenständige Entscheidungen konnten in dieser Konstellation als Anmaßung gedeutet werden, wie Carl Schmid-Curtius, der auch in Dornach als Architekt fungierte, hautnah zu spüren bekam. Als er Architrave der Fenster entgegen Steiners Anweisungen hatte hohl arbeiten lassen, vermutlich aus statischen Gründen, verfügte Steiner seine Entlassung. Aber am 30. März 1914 feierte man Richtfest, im Juli waren die Kuppeln eingedeckt. Kurz vor Beginn des Ersten Weltkriegs stand der Rohbau.

Der Innenausbau war eine große Eigenleistung der Anthroposophinnen und Anthroposophen. Insbesondere Frauen – die Männer mussten in den Krieg – nahmen Hammer und Holzbeitel in die Hand und schnitzten an den großen Kapitellen. Oft zeichnete Steiner mit einem Kohlestift die Formen an, woraufhin Menschen, die zum ersten Mal in ihrem Leben einen Schlegel und einen Meißel anfassten, die groben Formen aus den verleimten Holzblöcken hieben. Doch Steiner nahm auch selbst die Werkzeuge in die Hand, um zu schnitzen und der Laienschar zu zeigen, wie man sie richtig führe. Da keine feinen Schnitzarbeiten vorgesehen waren, konnten sich die handwerklichen Laien engagieren – und angesichts ausufernder Baukosten war dies möglicherweise auch geboten, da die Ehrenamtlichen nur ein bescheidenes Entgelt erhielten. Allerdings ist auch klar ist, dass der Löwenanteil der Bautätigkeit durch die Profis einer Baseler Baufirma ausgeführt wurde; allein im Februar 1914 sollen 300 Schreiner beschäftigt gewesen sein.[17] Ebenso bemerkenswert ist angesichts der Hasstiraden im Sommer 1914 die Zusammenarbeit von Menschen unterschiedlicher Nationen, deren Soldaten sich vor den Toren Basels seit dem August 1914 wechselseitig massakrierten. Doch auch der Dornacher Baubetrieb war nicht das Paradies des Internationalismus, das die Erinnerungsliteratur festschrieb, und blieb von den Nationalitätenkonflikten nicht verschont (s. Kap. 20), aber man erinnerte sich ihrer eben ungern.

Der Ausbau des Johannesbaus ging im Krieg nur noch schleppend voran. Die Finanzen wurden knapp. Nachdem mehr als 3,5 Millionen Schweizer Franken in den Bau geflossen waren, saß man 1917 auf einem Schuldenberg von knapp anderthalb Millionen Franken.[18] Erst im Oktober 1919 fielen die Gerüste, die man noch für die Schnitzarbeiten an den Kapitellen und für die Ausmalung der Decken benötigt hatte[19]: ein erregender Moment, wie sich Augen- und Ohrenzeugen erinnerten, als die Kuppeln ächzend in die neuen Auflieger einschwangen.[20] Am 26. September 1920 wurde der Bau mit der ersten »Hochschulwoche« in Benutzung genommen, eingeweiht aber wurde er nie. Wenn man die Bauintention im Kopf hat, weiß man auch warum: Die Esoterische Schule war zu diesem Zeitpunkt geschlossen, ihre Neueröffnung stand noch aus, und erst ein Initiationsritual wäre der angemessene Anlass einer Einweihung gewesen. Der Brand des Jahres 1922 ließ es dazu nicht mehr kommen.

Heute kann man sich nur noch schwer einen Eindruck von diesem Bau machen, der wie eine »Monstranz« (Wolfgang Pehnt) auf der Hügelkuppe thronte und dessen mit norwegischem Schiefer gedeckte Kuppeln grün leuchteten. Ein Besucher sah, bevor er eintrat, die einzige Bauzier auf der Westfassade prangen: die »Schwinge«, eine Art kopfloser Vogel mit weit ausgebreiteten Flügeln und zwei Kugelfüßen, die an die Flügel des Geistes erinnerten sollte, missliebige Zeitgenossen aber auch an einen erschlafften Doppelphallus denken ließ. Und wenn der Besucher auf einer halbrunden Treppe in den großen Saal geschritten war, trat er in eine andere Welt. Ein Kaleidoskop »vielfarbigen Lichtes« sahen die einen, ein »hellgrünes Meer« wie »unter der Wasseroberfläche« andere.[21] Lichtströme aus den Seitenfenstern verwandelten den großen Kuppelraum in eine ätherische Kathedrale von Farben. Dazu hatte man ein technisches Verfahren weiterentwickelt, das der Leiter des Stuttgarter Landesgewerbemuseums, Gustav E. Pazaurek, erprobt hatte: Mit einer Art großem Zahnarztbohrer hatte die russische Künstlerin Assja Turgenieff aus dicken, einfarbigen Gläsern die Motive – eine Abbreviatur des Schulungsweges in Bildern – herausgeschliffen.

In der Holzkuppel mit 34 m Durchmesser konnte der Besucher in den pastellfarbenen Malereien die theosophische Entstehungserzählung der Erde, ihrer Völker und Rassen betrachten. In der kleinen Kuppel sah er die Evolution der theosophischen Kulturstufen: etwa den »ägyptischen Erkennenden«, aus Griechenland Athene und Apollo, den Menschheitsrepräsentanten Christus, Faust als deutschen Repräsentanten des »genialischen« Erkenntnisstrebens der Renaissance. In seiner Aura las der Besucher das einzige Wort, das Steiner im gesamten Bau sehen wollte: »ICH«.

Steiner hatte zu diesen Bildern Skizzen geliefert, »Papierfetzen«, wie sich die Malerinnen, federführend Margarita Woloschin und Luise Clason, erinnerten. Eine eigene Grundierung war entwickelt worden (von der allerdings schon bald Farbpartikel abblätterten), in dem kleinen Dornacher Laboratorium hatte man eigene Pflanzenfarben hergestellt (die sich allerdings schon nach wenigen Jahren als nicht lichtecht erwiesen), und die Ingredienzien waren »von älteren Damen und Kindern unzählige Stunden hindurch mit der Hand gerieben«[22] worden. Jahrelang hatte man daran gemalt, im Winter gar mithilfe von Elektroöfen – und Steiner im Pelzmantel.

Dieses Bildprogramm war das Ergebnis eines eigentümlichen Aushandlungsprozesses gewesen. Der dänische Baron Arhild Rosenkrantz, der einzige Mann in der Malergruppe, hatte sich mit seiner Darstellung der Christusfigur ganz unzufrieden gezeigt. Deshalb bat man Steiner, das Christusantlitz neu zu schaffen, mehr noch, den ganzen Christus, dann noch Luzifer und Ahriman, und schließlich hatte man über die Hälfte der Kuppel mit Schwämmen und Zahnbürsten ausgewaschen, um sie von Steiner neu ausmalen zu lassen. Das Ergebnis war eine weltanschaulich hoch aufgeladene Malerei mit ungelenken, oft strichmännchenartigen Bildern. Steiner hat diese dürftige Qualität im inneren Kreis mit entwaffnender Ehrlichkeit eingestanden. Seine Ausmalungen betrachte er als »einen Anfang, der ein bischen 'ne malerische Schmierage ist«[23].

Gleichwohl: Im kleinen Kuppelsaal stand der Besucher in einem sakralen Raum. Als Herzog Heinrich zu Mecklenburg, Prinzgemahl der niederländischen Königin Wilhelmina, den Bau

1918 besichtigte, untersagte ihm Steiner das Rauchen. Und Essen, das wussten die Dornacher Anthroposophen, war dort ebenfalls verboten: »In einer Kirche würden Sie sich das alles auch nicht erlauben«, beschied Steiner dort übende Eurythmistinnen.[24] So war es für diese auch eine pure Selbstverständlichkeit, dass sich niemand auf die Thronsessel setzte; selbst das Ablegen einer Uhr an der Nahtstelle, wo der Thron an die Säule stieß, untersagte Steiner. Als in den Zwanzigerjahren der Besichtigungstourismus einsetzte, verschärften sich die Probleme, die Sakralität des Raumes zu wahren. Deshalb echauffierte sich Steiner, dass »jeder Beliebige ... die Orgel erklingen lässt, dass jeder Beliebige hier quickst – das heißt Singen nennt er es«. Das tut man in einem heiligen Raum nicht.

Christus, der »Menschheitsrepräsentant«

Im Ostscheitel des kleinen Kuppelraums, unter einer Variation, einer »Metamorphose« des Motivs der »Schwinge«, sollte ein hochaltarartiger Skulpturenturm den Bezugspunkt bilden: eine Plastik aus zusammengeleimten Holzbrettern, mit neuneinhalb Metern so hoch wie ein dreistöckiges Haus, für die man Kosten von 120000 Schweizer Franken ansetzte.[25] Im Zentrum steht die etwa drei Meter hohe Christusfigur, der »Menschheitsrepräsentant«, den linken Arm nach oben reckend, den rechten zur Erde, die Finger wie zum Greifen gekrallt, umgeben von den mythischen Figuren Ahriman und Luzifer und von einem »Elementarwesen«, dem »Weltenhumor«. Zwischen materialistischer Verhärtung und flüchtiger Spiritualisierung, zwischen der ahrimanischen und der luziferischen Versuchung sollte dieser Christus den wahren Weg zum Geistigen weisen.

Steiner hat an dieser Figur seit 1912 immer wieder selbst mit Hammer und Stecheisen gearbeitet, lange galt sie gar als sein Werk. Aber inzwischen wissen wir, dass die rothaarige, dünne Edith Maryon seine Inspiratorin war, eine englische Bildhauerin, die aus dem okkulten Orden des »Golden Dawn« 1913 zu Steiner und in seine Esoterische Schule gefunden hatte. Sie schuf oder bearbeitete in dem »streng gehüteten Atelier«[26] die

Modelle, sie übernahm die Vorschnitzarbeiten und legte an vieles letzte Hand an. Sakrosankt seien ihre Eingriffe gewesen, berichtete Assja Turgenieff: »Wenn sie also nunmehr eine Korrektur machte, war das das letzte Wort!«[27] Man ist wohl nahe an der Wahrheit, wenn man sie als Bildhauerin und Steiner als ihren Gehilfen sieht. Die inhaltliche Konzeption hingegen könnte entscheidend auf Steiner zurückgehen.

Aber diese Skulptur verband den 52-jährigen Steiner und die elf Jahre jüngere Maryon weit über die Schnitzarbeiten hinaus. 1916, so berichtet Steiner, wäre er bei einem Sturz von einem Gerüst, auf dem er am Menschheitsrepräsentanten arbeitete, fast auf einen »spitzen Pfeiler« gefallen, hätte Maryon ihn nicht »aufgefangen«[28]. »Seitdem sind wir karmisch verbunden«, soll er ihr gesagt haben.[29] Wer die theosophischen Wortspiele kennt, der hört hier mehr als nur das Walten eines blinden Schicksals. Karmische Verbindung, das war der semantische Schutzmantel für eine Verbindung, die nicht Zuneigung und schon gar nicht Liebe heißen durfte und doch genau dies war. Zehn Jahre später wird Steiner – wieder tief verliebt – erneut das Walten des Karma bemühen, um eine »illegitime« Amoure, nun mit Ita Wegman, zu begründen (s. Kap. 24).

Aber diese Figur dürfte noch mehr mit Steiner zu tun haben. Hält man Steiners Gesicht und das Antlitz des Menschheitsrepräsentanten nebeneinander, sieht man in beiden Gesichtern die scharfen Lippen und den markanten Einschnitt in der Mitte der Oberlippe, darüber die markante Nase und die tief liegenden Augen, schließlich die hohe Stirn mit dem weit hinten beginnenden Haaransatz und den zurückfallenden voluminösen Haaren mit Mittelscheitel. Es spricht viel dafür, dass Steiner sich in dem »Christus« selbst verewigt hat. Vielleicht hat er dazu auch ein Porträtfoto benutzt, das neben der Statue stand und an dem er sich beim Schnitzen orientieren konnte, und vielleicht hat man, um diese Spur zu vertuschen, später dieses Porträt aus dem Atelierphoto wegretuschiert.[30] Steiner selbst hat eine ganz andere Fährte ausgelegt: In den Menschheitsrepräsentanten sei Ahriman eingeflossen, den er »so lange in diesem Sessel festgebannt« habe, »bis er mit seiner Studie fertig gewesen sei«[31]. Aber auch hier kann man noch biografische Bezüge sehen. Es scheint, als habe Steiner seinen eigenen Schatten in diese Figur eingearbeitet. Aber natürlich ist das Spekulation.

In jedem Fall hätte sich Steiner mit dieser Skulptur in das Zentrum der Thronsessel gestellt, die erst 1920/21 eingebaut wurden und somit neugierigen Blicken am längsten entzogen waren. In ihnen hätte er als Meister vom Stuhl gesessen und mit seinem Hammerschlag die Zeremonie gelenkt, wie es eine Zeichnung vom Gestühl des kleinen Kuppelraums zeigt.[32] An dem Altar unterhalb des Christus hätte er als Hohepriester des freimaurerischen Kultus »gewaltet«[33]. Und in der Skulptur Christus-Steiner wäre er über seinen Tod hinaus im Zentrum der Initiationszeremonien der Esoterischen Schule geblieben.

Die anthroposophische Kolonie

Aus der theosophischen Stadtburg in München war in Dornach eine lockere Landschaftsbebauung geworden. Die Idee der Gartenstadt, in der sich Lebensreform und Stadtleben im frühen 20. Jahrhundert verschwisterten, lieferte auch die Blaupause für die »Anthroposophen-Kolonie Dornach«. Die Münchner Mietshochhäuser sollten sich zu »Villen« verpuppen, zu Wohnhäusern oder Sommersitzen, wie es der Siedlungsprospekt vorschlug. Aber der Dornacher Hügel war keine gewöhnliche Fluchtlandschaft für Städter, sondern eine »sakrale Topographie« (Harald Szeemann). Schon das Faktum, dass sich der Grundstückspreis für die Privathäuser nach ihrer Entfernung vom Johannesbau bemessen sollte, indiziert eine geheime Hierarchie. Im internen Kreis jedoch konnte Steiner Klartext reden. Die Mitglieder der »Klasse« der Esoterischen Hochschule sollten sich, so Steiner 1924, wenn sie im Umfeld des Goetheanum Land kaufen oder dort bauen wollten, mit dem Vorstand der Anthroposophischen Gesellschaft verständigen, sonst könne »der Betreffende nicht in der Schule« sein.

Aber erst mal rief die Praxis. Man beschloss, nach »Mitteln und Wegen« zu suchen, um die Siedlung vor der Unterwanderung durch Nicht-Anthroposophen, insbesondere durch Theosophen, etwa in Erbfällen, zu schützen.[34] Sodann erließ man Bauvorschriften, die sicherstellen sollten, dass alle Gebäude in einem einheitlichen »Stil« gebaut würden[35], und schlug eine Kommission vor, die die Einschränkung der Gestaltungsfreiheit regeln sollte. Dabei gelang es Steiner, einen Stil möglichst ohne rechte Winkel durchzusetzen, der bis heute den Charme des Hügels prägt.

Im Westen des Johannesbaus entstand die Villa für Emil Grosheintz. Das Haus wurde mitten im Krieg, 1915/16, errichtet – gegen beträchtliche Widerstände: Sollte vor dem Mysterientempel wirklich Wäsche auf der Leine hängen, wie manche Anthroposophen ganz unverhohlen fragten?[36] Doch Steiner setzte Grosheintz' Bauwunsch durch, degradierte den Bau jedoch, indem er ihn aus der Mittelachse des Johannesbaus rückte und ihn »Haus Duldeck«, den gerade noch »geduldeten« Profanbau, nannte. Und so schaut man bis heute auf ein Wohnhaus mit einer wogenden Haube, die einem Mittelgebirge ähnelt und schwer auf dem Haus lastet. Diese Dachkulisse ist eine der bemerkenswerten frühen plastischen Betonkonstruktionen des 20. Jahrhunderts, eng verwandt mit den wenige Jahre zuvor entstandenen Architekturen Antonio Gaudís in Barcelona, die Steiner aber vermutlich nicht gesehen hat. Hier wirkte der Zeitgeist des organischen Bauens.

Am Nordhang des Hügels ragte ein Pfeiler mit kleinen, fetten Blättern in den Himmel, der aus einem quadratischen Unterbau mit zwei runden Eckrisaliten, die die beiden Kuppeln des Johannesbaus aufgriffen, herauswuchs: das Heizhaus für den Johannesbau. Aber die Blätter sind keine Blätter, sondern symbolisieren in einer »Baugebärde« (in anthroposophischer Semantik) die Feuerstöße in einem Kamin. Das ist Ausdrucksarchitektur, die die innere Funktion sichtbar machen soll, in Reinform. Zeitgenossen haben angesichts der kugeligen Abdeckungen der Ecktürmchen und des hochragenden Schafts schon wieder an eine okkulte phallische Symbolik gedacht, aber damit die prüde Anthroposophie ganz falsch eingeschätzt. Es ist wirklich ein schlichter Heizungsbau, den man in gebührender Entfernung vom Johannesbau aufstellte und ihn über einen unterirdischen Zugang mit dem Hauptbau verband, um die Brandgefahr kleinzuhalten. Talwärts folgt ein weiteres Gebäude, das auch zu den Gründungsbauten des Dornacher Hügels gehört: das »Glashaus«, in dem die Glasfenster des Johannesbaus radiert wurden. Es entstand 1914 und ist mit seinen zwei auseinandertretenden Kuppeln auch eine Variation der Doppelkuppelkonstruktion des Johannesbaus.

Seit Anfang der Zwanzigerjahre kam eine beträchtliche Zahl weiterer Bauten hinzu. Ein Transformatorenhäuschen, das in seinen kubischen Formen als Ausdruck der »ahrimanischen« Elektrotechnik galt, ein Verlagshaus für den Philosophisch-Anthroposophischen Verlag, eine Reihe von Wohnhäusern für Privatpersonen: das Haus Vreede und das Haus van Blommestein, das »Atelierhaus« Jacques de Jaagers und, vom September 1924 datierend, die Skizzen zum Haus Schuurmann, die deshalb bemerkenswert sind, weil Steiner hier schon, flexibler als seine Nachfolger, den rechten Winkel konstruktiv wieder einsetzte, der mit dem Goetheanum dogmatisch verboten schien.

Der kunsthistorische Zeitgeist: übersinnliche und sinnliche Kunst

Wenn Steiner seine Architekturvorstellung erläutern wollte, liebte er zwei Metaphern: zum einen das Bild der Nuss mit ihrer Schale. Der Johannesbau sei eine »gewissermaßen naturgemäße Schale« für übersinnliche Inhalte. Oder er verglich die Architektur mit einem österreichischen Gebäck, dem Guglhupf, dem in einer Form gebackenen Kuchen. Der Johannesbau sei wie ein »Guglhupftopf«, in dem die anthroposophische Weltanschauung »gebacken wird«. Der Johannesbau war für Steiner keine kulturelle Erfindung, sondern galt ihm durch die »Realität« der höheren Welten geprägt – im Sinn von »gebacken«[37]: »Die wahren Kunstwerke« seien »eine Manifestation höherer Naturgesetze«. Anders gesagt: Kunst war für Steiner eine Funktion spiritueller Wirkungen, eine Art spiritueller Funktionalismus. Der Johannesbau konnte gar nicht anders gestaltet sein, als er es war: Genau diese Architekturform war für Steiner »notwendig« – zumindest zum Zeitpunkt der Einrichtung des Baus.[38]

Die Probleme dieser Kunsttheorie spürte man allerdings seit 1924, als Steiner das Goetheanum in völlig anderen Formen als den Johannesbau errichtete: Wenn es eine »naturgemäße Schale« gibt, hatte sich dann die Idee, die im Goetheanum-Bau sichtbar wird, gegenüber der Idee, die der Johannesbau verkörperte, angesichts der stilistischen Brüche, tief greifend geändert? Oder forderte der neue Zeitgeist einen neuen Stil? So kann man, so muss man eigentlich argumentieren. Denn sowohl das Konzept von Kern und Schale als auch die Vorstellung vom Guglhupf haben eine deterministische Einfärbung, der man aber zu Zeiten des Johannesbaus nicht scharf ins Auge hatte sehen müssen.

Steiner benutzte diese naturalistische Begrifflichkeit, weil er unter allen Umständen vermeiden wollte, in einer bestimmten Schublade zu landen: der des Symbolismus. Bilder als Zeichen, Architektur als Abbild von etwas »Eigentlichem«, das erschien ihm als der Geist des abtretenden Historismus. Stattdessen sollte seine Architektur um »Leben« und »Erleben«, um das »Empfinden« zentriert sein: Der Mensch sollte in ihr übersinnliche Erfahrungen machen, konkret: sich der »Erlebnisse, die wir vor unserer Geburt in der geistigen Welt hatten«, wieder bewusst werden[39], Geist »sozusagen ohne Übersetzung« erleben.[40] Das könne nur gelingen, wenn auch der Bau lebe: Er sei »wie beseelt« zu denken.[41]

In diesem Konzept deutete Steiner die Wand als durchlässiges, diaphanes Fenster, durch das man »ins Unendliche hinaus« blicke[42], während sich »in der Farbe« der »Geistgehalt der Welt« »offenbaren« solle.[43] Der Johannesbau war für Steiner sozusagen kristallisierter Geist, Holz gewordene Idee, unmittelbarer Ausdruck des Geistigen, eben »gebackene« Anthroposophie. Und deshalb konnte der Johannesbau, so glaubte Steiner, zur übersinnlichen Erfahrung führen: Man müsse ihn nur anschauen, sich auf ihn einlassen, ihn »empfinden« und »erleben«, dann spüre, sehe, erlebe man Geist in und durch Materie. In diesem Erlebnisraum sollte mehr geschehen als in den üblichen Vortragsveranstaltungen und bei der Lektüre von Texten, wo sich »Intellekt« und »Welt*erklärung*« als etwas »Abstraktes und Trockenes gegenüber der lebendigen Wirklichkeit« zeigten.[44] Die Architektur des Johannesbaus sollte, wie die maurerischen Riten, Intellektualität durch ästhetische Erfahrung kompensieren.

Aber die Hoffnung, das Symbol, das »nur« auf einen Mehrwert verweist, durch unmittelbares »Erleben« ersetzen zu können, blieb eine Binnenperspektive. Manchmal wusste Steiner dies auch, er realisierte, dass man seine Kunst nicht »einfach« erlebt, sondern eine Brille benötigt: dass man sie nur versteht, »wenn man in der Weltanschauung lebt, aus der [sie] hervorgegangen ist«[45]. Deshalb blieb Steiners Kunst in der Außenperspektive doch eine Spielart des Symbolismus, ein Zeichensystem, in dem man weitenteils das erlebt, was die anthroposophische Weltanschauung in sie hineingelegt hat.

In den Zwanzigerjahren verstärkte er seine kunsttheoretischen Vorstellungen um Elemente, die um den Begriff der Metamorphose kreisen und die im goetheanischen Denken die Entwicklung einer Formenvielfalt aus einem Ursprung heraus deuten. Damit lassen sich Variationen von Motiven, im Johannesbau etwa der Säulenkapitelle oder der »Schwinge«, beschreiben; der ganze Bau wurde im Lauf seiner anthroposophischen Interpretationsgeschichte zu einer Inkarnation der Metamorphose seiner Formen. Aber zumindest als Leitvokabel hätte man die Metamorphose schon in der Anfangszeit des Johannesbaus erwarten können. Dass sie für Steiners Architekturdenken so spät wichtig wurde, hat mit einem Befund zu tun, über den noch zu sprechen ist: mit der goetheanischen, »deutschen« Aufladung der Anthroposophie seit dem Ersten Weltkrieg (s. Kap. 20).

Wie so oft, versteht man Steiner nochmals besser, wenn man auch seine Hauptgegner kennt. Dies war für ihn der künstlerische Historismus mit seiner großen Vision, alle Baustile aller Epochen zusammenzuführen. Steiner hatte diesen Historismus in der berühmten Wiener Ringstraße kennengelernt, wo neoromanische und neogotische Bauten, Neorenaissance und Neobarock ein historisches Gesamtkunstwerk bildeten. Aber für ihn dokumentierte sich darin nur geistlose Nachahmerei, ein moribunder Zuckerbäckerstil. Gegen diesen Traditionalismus stellte sich seit den 1890er-Jahren eine Strömung, die wie Steiner das »Leben« gegen eine verknöcherte Überlieferung in Stellung brachte: der Jugendstil. Mit ihm teilte Steiner seinen Antihistorismus, mit ihm teilte er den Rückgriff auf naturnahe Formen, wie sie den Johannesbau in seinen organischen Gestaltungen von den Treppenläufen über die Kapitelle bis zu den Dachhauben prägten.

Der Johannesbau war ein Kind des naturalen, floralen Jugendstils, allerdings in einer speziellen Variante: Denn für Steiner war die Natur kein Vorbild, sondern nur der Ausdruck der geistigen Welt. Wenn man den Johannesbau in die Kategorien der Kunstgeschichte einordnen will, könnte man ihn einen symbolistischen Jugendstilbau nennen.

Hingegen hat Steiner an die sich um 1910 gerade entwickelnde Avantgarde der Kunst keinen Anschluss gefunden. Die Abstraktion, die jede gegenständliche Kunst infrage stellte und mit Kandinsky und Mondrian berühmte theosophienahe oder theosophische Protagonisten besaß, hat er als »absurd« verrissen.[46]

Diese Verflechtung des Johannesbaus mit dem kunsthistorischen Zeitgeist konkretisierte sich in vielen Personen, Ideen und Bauten. Mit dem Theosophen und Steiner-Kritiker Johannes L.M. Lauweriks[47], der von Peter Behrens an die Kunstgewerbeschule in Düsseldorf berufen worden war (und nach der Gründung der Anthroposophischen Gesellschaft der Nachfolger Steiners als Leiter der verbliebenen Adyar-Logen wurde), verbanden ihn das Konzept einer »geistigen« Kunst und die »metamorphosierende« Entwicklung von Motiven, aber direkte Bezüge lassen sich erst in den Zwanzigerjahren nachweisen – Lauweriks hatte zu Steiners innertheosophischen Gegnern gehört. Vermutlich hat Steiner auch die Tempelvisionen von Hugo Höppener, genannt Fidus, gekannt, der ebenfalls Mitglied in der deutschen Adyar-Theosophie gewesen war und seine Tempelprojekte allerorten präsentierte. Aber auch zu Fidus hatte Steiner ein gespanntes Verhältnis, denn dieser war 1913 während der Spaltung von der Theosophischen Gesellschaft mit großem Eklat von Steiner geschieden. Steiner wird auch über Fotografien die Kuppelbauten der theosophischen Siedlung Katherine Tingleys in Point Loma gekannt haben[48], aber mögliche Anregungen bleiben im Dunkeln.

Bei einigen Details lassen sich die Vorbilder präziser benennen, und exemplarisch sei dies am zentralen Motiv der »Schwinge« gezeigt. Das Vorbild dieses Symbols war die geflügelte Sonnenscheibe aus der ägyptischen Ikonografie. Das Motiv könnte Steiner durch die theosophischen Zeitschriften gekannt haben, wo es in immer neuen Abwandlungen eine Leitmetapher für die theosophische Erhebung zum Geistigen war. In diesem Motiv bündelt sich Steiners Vision für den Johannesbau: Ägypten, das war das Land, in dessen Schoß er die uranfänglichen Mysterien vermutete. Von hier sollte der Ritus von Misraim (wie Ägypten in der semitischen Sprachtradition heißt) stammen, den Steiner von Theodor Reuß erstanden hatte und der im Johannesbau zelebriert werden sollte. In dieser Tradition sollte die Seele im Johannesbau Flügel erhalten, um sich in das Reich des Geistes hinaufzuschwingen.

PRAXIS

ZWANZIG

Kriegszeit. Anthroposophie in den Zeiten des Blutrauschs

Das lange 19. Jahrhundert, das mit der Französischen Revolution begonnen hatte, ging im Ersten Weltkrieg unter, als Europa knietief in seinem Blut watete. Kaum jemand hatte die Folgen dieser »Urkatastrophe« (George F. Kennan) vorausgesehen, und auch Steiner gehörte zu den »normal« Blinden, denen erst langsam klar wurde, dass die Belle Époque durch einen revolutionären Militarismus in Brand gesetzt worden war. Der Krieg, der am 1. August 1914 vielerorts mit einem Begeisterungstaumel begrüßt wurde, sollte schon bald apokalyptische Visionen wie Kinderbücher aussehen lassen. In einem hochtechnisierten Völkerkrieg wurden Maschinengewehre, U-Boote, Flugzeuge, Panzer und Giftgas erfunden oder für eine industrielle Tötungsmaschinerie serienreif geschliffen. Das Sterben wurde endemisch. Als die Entente, also die Gegner der »Mittelmächte« (Deutschland, Österreich-Ungarn, Italien), etwa im Morgenrot des 1. Juli 1916 die Schlacht an der Somme eröffnete, waren bei Anbruch der Dämmerung zwanzig- bis dreißigtausend Tote zu beklagen, am Ende der Somme-Offensive hatte die Verschiebung der Grenze um einige Quadratkilometer eine Million Soldaten das Leben gekostet. Heute kennt kaum noch jemand all die Orte, an denen die Toten nach Hunderttausenden zählten: Galizien, Isonzo… allenfalls ist Verdun noch ein Begriff. Das Unheil, das sich hier Bahn brach, überstieg auch das hellseherischste Vorstellungsvermögen. Und so listete die politische Bilanz des Krieges zuvor Unvorstellbares auf: das Zerbrechen der letzten multinationalen Staaten – des Habsburgischen und des Osmanischen Reiches –, die verschärfte Nationalisierung Europas, den Sturz der Kaiser in Berlin und Wien, Revolutionen, Verfassungen, Bürgerkriege.

Steiners Kriegsbeginn

Der Erste Weltkrieg erwischte Steiner im Mysterienspiel. An diesem 1. August, als die Menschen noch nicht ahnten, welches Inferno sie bejubelten, war er mit Marie von Sivers gerade auf dem Weg nach Bayreuth, um einmal mehr der Inszenierung der »Erlösung des Erlösers«, Richard Wagners »Bühnenweihfestspiel« »Parsifal«, zu lauschen. Als sie auf dem Nürnberger Bahnhof, dem zentralen Verkehrsknotenpunkt im Norden Bayerns, umstiegen, quollen ihnen jedoch schon die Soldaten entgegen: Mobilmachung. Gleichwohl beschloss man, weiter nach Bayreuth zu reisen. Hier traf man vermutlich auch Eliza von Moltke, die Frau des deutschen Generalstabschefs, und weitere Mitglieder der Anthroposophischen Gesellschaft, mit denen man trotz Krieg ins Festspielhaus ging. Aber das unbeschwerte Leben der Kaiserzeit war gestört. Walter Kirchhoff, der den Parsifal sang, musste unmittelbar nach der Vorstellung einrücken. Steiner versuchte nun, Deutschland zu verlassen. Noch in der Nacht fährt man in dem »großen offenen Auto« von Steiners Mäzenin Helene Röchling nach Stuttgart, wo sich Frau Röchling von ihren Söhnen verabschieden will und wo der Chauffeur sich zur Einberufung stellen muss.[1] In Stuttgart versuchen Steiner und Marie von Sivers irgendwie, einen Zug nach Basel zu ergattern, begleitet von der Künstlerin Mieta Waller, die als Hausdame mit Steiner und seiner Lebenspartnerin in der Motzstraße in Berlin wohnte und die Steiner für den Fall des gleichzeitigen Todes von ihm und Marie von Sivers als Erbin eingesetzt hatte.[2] Hier erleben sie, wie eine logistische Meisterleistung der Mobilmachung, der Transport Hunderttausender Soldaten in minutengenau getakteten Zügen, die mörderische Kriegsmaschinerie in Gang setzt. Im Bahnhof wogt »eine unglaubliche Menschenmenge…, Zug nach Zug geht ab. Stundenlang steht man vor dem geschlossenen Gitter, eingekeilt in der Menge, und bricht fast zusammen vor Müdigkeit«, erinnerte sich später Marie von Sivers. »Verwildert« und mit einem vom kalten Fahrtwind im Cabriolet »blau verfrorenen« Gesicht warten Steiner und seine Begleiterinnen hilflos in der Menschenmenge, bis sie Karl Kieser, ein höherer Bahnbeamter und Mitglied im Stuttgarter Zweig, entdeckt, der »uns noch in ein Waggonabteil hineinstoßen« kann.[3] Dies war der Anfang vom Ende der Vorkriegstheosophie. Steiner wird den Krieg weitgehend in der neutralen Schweiz, im sicheren Dornach verbringen.

Aber schon der Ausbruch des Krieges war für Steiner eine Niederlage. Warum hatte er, der große Hellseher, diesen nicht vorhergesehen? Wie ein gejagter Verbrecher hatte er in die Schweiz fliehen müssen. Am 13. September 1914 gestand er offen, dass der Krieg für ihn »überraschend ... hereingebrochen« sei[4], und erst langsam begann er, das Gegenteil zu behaupten. »Daß diese Ereignisse eintreten mussten, konnte man seit Jahren voraussehen« – aber da schrieb man schon den 30. September. Auch die Dimensionen dieses Jahrhundertkrieges dürften ihm noch lange unklar geblieben sein. »Im Jahr 1916 werde der Krieg im wesentlichen abgeschlossen sein«, gab Friedrich Rittelmeyer, ein protestantischer Pfarrer, auf den wir noch im Rahmen der Christengemeinschaft stoßen werden, eine Einschätzung Steiners »aus den Anfangszeiten des Krieges« wieder.[5] Steiner rechnete mit einem baldigen Ende des Kriegs, da war er sich mit der Mehrheit der Deutschen einig – aber 1916 würde erst Halbzeit im großen Morden sein.

Metaphysik des Krieges

Der Schock des unerwarteten Krieges saß. Selten hat Steiner seit 1900 so wenige Vorträge gehalten wie im August des Jahres 1914 – vier an der Zahl. Die Menschen hatten natürlich auch andere Probleme und Sorgen, als ihm zuzuhören. Und was Steiner an Reaktionen zeigte, heischt Respekt, wenn man den Hurra-Patriotismus des »August-Erlebnisses« im Ohr hat, in dem Worte zu Waffen wurden: »Jeder Schuss ein Russ, jeder Stoß ein Franzos, jeder Tritt ein Brit', jeder Klapps ein Japs, Serbien muss sterbien.« Steiner hingegen fällte nicht diese Todesurteile des Nationalismus, sondern forderte, »einen Keim von Menschen mit brüderlicher Gesinnung über alle Nationen hinaus in uns selbst heranzubilden«[6]. Hier klang das Ideal der Theosophie, eine Bruderschaft und die Avantgarde einer neuen Menschheit zu sein, bis in den Wortlaut hinein durch. Er hielt auch Vorträge für eine ad hoc-Hilfe zur Pflege von Verwundeten, den »Samariterkurs«, und für die Soldaten schuf er ein anthroposophisches Fürbittgebet, das er in den ersten Kriegsjahren vor jedem Vortrag sprach: »Geister eurer Seelen, wirkende Wächter, / Eure Schwingen mögen bringen / Unserer Seelen bittende Liebe / Eurer Hut vertrauten Erdenmenschen …«

Doch Steiners auf Frieden und Aussöhnung bedachter Internationalismus und sein Ideal der Brüderlichkeit hielten nicht lange vor. Im September schon drückt sich ein deutscher Nationalismus durch alle Poren der Anthroposophie. Steiner schwenkt auf Pathosformeln um: Der Krieg sei, wie er Mitte September meint, nun doch eine »ganz außerordentliche Zeit« mit »großen Ereignissen«. Er entfaltet eine »Völkerpsychologie«, die jedem Volk einen bestimmten Nationalcharakter zuweist. Dieses Instrument hatte sich der Nationalismus im 19. Jahrhundert zugelegt: Völker, Nationen sollten eine eigene Kollektivpsyche besitzen, ungeachtet der Heterogenität ihrer regionalen Kulturen oder der Unterschiede ihrer Klassen und sozialen Milieus. Die Klugen, die schon damals wussten, dass die Nationen keine Seele hatten, schon gar nicht im Singular, sondern dass Ideologen die Völkerpsyche mit Gewalt konstruierten, fanden kaum Gehör, in diesen ersten Kriegswochen schon überhaupt nicht. Auch Steiner aktiviert seine Stereotypen von Völkerkollektiven aus dem Geist des Nationalismus, die schon seit Jahren in seinem Weltanschauungsreservoir ruhten. »Der Russe« – immer im Singular, aber so war der Zeitgeist – habe eine besondere Affinität zur Religion und glaube deshalb, »Krieg zu führen um die Religion«, »der Engländer« erfülle das Klischee vom Krämergeist und führe deshalb Krieg »um die Konkurrenz«, und die französische Kultur gilt ihm als dekadent, »gewissermaßen reif und überreif«. Besonders hart trifft es »die slavischen Nationen«, denen er schon vor 1900 »Feindseligkeit … gegenüber der deutschen Bildung« attestiert hatte und die sich jetzt anhören müssen, dass »die eigentliche Mission der fünften Kulturepoche von dem germanischen Element übernommen worden ist«. Es ist keine Überraschung, wen Steiner an die Spitze dieser Evolution der Völker setzt: Das deutsche Volk besitze als »Nachkommen Fichtes,

Schillers und der anderen Großen« eine »geistige Mission«. »Wir wissen als Anthroposophen: Im deutschen Geiste ruht Europas Ich. Das ist eine objektive Tatsache.«

Diese steilen Sätze kann sich Steiner leisten, weil die Anthroposophische Gesellschaft nach der Trennung von der theosophischen Mutter weitgehend auf ihren deutschen Kern geschrumpft war. Die anderen theosophischen Gesellschaften, die ihre internationale Konstitution behielten, litten unter dem Wüten des Nationalismus weit stärker. So wäre die Adyar-Theosophie, die Steiner gerade verlassen hatte, 1914 fast am Ende gewesen, weil Annie Besant – vielleicht auch unter dem Eindruck von Steiners Sezession[7] – die Deutschen als Kriegstreiber brandmarkte, als »Embryo-Empire«, »aus Hass gezeugt«, als Gegenteil von allem, was menschlich sei.[8] Hübbe-Schleiden, tief verletzt, bewahrte nur mühsam die Contenance und den Zusammenhalt der Adyar-Theosophie; andere theosophische Gesellschaften in Deutschland zerbrachen über dem Krieg.

Aber Steiners Völkerpsychologie war nur das exoterische Vorfeld. Denn in seinen esoterischen Augen war der Krieg die Schaumkrone eines in Wahrheit geistigen Konflikts: nur ein »Symptom« übersinnlicher Prozesse:

> »Wir wissen ..., dass ich vom Gesichtspunkte der Geisteswissenschaft aus das, was man gewöhnlich Geschichte nennt, verwandelt sehen muss in eine Symptomatologie. ... Dasjenige, was man ... schulmäßig Geschichte nennt, das sollte man nicht ansehen als das wirklich Bedeutungsvolle im Entwickelungsgange der Menschheit, sondern man sollte das nur ansehen als Symptome, die gewissermaßen an der Oberfläche ablaufen und durch die man durchblicken muss in weitere Tiefen des Geschehens, wodurch sich dann enthüllt, was eigentlich die Wirklichkeit ist im Werden der Menschheit.«

Das ist der Kern von Steiners esoterischer Kriegsmetaphysik: Für den Eingeweihten offenbaren sich die »okkulten Hintergründe der irdischen Ereignisse« in den »geistigen Welten«. Konkret etwa: Der Krieg zwischen Russland und Frankreich sei Teil des Kampfes, den »Michael ... ausficht in der geistigen Welt«, um den »künftig ätherisch erscheinenden Christus« vorzubereiten. Was in der Außenperspektive nach einer Flucht aus der Realität der Schlachtfelder in ätherische Gefilde aussehen mag, ist in Steiners Binnensicht konsequente »Geisteswissenschaft«: Wenn der Geist über die Materie regieren soll, müssen auch in der Kriegsdeutung die geistigen Ereignisse die irdischen Kämpfe bestimmen. Das aber bedeutet, die Weltpolitik zugunsten einer deterministischen geistigen Evolution zu entmachten:

> »Der Weltenfortgang muss geschehen, dasjenige, was geschehen soll, geschieht; es geschieht manchmal auf eine sehr merkwürdige Weise, indem etappenweise geleitet werden die Willen der Menschen, so dass man sieht, wie von Stufe zu Stufe, wahrhaftig nicht in anderer Weise, als ein Erzieher es tun würde, in die Seelen hineingegossen werden die Richtungen, in die sie später kommen werden.« »Dasjenige, was jetzt geschieht, es muß so geschehen.«

Für die Soldaten heißt das folgerichtig: »Notwendigkeit des Opfers«. »Jene ungeheuren Ströme von Blut« »müssen« »aus den ewigen Notwendigkeiten der Erdenentwickelung heute fließen«. So Steiner am 13. Februar 1915 – und da war das Schlachthaus von Verdun noch nicht einmal eröffnet, das geschah acht Tage später. Der Krieg, so berichtet Steiners Freund Polzer-Hoditz, sei in der Vergeltungslogik des Reinkarnationsdenkens das »schwere Karma des Materialismus«[9]. Nicht minder konsequent entwickelt er aus dieser evolutionären Kriegsdeutung eine Fortschrittsmetaphysik: »Die ungeheuren Opfer, die die Menschen bringen durch ihr Blut«, würden »dazu dienen, dass die großen Ziele der Menschheit erreicht werden«, verkündet Steiner am 13. September. Eine Woche später dekretiert er, »unter den Strömen von Blut« könne »etwas ganz Neues auch in der Kultur, in der Menschheit« entstehen, die Heraufkunft der sechsten »Kulturperiode« innerhalb der aktuellen fünften, »arischen Wurzelrasse«.

Zu dieser steilen Sinnstiftung sieht sich Steiner vermutlich nicht zuletzt deshalb gedrängt, weil das Sterben auf den Schlachtfeldern auch die Anthroposophische Gesellschaft ereilt. Die Gefallenen lichten die Reihen der anthroposophischen Ehemänner und Söhne. Steiner muss Ansprachen für die Toten halten, immer wieder trösten:

> »Mögen wir dasjenige, was wir jetzt tun können, dazu tun, dass diejenigen, deren heiligstes Opferblut jetzt die Erde tränkt, wenn sie einmal berufen sind, als wichtige Glieder einzugreifen in den weiteren Gang der Erdenentwickelung, so herunterkommen, dass ihnen aus dem, was auf der Erde selbst geschehen ist, im geistigen Fortschritt der physischen Erdenentwickelung etwas entgegenkommt, aus dem sie entnehmen: Wahrhaft, es war es wert, das Blut zu vergießen für diese Erde, die solches hervorbringt!«

Das war im September 1914, vor dem jahrelangen Grabenkrieg, bevor der Blutzoll mit Hunderttausenden, schließlich Millionen von Opfern das Maß des »sinnvoll« Nachvollziehbaren zu übersteigen begann. In den späteren Kriegsjahren ist Steiner die Verherrlichung des Sterbens nicht mehr so vollmundig über die Lippen gekommen. Aber aufgegeben hat er diese Sinngebung des großen Sterbens nie. Noch 1921 war er der Meinung, »dass durch diese Katastrophe die Menschheit bewahrt worden ist vor einem furchtbaren Versinken im Materialismus und Utilitarismus«. Zugegeben: Alles andere hätte bedeutet, sich gegen die überwältigende Mehrheitsmeinung zu stellen. Nur wenige fanden noch während des Kriegs zu der Überzeugung, dass dieser zu viele sinnlose Opfer gefordert hatte oder überhaupt absurd war. Steiner gehörte nicht zu ihnen.

Alltag im Krieg

Auch wenn Steiner in Dornach den »Widerhall der Kanonen, die in unmittelbarer Nähe auf den Elsäßer Schlachtfeldern donnerten«, hörte: Die Schweiz war inmitten eines rasenden Kontinents eine Insel des Friedens. Doch in gewisser Weise war sie für Steiner auch ein goldener Käfig. Der intensiven Reisetätigkeit war ein Riegel vorgeschoben. Mit Ausnahme von Deutschland und Österreich waren ihm die europäischen Länder verschlossen. Nach Österreich reiste er während der Kriegsjahre nur dreimal, Vorträge in Deutschland waren immerhin in einem beträchtlichen Ausmaß möglich. An den Wochenenden hielt er Vorträge in Dornach, während er dienstags in Berlin war, wenn dort Zweigabende stattfanden; und auch öffentliche Vorträge im Berliner Architektenhaus waren weiterhin möglich. Natürlich gab es Einschränkungen, nicht zuletzt wegen der politischen Überwachung seiner öffentlichen Auftritte, aber seine Beziehungen machten es ihm möglich, relativ regelmäßig in Deutschland präsent zu sein.[10] Hingegen hatte er die Esoterische Schule geschlossen, weil er nicht in den Geruch der Mitgliedschaft in einem der geheimen Orden kommen wollte, die er für mitschuldig am antideutschen Krieg hielt, und weil die freimaurerischen Riten ohne ihn als Meister und Hohepriester nicht denkbar schienen.

Neben der Vortragstätigkeit war die Fortführung des Johannesbaus ein stabiler Punkt in Steiners Leben. Am 30. März 1914 hatte man Richtfest gefeiert und konnte sich nun auf den Innenausbau konzentrieren. In den Erinnerungen von Mitgliedern der Dornacher Kolonie war dies das Paradies einer Zusammenarbeit über Völkergrenzen hinweg, während sich in der Nachbarschaft die gleichen Völker wechselseitig massakrierten. Aber die Realität sah nach den ersten harmonischen Monaten anders aus, die Normalität des Nationalismus brach auch über Dornach herein. Die anthroposophischen Anhänger Deutschlands und der Mittelmächte standen gegen die Verteidiger der Entente[11], Deutschschweizer gegen Welschschweizer, und Steiner sah sich dem Vorwurf einseitiger Parteinahme für Deutschland ausgesetzt.[12] Aus einem Vortrag, in dem er alles klären wollte, wurden zwei Dutzend Vorträge in den Jahren 1916 und 1917. Symptomatisch für die Schärfe des Konflikts ist der Bruch in der Beziehung zu Schuré, der Steiner »Pangermanismus« und Chauvinismus vorwarf[13] und am 30. März 1916 seinen Austritt aus der Anthroposophischen Gesellschaft erklärte.[14] Der Auslöser war Steiners Schrift »Gedanken während der Zeit des Krieges« von 1915, in der er seinen deutschen Nationalismus offen propagiert hatte; dahinter stand ein schon lange schwelender Konflikt Schurés mit Steiner und insbesondere Marie Steiner, der Schuré im Blick auf die nationale Zugehörigkeit des Elsass alldeutsche Bestrebungen unterstellte.[15] Steiners Partnerin reagierte auf diese Abwendung ihrer spirituellen Vaterfigur mit einer schweren psychosomatischen Krise. Sie war »nach ihren eigenen Worten von dem ›Wahnsinnsanfall‹ Schurés so schwer getroffen, daß sie ›drei Tage regungslos lag‹ und ihre späteren bei Schocks Lähmungserscheinungen, die bewirkten, daß sie teilweise im Rollstuhl gefahren werden mußte, darauf zurückführte«[16]. Schuré hat sich nach dem Krieg wieder mit Rudolf Steiner versöhnt, während Marie Steiner sich weigerte, ihn zu empfangen, wenn er Steiner in Dornach besuchte. Den Fortgang der Arbeiten am Johannesbau haben diese Konflikte jedoch nicht verhindert. Die Malereien wurden in den Kriegsjahren ausgeführt, der »Menschheitsrepräsentant« entstand im Wesentlichen während des Krieges, »Haus Duldeck« wurde 1916 fertiggestellt.

Eine Krise, die er selbst verursachte, hatte Steiner allerdings Anfang 1915 zu bewältigen. Denn am 24. Dezember 1914 hatte er Marie von Sivers geheiratet, die dadurch österreichische Staatsbürgerin wurde.[17] Damit aber brach für Steiner eine vermutlich unerwartete Front auf, eine psychologische. Denn er war nicht nur der spirituelle Führer der Anthroposophen und Anthroposophinnen, sondern auch das Objekt weiblicher Begierde. Die Hochzeit mit Marie von Sivers entzog ihn den erotischen Träumen. Es dürften viele Frauen gewesen sein, die nicht nur ein Auge auf den Hellseher, sondern auch auf den Mann Steiner geworfen hatten, aber an einer Person brach dieser Konflikt auf. Die Berner Anthroposophin Alice Sprengel hielt sich aufgrund bedeutender »Vorinkarnationen« für eine Inspiratorin Steiners. Und sie glaubte, angesichts einer finanziellen Unterstützung, die sie offenbar aufgrund einer Hilfsbedürftigkeit erhielt, sowie durch ihre Rolle als »Siegelbewahrerin« der Anthroposophischen Gesellschaft für eine »besondere Mission« auserkoren zu sein; aus alldem schloss sie, »symbolisch ein Eheversprechen erhalten zu haben«[18], und läutete damit die »Dornacher Krise« vom August 1915 ein.

In dieser Eifersuchtsszene wird wie in einem Brennspiegel Steiners Rolle in der Anthroposophischen Gesellschaft sichtbar. Die Verschärfung des Konflikts zur Krise hängt vermutlich mit Heinrich Goesch zusammen. Der zu diesem Zeitpunkt 35-Jährige war nach zwei Promotionen 1909 Professor an der Dresdner Akademie für Kunstgewerbe geworden, aber seine Rolle in der »Dornacher Krise« hing mit seiner Lebensführung zusammen. Denn er hatte ein hohes Interesse an okkulten Traditionen und war deshalb Mitglied in Steiners Esoterischer Schule einschließlich der maurerischen Zeremonien. Zugleich interessierte er sich für die gerade entstehende Psychoanalyse; 1909 hatte er sich einer psychoanalytischen Behandlung durch Otto Gross unterzogen. Goesch verband nun sexuelle Freizügigkeit und Okkultismus, etwa indem er mit Hannah Tillich, der Frau des Theologen Paul Tillich, in »sexualmagischen« Praktiken versuchte, während des Geschlechtsverkehrs Reinkarnationserinnerungen zu generieren.[19] Er war es, der gemeinsam mit seiner Frau Gertrud Steiners Rolle grundsätzlich infrage stellte, indem beide ihm ein autoritäres Regiment und Kritikunfähigkeit vorwarfen.[20] In der Diskussion etikettierte Steiner Alice Sprengel als »Pathologe«, und vielleicht lag er damit so falsch nicht. Aber als Stimmen laut wurden, die Sprengel verteidigten, verlor er die Contenance und verließ in Begleitung Marie Steiners den Saal mit den Worten: »Mit einer solchen Gesellschaft kann ich nichts mehr zu tun haben!« Dabei muss es um Sexualität gegangen sein, wie Steiner im September bestätigte, als er sich, was er äußerst selten tat, über Okkultismus und Sexualität ausließ und die Psychoanalyse als materialistisch verdammte – ohne allerdings dem Gegner Goesch die Ehre der Namensnennung zu erweisen. Marie Steiner ließ ihren Mann in dieser Situation nicht im Regen stehen und rief auf einer eigens einberufenen Frauenversammlung am 24. September die Frauen zur anthroposophischen Ordnung:

> »Die Literatur gab den Beweis, dass die wildeste erotische Phantastik der Männer nicht solche Exzesse zutage förderte wie das, was wir als Produkt der überhitzten Phantasie von Frauen vor uns hatten.«

Die zweite Geburt der Anthroposophie in der Ruhe der Kriegszeit

Da Steiner in den Kriegsjahren vieler zeitraubender Pflichten enthoben war, hatte er nun Zeit, vermutlich so viel, wie seit Studentenzeiten nicht mehr. So findet er die Muße für ein großes

Projekt, die Rekonstruktion der Theosophie unter dem Namen Anthroposophie. Daran saß er schon seit dem letalen Konflikt mit der Theosophischen Gesellschaft im Jahr 1913, aber nun hat er Zeit für eine große Revision, die sowohl seine theosophischen Vorstellungen als auch diejenigen vor 1900 betrifft. Steiner beginnt erst jetzt, seinen Idealismus des 19. Jahrhunderts systematisch in die Anthroposophie einzuarbeiten. Und so sitzt er gerade an der Überarbeitung seiner 1900/1901 publizierten Kulturgeschichte, den *Welt- und Lebensanschauungen im neunzehnten Jahrhundert*, deren Revision »bis Seite 206« des zweiten Bandes abgeschlossen war, »als der Krieg ausbrach«. Die Neuauflage, aus der eine epochenübergreifende Philosophiegeschichte unter dem Titel *Die Rätsel der Philosophie* geworden war, ist höchst signifikant für Steiners Revisionen in diesen Jahren. Zum Ersten wendet er seine Zentralperspektive um 180 Grad. 1901 hatte er noch eine radikale Kritik am Idealismus formuliert, die zu den prononciertesten Aussagen seines damaligen Atheismus zählte:

> »Ich erschaffe eine Ideenwelt, die mir als das Wesen der Dinge gilt. Die Ideen erhalten durch mich ihr Wesen ... Im Erkennen der Ideen enthüllt sich nun gar nichts, was in den Dingen einen Bestand hat. Die Ideenwelt ... ist in keiner anderen Form vorhanden als in der von mir erlebten.«[21]

Diese an Deutlichkeit nichts zu wünschen übriglassende Psychologisierung der Metaphysik hat er 1914 schlicht gestrichen. Seinen Glauben an eine alles erklärende Naturwissenschaft eliminiert er ebenfalls und lenkt ihn auf die Anthroposophie um, indem er den ehedem abschließenden »Ausblick« auf eine »naturwissenschaftliche Weltanschauung« durch den »Ausblick auf eine Anthroposophie« ersetzt[22] und die Widmung an Ernst Haeckel streicht. Die beibehaltenen Passagen überarbeitet er im anthroposophischen Sinn. Der Poet Novalis, den Steiner 1901 noch als »den liebenswürdigsten der Romantiker« gestreift hatte[23], mutiert 1914 zum theosophischen Offenbarungsträger: »Novalis erfühlt, erlebt sich in der höheren Geistnatur. Was er ausspricht, fühlt er durch die ihm ursprüngliche Genialität wie die Offenbarungen dieser Geistnatur selbst.« Und weil er als Anthroposoph neue Heilige in der Philosophiegeschichte benötigt, nimmt er weitere Vertreter aus dem 19. Jahrhundert neu auf: den romantischen Naturphilosophen Ignaz Paul Vital Troxler etwa ziemlich sicher, weil dieser den Begriff Anthroposophie benutzt hatte. Bis zu diesem Punkt könnte man Steiner als einen Menschen, der sich entwickelt und den Veränderungen offen Rechnung trägt, hochschätzen – fänden sich 1914 nicht die folgenden Sätze: Er habe »zwar im einzelnen viel *erweitert* und *ergänzt*«, »aber der Inhalt des alten Buches [ist] in das neue im wesentlichen wörtlich *unverändert* übergegangen«, von »geringfügigen Änderungen« und einer »geänderten Ausdrucksweise« abgesehen. Einen »Widerspruch« gebe es nicht. Das war falsch oder, mit mehr emotionaler Verve gesagt, massiv gelogen.

In der gleichen Weise verfährt er mit seiner *Philosophie der Freiheit*, die er seit 1917 überarbeitete und 1918 erneut publizierte, da er sie zum philosophischen Grundlagenwerk seiner Anthroposophie bestimmt hatte. Auch hier greift Steiner an ungezählten Stellen in den Text ein, um ihn der Anthroposophie anzugleichen, aber er fügt auch lange Passagen an, die er als Zusätze des Jahres 1918 kenntlich macht. Die Veränderungen reichen von Erweiterungen bis hin zu grundstürzenden Umdeutungen, wenn er etwa seinen Antiidealismus ins Gegenteil verkehrt: Glaubte er 1893, dass es keine »höhere Wirklichkeit« gebe[24], so glaubt er 1917/18, dass das Denken »die Kraft hat, sie zu verbürgen«[25]. Und wieder leugnet Steiner fundamentale Veränderungen: »Aus dem so Geänderten wird wohl nur ein Übelwollender sich veranlaßt finden zu sagen, ich habe meine Grundüberzeugung geändert.«

Steiner hatte eine pathologische Angst entwickelt, seine diesbezügliche Kreativität einzugestehen. Vielleicht passte die atheistische Phase nicht mehr in sein Bild des immer schon religiösen Hellsehers, aber sicherlich besaß er auch eine Perspektive, hinter allen weltanschaulichen Brechungen eine große Kontinuität in seiner Biografie zu sehen: Der Monismus blieb sein Ankerpunkt in allen weltanschaulichen Wendungen. Die Welt mochte nun materiell oder als ihr Gegenteil – geistig – gedacht sein, monistisch blieb sie so oder so, und dies mochte er als unveränderten Grund seiner Weltanschauung betrachten.

Eine nachhaltige Veränderung in der Kriegszeit war auch die Erhebung Goethes zu den Altären der Anthroposophie. Denn in der Theosophie vor dem Ersten Weltkrieg hatte er nur eine wenig auffällige, manchmal gar marginale Rolle gespielt; in den 1890er-Jahren hatte sich Steiner sogar von ihm distanziert. Natürlich gibt es in Steiners uferlosem Vortragswerk Bezugnahmen auf Goethe, darunter insbesondere auf dessen »Märchen«, das Steiner ja (vergebens) versucht hatte, zu einem Mysteriendrama umzuarbeiten, oder im Jahr 1910 auf den *Faust*. Aber eine herausgehobene Rolle des Dichters ist vor dem Krieg nicht zu erkennen. Erst mit den Revisionen der Theosophie zur Anthroposophie steigt Goethe zu einem zentralen Autor auf. Dieser Befund fällt ins Auge, wenn man in der Gesamtausgabe der Werke Steiners die Bände, in denen Goethe im Titel vorkommt, chronologisch ordnet: von den 13 Titeln datieren zwei vor 1900, keiner aus der theosophischen Phase und die restlichen elf aus den Jahren seit 1915.

Eine entscheidende Rolle spielen dabei die Faust-Deutungen, die Steiner meist in Verbindung mit eurythmischen Aufführungen einzelner Szenen seit 1915 vortrug. Er deutet das Leben des Faust als Einweihungsweg, wie vor allem 1910. Diese Inszenierungen in der Kriegszeit hatten eine bemerkenswerte Funktion: Sie waren ein Ersatz für die zu diesem Zeitpunkt gerade geschlossene Esoterische Schule, eine Anleitung zu höherer Erkenntnis auf der Bühne. Für Steiner bedeutet die Aufwertung Goethes aber nicht nur die Anknüpfung an seine vortheosophische Weltanschauungsproduktion, sondern auch eine Germanisierung der Theosophie. Mit Goethe hatte die Anthroposophie einen deutschen Ahnvater erhalten.

Damit schafft Steiner einen anthroposophischen Goethe, der sich signifikant von dem vortheosophischen unterscheidet. Im Zentrum steht nicht mehr der Erkenntnistheoretiker, sondern der Dichter »esoterischer« Inhalte. Des Weiteren wertet er Goethes Metamorphosenlehre auf, wonach sich Entwicklungen in der Natur durch eine Ausfaltung und Verwandlung von Urmustern vollziehen sollen. Erst nach dem Krieg wird sie zu einem umfassenden Entwicklungsprinzip in Steiners Weltanschauung stilisiert, insbesondere in der Kunst.

Hoch symbolisch wird die Inthronisierung Goethes am 1. November 1918 vollzogen, als man den Johannesbau-Verein in Verein des Goetheanum der freien Hochschule für Geisteswissenschaft umbenennt. Steiners Begründung klingt nach einer neuen Marketingstrategie für die Anthroposophie:

> »Nennen wir uns ›Johannesbau‹, so denkt jeder: nun ja, das ist so was ... nun, so was halt! Und nennen wir uns ›Goetheanum‹, so knüpft das doch an etwas an – ich überschätze durchaus nicht unsere Zeitgenossenschaft! – aber es knüpft das doch an etwas an, wo sich diejenigen Leute, die bei ›Johannesbau‹ sagen würden: na, das ist halt – so was ... – wo die sich wenigstens schämen, nicht sich zu Goethe zu bekennen.«[26]

Aber vermutlich steckte doch mehr dahinter. Steiner versuchte mit dem Abschied vom Namen »Johannesbau« wohl auch, den Bezug auf die Johannis-Freimaurerei hinter sich zu lassen. Er wusste nur allzu genau, dass »eine grosse Anzahl von Menschen bei dem Namen ›Johannes-Bau‹ an die Johannes-Freimaurerei« dachte.[27]

Last but not least findet Steiner 1917 Zeit zu einer in seinem Leben außergewöhnlichen Auseinandersetzung, zu einem offenen Schlagabtausch mit einem Vertreter der etablierten Wissenschaft, Max Dessoir. Der Kunsthistoriker und Psychologe, auf den der Begriff Parapsychologie zurückgeht und der persönliche Erfahrungen mit okkulten Psychotechniken, auch mit Steiners Schulungsweg, besaß, hatte in diesem Jahr sein Buch *Vom Jenseits der Seele. Die Geheimwissenschaften in kritischer Betrachtung* publiziert. Darin fanden sich bohrende Fragen an die Verlässlichkeit von Steiners Wahrnehmung: Habe Steiner Wahrnehmungen oder Wahnbilder? Verwechsle er das Symbol mit der Realität? Steiner antwortet mit einer systematisierten Darstellung seines Erkenntnisweges, wie sich »inneres Erleben«, »innere Kräfte«, und »innere Geist-Erlebnisse« zum »übersinnlichen Schauen« verhalten. Aber letztlich fühlt er sich von Dessoir seitenlang nur missverstanden. Das Gespräch bleibt eine Ausnahme und scheitert schon zu Beginn.

Schließlich und endlich ereignet sich mitten im Krieg etwas, das niemand ahnte und zu Lebzeiten Steiners kaum jemand wusste: Steiner erhält Mitteilungen aus dem Jenseits. Am 18. Juni 1916 war Helmuth Graf Moltke, der bis zur verhängnisvollen Marneschlacht, mit der der deutsche Vormarsch in Frankreich zum Stehen gekommen war, Chef des Großen Generalstabs war, gestorben; von seinen engen Beziehungen zu Steiner wird gleich noch die Rede sein. Seine Witwe Eliza erwartete nun Trost, und Steiner war bereit, ihn zu geben: doch nicht nur mit Gedenkansprache und Gebet wie für das anthroposophische Fußvolk, sondern durch einen »richtigen« übersinnlichen Kontakt. Steiner selbst nimmt den Verkehr mit dem toten Moltke auf. Am 9. August erhält Eliza von Moltke die erste »Post-mortem-Mitteilung« ihres verstorbenen »Gatten«, in einem Brief, den Steiner geschrieben hat und den Helene Röchling überbringt. Die Nachricht ist, wie erhofft, tröstlich: Moltkes »liebe Seele durchlebt die Seligkeit der Erkenntnis«[28]. In den folgenden »Mitteilungen« kann Eliza von Moltke sich in die Reinkarnationsbiografie ihres »Gatten« und in umfangreiche Geschichtsdeutungen vertiefen, ihr Mann steht wie lebendig vor ihrem inneren Auge. Das klingt nach einer der vielen kreativen Techniken im esoterischen Milieu beim Umgang mit dem Jenseits, aber mit Blick auf Steiners Weltanschauung irritiert das alles doch zutiefst. Denn das, was Steiner hier praktiziert, ist Spiritismus vom Feinsten: Er agiert als Medium, eine Praxis, die er immer wieder als geisteswissenschaftlich überholtes, »atavistisches« Hellsehen an den Pranger gestellt hatte. Man kann an Regression denken und an die Attraktivität des spiritistischen Modells, aber vielleicht war es auch nur die spürbarste Art, Trost zu spenden.

Geistiger Kriegsdienst

Steiner blieb nicht bei einer esoterischen Metaphysik des Krieges und einem okkult verschleierten deutschen Nationalismus stehen. Der Krieg weckte in ihm vielmehr politische Ambitionen. Eine erste Aktion ereignete sich bereits wenige Wochen nach Kriegsbeginn und wurde nach Kriegsende als Steiners spektakulärstes Unternehmen gehandelt: sein Kontakt zu dem Oberbefehlshaber der deutschen Armee, Helmuth Graf von Moltke.[29]

Dass dies aber letztlich noch wenig mit Politik zu tun hatte, haben ihm die Zeitgenossen nicht geglaubt – zu Unrecht.

Am 27. August 1914 besucht Steiner Moltke in Koblenz, wo zu diesem Zeitpunkt das Große Hauptquartier aufgeschlagen ist. Steiner weiß, dass ein solcher Besuch hochpolitisch ist. Deshalb reist er von Dornach mit gestückeltem Billett zuerst nach Stuttgart, dann nach Mannheim und schließlich nach Koblenz, um sein Fahrtziel zu verschleiern. Im Privathaus der Anthroposophen Jan Hendrik und Johanna Peelen in Niederlahnstein, auf der Koblenz gegenüberliegenden Rheinseite, trifft er Moltke, vermutlich in Anwesenheit von dessen Frau Eliza. Die militärische Situation war zu diesem Zeitpunkt an der Ostfront prekär, da an eben diesem 27. August die Schlacht von Tannenberg begann, mit der Hindenburg die militärische Lage wieder stabilisierte. In Frankreich hingegen war die Situation offen. Hier würde in zwei Wochen, am 9. September 1914, in der Marneschlacht der Befehl zu einer teilweisen Rücknahme der deutschen Front gegeben werden, das – aus französischer Perspektive – »Wunder an der Marne«, das in der deutschen Diskussion über die Gründe der Niederlage zur Entscheidungsschlacht des gesamten Krieges stilisiert wurde. Dass die Zeitgenossen glaubten, Steiner habe hier in die große Politik eingegriffen, verwundert nicht.

Doch die Sache war komplizierter. Das hatte mit Eliza von Moltke zu tun, die zu einem spiritismusinteressierten Milieu des wilhelminischen Hochadels gehörte und bereits 1904 Mitglied in Steiners Esoterischer Schule geworden war. Ihre spiritistischen Interessen hatte sie dabei jedoch nicht abgelegt und Steiner schon 1904/05 zu Séancen mitgenommen. Auch in Koblenz hat sie ein als Hellseherin bekanntes Medium dabei, Elisabeth Seidler, die berühmt-berüchtigte »Heeressibylle«. Eliza von Moltke versorgt ihren Mann mit Büchern von Steiner und Besant und ist auch die Brücke für Steiners Vorkriegsbesuche im Hause Moltke, während derer er sich über viele Stunden, wie er nach dem Krieg schrieb, mit Moltke über »Weltanschauungsfragen« unterhalten habe.[30] Helmuth von Moltke hatte sich jedoch, im Gegensatz zu seiner Frau, nie aus seiner protestantischen Heimat verabschiedet, ein offenes Ohr für spiritistische und esoterische Fragen besaß er aber gleichwohl.

Was aber tat Steiner an diesem 27. August 1914? Nach allem, was wir an dürren Informationen haben, spielten militärische Fragen keine Rolle. Steiner jedenfalls hat, als er 1921 unter dem Druck wabernder Gerüchte die Visite in Koblenz bestätigte, behauptet, man habe über »rein menschliche Angelegenheiten« gesprochen.[31] Damit ist nicht ausgeschlossen, dass auch militärische Fragen behandelt wurden, aber ein psychologisch ausgerichtetes Gespräch ist relativ wahrscheinlich. Denn Moltke war ein eher sensibler Mensch, der dem Druck der Verantwortung in der Eröffnungsphase des Krieges nur mit Mühe standhielt und die Demütigungen, die ihm Kaiser Wilhelm II. dabei zugefügt hatte, als er Moltkes Vorgehen für zu wenig entschieden hielt, nicht leicht verkraftete. Steiner könnte dem Generaloberst Moltke Trost zugesprochen haben, und möglicherweise hat er ihm meditative Mantren gegeben. Wahrscheinlich – genau wissen wir das nicht.

Ein Abschied aus dem geistigen Elfenbeinturm war dies noch nicht. Aber Steiners politisches Interesse erwacht in diesen ersten Kriegsmonaten. Er liest Berge von »Weltkriegsliteratur«, in der es immer irgendwie um die Frage der Kriegsschuld geht – und scheitert daran, sich ein verlässliches Urteil zu bilden, was angesichts der schönfärberischen, polemischen oder schlicht gefälschten Darstellungen auch fast unmöglich war. Doch Steiner will nicht abseits stehen und publiziert im Juli 1915 eine kleine Schrift: *Gedanken während der Zeit des Krieges. Für Deutsche und diejenigen, die nicht glauben sie hassen zu müssen.* Dieses Büchlein gehört in ein Genre, das man in diesen Jahren »geistige Landesverteidigung« nannte. Es ist eine massive Rechtfertigung der deutschen Kriegspolitik. Steiner räsoniert unter Rückgriff auf einen Klassiker des deutschen Nationalismus, auf Fichtes *Reden an die deutsche Nation*, über die Frage »Wer hat diesen Krieg gewollt?« und beantwortet sie mit der Feststellung, dass »die Feinde Deutschlands« den Krieg den Mittelmächten, also Deutschland, Österreich-Ungarn und Italien, »aufgezwungen« hätten[32]:

> »Man wird bei den Deutschen vergeblich nach solchen Triebfedern suchen, die zu dem gegenwärtigen Kriege in ähnlicher Art führen mußten wie die von Solowieff bei den Russen gekennzeichneten, von Renan für die Franzosen vorausverkünde-

> ten. Die Deutschen konnten voraussehen, daß man diesen Krieg einmal gegen sie führen werde. Es war ihre Pflicht, sich für ihn zu rüsten. Was sie zur Erfüllung dieser Pflicht getan haben, nennt man bei ihren Gegnern die Pflege des Militarismus.«

Nun haben sicher alle Nationen, die sich am Ersten Weltkrieg beteiligten, ihren Anteil an Schuld am Kriegsausbruch, aber das Deutsche Reich hatte wohl doch einen wesentlichen, vielleicht sogar entscheidenden Anteil an dieser Jahrhundertkatastrophe. Steiners Freispruch für Deutschland war jedenfalls, zugegebenermaßen unter schwierigen Informationsverhältnissen, pure Ideologie.

Anfang 1916 kommt ein weiterer »Kriegsdienst der Feder« hinzu, der allerdings weniger prononciert ausfällt. Steiner wird zum regelmäßigen Beiträger in Alexander von Bernus' Zeitschrift *Das Reich*, die seit 1916 erschien. Hier ist schon der Titel Programm: Diese Publikation gehörte zu den Versuchen, die geistige »Heimatfront« im Kaiserreich zu stabilisieren, und so war denn auch nationale Gesinnung ein entscheidendes Kriterium für die Einladung gewesen. Selbst wenn Steiner bei Bernus zumeist Publikationen esoterischen Inhalts veröffentlichte, klar war, dass er hier auf sublime Art und Weise seinen Dienst für das »Vaterland« ableistete.

Noch im Juni dieses Jahres geht er einen Schritt weiter. Er stellt sich zur Verfügung, einen Pressedienst in Zürich zu eröffnen, mit dem in der neutralen Schweiz für die deutsche Position geworben werden soll. Die Idee dazu kommt offensichtlich aus der Reichswehr, wo Hans von Haeften, der ehemalige Adjutant Moltkes, als Leiter der »Militärischen Stelle« des Auswärtigen Amtes die Auslandspropaganda organisiert. Wieder dürfte Eliza von Moltke Steiner ins Gespräch gebracht haben, als man in einem Kreis national oder völkisch denkender Literaten nach einem Kandidaten suchte. Steiners Ruf war in dieser Hinsicht offensichtlich »untadelig«. Er wird mit von Haeften Ende Juni handelseinig, doch im letzten Moment scheitert der Plan am Einspruch der militärischen Führung, vielleicht Ludendorffs. Offiziell heißt es, »daß man einen Österreicher dazu nicht ausersehen« könne.

Die Entstehung der anthroposophischen Politik im Krieg

Im Juli 1917 beschließt Steiner, ganz groß und auf hoher Ebene in die Politik einzugreifen. Auslöser sind die politischen Vorstellungen des amerikanischen Präsidenten Woodrow Wilson, der seit Januar 1917 die Selbstbestimmung der Völker auch in den multiethnischen Staaten Europas fordert. Unter dem Mantel der Selbstbestimmung exekutiert Wilson de facto das Programm des Nationalismus, und das läuft, dies sah der Österreicher Steiner sehr genau, auf die Zerstörung des Habsburgerreichs und seiner Tradition kultureller Pluralität hinaus. Seit dem 6. April 1917, dem Tag des Kriegseintritts der USA, hatte diese Position realpolitische Brisanz. Deshalb verfasst Steiner ein »mitteleuropäisches Programm«[33], das vor dem Hintergrund einer »Mitteleuropa«-Debatte zu lesen ist, die seit 1915 in Deutschland und in Österreich-Ungarn geführt wurde und im Kern die politische und wirtschaftliche Dominanz der Mittelmächte gegenüber Osteuropa im Blick hatte.

Steiner verteidigt nun in zwei »Memoranden« den Fortbestand der Habsburgermonarchie und Deutschlands und kalkuliert durchaus die »Ausdehnung« »Österreichs«, also territoriale Annexionen, mit ein. Das Selbstbestimmungsrecht hingegen kritisiert er, denn von seiner Kindheit in der deutschen Minderheit ist ihm klar, dass in sprachlich und ethnisch gemischten Gebieten eine schlichte Selbstbestimmung zur unkontrollierten Herrschaft von Mehrheiten über Minderheiten führen kann. Multikulturelle Staaten brauchen komplexere Lösungen. In dieser Perspektive besitzt Steiner eine fast prophetische Klarheit. Aber im gleichen Atemzug mobilisiert er auch seine antidemokratischen Einstellungen. »Parlamentarismus« und der »sogenannte Demokratismus« seien nicht in der Lage, die Probleme eines Vielvölkerstaates zu lösen. Die »Zerdrückung« »Mitteleuropas« diene nur dem Ziel der »anglo-amerikanischen Rasse«, die »Weltherrschaft« zu erlangen. »Menschheitsbefreiung und Demokratie« seien ein Ausdruck der »Herrschaft des Anglo-Amerikanertums« und ein »ungeheuerliches Blendwerk«, letztlich der Ausdruck eines »Wirtschaftskrieges«. Mit diesem Rundumschlag verwirft Steiner auch Wilsons Völkerbundidee als reine Machtpolitik: »Die Schaffung von utopistischen, überstaatlichen Organisationen: utopistischen Schiedsgerichten, einem wilsonschen ›Völkerbund‹ usw.« werde »zu nichts anderem führen können, als zu der fortdauernden Majorisierung Mitteleuropas durch die anderen Mächte«.

Von diesen Memoranden erstellt er eines für die österreichisch-ungarische Regierung, in der die multiethnische Problematik deutlicher herausgearbeitet ist, während der Ausfertigung für die deutsche Regierung ein »Nachweis« ihrer Unschuld am Ausbruch des Krieges vorangestellt ist.

Die Entstehung und Verbreitung dieser beiden Schriftstücke dokumentiert eindrücklicher als jede Statistik, über welch hochadliges Beziehungsnetz Steiner verfügte. Als Initiator und Mitverfasser gilt der Anthroposoph Otto Graf Lerchenfeld, Gutsherr und Reichsrat der bayerischen Krone (also Abgeordneter der Ersten Parlamentskammer). Er trat an Karl Max Fürst von Lichnowsky heran, der bei Kriegsausbruch Botschafter in London gewesen war, ein liberaler Diplomat, der als einer der wenigen den Krieg mit Kräften zu verhindern gesucht hatte. Aber Lichnowsky lehnte eine Parteinahme zugunsten Steiners ab. Auch Johann Heinrich Graf Bernstorff, deutscher Botschafter in Washington, verweigerte sich – bei einem Diplomaten, der sich später für den Völkerbund einsetzen sollte, kein Wunder. Walther Rathenau, der später in der Weimarer Republik Außenminister wurde, winkte gleichfalls ab, ebenso der kaisertreue Reeder Albert Ballin und der Schriftsteller Maximilian Harden, einer der schärfsten Kritiker des deutschen Kaisers. Erfolgreicher waren die Bemühungen in Wien. Ludwig Graf Polzer-Hoditz, Anthroposoph und freundschaftlicher Bekannter Steiners (s. Kap. 15), gelang es, das österreichische Memorandum an die Führungsspitze des Habsburgerreichs zu bringen. Sein Bruder Arthur, von März bis November 1917 Kabinettsdirektor Kaiser Karls, trug diesem Steiners Vorstellungen vor, jedoch erst nach seinem Rücktritt im Jahr 1918. Karl aber betrachtete die »Memoranden« als »zu wenig durchgearbeitet«[34]. Polzer-Hoditz sprach zudem mit dem Ministerpräsidenten Ernst Ritter von Seidler, und auch bei ihm blieb das Gespräch folgenlos. Ob sich die Bemühungen immerhin für Steiner auszahlten, ist nicht ganz klar, er erhielt jedenfalls im Spätsommer 1917 das österreichische »Kriegskreuz für Zivilverdienste« verliehen.[35]

In Deutschland wurde Steiner persönlich aktiv und trat im August oder September 1917 an Richard von Kühlmann heran, den Staatssekretär des Auswärtigen Amtes – aus heutiger Sicht Außenminister –, der als Diplomat für die Verständigung zwischen den Konfliktparteien eingetreten war. Im April 1919 berichtete Steiner, er habe Kühlmann eine Alternative vor Augen gestellt: »Sie haben die Wahl, entweder jetzt Vernunft anzunehmen und auf das hinzuhorchen, was in der Entwickelung der Menschheit sich ankündigt als etwas, was geschehen soll – … oder Sie gehen Revolutionen und Kataklysmen entgegen.« Einmal mehr ist unklar, was von diesen Aussagen ein Rückblick auf die Novemberrevolution des Jahres 1918 ist und was Steiner Kühlmann wirklich gesagt hat. Schon die apokalyptische Belehrung wird den Diplomaten nicht sonderlich beeindruckt haben, und falls die beiden wirklich über konzeptionelle Fragen gesprochen haben, dürfte Kühlmann, in dessen politischem Denken das Selbstbestimmungsrecht der Völker und internationale Konfliktregelungsmechanismen wichtig waren, die Differenzen gegenüber Steiner nur allzu deutlich gesehen haben. Ähnlich scheiterte Steiner auch Ende Januar 1918, als er versuchte, Prinz Max von Baden, der im Oktober dieses Jahres der letzte Reichskanzler des kaiserlichen Deutschland wurde und durchaus auch imperialistische Vorstellungen hegte, für seine Ideen, möglicherweise eine Überarbeitung der Vorstellungen der »Memoranden«, zu interessieren. Max von Baden hat darüber nie ein Wort verloren.

Am 9. November 1918 war der Krieg vorbei. Deutschland hatte seine Revolution, die ein Ergebnis zeitigte, das die meisten Revolutionäre anfangs überhaupt nicht angezielt hatten, den Thronverzicht des Hohenzollern-Kaisers. Überraschend unspektakulär endete das zweite Kaiserreich, als der Sozialdemokrat Philipp Scheidemann vom Balkon des Berliner Reichstags die Republik ausrief. Eine neue Staatsform war geboren – ein Jahrhundertereignis. Alles verlief vergleichsweise friedlich. Schon einen Tag später wurden der Rat der Volksbeauftragten und der Vollzugsrat der Arbeiter- und Soldatenräte etabliert – der Versuch, bürgerliche und sozialistische Vorstellungen einer Republik miteinander zu verbinden, eine Interimslösung. Aber: kein Bürgerkrieg, kein Putsch der monarchisch gesinnten Offiziere, kein bolschewistischer Umsturz der Arbeiter- und Soldatenräte und auch keine Hungerkrise.

Steiner hat diese Umwälzungen natürlich wahrgenommen, aber es sieht nicht so aus, als habe er die Tragweite der Revolution sofort erkannt. Am 9. November war ihm zwar klar, »dass in diesem Augenblicke mancherlei bedeutungsvoll in die europäische Entwickelung Eingreifendes sich vorbereitet«, aber mit den »gegenwärtigen katastrophalen Ereignissen«, von denen er dabei sprach, meinte er nicht die Revolution, sondern die deutsche Niederlage. Am Tag darauf war allerdings auch für ihn die Revolution ein Thema.

EINUNDZWANZIG

Gesellschaftspolitik. Der Staat als geistiger Organismus

Steiner hat nicht den Kopf eingezogen, als das kaiserliche Deutschland zusammenbrach. Er stürzte sich ins Getümmel der postrevolutionären Neuordnung und begnügte sich nicht mit der spirituellen Deutung einer aus den Fugen geratenen Welt. Es waren die Jahre der Hoffnung auf eine Republik oder eine klassenlose Gesellschaft, die Zeit der »barfüßigen Propheten« (Ulrich Linse) und bald auch der Inflationsheiligen. Auch Steiner wagte sich an ein großes Projekt: Politik aus höherer Einsicht.

Sein Mut war dabei weit größer als seine Erfahrung. Seine Zeit als Redakteur der deutschnationalen *Deutschen Wochenschrift* war ein halbjähriger Beobachterposten gewesen, und auch die Vorträge in der Arbeiter-Bildungsschule hatten wenig mit Politik zu tun gehabt; Redeübungen und Geschichtsunterricht waren sein Kerngeschäft gewesen, und mit dem Sozialismus der Arbeiterschaft hatte er nun gerade nicht sympathisiert. Die nachfolgende theosophische Zeit war dem Weg nach innen vorbehalten gewesen – politikfern. Immerhin hatte er 1905/06 Überlegungen zur Trennung von Geld und Arbeit angestellt, aber die waren im Bereich des Feuilletonistischen geblieben. Von dem politischen Engagement, das Olcott mit seinen Schulgründungen oder Besant mit ihren antibritischen Aktivitäten an den Tag gelegt hatten, war Steiner Lichtjahre entfernt – noch. Denn er scheute die Niederungen der Tagespolitik nicht, Chapeau!

Politische Theorie: »Dreigliederung«

Steiner begann mit der größten denkbaren Lösung, einer totalen Neuordnung der Gesellschaft. Das allerdings war keine Nachricht, die die Zeitgenossen vor Erregung hätte aufspringen lassen, denn die großen Debatten des 19. Jahrhunderts waren seit der Revolution im November 1918 Tagespolitik geworden: Kommunismus oder Sozialismus oder Liberalismus? Demokratie oder konstitutionelle Monarchie oder Räterepublik? Als Steiner mit seinen Vorschlägen im Frühjahr 1919 an die Öffentlichkeit trat, kam er eigentlich zu spät, denn die grundlegende Entscheidung für eine parlamentarische Republik war in den turbulenten Revolutionstagen längst vorbereitet. Aber die Verabschiedung einer Verfassung stand in der Weimarer Nationalversammlung für den Sommer 1919 noch an.

Steiners Verheißung lautete: Dreigliederung. Diese Lösung, die er im Februar 1919 vorstellte, war von bestechender Einfachheit. Er verlangte, drei gesellschaftliche Bereiche zu trennen: das »Wirtschaftsleben«, das »öffentliche Recht« und das »geistige Leben«. Aufgrund ihrer je eigenen Logik sollten unterschiedliche gesellschaftliche Segmente eigenständig sein. Wir würden dies heute als eine funktionale Differenzierung bezeichnen. Diese Konzeption musste Steiner in einer brodelnden Debatte positionieren. An einem Pol standen die Kommunisten und ihre Forderung nach allgemeiner Sozialisierung, insbesondere der Schwerindustrie, auf der anderen Seite stand der wirtschaftspolitische Liberalismus, der gerade in der Zurückhaltung des Staates ökonomische Prosperität gewährleistet sah. Und dazwischen standen die Gemäßigten, vor allem die Sozialdemokraten, die eine völlige Verstaatlichung der Industrie ablehnten, und die katholische Zentrumspartei, die die Sozialverantwortlichkeit des Eigentums einforderte. Und natürlich hatten alle ihre eigenen Vorstellungen von der Rolle der Kultur oder zur Gestaltung des Rechtssystems.

Seine Lösung formulierte Steiner in der Schrift *Die Kernpunkte der sozialen Frage*. Mit der Abfassung begann er in einem Zürcher Hotel und stellte sie, wie so oft, zwischen vielen

Terminen von Februar bis Anfang April 1919 fertig. Für einen systematischen Entwurf reichte es nicht, denn die Zeit drängte. Seit dem 6. Februar tagte die Weimarer Nationalversammlung, die schließlich am 11. August die Weimarer Reichsverfassung verabschiedete. Aber immerhin: Steiner mischte sich ein – und tatsächlich verkaufte er von seiner Programmschrift bis Juli 30000 Exemplare.

Aber wie schaffte er es, innerhalb weniger Wochen ein neues politisches System zu konzipieren? Er griff auf seine Erfahrungen aus der Wiener Zeit in den 1880er-Jahren zurück. Er glaubte nämlich, dass im Habsburgerreich die »Verschmelzung des Wirtschaftslebens mit dem Rechtsleben« und die Vermischung von Sprachkultur und Rechtsprechung, also von geistiger und juristischer Sphäre, zum Zerfall mit beigetragen habe. Ganz konkret: wenn des Deutschen nicht mächtige tschechische Richter Deutsche aburteilten und umgekehrt.[1] »Die einzelnen Elemente seiner Konzeption hatte er seit 1917 in einer mäandernden Suchbewegung, bei der er die einzelnen Teile wie in einem Baukastensystem verschob, entwickelt.«[2] Zuerst hatte er 1917 eine Aufteilung in ein ökonomisches, ein unbewusstes und ein moralisches Gebiet vorgesehen, wobei in Letzterem das Rechtsleben eingeschlossen sein sollte. 1918 waren an die Stelle des moralischen Bereichs Organisationen getreten, die das Gewaltmonopol innehatten, insbesondere Polizei und Militär, während die Jurisprudenz zum geistigen Leben gehören sollte. 1919 fand sich dann die endgültig kanonisierte Aufteilung: das »freie Geistesleben« einschließlich des Erziehungswesens, die Wirtschaft und das »Rechtsleben«.

Dic Idee, durch Entflechtung Freiheit zu schaffen, löste aber nicht nur Probleme, sondern generierte zugleich neue, und zwar massiv. Denn Steiner musste sicherstellen, dass die Gesellschaft nicht in disparate Einzelteile zerbricht. 1917 hatte er dafür noch »eine Art Senat« vorgesehen, aber in den »Kernpunkten« positionierte er an dieser Stelle die Vorstellung der Gesellschaft als eines »sozialen Organismus«, der, »soll er gesund sein, ebenso dreigliedrig sein muß wie der natürliche Organismus«. Sein muss? Wie so oft, ist das Hilfsverb »müssen« bei Steiner verräterisch, denn es unterstellt eine Einsicht, über die man nicht mehr verhandeln kann. Dreigliederung galt ihm denn auch als eine »vom Leben geforderte Unterscheidung«.

Mit analytischen Begründungen für seine Politiktheorie tat sich Steiner schwer. Stattdessen appellierte er in der Bildsprache des Organischen an ein »gesundes Denken und Empfinden, ein gesundes Wollen und Begehren mit Bezug auf die Gestaltung des sozialen Organismus«. Die Struktur der Gesellschaft war für Steiner kein Gegenstand einer Aushandlung, sondern eine Sache des Wissens um richtig und falsch, um gesund und krank. Aber organische Konzepte tendieren ohnehin zu autoritären Festlegungen der Herrschaftsausübung: Ich kann ja gerade nicht darüber entscheiden, ob die Hand denkt oder der Kopf. Soziale Organismen sind üblicherweise hierarchische Körper.

Allerdings gab es bei Steiner auch einen Gegenpol, denn er forderte die Egalität der »vollen Selbstverwaltung« der drei Funktionsbereiche. Aber diese Autonomie gelangte jedoch schnell an ihre Grenzen. Denn Steiner hielt das Geistesleben für den »Kopf« und deshalb etwa das »Eingreifen des Geisteslebens« in die Wirtschaft für selbstverständlich. Wie radikal er hier letztendlich dachte, hat er in den für die Öffentlichkeit bestimmten »Kernpunkten« nicht preisgegeben. Doch seine Anhänger kannten aus internen Mitgliedervorträgen längst des Pudels Kern. Schon am 24. November 1918 hatte Steiner Klartext geredet: Es liege »die Notwendigkeit vor, daß von jenseits der Schwelle gerade die wichtigsten Ideen für das soziale Werden geholt werden«, dass »soziale Ideen« »von jenseits der Schwelle herrühren« – natürlich – »müssen«. Weniger esoterisch gesagt: Es sollten Menschen mit übersinnlicher Erkenntnis die gesellschaftspolitisch relevanten Entscheidungen fällen. Doch misslicherweise werde man »den Initiierten aus dem Mangel an Vertrauen, das heute der Mensch dem Menschen entgegenbringt, eben einfach nicht glauben«.

Wo aber bleibt in dieser Aristokratie der Eingeweihten die Demokratie? Im »freien Geistesleben« gibt es sie jedenfalls nicht, im »Wirtschaftsleben« auch nicht, und so bleibt nur das »Rechtsleben«. Nur dessen »Gesetzgebungs- und Verwaltungskörper« würden, wie sich Steiner gewunden ausdrückte, »auf den Impulsen im Menschheitsbewußtsein, die man gegenwärtig die demokratischen nennt«, aufgebaut sein. Im Zentrum seiner

Gesellschaftskonzeption, im »freien Geistesleben«, hatten demokratische Verfahren nichts zu suchen. Steiner war mit dieser Position – einmal mehr – schlicht nur konsequent. Denn wenn es einen Weg zur Wahrheit gibt, wenn Eingeweihte in ihrem Besitz sind, wenn es höhere, übersinnliche Erkenntnis gibt, dann sind Mehrheitsentscheidungen ein potenzieller Verrat an der Wahrheit. Dass es darum in demokratischen Verfahren nicht geht, dass über Wahrheit nie mit Mehrheit entschieden werden kann, dass Verfassungen auf einem Konsens beruhen, dessen Geltung immer wieder erstritten werden muss, dass Demokratie Herrschaft auf Zeit bedeutet, dass es auch eine Legitimität von demokratischen Verfahren gibt, von all diesen demokratietheoretischen Überlegungen hat Steiner nichts gewusst oder sie haben sich ihm nicht erschlossen. Er war im esoterischen Kernbereich der Politik ein überzeugter Antidemokrat.

In dieser esoterischen Begründung der Politik schlägt sich aber mehr als nur das Konzept einer theosophischen Erkenntnisaristokratie nieder. Steiner ging vielmehr von Erfahrungen in seinem eigenen Leben aus, in dem Demokratie im besten Fall keine Rolle gespielt hatte und das ihn eher – wie die Erlebnisse im Wiener Reichsrat, dem Parlament an der Ringstraße – demokratiekritisch sozialisiert hatte. Letztlich hat er nie Erfahrungen mit funktionierenden demokratischen Verfahren gemacht. Und so nimmt es nicht wunder, dass er als autoritärer Führer die Theosophische und später die Anthroposophische Gesellschaft regierte, und vor diesem Hintergrund ist auch klar, warum er hoch über der Dreigliederung mit den Einsprengseln demokratischer Verfahren die Eingeweihten thronen ließ.

Politische Debatten im Umfeld der »Dreigliederung«

Mit abstrakten Ideen über eine neue Gesellschaftsordnung im Allgemeinen und die Dreigliederung im Besonderen konnte man in den nachrevolutionären Verfassungsdebatten keinen Blumentopf gewinnen. Längst war man bei der Aushandlung von Details angekommen. Das wusste oder ahnte Steiner, und so ließ er sich auf das Kleinklein der politischen Alltagsdebatten ein. Wieder gilt: Er hat sich nicht weggeduckt, er war sich nicht zu schade, sich auch in das Handgemenge der sozialpolitischen Debatten zu stürzen. Nochmals: Chapeau!

Eines der Themen, denen sich im Jahr 1919 niemand in Deutschland entziehen konnte, lautete: Sozialisierung, ja oder nein? Kapitalismus oder Sozialismus? Steiner suchte einen Mittelweg: Die »Produktionsmittel« sollten in Gemeineigentum übergehen, wohingegen die »Verwaltung des Kapitals« von einer »Personengruppe« übernommen werden sollte. Das war ein »dritter Weg« zwischen Kapitalismus und Sozialismus.

Auch in der zentralen Frage des Verhältnisses von Arbeitern und Unternehmern suchte Steiner einen eigenen Weg. Arbeiter, die bei ihm nun »Arbeitleister« hießen, sollten mit den »Arbeitleitern«, den Unternehmern, ihren jeweiligen Anteil an der Produktion einer Ware aushandeln, wodurch Steiner hoffte, der Arbeit ihren Warencharakter zu nehmen.[3] Anteile am Produktivvermögen hätte es bei ihm nicht gegeben, da die Produktionsmittel Gemeineigentum sein sollten. Die Lohnhöhe wollte Steiner bedürfnisorientiert bestimmen, jeder sollte so viel erhalten, wie er benötigte. Dabei griff er auf eine seiner wenigen gesellschaftspolitischen Überlegungen aus theosophischer Zeit zurück, auf die Forderung nach der Trennung von Lohn und Arbeit als dem »sozialen Hauptgesetz« des »Okkultismus«. Das dahinterliegende Problem war einfach. Steiner hielt manche Gehälter schlicht für unangemessen, etwa wenn Enrico Caruso »30000 bis 40000 Mark am Abend bekommt«. Aber diese Lösung produzierte mehr Fragen als Antworten. Wer traf unternehmerische Entscheidungen? Woher sollte das Investitionskapital kommen? Wie bestimmt man das monetäre Äquivalent für die individuellen Bedürfnisse, die über die Arbeit an einem Gegenstand hinausgehen?

Recht intensiv hat sich Steiner zur Finanzpolitik geäußert. Das Horten von Geld sollte unterbunden werden, dieses stattdessen dauernd zirkulieren. Zinsen würde es nur für persönliche Ersparnisse geben, zu einem vom »Rechtsstaat« festgelegten Zinssatz. Um jeden Anreiz zur Akkumulation von Geld aus der Welt zu schaffen, schlug Steiner vor, einen »Neudruck von Zeit zu Zeit« durchzuführen, also eine Geldentwertung durch den Staat vorzunehmen. Diese Überlegungen, die Johann Silvio Gesell, Volksbeauftragter für Finanzen der bayerischen Räteregierung in München im Jahr 1919, angestoßen hatte, warfen allerdings gleichfalls bedrohliche Fragen auf. Die Inflation würde mit einem solchen Konzept steigen und hätte gerade Menschen ohne Immobilien oder unternehmerische Beteiligungen benachteiligt. Auf diesem Niveau – engagiert, aber ohne tieferes Wissen – arbeitete sich Steiner durch die tagespolitischen Debatten.

Neben all den Antworten sind allerdings auch die Leerstellen bemerkenswert: So kamen etwa weder die Angestellten, deren Rolle damals intensiv diskutiert wurde, noch das Problem der Arbeitslosigkeit oder die Bedeutung von Gewerkschaften vor. Das waren Indikatoren, dass Steiner eben doch aus einer unpolitischen Vergangenheit kam.

Überraschenderweise fehlte in den *Kernpunkten* auch ein Thema, das im Gefolge der Novemberrevolution leidenschaftlich diskutiert wurde: die Räte. Sollte die Macht in der Gesellschaft in Vereinigungen an der Basis, in die Räte, verlagert werden, wie es in der Sowjetunion damals gerade geschah, oder war eine repräsentative parlamentarische Demokratie nach westlichem Muster doch die bessere Lösung? Steiner realisierte schnell, dass er nicht auf dem Laufenden war. Vermutlich wurde er kurz nach dem Erscheinen der *Kernpunkte* bei Diskussionen im Stuttgarter Raum mit diesem Thema konfrontiert, jedenfalls begann er im April 1919, rätedemokratische Positionen nachzuliefern. Er sah in den Räten keine Grundelemente der Gesellschaft, denn das wäre seiner Dreigliederungstheorie entgegengelaufen. Aber für Betriebsräte machte er sich stark, er stilisierte sie gar zum Königsweg einer »Sozialisierung«.[4] 1920 trug er seine Überlegungen zu den Räten dann bei der Neuauflage seiner *Kernpunkte* in einem Vorwort nach. Und so stehen diese Überlegungen bis heute unverbunden vor dem organologischen Entwurf einer funktional differenzierten Gesellschaft aus dem Jahr 1919.

Nur schemenhaft ist klar, wie Steiner an das Wissen um die vielen Details in seinen Vorträgen gekommen ist. Sicher wird er über Zeitungen und Diskussionen viel mitbekommen haben, doch hat er auch trotz seines knappen Zeitbudgets Bücher gelesen. Noch aus vortheosophischen Tagen kannte er vermutlich Ferdinand

Tönnies' Buch *Gemeinschaft und Gesellschaft*, einen gesellschaftspolitischen Bestseller um 1900, dessen organologische Elemente viele Gemeinsamkeiten mit Steiners Denken besitzen. Für seine Theorie des sozialen Organismus griff er auf das vierbändige, heute fast vergessene Werk *Bau und Leben des socialen Körpers* aus den 1870er-Jahren von Albert Eberhard Friedrich Schäffle, auch er ein Soziologe, zurück. Ökonomische Grundkenntnisse entnahm Steiner der knappen *Volkswirtschaftslehre* von Carl Jentsch in der Auflage des Jahres 1918. Derartige Lektüren waren angesichts der Komplexität der Themen, zu denen er sich äußerte, natürlich zu wenig, aber angesichts seiner knappen Zeit zugleich sehr viel.

Kampfzeit

Es scheint, als habe Steiner Ende 1918 den Ort seines Wirkens an der Stelle gesehen, wo ein Eingeweihter seinem Selbstverständnis nach hingehörte: in eine Regierung. Vielleicht hat er versucht, in die württembergische Regierung zu kommen – oder zumindest nicht widersprochen, als man ihn dorthin lancierte. In revolutionären Zeiten war eben alles vorstellbar. Aber die Schleier über der ganzen Angelegenheit, die weitgehend im Geheimen betrieben wurde, lassen sich nicht ganz lüften.

Der Drahtzieher war vermutlich Emil Molt, der Sohn einer Bäckerfamilie, der die Hamburg-Stuttgarter Zigarettenfabrik Waldorf-Astoria aufgebaut hatte. Bei Auslandsaufenthalten, unter anderem bei Tabakproduzenten im Osmanischen Reich, in Griechenland und Makedonien[5], hatten sich ihm offenbar diejenigen interkulturellen Fragen gestellt, die immer wieder Menschen zur Theosophie brachten. So wurde er 1906 Mitglied in Steiners Theosophischer Gesellschaft, 1908 trat er in die Esoterische Schule ein. Nach dem Krieg stürzte er sich in gesellschaftspolitische Aktivitäten, war etwa an Versuchen beteiligt, in Württemberg eine Industrietreuhand-Bank einzurichten, die kriegsheimkehrenden Soldaten Arbeit verschaffen sollte, und wurde von der württembergischen Regierung beauftragt, den Kauf von Nahrungsmitteln in der Schweiz zu organisieren.

Molt hatte nun seine Beziehungen ins württembergische Regierungsmilieu genutzt und am 2. Dezember 1918 gemeinsam mit dem Anthroposophen Carl Unger beim Ministerpräsidenten Wilhelm Blos vorgesprochen, einem Sozialdemokraten, der die provisorische Regierung führte, die seit drei Wochen im Amt war. Molt habe ihm gesagt, er müsse »Herrn Dr. Steiner ... in die Regierung aufnehmen, ... er sei der bedeutendste Mann Europas und kenne die Geheimnisse aller Regierungen«[6]. Aber als er den Namen »Steiner« hörte, »fiel bei Blos auch schon der Rollladen herunter. ›Ach, der Theosoph?‹, sagte er.« Doch es war nicht nur die Esoterik, die Blos schreckte. Er spürte auch, dass Steiner für Demokraten kein Wunschpartner war, wie er seinen Erinnerungen 1922 anvertraute:

> »Ich war mir klar, daß ein Mann, der mit Geheimwissenschaften, mit Theosophie und Anthroposophie, mit ›Astralleibern‹ und ›Lotosblumen‹ operiert, der auch ›Inneres Schauen‹ beansprucht, zur Mitwirkung an der Schaffung der Grundlagen eines neuen demokratischen Staates nicht berufen sei.«[7]

Als Blos damit die anthroposophischen Ambitionen aufdeckte, dementierte Steiner umgehend und behauptete, wenn jemand den Versuch unternommen habe, ihn in die Regierung zu lancieren, sei das gegen seinen Willen geschehen. Molt stand immerhin zu der Sache, wiegelte aber noch im Dezember 1922 ab, behauptete jedoch zugleich, Steiner, der über die Aufzeichnungen Moltkes verfüge, könne damit nachweisen, dass Deutschland den Ersten Weltkrieg nicht verschuldet habe. Glaubwürdig klingt Steiners Unwissen nicht, Blos hatte keine Motive, Steiner irgendetwas zu unterstellen. Vermutlich hat doch wohl Molt versucht, Steiner in die württembergische Revolutionsregierung zu hieven. Fraglich ist allenfalls, was dieser davon gewusst hat. Aber angesichts der Tatsache, dass Molt mit Steiner in engem Kontakt stand und angesichts der hierarchischen Struktur in der Anthroposophischen Gesellschaft ist es unwahrscheinlich, dass Molt, auch wenn er ein selbstbewusster Mann war, eine solche Aktion ohne Rücksprache mit Rudolf Steiner in die Wege geleitet hat.

Nach diesem missglückten Regierungsversuch beginnt Steiners Kampfzeit dort, wo er sich auskennt, am Schreibtisch. Er entwirft

Ende Januar 1919 einen Aufruf »An das deutsche Volk und die Kulturwelt!« Die Revolution war zu diesem Zeitpunkt erst einmal vorbei, die deutsche Gesellschaft auf dem Weg zur Parlamentarisierung. Der erste Reichsrätekongress Ende Dezember 1918 hatte den 19. Januar als Termin für die Wahlen zur Nationalversammlung bestimmt, die eine Verfassung beraten sollte. In dieser Situation begibt sich Steiner endgültig in die Politik. Wieder hat Molt seine Hände im Spiel. Er kommt am 25. Januar 1919 zu Steiner, offenbar weil ihn einige Anthroposophen geschickt hatten, die im Stuttgarter »Rat der geistigen Arbeiter« aktiv waren und nach einem sozialpolitischen Programm suchten.

Das Ergebnis ist ein »Aufruf«, der im Februar 1919 in die Öffentlichkeit getragen wird. Darin verbindet Steiner seine Kritik an der Vorkriegspolitik, seinen deutschen Nationalismus und erste Überlegungen zur Dreigliederung mit Erwägungen zur politischen Neugestaltung, um nach der Niederlage die »weltgeschichtliche Sendung« der Deutschen wiederzufinden.

Und dann gingen seine Anthroposophen und er selbst auf die Suche nach Unterzeichnern. Das Ergebnis konnte sich sehen lassen. Es unterschrieben Schriftsteller wie Karl Heckel, Hermann Hesse, Friedrich Lienhard, Thomas Mann und Jakob Wassermann neben alten Bekannten aus Steiners Wiener und Weimarer Zeiten: Hermann Bahr, Marie Eugenie delle Grazie und Gabriele Reuter. Dazu kamen bildende Künstler, der Bildhauer Wilhelm Lehmbruck, der kurz vor seinem Freitod am 25. März 1919 unterschrieb, sowie der Kunsthistoriker Josef Strzygowski. Aus dem George-Kreis hatten die Maler Hans Thoma und Melchior Lechter, der Georges Bücher ausgestaltet hatte, und der Kunsthistoriker Wilhelm Fraenger unterzeichnet, dann der Biologe und spätere Parapsychologe Hans Driesch, der Marburger Neukantianer Paul Natorp, der Tübinger Staatsrechtler Wilhelm von Blume, die liberalen protestantischen Theologen Martin Rade, Herausgeber der viel gelesenen *Christlichen Welt*, und Christian Geyer, der in der Gründungsgeschichte der Christengemeinschaft nochmals in Steiners Umfeld auftauchen wird, sowie eine Reihe von Militärs. Prominente politische Köpfe fehlten allerdings. Die wichtigste Ausnahme war Hugo Sinzheimer, Fabrikantensohn, Mitglied der SPD und damals gerade Polizeipräsident in Frankfurt am Main, der eine wichtige Rolle bei der Formulierung sozialer Grundrechte in der Weimarer Reichsverfassung spielte. Mit diesen Unterzeichnern war eine Gruppe von politisch interessierten Zeitgenossen versammelt, die allerdings nicht zum engeren Kreis der politischen Entscheidungsträger gehörten.

Nun darf man sich diese Unterschriften nicht als überzeugte Absegnung von Steiners Ideen oder gar der Dreigliederung vorstellen. Thomas Mann etwa notierte am 30. Juni 1919 in sein Tagebuch zu seiner Unterschrift: »Wurde durch den Menschen unterbrochen, der für den Steiner'schen Sozialplan sammelt, und dem ich, um ihn loszuwerden, die meine denn auch wieder gab.«[8] Es waren halt wilde Zeiten, in denen auch der Verfasser der *Betrachtungen eines Unpolitischen*, der er damals noch war, unterschrieb. Aber es hagelte auch Absagen. Friedrich Kayßler, der Direktor der Berliner Volksbühne, zu dem Margarete Morgenstern den Weg gebahnt hatte, wollte als Künstler »nichts mit Politik zu tun haben«[9]. Hingegen verzieh Steiners alter Freund aus anarchistischen Tagen, Henry Mackay, seinem ehemaligen Gefährten die Hinwendung zu einer »›mystischen‹ Weltanschauung«[10] nicht. Genauer hingeschaut hatte der Rechtsphilosoph und Dekan der juristischen Fakultät in Berlin, Rudolf Stammler, der mit Hinweis auf die fehlenden Kriterien für die Trennung der gesellschaftlichen Bereiche seine Unterschrift verweigerte. Und Arthur Schnitzler rieb sich daran, dass für den Krieg »*nur* Deutschlands Mentalität« verantwortlich gemacht werde.[11] Aber auch innerhalb der Anthroposophischen Gesellschaft regte sich Widerstand gegen den Aufruf, etwa in dem aristokratischen Berliner »Damenklub«[12].

Derweil gingen im April 1919 die Versuche weiter, Steiner in die Regierung zu bringen oder ihn in politische Entscheidungen einzubinden – denn von Blos' abweisender Reaktion auf Steiners Ministerambitionen hatte in der Öffentlichkeit vor 1922 noch niemand Kenntnis. So forderten Angestellte und Arbeiter von Molts Zigarettenfabrik, Steiner in die Regierung zu berufen, die württembergische Sozialisierungskommission lud ihn ein, an einer Sitzung teilzunehmen, am 30. April traf Steiner mit dem Arbeitsminister Hugo Lindemann zusammen. Zuletzt hören wir im Mai von einem Aufruf bei einer »Vollsitzung der Arbeiterräte Groß-Stuttgarts«, Steiner in die württembergische Regierung aufzunehmen. Wie weit er diese (vergeblichen) Versuche förderte oder deckte, bleibt im Dunkeln; aller Wahrscheinlichkeit nach spielte wieder Molt bei diesen Aktionen eine entscheidende Rolle.

Aber Steiner ließ sich von solchen Niederlagen nicht entmutigen und stürzte sich richtig ins tagespolitische Getümmel. Und erneut muss man sagen: Chapeau!, Steiner hat es gewagt und nicht von der sicheren Warte des Schreibtischs aus versucht, Geschichte zu schreiben. Vom April bis zum Juni 1919 datiert seine »Dreigliederungszeit«, in der er in Württemberg mit Arbeitern debattierte, um sie für sein Konzept zu begeistern. Zu diesem Zeitpunkt blickte man bereits auf die gescheiterten Räterepubliken in München oder in Mannheim zurück, es waren die Monate, da man über die Weimarer Verfassung debattierte, während sich angesichts schwieriger wirtschaftlicher Zeiten die Stimmung radikalisierte und man schon von einer zweiten Revolution sprach. In diesen Monaten diskutierte Steiner mit Arbeiterausschüssen und Betriebsräten, etwa in Molts Zigarettenfabrik oder mit Arbeitern in den Werken Robert Boschs, den Steiner durch Molts Vermittlung persönlich kennengelernt hatte.

Solche Debatten waren zweifelsohne das genaue Gegenteil der beschaulichen Verkündigung in der Esoterischen Schule oder der unbefragten Autorität in den öffentlichen Vorträgen. Vielmehr saß man, so schildert Steiners Mitstreiter Herbert Hahn eine solche Veranstaltung,

> »bunt durcheinandergewürfelt, an einer Menge von Einzeltischen. Bier und Most wurde ausgiebig getrunken; es war nie ganz still, weil man immerzu das Geklirr der Bierseidel hörte, in das sich ein zwar stark abgedämpftes, aber doch vernehmlich hin und her wuselndes Gewirr von Stimmen mischte. Geraucht wurde wie aus Schloten, so daß sich der Saal in einen dichten, aber nicht gerade in Havanna gewobenen Schleier einhüllte. Es gab einen Versammlungsleiter mit klirrender Glocke, es gab Wortmeldungen, die nach der Liste erledigt wurden, es gab Geschäftsordnungsanträge, die alles unterbrachen, und das Ganze war nicht auf Zimperlichkeit, sondern auf rauhe Offenheit und kräftiges Hauen und Stechen eingestellt.«[13]

Steiner konnte in dieser Welt, wie seine Anhänger berichteten, schlagfertig reagieren. Als ihm vorgeworfen wurde, seine Position sei »pflaumenweich«, konterte er, dass er

> »›es immer sehr genau mit allen Naturbeobachtungen genommen habe. So sollte man, meine ich, sich auch die Pflaume recht genau anschauen. Und da will mir vorkommen, daß die weichen Pflaumen saftig, süß und reif seien, die harten aber geschmacklos, unreif und ...‹ Er kam nicht mehr dazu, das Wort ›unverdaulich‹ für alle vernehmbar auszusprechen, denn schon brauste ein jubelnder Beifall ... los.«[14]

Doch allem Engagement zum Trotz wurde im Sommer 1919 klar, dass Steiner nur am Rand der großen Politik mitgespielt hatte. Im Grunde war er in allen Debatten zwischen Zigarettenqualm und Bierkrügen der einsame Verkünder einer besseren Welt geblieben. Er hatte weder enge Verbindungen zu Unternehmern außerhalb des anthroposophischen Milieus geknüpft, noch hatte er einen Zugang zu den Gewerkschaften gefunden. Und so sah er sich im Juli einer massiven Kritik von gewerkschaftlicher Seite ausgesetzt. Man glaubte nicht an seinen großen Dreigliederungswurf, sondern warf ihm eine Spaltung der Arbeiterbewegung vor – eine weitere Spaltung, denn auf dem politischen Parkett hatte sie mit der Konkurrenz von KPD, SPD und unabhängiger SPD schon genug Probleme. Und so zog sich Steiner Ende Juli 1919 aus der Dreigliederungspropaganda zurück – unverstanden, wie er meinte.

Aber im Frühjahr 1920 war er wieder da, allerdings auf einem neuen Feld. Er stürzte sich in das Abenteuer der Ökonomie und gründete mit seinen Anhängern zwei Holdings als Aktiengesellschaften: am 13. März die Aktiengesellschaft »Der Kommende Tag« in Deutschland, und am 16. Juni in der Schweiz die »Futurum AG«.[15] Aber Steiner wollte nicht (nur) die politische Welt durch eine alternative Ökonomie verändern, sondern hatte primär ganz handfeste pekuniäre Interessen. Er brauchte Geld. Da war der noch unfertige Johannesbau, ein Fass ohne Boden, aber es galt auch die anthroposophischen »Laboratorien« in Dornach und die Ita-Wegman-Klinik in Arlesheim sowie die Waldorfschule in Stuttgart zu finanzieren. Was nun folgte, war eine der abenteuerlichsten Geschichten in Steiners gesellschaftspolitischer Laufbahn, in der übersinnliche Einsicht im Verbund mit Naivität und Geldgier auf das ganz normale Leben der Ökonomie trafen.

Der reichlich vorhandene Originalton zu diesen Unternehmungen bedarf fast keinen Kommentars. Als Erstes akquirierte man Geld, und das floss reichlich und schnell. Man begann mit einem Grundkapital von 300 000 Mark, einschließlich der 20 000 Mark, die Steiner zugezahlt hatte. So konnte man, noch ehe die »Kommende Tag A.G.« richtig angelaufen war, schon einmal in Stuttgart ein »mehrstöckiges Geschäftshaus« als Verwaltungszentrale anmieten.[16] Im September 1920 standen bereits 10 Millionen als Grundkapital in den Büchern, im Juni 1921 waren es über 35 Millionen, im April 1922 – nicht inflationsbereinigt – 52 Millionen. Und dann benötigte diese Aktiengesellschaft »zur Förderung wirtschaftlicher und geistiger Werte«[17] natürlich noch Produkte. Steiner dachte an »etwas sehr Aussichtsreiches«, etwa an »eine Rasierseife und das Haarmittel ›Verlockung‹«. Er reiste teilweise selbst mit »Sachverständigen« durch die Lande[18], und man kaufte bis Dezember 1920 die Maschinenfabrik des Anthroposophen Carl Unger, eine Nährmittelfabrik, ein Ölschieferwerk, eine Landmaschinenhandlung, ein »allgemeines Import- und Export-Handelsgeschäft«, einen Verlag, »vier landwirtschaftliche Güter von insgesamt etwa 700 Morgen«, eine Getreide- und eine Ölmühle, ein Sägewerk, ein »wissenschaftliches Forschungsinstitut« und »eine Familienpension (Pension Rüthling)«[19], bis Juni 1921 kamen noch »die Kartonagenfabriken« des Anthroposophen José del Monte dazu mit über 550 Arbeitern und Angestellten, dazu der Wölfing-Verlag in Konstanz, ein Wald, eine »größere Herde Allgäuer Zuchtvieh«, das »Bankhaus der Kommende Tag A. Koch & Co., Stuttgart« und das »Sanatorium Wildermuth in Stuttgart«.[20] Eine ähnlich furiose Akquisitionskarriere legte die schweizerische Schwester, die Futurum AG, hin. Ihr gehörten bald eine »alte Strickwarenfabrik, eine Schirm- und Stockfabrik, ein Handelskontor für Südfrüchte, eine Kaltleimfabrik, eine Kartonagenfabrik und eine Firma für Büro-Einrichtungen«[21]. Der Kauftaumel der anthroposophischen Aktiengesellschaften muss sich schnell herumgesprochen haben. »Man solle zur Futurum gehen, wenn man etwas verkaufen wolle, was man sonst nicht anbringen könne«, riet ein Schweizer Bankdirektor.[22]

Das Ende dieser Traumfabriken zog sich über Jahre hin, ist aber schnell erzählt: 1924 war die Kommende Tag A.G. am Ende, drei Jahre später die Futurum AG. Die betriebswirtschaftlichen Gründe des Scheiterns liegen auf der Hand: Fachleute standen nicht zur Verfügung, eine unternehmerische Konzeption für den Gemischtwarenladen von Erwerbungen fehlte, defizitäre Firmen konnten nicht in die Gewinnzone gebracht werden, und überdies gab es Konkurrenzen mit den anthroposophischen Firmen, die nicht in einer der Aktiengesellschaften waren, wie mit dem Philosophisch-Anthroposophischen Verlag in Dornach.

Aber es gab auch Probleme, die tiefer lagen – oder, wenn man will, höher. Die anthroposophischen Ökonomen glaubten, mit übersinnlicher Einsicht die besseren Karten im Kapitalismus zu haben. Bis hinein in die Rechtsstruktur der Aktiengesellschaften hatte man die höhere Erkenntnis gegen die Mehrheitsmeinung in der Aktionärsversammlung durchgesetzt. Ein kleiner Kreis von Anthroposophen besaß über Vorzugsaktien die Entscheidungsmacht, sodass die Majorität der Aktionäre kaum Einfluss nehmen konnte. Und so siegte am Schluss die Logik der Ökonomie in Steiners Praxistest. Den Kapitalismus als Melkkuh hätte man anders bei den Hörnern fassen müssen.

Mitten in die euphorische Phase der Gründung anthroposophischer Aktiengesellschaften kam Steiner um die Jahreswende 1920/21 zu einem weiteren politischen Projekt: der Volksabstimmung in Schlesien. Im Versailler Vertrag war vorgesehen, dass über die Zugehörigkeit des oberschlesischen Schwerindustriegebiets zu Deutschland oder zu Polen abgestimmt werden sollte, und diese Entscheidung stand am 20. März 1921 an. Die Lage war außerordentlich kompliziert, weil Nationalisten auf beiden Seiten das Gebiet für sich reklamierten, Separatisten, ebenfalls auf beiden Seiten, dagegen waren, und die katholische Kirche, deren Mitglieder aus beiden Volksgruppen kamen, eine bundesstaatliche Autonomie favorisierte. In diese Debatte mischten sich nun Breslauer Anthroposophen ein und in ihrem Gefolge auch Steiner, der im Januar einen »Aufruf zur Rettung Oberschlesiens« verfasste. Vermutlich sah er darin eine Chance, seine Dreigliederung doch noch umzusetzen. Er schlug vor, die beiden »Volksindividualitäten«, die deutsche und die polnische, sollten ihre kulturellen Angelegenheiten selbst regeln und die Wirtschaft solle man von der staatlichen Sphäre lösen.

Doch Steiner hatte die Komplexität dieser Auseinandersetzungen unterschätzt. Er mag damit gerechnet haben, dass die polnische Seite das anthroposophische Modell nicht akzeptieren würde, da er glaubte, dass es »niemals ein Polen in Wirklichkeit längere Zeit geben« werde, Oberschlesien also auf Dauer zu Deutschland gehört hätte. Aber den nationalistischen Deutschen in Oberschlesien ging seine Übergangsregelung, die ja auf lange Sicht Oberschlesien in Deutschland reintegriert hätte, schon viel zu weit. Deshalb dürfte ihn die Kritik der *Frankfurter Zeitung* kalt erwischt haben, die ihn am 4. März als »Verräter am Deutschtum« brandmarkte.[23] Adolf Hitler legte am 15. März, eine Woche vor der Wahl, nach und verdammte die Dreigliederung des »Gnostikers und Anthroposophen Rudolf Steiner« als eine der »jüdischen Methoden zur Zerstörung der normalen Geistesverfassung der Völker«[24]. Und weil Steiner auch den Völkerbund ablehnte und sich damit einer transnationalen Möglichkeit der Konfliktbewältigung begab, stand er allein in der politischen Landschaft.

Blickt man auf seine Versuche zurück, Politik und Esoterik zusammenzuführen, ist er auf allen Feldern gescheitert. Aber man kann es auch positiver sehen. Er hat Esoteriker, also »Innenweltler« par excellence, damals angeregt, gesellschaftspolitisch aktiv zu werden. Bis heute lassen sich Menschen von Steiners Denken anregen, etwa um anthroposophische Banken zu gründen oder die Idee eines »Grundeinkommens« zu verfechten. Historisch muss man sagen: Für einen politischen Laien war Steiner mutig. Als er 1918 mit den Wogen der Revolution ins Wasser der Politik geschwemmt wurde, trieb – um im Bild zu bleiben – ein wasserscheuer Gelegenheitsschwimmer in das gerade besonders raue Meer der Politik. Es wundert nicht, dass er fast reflexartig auf das zurückgriff, was er im weltanschaulichen Gepäck hatte: eine deutschnationale Haltung, die ihm das Elternhaus eingeimpft hatte, die Konzepte kultureller Differenzierung, die er aus seiner Wiener Zeit kannte, Detailwissen, das aus der tagesaktuellen

Lektüre kam. Und über allem thronte das theosophische Erbe, der Anspruch, aufgrund übersinnlicher Erkenntnis »die geistigen Wahrheiten« auch in der Politik zu besitzen[25], womit er sich hoch erhaben über Politiker und Gewerkschafter und Kirchenleute und Lebensreformer wähnte.

Auf seine Niederlage reagierte er mit dem Rückzug ins Unpolitische, und das galt auch für die Anthroposophische Gesellschaft. Der »Weihnachtsgesellschaft« schrieb er 1924 unter Paragraph vier in die Statuten: »Die Politik betrachtet sie nicht als in ihren Aufgaben liegend.« Wie in den theosophischen Zeiten vor dem Ersten Weltkrieg sollte die esoterische Arbeit nicht mehr von der Politik kontaminiert werden. Dort sollten sich künftig die anthroposophischen Töchter bewegen und die gesellschaftspolitische Arbeit erledigen. In dieser Perspektive wies Steiner insbesondere der Waldorfschule ihre Rolle zu: Sie sollte die wahre Realisierung der Dreigliederungsidee sein.

ZWEIUNDZWANZIG

Waldorfschule. Pädagogik mit okkultem Herzschlag

Sie war Steiners liebstes Kind unter den »Töchtern« der anthroposophischen Praxis: die Waldorfschule. Insbesondere die erstgeborene, 1919 in Stuttgart gegründete Waldorfschule auf der Uhlandshöhe hatte er in sein Herz geschlossen. So oft wie möglich fuhr er nach Stuttgart, um den Aufbau der Schule zu begleiten, die Lehrer in langen Konferenzen zu instruieren, mit Schülern persönlich zu sprechen und unmittelbar in den Schulalltag einzugreifen. Wenigstens siebzig Konferenzen und 140 Unterrichtstage hat er in den fünf Jahren, die ihm noch zum Leben blieben, besucht.[1] Steiner spürte, dass er ein Instrument schuf, mit dem er die Anthroposophie aus dem Getto ätherischer Theorie in eine nachhaltige Praxis überführen konnte. Da er jedoch starb, bevor die Schule in allen Jahrgängen fertig konzipiert war, hinterließ er einen Torso. Schon deshalb kann man von der Gründungs- nicht leicht auf die aktuelle Unterrichtspraxis schließen. Manches ähnelt heute seiner Konzeption wie ein dogmatisches Abziehbild, bei anderem hat man als Außenstehender Schwierigkeiten, vor lauter Reform noch spezifisch anthroposophische Elemente zu entdecken. Jedenfalls wurde sie zu der erfolgreichsten Privatschule des 20. Jahrhunderts, der der Ruf vorauseilt, eine »ganzheitliche« Erziehung mit handwerklichen und musischen Schwerpunkten zu gewährleisten, ohne Leistungsdruck, am individuellen Lernen ausgerichtet. Aber nicht die Geschichte der Waldorfpädagogik nach Steiners Tod ist der Gegenstand dieses Kapitels; hier geht es vielmehr um die Geschichte, die man in den gegenwärtigen Waldorfschulen nicht leicht wiedererkennt.

Die Stuttgarter Schule auf der Uhlandshöhe

Ohne Revolution keine Waldorfschule. Im Sommer 1919, als die erste Waldorfschule in Stuttgart entsteht, rollt die zweite Welle der Revolution über Deutschland hinweg. Zwar war die Monarchie im November 1919 hinweggefegt worden, aber viele Menschen sind von den realen gesellschaftlichen Veränderungen enttäuscht. Man versteht das Gelingen der in aberwitzig kurzer Zeit realisierten Schulgründung nur, wenn man den Pulsschlag eines Sommers mitfühlt, in dem viele dachten, eine neue Welt könne, ja müsse im Handumdrehen aus den Trümmern der alten errichtet werden. Auch Steiner dachte manchmal so apokalyptisch. Die Waldorfschule als das Heilmittel für »unsere gegenwärtig absterbende Kultur« kam ihm leicht über die Lippen.

Diese Erlösung durch Bildung besaß ein Feindbild: die »Staatsschule«. Dort hatte schon eine ganze Generation von Reformpädagogen vor dem Ersten Weltkrieg eine schwarze Pädagogik am Werk gesehen, in der autoritär unterrichtet werde, wo Lehrer die Schüler drillten, das Bürgertum die Arbeiterkinder ausschloss, das Musische und das Handwerkliche zu kurz kamen. Am Schultor stand man, mit anderen Worten, vor der Kaserne, in der die untergegangene Welt des Kaiserreichs ihre Pflanzstätte gehabt habe. Dagegen half nur, das meinte auch Steiner, eine »freie« Schule, die »Freie Waldorfschule«, so der sublime anthroposophische Kampfbegriff. Wie schlecht die öffentlichen Schulen wirklich waren und wie viel »Staatsschule« am Ende in der Waldorfschule steckte, ist komplizierter, als Steiner es wahrhaben wollte. Er hatte erst mal die Vision eines neuen Menschen, der aus einer neuen Schule heraus Wirklichkeit werden sollte.

Aber am Anfang stand nicht Rudolf Steiner, sondern wieder Emil Molt, der ja schon bei Steiners politischen Aktivitäten eine initiierende Rolle gespielt hatte. Dieser Unternehmer, ein Patriarch, wie er im Buche steht, autoritär und fürsorglich, hatte nach der Novemberrevolution des Jahres 1918 seine Lektion gelernt und beschlossen, seine Arbeiter und Arbeiterinnen fortzubilden. Als dies scheiterte, bat er Steiner, die Sache in die Hand zu nehmen. Diesen Tag, den 23. April 1919, bezeichnete

Molt später als den »eigentlichen Geburtstag« der Waldorfschule.

Molt machte keine halben Sachen. Er setzte zuerst seine Beziehungen und dann sein Vermögen ein, und das alles in einer atemberaubenden Geschwindigkeit. Schon anderthalb Wochen später lancierte er ein Gespräch mit dem württembergischen Arbeitsminister Hugo Lindemann, nochmals zwei Wochen später trafen sich Steiner, Molt und Ernst August Karl Stockmeyer, ein Lehrer für Mathematik und Naturwissenschaften, der eine führende Rolle in der künftigen Waldorfschule übernehmen sollte und vermutlich die Schulplanung im Detail vornahm[2], mit dem sozialdemokratischen Kultusminister Heymann und verständigten sich auf die Rahmenbedingungen – von der Lehrfreiheit, die der Schule zugesichert worden sei, bis hin zu hygienischen Fragen, bei denen sich der Staat ein Einspruchsrecht vorbehalten habe.

Was nun folgt, ist nur in der brodelnden Situation des Frühsommers 1919 möglich. Erstmals in der Geschichte des Landes Württemberg haben die Sozialdemokraten die Macht übernommen, und sie sind bereit, Molts Konzept zu unterstützen, nicht zuletzt da es den Arbeitern zugute kommen soll. Zudem nutzt Steiner, wie schon bei der Bauplanung in Dornach, strategisch eine unklare Gesetzeslage, eine »Lücke im Württembergischen Schulgesetz«. In diesem Kairos ist der Weg für die Waldorfschule frei.

Wie sollte Steiner das alles schaffen? Damit ist natürlich nicht die Organisation gemeint, die bekommt man in den Griff. Aber woher sollte er das pädagogische Wissen nehmen? Denn das Herz einer Schule schlägt in der Unterrichtsgestaltung, in der Schulverfassung und in der pädagogischen Anthropologie. Von alldem hatte Steiner im Grunde keine Ahnung. Er kannte aus seiner Schulzeit die Realschule, er hatte in den 1880er-Jahren als Hauslehrer bei der Wiener Familie Specht sein Geld verdient, 1888 in der *Deutschen Wochenschrift* und später im *Magazin für Litteratur* einige bildungspolitische Kommentare geliefert und als Theosoph einen Vortrag über »Die Erziehung des Kindes vom Gesichtspunkte der Geisteswissenschaften« gehalten – das war grosso modo schon die Praxis. In den Berliner Arbeiter-Bildungs-»schulen« hatte er dann noch Vorträge gehalten, aber mit einer klassischen Schule hatte das nichts zu tun. In der Theorie kannte Steiner immerhin Werke von Johann Friedrich Herbart, einem Begründer der modernen Pädagogik, der ein systematisches Konzept entworfen hatte, um die »Bildsamkeit« des Menschen im Unterricht umzusetzen in formale »Stufen«, mit denen der Lehrer die Bildungsbiografie seines »Zöglings« auf den Weg bringen könne. Aber Herbarts Ansatz ist für Steiners pädagogische Ideen ein Holzweg, denn er hatte ihn vor allem als Philosophen und Erkenntnistheoretiker gelesen, kaum jedoch als Pädagogen. Per saldo: Steiner war ein pädagogischer Laie, als er im Frühjahr 1919 von Molt die Verantwortung für die Gestaltung der ersten Waldorfschule übernimmt. Wenig überraschend lautet sein erster Vorschlag am 25. April 1919, doch einfach eine Art österreichische Realschule zu gründen, also eine Variante der »Staatsschule«, die er aus seiner Jugend kannte: praktisch ausgerichtet, »Deutsch bis zum Geschäftsaufsatz«, Fremdsprachen, Naturwissenschaften sowie »Malen, Gesang und Turnen«[3].

Derartige Elemente waren schon lange vor dem Ersten Weltkrieg zudem in der reformpädagogischen Debatte ventiliert worden, etwa von Georg Kerschensteiner in seinem Konzept des Arbeitsunterrichts. All das hatte aber auch eine Nähe zu derjenigen Reformpädagogik, die nach dem Krieg eine große zweite Gründungswelle erlebte und in der auch die Waldorfschule schwamm. Aber Steiner dürfte weder die damals aktuelle Reformpädagogik noch die Schulen der Vorkriegszeit gut gekannt haben. Er hatte zwar 1905 Hermann Lietz' berühmtes Landerziehungsheim Haubinda in Thüringen besucht, sich darüber aber vernichtend geäußert. Hier würden »furchtbare Kritiker« erzogen.

Und doch stammte am Ende eine Vielzahl von Elementen der Waldorfschule aus dem reformpädagogischen Repertoire: von den musischen und den handwerklichen Elementen bis zur Koedukation und dem Verzicht auf Noten. Das war in Deutschland, dem unangefochtenen Heimatland der Reformpädagogik, ein frei floatendes Wissen, dazu benötigte man keine besonderen Kontakte ins reformpädagogische Milieu. Jedenfalls lässt sich keine gründliche Beschäftigung mit deren Konzepten in der Gründungsphase der Stuttgarter Waldorfschule nachweisen – woher hätte Steiner auch dazu noch die Zeit nehmen sollen? Und so wundert es nicht, dass sich im Herzen der Waldorfschule vor allem eine alte Bekannte wiederfindet: die Theosophie, die inzwischen Anthroposophie hieß.

Zuerst aber noch einmal zurück zur Schulgründung, die nicht nur Ideen, sondern auch Geld benötigte, viel Geld. Molts Angebot von 100000 Mark hielt Steiner für unzureichend, zehn Millionen müssten es schon sein. So viel wurden es dann nicht, aber Molt zahlte, auch unter Rückgriff auf die Rückstellungen der Waldorf-Astoria (die 1929 in Konkurs ging): 450000 Mark für das Ausflugslokal »Uhlandshöhe«, 50000 Mark für den Umbau, er kaufte weitere Grundstücke im Umfeld und finanzierte die Lehrer. Später, als das Verhältnis zu Molt nicht mehr ganz so leichtgängig war und immer mehr fabrikfremde Kinder kamen, sorgten der Waldorfschulverein und zeitweilig die anthroposophische Der kommende Tag A.G. für die nötigen Geldmittel.

Dann mussten für die Schule Lehrer her, viele und das schnell. Stockmeyer wurde ausgeschickt, »wie ein Theaterdirektor, der sein Ensemble zusammensucht«[4], Lehrer zu akquirieren. Aber erfahrene Pädagogen waren nicht leicht zu bekommen. Prominente wie Albrecht Leo Merz, der Gründer der »Werkhaus-Werkschule« in Stuttgart, sagten ab[5], und da es überdies Anthroposophen sein sollten, musste man letztlich nehmen, wen es gab: Ein Mann wie Walter Johannes Stein, der in Philosophie promoviert worden war und auch Mathematik und Physik studiert hatte, lehrte auf Steiners Anordnung Literatur und Geschichte, Karl Schubert, der Literaturwissenschaft, Französisch und Englisch studiert und Auslandssemester in Paris und London verbracht hatte, übernahm den Fremdsprachenunterricht, und Hedwig Hauck musste Handarbeit unterrichten, obwohl sie darin keine Vorbildung besaß. In dieses Auswahlverfahren hatte sich Steiner überhaupt nicht hineinreden lassen, er war der unumschränkte Leiter. Als in den Folgejahren Lehrer ohne ihn rekrutiert wurden, war ihm das Ergebnis meist nicht gut genug: »Wo ich aber nichts zu sagen hatte, ist das System befolgt worden, Talente rauszuschmeißen.«[6]

So kommt 1919 ein junges Kollegium – Durchschnittsalter 32

Jahre – zusammen: mit spannenden, unorthodoxen Lebensläufen, aber pädagogisch mehrheitlich eine Laienspielschar. Vom 21. August an durchlaufen die Aspiranten zwei Wochen lang einen pädagogischen Crashkurs, und fertig ist das Lehrerkollegium. Zwei Tage nach dem Ende des Kurses, am 7. September, wird die Waldorfschule Uhlandshöhe mit mehr als 1000 Gästen im Stuttgarter Stadtgarten feierlich eröffnet: 256 Kinder mit zwölf Lehrern in acht Klassen. Aber was heißt schon eröffnet? Es gibt eigentlich fast nichts: keinen Lehrplan, keine Tinte, keine Tische. Und so sitzen die Kinder auf den ehemaligen Restaurantstühlen und legen ihre Schreibunterlagen auf die Knie. Das war Schulgründung in revolutionären Zeiten.

Schulische Praxis

Was erwartete die Kinder? Zuerst einmal hohe Klassenstärken. Steiner hatte das Bild einer großen Lebensgemeinschaft vor Augen, 120 Schüler pro Klasse schienen ihm gerade richtig. Was der Lehrer in einem solchen Riesenknäuel von Schülern nicht leisten konnte, sollten die Schüler untereinander ausgleichen. Aber bei dieser Idee spielten die württembergischen Behörden nicht mit, und so blieb es bei im Durchschnitt immer noch starken Klassen mit 30 Schülern, aber es konnten auch schon mal mehr als 60 Schüler werden. Sodann kamen die Kinder in eine »Einheitsschule«, in der nicht zwischen Abiturienten und »einfachen« Schülern unterschieden wurde und keine weltanschauliche, insbesondere keine konfessionelle Ausrichtung existieren sollte.

Im Fächerkanon gab es für die Kinder neben den Standardfächern wie Deutsch und Mathematik einige Besonderheiten wie etwa Handarbeit für Mädchen und Jungen und Fremdsprachenunterricht von Anfang an. Sodann war der musische und künstlerische Bereich ausgeprägt, wovon sich Eltern und Schüler in den »Monatsfeiern« mit Konzertdarbietungen oder Theateraufführungen ein Bild verschaffen konnten. Diese Feiern fanden am Donnerstag statt, weil dieser, wie Steiner meinte, der »Jupitertag« sei. Zum künstlerischen Feld zählte auch die Eurythmie.

Steiner hielt sie für absolut unverzichtbar, denn sie galt ihm als eine Art »geistiges« Turnen und als Gegenpol zum »materialistischen« Sport: »Eurythmie ist obligatorisch, muss mitgemacht werden. Wer nicht Eurythmie macht, wird aus der Schule ausgeschlossen.« In solchen Klarstellungen begegnet man einem weiteren Charakteriskum der Waldorfschule: Autorität als wesentliche Achse von Steiners Pädagogik. Eine weitere Eigenheit bildete der Religionsunterricht in vier Varianten: die evangelische und katholische Unterweisung, von Steiner als »exterritoriales« Gelände betrachtet[7], und derjenige der Christengemeinschaft. Darüber hinaus erteilte man anthroposophischen Religionsunterricht, dessen besondere Stellung in der Auswahl der Lehrer deutlich wurde, weil sich Steiner dabei alle Entscheidungen vorbehielt. Für diesen Unterricht »werde ja bis zu meinem Tode *ich* die Leute ernennen«. Konsequenterweise gebe die Anthroposophische Gesellschaft »eigentlich den Religionsunterricht und den Kultus«. In diesem Fach wurde auf ausdrückliche Anordnung Steiners etwa die anthroposophische Vorstellung des Göttlichen oder die Vorstellung von Reinkarnation und Karma gelehrt. Schon diese wenigen Elemente der Unterrichtsgestaltung machen klar, dass die Waldorfschule weit mehr war als eine Spielart landläufiger Reformpädagogik.

Wer Schwerpunkte setzt, muss zwangsläufig andere Dimensionen vernachlässigen. In Steiners Schulgründung dürften die Naturwissenschaften, da mit dem Ruch des »Materialistischen« behaftet, gegenüber den Geisteswissenschaften eine sekundäre Rolle gespielt haben. Auch das faktische Verbot des Fußballspiels – denn man trete dabei, glaubte Steiner, sozusagen die Welt mit Füßen – gehört dazu. Vor allem aber fallen im Vergleich mit anderen Reformschulen zwei Leerstellen auf: Sexualerziehung spielte keine Rolle, vermutlich weil Steiner Sexualität und »Geistigkeit« doch als Gegenspieler sah. Gleichzeitig etablierte er jedoch ein reformpädagogisches Erbe, dessen damalige Anstößigkeit uns kaum noch bewusst ist: Koedukation, die gemeinsame Erziehung von Mädchen und Jungen. Sodann fehlte Politik oder Sozialkunde als Unterrichtsgegenstand. Dieses zweite Defizit ist doppelt bemerkenswert. Denn schon vor dem Ersten Weltkrieg gab es reformpädagogische Versuche, die Schule als Lernfeld der

Demokratie zu verstehen. Aber mehr noch, zum Zeitpunkt der Schulgründung hatte Deutschland seit drei Wochen zum ersten Mal in seiner Geschichte eine Verfassung, die ohne Kaiser und Krone auskam.

Wenn man jedoch auf den autoritären »Geist« dieser Schule (und Steiners demokratieferne Sozialisation) blickt, wird deutlich, warum es gerade diese Lücke in der Gesellschaftskunde gab. Man begreift von Steiners Pädagogik nichts, wenn man nicht im Kopf hat, dass er die Lehrer als Autoritäts- und Respektspersonen wollte; hier waren sich im Übrigen öffentliche Schulen und weite Teile der Reformpädagogik einig. Starke Mütter- und Väterfiguren sollten die Kinder in Steiners Schule wie ein Familienoberhaupt in den ersten acht Jahren führen. Ihre fürsorgliche Zuwendung würde sich am Ende eines Schuljahrs in ganz »persönlichen« Beurteilungen zeigen, indem sie keine Zensurenzeugnisse mit kalten Noten ausfertigten – auch dies ein Erbe der Reformpädagogik. Doch eine objektivierbare Leistungsbeurteilung wurde damit schwierig, denn dieser Bescheid nötigte den Lehrerinnen und Lehrern intime Urteile über die Schüler auf, denen man sie an öffentlichen Schulen nie ausgesetzt hätte. Jedoch nahm er zugleich der Versetzung ihren Schrecken, der im öffentlichen Schulsystem damals wie ein Damoklesschwert über den Schwächsten hing. Niemand blieb in der Waldorfschule sitzen, alle Kinder sollten bis zur 12. Klasse ihr eigenes Lerntempo finden. Schließlich sorgte Steiner nicht nur für den Geist, sondern auch für den Körper: Es gab einen Schularzt, von dem wohl nicht zuletzt die Arbeiterkinder profitiert haben dürften.

Auch eine neue Schulverfassung entstand. Steiner verordnete eine kollegiale Führungsgemeinschaft ohne »Direktor«[8], sprach sogar zweimal von einer »Lehrerrepublik«. Das klingt nach Demokratie pur, war es aber nur auf den ersten Blick. Schon bei den Eltern, also den eigentlich Erziehungsberechtigten, kam diese Republik nicht mehr an, sie waren von der pädagogischen Mitverantwortung ausgeschlossen. Ebenso wenig kamen die Schüler hier vor. Von demokratischen Schulkonzepten, wie sie die Reformpädagogik kannte, etwa der »Schülerselbstregierung« eines Friedrich Wilhelm Foerster oder gar eines Schülergerichts, wie es Berthold Otto eingerichtet hatte, war Steiners Waldorfschule

Lichtjahre entfernt. Er wollte eben keine Schul-, sondern eine »Lehrerrepublik«. Doch selbst diese blieb eine Schimäre.

Das lag zum einen an ihm selbst. Er, Dr. Rudolf Steiner, hatte die zentralen Entscheidungen getroffen: das Konzept der Schule bestimmt und die Lehrer ausgewählt. Er war der Monarch der Schule, der sich seinen Lehrern als »Esoteriker den Freunden gegenüber« präsentierte, der »aus geistigen Welten« »Forschungsresultate«, die »Wahrheiten« seien, weitergebe. Darüber diskutiert man nicht. Die erste Waldorfschule hatte einen Direktor, und was für einen.

Zum anderen lagen die Probleme auch in der Organisation seiner untergebenen Freunde in der »Lehrerrepublik«. Jeder, der einmal gesellschaftliche Mitwirkung organisiert hat, weiß, dass die Festlegung, alle seien von jetzt an gleich, meist nicht funktioniert. Die Gefahr, dass sich einige »gleicher« fühlen und sich gerade in egalitären Strukturen Herrscher etablieren und Beherrschte unterwerfen, ist riesengroß und hat auch das Kollegium der Waldorfschule umgehend eingeholt. Schon bald gab es mit einer gewissen Selbstverständlichkeit »leitend mitarbeitende« Lehrer, wie sich die Lehrer selbst erinnerten[9], und es kam, was zu erwarten stand: Fraktionen und vor allem Rangunterschiede entstanden. Steiner kritisierte schon 1923 die »Kollegen-Cliquenbildung« und forderte »innere Harmonie im Kollegium«. Aber unaufhaltsam entstanden anstelle offener und damit kontrollierbarer Unterschiede die unsichtbaren Ungleichheiten im Namen der Gleichheit.

Solange Steiner noch lebte, gab es allerdings die Egalität unter dem Meister. Wenn man die Stenogramme der Lehrerkonferenzen liest, begegnet einem ein Rudolf Steiner, der mit größter Selbstverständlichkeit antwortet, während die Lehrer mit einer ebensolchen Selbstverständlichkeit fragen. Der Wille, Autorität auszuüben, und die Bereitschaft, sich dieser Autorität zu unterwerfen, haben sich magnetisch angezogen. An einem Detail lässt sich dieses Gefälle im gedruckten Stenogramm wahrnehmen: Steiner erscheint mit Namen, die fragenden Lehrer erhalten ein namenloses »x«.

Und weil es keine Diskutanten auf Augenhöhe gab, war Steiner so frei, auf den Lehrerkonferenzen Kluges und Abstruses ins pädagogische Musterbuch zu diktieren. »Zumeist ist das Handarbeitliche philiströs. Ich möchte, daß es wirklich künstlerisch gestaltet wird.« »Die Gartenarbeit soll als obligatorisch in den Unterricht hineingenommen werden.« »Knaben und Mädchen trennen, das sollten wir nicht anfangen.« »Ganz Unbegabte«: »separat dressieren«; »Linkshändigkeit«: »immer korrigieren«; bei »Kleptomanie«: »als Strafe« »eine Viertelstunde sitzen und die eigenen Füße, die Zehen mit der Hand halten«. Und wer »die Türen des Lehrer-WC mit obszönen Dingen beschmiert«, hat eine »Psychopathie«: Dieser Schüler – aus einer neunten Klasse, also vermutlich mitten in der Pubertät – »leidet an Verfolgungswahn und ist außerdem ein ausgesprochener Frauenhasser«. Auch gegen kleine Körperstrafen wie eine »Ohrfeige« hatte Steiner nichts einzuwenden, »ein bisschen prügeln« kann »auch einmal sinnvoll sein«. Zugleich forderte er, »so wenig wie möglich zu bestrafen«, vor allem aber wollte er einsichtige Strafen. Aus heutiger Sicht sind viele Maßnahmen Steiners inakzeptabel, aber in den Zwanzigerjahren lag er damit, auch mit seinen (moderaten) Körperstrafen, durchaus im Zeittrend.

Bald machte sich bemerkbar, dass er pädagogische Amateure rekrutiert hatte. Im März 1922 kritisierte der Schulrat bei einer Inspektion unhaltbare Zustände: Kinder schrieben voneinander ab[10], die Disziplinprobleme wuchsen den Lehrern über den Kopf.[11] Folglich lernten die Kinder zu wenig, das war auch Steiner klar. Aber, so schärfte er seinen Lehrern ein, »das ist Amtsgeheimnis!« Konflikte zwischen den Lehrern kamen im Lauf des Jahres 1923 hinzu[12], deren Lösung Steiner an ein »Komitee« delegierte. Der erste Enthusiasmus war bald verflogen, aber davon können sicher viele Neugründungen ein Lied singen.

Pädagogische Ideen

Natürlich lebte die Waldorfschule nicht nur von ihren organisatorischen Strukturen, sondern mehr noch von ihrem pädagogischen Geist. Ihren ambitioniertesten Ausdruck fand er in der Forderung, anthroposophische Erziehung müsse eine »Kunst« sein, nicht etwas »Hausbackenes, Pedantisches, Philiströses«. Die

Basis dieser »Erziehungskunst« war der Geist des Antimaterialismus. Auch in der Schule gehe es um den Menschen als geistiges Wesen. Die Waldorfschule habe »eine höchste, heilige, religiöse Verpflichtung, das Göttlich-Geistige, das ja in jedem Menschen, der geboren wird, neu erscheint und sich offenbart, in der Erziehung zu pflegen«.

Aber zugleich wollte Steiner die Balance zwischen Geist und Körper halten, die »Harmonisierung gewissermaßen des oberen Menschen, des Geist-Seelenmenschen, mit dem körperleiblichen Menschen« leisten. In diesen Bereich gehören all die Dinge, die man bis heute an der Waldorfpädagogik so schätzt: die Arbeit im Schulgarten und der Ausgleich beim Stricken, Tanz und Theater, der Anspruch auf Lernen ohne Leistungszwang. Dabei jedoch geriet er unvermittelt in den Bann der verhassten materialistischen Anthropologie, die seine Vorstellungen wie eine unsichtbare Klammer einschloss. Ein allzu selbstbewusster Schüler, der »Titel zu seinem Namen« hinzufüge und »das ich« »unterstreicht«, »ist ein Verbrechertypus, der kann ein Schriftfälscher werden. Ausgesprochene Anlage zum Verbrechertypus.« »Anlage«: das war im Sprachgebrauch der Zeit nicht die geistige, sondern die körperliche Vererbung. Manchmal deftige Strafen verstanden sich dann wie von selbst (selbst wenn das Protokoll der Lehrerkonferenz verschweigt, welche Strafübung Steiner hier sehen wollte): »Bei ihm müßte man eine Art seelischen Korrektionsunterricht einrichten. Den müsste man zwingen, drei solche – ? – hintereinander stramm zu machen.«

In der Anthropologie griff Steiner auf theosophische Vorstellungen zurück. Die Lehre vom physischen Leib, Ätherleib, Astralleib und Ich sollte auch in der Pädagogik gelten. Dies hatte er bereits in einer der seltenen Äußerungen zur Pädagogik vor den Zwanzigerjahren, in dem Vortrag »Die Erziehung des Kindes vom Gesichtspunkte der Geisteswissenschaften« aus dem Jahr 1907, so festgelegt. Hier findet sich auch schon die evolutionäre Entwicklungspsychologie: Nachgerade als Charakteristikum der Waldorfpädagogik gelten Entwicklungsschritte, die im Sieben-Jahres-Rhythmus ablaufen sollen, ein schon in der Antike bekanntes Konzept, das Steiner nun in die Waldorfschule transferierte:

»Bis zur Zeit des Zahnwechsels, also etwa bis zum siebenten Jahre«, sei der Mensch »von einer Ätherhülle und einer Astralhülle umgeben. Erst während des Zahnwechsels entläßt die Ätherhülle den Ätherleib. Dann bleibt noch eine Astralhülle bis zum Eintritt der Geschlechtsreife. In diesem Zeitpunkt wird auch der Astral- oder Empfindungsleib frei, wie es der physische Leib bei der physischen Geburt, der Ätherleib beim Zahnwechsel geworden sind.«

Dem stellte Steiner eine evolutionäre Struktur des Unterrichts zur Seite. In jeder Klasse sollte man bestimmte »Kulturstufen« der Menschheitsgeschichte wiederholen. Deshalb sah er Märchen und Sagen für die unteren Klassen und das »Nibelungenlied« für die zehnte Klasse vor und hielt übrigens viele fiktionale Aspekte dieser vergangenen Kulturen mit der Autorität des Eingeweihten für real: Atlantis habe existiert[13], Parzifal auch[14], beides sei zu unterrichten. Mit diesen hierarchischen »Kulturstufen« schwamm Steiner im breiten Strom des pädagogischen Sozialdarwinismus, wobei er den entwicklungspsychologischen Vorstellungen des Herbartianismus nahestand.

Steiner schuf aus derartigen Elementen keine konsistente pädagogische Anthropologie – wie hätte er auch das noch angesichts der kurzen Gründungsphase und seiner zeitlichen Belastung schaffen sollen? Deshalb finden sich wie in einem Patchwork nicht nur theosophische und sozialdarwinistische und herbartianische Elemente, sondern vieles mehr, etwa – um ein Beispiel zu nennen – die »Temperamentenlehre«. Steiner war der Meinung, für die Sitzordnung gebe es keine pädagogische Freiheit, sondern ein geheimes Skript: Links müssten die Phlegmatiker sitzen, rechts anschließend die Sanguiniker, dann die Melancholiker und rechts außen die Choleriker.[15] Dieses Konzept hatte der Pädagoge Bernhard Hellwig in den 1880er-Jahren popularisiert, und von ihm hat es Steiner bezogen, wie wörtliche Übernahmen belegen. Auch diese Vorstellung kannte man allerdings schon in der Antike. Zu Beginn des 20. Jahrhunderts waren sie ein Ladenhüter aus der Pädagogikgeschichte. Steiner war eben ein pädagogischer Laie, der Kreatives und Abgestandenes miteinander verschmolz.

Doch wo bleibt Goethe bei all diesen Exkursionen in den Geist der Waldorfpädagogik? Schließlich gilt Steiners Aufsatz über »Goethe als Vater einer neuen Ästhetik« aus dem Jahr 1907 Anthroposophen gern auch als das Gründungsdokument einer anthroposophischen Pädagogik im Geist Goethes. Doch mit Goethe hat dieser Vortrag wenig, dafür aber viel mit Theosophie zu tun, mit Ätherleib und Astralleib und Evolution. Und wenn man Steiners Vorträge aus den Zwanzigerjahren zur Pädagogik oder seine Auslassungen in den Lehrerkonferenzen durchliest, stößt man nicht gerade auf Goethe als Achse der Pädagogik. Natürlich kommt er immer wieder vor, als Autor der Farbenlehre oder als Philosoph der anschauenden Wahrnehmung, natürlich trifft man auf goetheanische Begriffe, insbesondere im »anschauenden« Naturkundeunterricht etwa auf den Begriff der Metamorphose. Aber eine goetheanische Pädagogik wird daraus nicht. Der Dichter blieb einer unter mehreren Ideenlieferanten – allerdings derjenige mit dem klangvollsten Namen.

Okkultismus

Steiner war nicht der Mensch, der eine okkulte Weltanschauung entwarf und sie zum Dreh- und Angelpunkt seines Lebens und seiner Anthroposophischen Gesellschaft machte, um dann eine Schule zu gründen, in der dieses Denken nicht auch das Herzstück gewesen wäre. In den letzten Abschnitten war diese Dimension immer wieder aufgeblitzt, etwa wenn er sich als Eingeweihter dem Lehrerkollegium gegenüber präsentierte oder die pädagogische Anthropologie mit Äther- und Astralleib ausstattete. Aber mit den Erfolgen der Anthroposophie war auch die Zahl der Gegner gewachsen, und so war es bei der Waldorfschule inopportun, das esoterische Geheimnis nach außen zu kehren. Deshalb benötigt man einen archäologischen Blick, um unter Schulstruktur und Fächerkanon die theosophischen Fundamente der Waldorfpädagogik zu entdecken. Wenn man allerdings einmal beginnt, mit diesem Blick zu graben, wird man auch fündig. Im geschlossenen Zirkel, etwa vor den Gründungslehrern oder in den Konferenzen der Stuttgarter Waldorfschule, hat Steiner das okkulte Programm entfaltet, welches er der Öffentlichkeit zu seinen Lebzeiten nicht preisgab.

Ein Zentrum der pädagogischen Esoterik war das Lehrpersonal. Der Klassenlehrer galt Steiner als Priester respekive Priesterin. »Der Erzieherberuf« werde sich »umwandeln lassen ... zum ganz wahrhaften Priesterberuf«, der Priester-Lehrer habe »die göttlichen Pläne mit der Welt zu verwirklichen« und »die Intentionen der Götter aus[zu]führen«, er habe »dem irdischen Leben ... zu übergeben, was aus den göttlich-geistigen Welten uns zugekommen ist in dem Kinde«. Im Klartext: Der Lehrer muss übersinnliches Wissen besitzen. »Wenn wir diese Verhältnisse bedenken, dann erwacht in uns etwas wie das priesterliche Erziehergefühl.« Deshalb war der Priester-Lehrer viel mehr als ein pädagogischer Künstler, er war auch ein Eingeweihter:

> »Die alten Mysterienlehrer haben ... Lebensgeheimnisse esoterisch bewahrt, weil diese nicht unmittelbar dem Leben übergeben werden konnten. Aber in gewisser Beziehung muss jeder Lehrer Wahrheiten haben, die er nicht unmittelbar der Welt mitteilen kann.«

Und weil dieser Lehrer als Medium galt, letztlich als ein Kanal für eine übersinnliche »Wahrheit«, mussten die »individuellen Eigenheiten« seines pädagogischen Arbeitens »ausgelöscht werden«.

Was bedeutete die Priesterrolle konkret? Beispielsweise müsse der Lehrer als Esoteriker Reinkarnationswissen besitzen. Er

> »wird ein feines Gefühl haben müssen für das, was sich aus dem früheren Erdenleben herüberentwickelt in dem werdenden Kinde ... Hast du einen Menschen vor dir, so hast du die wiederauferstandene Seele aus der vorhergegangenen Inkarnation vor dir. Dies als Theorie aus einer begriffenen Weltanschauung zu haben, als Lehre von den wiederholten Erdenleben, das ist nicht genug, sondern, es muss diese Lehre praktisch werden, dass sie der Untergrund werden könnte für so etwas wie eine Erziehungs- und Unterrichtskunst.«

Das war für Steiner keine Floskel. Immer wieder hat er betont, was der Lehrer als Esoteriker wissen müsse: Im Karma manifestiere sich das »Schicksal« der Kinder.[16] So sei Linkshändigkeit ein »ausgesprochen karmisches Phänomen«, »Augenschlenkern« »karmisch« bedingt, ein fehlender »Sinn für Rhythmus« ebenfalls. Und schwanke die Körpertemperatur eines Schülers beträchtlich, sei »der Junge von seiner Mutter zu befreien ... Es liegt ein Karma vor.« Ein Thema mit einem derart hohen Stellenwert sollte konsequenterweise auch Unterrichtsgegenstand werden. Zurückhaltung müsse man bei den jüngeren Schülern üben, ihnen sei das Wirken des »Schicksals« zu erläutern. Aber von der zehnten Klasse an müsse man »wirklich die Schicksalsfrage im Sinne der Karmafrage allmählich mit dem Kinde behandeln«.

Und weil Steiner sich nie gescheut hat, die Konsequenzen aus seinem Karmadenken zu ziehen, weicht er auch der Frage nicht aus, wie sich die Selbstbestimmung des ehemaligen Erwachsenen im jetzigen Kind zu dem Anspruch eines anderen Erwachsenen, des Lehrers, verhält. Darf der Lehrer überhaupt erziehend in das Leben eines Erwachsenen, der jetzt gerade ein Kind ist, eingreifen? In einer Überlegung, in der Steiner aus der Art und Weise, wie ein Kind auftritt, dessen frühere Inkarnation erschließt, beantwortet er auch diese Frage:

> »Kinder, die trippeln, mit der Ferse kaum auftreten, die haben in flüchtiger Weise das vorige Erdenleben vollbracht. Man wird bei ihnen nicht viel herausholen können; man wird darauf sehen müssen, dass man viel in ihrer Nähe macht, damit sie eben auch viel nachmachen können.«

Der eingeweihte Lehrer kann und muss etwas machen, sonst könnte er seinen Lehrerberuf an den Nagel hängen. Doch zugleich versucht Steiner, die Autonomie des Erwachsenen-Kindes zu bewahren, indem er dem karmischen Schicksal fast zwingende Konsequenzen für die Gegenwart zuschreibt. Bei Menschen mit »flüchtiger« Vorinkarnation kann man eben »nicht viel herausholen«. Karmischer Determinismus und pädagogischer Elan gehen bei Steiner Hand in Hand – zumindest in der Theorie.

Autorität

Mit dieser esoterischen Aufladung der Lehrerrolle war eine pädagogische Dimension verknüpft, von der ebenfalls schon die Rede war: Autorität.

> Steiner »sass hinter dem grossen Schreibtisch, um den wir uns im Halbkreis aufstellten, und auf seine Aufforderung hin fingen einige an zu sprechen. ... Er selber sprach kein Wort. Wenn einer fertig gesprochen hatte, wandte er seinen Blick dem nächsten zu. Die Dinge, die unser Gemüt bewegten, waren bald gesagt, und um das Sagen war es uns nur zu tun gewesen. Jetzt war alles in seine Hände gelegt. ... Das Gespräch hatte keine halbe Stunde gedauert, und schon waren wir freundlich entlassen, ohne dass irgend eine Diskussion stattgefunden hätte. Als die Schule nach den Ferien wieder anfing, stellten wir mit Verwunderung fest, dass wir in zwei wesentlichen Fächern andere Lehrer bekommen hatten und der ganze Unterricht so war, wie wir ihn uns schon lange gewünscht hatten.«[17]

Im Brennspiegel dieser kleinen Szene dokumentiert sich, wie Steiner Schule in ihrem Innersten verstand: So gebieterisch, wie er sich gegenüber dem Lehrerkollegium verhielt, so fraglos, wie er das Konzept der Waldorfschule entworfen hatte, so selbstverständlich regierte er mit der Autorität eines Übervaters gegenüber den Kindern. Er lässt berichten, eine Diskussion entfällt, der Patriarch entscheidet. Notabene: Steiner wollte für seine Kinder nur das Beste, er wandte sich ihnen zu, und dieser Bericht legt nahe, dass die Schüler ihn mochten. Aber diese Zuneigung beruhte auf einem hohen und gewollten Autoritätsgefälle zwischen Lehrer und Schüler. Auch dies war, wie schon erwähnt, keine Besonderheit von Steiners Waldorfschule. Sowohl in öffentlichen Schulen als auch in alternativen Schulmodellen war die Autorität des Lehrers die Grundlage des Unterrichts, vielfach auch dort, wo man partizipatorische Elemente, anders als in der Waldorfschule, verankerte. Aber Steiner hatte eine eigene Begründung: Der Lehrer war auch ein Geheimlehrer. Jedenfalls täusche man sich hinsichtlich der Waldorfschule nicht: Bei aller Offenheit für

Musisches und Handwerkliches, trotz Monatsfeiern und Eurythmie, trotz aller reformpädagogischen Anklänge, eines war sie nicht: liberal, und schon gar nicht antiautoritär.

Deshalb wies Steiner der Autorität ganz allgemein einen hohen Stellenwert zu:

> »Innerlich stark werden die Menschen werden, wenn man zum Beispiel zu den Kindern sagt: Du tust heute dies, und du tust morgen das, und ihr beide werdet morgen und übermorgen dasselbe tun. – Da tun sie es auf Autorität hin, weil sie einsehen, dass einer in der Schule befehlen muss.«

Namentlich bis zur Pubertät gab es für die Autorität des Lehrers in diesem Konzept kaum Schranken. In besonders steilen Äußerungen wird der sakrale Lehrer zum Manipulator des Kindes, wenn Steiner von Infiltration und Hineinverpflanzen spricht, also gerade das bewusste Nachvollziehen systematisch unterläuft: Denn das Kind, so Steiner, »gehorcht« zwischen sieben und vierzehn Jahren »von selbst. Durch dieses Hinhören auf den, der diese Methode handhabt, infiltriert sich das Kind mit dem, was dann als Autoritätsgefühl herauskommen soll.« Und bei den Zehnjährigen können die Lehrer ein »ganz besonders wichtiges moralisches Element in die kindliche Seele hineinverpflanzen, wenn Sie sich bemühen, den naturgeschichtlichen Unterricht so zu gestalten, dass das Kind nichts davon ahnt, daß Sie ihm Moral beibringen wollen«. Oder: »Wenn Sie in der 7. und 8. Klasse nur fertig kriegen [sic], daß die Kinder das Autoritätsgefühl nicht verlieren! Das ist das allernotwendigste. ... Man muss den Kindern scheinbar nachgeben, in Wirklichkeit aber gar nichts nachgeben.« Und überhaupt: »Wohin kämen wir denn, wenn die Schüler nicht die Ansicht ihrer Lehrer hätten?« In solchen Äußerungen ist das unmündig gehaltene Kind ein Objekt des Belehrens. Kindliche Neugierde oder Lernstrategien von Erfolg und Irrtum waren für Steiner keine gleichwertigen Erziehungstechniken. In der damaligen Pädagogik hieß dies, in einer frei floatenden Terminologie herbartianischer Herkunft, »Gesinnungsunterricht«. Auch Steiner war der Meinung, dass es »vor allem auf die *Gesinnung* ankommen« müsse. Persönlichkeitsbildung statt Faktenhuberei könnte man auch sagen.

Die Verbindung von Autorität und Zuneigung konnte an der Stuttgarter Waldorfschule in regelrechten Akklamationen eingeübt werden, wie eine mehrfach überlieferte Schulszene zeigt:

> »Und jetzt wünsche ich es sogar, daß ihr Lärm macht und so schreit, daß dieser Saal von euren Worten widerhallt: ›Wir haben unsere Lehrer lieb.‹ (Alle Kinder riefen begeistert, so laut sie konnten: Ja, wir haben unsere Lehrer lieb!)«

Zeitzeugen haben damals viel mehr gesehen: »Tosend«, weiß der Waldorflehrer Rudolf Grosse zu berichten[18], sei die Reaktion gewesen, und eine Schülerin, Karin Ruths-Hoffman, erinnert einen gigantischen Lärm, »daß die Wände wie die Mauern von Jericho einzustürzen drohten«[19]. Das war keine spontane Liebeserklärung, wie die Wiederholungen dieses Rituals belegen, sondern die Inszenierung der Autorität des Lehrers in einem Akt kollektiven Brüllens.

Nun findet man bei Steiner auch anderes: das Lob der Nachahmung, und das kann im frühen 20. Jahrhundert ein Stück Selbstständigkeit gegenüber dem Belehrt-Werden bedeuten. Oder die Überzeugung, dass Kinder »mit der Geschlechtsreife« lernen, sich »ein eigenes Urteil zu bilden«, wie er schon 1907 gesagt hatte (allerdings müsse dem »ein auf selbstverständlichen Autoritätsglauben gestütztes gesundes Empfinden für die Wahrheit vorangegangen« sein). Und es gibt bei Steiner für den Lehrer die Aufgabenumschreibung des »Pflegens«[20], worin man das Wachsen-Lassen und damit die Eigenständigkeit des Schülers lesen kann (wenngleich die Logik vormundschaftlichen Handelns ebenfalls in diesem Begriff steckt). Steiner changierte zwischen dem Anspruch, Freiheit vermitteln und Autorität ausüben zu wollen. Der Steiner, der die Waldorfpädagogik bis zu seinem Tod im Jahr 1925 begründete, bekam letztlich seine autoritären Zumutungen nie in den Griff. Das letzte Wort lautet bei ihm nicht, wie es Ellen Key 1900 der Reformpädagogik ins Stammbuch geschrieben hatte, »Erziehung vom Kinde aus!«, sondern Erziehung vom Lehrer aus. In der Logik des Lehrers als eines esoterischen Eingeweihten ist dies nicht mehr als konsequent. Wie die Waldorfschulen heute mit diesem Erbe Steiners umgehen, ist – wie eingangs angesprochen – eine andere Frage.

Schulkulte

Mochte die Unterscheidung zwischen öffentlicher und arkaner Schule meist undurchsichtig sein, an einem Punkt konnte sie jeder, der genauer hinschaute, erkennen: Für die anthroposophischen Kinder schuf Steiner eigene Zeremonien. Sie waren mit dem anthroposophischen Religionsunterricht verbunden und konkurrierten insoweit mit dem christlichen Religionsunterricht. Steiner kreierte vier rituelle »Handlungen« in der Verantwortung der Anthroposophischen Gesellschaft.[21] Zuerst schuf er Ende 1919 eine kultische »Sonntagshandlung«, die die Religionslehrer zelebrieren sollten. Ein Jahr später folgte eine »Weihnachtshandlung«, und im März 1921 feierte man als Ersatz für den Konfirmandenunterricht eine »Jugendweihe« (oder »Jugendfeier«). 1923 ging er noch einen Schritt weiter, indem er am Palmsonntag erstmals eine »Opferfeier« zelebrieren ließ. Dieser in Steiners Augen »messe-ähnliche« Kult mündete in eine Kommunionfeier und bildete damit eine unmittelbare Alternativveranstaltung zum christlichen Sonntagsgottesdienst.

Diese Waldorfkulte zeigen einmal mehr, wie sich das esoterische Konzept in der Schulpraxis umsetzte. Aber für Steiners Biografie sind sie noch aus einem anderen Grund aufschlussreich. Denn sie gehören in die große Geschichte der Revitalisierung anthroposophischer Kulte nach dem Ersten Weltkrieg. Blicken wir kurz zurück: 1914 hatte Steiner die Esoterische Schule geschlossen und die Feier der freimaurerischen Riten beendet. Erst 1924 begann er, die Esoterische Schule neu aufzubauen. Genau in dieser kultlosen Phase der Anthroposophischen Gesellschaft kreierte Steiner die Schulzeremonien. Mit den »Handlungen« in der Waldorfschule dokumentierte er, dass Kulte ins Herz der Anthroposophie gehörten. Die Waldorfschule war in gewisser Weise eine Stellvertreterin der Esoterischen Schule vor ihrer Wiedereröffnung. Schließlich und endlich beinhalteten die schulischen Rituale eine inneranthroposophische Klarstellung, nämlich an die Adresse der Christengemeinschaft: Obwohl Steiner 1922 den »Kultus« dieser Kirche gestiftet hatte (s. Kap. 26), schuf er 1923 die »Opferfeier« für die Waldorfschule. Die Message war klar: Ein Kultmonopol der Christengemeinschaft war unerwünscht. Der wahre Kultus wurde in der Obhut der Anthroposophischen Gesellschaft gefeiert.

Weltanschauungsschule

Alles, nur nicht das, wird Steiner bei diesem Wort gedacht haben. Denn Weltanschauungsschule roch für ihn nach Enge und vielleicht nach Kirche. Wollte er doch mehr, eine Methode, einen Erkenntnisweg hoch über allen Parteimeinungen und Religionen und Weltanschauungen. Deshalb war Steiner in dieser Frage radikal: »Wir wollen hier in der Waldorfschule keine Weltanschauungsschule einrichten. Die Waldorfschule soll keine Weltanschauungsschule sein, in der wir die Kinder möglichst mit anthroposophischen Dogmen vollstopfen. Wir wollen keine anthroposophische Dogmatik lehren, Anthroposophie ist kein Lehrinhalt.« Doch dann sprach er sein großes Aber: »Aber wir streben auf praktische Handhabung der Anthroposophie. Wir wollen umsetzen dasjenige, was auf anthroposophischem Gebiet gewonnen werden kann, in wirkliche Unterrichtspraxis.«

Doch das kam einer Quadratur des Kreises gleich: Die Anthroposophie sollte kein Inhalt der Lehre, jedoch einer der Praxis sein. Letztlich lief auch die Lösung dieses Problems auf eine Teilung in eine öffentliche und eine nicht-öffentliche Waldorfwelt hinaus. Wie beim okkulten Selbstverständnis oder beim Programm des »Infiltrierens« eröffnete Steiner einem kleinen Kreis, etwa in einer Lehrerkonferenz im Juni 1920, dass es die anthroposophische Dimension geben solle, ohne dass sie öffentlich werde. Man müsse eben anstreben, die »Anthroposophie organisch in den Unterricht hineinzubringen«. Beispiel Eurythmie: »Man muß sich bemühen, möglichst ohne dass man theoretisch Anthroposophie lehrt, sie so hineinzubringen, daß sie darinnensteckt.« Das war des Pudels Kern. Die Anthroposophie sollte in der Waldorfschule »darinnenstecken«, aber nicht gelehrt werden. Dann jedoch wird es schwer, jedenfalls ist es programmatisch nicht vorgesehen, sie zum Gegenstand einer Debatte über die weltanschauliche Prägung dieser Schule zu machen.

Mehr Schule

Noch zu Steiners Lebzeiten wuchs um die Stuttgarter Schule herum ein pädagogisches Netz. Der Waldorfschulverein, dessen zentrale Aufgabe die Beschaffung von Finanzmitteln war, zählte 1924 schon knapp 4500 Mitglieder. Ein Erweiterungsbau für die Schule auf der Uhlandshöhe wurde Ende 1921 grundgelegt, geschätzte Baukosten: drei bis vier Millionen Mark. Mit einem »Erziehungstag« präsentierte man sich regelmäßig seit 1923, ein Jahr später erschien die erste Nummer einer anthroposophischen Erziehungszeitschrift, *Die Freie Waldorfschule*, die heute *Erziehungskunst* heißt. Und neue Schulen entstanden, noch zu Steiners Lebzeiten in Dornach/Schweiz (1921), Köln (1921), Hamburg (1922), Essen (1923), Kings's Langley/England (1923) und im Haag/Niederlande (1923). Allerdings musste Steiner die Kölner Schule schon 1925 selbst wieder schließen, offenbar ehe die Behörden eingriffen.

Seit 1920 existierte neben der Stuttgarter Waldorfschule auch ein Kindergarten. Aber mehr als eine Einrichtungsanzeige war dies nicht, erst nach Steiners Tod wurden die Kindergärten ein fester Bestandteil der Waldorfschulbewegung. Außerdem kam 1924 die »Seelenpflege«, die anthroposophische Heilpädagogik, hinzu. Wieder waren Menschen auf Steiner zugekommen, in diesem Fall drei junge Männer, der Pädagoge Albrecht Strohschein und die beiden Mediziner Siegfried Pickert und Franz Löffler. Sie erstanden 1924 auf dem Lauenstein bei Jena ein Haus, das zur Keimzelle der heilpädagogischen Bewegung im Rahmen der Anthroposophie wurde. Und schließlich und endlich gründete Steiner 1923 noch die Freie Hochschule für Geisteswissenschaft. Aber als esoterische Einrichtung hat sie mit einer Schule im umgangssprachlichen Sinn nur noch den Namen gemein (s. Kap. 25).

DREIUNDZWANZIG

Medizin. Zwischen Homöopathie und Hightech

Heilung und Heil am Fin de Siècle

Auch Theosophinnen wollen nicht gerne sterben – trotz aller Hoffnung auf Reinkarnation, trotz aller Aussicht auf eine von allen Fesseln der Sinne befreite Existenz in den übersinnlichen Welten. Und wenn man schon sterben muss, will man wenigstens in großer Frische alt werden. Medizinische Fragen waren im theosophischen Milieu daher en vogue.

Beispielsweise als Marie von Sivers 1905 an einer ihrer häufigen Erkrankungen litt, deren psychosomatische Dimension so wahrscheinlich wie schwer einschätzbar ist. In einer solchen Situation waren Alternativmediziner eine erste Adresse. So kontaktierte Steiner 1905 den Stuttgarter Homöopathen Emil Schlegel, der seitdem Steiners Geliebte behandelte und ihn mit homöopathischer Literatur und einer homöopathischen Reiseapotheke versorgte. Natürlich hatte man auch einen Schulmediziner, den Berliner Arzt Bruno Gisevius, der zugleich einer der angesehensten Homöopathen Berlins war, aber der sollte nur bei einer Verschlechterung des Zustands von Marie von Sivers beigezogen werden. Diese Konstellation ist symptomatisch für das Verhältnis Steiners und vieler Theosophinnen zur Medizin. Natürlich nutzte man die Errungenschaften moderner Medizin, nie hätte man sich mit Quacksalbern zufriedengegeben. Aber das »wahre« Verständnis von Krankheit, das, was man nach Steiners Tod ein »ganzheitliches« Verständnis nennen sollte, erwartete man von alternativen Therapien.

Wie Steiner selbst mit seinen Krankheiten umgegangen ist, lässt sich bislang nicht genau sagen. Er scheint eine robuste Konstitution besessen zu haben und nahm wenig Rücksicht auf seinen Körper, als habe der Geist über die Materie herrschen sollen. Schon vor dem Ersten Weltkrieg hörte er auf einem Ohr schlecht, sodass er häufig den Kopf zum Sprecher neigen musste.[1] Manchmal war er vermutlich einfach am Ende seiner Kräfte, etwa im Oktober 1912, als er sich mitten in der Hochkampfphase mit Annie Besant »wie zerhacktes Fleisch« fühlte und »in der Stille ihm starke Schmerzen kommen«[2]. Aber wir wissen immer noch wenig über seine Krankheitsgeschichte. Sie passte nicht so recht zum strahlenden Bild des Eingeweihten, der sich eigentlich auch an diesem Punkt hätte helfen können müssen. Er hatte jedenfalls schon vor dem Ersten Weltkrieg einen wachen Blick für unorthodoxe Heilverfahren.

Diese Faszination der Alternativmedizin in einer Zeit, als die Schulmedizin atemberaubende Erfolge feierte, ist begründungsbedürftig. Denn das, was seit der Mitte des 19. Jahrhunderts an den Universitäten erforscht und in den Kliniken erprobt worden war und was sich über eine professionalisierte Ärzteschaft bis in die tiefste Provinz des Deutschen Reichs gerade durchsetzte, war nicht mehr und nicht weniger als eine der großen Revolutionen der Menschheitsgeschichte. Die Lebenserwartung der Menschen hatte sich im 19. Jahrhundert in etwa verdoppelt, weil – um nur auf den Geburtsvorgang zu schauen – die Hygiene im Wochenbett oder die Versorgung der Säuglinge das Todesrisiko bei Geburten dramatisch senkte. Seit die Medizin das Wundfieber beherrschte, zeigte sie mit spektakulären Eingriffen, was sie konnte. Noch vor 1900 wagte man es, Nieren zu entfernen, den Blinddarm herauszuschneiden oder Herzoperationen vorzunehmen, nach 1900 kamen Schilddrüsenoperationen, Nerven- und Gefäßchirurgie oder Hautverpflanzungen dazu, um 1900 waren Blutdruckmessung, mikroskopische Blutuntersuchung, chemische Analyse der Körperausscheidungen, Röntgen- und Elektrodiagnose praxisreif. Wir mögen heute bei solchen Entwicklungen kritisch an eine anonyme Apparatemedizin denken. Damals bedeutete das jedoch schlicht: Heilung bislang unheilbarer Krankheiten, Schmerzlinderung, Lebensverlängerung, mit einem Wort: Fortschritt.

Parallel wurde die Medizin zu einem hoch differenzierten Reich von Spezialisten. Orthopäden und Dermatologen, Neurologen und Internisten hatten den Menschen in Kompetenzfelder aufgeteilt. Auch hier galt: Das half, man litt weniger und starb später. Doch man ahnt den Preis, der für den Fortschritt zu zahlen war. Der »ganze« Mensch war dabei, aus dem Blick der Ärzte zu geraten, technische Verfahren verdrängten nicht nur die Quacksalber, sondern auch das Wissen um die »Seele« des Menschen, die Expertise der Fachleute entmachtete den Patienten im Heilungsprozess. Und hier schlug die Stunde der Alternativmedizin, besonders im bildungsbürgerlichen Milieu, zu dem ja auch die Theosophen gehörten. Sie hatten genug Wissen, ausreichend Geld und genügend Muße, um sich zusätzlich der alternativen Medizin zuzuwenden.

Und dafür gab es kaum irgendwo auf der Welt eine größere Fülle von Angeboten als im deutschsprachigen Raum. In Wien hatte Franz Anton Mesmer schon in den 1760er-Jahren das Heilen mit Fluidum und Magnetfeld entdeckt, Hypnosetherapeuten, okkultistische Heiler und Psychotherapeuten hatten darauf aufgebaut. Aus Mitteldeutschland kam Samuel Hahnemann, der Begründer der Homöopathie, der mit hoch verdünnten Substanzen Heilungsprozesse auf den Weg brachte. Er glaubte, dass man eine Krankheit mit den gleichen Mitteln heile, durch die sie verursacht werde, weil das Heilvermögen homöopathischer Mittel auf »Symptomen« beruhe, die zwar der Krankheit »ähnlich« seien, sie jedoch »an Kraft überwiegen«. Das war für Hahnemann keine Frage von vielen oder wenigen Molekülen in der homöopathischen Verdünnung, sondern die Wirkung einer »geistartigen« »Lebenskraft«[3].

Zu Beginn des 20. Jahrhunderts war aus diesen alternativen Techniken eine Parallelwelt geworden. Der Vater der Wasserheilanstalten, der schlesische Landwirt Vincenz Prießnitz, hatte seit den 1830er-Jahren Menschen dazu gebracht, mit Wadenwickeln und Sturzbädern, mit Kaltwasseraufgüssen und Schwitzkuren Heil und Heilung zu suchen. Zum Großmeister der Wassertherapie stieg dann der katholische Pfarrer Sebastian Kneipp auf, der Bad Wörishofen zum Weltzentrum der Wassertherapie machte und dessen Buch *Meine Wasser-Kur* 1894 bereits in der 50. Auflage erschien. Der Schweizer Färbereibesitzer Arnold Rikli hingegen setzte auf Licht und Luft. Er eröffnete 1855 das erste

»Luftbad«, dessen Besucher vor 1900 demonstrativ den deutschen »Platz an der Sonne« nicht wie Kaiser Wilhelm II. in den afrikanischen Kolonien suchten, sondern in der den Deutschen »heiligen« Natur. Ganz irdisch hingegen versuchte es der evangelische »Lehmpastor« Emanuel Felke, der 1912 seinen Pfarrerberuf gegen die Berufung als Heiler mit Lehmkuren tauschte. Auf zeitgenössischen Fotografien sieht man Köpfe aus Reihen kleiner Gruben lugen, in denen die Erde für die Gesundheit sorgte. Das tägliche Heil hingegen versprachen Ernährungskonzepte, etwa die Schroth-Kur nach Johannes Schroth seit den 1830er-Jahren oder das Müsli Max Oskar Bircher-Benners zu Beginn des 20. Jahrhunderts. Klassiker der Medizin wie die Kräutermedizin erwachten zu neuem Leben, wohingegen vermeintliche Klassiker wie die Sphagyrik, die »alchemistische« Medizin, de facto neu erfunden wurden. Immerhin: Der adelige Privatgelehrte Cesare Mattei leugnete nie, die »Elektro-Homöopathie« dem technischen Zeitalter zu verdanken. Ebenfalls als Wissenschaft sah sich »Christian Science«, deren Anhänger in Deutschland meist »Gesundbeter« hießen und vor denen selbst der Kaiser 1902 meinte warnen zu müssen. Sie stehen nur exemplarisch für die religiöse Medizin von den Wunderheilungen an Marienwallfahrtsorten bis zu den Geistheilungen im theosophischen Umfeld. Und wer das ganze Programm haben wollte, ging in eine »Heilanstalt«, auf gut lateinisch: in ein »Sanatorium«. Das konnte ein Haus in Stadtrandlage sein, aber auch ein alternativmedizinischer Siedlungskomplex wie die Häuser auf dem Weißen Hirschen bei Dresden.

Das Rückgrat dieser Alternativmedizin bildeten Laien, die sich allerdings in einer medizinischen Landschaft behaupten mussten, die zwischen Universität und Krankenkassen immer mehr professionalisiert wurde, weil diese versuchten, die »Kurpfuscher«, »Wunderheiler« und »Scharlatane« zu eliminieren. Gleichwohl stieg die Zahl der Laienbehandler von einigen Hundert in den 1870er-Jahren auf über 10 000 in der Weimarer Republik, und 1914 zählte man in der Naturheilbewegung 200 000 Mitglieder in 900 Vereinen. Alternativmedizin war, insbesondere in bürgerlichen Kreisen, populär und dicht vernetzt mit anderen Segmenten der Lebensreformbewegung. Die Theosophie gehörte dazu.

Theosophische Medizin vor dem Ersten Weltkrieg

Um 1906/07 versuchte sich in München der »Nervenarzt« Felix Peipers an einer theosophischen Alternativmedizin. Er war Mitglied in Steiners Esoterischer Schule und hatte in Schwabing, gleich beim Englischen Garten, ein »Sanatorium« eingerichtet, in dem er – selbst rot-grün-blind – eine Farbtherapie praktizierte. Hier könnte sein bekanntester Patient, Christian Morgenstern, in dem folgenden Arrangement Heilung gesucht haben: Wenn Herr Morgenstern in die Praxisräume trat, stieg ihm der Duft von »ägyptischem Pontifikal-Weihrauch« in die Nase[4], den Peipers in seinen Behandlungskammern ausströmen ließ. Als erste Anwendung meditierte Morgenstern über Bildern von Raffael, beginnend mit der »Sixtinischen Madonna«, am Ende stand Raffaels »Transfiguration«. Dann legte er sich in einen Kasten, eine »Farbkammer«: polygonal wie Kristalle gezimmert, außen Eiche, innen »zarteres Holz, farbig gebeizt und poliert«. Peipers hatte die kleine Höhle gerade unter Rezitation der hinduistischen Silben »Om mani padme hum« gereinigt und unter der »Couch« eine Lampe eingeschaltet, die indirektes rotes oder blaues Licht erzeugte. »Es gelang dadurch, die Farbe wie schwebend zur Wirksamkeit zu bringen.« Den »geistigen« Raum konstituierten aber auch okkulte Bildsymbole. »Am Kopfende war ein Kasten aufgestellt, in dem man abwechselnd verschiedene Transparente anbringen konnte (Pentagramm oder Hexagramm in Farben, Rosenkreuz in Komplementärfarben); unsichtbar für den Patienten, sichtbar für den Arzt.« Für die meditative Fundierung hatte Steiner gesorgt und Morgenstern eine Konzentrationsübung gegeben, Peipers eine Meditation. Aber Steiner griff auch in die Therapie ein, nicht nur allgemein hinsichtlich der »Farbfolge und der jeweiligen Dauer der Farbbehandlung«, sondern ebenso im Blick auf konkrete Krankheitsbilder, wie Peipers berichtete: »Die Blaulichtbehandlung wird gemaess den mir für fieberzustaende [sic] gegebenen Anweisungen durchgeführt.« So lag vielleicht auch Morgenstern einige Minuten in der blau und dann in der rot ausgeleuchteten Kammer, »in einer Stellung, die leise das Pentagramm andeutet«. Töne eines Harmoniums oder Glockenspiels konnten erklingen, Sphärenklänge sollte Morgenstern hören, während Peipers am Fußende stand und die »Pentagramm-« oder »Hexagrammübungen« meditierte (also zum fünf- oder sechszackigen Stern), die Steiner vorgeschrieben hatte.

Die Peiperssche Therapie beleuchtet beispielhaft die Entstehung von Praxisfeldern: Peipers kam mit den grundlegenden Ideen, während Steiner den theosophischen Überbau errichtete und aus »höherer« Warte Vorschriften machte. Offenbar akzeptierte ein Mediziner wie Peipers, dass sich Steiner als Eingeweihter das Recht herausnahm, in die medizinische Diagnostik und Therapie einzugreifen. Freilich habe man »außergewöhnliche Heilerfolge«, wie sich Peipers' Krankenschwester Johanna Wagemann erinnerte, nicht erzielt.

Erfunden haben weder Peipers noch Steiner die Lichttherapie. Schon in den 1890er-Jahren gab es kastenförmige »elektrische Lichtbäder«, schon damals hatte der Spiritist Georg von Langsdorff mit roter und blauer Flüssigkeit gefüllte »Chromolinsen« eingesetzt. Aber man durfte sich auch nahe an der Avantgarde der Medizin fühlen, denn 1903 hatte das Nobelpreiskomitee Niels Finsen den Nobelpreis für Medizin verliehen, weil er Tuberkulose mit UV-haltigem Licht geheilt hatte. Esoterik und Wissenschaft schienen auf Tuchfühlung zu sein.

Mit Licht hatte auch eine andere Theosophin experimentiert, die Laienheilerin Marie Ritter. Sie stellte pflanzliche Medikamente her, »photodynamische Pflanzenpräparate«, in denen, bei Sonnenlicht gepflückt, »lichtempfindliche Substanzen, ›Lichtträger‹ genannt«, enthalten sein sollten, »Grundstoffe, aus denen sich die organische Welt aufbaut« und die sich »in den Aschebestandteilen aller Lebewesen nachweisen« lassen sollten.[5] Sie kannte die fotodynamischen Forschungen des ausgehenden 19. Jahrhunderts, mit denen man Hautkrankheiten versuchsweise behandelte, und publizierte 1903 selbst über die »photo-dynamische Wirkung von Fluorescenz- und Luminiscenz-Stoffen auf Zellengebiete und Nervenendigungen«[6] (also von Stoffen, die selbst oder bei Bestrahlung leuchten und einen therapeutischen Effekt auf Gewebe ausüben sollten). Immerhin hatte Paul Ehrlich, der für seine Erforschung von Immunreaktionen 1908 den Nobelpreis erhalten hatte, dieses Buch in seiner Bibliothek. Auch den Einsatz von radioaktiven Substanzen, sozusagen okkulten Kräften, forderte Marie Ritter. All das war nicht ungefährlich, aber die Einsicht, dass nicht alles, was »natürlich« ist, auch heilt, war keineswegs selbstverständlich. Doch solche Bedenken gingen in ihrem Kampf der sanften Alternativmedizin gegen die in ihren Augen brachiale Universitätsmedizin, die Geschwulste durch »Kohlenbogenlicht mit einem Kraftaufwand von 60 Ampère Stromstärke« heilte, manchmal unter.[7]

Mit ihrem Konzept fand Marie Ritter in der Theosophischen Gesellschaft offene Ohren. Sie hatte Steiner um 1907 herum kennengelernt und ihn offenbar als eingeweihten Lehrer akzeptiert, obwohl sie sich schon länger mit Fragen beschäftigte, die für Steiner Neuland waren. In diesem Umfeld entwickelte oder erprobte sie Medikamente, unter anderem mithilfe des jungen Arztes Max Hermann, da ihr die für die Arbeit mit Patienten notwendige Approbation fehlte. Ihre Heilmittel entwickelten sich zu einem Renner in der Adyar-Theosophie: Peipers nutze sie, Steiner empfahl sie und Oskar Schmiedel, der spätere Mitbegründer der Weleda-Werke, verkaufte sie »zugunsten des Goetheanums«[8]. Und vermutlich hatte Ritter (wie auch Peipers) vor, eine wichtige Rolle im dann doch nicht gebauten Krankenhaus des Johannesbaus zu spielen. Aber für die weitere Entwicklung der theosophischen Medizin wurde Ritter aus einem anderen Grund wichtig. Denn sie experimentierte mit Mistelpräparaten gegen Krebs, also dem Mittel, das später als große Errungenschaft der anthroposophischen Medizin galt. Auch hier gilt natürlich Steiner als der hellsichtige Entdecker, er hat 1908 Marie Ritter (nach einem schwer durchschaubaren Verlauf) einen entsprechenden Hinweis gegeben[9]; aber das alternativmedizinische Netz, in dem solche Überlegungen ventiliert wurden, liegt noch im Dunkeln. Gegen eine allzu große Bedeutung Ritters errichtete Steiner 1920 jedenfalls einen rhetorischen Abwehrwall: Wenn er ihr »atavistisches Hellsehen« zuschrieb, war das ein vergiftetes Lob, denn das war für Steiner nur eine vorwissenschaftliche höhere Erkenntnis. Empirisch würden ihre Ergebnisse vor der medizinischen Wissenschaft nicht bestehen, da »ihre Heilerfolge sich beträchtlich zurückzögen. So sonderbar sind die Dinge im wirklichen Leben« – meinte Steiner.

Eine intensivere medizinische Praxis hat sich aus all dem vor dem Ersten Weltkrieg nicht entwickelt. Ein Kurs zur »okkulten Physiologie«, den Steiner 1911 in Prag vermutlich für eine medizinisch interessierte Zuhörerschaft gehalten hatte, beinhaltete viel theosophische Anthropologie und wenig spezifisch medizinische Informationen. Einzelne Mediziner wie Max Hermann, der 1911 gestorbene Max Asch oder Ludwig Noll, der Steiner später behandelte, blieben vor dem Krieg Einzelkämpfer. Beziehungen zu dem Schriftsteller und »Alchemisten« Alexander von Bernus, über den Steiner wiederum mit Conrad Johann Glückselig, der Pflanzenmedizin und Elektrohomöopathie betrieb (und der der Gründer der heutigen Phönix-Arzneimittel war), in Kontakt kam, haben nur Spuren hinterlassen. Und Peipers' Haus war seit 1914/15 geschlossen[10], nachdem sich die Hoffnungen, das »fünfeckige Krankenhaus« beim Johannesbau als »eine Art Versuchsanstalt für das Verfahren der Farbentherapie« zu errichten[11], nicht erfüllt hatten. Viel mehr als einige Medikamente aus der Schatulle Marie Ritters waren der Anthroposophie am Ende des Ersten Weltkriegs nicht geblieben.

Die Entstehung der anthroposophischen Medizin

1920 wurde alles anders. Offenbar äußerte Steiner im Januar den Wunsch, seine medizinischen Vorstellungen einem »sachverständigen« Publikum zu erläutern.[12] Warum dies gerade jetzt geschah, ob Mediziner zu ihm kamen oder ob er nach dem »Dreigliederungs«-Sommer des Jahres 1919 den Weg in die öffentliche Praxis für angesagt hielt, ist unklar. Jedenfalls kamen medizinisch interessierte Anthroposophinnen, darunter die Ärztinnen Ita Wegman und Madeleine Deventer, auf Steiner zu. Der ließ sich auf einen Kurs ein, aber bitte – selbstverständlich – ausschließlich auf der Hochebene universitär ausgebildeter Mediziner: Schwestern, Feldscher (einfache Militärärzte), Heilpraktiker und Hebammen seien »rigoros« abzulehnen, wobei sich Steiner – selbstverständlich – das Recht nahm, Nicht-Mediziner einzuladen: etwa seine Frau oder seine Mitarbeiter Walter Johannes Stein und Roman Boos.

Und so wurde der 21. März 1920 zum Geburtstag der anthroposophischen Medizin auserkoren, war es doch der erste Tag eines dreiwöchigen Kursus für rund 40 Teilnehmer und Teilnehmerinnen im Glashaus auf dem Dornacher Hügel. Steiner hielt einen großen Vortragszyklus, beginnend mit medizinhistorischen Fragen. Da er, wie immer, kein detailliertes Manuskript benutzte, prägten in den nächsten Tagen zunehmend die Fragen der Zuhörer das Arrangement. Noch bemerkenswerter war aber etwas anderes. Steiner brach das klassische Modell des Zyklus, in dem er allein redete und der unumschränkte Herrscher über das Wort war, auf. Anthroposophische Ärzte und Ärztinnen trugen vor, wie zum Beispiel Otto Römer, damals Ordinarius für Zahnheilkunde in Leipzig. Auch alternativmedizinisch, vor allem homöopathisch arbeitende Ärzte kamen. Darunter war Edwin Scheidegger, den Steiner ausdrücklich eingeladen hatte, der Leiter des Merian-Iselin-Spitals in Basel, ein homöopathisches, durch das Legat Adele Merian-Iselins aus dem Jahr 1898 gestiftetes Krankenhaus. Schließlich waren auch Außenseiter der Alternativmedizin gekommen, etwa Baunscheidt-Spezialisten, die kleine Nadelsets mit die Haut reizenden Ölen, sogenannte Lebenswecker, der Heilung wegen in die Haut schnellen ließen.

Doch das große Projekt einer neuen Medizin, in der anthroposophische Weltanschauung und medizinisches Fachwissen, Alternativmedizin und Universitätsmedizin auf Augenhöhe zusammenarbeiten sollten, scheiterte in diesem ersten Kurs. Wir kennen die Gründe dieses Schiffbruchs nicht genau, da die anthroposophische Erinnerung nur die Erfolgsgeschichte festgehalten hat. Klar ist jedoch, dass die kollegiale Einbeziehung nichtanthroposophischer Mediziner das Modell einer hellseherischen Medizin überforderte. Edwin Scheidegger hat später »seine anthroposophische Zeit als die dunkelste seines Lebens bezeichnet«[13]. Auch die Baunscheidt-Fraktion[14] tauchte bald nicht mehr auf (weil Steiner sie als laienhaft ablehnte?). Am Ende stand Steiner mit seinen anthroposophischen Ärztinnen und Ärzten allein da. Doch auch aus diesem Kreis gingen viele im Lauf der Zeit auf Distanz zu Steiner, so etwa Alfred Gysi, der Mitbegründer des zahnärztlichen Universitätsinstituts Zürich. Man kann nur vermuten, dass es Konflikte über das Verhältnis zwischen anthropoposophischer Lehre und wissenschaftlicher Medizin, zwischen anthroposophischen und anderen Alternativmedizinern gab. Steiner mag unterschätzt haben, dass er zwar behaupten konnte, die anthroposophischen Vorstellungen seien kompatibel mit wissenschaftlichen Vorstellungen, nichtanthroposophischen Ärzten jedoch das Gegenteil, die dogmatischen Grundlagen der Anthroposophie, ins Auge sprangen. Der Arzt Erwin Straus, der später – 1922 – Steiner in Dornach hörte und zu einem Begründer der »anthropologischen« Psychiatrie wurde, hat diesen kritischen Medizinern (Steiners weltanschauliche Imprägnierung ironisierend) eine Stimme verliehen.

> »Eine entfernte Ähnlichkeit wird als Identität genommen; Äquivokationen treiben ihr munteres fruchtbares Spiel. ... Jede vage Möglichkeit wird als Gewißheit ausgegeben und ungeprüfte Aperçus zu Grundlagen eines Systems gemacht. Das Unbewiesene wird hier durch noch Unbewieseneres gestützt. Ein sprachliches Bild wird je nach Bedürfnis – als sei es das Gleiche – bald im eigentlichen Wortsinn gebraucht, bald als Allegorie auf fern abliegende Gegenstände angewandt; und wenn alles andere versagt, wird die anthroposophische Troika: Imagination, Inspiration, Intuition, zur tollen Fahrt angespannt.«[15]

Jedenfalls ging Steiner wieder allein ans Werk. Fast zehn Vortragszyklen hat er in den wenigen Jahren, die ihm verblieben, gehalten, zuerst im April 1921 den zweiten Ärztekurs, zuletzt im September 1924 den Kurs mit Priestern der Christengemeinschaft und Ärzten. Dazu kommen Besprechungen mit Ärzten, Klinikbesuche, Publikationen. Und von Aktivitäten in anderen anthroposophischen Praxisfeldern ist dabei noch lange nicht die Rede. Steiner lebte an der Grenze seiner Belastbarkeit.

Medizinische Weltanschauung

Die in diesen Jahren entstandene Konzeption einer anthroposophischen Medizin war ein Pluriversum von Theorien und Praktiken unter dem Schirm der anthroposophischen Weltanschauung. Natürlich sollte die Medizin an erster Stelle eine übersinnliche Praxis sein, in der die Erkenntnis vom »geistigen Menschen« zu den naturwissenschaftlichen hinzukomme[16], in der Krankheiten »zunächst auf rein geisteswissenschaftliche Art« »festgestellt« werden könnten. Deshalb beruhe »die Erkenntnis der Heilmittelwirkungen« »auf dem Durchschauen der in der außermenschlichen Welt vorhandenen Kraftentwicklungen«. Und ebenso selbstverständlich sollte die anthroposophische Dogmatik in die Medizin einfließen. Krankheit war für Steiner immer auch ein karmisches Schicksal, dessen Bewältigung den Patienten und den Ärzten als Chance gegeben war oder das man als Strafe erleiden musste. Ähnlich wie in der Pädagogik die Lehrer mussten nun die anthroposophischen Mediziner entscheiden, wie weit ein Eingriff das eigentlich selbst gewählte Karma eines Menschen respektierte oder eben nicht. Auch in der Medizin haben letztlich diejenigen die Oberhand behalten, die das deterministische Karma in den Hintergrund drängten, um für den Vorrang einer medizinischen Therapie plädieren zu können.

Diesen Überbau hat Steiner in praktische Fragen herunterbuchstabiert. Dazu nutzte er in einem ersten Schritt die theosophische Anthropologie. Demnach sitze im »Astralleib ... eigentlich das, was mit den Krankheitsprozessen zu tun hat. Und dasjenige, was der astralische Leib verübt, das drückt sich ja wiederum hinein in den Ätherleib.« Hingegen ordnete er Heilung dem Ätherleib zu, sodass »Gesundmachen heißt: die Möglichkeit haben, im Ätherleib die Gegenwirkungen zu bilden für die krankmachenden Wirkungen, die vom Astralleib ausgehen«.

Aber Steiner muss gespürt haben, dass dieses Modell mit der Komplexität körperlicher Vorgänge hoffnungslos überfordert war. Und so entwickelt er 1924 eine Konzeption von »Körpersystemen«, worüber er seit seiner theosophischen Phase aphoristisch nachgedacht hatte.[17] Demnach existiere ein »Nerven-Sinnessystem«, in dem das »Vorstellungsleben« situiert sei, ein »rhythmisches« System, zu dem Atemrhythmus, Blutkreislauf oder der Rhythmus von Schlafen und Wachen gehörten, sowie ein »Stoffwechsel-Gliedmaßensystem«, wo »alles Motorische, alles, was in Bewegung ist und mit den Gliedmaßen zusammenhängt, auf den Stoffwechsel zurückwirkt«. Jede »System«-Ebene sah er in jedem Organ des Menschen vorhanden. Beispielsweise sei die Niere nicht nur Teil des Stoffwechselsystems, sondern auch Sinnesorgan.

Dieses Konzept war nun weitaus komplexer als die theosophische Anthropologie der Körperhüllen und vor allem am Körper orientiert, wodurch es sich leichter mit der medizinischen Physiologie verknüpfen ließ; gleichwohl blieb es von der damaligen Universitätsmedizin, die bereits durch hochkomplexe zellulare und molekularbiologische Modelle erweitert war, weit entfernt. Die Wurzeln dieses »System«-Konzeptes liegen übrigens nicht, wie bei den allermeisten Elementen der anthroposophischen Medizin, im späteren 19. Jahrhundert, sondern gehen auf die romantische Medizin um 1800 zurück.

Diesen Anthropologien legte Steiner ein Krankheitsverständnis zugrunde, das die Schulmedizin verabschiedet hatte – vielleicht nicht immer zu ihrem Vorteil. Steiner sah den Menschen als eine Art Gleichgewichtssystem, in dem die Balance unterschiedlicher Dimensionen über Gesundheit oder Krankheit entscheide. Dieses Denken hatte die Medizin über Jahrhunderte geprägt, und Steiner lernte es vielleicht noch in seiner Wiener Zeit bei Carl von Rokitansky, Anatom an der Universität, kennen. Aber inzwischen war die Schulmedizin im Großen und Ganzen gerade dabei, Bandscheiben und Augen und Nieren auf höchstem Niveau zu behandeln und zugleich den ganzen Menschen aus dem Blickfeld zu verlieren. Steiner gehörte in ein alternativmedizinisches Milieu, in dem man dieses Defizit sensibel spürte.

Auch von einem anderen Konzept, der ehrwürdigen Signaturenlehre, hatte sich die Schulmedizin verabschiedet, und das aus guten Gründen. Darunter versteht man, wie Steiner von dem Haushomöopathen Emil Schlegel lernte, »die Möglichkeit, an Form und Gestalt der Naturkörper ihre Heilkräfte zu erkennen«[18]. Die sichtbaren Ähnlichkeiten sollten also die Verbindungen zwischen Heilmittel und Krankheit dokumentieren. So glaubte Steiner, wenn jemand beim Heuschnupfen niese oder schnupfe, müsse man die Gegenbewegung stärken und »den zu stark auftretenden zentrifugal wirkenden Kräften im Heuschnupfen andere, stark zentripetal wirkende Kräfte entgegen[setzen], die die ersteren bekämpfen«. Solche bergenden Kräfte erhalte man aus Pflanzen, die den Heuschnupfen mit einer Art Maulkorb zügelten, »aus solchen Früchten, die sich mit bestimmten Schalenbildungen umkleiden, wo durch die Schalenbildung das Ätherische im Stoffwechsel zurückgetrieben wird«. In dieser Signaturentheorie siegte die Logik der äußeren Anschauung über die Logik der biochemischen Funktion, mit der die Schulmedizin gerade ihre Triumphe feierte. Mit seiner Verehrung der Evidenz des Sichtbaren war Steiner Goetheaner und blieb darin auch seinem großen Vorbild Haeckel treu.

Aber für den bis heute anhaltenden Erfolg der anthroposophischen Medizin war eine andere Vorgabe Steiners entscheidend: Er hielt an der Komplementarität von Schul- und Alternativmedizin fest, trotz der gescheiterten Zusammenarbeit mit nichtanthroposophischen Ärzten. Die anthroposophische Medizin hat nie, im Gegensatz zu anderen alternativmedizinischen Richtungen, den Kontakt zur zünftigen Medizinerausbildung verloren. Heilpraktiker und Laienheiler ohne universitäre Ausbildung gab es im Prinzip unter anthroposophischen Medizinern nicht. Das war und ist bis heute ihre große Stärke.

Gleichzeitig fand unter dem weiten Mantel der anthroposophischen Weltanschauung fast alles Platz, was damals alternativmedizinisch angeboten wurde: astrologische Konjunktionen und alchemistische Medikamente, Sonnenwasserbäder und Pflanzenmedizin, Heileurythmie und Mysterienmedizin. Eine zentrale Rolle kam dabei der Homöopathie zu. Deren Arzneimittel wurden in den Zwanzigerjahren zum Pfeiler der anthroposophischen Therapie, und bis heute bilden sie einen wichtigen Bestandteil der Pharmakopöe, der Produktpalette der anthroposophischen Heilmittelfirmen Weleda und Wala. Das ist insofern bemerkenswert, als Steiner in seinen Vorträgen dokumentierte, dass er von der Homöopathie nur »homöopathische« Kenntnisse besaß und er auch nicht beabsichtigte, diesen Heilmitteln eine herausgehobene Stellung zuzugestehen.

Wenn die Homöopathie gleichwohl eine rasante Karriere in der anthroposophischen Medizin machte, dürften dafür zwei Gründe ausschlaggebend gewesen sein: Zum einen hatten viele Mediziner, die zu Steiner kamen, Erfahrung in der Verabreichung homöopathischer Mittel, und sie waren stark genug, sich durchzusetzen. Zum anderen gab es für homöopathische Mittel einen Markt, mit ihnen ließ sich Geld verdienen. Steiner hatte immer die Finanzierung des ja noch nicht fertigen Johannesbaus, der inzwischen Goetheanum hieß, mit im Blick. Aber die anthroposophischen Ärzte dachten auch an ihren eigenen Geldbeutel. Die Lizenzverträge, die etwa Ludwig Noll und sein Schwager Otto Eisenberg durchsetzten, wenn sie homöopathische Medikamente auf der anthroposophischen Heilmittelliste platziert hatten, geben davon beredt Auskunft.[19]

Legt man rückblickend Alternativ- und Schulmedizin zu Steiners Lebzeiten auf eine Waage, senkt sich diese zugunsten der alternativen Traditionen. Dies war das Markenzeichen neben dem anthroposophischen Überbau. Steiner konnte alles, was schul- oder alternativmedizinisch zur Verfügung stand, mit einer anthroposophischen Deutung durchtränken, er konnte allem einen Platz im Kosmos der anthroposophischen Medizin zuweisen. Dies ist das »Geheimnis« seiner letztlich grenzenlosen Integration medizinischer Verfahren: Sobald etwas der anthroposophischen Deutungshoheit unterworfen wurde, war es anwendbar.

Praxis

Der medizinische Kurs muss ein Signal gewesen sein, auf das manche anthroposophische Ärztinnen und Ärzte nur gewartet hatten. Schon im September 1920, ein Vierteljahr nach dem ersten Ärztekurs, erstand die Niederländerin Ita Wegman für 65 000 Franken zwanzig Wegminuten von Goetheanum entfernt eine Liegenschaft, auf der sie eine eigene »Heilstätte«, das spätere »Klinisch-Therapeutische Institut«, wie Steiner es nannte, gründete. Daraus wurde ein Projekt, das er über alle Maßen liebte.

Gut ein Vierteljahr später, im Januar 1921, kauften deutsche Anthroposophen, darunter Ludwig Noll und Felix Peipers, in Stuttgart das Sanatorium »Ottilienhaus« von der Schriftstellerin Adelheid Wildermuth für knapp anderthalb Millionen Mark (in einer Zeit anziehender Inflation). Was wie eine prosperierende Ausbreitung der anthroposophischen Medizin aussah, war zugleich eine Konkurrenz. Vermutlich hatte die ältere Ärztegeneration nicht vor, Ita Wegman das Terrain kampflos zu überlassen.

Die knisternden Spannungen zwischen »Stuttgart« und »Arlesheim« begannen alsbald Funken zu schlagen.

Dabei spielte eine Rolle, dass Steiners gute Beziehung zu Arlesheim auf ein kriselndes Verhältnis zu den Stuttgarter Ärzten traf. Er hoffte, die Stuttgarter würden ein anthroposophisches Handbuch der Medizin verfassen. Doch das, was 1922 unter dem Titel *Methodologisches zur Therapie* erschien – ein schmales Heftchen mit Angaben vor allem zu Substanzen, die man verabreichen konnte[20] –, enttäuschte Steiner. Man habe sich viel zu wenig mit der Konzeption einer »anthroposophischen« Medizin beschäftigt und viel zu viel mit der Heilmittelliste – und da darf man wohl mithören: zu sehr mit den eigenen finanziellen Interessen. Vielleicht waren die Stuttgarter, allesamt gestandene Ärzte, Steiner auch zu eigenständig. Jedenfalls kam es zum Eklat. Otto Palmer wagte es, von den Schwierigkeiten zu sprechen, das vorhandene Material zu systematisieren.[21] Das konnte sich nur auf Steiners in der Tat assoziativen Vortragsstil beziehen, an dem sich ja auch Erwin Straus gerieben hatte. So viel Widerspruch ertrug Steiner nicht und verlor die Fassung. Er bezichtigte die »Herren Ärzte« wütend, in der »wissenschaftlichen Arbeit versagt« zu haben – und nahm Palmer in Schutz, weil er Noll im Visier hatte, der das Buch hatte verfassen sollen.[22] An seine eigene Mitverantwortung dachte Steiner offenbar nicht, vielmehr strafte er die Stuttgarter mit Verachtung. »Schließlich erklärte Dr. Steiner, daß er selbst das ›Vademecum‹ mit Frau Dr. Wegman zusammen schreiben und auf weitere Bemühungen der Ärzte verzichten würde«, berichtete ein Augenzeuge.[23] Was die Stuttgarter wohl nicht wussten: Ita Wegman war dabei, für Steiner mehr als eine Medizinerin zu sein. Spätestens in dieser Konstellation war das Stuttgarter Schicksal besiegelt. Für Steiner spielte die Stuttgarter Medizin fortan keine Rolle mehr, 1931 ging das »Institut« in Konkurs.

Erfolgreicher verlief die Heilmittelproduktion. Sie war 1921 in Gmünd gegründet worden, 1922 kam eine Produktion in Arlesheim dazu. Die zuerst als Internationale Laboratorien AG firmierende Gruppe erhielt nach wechselvollen Jahren, die mit dem Konkurs der anthroposophischen Aktiengesellschaften zu tun hatten (s. Kap. 21), 1928 den Namen, den Steiner ihr zugedacht hatte: »Weleda«, nach einer »alt-germanischen Identität« (die man bei Tacitus finden konnte), »die sich außer auf die Heilkunde auf viele andere Dinge verstand«. Unter dem Warenzeichen, das noch Steiner entworfen hatte, stieg sie zum erfolgreichsten Anbieter anthroposophischer Heilmittel auf.

Ein Blockbuster im Arzneischrank von Weleda sollten die Mistelpräparate werden. Damit hatten der Zürcher Apotheker Adolf Hauser und Ita Wegman schon während der Kriegsjahre experimentiert, offenbar mit unterschiedlichen Anwendungsoptionen, etwa zur Behandlung von Frostbeulen und Heuschnupfen. 1918 ließ man die Rezeptur eines »Iscar«-Präparates schützen. Die Karriere dieses Produkts begann aber, als Steiner die Mistelpräparate zum Krebsmittel schlechthin deklarierte. Jedenfalls war er wie elektrisiert und schürte maßlose Hoffnungen. 1920 verkündete er, dass die Mistelbehandlung »zweifellos« zum »Ersetzen des Chirurgenmessers bei den Geschwulstbildungen« führe, ein Versprechen, das er noch zu Lebzeiten wieder zurücknehmen musste. Gleichwohl fahndete man in Dornach fieberhaft nach einem Krebsmittel aus Mistelpräparaten. Es sollte sowohl ökonomischen Erfolg als auch medizinischen Ruhm – näherhin: den empirischen Nachweis hellseherischer Erkenntnis – begründen. Allerdings erwies sich die Erforschung der Funktionsweise möglicher Wirkungen auch in der Universitätsmedizin als sehr viel komplizierter, als in anthroposophischen Kreisen gedacht. Immerhin wissen wir heute um die Wahrscheinlichkeit, dass die Mistel in bestimmten Konstellationen bei Krebserkrankungen helfen kann.

Doktor Steiner

Steiner war mehr als ein Arzt, er war ein hellsehender Doktor. Die Erinnerungen von Ärztinnen und die Patientenakten dokumentieren, wie oft er deshalb das letzte Wort bei den Diagnosen hatte und wie selbstverständlich er Anweisungen für die Therapie gab. So behandelte man Mitte Mai 1923 eine »Patientin, 49½ Jahre alt, ledig«, mit »manisch-depressiven Zuständen«. Sie erhielt »warme Wermut-Laibwickel, Passugger-Wasser

(Säuerling)« – ein Kohlensäure-Wasser aus Passug in Graubünden –, »vor jeder Mahlzeit ein Glas. Dazu Enziantropfen und dafür später auch Salzsäuretropfen.« Darüber hinaus zog man in Erwägung, dass »infolge der Menopause tiefere krankhafte Veränderungen vorgehen«. Deshalb erfolgte Ende Mai die Verabreichung von »Mandelmilch mit Zusatz von bitteren Mandeln, Levico Wasser«, einer arsenhaltigen Eisenquelle im Trentiner Levico.[24] Und dann ordnete Steiner an:

> »Man muß den Astralleib aus der Deformation bringen. Nach zwei Seiten muß der Astralleib durcheinandergerüttelt werden. Deshalb: 1. sehr sorgfältig zubereitete Mandelmilch mit tüchtigem Zusatz von bitteren Mandeln, aber so, daß man sie nicht vergiftet. Dadurch bekommt man den Astralleib aus dem oberen Leibe heraus. Dies drei Tage lang. Dann: 2. die nächsten 3 Tage Arsenik in Form von Levicowasser.«[25]

Steiner verordnete mit großer Selbstverständlichkeit alternativmedizinische Heilmittel, hier seine innig geliebte Mandelmilch. Dieses direktive Vorgehen war keine Ausnahme.

> »Er ließ sich Patienten vorstellen«, erinnerte sich die in Arlesheim arbeitende Ärztin Madeleine Deventer, »las die Krankengeschichten, stellte ergänzende Fragen. Nachdem der Patient das Zimmer verlassen hatte, besprach er sich mit Ita Wegman und den Assistenzärzten und gab seine Ratschläge für die Behandlung. Meist wurde ihm der Patient ein zweites Mal vorgeführt, nachdem die Behandlung einige Wochen durchgeführt war. Wenn nötig, wurden ergänzende Therapie-Vorschläge gemacht.«[26]

Aber der wahre Grund von Steiners Autorität dürfte wohl eher in der Erinnerung von Margarete Kirchner-Bockholt, ebenfalls als Ärztin in Arlesheim tätig, sichtbar werden:

> »Für jeden seiner Besuche bereiteten wir sorgfältig alles vor, Analysen und Untersuchungsbefunde lagen bereit; er sah sich alles genauestens an. Dann aber, als die Patienten vor ihm standen, war seine Methode völlig verschieden von der hergebrachten. In scharfer Konzentration schaute er auf den Patienten, sein Blick wandte sich den Wesensgliedern dieses Menschen zu;

ihm war es möglich, mit exaktem Hellsehen die Ursache der Krankheit zu erforschen. ... Somit wird es verständlich, daß die üblichen Diagnosen meist hinfällig wurden; denn was sich der Anschauung ergab, war immer das Bild einer ganz speziellen Erkrankung in ganz speziellem Fall. Und im Lichte solcher Erkenntnis ergab sich zugleich die Therapie.«[27]

Patientenseitig war die Wahrnehmung keine andere. Einer namentlich nicht genannten Mutter zufolge beugte sich Steiner über ihr Kind, nahm seine Hand, »und seine weltenschauenden Augen sahen geradeaus. ... Und jetzt kamen langsam die Worte: ›Ich sehe, was ihm fehlt, – ich sehe, was ihm fehlt.‹«[28]

Der Laienheiler Steiner, ohne medizinische Ausbildung, ein Mann, der durch seine Kontakte mit Ärzten und ins alternativmedizinische Milieu viel wusste, aber ohne größere praktische Erfahrung war, stieg als Hellseher zur entscheidenden Referenz von Fragen über Gesundheit und Krankheit, im Ernstfall über Leben und Tod auf.

Im Zentrum standen bei ihm alternativmedizinische Heilmittel und Therapien, von schulmedizinischen Verfahren ist fast keine Rede. Dazu zählten durchaus Verabreichungen mit Gefahrenpotenzial: die genannten arsenhaltigen Mittel oder die von Steiner gegen Knochenschwäche empfohlenen Bleigaben.

Aber auch das Arlesheimer Sanatorium präsentierte sich vornehmlich mit alternativen Therapiemethoden. Die Werbung für das Arlesheimer Haus pries »Ruhe, Licht- und Sonnenkuren, ... Hydro- und Elektrotherapie (medizin. Bäder, Diathermie, Radiothermbäder, Quarzlichtbestrahlung). Eine rationelle Psychotherapie, Heileurythmie und eine sorgfältig eingerichtete Diätregelung.«[29] Das waren High-End-Produkte der Alternativmedizin, für die insbesondere die Elektrobehandlungen stehen: Diathermie etwa war eine Wärmebehandlung mit hochfrequenten Wechselströmen, die Quarzlampe arbeitete mit ultravioletten Strahlen. Wegman gab die Anweisung, »Patienten mit *von der Sonne durchwärmtem Wasser* zu behandeln«, verabreichte Ritter-Mittel[30] und wandte gern »die Schwedische Massage« an[31], die sie vor ihrem Studium erlernt hatte. Aber »von den üblichen Sonnenbädern wurde Abstand genommen, da diese letzten Endes den Ätherleib schwächten«[32]. Die Freikörperkultur der Lebensreformbewegung war nichts für Anthroposophen. Jedoch konnten bei einer Bauchfellentzündung im Anschluss an eine Massage »mit ätherischen Ölen« und nach Darmspülungen und Injektionen auch schon einmal »kleine Schlückchen Champagner eingeflößt« werden.[33] Vielleicht wurden schulmedizinische Therapien gleichwohl angewandt, aber selten erwähnt, weil hier Steiners Kompetenz nun wirklich am Ende war oder man damit gegenüber etablierten Krankenhäusern nicht punkten konnte. Doch wahrscheinlich dominierte zu Steiners Lebzeiten die esoterische Medizin, und deshalb wurden, wie sich die zitierte Margarete Kirchner-Bockholt erinnerte, »die üblichen Diagnosen meist hinfällig«, wenn Steiner mit der Autorität des Schauenden sprach.

VIERUNDZWANZIG

Ita Wegman. Liebe bis in den Tod

Steiners Beschäftigung mit der Medizin endete weder in einer Arzneimittelfirma noch in einem Krankenhaus, sondern existenziell: in einer Traumgeschichte, die für die einen um Sehnsucht und Liebe kreiste, für die anderen jedoch eine beklagenswerte Affäre der Untreue war. Denn in den letzten Lebensjahren trat erneut eine Frau hautnah in Steiners Leben: Ita Wegman, von der als Ärztin gerade die Rede war. 1876 war sie im niederländischen Ostindien, dem heutigen Indonesien, nahe Batavia (heute Jakarta) zur Welt gekommen: ein Kind der großbürgerlichen Kolonialherrenschicht, der Vater war Verwalter in einer Zuckerfabrik. Menschen wie Ita Wegman – mit einer »interkulturellen« Biografie – entdeckten damals häufig ihr Interesse an der Theosophie. Für Wegman schlug die theosophische Stunde um 1900, nach dem Tod ihres Verlobten, als sie Trost in Blavatskys *Stimme der Stille* fand; wenige Jahre später stieß sie zu Steiner. Zugleich ließ sie sich in der Heilgymnastik des schwedischen Majors Thure Emil Brandt ausbilden und studierte bis 1911 Medizin in Zürich. Seither praktizierte sie als Ärztin in Basel, ehe sie im Juni 1921 ihr anthroposophisches Sanatorium in Arlesheim eröffnete. 1923, als sich ihr Lebensweg dem Steiners immer mehr annäherte, war sie 47 Jahre alt, 15 Jahre jünger als der 62-jährige Steiner. Eine Frau in der Mitte ihres Lebens: eine erfolgreiche Ärztin, selbstbewusst, zupackend, manchmal cholerisch, und eine überzeugte Anthroposophin, die schon 1905 das Gelöbnis von Steiners Esoterischer Schule unterschrieben hatte.

Im Arlesheimer Sanatorium verknüpften sich Medizin und Liebe. Bei der Eröffnung am 8. Juni 1921 habe ihr Steiner, so erinnerte sie sich, gesagt, »daß er mit mir arbeiten wolle« – und ihr die Hand gereicht. Aber das war wohl noch eine Annäherung um der Sache willen. Anderthalb Jahre später schlug es Funken. In der Silvesternacht des Jahres 1922, als die Flammen des brennenden Johannesbaus lichterloh in den oberrheinischen Himmel schlugen (s. Kap. 25), war Steiner offenbar nicht nur der unerschütterliche Weise gewesen, der abgeklärt die Anordnungen zur Feuerbekämpfung gegeben und am folgenden Tag stoisch den angekündigten Vortrag gehalten hatte. Vermutlich drohte ihm während dieser Nacht in Wahrheit der Zusammenbruch. Steiner benötigte Hilfe, vielleicht medizinischer Art, und erhielt sie von Ita Wegman.[1] In einer der bittersten Stunden seines Lebens rückte sie ganz in seine Nähe, während Marie Steiner, die an einer Gehbehinderung litt, im »Haus Hansi« war.[2] Er wird mit ihr im »Finckh-Häuschen« bei der Schreinerei, in dem die Stenografin Helene Finckh sonst die Klartexte tippte, gesehen, wo sie gemeinsam den Brand beobachteten.[3] Heftig habe er gestikuliert.[4] An diesem Ort, so behauptet Ita Wegman später, habe sie Steiner vor einem gesundheitlichen Kollaps bewahrt, in dieser Nacht sei sie ihm nähergekommen. Seitdem fand Steiner immer häufiger den Weg von seinem Wohnhaus zum Arlesheimer »Institut«, zwanzig Fußminuten entfernt. Im Laufe der Zeit muss er fast täglich Ita Wegman besucht haben, sofern er in Dornach war. Es dürfte zwischen beiden hörbar geknistert haben.

Dann kam der Sommer 1923. Steiner reist am 3. August nach Großbritannien, wo er im walisischen Penmaenmawr über »Initiationserkenntnis« und in London über medizinische Fragen vor nichtanthroposophischen Ärzten spricht. Aber Wegman hält es in der Schweiz nicht aus und reist etwa eine Woche nach seiner Abreise Steiner hinterher. In Penmaenmawr soll sie ihn gefragt haben – so berichtet eine Freundin: »Können wir nicht eine Mysterienmedizin begründen?«[5] Das klingt nach handelsüblicher Planung anthroposophischer »Töchter«. Aber in einer Welt, in der Achtung und Ehrfurcht das Verhalten Steiner gegenüber einhüllten, ist das »wir« vielleicht auch der Ausdruck von unüblicher Nähe.

Steiners Reaktion ist, wie immer in seinen theosophischen Frauenbeziehungen, die eines Übervaters. Vermutlich gibt er Wegman in den ersten Septembertagen, noch in England, Meditationen, so wie er Marie von Sivers im Sommer 1903 Privatstunden gegeben hatte, und dabei dürfte es im Verhältnis zu seiner neuen Liebe bis zum Tod geblieben sein. Steiner war wie sein Vater: streng, fürsorglich und liebevoll. Nach Dornach zurückgekehrt, beginnen die gemeinsamen Aktivitäten Wegmans und Steiners über die Betreuungen am Krankenbett in Arlesheim hinauszugehen. Anfang Oktober fällt der Entschluss, zu zweit ein medizinisches Buch zu schreiben, und auf Reisen behandeln sie gemeinsam Patienten.

Schon bald ist es ein offenes Ondit, dass die Ärztin und der Doktor ein Verhältnis haben. Im Dezember 1923 sieht sich Steiner veranlasst, Partei für seine Freundin zu ergreifen und der »Hetze gegen Frau Dr. Wegman ... auf das Energischste entgegenzutreten«[6]. Ob Marie von Sivers dahinterstand? Die gekränkte Gattin war tief verletzt und reagierte auf ihre Entthronung, so Oskar Schmiedel, der in Arlesheim die pharmazeutischen Suchbewegungen unmittelbar an Wegmans Seite leitete, mit »Haß« auf die Konkurrentin.[7] Steiner versucht angestrengt, sein Dreiecksverhältnis zur Normalität zu machen. Er soll Ita Wegman häufig sonntags zum Essen in die Villa Hansi eingeladen haben, in der Hoffnung, dass die Geliebte und die Ehefrau sich befrieden würden.[8] Dass dies viel mit Steiners Hoffnung nach Ruhe an der Heimatfront zu tun hatte und wenig mit den Bedürfnissen Marie Steiners, die wieder die unangefochtene Ehefrau an seiner Seite sein wollte, liegt auf der Hand, und so brodelte der Konflikt weiter.

Vermutlich gibt es Ende 1923 schon einen Nebenschauplatz des Konflikts, weil Steiner Ita Wegman am 28. Dezember mit der Leitung der medizinischen Sektion betraut[9] und seine neue Liebe nach der Weihnachtstagung, die am 1. Januar 1924 endete, »neben sich in den Mittelpunkt des esoterischen Lebens der Klasse« (also der Esoterischen Schule) stellt[10], wie Beobachter der Szene sich erinnern – mithin an die Stelle, die er in der Freimaurerei der Vorkriegsjahre Marie von Sivers zugewiesen hatte. Aber dies war noch längst nicht das Ende der Aufwertung Wegmans. Im März 1924 erhebt Steiner seine Freundin zu einer Eingeweihten, die, wie er öffentlich bekundet, nun selbst »Meditationen« gebe[11], eine Auszeichnung, die Marie Steiner so nie zuteil geworden war.

Im Mai erhält die Beziehung noch mehr Raum durch ein absehbares und doch überraschendes Ereignis. Am 1. Mai 1924 stirbt Edith Maryon, Steiners künstlerische Muse, die eine mitentscheidende Verantwortung für den »Menschheitsrepräsentanten« getragen hatte und zu der er ebenfalls ein Verhältnis gepflegt hatte, das zumindest innig und vielleicht auch erotisch eingefärbt war. Ita Wegman muss das sensibel gespürt und Maryon als ihre Konkurrentin, die – so notiert sie mit einem abgekürzten Stichwort in ihrem Tagebuch – die »Karmawirkg« verhinderte, betrachtet haben.[12] Möglicherweise half der Tod der Schwerkranken, Steiner für die neue Beziehung noch freier zu machen. Im Juli jedenfalls bezeichnet er Wegman öffentlich als »meine liebe Freundin und Mitarbeiterin auf medizinischem und sonstigem geistesforscherischen Gebiete«. Und wer weiß, Steiner mag es zudem als einen Wink des Schicksals empfunden haben, dass auch das Haus, das er für Ita Wegman entworfen hatte, 1924 fertig wurde.[13] Sie stand nun eng an Steiners Seite. Wenn man an den von Anhängern umlagerten Steiner herankommen wollte, lag es nahe, wie junge Mediziner schon Anfang 1923 auf die Idee zu kommen, den Weg über Ita Wegman zu suchen: »Sie ist augenblicklich für uns der einzige Kanal zu Dr. Steiner.«[14]

1924, in Steiners letztem Sommer, nimmt die Liebe schwärmerische Züge an. Außenstehende dürften die Hitze des erotischen Feuers nicht gespürt haben, aber die erhaltenen Liebesbriefe – Wegmans Briefe hat Steiner vermutlich vernichtet – lassen nur diesen Schluss zu. In diesen Briefen, in denen Steiner anfangs Ratschläge für die Behandlung von Patienten erteilt, ereignet sich im Sommer 1924 der Übergang vom »lieben Freund und Lehrer« zum vertraulichen Du[15], eine Anrede, die Steiner im vorrückenden Alter immer seltener hörte und verwandte. Neben den therapeutischen Problemen tauchen immer persönlichere Wendungen auf. »Ich bin glücklich, daß Sie wieder da sind«, begrüßt Wegman Steiner nach einer Reise am 2. Mai, während sie am 8. Juni aus seinem Mund hört: »Schade, daß Du nicht da bist – es wäre mir so schön.«[16] Als Steiner im Juni 1924 den landwirtschaftlichen Kurs in Koberwitz hält, von Dornach weit und für Liebende viel zu weit weg, entflammen die Briefe, die Steiner ihr jeden zweiten Tag geschrieben habe[17], in zärtlichen Konfessionen.

»Wirst Du mich jetzt immer lieben bleiben?«[18], fragt ihn Wegman, die lebenslang nur schlechtes Deutsch sprach. Steiner antwortet ihr am 11. Juli mit einem langen Liebesbrief:

> »Meine liebe Mysa: *Diese* Liebe ruht auf dem unerschütterlichsten Fels. ... Ich konnte zu keinem Menschen so stehen wie zu Dir. Du lernst mich auch ganz anders noch kennen als andre Menschen mich gekannt haben, oder kennen.« Er gesteht ihr, »daß ich nur im vollen Eins-sein mit Dir leben möchte. Du bist mir doch so nahe; so nahe in allem. Da tut oft schon der Schein des Fernen wehe. Doch Du machst ja auch wieder alles gut. ... Du mußt Dich auch in mich hineindenken: der nun mit Dir wandeln will, der in Dir gefunden hat, was er eben nur in Dir finden konnte. ... Du wandelst an meiner Seite, wenn ich vortrage. Und das alles ist eben in unserem Falle die rechte Vorbedingung für das Wandeln in der geistigen Welt. ... Die geistigen Mächte, deren Ausdruck die Anthroposophie ist, sehen wohlwollend, liebend, wie ich mich stütze nunmehr auf die Liebe, die ich hege zu Deiner von mir so hoch geschätzten Seele. ... Ich möchte gerne weiter schreiben. Doch bald wird das Auto zum Abendvortrag vorfahren, das von hier nach Breslau fast eine Stunde braucht.«[19]

Wegman und Steiner sind bis über beide Ohren verliebt. Dieses Geständnis klingt wie ein Eheversprechen. Der »unerschütterlichste Fels« lässt an ewige Treue denken, der Blick in die »lieben Augen« verspricht Nähe und Vertrauen, und das »volle Eins-Sein« verklärt in einer spröden Metapher die Sehnsucht nach der Verschmelzung von zwei Liebenden. Natürlich stellt sich die Frage, ob aus Erotik körperliche Sexualität geworden ist – wir wissen es nicht. Es gibt jedenfalls keine Indizien oder Gerüchte, dass Ita Wegman mit Rudolf Steiner auch das Bett geteilt hätte.

Eine solche Beziehung war in der anthroposophischen Welt nicht einfach als große Liebe denkbar, als Ausstieg aus bürgerlichen Konventionen. Denn freie Liebe gehörte nicht zum anthroposophischen Repertoire, allen Überschneidungen mit den Lebensreformbewegungen zum Trotz. Steiner schärfte seiner »liebsten Mysa-Ita« deshalb ein, »sage nichts von einem Zusammenhang mit Dir, meine allerliebste Mysa«[20]. Dieser Ehebruch benötigte eine höhere Legitimation, und die hieß Karma. Denn wenn das Karma schon in einem vergangenen Leben die Beziehungen bestimmt hatte, wenn diese Vergangenheit in der Gegenwart nur noch vollstreckt wurde, dann, ja dann wurde Steiners Ehebruch zur Notwendigkeit. Genau diesen Deutungsweg hatte er am 27. Februar 1924 beschritten, als er Wegman sein Porträt mit der Widmung »es deuten die Herzen das Karma« geschenkt hatte.[21]

Diese Affäre war im Dornacher Treibhaus nicht mehr geheim zu halten. Steiner scheint im August die Flucht nach vorn angetreten und sich in einem Vortrag als Priester und Wegman als Priesterin der Persephone-Mysterien in Ephesus vorgestellt zu haben.[22] Für »eingeweihte« Anthroposophen waren die tagesaktuellen Bezüge wohl unüberhörbar, und Wegman konnte darin eine öffentliche Liebeserklärung lesen, hatte Steiner sie doch längst zärtlich als »Mysa-Ita«, als seine Mysterienfrau, angeredet.

Dass diese karma-erotische Begründung anthroposophischer Ernst war, musste auch seine Gattin zur Kenntnis nehmen. Am 27. Februar 1925, als Ita Wegman längst in der Rolle der Leibärztin die Legitimation besaß, nicht von Steiners Seite zu weichen, erhielt Marie Steiner in einem Brief schwarz auf weiß ihre Rolle in der Dreiecksbeziehung zugewiesen:

> »Daß Karma auch andere Personen in meine Nähe bringt, ist eben Karma. ... Aber Du hast Dich zum Verständnis durchgerungen; das ist ein Segen für mich. Im Urteil zusammenfühlen und -denken kann ich ja doch *nur* mit Dir.«

»M. l. M.«, wie es in der Anrede heißt, »meine liebe Marie«, hatte als Hort seiner Emotionen ausgedient, für sie blieb das »Urteil«, der Kopf, nicht das Gefühl.

Ita Wegman aber wurde trotz des Aufstiegs zu Steiners Herzensdame auch nach dem Liebessommer des Jahres 1924 nicht seine Geliebte auf Augenhöhe. Das lag sicher nicht nur an dem Altersunterschied, sondern auch an seiner Rolle als esoterischer Lehrer, mit der sich Steiner panzerte. Er blieb der Eingeweihte und sie die Schülerin. Er gab ihr weiterhin »Meditationen«[23], die sie abends, abgesondert von anderen, zu üben hatte[24], und sie akzeptierte es, in dieser Hinsicht die belehrte Geliebte zu sein. »Es ist so in unserem Karma«, schrieb sie im August 1924, »daß ich an Dir einen unerschütterlichen *Freund* finden muß, wenn die Schülerschaft den ganz rechten Weg gehen soll. So will es unser Karma.«[25]

Aber in medizinischen Fragen hat Steiner sie als kongeniale Ergänzerin seiner esoterischen Medizin akzeptiert. Ein halbes Jahr nach seinem Tod, im Herbst 1925, erschien unter beider Namen das Buch *Grundlegendes zur Erweiterung der Heilkunst*. Diese Publikation, die an die Stelle des nie erschienenen Vademecum der Stuttgarter Ärzte trat, wurde ihr gemeinsames geistiges Kind.

FÜNFUNDZWANZIG

Untergänge, Neuanfänge. Die zweite Geburt der Anthroposophie

Verspätetes Kriegsende

Der Erste Weltkrieg schien nur die anderen zu betreffen. Das monarchische System etwa, das zusammengebrochen war, sodass Steiner die Rettung der Zukunft durch die Dreigliederung verkünden konnte. Oder die Erziehung zu Untertanen eines Obrigkeitsstaates, dem ein neues Schulprojekt unter dem Namen Waldorf den Todesstoß versetzen sollte. Immerhin baten ihn gestandene Ärzte um Hilfe und brachten eine »geistige« Medizin auf den Weg. Steiner konnte in dem Bewusstsein leben, dass die Nachkriegswelt nach dem verlangte, was er ihr seit Jahren predigte. Auf einem großen »West-Ost-Kongress« in Wien hörten 1922 Hunderte Steiner und seinen Anthroposophen zu, wenngleich man die akademische Öffentlichkeit durch die weltanschaulich aufgeladenen Vorträge vergrätzte.[1]

Aber auf den Wogen dieses Erfolgs schwamm die Verdrängung mit. Denn dieser Krieg gestattete niemandem, weiterzumachen wie bisher. Die kleinen und großen Revolutionen nach dem Krieg würden auch die Anthroposophische Gesellschaft verändern. Es gibt kein genaues Datum, an dem Steiner klar geworden wäre, dass er nicht nur Retter in der Katastrophe, sondern auch ihr Opfer war. Vielmehr veränderten die Umwälzungen schleichend auch die Anthroposophie, die sich über die vielen Kapillargefäße, die sie mit der Gesellschaft verbanden, mit den Kriegsfolgen vollsog. Und irgendwann merkt man, dass Wasser eingedrungen ist und das Schiff zu schlingern beginnt.

Vielleicht begann es damit, dass »jugendbewegte« junge Menschen ihr Interesse an der Anthroposophie bekundeten. Das Ideal eines einfachen und authentischen, naturverbundenen Lebens schwappte mit der Verspätung von einer Generation auch in die Anthroposophische Gesellschaft.[2] Sie wollten vieles, am besten alles anders machen. Sie trugen keine steife Kleidung und pflegten ungezwungene Umgangsformen. Einige interessierten sich für praktische Anthroposophie, insbesondere für Pädagogik, und fanden das esoterische Konventikelwesen aus der theosophischen Zeit nur noch abgestanden. Andere hatten »mystische« Interessen, lasen den mittelalterlichen Dominikaner Johannes Tauler und gründeten einen »esoterischen Kreis«. Während die alten »Tanten« noch schimpften, spürte Steiner, dass sich hier ein frisches Interesse regte. Und so hielt er für die einen im Oktober 1922 einen »pädagogischen Jugendkurs«, für die anderen 1923 zwei »esoterische Stunden«[3]. Parallel dazu etablierte sich seit 1920 ein Bund für anthroposophische Hochschularbeit, in dem aber schon bald spirituelle Interessen über die gesellschaftspolitischen dominierten.[4] Zudem gärte es unter den jüngeren Anthroposophen, die bereits Mitglieder waren. Sie haderten mit den verknöcherten Strukturen der etablierten Anthroposophie.

Steiner reagierte auf die sanfte Revolution der Jüngeren flexibler als das auf Bestandserhaltung fixierte anthroposophische Establishment und unterstützte die Gründung einer eigenen, der Freien Anthroposophischen Gesellschaft im Februar 1923[5], die Anfang 1924 bereits 300, Ende 1925 1150 Mitglieder zählte, darunter 200 Mitglieder aus der alten Gesellschaft und 50 Doppelmitglieder. Aber auch hier kriselte es alsbald. Die »freien« Anthroposophen leisteten sich einen Streit über die Frage, ob das »Jugenderlebnis« einen wahren »Freien Anthroposophen« ausmache oder nicht.[6]

Veränderungsbedarf gab es auch bei den »Töchtern« der Anthroposophie, aber aus anderen Gründen. In der Stuttgarter Waldorfschule strandete gerade die Euphorie des Anfangs in den Problemen des Alltags: überforderte Lehrer trafen auf erziehungsschwierige Kinder. Unübersehbar und besonders verletzend kriselte es zudem in der Medizin, nicht nur in den Prinzipienstreitigkeiten zwischen Arlesheim und Stuttgart. Man drohte, sich in internen Konflikten zu paralysieren, etwa wenn die etablierten Stuttgarter Ärzte die »Forschungen« einer jüngeren Anthroposophin, Lili Kolisko, die als freiwillige Helferin 1914 in einem

Wiener Lazarett im Labor mitgearbeitet hatte[7], aufgrund ihrer strittigen wissenschaftlichen Qualifikation nicht anerkannten – obwohl doch Steiner, der Eingeweihte, ihre Ergebnisse für bahnbrechend hielt. Auch eine gut gemeinte, vielleicht etwas pflichtgemäß erledigte Initiative wie das erwähnte »methodische« Handbuch Stuttgarter Ärzte, eine Handreichung für eine anthroposophische Medizin, brachte Steiner zur Weißglut, da es nicht in seinem Sinn verfasst war. So bürgerte sich die Rede vom »Stuttgarter System« als Etikett für ein Syndrom von Beharrung, Vereinsmeierei und Selbstgenügsamkeit ein.[8] Steiners Frustration über die Anthroposophische Gesellschaft kochte im vertrauten Rahmen fast ungedeckelt hoch. Er wolle »nichts mehr mit ihr zu tun haben ... Alles, was deren Vorstände tun, widert mich an«, gestand er seiner Vertrauten Edith Maryon am 25. März 1923.

Hinzu kam eine Wachstumskrise. Die Anthroposophische Gesellschaft hatte im Krieg begonnen, die Internationalität der Theosophie zu beerben. In vielen europäischen Ländern entstanden Landesgesellschaften; vor Kriegsende hatte es nur in Schweden und Großbritannien nationale anthroposophische Verbände gegeben.[9] Die 1920 gegründete schweizerische Vereinigung war die Vorbotin einer Gründungswelle, 1923 entstanden in Dänemark, Deutschland, Finnland, Frankreich, Großbritannien, den Niederlanden, Norwegen und in Österreich nationale Sektionen. 1924 zählte man zudem Landesgesellschaften in den USA, in Belgien, Honolulu, Italien und der Tschechoslowakei sowie in Deutschland die Freie Anthroposophische Gesellschaft. Allerdings war diese Internationalisierung vielfach zunächst eine Ausbreitung in deutschen Milieus im Ausland, wie sich angesichts deutschsprachiger Namen vermuten lässt: Erwin Halh für die jugoslawische Gruppe, Hans Eiselt für die Prager, Lina Schwarz (eine Veronenser Jüdin) für die Mailänder. Diese Ausbreitung ließ die Mitgliederzahl auf rund 8000 Personen anwachsen, das waren in etwa doppelt so viele wie in der Vorkriegstheosophie. Aber diese Entwicklung war weitgehend unkontrolliert verlaufen, und einen Ort, die Konsequenzen zu diskutieren, gab es nicht. Seit dem Drama der Trennung von der Theosophischen Gesellschaft hatte es keine Generalversammlung mehr gegeben, und auch nach dem Krieg sollte es noch drei lange Jahre dauern, bis am 4. September 1921 die erste Mitgliederversammlung stattfand. Die anthroposophische Organisation stand mitten in einer Zeit großer Umbrüche still.

Angesichts dieser erklecklichen Sammlung kleiner und großer Brandherde versuchte Steiner, Veränderungen auf den Weg zu bringen. Den Sitz der Anthroposophischen Gesellschaft verlegte er von Berlin nach Stuttgart, näher an Dornach heran. Sodann wurde 1921 ein »Dreißigerkreis« als Leitungsgruppe gegründet, um die hapernde Kommunikation zwischen Führung und Basis zu verbessern.[10] Aber dieser Zirkel mit unklaren Funktionen erfüllte die in ihn gesetzten Erwartungen nicht. Er wurde zwar für Steiner zu einem Ort, wo er während langer Nachtsitzungen seinen Zorn in polternden Polemiken loswerden konnte, aber eine Lösung für die in demokratischen Prozeduren ohnehin wenig erfahrene Anthroposophische Gesellschaft bot er nicht. Auch ein Anfang 1923 gegründeter Ausschuss des Dreißigerkreises, der »Siebenerkreis«, stellte nach kurzer Zeit seine Arbeit wieder ein. Ein Grund für das Scheitern dieser Institutionen war die Tatsache, dass alle Reformen von oben kamen und auch die Initiativen von unten vor Steiners Richterstuhl mussten. Denn Veränderung war in einer Vereinigung, für die »höhere Einsicht« grundlegend war, wie selbstverständlich an das Urteil der Hellsichtigen und Eingeweihten gebunden. Diese Brandbekämpfung funktionierte einfach nicht, und so wundert es nicht, dass Steiner begann, immer mehr interne Feinde zu wittern. Am 30. Mai meinte er, den Getreuen des »Dreißigerkreises« in einer der dramatischen Nachtsitzungen mitteilen zu müssen, dass er von »innerer Opposition« umgeben sei.

Und als wäre das alles noch nicht genug, traten seit dem Kriegsende vermehrt Kritiker der Anthroposophie – von Steiner gern »Gegner« genannt – auf den Plan. Gerade zwischen 1920 und 1923 erschienen kritische, »gegnerische« Publikationen im Monatsrhythmus.[11] Darunter waren handfeste Polemiken wie die des Generalmajors Gerold von Gleich, der in einem »Mahnwort an das deutsche Volk« Steiner unter die okkulten Verführer rechnete, aber vermutlich vor allem daran litt, dass sein Sohn Anthroposoph geworden war. Doch es gab auch die ersten seriösen Tiefbohrungen in Steiners Weltanschauung, vor allem von protestantischen Theologen wie Heinrich Frick und Kurt Leese; bei allem intellektuellen Interesse machten sie deutlich, dass die Verschwisterung von Christentum und Theosophie, wie sie Steiner für möglich hielt, aus theologischer Perspektive nach einer Verklammerung von Gegensätzen aussah. Und schließlich erschienen die ersten historischen Kritiken. Die philologische Qualität von Steiners Goethe-Arbeiten wurde von Fachleuten zerpflückt, und 1921/22 betrat Jakob Wilhelm Hauer die Bühne: ein bedeutender Indologe, der in Indien als Missionar gearbeitet und sich 1921 gerade in Religionswissenschaft habilitiert hatte – und später im Nationalsozialismus an vorderster Front die Anthroposophische Gesellschaft verfolgen würde. Doch erst einmal wies er nach, dass Steiner bei Neuauflagen massiv in seine Werke eingegriffen und das Gegenteil des zuvor Gesagten behauptet hatte. Zudem legte er als einer der Ersten offen, wie tief Steiner von theosophischem Denken geprägt war und dass dessen Lebenserzählung von seiner spirituellen Unabhängigkeit so nicht stimmen konnte.

Die Versuche von anthroposophischer Seite, dieser Phalanx von »Gegnern« Paroli zu bieten, kann man kaum als Erfolgsgeschichte verbuchen. Steiner ließ sich nicht mehr auf inhaltliche Debatten ein, wie er es noch während des Ersten Weltkriegs in seiner Antwort an Max Dessoir getan hatte. Und die hilfswilligen Anthroposophen zielten wie die polemischen Gegner unter die Gürtellinie. So wurde Roman Boos, ein promovierter Jurist und hitzköpfiger Anhänger Steiners, 1921 wegen Beschimpfung des Arlesheimer Pfarrers Max Kully gerichtlich verurteilt.[12] Der war nun ein rotes Tuch für die Anthroposophen, weil er Steiners freimaurerische Verbindungen ausgebreitet hatte, aber auch munter polemische Gerüchte über die Aktivitäten im Dornacher »Tempel« in die Welt setzte. 1924 musste Steiner in einem weiteren Fall höchstpersönlich vor dem Amtsgericht in Dornach erscheinen, wo er als Vorsitzender der Anthroposophischen Gesellschaft für den Vertrieb eines Buches von Louis Werbeck, dem vom Gericht »Beamtenbeschimpfung« attestiert wurde, verurteilt wurde. Das Ansehen der Anthroposophie und Steiners waren schwer lädiert, die Auseinandersetzungen trugen sogar mit dazu bei, dass er nicht in der Schweiz eingebürgert wurde.[13]

Andere Gegner beließen es nicht bei verbalen Attacken, sondern griffen zu handfester Gewalt. Am 12. Mai 1922 störten Rechtsgerichtete in Berlin eine Veranstaltung. Drei Tage später, als Steiner auf einer großen Tournee, organisiert von der Berliner Konzertagentur Wolff und Sachs[14], im Münchener Nobelhotel Vier Jahreszeiten über das ganz unpolitische Thema »Anthroposophie und Geisterkenntnis« sprach[15], gingen nationalistische Randalierer noch weiter: Das Licht erlosch, Stinkbomben flogen, und Trillerpfeifen gellten in den Ohren der Zuhörer.[16] Wenngleich die vorsorglich engagierten Bodyguards, »Boxer und Ringer«[17], zusammen mit einer anthroposophischen Jugendgruppe die Oberhand behielten, kam es zwei Tage später in Elberfeld erneut zu ähnlichen Szenen. Der sichere Grund, ohne Gefahr für Leib und Leben seine Weltanschauung propagieren zu können, wurde Steiner unter den Füßen weggezogen. Die klamme Angst einer schwer greifbaren Bedrohung, gegen die man sich kaum wehren konnte, schlich sich in das Lebensgefühl vieler Anthroposophen ein. Steiner entschloss sich, auf derartige öffentliche Auftritte in Deutschland zu verzichten.[18]

Es brennt

Der 31. Dezember 1922 beginnt als ein normaler Tag für Rudolf Steiner. Um 17 Uhr eine Eurythmie-Aufführung, um 20 Uhr zum Abschluss des Tages noch ein Vortrag. Gegen 21.30 Uhr verlässt er das Goetheanum, um den kurzen Weg zu seinem Wohnhaus hinabzusteigen. Doch kurz nach 22 Uhr, die letzten Besucher haben inzwischen den Bau verlassen, ertönen die Feuerhörner.[19] Die Nachtwächter haben Rauch im »Weißen Saal« über dem Südflügel bemerkt. Mit einer telefonischen Alarmlinie ruft man die Anthroposophen vor Ort mit »Minimaxen«[20], den Handfeuerlöschern, zu Hilfe. Im »Weißen Saal« ist aber kaum etwas zu erkennen, dicke Rauchwolken machen es unmöglich, den Raum zu betreten. Steiner selbst, so wird berichtet, leitet die Löscharbeiten. Den Brandherd lokalisiert man an der Stelle, wo der Südflügel an die Kuppelräume stößt. In diese schon ganz heiße Wand schlägt man mit einer Axt ein Loch, um den Brand in der Wand zu bekämpfen.[21] Aber dadurch eröffnet man nur einen Kamin, der mit einem ohrenbetäubenden Heulen Luft ansaugt und das Feuer nur noch stärker anfacht. Möglicherweise hatte der Brandherd seit Stunden geschwelt, nun bricht er durch. Das knochentrockene Holz bietet die ideale Nahrung für die aggressiven Flammen. Als die freiwilligen Feuerwehren aus der Umgebung und schließlich die Berufsfeuerwehr aus Basel ab 22.45 Uhr eintreffen, ist das Goetheanum, der Stolz der Anthroposophischen Gesellschaft, verloren.

Die Anwesenden sind einem schaurig-schönen Schauspiel hilflos ausgeliefert. Assja Turgenieffs Fenster aus massivem Glas bersten mit lautem Krachen, gegen Mitternacht bahnt sich das Feuer einen Weg durch das Dach der großen Kuppel. Bis ins Elsass hinein sieht man die Flammen in den Himmel schlagen. Die Metalle der zerglühenden Orgelpfeifen setzen bunte Farbtupfer in das Feuermeer, und als um Mitternacht die Glocken der Pfarrkirche in Arlesheim das neue Jahr einläuten, brennt das Goetheanum lichterloh. Noch stehen die Säulen, doch es ist nur eine Frage der Zeit, bis auch sie dem Feuersturm zum Opfer fallen. Die herabstürzenden Kapitelle donnern auf die widerhallende Betondecke. Als die Sonne aufgeht, steht nur noch, wie ein Altar, der Unterbau aus Beton mit den Resten des ehemaligen Johannesbaus aus schwarzer Asche.

Und Steiner? In den meisten Erinnerungen erscheint er gefasst, für den Schutz der Helfer sorgend, über den Dingen stehend. »Seine Größe, seine Güte gab uns allen in dieser Nacht die Kraft des Ertragens«[22], schrieb sein enger Mitarbeiter Guenther Wachsmuth Jahre später. Aber Wegmans Bericht von Steiners drohendem Zusammenbruch (s.Kap. 24) könnte der Wahrheit näherkommen.

Derweil spielt Steiner erstmal demonstrativ Normalität. Als er am Morgen des 1.Januar 1923 mit Ita Wegman den Hügel hinaufsteigt, gibt er die Parole aus: »Die Arbeit geht weiter – wir werden wieder aufbauen.«[23] Das Dreikönigsspiel findet zur angesetzten Zeit um 17 Uhr statt, Steiners Abendvortrag zu naturwissenschaftlichen Fragen ebenfalls. In einer Mischung aus Pflichtbewusstsein und Verdrängung zeigt sich Steiner als Heros in der Katastrophe, offene Trauer lässt der anthroposophische

Übervater nicht zu. Aber hinter dieser Fassade ist Steiner wohl doch angeschlagen. Nach dem Abendvortrag droht er zusammenzubrechen und muss gestützt werden.[24] Manchen schien Steiner seitdem angezählt: Seine »raschen leichten Bewegungen, sein rhythmischer Gang« seien verschwunden[25], beim Gehen habe er sich häufig auf einen Stock gestützt.

Schon in der Nacht wird die Mutter aller Fragen aufgeworfen: Wie konnte das geschehen? Dabei ging es erst einmal um Brandschutztechnik und Verantwortung und damit um die Feuerversicherung und um Geld. Hinsichtlich der Alternative, ob eigene Schuld (ein Kabelbrand?) oder Fremdverschulden (Brandstiftung?) die Ursache gewesen seien, sucht Steiner schon am nächsten Morgen die Deutungshoheit zu erringen und diktiert den Journalisten seine Antwort in die Feder, noch ehe die systematische Ursachenforschung begonnen hatte: Brandstiftung.[26] Das war beste Nahrung für Verschwörungstheorien: Jesuiten, Theosophen und Katholiken galten wahlweise als Schuldige. Aber angesichts des Brandherdes, der intime Kenntnisse des Gebäudes voraussetzte, denkt man auch schnell an einen Insider. Der Fund einer Leiche facht dann die Debatte weiter an: Handelte es sich bei dem Toten um den Arlesheimer Uhrmacher Jakob Ott, der seit Sommer 1924 Mitglied der Anthroposophischen Gesellschaft war? Bis heute ist die genaue Brandursache unklar.

Aber für Steiner ging es um mehr, seine Reputation als Hellseher und damit die anthroposophische Sinnfrage schlechthin standen auf dem Spiel. »Hat denn der ›hellsichtige Steiner‹ diesen Brand nicht vorausgesehen?« Mit diesen Worten präsentierte er am 5. Januar selbst in einem Vortrag die bohrende Frage, wie es denn nun um seine okkulte Autorität bestellt sei. Schon am 1. Januar hatte er sich vor seinen Anhängern rechtfertigen müssen, weil die Astrologin Elsbeth Ebertin bereits 1921 prophezeit habe, was er nicht kommen sah.[27] Die Nachfrage, ob die ganze Hellsichtigkeit kein fauler Zauber sei, stand unüberhörbar im Raum. Schlimmer noch, Steiners Gegner hatten nicht nur geraunt, sondern schon seit Jahren nachlesbar von einem brennenden Goetheanum gefaselt, man hätte nicht einmal hellsehen müssen. 1920 hatte es im *Leuchtturm*, einer polemischen, antiokkultistischen Zeitschrift, geheißen:

»Geistige Feuerfunken, die Blitzen gleich nach der hölzernen Mäusefalle zischen, sind ... genügend vorhanden, und es wird schon einiger Klugheit Steiners bedürfen, versöhnend zu wirken, damit nicht eines Tages ein richtiger Feuerfunken der Dornacher Herrlichkeit ein unrühmliches Ende bereitet.«[28]

Steiner war diesen Attacken hilflos ausgeliefert. Er hatte den Brand weder kommen sehen noch verhindern können. In einer fast stoischen Antwort hat er seine Hilflosigkeit eingestanden: »Allein das sind Fragen, die in das tiefste Gebiet der Esoterik hineinführen.«

Der Neubau des Goetheanum

Aufgeben oder aufbauen? Das war »nicht wirklich« eine Frage für die Anthroposophinnen und Anthroposophen. Schon bald nach der Katastrophe begann man, Mittel für einen Neubau zu sammeln. Wie zuvor, spielte Geld auch diesmal nicht die entscheidende Rolle. Ita Wegman brachte bereits im Mai 1923 35 000 Franken zusammen[29], und am 15. Juni wurde die Versicherungssumme in Höhe von 3 183 000 Franken ausbezahlt.[30] Eine internationale Delegiertenversammlung fasste im Juli dann den Beschluss, ein neues Goetheanum zu errichten. Steiner stimmte zu, und gab auch offen seine Trauer zu erkennen. Es sei »fast notwendig, dass man das unter Tränen beginnt«[31], gestand er den Mitgliedern des Bauvereins im Juli 1923.

Doch nach dem Brand dauerte es länger als ein Jahr, ehe Steiner zu einer neuen Konzeption des Goetheanum fand. Er nahm sich Zeit für eine Innovation. Als er im März 1924 eine Maquette, ein kleines Plastilinmodell, präsentierte, ahnte man, warum. Er hatte einen radikalen Neuanfang gewagt: Anstelle der »organischen« Formen des Jugendstils fanden sich nun kristalline, stereometrische Formen, um das Baumaterial Holz, obwohl es weltanschaulich tief imprägniert war, durch Beton zu ersetzen. Dafür musste Steiner einen hohen ideologischen Preis entrichten. Denn die Formen des Johannesbaus hatte er noch mit der Theorie begründet, dass sie auf keinen Fall Symbole seien, sondern »gebackene«

Theosophie, sozusagen unmittelbarer Ausdruck einer geistigen Welt. Im Neubau hingegen hatte er zentrale Elemente des Johannesbaus aufgegeben; auch das komplexe pythagoräische Spiel mit Proportionsbezügen und Symmetrieachsen, die die Seele des Johannesbaus mitgeprägt hatten, waren so nicht mehr zu realisieren. Und aus dem Neubau nochmals ein Gemeinschaftswerk zu machen, war angesichts der hohen technischen Anforderungen eines Betonbaus illusorisch. Immerhin transformierte Steiner den Grundriss des alten Goetheanum in den Entwurf des neuen Baus und verwandelte das Motiv der »Schwinge«, das Bild für das geflügelte Geistige, in kubistische Formen. Die naheliegende weltanschauliche Begründung für diese grundstürzenden Veränderungen, dass sich die Welt eben geändert habe, hat Steiner denn auch bald gegeben. Aber die Grandezza, mit der er »notwendige« Formen, die er in den Holzbau hineingelegt hatte, mit dem Umbau über Bord warf, war nun doch eine Innovation, die man nicht unbedingt von ihm erwartet hatte.

Die Grundlagen der Neugestaltung standen also nicht zur Disposition, die Richtungsentscheidung hatte Steiner vorgegeben. Die Gründe für den Beton waren so banal wie verständlich: Beton brennt nicht. Und im Gegensatz zur Vorkriegssituation war die technische Realisierung eines solchen Kunstwerks aus Beton jetzt möglich. Die Erfahrungen, die man mit diesem Baumaterial bis ins frühe 20. Jahrhundert auch für architektonisch anspruchsvolle Bauten gesammelt hatte, vermehrt um das Know-how durch den Bunkerbau im Ersten Weltkrieg, reichten aus, um das architektonische Großprojekt einer plastischen Betongestaltung in Angriff zu nehmen.

Der neue Baustoff verlangte zwingend einen neuen Baustil, und es war schon bewundernswert, mit welcher Konsequenz Steiner sich auf die Anforderungen des neuen Materials einließ: ein Bauen mit stereometrischen Formen, das nach Steiners Tod zum höchst dogmatisierten Erkennungsmerkmal anthroposophischer Architektur wurde. Diese »expressionistische« Gestaltung, die er durchsetzte, stand bei jungen Architekten damals hoch im Kurs. Schon vor dem Krieg waren in Prag Häuser mit kristallinen Ornamenten gebaut worden, und die zugehörige Theorie war bis in die Jahre nach dem Ersten Weltkrieg ein Thema in den

Architekturzeitschriften. Auch auf dem Dornacher Hügel finden sich schon vor den Neubauplänen Reflexe dieser Avantgarde: als dekorative Elemente im Balkon und um das östliche Dachfenster von »Haus Duldeck« (1913/15) oder in der kubistischen Formensprache der Thronsessel. Doch als architektonisches Gestaltungsprinzip dürfte der Expressionismus durch Edith Maryon nach Dornach gekommen sein, die 1919/20 (in Kooperation mit Paul Bay) drei Wohnkomplexe für Eurythmistinnen konzipiert hatte. Diese drei Pilzhäuser in kristallinen Formen, in denen wie in einer allseitig gearbeiteten Skulptur die Wohnungen um ein imaginäres Zentrum kreisen, sind wohl der Ursprung des anthroposophischen Bauens ohne rechte Winkel. Und noch bevor Steiner mit der Ausarbeitung des Konzepts für das Goetheanum begann, zeigten weitere nichtanthroposophische Architekten, wie expressiv man mit Beton bauen konnte, so – nur als prominentes Beispiel – 1921 Walter Gropius mit dem kubistischen Denkmal in Form eines Blitzes in Weimar, das für die von der Reichswehr beim Kapp-Putsch 1920 erschossenen Arbeiter errichtet wurde.

Wie beim Johannesbau hat sich Steiner aber nicht nur beim Zeitgeist Flügel geliehen, sondern auch bei konkreten Vorbildern. An der Westfront des Goetheanum etwa lässt sich dies plausibel ablesen. Sie ähnelt in wichtigen Elementen wie dem eingezogenen Mittelrisalit, der kristallinen Dachhaube und den turmartigen Ecklösungen, die bei Steiner durch luftwurzelartige Dekorationspfeiler (die vielleicht auf die beiden Säulen des maurerischen Tempels verweisen) aufgebrochen sind, dem Konzept einer Villa, die der 1918 jung verstorbene Stararchitekt Fritz Kaldenbach entworfen und das Bruno Taut 1920 publiziert hatte. Noch einmal dürften sich hier theosophische Bezüge niederschlagen. Denn Kaldenbach war Theosoph gewesen und Schüler von Lauweriks, Steiners Kontrahent im Düsseldorfer Zweig.

Aber 1924 stand das Schicksal des Neubaus erst mal in den Sternen, weil unklar war, wie die Gemeinde Dornach auf ein Baugesuch reagieren würde. Die Nacht-und-Nebel-Aktion des Landkaufs und der erste Bau hinter dem Rücken der Gemeinde lagen kaum zehn Jahre zurück, und seitdem war der Anthroposophen-Hügel immer eine Enklave von Ausländern im Kanton Solothurn geblieben. Die Auseinandersetzung um das »Götzlianum«[32] erhitzte die Gemüter erneut, aber im November 1924 war das Baugesuch weitgehend in trockenen Tüchern.

Doch zu diesem Zeitpunkt war Steiner bereits an das Bett in seinem Atelier gefesselt. Die Bauidee hatte er nur noch in Umrissen formulieren können, die konkrete Ausführung übernahm das Dornacher Baubüro. Seine Architekten mussten die Vorgaben der Dornacher Gemeinde, etwa die Höhenreduktion des Dachs und die Öffnung der massiven Betonwand im Osten durch Fenster, einarbeiten, sie hatten die technischen Probleme von der statischen Berechnung bis zur Verschalung zu lösen, sie verantworteten die architektonische Gestaltung des Inneren. Das einfach großartige Westtreppenhaus im funktionalistischen Beton brut etwa ist das Werk Max Kempers. Das Goetheanum, das man heute besuchen kann, ist zumindest ebenso das Werk dieser Architekten wie dasjenige Steiners.

Ein besonders zerbrechliches Ei hatten Steiners Nachfolger im Blick auf die Funktion des Goetheanum auszubrüten. Steiner hatte sich nicht deutlich ausgelassen, wie sich der Bau zu den Erfordernissen der künftigen dritten Klasse der neuen Esoterischen Schule, der »freien Hochschule«, verhalten sollte. In den Erinnerungen von Anthroposophinnen und Anthroposophen finden sich eine Reihe von Indikatoren, dass auch das neue Goetheanum für kultische Riten nutzbar sein sollte.[33] Aber Steiner war gestorben, bevor alle drei Klassen der »Hochschule« eingerichtet waren. Nun zeigte sich, wie hilflos man ohne den Meister war. An das große esoterische Projekt eines Kultraums traute man sich nicht heran. Und so entstand im Herzen des zweiten Goetheanum ein Versammlungs- und Theaterraum. Allenfalls wenn Steiners Mysterienstücke oder Goethes »Faust« als Initiationsdramen aufgeführt werden, kann man ahnen, wofür dieser Bau einst auch gedacht war.

Hingabe

Können wir, dürfen wir heute noch von einer Hingabe sprechen? Der oft missbrauchte Terminus ist unhandlich geworden, und doch passt er, wenn man Steiners Engagement für die Anthroposophie in den anderthalb Jahren, die ihm nach dem Brand noch bis zum Krankenlager blieben, betrachtet. Unter Missachtung seiner körperlichen Grenzen und der Bedürfnisse seiner Gesundheit füllte er seinen Terminkalender in einem Ausmaß mit Daten, das den Atem stocken lässt. Kaum ein Tag verging in diesem Jahr 1923, an dem er nicht einen Vortrag, eine Ansprache, eine Besprechung gehalten hätte. Und wenn es sein musste, konnten es auch zwei Vorträge sein, und wenn der Tag nicht reichte, kamen die Nachtbesprechungen wie im »Dreißigerkreis« dazu.

Wie Monolithe ragen die Vortragszyklen aus diesen Einzelaktionen heraus: der kleine zweitägige Kurs über Musik im März; der pädagogische Kurs im April mit acht Vorträgen; der sechsteilige Überblick über die Anthroposophie im Mai in Oslo; die acht Vorträge zur Geschichte der anthroposophischen Bewegung im Juni in Dornach; der kleine, vierteilige Kurs für die Priester der Christengemeinschaft im Juli; der große pädagogische Kursus mit elf Einheiten im August im englischen Ilkley; die 13 Vorträge umfassende Einführung in die Anthroposophie auf dem Sommerkurs im walisischen Penmaenmawr, ebenfalls im August; im September in Wien ein kleiner Kurs zur Anthroposophie; ein kleiner Kurs für Waldorflehrer während des Oktobers in Dornach; ein ganzes Paket von Vorträgen zur Anthroposophie im Allgemeinen und zur Pädagogik im Besonderen im November im Haag, schließlich endete das Jahr mit einem neuntägigen Zyklus zur »Weltgeschichte in anthroposophischer Beleuchtung« in Dornach. Nicht zu vergessen: Immer wenn er in Dornach war, fand Steiner Zeit, Vorträge für die Arbeiter am Goetheanum zu halten, allein die füllen heute vier Bände der Gesamtausgabe. Bei alldem hat man da noch kein Wort über die alltäglichen Obliegenheiten verloren: die Generalversammlung des Vereins des Goetheanum, die Konferenzen mit dem Lehrerkollegium der Stuttgarter Waldorfschule, die Reorganisation der Anthroposophischen Gesellschaft, die beginnende Arbeit mit Ita Wegman an einem medizinischen Buch, die Abwicklung der gescheiterten anthroposophischen Aktiengesellschaften, die Beteiligung an den Gründungen der europäischen Landesgesellschaften.

Aber Steiner wollte es so haben, und die Anhänger wollten ihn so haben. Und weil dem so war, blieb er ein Einzelkämpfer.

Wenn er Otto Palmer in aller Öffentlichkeit als unfähigen Arzt zerzauste, weil das Büchlein der Stuttgarter Ärzte zur anthroposophischen Medizin nicht seinen Vorstellungen entsprach, oder den Architekten Carl Schmid-Curtius wegen eigenständiger Entscheidungen beim Bau des Johannesbaus entließ, wird deutlich, dass man es Steiner nicht leicht recht machen und ihm nicht leicht helfen konnte. Steiner hat immer nach Hilfe und Unterstützung gerufen, aber wichtige Entscheidungen nie aus der Hand gegeben. Die Neugründung der Anthroposophischen Gesellschaft wird dafür noch ein Exempel sein.

Es bleibt dabei: Er hat sich nicht geschont, hat sich alles abverlangt. Es ist kaum zu entscheiden, ob er von den Erwartungen der Mitglieder getrieben war, ob er sich nicht entziehen wollte oder konnte, ob er Herr seiner Entscheidungen oder Gefangener des Gefühls seiner Unersetzlichkeit war, ob ihn Kokain zu diesen Höchstleistungen aufputschte oder nicht, ob er sich aus eigenem Impuls durch die Monate hetzte oder ob ihn die Angst vor der zerrinnenden Lebenszeit trieb – wir wissen es nicht. Aber er hat alles gegeben.

Weihnachtstagung und esoterische Hochschule

Inmitten dieses Jahres 1923 muss bei Steiner der Entschluss gereift sein, den gordischen Knoten aller Probleme durchzuhauen: dass er einer Anthroposophischen Gesellschaft vorstand, die gegenüber den Kritikern in den öffentlichen Debatten nicht das Gesetz des Handelns in Händen hielt, die ihre vereinsinternen Kabalen nicht in den Griff bekam und deren Organisationsstrukturen nicht den veränderten Bedingungen genügten. Wie so oft, dürfte er es kaum selbst gewesen sein, der diesen Entscheidungsprozess anstieß. Vielmehr hatten die englischen und Schweizer Anthroposophen im Juni 1923 gefordert, eine internationale Delegiertenversammlung einzuberufen. Das war in erster Hinsicht eine Organisationsfrage angesichts des Wachstums der Anthroposophie außerhalb des deutschsprachigen Raumes, aber natürlich auch ein Problem der Neuverteilung der Macht. [34]

Wie Steiners Lösung aussah, verwundert nach dem Führungsstil und den gesellschaftspolitischen Konzepten, die er bislang vorgelegt hatte, nicht: Sie war autoritär. Folglich stand sie bereits fest, noch ehe irgendeine Mitgliederversammlung stattgefunden hatte. Am 16. Dezember lud er den kleinen Kreis seiner allerengsten Vertrauten ins »Haus Hansi«, sein Wohnhaus, um sie von seinen Entschlüssen in Kenntnis zu setzen. Der Schriftsteller Albert Steffen, Schriftleiter der offiziösen Zeitschrift *Das Goetheanum*, notierte in seinem Tagebuch, außer ihm seien nur noch Guenther Wachsmuth und Ita Wegman eingeladen worden, und sie nahmen nun von Steiner die Entscheidung entgegen, »wie er sich den Vorstand zusammengesetzt denkt«: »Er: Präsident.«[35] Seine Frau, die an dem Treffen nicht teilgenommen hatte, war als Vizepräsidentin auserkoren. Dann listete Steiner Steffens Aufzeichnungen zufolge die Namen der Vorstandsmitglieder der zu gründenden Gesellschaft auf und teilte schließlich noch die Namen der Vorsteher der »Fächer« der ebenfalls noch zu gründenden »Hochschule« mit.[36] Erst danach unterrichtete er die Mitglieder. Eine Debatte fand nur noch über die Durchführung statt, nicht mehr über die grundlegenden Entscheidungen. In die strategischen Fragen hatte sich Steiner nicht eine Sekunde lang hineinreden lassen.

Auf der »Weihnachtstagung« vom 24. Dezember 1923 bis zum 1. Januar 1924 präsentierte er seinen großen Wurf – die Neukonstitution des gesamten anthroposophischen Netzes, die mehr sein sollte als die Verteilung neuer Vorstandsposten. In der »Weihnachtstagungsgesellschaft« sollte sich die Anthroposophische Gesellschaft mit der anthroposophischen Bewegung verbinden, hier sollten die Praxisfelder in eine enge Beziehung mit der anthroposophischen Esoterik treten, und in der neuen Gesellschaft würden die nationalen Landesgesellschaften unter dem Dach eines international agierenden Vorstands verbunden sein.

Der neue Vorstand wurde ohne irgendwelche demokratischen Verfahren, so wie Steiner es vorgesehen hatte, am 28. Dezember eingesetzt: Neben seiner Frau Marie Steiner berief er noch Ita Wegman, Albert Steffen, seinen Mitarbeiter Guenther Wachsmuth sowie die aus Leiden stammende Elisabeth Vreede zu sich in den Vorstand. Zu dieser nachgerade monarchischen Entscheidung sah sich Steiner ermächtigt, da dieser Vorstand in seinen

Augen eben nicht nur ein vereinsrechtliches Organ, sondern ein »esoterischer Vorstand« war[37], dessen Legitimation aus übersinnlicher Einsicht stamme. Der amerikanische Delegierte, der Architekt Henry B. Monges, gab sich damit allerdings nicht zufrieden und fragte nach der demokratischen Legitimation. Steiner gestand ungeschminkt, dass er »aristokratisch« verfahren sei.[38] Aber er ging auf Monges zu und akzeptierte, dass es auch demokratische Wahlverfahren geben dürfe. Allerdings müsse die Eignung einer Person das letztgültige Kriterium sein, und deshalb gelte: »Ob Demokratie oder Aristokratie«, die Anthroposophische Gesellschaft »wird nicht viel anders ausschauen«. Diese Argumentation hat allerdings einen Haken: Die Demokratie zielt nicht nur auf die Wahl der Besten, sondern fordert auch die Legitimität von Verfahren, bei denen misslicherweise nicht immer die Besten zum Zuge kommen – das jedoch ist bei autoritativen Ernennungen auch nicht anders. Jedenfalls sind Wahlverfahren nicht ersetzbar, und deshalb sind Demokratie und Aristokratie auch nicht gleichwertig. Aber solange er amtierte, würde Steiner, daran ließ er keinen Zweifel, die in seinen Augen geeignetsten Kandidaten kraft seiner »aristokratischen« Autorität einsetzen.[39]

Nun war auf der Weihnachtstagung noch die Arbeit am Detail zu leisten. Das bedeutete konkret, die Statuten zu diskutieren, die dann grosso modo so, wie die Versammlung sie vorgelegt bekam, verabschiedet wurden. Denn im Grunde stand den meisten Mitgliedern der Sinn nicht nach kritischer Debatte. Offenbar brachte Harry Collison, der Generalsekretär der englischen Landesgesellschaft, diese Mehrheitsmeinung zum Ausdruck, als er angesichts sich hinziehender Diskussionen das Wort ergriff und meinte, es könne nicht »unsere Absicht sein, die Statuten auszubessern. Herr Dr. Steiner hat sich so viel Mühe gegeben dabei, und sie sind wirklich ganz umfassend.« Das mag so sein, aber auch hier gilt: Es gibt in der Demokratie auch eine Legitimität von Verfahren. Vielmehr möge man sich, so weiter Collison, darauf beschränken, »etwaige Fragen zu stellen über die Bedeutung und Tragweite dieser Punkte«. Also: keine Debatten, keine Kontroversen. Das Protokoll notiert: »Beifallklatschen, lang anhaltend.« Die Zustimmung war Formsache.

In den verabschiedeten Statuten gibt es zwei Ebenen. Die eine, man könnte sie die exoterische nennen, betrifft die vereinsrechtliche Konstitution, also Ziele, Rechte und Pflichten. Klar ist, dass an der Zentrale vorbei nichts passieren sollte. Der Vorstand habe »das an die Mitglieder oder Mitgliedergruppen zu bringen, was wir als die Aufgabe der Gesellschaft ansehen«. An der Basis werden die Aufnahmen vorgenommen, wobei die »Aufnahmebestätigungen« vom Vorstand – allerdings im Konsens – vorzunehmen seien (§ 11).

Spannender ist die esoterische Ebene, die im Text nicht explizit gemacht wird, aber in den Beratungen als Substruktur ganz offen erkennbar ist. Diese Esoterik taucht in dem »exoterischen« Text der Statuten erst einmal im Gewande ihres Gegenteils auf: Die Anthroposophische Gesellschaft sei nämlich »keine Geheimgesellschaft« (§ 4). Doch dann kommt die Rede auf die »freie Hochschule für Geisteswissenschaft« (§ 5), die aus »drei Klassen« bestehe. Die Aufnahme erfolge – und hier könnte man hellhörig werden –, wenn die um Aufnahme »Ansuchenden von der Leitung des Goetheanums als geeignet befunden werden«. Den Klartext zu dieser Formulierung bot Steiner in den mündlichen Erläuterungen. Er wusste natürlich genau, dass die »Klassen« der »Hochschule« auf die freimaurerische Tradition zurückgingen, dass sie 1914 aufgehoben worden war und man sie, wie er ausdrücklich sagte, früher »Grade« genannt hatte.[40] Deshalb hat diese »Hochschule« nur den Namen mit einer universitären Einrichtung gemein, denn es ging um mehr als »bloße intellektuelle Eigenschaften«: um »die Gefühls-, die unmittelbaren Auffassungs-Fähigkeiten des Esoterischen und Okkulten«. Und an die Stelle der »Konkurrenz« in den »gewöhnlichen« Hochschuleinrichtungen trete die »esoterische Vertiefung«. Damit war sonnenklar, dass die »freie Hochschule für Geisteswissenschaft« die Nachfolgerin der »Esoterischen Schule« der Vorkriegszeit war und die »Klassen« das Pendant zu den drei Abteilungen einschließlich der maurerischen Grade.

Aber selbst wer um den esoterischen Untergrund der Statuten nicht wusste, musste sich bei den Publikationsvermerken der Statuten (§ 8) die Augen reiben: Alle Publikationen der Anthroposophischen Gesellschaft seien »öffentlich«, auch diejenigen der »freien Hochschule«. Jedoch »nimmt die Leitung der Schule für sich in Anspruch, dass sie von vorneherein jedem Urteile über *diese* Schriften die Berechtigung bestreitet, das nicht auf die Schulung gestützt ist, aus der sie hervorgegangen. Sie wird in diesem Sinne keinem Urteil Berechtigung zuerkennen, das nicht auf entsprechende Vorstudien gestützt ist, wie das ja auch sonst in der anerkannten wissenschaftlichen Welt üblich ist.« Und dann folgt der berühmt-berüchtigte »Klassenvermerk«, der jahrzehntelang vielen anthroposophischen Veröffentlichungen eingedruckt oder eingeklebt wurde:

> »Es wird niemand [sic] für die Schriften ein kompetentes Urteil zugestanden, der nicht die von dieser Schule geltend gemachte Vor-Erkenntnis durch sie oder auf eine von ihr selbst als gleichbedeutend erkannte [sic] Weise erworben hat. Andere Beurteilungen werden insofern abgelehnt, als die Verfasser der entsprechenden Schriften sich mit den Beurteilern in keine Diskussion über dieselben einlassen.«

Was hier in gedrechselten Bandwurmsätzen stand, war im Klartext eine Diskussionsverweigerung, die Steiner als »übliche« wissenschaftliche Praxis zu rechtfertigen suchte. Man könnte ihm insoweit entgegenkommen, als der Austausch von Argumenten an Mindeststandards des Wissens geknüpft ist. Aber die Debatten auf der Weihnachtstagung offenbarten auch hier des Pudels Kern. Denn diese Mindeststandards standen ihrerseits nochmals unter einem anthroposophischen »höheren« Erkenntnisvorbehalt. Und ohnehin hätte Steiner die Publikationen der esoterischen »Hochschule« viel lieber unter Verschluss gehalten, wenn sich denn eine Geheimhaltung nur hätte durchsetzen lassen. Doch die Erfahrungen hatten ihn zum Realisten gemacht: Im Zeitalter des Buchdrucks lässt sich kein Geheimnis mehr verbergen.[41] Und wie schon vorher im Zeitalter der Handschriften galt auch noch in der Ära der Druckerpresse: Je größer das Geheimnis, desto höher die Lust, davon zu plaudern.

Wer allerdings in Steiner den medientechnischen Pragmatiker vermutet, der nur vor den technischen Problemen der Geheimhaltung kapituliert hätte, liegt schief, denn im Innersten gründet die Feststellung »keine Diskussion« im »Klassenvermerk« auf der esoterischen Konzeption von Einweihung: Man müsse sich deshalb gar nicht erst auf Diskussionen einlassen, weil ohnehin nur eine sehr kleine Minderheit verstehe, was in diesen Texten steht. Deshalb müsse es auch nicht nur die Unterscheidung zwischen Innen und Außen geben, sondern ganz wie in den freimaurerischen Graden auch die Hierarchie der Adepten und der Eingeweihten in den drei Klassen. Die Mitglieder der ersten Klasse sollten nur die ihnen zustehenden Publikationen lesen, wohingegen die Schriften der zweiten und dritten Klasse (die aber nie eingerichtet wurden), der unteren Klasse vorenthalten bleiben sollten. All diese Erläuterungen sollte die Öffentlichkeit jedoch nicht erfahren. Steiner wollte die Anthroposophische Gesellschaft »in der nächsten Zeit ... vor die Welt als eine öffentliche hinstellen«. Dass sie in der Lage sei, »trotz dieser Öffentlichkeit das esoterische [zu] enthalten«, war für ihn ganz klar und mit § 5, dem Hochschulparagrafen, geregelt.

Die so konzipierte Anthroposophische Gesellschaft war allerdings nicht nur der Dachverband für die Landesgesellschaften und die »freie Hochschule«, sondern beherbergte zudem Ita Wegmans Klinisch-Therapeutisches Institut in Arlesheim sowie den Bauverein des Goetheanum. Dessen Berücksichtigung war eigentlich eine verwaltungstechnische Kleinigkeit, denn rein rechtlich war die neue Anthroposophische Gesellschaft durch die Änderung des Namens des Bauvereins entstanden, weil eine Aufnahme des Bauvereins aufgrund des riesigen Vermögens von mehr als drei Millionen Franken aus der Brandversicherung mit hohen Verwaltungsgebühren verbunden gewesen wäre.[42] Dieses Detail wäre nicht weiter erwähnenswert, wenn aus diesem Rechtstrick am Ende des 20. Jahrhunderts nicht ein bitterer Streit über die »geistige« Konstitution der »wahren« Anthroposophischen Gesellschaft, die mehr sei als ein Bauverein, entstanden wäre. Aber das konnte 1924 nun wirklich niemand ahnen.

In den Wochen nach der Weihnachtstagung richtete Steiner die »Hochschule« ein, indem er die Leiter und Leiterinnen der Sektionen bestimmte. Dass »die Einteilung in Sektionen« »Sache der Leitung sein« würde, stand – natürlich – für Steiner außer Frage, und dass jemand anderer als er selbst das Leitungspersonal bestimmen würde, hat vermutlich niemand auch nur erwogen. Und so entstand eine esoterische Hochschule mit neun Sektionen:

- »allgemeine anthroposophische Sektion«, Leiter: Rudolf Steiner
- pädagogische Sektion, Leiter: »vorläufig« ebenfalls Rudolf Steiner
- medizinische Sektion, Leiterin: Ita Wegman
- Sektion für »künstlerisches Leben« (gemeint waren Eurythmie und »Deklamations- und Rezitationskunst«), Leiterin: Marie Steiner
- Sektion für »bildende Kunst«, »Sektion für plastische Kunst«, Leiterin: Edith Maryon
- Sektion für »schöne Wissenschaften«, Leiter: Albert Steffen
- »Sektion für mathematische und astronomische Anschauungen«, Leiterin: Elisabeth Vreede
- »naturwissenschaftliche« Sektion, Leiter: Guenther Wachsmuth
- »Sektion für das Geistesstreben der Jugend«, Leiterin: Maria Röschl.

In dieser Hochschule sah Steiner sein Ideal der Verbindung von Esoterik und Wissenschaft realisiert. Eine exoterische Vereinigung sollte von okkultem Wissen getragen sein, praktische Anthroposophie und übersinnliche Erkenntnis sich die Hand reichen, hellseherische Einsicht und empirische Forschung eine kongeniale Verbindung eingehen. Selten hat Steiner das esoterische Wissenschaftsverständnis der Anthroposophie so präzise formuliert wie im § 3 der Statuten der »Weihnachtstagungsgesellschaft«: »Ihre [der Anthroposophie] Forschung und die sachgemäße Beurteilung ihrer Forschungsergebnisse unterliegt aber der geisteswissenschaftlichen Schulung, die stufenweise zu erlangen ist. Diese Ergebnisse sind auf ihre Art so exakt wie die Ergebnisse der wahren Naturwissenschaft.«

Doch die Sektionen waren in Steiners visionärem Blick lediglich der Anfang. Die erste Klasse war nur dem Studium gewidmet und sollte einer unbegrenzten Schülerzahl offenstehen. Damit begann Steiner noch zu seinen Lebzeiten, er nahm Schüler und Schülerinnen auf, hielt Vorträge und gab einige rituelle Elemente, »Zeichen« und »Siegel«[43]. In der zweiten Klasse wären nur noch 36 Personen gewesen, die »über entsprechende Erfahrungen als Mitglied der ersten Klasse auf geistigem Felde« verfügten und hohe moralische Qualitäten besäßen – so berichtet jedenfalls einer der wenigen Duzfreunde, die Steiner in den letzten Lebensjahren noch besaß, Ludwig Polzer-Hoditz. In der dritten Klasse schließlich hätten – der Zahl der Apostel gleich – zwölf Eingeweihte gesessen. »Diese dann seien der esoterische Vorstand.« An einen bürgerlichen Verein, in dem eine Wahl die höhere Einsicht verdrängen könnte, hat Steiner für seine Anthroposophische Gesellschaft nicht gedacht.

SECHSUNDZWANZIG

Die Christengemeinschaft. Kirche und Kult

In gewisser Weise war sie eine ungewollte Schwangerschaft, die Christengemeinschaft. Ein christlicher Kult, eine von ihm begründete »anthroposophische« Kirche war Steiner nun wirklich nicht in den Sinn gekommen – schon deshalb, weil ihm die künftigen anthroposophischen Kulte für die noch geschlossene Esoterische Schule fest vor Augen standen. Insofern war eine Anfrage von evangelischen Theologiestudenten vom 21. Mai 1921, wie es denn um die Religion im Kontext der Anthroposophie stehe und ob es kein erneuertes »Priestertum« geben könne, nicht unbedingt ein Anstoß zur Begründung eines neuen anthroposophischen Praxisfeldes. Denn Pädagogik und Medizin erweiterten die Anthroposophie, die Christengemeinschaft hingegen war als Kult eine Konkurrenz. Dass sich Steiner dennoch darauf eingelassen hat, zeugt von seiner Souveränität und von seiner Überzeugung, dass die Anthroposophie eine Weltanschauung sei, deren Mantel auch eine Kultkirche aus anthroposophischem Geist decken könne.

Die beiden ersten Theologenkurse

Es ging sehr schnell. Schon drei Wochen nach der Anfrage der Theologiestudenten eröffnete Steiner am 12. Juni 1921 eine fünftägige Vortragsreihe, den »ersten Theologenkurs«. Er lud Theologen ein, lutherische und altkatholische, dazu fünf Lehrer der Stuttgarter Waldorfschule, die dort den freien Religionsunterricht erteilten, sowie seine Frau.

Die größte Gruppe unter den 25 Männern und Frauen bildeten die lutherischen Theologen. Sie kamen aus einer Kirche, die gerade eine schwere Krise durchlebte. Der Untergang der Monarchie hatte die Landeskirchen gleichsam enthauptet, denn bis dahin war der König zugleich oberster Bischof gewesen und die lutherische Kirche in vielen deutschen Ländern Staatskirche. Diese institutionelle Krise war auf eine Kriegsgeneration getroffen, deren Werte erschüttert waren – durch die historische Kritik der wissenschaftlichen Theologie nicht weniger als durch ein Christentum, das den Blutzoll auf den Schlachtfeldern abgesegnet hatte. Diese Theologen verspürten zudem Defizite, die die Idee einer Kultkirche überhaupt attraktiv machten: Sie litten an ihrer Rolle, als Prediger Alleinunterhalter und damit überfordert zu sein, und an dem Gefühl, der Predigtgottesdienst sei trocken und geistlos, wie tot. Deshalb suchten sie nach einer »lebendigen« Alternative, und Steiners Antwort einer Kultkirche traf diesen Nerv.

Dazu kamen drei altkatholische Priester, über deren Motive wir nichts wissen, denen aber ihre Kirche vielleicht auch zu »protestantisch« geworden war. Sie brachten für die anderen Teilnehmer ein wichtiges Erbe ein, entstammten sie doch einer Kirche, die für sich in Anspruch nahm, in der »apostolischen Sukzession« zu stehen, also über eine kontinuierliche Weihe von Bischof über Bischof bis ins Urchristentum und auf die Apostel zurückzugehen. Für das anthroposophische Denken, das Mysterien und Traditionen, die angeblich bis in die Antike reichten, eine hohe Bedeutung beimaß, verkörperten sie ein hohes Gut.

Überraschen mag die Anwesenheit der Waldorflehrer, aber bei näherem Hinsehen fügt sich deren Präsenz in Steiners anthroposophische Logik. Denn er war ja gerade dabei, in den Waldorfschulen religiöse Kulte einzurichten (s. Kap. 22), in denen die Lehrer, die er ohnehin in einem priesterlich-pädagogischen Dienst sah, als Kultleiter amtierten. Aus diesem ersten Kurs erwuchs durch alle Aufregungen der Gründungsphase hindurch die Gründergeneration der Christengemeinschaft: 14 von ihnen wurden 1922 zu Priestern und Priesterinnen geweiht.

In seinen Vorträgen entwarf Steiner den Prospekt einer »Bewegung für religiöse Erneuerung«. Seine Gegner waren die großen Kirchen, in erster Linie der Protestantismus. Er lasse die Menschen »individualisiert, analysiert« zurück, und deshalb benötige man eine neue »Gemeinschaftsbildung«, eben eine Christen-*gemeinschaft*, wie sie später heißen sollte. Zudem »zersetze« die Theologie, und damit meinte Steiner die historische Kritik protestantischer Provenienz, »das religiöse Leben«. Die historisch-kritische Methode, die schon die Entwicklung seiner Christologie befördert hatte, hatte für Steiner nichts von ihrer Bedrohlichkeit verloren. Die katholische Kirche kam kaum besser weg. Steiner betrachtete sie als einen Hort des kollektiven Autoritätsglaubens und hielt ihr immer wieder das Unfehlbarkeitsdogma des Jahres 1870 vor. Allerdings war sein Verhältnis zur katholischen Kirche von einer Ambivalenz gekennzeichnet, die es gegenüber dem Protestantismus so nicht gab. Denn zugleich besitze der Katholizismus »gewisse Inhalte über Tatsachen und Wesenheit des übersinnlichen Lebens«, er sei Träger einer geheimen Tradition, stehe in der Nachfolge des »ägyptischen Priesterlebens« und verfüge über »magische Mittel«. All dies wollte Steiner beerben und dann einen neuen, modernen Kirchentypus schmieden, in dem die kultische Magie und »völlige individuelle Autorität« die kirchliche Tradition auf der Höhe des frühen 20. Jahrhunderts repräsentieren sollten. Dass seine historische Analyse kaum über den Neuprotestantismus und den katholischen Ultramontanismus des 19. Jahrhunderts hinausging und seine antiken Rückverlagerungen pure Phantasie waren, hielt ihn nicht davon ab, in der Christengemeinschaft die große Synthese der Kirchengeschichte zu sehen.

Wenn Steiner vor allem den Katholizismus als Reservoir für die Elemente seiner alternativen Kirche nutzte, griff er auf den Bereich zurück, den er, soweit er Erfahrungen mit kirchlichen Liturgien hatte, am besten kannte: auf seine frühen und theologisch nicht reflektierten österreichisch-katholischen Erinnerungen. Und so erklärte er seinen protestantischen Zuhörern, aus welchen Bestandteilen »das Meßopfer« bestehe (wie die katholische Eucharistiefeier bis in die 1960er-Jahre hieß), dass es dort eine »Wandlung« gebe und dass man sie mit dem theologischen Konzept der »Transsubstantiation« erkläre. Wichtige weitere Elemente, etwa das verstärkte Synodalprinzip oder die Aufwertung des Gewissens gegenüber den Lehren, entnahm er dem Protestantismus des 19. Jahrhunderts.

Im Umfeld dieses Kurses begann Steiner, liturgische Formulare für den künftigen Gottesdienst zu konzipieren. Die Teilnehmer erfuhren von ihm, dass er schon 1918 für den Theosophen und altkatholischen St. Gallener Pfarrer Hugo Schuster ein Begräbnisritual geschrieben und bis 1921 auch Teile des katholischen Messformulars anthroposophisch überarbeitet hatte. Nun transformierte Steiner für die künftige Christengemeinschaft ebenfalls katholische Vorlagen: Er nahm sich den »Schott« vor, eine unter Katholiken weitverbreitete lateinisch-deutsche Ausgabe des Textes der tridentinischen Messe, und schrieb diesen gemäß seiner anthroposophischen Vorstellungen um.[1] Von hier aus erhielt die Christengemeinschaft ihre strukturkatholische Grundlage und darauf beruhende Frömmigkeitsformen: gemeinsamer Kult vor individueller Frömmigkeit, mehr Feier als Lektüre, Leitung durch eine Priesterschaft vor der selbstständigen Erkenntnissuche, all das konkretisiert in der Feier von sieben Sakramenten.

Dieses Profil kann man in doppelter historischer Perspektive lesen. Zum einen im theosophischen Kontext: Steiner übertrug das Konzept der Eingeweihten, die hier Priester heißen, auf eine Kirche. In diesem Rahmen sollte übersinnliche Erkenntnis möglich sein – aber weniger eigenständig als in der Anthroposophischen Gesellschaft, denn der priesterzentrierte Kult galt (und gilt bis heute) als unveränderlich und bindet die Priester – weil er aus übersinnlichen Welten stamme.

Zum anderen im gesellschaftlichen Zeitkontext: Steiners Gemeinschaft gehörte zu einer großen Zahl neuer Anbieter von Liturgien seit dem Ende des 19. Jahrhunderts, insbesondere nach dem Ersten Weltkrieg. So hatte Charles Webster Leadbeater 1916 innerhalb der Theosophischen Gesellschaft die »Liberal-Katholische Kirche« gegründet, auch das ein hochästhetisch ausgerichteter Kult. In der katholischen Kirche hatte der Benediktiner Odo Casel seit 1918 versucht, die Liturgie als Mysterienfeier neu zu konzipieren. Am nächsten kommt man der Christengemeinschaft vermutlich jedoch, wenn man sie in die Tradition der hochkirchlichen Bewegung im Protestantismus stellt, die seit dem 19. Jahrhundert versuchte, den kultischen Gottesdienst zu revitalisieren, und die in Deutschland 1918 zur Gründung der »Hochkirchlichen Vereinigung« führte, die sich ebenfalls an der katholischen

Messe orientierte. In deren Tradition entstand 1922, fast zur gleichen Zeit wie die Christengemeinschaft, die »Michaelsbruderschaft«. Deren Exponenten, den Nürnberger Pfarrer Wilhelm Stählin, hatte man intensiv versucht, für die Christengemeinschaft zu gewinnen – vergebens. Es waren kultproduktive Jahre, in denen die hochkirchlichen Gruppen osmotische Grenzen besaßen. Sie alle, auch die Christengemeinschaft, lebten von der Plausibilität einer kultischen Religion, der sinnlichen Alternative zu einem verkopften Gottesdienst.

Zurück zur Gründung der Christengemeinschaft. Am Ende des ersten Kurses ereignete sich etwas extrem Bezeichnendes: Man begann, die Institutionen für eine noch nicht bestehende Kirche zu schaffen. Die Priesteraspiranten unterzeichneten eine »Art Verpflichtungsformular«, Steiner übergab zumindest einigen Kandidaten die »meisten kultischen Texte«, und Emil Bock, ein lutherischer Theologe, der 1938 der zweite »Erzoberlenker« der Christengemeinschaft werden sollte, gründete eine »Zentralstelle« für Interessenten. Aber für Steiner war der erste Theologenkurs offenbar nur eine Art Testballon gewesen. Er war noch nicht überzeugt, dass es sich um mehr als die Neigungen versprengter Theologen handelte, und forderte, erst einmal 180 bis 200 Interessenten zu werben, ehe man über eine weitere Vortragsreihe reden könne.

So viele wurden es nicht, aber zum zweiten Theologenkurs, der im September 1921 begann, konnte man doch mehr als hundert Teilnehmer begrüßen. Die weit gestreuten Einladungen brachten jedoch ein offenbar unerwartetes Problem mit sich: kritische Diskutanten. Anders als im ersten Kurs traf Steiner nicht auf ein vorlaufendes Einverständnis, sondern auf eine »theologische Diskussion« und »theoretische Fragen«, wie seine Anhänger monierten.[2] Diese intellektuellen Debatten wurden weitgehend der Aufzeichnung nicht für wert befunden, und so hören wir vor allem die anthroposophischen Stimmen, wonach Steiner »dem theologischen Bewusstsein alter Zeit« meisterlich »mit einem lebendigen Wort« geantwortet habe.[3] Nur manchmal erfahren wir, wo Steiner die kritische Fraktion abstieß. An einem Punkt war der Konflikt massiv und bitter: an der von Steiner geforderten Selbsterlösung des Menschen. Das hatte er in seinem theosophischen Schulungsweg schon ausdrücklich so bestimmt. Aber nun stieß er auf Theologen, die daran festhielten, dass man für eine Erkenntnis aus Gnade nichts leisten müsse, dass auch in einem esoterischen Kultus das Prinzip Gnade gelte. Es war der altkatholische Pfarrer Constantin Neuhaus, der immer wieder nachbohrte und Steiner zu glasklarer Deutlichkeit provozierte. »Es spricht zur Feigheit der Menschen, wenn man sagt: Eure Sünden werden euch abgenommen.« Wer sich keine »Selbsterlösung« zutraue, sei eine Art theologisches Hasenherz, wer Sündenvergebung fordere, habe Angst vor der eigenen Courage. Für Steiner war es selbstverständlich, dass der Mensch, der ein göttliches »Ich« und übersinnliche Kräfte besitze, sich selbst erlösen könne und müsse.

Am letzten Tag des Kurses hakte Neuhaus nochmals nach. Und wiederum brachte Steiner die Radikalität seines Erlösungsprogramms auf den Punkt: Die kosmische, die »objektive« Sünde, diejenige, mit der der Mensch überfordert sei, die übernehme »der Christus«. Aber »die persönliche Sünde ... muss in Selbsterlösung abgetragen werden«.

Andere Theologen stießen sich an der »Verpflichtungserklärung«, die die »Reinheit des Impulses«, faktisch die Dominanz der Anthroposophie, festschrieb. Wieder andere wie der lutherische Theologe Christian Geyer, ein deutschlandweit bekannter Prediger an der Nürnberger Kirche Sankt Sebald, versagten sich Steiners zentralistischen Organisationsplänen: Geyer erklärte, er habe eigentlich freie Gemeinden gründen wollen.[4] Manches wird den Neulingen auch schlicht fremd vorgekommen sein, wie nochmals Geyer angesichts der obligaten Eurythmiestunden humorvoll dokumentierte: »Das tut doch gut, wenn einem der Aetherleib so ums Gebein schlampert.«[5] Aber letztlich endete der 14-tägige zweite Kurs in einem Fiasko. Die allermeisten Interessenten wandten sich ab. Aus der Perspektive Emil Bocks hatten sie sich im »intellektuell-theologischen Gestrüpp« verfangen und »die wirklich vorwärtsführenden, an Dr. Steiner zu richtenden Fragen«[6] verfehlt.

Aber ganz so einfach war die Sache nicht. Ein weiterer bedeutender protestantischer Theologe, Friedrich Rittelmeyer, ein Freund Geyers, der an dem zweiten Kurs aus Krankheitsgründen nicht hatte teilnehmen können, schrieb Steiner im Nachgang einen offenen Brief, in dem Dinge standen, die dieser von treuen Anhängerinnen und Anhängern in derartiger Deutlichkeit wohl nicht oft zu hören bekam: Anthroposophie sei hierarchisch und erzeuge ein Gefühl der »Hilflosigkeit« angesichts »der Fülle von Behauptungen auf allen möglichen Gebieten«, sodass sich viele Teilnehmer »zu Menschen niederer Klasse herabgedrückt« sähen.[7] Steiner jedoch ließ sich vom Feldherrnhügel der höheren Erkenntnis keinen Quadratmeter abhandeln. Man müsse die »Wahrheit« auch dann akzeptieren, wenn sie nicht auf »eigenem Grund und Boden« gewachsen sei. Im Klartext: Die »Wahrheit« höherer Erkenntnis, die auf dem Boden der Anthroposophie stehe, dulde keine kritische Widerrede.

Emil Bock, eine treibende Kraft in der Ungewissheit der Gründungsmonate, muss das Scheitern des zweiten Theologenkurses als einen Wink der Vorsehung betrachtet haben, der die Spreu der Lauen vom Weizen der Einzuweihenden getrennt hatte. Noch im Herbst veranstaltete er ein dreiwöchiges Seminar für Interessierte. Im Januar 1922 schließlich machte man einen Schritt, der von einer irritierenden Selbstgewissheit zeugt und das hierarchische Selbstverständnis der Christengemeinschaft mit einem grellen Schlaglicht beleuchtet: Man begann, gestützt auf Spenden des schwedischen Industriellen Johannes Ruths, in Stuttgart ein Haus zu bauen, das die Verwaltungszentrale und das Priesterseminar aufnehmen sollte. Noch ehe auch nur ein einziger Priester geweiht und auch nur einmal der Kult gefeiert worden war, noch ehe auch nur eine einzige Gemeinde existierte, war bereits das Gehäuse für die Priesterschaft im Bau. In dieser Esoterik herrschte eben ein hierarchisches Organisationsprinzip: Am Anfang stehen die Priester, die Eingeweihten, die Führer der unerleuchteten Gemeindemitglieder.

Im Februar 1922 kam schließlich auch der Mann in den Gründungskreis, der der erste Leiter und schließlich der erste »Erzoberlenker«, so etwas wie der »Papst« der Christengemeinschaft, werden sollte: Friedrich Rittelmeyer, einer der wenigen Älteren in der Gruppe der jüngeren Theologen. Ein liberaler Lutheraner, in Nürnberg Pfarrer an der Heilig Geist-Kirche in unmittelbarer Nachbarschaft von Geyer, ein begnadeter Prediger, dessen Texte Kaiser Wilhelm II. sich hatte vorlesen lassen, ein

Intellektueller, der 1916 zum Pfarrer am renommierten Deutschen Dom am Berliner Gendarmenmarkt gewählt worden war. Doch bereits 1912 war er innerlich zu Steiners Theosophie konvertiert und hatte die liberale Intellektualität gegen eine mystische Frömmigkeit eingetauscht, in der sich Theosophie und christliche Reflektion verbanden.

Im August 1922 ging schließlich die Gründungsgruppe vor der geplanten Weihe in Klausur nach Breitbrunn am Ammersee. Ein weiteres Mal schieden sich die Geister. Die altkatholischen Pfarrer waren weggeblieben, Geyer hatte, zu Rittelmeyers größtem Bedauern, abgesagt. Doch die Übriggebliebenen »lasen die Texte der Menschenweihehandlung«, wie die umgearbeitete katholische Messfeier mit ihrer Wandlung jetzt hieß, sie hielten sich gegenseitig Predigten, »schmiedeten Pläne und nährten große Hoffnungen für die Zukunft«[8]. Nach drei Wochen reichte man am letzten Tag »einander die Hände, ... als ein Kreis, entschlossen, alle Konsequenzen des Schicksals auf uns zu nehmen, das in Dornach auf uns wartete«[9]. Die große Zuversicht hatte alle Zweifler überwunden: »Im ehrfürchtigen Hinblicken nach diesem göttlichen Geistesmeer war auch aller Streit untergegangen – das, was man Disputieren nennt.«[10] Vom Ammersee aus fuhr die Gruppe nach Dornach, um die Priesterweihe zu empfangen: 42 Männer und, worauf man besonders stolz war, drei Frauen. Dreiviertel der Gruppe waren jünger als 30 Jahre, nur drei älter als 45 Jahre. Die Kriegsgeneration war und blieb der Kern der Gründergruppe.

Die Weihe

Wie gründet man eine Kirche? Nicht organisatorisch, das lief schon, sondern spirituell: Wie weiht man Priester, wenn man keinen Bischof hat, nicht in apostolischer Sukzession steht und man überhaupt diesbezüglich weder theologisch noch liturgisch gebildet ist – und, um die Sache noch zu verkomplizieren, Steiner nicht glaubte, die Vollmacht zur Priesterweihe zu besitzen, oder es nicht wollte. Er beanspruchte nur, Mittler des Geistigen zu sein.

Anderthalb Wochen nahm sich Steiner Zeit für den Weihekurs, zweimal am Tag, oft über Stunden, verbrachte er Zeit mit den Kandidaten und Kandidatinnen. Das war für einen Mann, der ewig von terminhungrigen Anhängern umlagert war, dem man die Termine abtrotzen musste, viel Zeit. Keine Frage, die Weihe war Steiner wichtig. Am 8. September 1922 begann er, nachdem einmal mehr die organisatorischen Obliegenheiten erledigt worden waren – die Aspiranten hatten ein Gelöbnis ablegen müssen, ein siebenköpfiger Leitungskreis war gebildet worden[11] –, mit dem Kurs im Weißen Saal des Johannesbaus, das inzwischen in Goetheanum umbenannt worden war. Tag für Tag hielt Steiner Vorträge, vor allem aber »demonstrierte« er, das heißt, er erläuterte den neuen Ritus und zeigte die zugehörigen Handlungen und Gesten. Damit war er sowohl der bescheidene Vermittler als auch der allein über das entscheidende Wissen verfügende Eingeweihte.

Am 13. September endeten die vorbereitenden Tage. Die Frauen waren mit dem Schneidern der Priestergewänder fertig, Steiner hatte Kasel, Albe und Stola geweiht (also das tridentinische Messgewand, das lange Untergewand und den schmalen Schulterumhang) und höchstselbst einen siebenarmigen Leuchter von seinem Wohnhaus »Hansi« den Hügel hinauf in den Weißen Saal getragen. Am 14. September begann eine dreitägige Phase des »ständigen Zelebrierens«[12], in der Steiner den Priesterinnen und Priestern die Texte Stück für Stück übergab und sie einschließlich der zugehörigen »Handlungen« erläuterte. Zwei Tage später bildeten die Priesterweihe und die erste Menschenweihehandlung den Höhepunkt und Abschluss. Steiner übergab Rittelmeyer Kasel und Stola, er bestrich ihn mit Öl, welches man zuvor geweiht hatte, an Händen und Haupt, legte ihm die Hände auf Stirn und Brust auf und trug den Kelch um den Kreis der angehenden Priester.[13] Ein weiterer erregender Moment muss die Einsetzung der Kommunionfeier gewesen sein, die Steiner im schwarzen Gehrock neben den liturgisch eingekleideten künftigen Priesterinnen und Priestern zelebrierte. Gottfried Husemann, einer der Gründungspriester, hat sich daran so erinnert:

»›Die Gegenwart des Christus muss herbeigeführt werden, und sie kann herbeigeführt werden‹«, habe Steiner gesagt.[14] »Im entscheidenden Augenblick erhob er sich von seinem Stuhl und trat, das Angesicht uns allen zugewendet, neben den Altar ... Rittelmeyer sprach die Worte zum ersten Mal mit Vollmacht. Rudolf Steiner das Schlusswort: ›Nehmt es hin‹, sagte er, ›aus geistigen Welten herunter erbeten – nehmt es hin und vollbringt es kraft eurer eigenen Weihehandlung.‹ ... Damit war die Christengemeinschaft als Bewegung für religiöse Erneuerung inauguriert, unter Dr. Steiners Leitung und Anweisung. Er brachte die Substanz der Weihe.«[15]

Abhängigkeit und Eigenständigkeit der Priesterschaft waren damit in einer prekären und deshalb dynamischen Weise grundgelegt.

Aber auf der Feier lag auch ein Schatten. Wer die Symbolik von Orten zu deuten weiß, sah, dass die zentralen Weihehandlungen »nur« im Weißen Saal stattgefunden hatten und nicht im esoterischen Zentrum des ersten Goetheanum: Der kleine Kuppelsaal sollte wohl doch der Esoterischen Schule vorbehalten bleiben. Das war, wie sich zeigen sollte, kein leeres Zeichen.

Anthroposophische Theologie

Ohne Steiner keine Christengemeinschaft, ohne Anthroposophie keine christengemeinschaftliche Theologie. Steiner pflanzte seiner Kirchengründung die theosophische Tradition ins Herz. Natürlich hat er keinen Katechismus geschrieben, aus Zeitmangel und weil das seinem Verständnis von individualisierter Freiheit widersprach. Und selbstredend war er kein Moses, der seiner Gemeinschaft zwei Tafeln mit zehn Geboten überreichte, das hätte ihm als der Geist der alten Zeit gegolten. Gleichwohl hat er der Christengemeinschaft Identität verbürgende Lehren in die Gründungsvorträge eingeschrieben.

1. *Das Übersinnliche.* »Es kommt darauf an, dass durch gewisse Methoden über das Übersinnliche etwas gewusst werden kann«, und »es kommt nicht darauf an, ob es einem unangenehm ist«. Also: Nicht primär Gott, sondern das Übersinnliche, nicht Glauben, sondern Wissen. Höhere Er-

kenntnis und nicht Tradition oder Bibel sollten in Steiners Augen das Herzgewächs der christengemeinschaftlichen Theologie bilden. Dass sie gleichwohl von Gott sprechen dürfe und er es auch selbst tat, war auch ein Zugeständnis Steiners, des Eingeweihten, an seine Kirchenchristen.

2. *Der Christus.* In der Christengemeinschaft sollte der göttliche Christus präsent sein, der menschliche Jesus war dem alten Steiner zu wenig. »Der Christus«, das war zum einen der schon in theosophischer Zeit hochgeschätzte »Christus in euch«, dessen Anrufung sich leitmotivisch durch die Menschenweihehandlung zieht, aber auch der »kosmische Christus«, wie ihn Annie Besant beschrieben hatte.
3. *Der Kultus.* Die Feier der Christengemeinschaft war vor allem »Kultus«. Dieser sei keine Erfindung, sondern gründe, so Steiner, in einer Art göttlicher Instruktion: Der »Kultus« »ist der für die heutige Zeit von Gott verordnete Kultus«[16], das »Abbild ... von demjenigen, was in der geistigen Welt vorgeht«. Er war für Steiner eine objektive Größe aus dem Jenseits der Geschichte.
4. *Das Erleben.* Kult war für Steiner nicht Denken, sondern »das Erleben der unmittelbaren Gegenwart der geistigen Welt, der Anwesenheit der Götter«. Man müsse die »Seele« »entzünden an einem Anschauen des Äußerlichen«. Das hatte Steiner auch in der Esoterischen Schule und in den freimaurerischen Zeremonien gewollt.
5. *Sakramente.* »Der Christus« sei in den Sakramenten wirkmächtig. Sieben an der Zahl gebe es, diejenigen der katholischen Tradition: Taufe, Konfirmation (entsprechend der Firmung), Beichte (die heute gern »Schicksalsberatung« genannt wird), Kommunion (in der »Menschenweihehandlung«), Trauung, Priesterweihe, Letzte Ölung.
6. *Objektivität.* Bei der Opferfeier sei es »tatsächlich so: Wenn die Transsubstantiation durch einen wirklichen Priester ausgeführt wird, dann bekommt die Hostie eine Aura. Nun, das mögen Sie glauben oder nicht, ich kann es nur erzählen.« Die Sakramente deutete Steiner nicht als Zeichen, wie es markant in der reformierten Theologie geschieht, sondern als Wirkungen, die, über katholische Vorstellungen

hinausgehend, unabhängig vom Individuum und seiner Zustimmung wirken sollten.

7. *Hierarchie und Egalität.* Eine Kirche, der eingeweihte Priester vorstehen, verträgt keine demokratischen Verfahren. Eine Wahl der Priester hielt er für »ungeistig« und betrachtete sie als eine »Komödie«. Aber weil Steiner gleichzeitig dem Individuum einen hohen Wert zuwies, erhielt die Christengemeinschaft auch eine synodale Ebene.
8. *Dogmenfreiheit.* Die Priester sollten, wie alle Anthroposophen in der Anthroposophischen Gesellschaft und auch alle Laienmitglieder der Christengemeinschaft, Dogmenfreiheit genießen. Davon ausgenommen war für die Geweihten der »Kultus«, der festlag, weil er unmittelbar aus der geistigen Welt komme, und das »Credo«, Steiners Lehrtafel für die Christengemeinschaft.
9. *Selbsterlösung.* »Erlösung oder Selbsterlösung, das ist das aut – aut«, das Entweder – Oder, »das eben auftritt«, dekretierte Steiner.
10. *Apokalypse.* An der Wende der Zeiten sei die Christengemeinschaft der Ausdruck des neuen, modernen Christentums, »die dritte Kirche« jenseits von Protestantismus und Katholizismus.[17] Es sei »eine objektive Erkenntnis der Tatsachen: Dass die Kirchen dem Untergang geweiht sind. Außer die katholische Kirche natürlich, die eben weiter bekämpft werden muß.«[18]

Mutter Anthroposophie

Die erste Euphorie der Christengemeinschaft währte nur einen Sommer lang. Denn der Weg vom Dornacher Hügel führte in die beinharte Ebene des Alltags. Man stelle sich vor: Da kommen Priesterinnen und Priester, durchweg unerfahrene junge Männer und Frauen, in deutsche Städte und stellen sich als das lange erwartete Kultpersonal vor, das mit einem unveränderlichen, aus geistigen Welten »gegebenen« Kultus eine neue spirituelle Epoche einläute und als Kirche der Zukunft die Menschen von ihren Seelennöten erlöse. Das konnte nicht gutgehen, im Grunde hatte man sich auf ein Himmelfahrtskommando eingelassen. Und so scheiterten viele im Handumdrehen. Manche Gemeinden gingen bald wieder ein, manchen Priestern misslang die Gemeindegründung gleich an mehreren Orten. Und deshalb war es kein Wunder, dass sie im anthroposophischen Milieu, wo man am ehesten mit Steiners esoterischem Denken vertraut war, ihre Mitglieder suchten. Das war eine Nähe auf Gegenseitigkeit. Das kultische Erleben in der Esoterischen Schule fehlte vielen Anthroposophen, man wartete auf einen neuen emotionalen Mittelpunkt, den man eben in der Christengemeinschaft zu finden hoffte. Durfte man nicht davon ausgehen, dass Steiner mit der Christengemeinschaft genau diesen neuen Kultus inauguriert hatte?

So begann eine muntere Transformation der Anthroposophischen Gesellschaft in die Christengemeinschaft. In Konstanz trat der anthroposophische Zweig geschlossen zur Christengemeinschaft über, in Heidenheim telegrafierte der Zweigleiter zu Weihnachten 1922 nach Dornach: »Alle Zweigmitglieder Mitglieder der Christengemeinschaft geworden«, in Hamburg wurde die Zweigarbeit zu Weihnachten dieses Jahres eingestellt, in Bielefeld tauschte man das Vereinsschild »Anthroposophische Gesellschaft« gegen »Christengemeinschaft« aus, Bücherbestellungen beim Philosophisch-Anthroposophischen Verlag wurden mit der Begründung, man habe jetzt die Christengemeinschaft, storniert.[19]

So aber hatte sich Steiner die Wirkungsgeschichte der Christengemeinschaft nun wirklich nicht vorgestellt. Die Alarmglocken läuteten schrill in seinem Kopf, er sah sein Lebenswerk, die Anthroposophische Gesellschaft, tödlich gefährdet. Die Gründung im Seitenflügel und nicht im Zentrum des Johannesbaus war nicht als Zeichen für die inneranthroposophische Randlage der Christengemeinschaft angekommen, die Hinweise in den Theologenkursen, die die Dominanz des anthroposophischen Denkens festgeschrieben hatten, waren vielleicht zu leise gewesen, und so wurde Steiner jetzt laut. Am 30. Dezember 1922, gut ein Vierteljahr nach der Gründung der Christengemeinschaft, zog er in einem Vortrag die Notbremse:

»Zunächst«: Es gebe Menschen, die »nicht in der Lage sind, unmittelbar den Gang zur anthroposophischen Bewegung anzutreten. Für sie muss ... der Geistesweg gesucht werden, welcher heute der der menschlichen Entwickelung angemessene ist.« Damit war eigentlich schon alles gesagt: Es gibt Menschen, die noch nicht so weit sind, die Kirche und Priester noch brauchen. Das hatte die Erfahrung der letzten Jahre gezeigt, denn die Menschen liefen nicht in Scharen zur Anthroposophie über. Aber die Menschen mit einem entwickelteren Bewusstsein seien längst darüber hinaus. Anthroposophen »werden ... den Weg finden, der auf der einen Seite ein künstlerischer, auf der andern Seite ein religiös-ethisch-sozialer sein wird. Diesen Weg geht die anthroposophische Bewegung, seit sie besteht. Für die anthroposophische Bewegung ist, wenn nur dieser Weg richtig verstanden wird, kein anderer notwendig.«

Steiner kannte keine zwei Meinungen: Die Anthroposophie war der Königsweg zur Erkenntnis übersinnlicher Welten, sie besaß bereits den »religiös-ethisch-sozialen« Weg, und die Christengemeinschaft war die Krücke für den Rest, der in der spirituellen Evolution zurückgeblieben war. Den Anthroposophen, namentlich den zur Christengemeinschaft konvertierten, schrieb er ins Stammbuch: »Diejenigen, die den Weg einmal in die Anthroposophische Gesellschaft gefunden haben, brauchen keine religiöse Erneuerung.«

Wie um künftige Debatten über den Interpretationsspielraum dieses schneidenden Urteils im Keim zu ersticken, buchstabierte Steiner die Konsequenzen durch: Die Christengemeinschaft »hat ihren Inhalt von der Anthroposophie hergenommen«, und deshalb sei die Anthroposophie die »Mutter« und die Christengemeinschaft die Tochter.[20] Also: »Die Anthroposophische Gesellschaft ist unabhängig von den Tochterbewegungen, die Tochterbewegungen aber nicht von der Anthroposophischen Gesellschaft.« Und die Sache mit dem lieben Geld erledigte Steiner gleich mit: Die Christengemeinschaft möge doch die Finger von den »materiellen Mitteln« der anthroposophischen Bewegung lassen und lieber die »Nichtanthroposophen« zur Kasse bitten.[21] Man benötigt keinerlei Phantasie, um sich die tiefe Frustration vorzustellen, in die Steiner die Priesterinnen und Priester der Christengemeinschaft stürzte. Dazu kamen die inneranthroposophischen Gegner, allen voran offenbar Marie Steiner, die nun die Messer wetzten und das Ende des Experiments Christengemeinschaft forderten. Aber da war nun wiederum Steiner vor. Ihm war es ernst mit der Christengemeinschaft als einer Art Vorfeldorganisation der Anthroposophie. Er nahm im »Dreißigerkreis« im Februar 1923 die Christengemeinschaft in Schutz – solange die Hierarchie von Mutter und Tochter gewahrt bleibe.[22] Mehr noch: Steiner entwickelte eine emotionale Bindung und hielt seiner Christengemeinschaft in den letzten beiden ihm noch verbleibenden Lebensjahren die Treue. Er tröstete, er hielt weitere Kurse für die Priesterinnen und Priester ab, überhöhte die Weihe durch Einweihung, indem er die Priester und Priesterinnen in die Erste Klasse der neu gegründeten Esoterischen Schule aufnahm[23] (aber das hieß auch, dass die Anthroposophie Höheres bereithielt), und noch im Februar 1925 schrieb er das Ritual für die Einsetzung Rittelmeyers in das Amt des »Erzoberlenkers«.

Aber mit der Superiorität der Anthroposophischen Gesellschaft war es ihm bitterernst. Am Palmsonntag, dem 25. März 1923, auf seinem Geburtstag, wurde in Stuttgart erstmals die Opferfeier für die Schüler des »freien«, also anthroposophischen Religionsunterrichts zelebriert: ein Kultus, den Steiner explizit als etwas »Messe-Ähnliches« verstand und der dem katholischen »Messopfer« ähnelte – und damit der Menschenweihehandlung der Christengemeinschaft. Die Botschaft war unmissverständlich: Trotz des Opferkultus in der Christengemeinschaft etablierte Steiner eine rituelle Parallelstruktur im Umfeld der Anthroposophischen Gesellschaft. Ein Ritenmonopol der Christengemeinschaft war das Letzte, was Steiner wünschte. Ein dreiviertel Jahr später, am 1. Januar 1924, eröffnete er erneut seine Esoterische Schule, deren Krönung wiederum rituelle Zeremonien bilden sollten. Wenn er über diesem Projekt nicht gestorben wäre, hätte er wohl nochmals deutlich gemacht, dass wahre Anthroposophen den Kultus der Christengemeinschaft längst hinter sich gelassen hatten.

Aber dazu kam es durch seinen Tod nicht. Und ohnehin hatte Steiner die Attraktivität der Christengemeinschaft dramatisch unterschätzt. Trotz der Bannworte vom 30. Dezember 1922 trieb sie mehr Blüten als die Anthroposophische Gesellschaft. Faktisch besaß sie das Ritenmonopol, sie hatte mit der Bibel eine zweite und gut eingeführte Grundlage, sie bot vermutlich die tröstlichere Seelsorge an, sie besaß letztlich das lebensdienlichere Programm. Dass die Christengemeinschaft inzwischen die Anthroposophische Gesellschaft in der Zahl ihrer Mitglieder überflügelt hat, hätte Steiner wohl mit ambivalenten Gefühlen verfolgt. Und dass sie heute dabei ist, sich von Steiners Dogmatik zu emanzipieren, ist eine Geschichte, die hier nicht zu schreiben ist.

SIEBENUNDZWANZIG

Landwirtschaft. Erde und Kosmos

Der Kurs zur anthroposophischen Landwirtschaft wurde Steiners Schwanengesang. Ein letztes Mal würde er alle Kräfte zusammennehmen, seiner angeschlagenen Gesundheit einen weiteren Zyklus abtrotzen, in seinem berstenden Terminkalender eine Woche freihalten. Wieder würde er ein neues Praxisfeld auf den Weg bringen, wieder das Werk seinen Anhängern halbfertig hinterlassen. Im »landwirtschaftlichen Kursus« bündelte sich nochmals, wie in einem Hohlspiegel, Steiners hoch engagiertes, aber auch atemloses Leben der letzten Jahre: ein Mann, der alles gibt, aber zugleich ein Getriebener im Sturm der jedes Maß sprengenden Erwartungen ist – der Erwartungen seiner Anhänger und der Erwartungen an sich selbst. Erst der Tod, kaum ein Jahr nach dem landwirtschaftlichen Kurs, ließ Steiner zur Ruhe kommen.

Keyserlingk und Koberwitz

Begonnen hatte alles mit einer Anfrage des Grafen Keyserlingk, des Verwalters eines schlesischen Großgrundbesitzes, Steiner möge auch Wegweisendes zur Landwirtschaft sagen. Da die Einlösung des wohl schon Ende 1923 gegebenen Versprechens auf sich warten ließ, setzte Keyserlingk auf den leisen Zwang persönlicher Begegnung und schickte seinen Neffen Alexander mit der Order nach Dornach, nicht »zurückzukehren, ehe er nicht die endgültige Zusage des Termins hätte«[1]. Der habe gedroht, sich bis zu einer Zusage vor Steiners Tür zu setzen – und erhielt die erhoffte Zusicherung. Aber er beschied sich nicht mit Steiners Willensbekundung: »Herr Doktor, das genügt mir nicht – ich soll nicht fragen, ob Sie kommen, sondern wann Sie kommen!« – worauf Steiner sein Notizbuch zückte und die Pfingstwoche des Jahres 1924 belegte.[2]

Keyserlingk war nicht der Erste, der die Landwirtschaft aus übersinnlicher Erkenntnis reformiert wissen wollte. Schon Johann Simon Streicher, ein Bauernsohn, der Chemiker und Abteilungsleiter bei der BASF geworden war, hatte Steiner gefragt, ob und wie man Bodensalze verwenden dürfe. Ja, hatte Steiner geantwortet, aber nur wenn Pflanzengifte zugesetzt würden. Und der Anthroposoph und Landwirt Ernst Stegemann wollte wissen, wie man an neue Getreidearten komme, da »mit dem Ablauf des Kaliyuga alle unsere Kulturpflanzen sich erschöpfen würden«[3]. Hinter solchen Diskussionssplittern stand eine Krise der Landwirtschaft im Nachkriegsdeutschland, die nicht nur Anthroposophen umtrieb. Ökologische Probleme ließen sich nicht mehr wegdiskutieren: Die Verdichtung oder Versalzung von Böden, die Verschlechterung des Saatguts oder der Düngemittelmangel waren Dauerbrenner in der frühen Weimarer Republik. Deshalb experimentierte und züchtete man, als Steiner Keyserlingk zusagte, auch in anthroposophischen Kreisen, produzierte schon länger Dünger aus Kuhhörnern und brachte homöopathische Präparate auf Äcker aus. Keyserlingk mag nicht der Erste gewesen sein, der von Steiner okkulte Aufklärung erwartete, aber vielleicht war er der potenteste. Er konnte jedenfalls – kurz nach der Währungsreform – die »Garantiesumme von 20000 Reichsmark, damit Reisespesen und Honorare für die Künstler bezahlt werden konnten«[4], hinblättern.

Carl Wilhelm Graf von Keyserlingk stammte aus einer protestantischen baltischen Adelsfamilie und hatte nach einem Intermezzo bei der Christlichen Wissenschaft, die, wie die Theosophie, Wissenschaft und Religion versöhnen wollten, durch seine Frau Johanna 1918 zur Anthroposophie gefunden. »Diesem Mann gehört von heute an mein ganzes Leben«[5], habe er seiner Gattin nach einem Vortrag Steiners gestanden. In Koberwitz verantwortete er seit 1920 als Güterdirektor einen großagrarischen Familienkomplex: 18 Güter, einige tausend Morgen Land »bester Schwarzerde« mit einer Zuckerfabrik: Mehr als 1000 Menschen standen bei ihm in Lohn und Brot.[6] Er hatte diese Holding modernisiert, etwa eine Feldbahn gebaut, und soll zugleich, seiner sozialen Einstellung wegen, als »roter Graf« gegolten haben.[7]

Zu diesen Latifundien gehörte ein schlossartiges Gut mit rund sechzig Zimmern in Koberwitz nahe Breslau, an einem Park gelegen. Hier fanden schon die Gottesdienste der Breslauer Christengemeinschaft statt, und hier beherbergten die Keyserlingks nun auch Steiner und seinen Kurs. Im Obergeschoss des linken Flügels befand sich die große Halle, in der Steiner vortrug. »Rote Samtvorhänge rahmten dort ein großes Fenster mit Glasmalereien ein«, berichtete Johanna Gräfin Keyserlingk, »eine alte Danziger Standuhr und ein geschnitztes Schiffsmodell, das über dem großen runden Tisch in der Ecke hing, machten die Halle wohnlich. Flügeltüren öffneten sich nach dem großen Eßzimmer, das in dem Mittelbau lag, so daß man während des Essens immer den Blick über den Staudengarten hatte.«[8]

Eigentlich wollte Steiner im Juni 1924 nur Fachleute vor sich sitzen sehen, doch dürften auch in Koberwitz die interessierten Laien eine prägende Rolle unter den rund hundert Teilnehmern gespielt haben. Aber anders noch als in den ersten medizinischen Vorträgen waren die unbeschwerten Zeiten nun vorbei. Die Erfahrung politischer Gewalt im Jahr 1922 hatte sich wie Mehltau auch über die Veranstaltung in Schlesien gelegt. Ein jugendlicher »Leibwächter«, Mitglied einer »Schutztruppe«[9], schob nachts vor Steiners Tür Wache und begleitete ihn »die Hand in der Hosentasche auf der Pistole«[10]. Steiner hielt all das nicht davon ab, sich weiterhin rücksichtslos auszubeuten. Von 11 Uhr oder halb zwölf des Morgens bis um eins mittags trug er vor, nach einem Essen beantwortete er bis 15 Uhr Fragen. Um 20 Uhr hielt er Ansprachen auf der Pfingsttagung der Anthroposophischen Gesellschaft in Breslau[11], darüber hinaus gab es Veranstaltungen für die esoterische Klasse[12], ein Kulturprogramm mit Eurythmieaufführungen und gesellige Veranstaltungen sowie Zeit für Einzelgespräche. Und mitten in diesem Trubel schrieb Steiner innige Liebesbriefe an Ita Wegman.

»Kosmische Einflüsse« und »geistiger Mist«

Steiner wusste, dass er für diesen Kurs nicht kompetent war: »Ich kann nicht wissen, ob dasjenige, was heute schon aus der Anthroposophie heraus gesagt werden kann, uns wird nach allen Seiten befriedigen können.« Er wusste, dass er einmal mehr den Erwartungen, als Hellseher alles wissen zu müssen, nachgegeben hatte. Deshalb das einschränkende »heute schon«. Aber in Zukunft würde man, davon war er überzeugt, alles wissen. Was Steiner dann als vorläufige landwirtschaftliche Theorie konzipierte, war eine konsequente Übertragung seines spirituellen Denkens auf ein weiteres Praxisfeld, und man kann sich leicht ausrechnen, wie dies funktionierte: »Kosmische Einflüsse« habe der Anthroposoph zu gewärtigen, »der ganze Himmel mit seinen Sternen« beteilige sich am Pflanzenwachstum, die Pflanze »ist immer das Abbild irgendeiner kosmischen Konstellation«. Konsequenterweise sollten anthroposophische Landwirte beim »Meditieren« »allmählich herein in ein Erleben des Stickstoffs rings um Sie herum« wachsen, um die »Offenbarungen des Stickstoffs« zu erkennen, und schließlich hellsehende und »hellriechende« Landwirte werden. In dieses esoterische Konzept verflocht Steiner sein revitalisiertes goetheanisches Denken, indem er die Landwirtschaft als einen »Organismus« und den »Erdboden« als »ein wirkliches Organ« verstand, wo Mineralstoffe wie »lebende Wesen« eine »Sehnsucht« zur Kristallisation besäßen. Später werden Anthroposophen den Bauernhof als »Betriebsorganismus« verstehen. Und auch der Feind war identifiziert, natürlich die Materialisten, diejenigen Bauern und »kindischen« Agrarwissenschaftler, die auf Chemie vertrauten. Da solle man doch lieber auf die »instinktive Agrikulturweisheit« und die »alten Bauernregeln« setzen – aber vor allem auf höhere Erkenntnis.

Zugleich forderte er empirische Forschung auch in der anthroposophischen Landwirtschaft, natürlich in der Erwartung, seine hellseherisch gewonnenen Erkenntnisse bestätigt zu finden. Zwar verwarf er die großen Landbauwissenschaftler wie Albrecht Thaer (um 1800) und insbesondere den zwei Generationen später forschenden Justus von Liebig, den Begründer der Agrarchemie, aber zumindest im Blick auf ihre empirischen Methoden stellte er sich ihnen zur Seite. So kam es noch während der Tagung zur Gründung eines »Versuchsrings« anthroposophischer Landwirte. Doch gegenüber der »materialistischen« Landbauwissenschaft blieb er hart. Er fürchtete nämlich, dass »die Traditionen verschwinden. Die Leute werden mit Wissenschaft die Äcker düngen. Die Kartoffeln, das Getreide, alles wird immer schlechter.« Im Grunde stand ihm ein beschauliches Ideal der Landwirtschaft vor Augen. Im Tischgespräch habe er die Vision fallender Industrieschornsteine kundgetan und »von der Notwendigkeit, stille Zentren eines neuen Geisteslebens in agrarischer Abgeschiedenheit zu begründen«, gesprochen.[13]

Wenn man nun genauer auf den Koberwitzer Kurs schaut, realisiert man, dass Steiner keine allgemeine Theorie eines anthroposophischen Landbaus lieferte, sondern sich an sehr konkreten Problemen der Keyserlingks in Koberwitz abarbeitete. Schon die Themen machen dies klar: Fragen des Pflanzenanbaus dominieren, nur im letzten der acht Vorträge steht die Tierhaltung im Mittelpunkt, wobei vor allem die Fütterung eine Rolle spielt. Das spiegelt die Situation von Koberwitz, wo man Pflanzen, genauer gesagt: fast monokulturell Rüben anbaute und Kühe nur nebenher hielt, um die Blätter zu verfüttern. Deshalb hat sich Steiner beinahe ausschließlich mit der Pflanzenproduktion beschäftigt, und deshalb findet sich dazu das Gros seiner konkreten Vorschriften: Was tun, wenn Mäuse wühlen? Man beschaffe sich einen Mäusebalg »zur Zeit des Stehens der Venus im Zeichen des Skorpions«, verbrenne und streue ihn als »Pfeffer« auf die Felder. Und was hilft gegen Insekten? Hier müsse die Verbrennung »herbeigeführt werden, wenn die Sonne im Zeichen des Stieres steht«. Wieder anders sei den Fadenwürmern in Rüben, den Rübennematoden, auf den Leib zu rücken. Man müsse einen Dünger aus Schafgarbe herstellen, indem man ihn im Sommer in einer »Edelwildblase« von der Sonne bescheinen lasse und ihn im Winter vergrabe.

Ganz besonders häufig thematisierte Steiner die Düngung, auch dies ein zentrales Thema der Koberwitzer Pflanzenproduktion. Er vertrat hier einen felsenfesten Standpunkt: »Der mineralische Dünger ist dasjenige, was mit der Zeit ganz aufhören muss.« Damit meinte er den chemisch hergestellten Mineraldünger, wohingegen er dessen indirekte Zufuhr, durch Kompost oder Tierdung, empfahl, weil die Mineralien dann aus dem »Bereich des Lebendigen« stammten. Für unproblematisch hielt er auch die Verwendung hochgiftiger Stoffe wie Blei, Arsen oder Quecksilber, wenngleich in homöopathischer Dosierung. Wenn die exoterische Wissenschaft dies ablehne, »dokumentiert man, dass man eigentlich ganz im Finstern tappt«. Am bekanntesten wurde die Herstellung von Dünger in Hörnern, vielleicht weil sich hier Steiners Weltanschauung in einer ganz anschaulichen Praktik niederschlug: Man nehme ein Kuhhorn, weil es »in besonders starker Weise die Strömungen nach innen sendet«, und stopfe Quarz, Kiesel oder Feldspat hinein. Im Herbst sei es »dreiviertel bis eineinhalb Meter tief« zu vergraben, da nach dem Winter »eine ungeheure Kraft darinnen an Astralischem und an Ätherischem« stecke. Im Frühjahr verdünne man den Inhalt mit einem halben Eimer Wasser und rühre die Flüssigkeit, auf dass ein Trichter entstehe, eine Stunde lang, mit wechselnder Drehrichtung, ehe man den »geistigen Mist« auf die Felder ausbringe. Dies sah Steiner durch anthroposophische »Forschungen« – dabei dachte er an Versuche mit homöopathischen Mitteln, wie sie Lili Kolisko in der Medizin angestellt hatte – »auf eine gründliche wissenschaftliche Basis gestellt«.

Mit der technischen Seite der Landwirtschaft hat er sich nur am Rande beschäftigt. Dabei war er kein Maschinenstürmer, den Einsatz von technischem Gerät hat er nicht abgelehnt – alles andere wäre in Koberwitz auch undenkbar gewesen. Aber seine Zuneigung gehörte den handwerklichen Arbeiten wie dem Rühren in der Düngerherstellung, das doch »mit den intimsten Naturvorgängen« »so verwandt« sei. Ohnehin sei das nicht »maschinenmäßige Rühren« ein so »großes Vergnügen«, »dass man das einfach an Sonntagen zum Nachtisch machen wird« – so Steiner, von dem nicht berichtet wird, dass er in seinem Leben jemals intensiv handwerklich gearbeitet hätte, von einigen Schnitzaktionen im Johannesbau abgesehen.

Die Anweisungen zu Düngemitteln antworteten aber nicht nur auf die Koberwitzer Probleme, sondern waren von aktuellen wirtschaftspolitischen und ökologischen Problemen diktiert.

Denn wer sich 1924 in Deutschland gegen chemisch produzierten Mineraldünger aussprach, der hatte vor Augen, dass der Kriegsverlierer Deutschland Probleme hatte, aufgrund des Rohstoffmangels Stickstoffdünger, den »Kunstdünger«, herzustellen. Der Einsatz von Kunstdünger führte zudem häufig zur Versauerung von Böden, und zu allem Überfluss gingen die Erträge häufig trotz verstärkter Mineraldüngung zurück.

Hier schlug die Stunde der alternativen Landbewirtschaftung, die, wie Steiner, den Boden als ökologisches System begriff und seit Anfang des 20. Jahrhunderts »biologische« Verfahren gegen die »Agrikulturchemie« propagierte. Doch über diese Gleichgesinnten wissen wir wenig. Das Steiner nächststehende Konzept einer spirituell reformierten Landwirtschaft hatte 1919 Richard Krzymowski in seiner *Philosophie der Landwirtschaftslehre* entworfen. Auch er kämpfte gegen die »Mineraltheorie«[14], auch er forderte, in der Tradition des idealistischen Denkens, Spekulation mit »Erfahrung« und »experimenteller Forschung« zu verbinden.[15] Die Übereinstimmungen mit Steiners Ideen sind frappant, doch wissen wir nicht, ob er Krzymowski kannte, obwohl dieser 1924 in Breslau lehrte, also in unmittelbarer Nachbarschaft zu Koberwitz. In jedem Fall ist klar, dass Steiner einmal mehr in enger Vernetzung mit dem Zeitgeist dachte.

Die Zukunft der Landwirtschaft

Kaum war der landwirtschaftliche Kurs abgeschlossen, standen schon die ersten Probleme ins Haus. Sie türmten sich im Umfeld der Frage auf, ob Steiners Aussagen veröffentlicht werden sollten oder nicht. Dahinter standen gleich mehrere Überlegungen: Sollte der Kurs prinzipiell geheim gehalten werden? Sollten Anthroposophen, die nicht an dem Kurs teilgenommen hatten, auf Dauer ausgeschlossen bleiben? Wissenschaft und Geheimwissenschaft gerieten wieder einmal in Konflikt. Carl Graf von Keyserlingk gehörte offenbar zu denen, die eine Weitergabe außerhalb des Teilnehmerkreises ablehnten. Auch Steiner war erst einmal gegen eine Veröffentlichung. Offenbar war er seiner Sache weitaus weniger sicher, als es die Zuhörer ihrem Eingeweihten unterstellten. Er forderte jedenfalls weitere Versuche zur Bestätigung seiner Aussagen, aber schließlich erklärte er dann doch seine Bereitschaft zur Publikation der Koberwitzer Vorträge. Hinter der Ethik des Geheimnisses standen allerdings auch ganz profane Interessen. Offenbar wollte Keyserlingk die »Präparateherstellung zum Patent anmelden«[16]. Dass man meinte, hier könne es um viel Geld geliehen, dürften Versuche eines Vertreters der I. G. Farben belegen, an die Unterlagen des Koberwitzer Kurses zu kommen: für viel Geld, für sehr viel Geld, wie man munkelte.[17]

Niemand konnte 1924/25 absehen, welche steile Karriere die anthroposophische Landwirtschaft machen würde, die im 21. Jahrhundert als unbeugsame Anbieterin biologischer Nahrungsmittel fest etabliert ist. Aber der Markenbegriff »biodynamischer« Landbau war bei Steiners Tod noch nicht erfunden. Von der hohen Akzeptanz im Nationalsozialismus – aufgrund esoterischer Interessen bei Führern wie Rudolf Heß und aufgrund der damaligen Autarkiepolitik, gefördert durch NS-nahe Positionen anthroposophischer Landwirte – ahnte man noch nichts. Und die Verwertungsgesellschaft, aus der später die Marke »Demeter« entstehen sollte, war auch noch nicht gegründet. All das sind Entwicklungen nach Steiners Tod. Er wird gewusst haben, dass die anthroposophische Landwirtschaft allenfalls halb fertig war. Ein weiterer Besuch in Koberwitz stand für den 2. September 1924 bereits im Terminkalender.[18] Aber seine Krankheit entwand ihm das Gesetz des Handelns.

ACHTUNDZWANZIG

Tod in der Werkstatt

Omen

Alle haben es gesehen, und keiner hat es wahrhaben wollen: Rudolf Steiner war 1924 mit seinen Kräften am Ende. Wer ihn reisen sah, so wie am 26. März, als er um 10 Uhr abends in Dornach das Auto nach Stuttgart bestieg, konnte sehen, was die Stunde geschlagen hatte:

> »Als er den Fuß auf die äußere Stufe des Wagens setzte, um hineinzusteigen, sah ich, wie er vor Schwäche etwas den Halt verlor, so daß Frau Dr. Wegman ihn stützen musste. Sein Platz war vorher mit Decken ausgelegt worden, und als er sich gesetzt hatte, umgab ihn Frau Dr. Wegman – es war ein winterlich kalter Tag und Schnee war gefallen – mit mehreren Wärmflaschen und hüllte ihn in weitere Decken ein.«

Und weil er kaum noch Essen vertrug, hatte man dem kranken Vegetarier Steiner einen großen Reisekorb gepackt, »damit eigens für ihn zubereitete Speisen mitgeführt werden können«. Nach einer widrigen Fahrt erreichte man Stuttgart um vier Uhr am Morgen. Steiner begab sich in die Wohnung, die er mit seiner Frau in dem großen Zweighaus hatte. »Da sah ich«, wie Ernst Lehrs festhielt, ein Lehrer an der Stuttgarter Waldorfschule, dem wir die Erinnerungen an die Fahrt verdanken, »wie er sich, schwer schleppenden Schrittes, am Geländer der Treppe Stufe für Stufe mit der Hand emporzog.«[1]

Man glaube nun nicht, hier habe ein kleiner Kreis von Vertrauten den wahren Zustand des Meisters realisiert. Als er am 17. Juli zu Vorträgen ins niederländische Arnheim reiste, musste man nicht viel sagen: Eine kranke, abgemagerte Gestalt entstieg dem Zug. Das Drama, das sich nun um den lange Erwarteten abspielte, war das Problem von Steiners Krankheitsgeschichte in nuce. Alle griffen unbarmherzig nach diesem Mann, weil alle glaubten, um höherer Ziele willen keine Rücksicht nehmen zu dürfen. In Arnheim war Steiner aus Stuttgart kommend eingetroffen, wo er drei Tage lang praktisch rund um die Uhr Gespräche geführt hatte, etwa über die Liquidation der anthroposophischen Der kommende Tag A.G. oder mit den Lehrern der Waldorfschule. Nach einer verzögerten Abreise erreichte er auch Arnheim verspätet, den ersten Vortrag hatte er deshalb nicht halten können. Frederik Willem Zeylmans van Emmichoven, der Vorsitzende der gerade entstandenen holländischen Anthroposophischen Gesellschaft und Gründer einer kleinen Klinik im Haag, fragte nun Steiner, ob er den ausgefallenen Vortrag nachholen könne. Das komme nicht infrage, erklärte Marie Steiner, ihr Mann müsse sich ausruhen. »Dr. Steiner aber sah unverwandt nur mich an«, berichtet Zeylmans, »und wiederholte, ich müsse entscheiden, denn ich hätte die Verantwortung für diese Tagung.« Erneut intervenierte Marie Steiner, und erneut spielte Steiner den Ball Zeylmans zu. »Alles in mir schrie auf«, fuhr Zeylmans fort, »ruhen Sie sich aus, sagen Sie die ganze Tagung ab! Aber auf der anderen Seite dachte ich: hier walten andere Gesetze.«[2] Das Gesetz hieß: Gemeinnutz geht vor Eigennutz, beutet Steiner aus, solange er sich noch ein wenig bewegen kann. Steiner unterwarf sich und trug vor. Wieder einmal stellte er die Sache, die Anthroposophie, ganz in den Vordergrund und schonte seine Person nicht. Für viele Anthroposophen hieß dies: Steiner opferte sich. Man kann das auch anders sehen: Steiner hielt sich für unersetzlich. Sein Privatleben war in weiten Teilen mit der Anthroposophie verschmolzen, er war unfähig, sein persönliches Wohlergehen gegen die anthroposophische Maschinerie, die in der Person Zeylmans' vor ihm stand, zu verteidigen. Das Opfer hatte seine Handlungsfreiheit verloren, Steiner war zu einer Geisel seiner Verehrer geworden. Die Quittung kam in diesem Fall prompt. Noch während des Aufenthalts in Arnheim erlitt er im Hotel einen Schwächeanfall und brach zusammen.[3]

Steiner überstand den Sommer noch. Und das heißt immerhin: ein pädagogischer Kurs im niederländischen Oosterbeeck,

Konferenzen mit den Lehrern der Stuttgarter Waldorfschule, im August eine Reise für fast vier Wochen nach England, im September Kurse für die Priester der Christengemeinschaft in Dornach. Dazwischen schrieb er an seiner Autobiografie, hielt Vorträge oder kümmerte sich um die baurechtlichen Fragen für das neue Goetheanum – alles unter anderem. Aber Ende September war seine Batterie leer.

Im Atelier

Am 1. Oktober 1924 übersiedelt Steiner aus seinem »Haus Hansi« in sein Atelier bei der Schreinerei, ein wenig oberhalb vom ausgebrannten Trümmerfeld des Goetheanum, und gibt die gemeinsame Wohnung mit seiner Frau auf – zeitweilig, so bekundet er. Mit ihm zieht Ita Wegman in ein Zimmer neben dem Atelier. Die Begründung, die er seiner Frau gibt, stellt ganz auf therapeutische Argumente ab: »Man kann im Haus Hansi *nicht* die ganz notwendige Badeeinrichtung machen, die wir hier haben.« Dass die Pflege in diesem Badezimmer von einer Ärztin, die zugleich die Geliebte ist, begleitet wird, muss man Marie Steiner nicht sagen.

Steiners letzte Heimat, das Atelier, ist ein Raum ohne Seitenfenster, nur mit Oberlicht: Steiner sieht weder Menschen noch Bäume, noch Häuser, nur »auf den Simsen ... plastische und architektonische Modelle«. Am Fuß des Bettes ragt das fast zehn Meter hohe Skulpturenensemble mit dem »Menschheitsrepräsentanten« auf, während »rings herum Tische und Ständer mit Büchern und Schriften«[4] stehen. In einfachsten Verhältnissen, ohne Küche und hinter den dünnen Brettern der Herbstkälte ausgesetzt, betreut Ita Wegman Rudolf Steiner. Von hier aus gibt dieser im Oktober 1924 Kommuniqués über seinen Gesundheitszustand heraus, erst mal beruhigend: »gegenwärtiges Versagen meiner physischen Körperkräfte«.

Doch sein Gesundheitszustand ist elend. Das größte Problem bildet die Ernährung, sein Körper nimmt kaum noch Nahrung auf. Die vegetarische Diät geht in Nahrungsverweigerung über. Die wenigen Besucher berichten von einem zum Skelett abgemagerten Patienten. Einige, die früher für Steiner gekocht hatten, bieten sich an, nach Dornach zu kommen, andere schicken Heilwässer und Fruchtsäfte, die er immer gern getrunken hatte.

Aber solche »natürlichen« Krankheitserklärungen scheinen angesichts der sakralen Person Steiners zu wenig überzeugend. Deshalb rankt schon bald eine Verschwörungstheorie. Bei einem Rout, einem großen gemeinsamen Abendessen zum Ende der Weihnachtstagung am 1. Januar 1924, sei es Steiner ganz schlecht gegangen, im Gesicht sei er ganz grün oder ganz bleich gewesen, heißt es je nach Bericht, eiskalt und schweißbedeckt sei er gewesen, er habe, wiederum je nach Quelle, Mengen von Milch oder Wasser getrunken, alles wieder erbrochen und dann die Hintergründe aufgeklärt: Man habe ihn vergiftet, und: Man dürfe niemandem davon erzählen. Daran hat man sich zumindest hinsichtlich schriftlicher Äußerungen gehalten, jedenfalls las man Berichte von diesem Vorfall erst mehr als zwanzig Jahre nach seinem Tod.[5] In dieser Vergiftungsgeschichte erscheint das Verhängnis der Krankheit als Angriff fremder Mächte. Steiner hat diese Schuldzuweisung noch überhöht und Dämonen, das, »was dämonisch Unheil schafft«, für seinen Zustand verantwortlich gemacht. Nur manchmal blitzte bei ihm die Einsicht auf, dass er mehr für seinen Körper hätte sorgen müssen, dass es besser gewesen wäre, »wenn ich auf Ita Wegman früher mehr gehört hätte; ... Allein, Du weißt, es ist ein Pflichtgefühl gegenüber höheren Mächten gewesen«, ließ er seine Frau wissen.

Jetzt aber war es zu spät. Als Erstes waren seine akuten Leiden anzugehen. Dazu zieht Ita Wegman den anthroposophischen Arzt Ludwig Noll bei, der in Wegmans Arlesheimer Wohnung logiert. Noll setzt Steiner einen Katheter, da es aufgrund einer Prostatavergrößerung zu einem Harnröhrenverschluss gekommen war, der sehr schmerzhaft sein kann und durch den sich Urin bis in die Niere aufstauen und diese schädigen kann; sodann behandelt man vierzehn Tage lang Steiners quälende Hämorrhoiden.[6] Sein Zustand verbessert sich nun sichtlich, aber gesund wird er nicht. Besucher berichten, dass Steiner immer wieder von Fieberschüben heimgesucht wurde.[7] Der kranke Mann begehrt nach Ruhe und lässt sich durch Ita Wegman weitgehend abschotten. Nur noch wenige Menschen erhalten Zutritt ins Atelier:

seine Frau Marie Steiner, Albert Steffen, der stellvertretende Vorsitzende der Anthroposophischen Gesellschaft, Guenther Wachsmuth, sein Sekretär, der ihm aber auch manchmal lästig fällt, und einige gute Bekannte wie sein Freund Ludwig Graf Polzer-Hoditz und seine Hausdame Mieta Waller.[8]

Aber jede Besserung bleibt ein Intermezzo. Am 2. Januar 1925 erleidet er eine Herzattacke, man fürchtet schon um sein Leben.[9] Zunehmend verbringt er große Teile des Tages im Bett oder in einem Lehnstuhl. Wenigstens zum Vaterunser, das er (in seiner Version?) laut betet – so laut, dass man es beim Vorbeigehen am Atelier hören kann –, steht er auf, und selbst dabei muss ihn Ita Wegman zunehmend stützen.[10]

Angesichts dieses armseligen Zustands verschlägt es einem die Sprache, wenn man sieht, welche Arbeitsleistung sich Steiner noch abzwingt. Er pflegt um fünf Uhr morgens aufzuwachen, lässt sich von Ita Wegman eine Tasse Tee mit etwas Zitronensaft bringen und schreibt dann bis sieben oder acht Uhr; erst wenn er eine Kleinigkeit gegessen hat, setzt seine Müdigkeit ein.[11] So liefert er Woche für Woche dem Goetheanum ein Kapitel seiner Autobiografie, er liest Bücher, erledigt Korrespondenz, kümmert sich um Verwaltungsfragen (etwa um die Baugenehmigung für das Goetheanum), verfasst für die Christengemeinschaft ein Ritual zur Einsetzung des Erzoberlenkers, er korrigiert die Druckfahnen für das mit Ita Wegman gemeinsam verfasste medizinische Buch *Grundlegendes für eine Erweiterung der Heilkunst*, schreibt die letzte Einleitung zu seiner *Geheimwissenschaft*, und nicht zuletzt sorgt er für seine Geschwister, insbesondere für seine fast erblindete Schwester. Die letzten beiden Briefe, die er an Polzer-Hoditz schreibt und an den Kaufmann J. C. Träxler, der seine Geschwister bei sich aufgenommen hat, haben ihr Wohl im Blick. Rudolf Steiners Geist ist hoch präsent in einem Körper, der sein Leben Stück um Stück preisgibt.

Zögernd beginnt er, Dinge aus der Hand zu geben. Vermehrt bescheidet er auf Anweisungen hoffende Besucher mit der Antwort; »Machen Sie es, wie Sie wollen« – so hört es etwa Polzer-Hoditz, der wissen will, wie er die Stunden der esoterischen Klasse halten solle.[12] Aber es ist ein langsamer Rückzug. Noch im Februar 1925 bestimmt er Emil Bock zum Nachfolger Friedrich Rittelmeyers als Erzoberlenker der Christengemeinschaft, obwohl er Rittelmeyer gerade erst in dieses Amt erhoben hat und die Nachfolgefrage in weiter Ferne liegt. Am 19. März setzt er die Leitungsmitglieder für die Administration des Goetheanum ein[13], und noch am 30. März, dem Sterbetag, als Steffen und Wachsmuth zum Atelier eilen, weil sie seinen Tod fürchten, vernehmen sie, im Vorzimmer stehend, »des geliebten Lehrers Stimme, die noch immer laut und bestimmt allerlei Anweisungen gab«[14].

Aber das Ende ist nicht aufzuhalten. Am 29. März, einem Sonntag, erwacht Steiner mit Schmerzen, und zum ersten Mal arbeitet er nicht. Ita Wegman, so jedenfalls liest man es in ihren späteren Aufzeichnungen, will Marie Steiner benachrichtigen, doch Noll habe Entwarnung gegeben. In der Nacht auf den Montag verschlechtert sich Steiners Zustand. Während der dritten Morgenstunde seien seine Atemzüge rascher und der Puls flacher geworden.[15] Um sechs Uhr benachrichtigt man Marie Steiner, die sich gerade in Stuttgart befindet.

Was in diesen letzten Minuten geschah, weiß niemand so ganz genau. Die kanonische Darstellung der Sterbestunde gab Ita Wegman im »ärztlichen Bulletin« vom April 1925. Doch da überlagern längst die Auseinandersetzungen um die Führung in der Anthroposophischen Gesellschaft, insbesondere mit Marie Steiner, die bittere Sterbestunde. Wegman spielt einen starken Trumpf aus, die Deutungshoheit über Steiners Schritt über die »Schwelle«, indem sie sich als die einzige Zeugin an Steiners Seite im Augenblick des Todes inszeniert. Sie habe erlebt, wie

> »unser Führer, Lehrer und Freund von dem physischen Plan scheiden ging«. Als die »Würfel der Entscheidung ... gefallen waren, war kein Kampf, kein Versuch mehr da, auf der Erde bleiben zu wollen. Er schaute einige Zeit ruhig vor sich hin, sagte noch ein paar liebe Worte zu mir und schloss mit Bewußtsein die Augen und faltete die Hände.«[16]

Das war gegen 10 Uhr – für Marie Steiner zu spät. Als sie um zwölf Uhr in Dornach eintrifft, kann sie nurmehr die noch warme, aber tote Hand ihres Gatten ergreifen.

Abschied

Am 1. April, zwei Tage nach Steiners Tod, hält Albert Steffen, der Steiner im Vorsitz der Anthroposophischen Gesellschaft nachfolgt, eine Ansprache während einer Totenfeier. Erst am folgenden Tag, und das ist nicht nur der Totenruhe geschuldet, sondern auch eine hierarchische Abstufung, zelebriert Friedrich Rittelmeyer, der Erzoberlenker der Christengemeinschaft, die »Aussegnung« nach dem christengemeinschaftlichen Begräbnisritual.[17] Steiner liegt aufgebahrt in der Schreinerei auf einer »schwarzverhängten Bühne mit Tannengrün, Laub, und unendlich vielen Blumen«. »Die Priester umstanden den Sarg, an dessen vier Seiten hohe Kerzen brannten.« Am Ende spricht nochmals Albert Steffen.[18]

Aber der tote Steiner ist von einem Geheimnis umgeben, über das Anthroposophen, wenn sie darum wissen, nur unter der Hand sprechen und an abgelegener Stelle publizieren. Es geht um die Frage, woran er denn nun starb. Dieses weißen Flecks nahm sich Ita Wegman, wie sie gegenüber dem Bestattungsamt der Stadt Basel bekundete, am 2. April an und ergriff das Chirurgenmesser, um den Körper Rudolf Steiners aufzuschneiden. Die Geliebte obduzierte den toten Geliebten. Ihr »Sektionsbefund«, dessen Glaubwürdigkeit vor allem in der Tatsache gründet, dass er in den Bestattungsakten des Staatsarchivs des Kantons Basel-Stadt abgelegt ist, dokumentiert folgende Krankheitsbefunde: vergrößerte Prostata, chronische Harnblasenentzündung, vergrößerte Blase, vollständiger Rückbehalt des Urins, Gallenblasenentzündung, Bauchfellentzündung mit Verklebung.[19] Eine solche Bauchfellentzündung kann tödlich sein, sei es aufgrund einer Gallenblasenentzündung oder des Urinstaus. Steiners Fieberschübe in den Monaten zuvor zeigten ohnehin einen Körper, der sich seiner Entzündungen nicht erwehren konnte. Aber der Befund ist für einen Pathologen nur die halbe Wahrheit, denn weder Herz noch Lunge, noch Gehirn wurden obduziert. Ohnehin ist der Befund kein Obduktionsbericht, sondern nur eine Zusammenfassung der Ergebnisse, und er enthält auch keine Hinweise auf die Todesursache. Die beurkundete Wegman auf einem separaten Dokument: Tod infolge von »Herzschwäche und Erschöpfung nach langer Krankheit«[20]. Das aber, und hier wird die Sache ein wenig mysteriös, hat mit den möglichen Todesursachen, die der Sektionsbefund angibt, nichts zu tun. Deshalb bleibt ein großes Fragezeichen: Woran ist Steiner gestorben?

Aber dies ist nur das äußere Geheimnis, weil die Obduktion selbst irritierend ist. Denn Steiner lag an diesem 2. April »eigentlich« in der Dornacher Schreinerei aufgebahrt. Dort fand ein mehr oder minder öffentliches Totendefilee statt, Steiners Leichnam dürfte nicht eine Sekunde lang unbetrauert und unbeobachtet gelegen haben.[21] Doch kein Einziger schreibt in seinen Erinnerungen, dass sich Ita Wegman an dem Toten zu schaffen gemacht habe.[22] Überdies ist der Obduktionsbefund in Basel ausgefertigt und legt nahe, dass Steiner dort obduziert wurde. Aber diesen Transport über 20 Kilometer nach Basel und wieder zurück müsste irgendjemand bemerkt haben, und auch darauf gibt es keinerlei Hinweise. Dann aber fragt man sich, wie belastbar der Obduktionsbefund ist. Doch wohl nicht sehr, und er wird durch ein Detail nicht gerade vertrauenswürdiger. Denn unterschrieben hat ihn neben Wegman ihre Mitarbeiterin Klara Widmer, die sich in heillose Widersprüche verstrickte, als man sie Jahre später fragte, ob sie bei dieser Sektion assistiert habe.[23] Diese massiven Ungereimtheiten legen eine Folgerung nahe: Wegman hat den obszönen Akt, ihren Rudolf aufzuschneiden, niemals vorgenommen, sondern schreibend gelogen – möglicherweise.

Dann aber stellt sich die Frage, warum sie dieses große Vertuschungsspektakel inszeniert haben könnte. Eine naheliegende Vermutung lautet, dass sie verschleiern wollte, woran Steiner wirklich starb: an Krebs. Der Grund für diese Verschleierungstaktik liegt nahe: Denn Steiner konnte und durfte nicht an dieser Geißel gestorben sein, da er sie doch mit der Autorität übersinnlicher Einsicht durch die Mistel als besiegt erklärt hatte. Der Tod des Hellsehers, der seine eigene Lage nicht durchschaut und sich selbst nicht helfen kann, war beängstigend. Und dann kann man spekulieren, ob die Prostatavergrößerung keine Geschwulst war.[24] Aber dann hätte man diesen Sektionsbefund nutzen müssen, um die »wahre« Todesursache öffentlichkeitswirksam darzustellen. Doch das tat man nicht, sondern hielt ihn unter Verschluss. Auch Marie Steiner, die eine Ausfertigung erhielt[25], hat darüber nie öffentlich gesprochen. Der »Obduktions«-Befund bleibt eine mysteriöse Geschichte.

In der Nacht zum 3. April wird Steiner die Totenmaske abgenommen, und am Morgen bringt man den Sarg mit seinem leblosen Körper nach Basel-Horburg, dem damaligen Baseler Friedhof, in das städtische Krematorium. Während die Menschen zu Dutzenden vor der Halle warten müssen, nimmt Rittelmeyer die Totenhandlung vor, Albert Steffen hält auch hier eine abschließende Ansprache. Dann verbrennt man den Leichnam, ohne Rücksicht auf Steiners ausdrücklichen Willen, nicht verbrannt, sondern auf dem Dornacher Gelände begraben zu werden.[26] Aber es muss alles schnell gehen. Noch am Nachmittag überführt man die »plombierte Ton-Urne«[27] mit Steiners Asche ins Atelier nach Dornach.

Kampf um das Erbe

Mit dem Tod werden alle Projekte und Pläne, alle Testamente und Nachlassbestimmungen zu einer eigenen Form von Belletristik. Bei Steiner war das nicht anders. Mit seinem Tod brach der Streit über alles aus, was ihm wichtig gewesen war: die Esoterische Schule, die Anthroposophische Gesellschaft, sein Nachlass, überhaupt um die Deutungshoheit über die Anthroposophie. Nicht so sehr, weil er vieles nicht geregelt hatte, etwa die Führung der Anthroposophischen Gesellschaft, sondern weil in dem autoritären Gefüge der Anthroposophie keine Streitkultur gewachsen war.

Mit Steiners letztem Atemzug begann in der Anthroposophischen Gesellschaft ein bitterer, oft gnadenloser Kampf um Macht und Deutungshoheit, um Publikationsrechte und Leitungsposten und um wahre esoterische Einsicht. Marie Steiner berichtet, dass die Auseinandersetzungen aufbrachen, noch ehe das Krematorium kalt geworden war. Auf der Heimfahrt vom Baseler Friedhof nach Dornach habe sie sich mit Ita Wegman bereits gestritten, ob die Urne ins eheliche Wohnzimmer von Marie und

Rudolf Steiner oder ins Atelier kommen sollte[28], wo Ita Wegman und Rudolf Steiner die letzten Wochen verbracht hatten. Wir wissen nicht ganz genau, was an dieser Geschichte, die lange hinter vorgehaltener Hand kolportiert wurde, stimmt, aber man hat sie über Jahrzehnte geglaubt, weil sie das Drama der vaterlosen Anthroposophie glaubwürdig erzählt. Sicher ist immerhin, dass die Urne für die nächsten 90 Jahre ins Atelier und dann ins Goetheanum kam, ehe Steiners Asche 1989 in die Erde auf dem Dornacher Hügel versenkt wurde. Und sicher ist auch, dass Marie Steiner am 9. April im Baseler Krematorium in einer zweiten Urne »noch etwas Holzasche«, die übrig geblieben war, in Empfang nehmen durfte.[29]

Sicher ist schließlich auch, dass der Streit um die Urne eskalierte, weil Emotionen die Sachfragen überrollten. Ita Wegman war entschlossen, Steiners esoterisches Erbe anzutreten, während Marie Steiner auf Rache für den Ehebruch sann. Wegmans Karten waren so schlecht nicht. Schließlich hatte Steiner verkündet, dass sie »Meditationen« geben solle[30], und er hatte ihr sein Brustkreuz geschenkt.[31] So spielte Wegman die Karte der intimen Vertrauten. Aber ihre Versuche, mit einem »esoterischen Vorstand« die Leitung der Anthroposophischen Gesellschaft zu übernehmen, scheiterten – schon an der Tatsache, dass es die noch von Steiner geschaffenen Leitungsfunktionen gab, die Albert Steffen und Marie Steiner und ihre Anhänger besetzten. Gegen diese institutionalisierte Fronde hatte Ita Wegman keine Chance. Sie wurde Zug um Zug aus dem Machtzentrum der Anthroposophischen Gesellschaft verdrängt, 1935 wurde ihre Mitgliedschaft ausgesetzt. Sie gründete ihre eigene anthroposophische Organisation, die Vereinigten Freien Anthroposophischen Gruppen.

Aber die Anthroposophische Gesellschaft zerlegte sich nicht in ihre Elementarteilchen. Viele Abspaltungen, auch Wegmans Gruppen, kehrten im Laufe der Zeit in die Anthroposophische Gesellschaft und ihr Umfeld zurück. Steiners heterogenes Œuvre war groß genug, um unterschiedlichen Interpretationen einen Rahmen zu bieten, die orthodoxen Interpreten Steiners besaßen nicht die Macht, ihre Deutung durchzusetzen. Letztlich gab es einen archimedischen Punkt, der präzise und gleichzeitig diffus genug war, die zentrifugalen Kräfte in der Anthroposophie zusammenzuhalten: Rudolf Steiner und sein Werk. Der weitgehende Verzicht auf eine kritische Lektüre seiner Texte und eine hagiografische Überhöhung seines Lebens bildeten über drei Generationen die Grundmauern der festen Burg Anthroposophie – und zugleich das weite Feld von Anregungen, die die anthroposophischen »Töchter«, die Praxisfelder von der Pädagogik über die Medizin bis zur Landwirtschaft, zu dem weltweit erfolgreichsten esoterischen Praxisraum machten.

Heute jedoch ist Steiner aus der Zeitgeschichte in die Geschichte gekommen. Nachdem 2009 mit der Dornacherin Maria Jenny-Schuster die vermutlich letzte Anthroposophin starb, die Steiner noch persönlich kennengelernt hatte, existieren solche »authentischen« Interpretatoren seines Lebens und Denkens nicht mehr. Die Rechte an seinem Werk laufen aus, die Welt der Jahrzehnte um 1900 wird uns immer weniger verständlich, der Erklärungsbedarf steigt. Steiner ist inzwischen zu einem Steinbruch für »Esoteriker« jeglicher Couleur geworden. Er ist rapide dabei, als historische Person in eine immer fernere Vergangenheit entrückt zu werden. Das verringert unser Wissen über ihn, erweitert aber die Freiheit, sein Leben und sein Werk zu deuten.

»DIE« BIOGRAFIE RUDOLF STEINERS?

Über Bücher zu Steiners Leben und über die Grenzen des Verstehens

Gibt es »die« Biografie Rudolf Steiners? Die Antwort des Wissenschaftlers ist ein klares Nein. Jede Lebensbeschreibung ist Fabel und Faktum zugleich – und selbst bei den »Fakten« schwächelt die Wissenschaft, ist sie doch an erster Stelle eine Agentur zur Verunsicherung über vermeintlich sicheres Wissen. Schon deshalb gibt es keine abschließende, gar »wahre« Deutung. Und wenn ein Biograf deutet, nutzt er für seine persönliche Perspektive ein begrenztes Material. Die Metaphysiker aus der Theologie behaupten zudem, dass der Mensch ein Geheimnis sei – ein Wissensvorbehalt, den auch die Psychologie buchstabiert: Nicht einmal wir selbst wissen genau, wie unser »Unterbewusstsein« und unser »Unbewusstes« (Steiner würde sagen: unser »übersinnliches Bewusstsein«) mit unserem Alltagsbewusstsein zusammenhängen. Kurz und gut: Auch die vorliegende Biografie ist eine Erzählung, ein Versuch, aus den Trümmern, die wir Fakten nennen, Rudolf Steiner zu verstehen.

Mein Versuch ist nicht der erste. Allerdings beanspruche ich, an manchen Stellen anders und kritischer auf diesen Mann geschaut zu haben – kritischer als viele Biografen vor mir, auf deren Schultern ich gleichwohl stehe. Dazu ein kleiner Rechenschaftsbericht für diejenigen, die in meine Geschichtswerkstatt blicken und eigene Sondierungen vornehmen wollen.

Die Grundlage einer jeden Beschäftigung mit Rudolf Steiner ist sein publiziertes Werk. Es liegt in der »Rudolf Steiner-Gesamtausgabe« in rund 400 Bänden vor und umfasst schriftliche, ehemals mündliche sowie künstlerische Dokumente.[1] Es gibt sie inzwischen auch in einer elektronischen Fassung, in der allerdings Bände fehlen.[2] Die allermeisten Texte aus der Gesamtausgabe und weitere, dort nicht publizierte Äußerungen Steiners sind zudem im Internet abrufbar.[3] Die Gesamtausgabe ist für die erbauliche Lektüre gedacht und keine wissenschaftliche Edition. Deshalb besitzt sie einige Eigenheiten, um die man wissen muss: Sie ist unvollständig (auf die in Dornach vorhandenen oder bekannten Bestände konzentriert), nicht kritisch (so werden Textveränderungen meist nicht dokumentiert) und in den Kommentaren stark bis massiv weltanschaulich geprägt. Ein besonderes Problem bilden die Stenogramme der Vorträge, deren Übertragung in einen Klartext oder deren Überprüfung nur wenigen hoch spezialisierten Fachleuten möglich ist. Diese Stenogramme sind von sehr unterschiedlicher Qualität. Im Großen und Ganzen tendieren die frühen Mitschriften zu Nacherzählungen, während die späten Stenogramme sich dem Wortlaut Steiners weitgehend annähern können. Ein besonderes Problem bilden nachträgliche Bearbeitungen aller Texte, teilweise durch Rudolf Steiner, teilweise durch die Editorinnen und Editoren. So wurden Formulierungen geglättet, Begriffe noch durch Steiner ausgetauscht (beispielsweise »Theosophie« durch »Anthroposophie« oder »Geisteswissenschaft«) und Namen anonymisiert; teilweise werden diese Veränderungen inzwischen zurückgenommen, teilweise werden auch Editionsentscheidungen offengelegt. Selbst wenn man all diese Probleme im Kopf hat, ist eine zentrale Forschungsaufgabe nicht einmal angegangen: eine Kontextualisierung der etwa 4000 Vorträge Steiners. Wir müssten wissen, warum er zu welchem Auditorium gesprochen und gegen welche (oft nicht genannten) Gegner er seine Überzeugungen in einer bestimmten Situation geäußert hat. Davon sind wir noch weit entfernt.

Den einfachsten Zugang zu Steiners Leben bieten Biografien. Diese sind immer ein Ausdruck von Kontroversen um die Deutung seines Lebens, und diese Auseinandersetzungen brachen schon vor seinem Tod auf. Steiner selbst gab als Theosoph die ersten Leseanweisungen, wie man sich den Weg des ehemaligen Goethe-Forschers und Freigeistes zum Theosophen vorzustellen habe: zuerst 1907 auf dem noch wenig konfliktträchtigen Gelände eines Vorworts, zu dessen Abfassung er Édouard Schuré autobiografische Aufzeichnungen, die »Manuskripte von Barr«, gegeben hatte, dann 1913, nach der Trennung von der Theosophischen Gesellschaft, in einem Vortrag, der gegen Annie

Besants Unterstellungen, die ihn als Okkultisten diskreditieren sollten, gerichtet war.[4] Dagegen erzählte Steiner seine Version seines Lebens als eigenständiger »Hellseher«. Nach dem Ersten Weltkrieg nahm die Deutungskonkurrenz zu, weil auch Nichttheosophen sich an der Deutung beteiligten. Eine Pionierarbeit waren dabei die historisch-kritischen Analysen, die 1922 Jakob Wilhelm Hauer, zuerst protestantischer Theologe, dann Indologe und schließlich Nationalsozialist und Verfolger der Anthroposophie, vorlegte.[5] Steiner versuchte an seinem Lebensende nochmals, die Deutungshoheit in die Hand zu bekommen, und schrieb zwischen 1923 und 1925 seine unvollendete Autobiografie. Sie ist, um bei Goethe zu bleiben, selbstverständlich »Dichtung und Wahrheit«.

Seitdem erschien eine Vielzahl anthroposophischer Lebensbeschreibungen, denen vor allem das Verdienst zukommt, Daten und Fakten gesammelt zu haben. Fast alle sind vom Pathos der Verehrung Steiners geprägt, kaum eine von ihnen hat die Erforschung von Steiners Leben kritisch vorangetrieben. Heute sind noch folgende Werke wichtig: Guenther Wachsmuth, ein enger Mitarbeiter Steiners in dessen letzten Lebensjahren, hat 1941 eine Chronologie von Steiners Leben vorgelegt, die zwar salbungsvoll, aber materialreich ist.[6] 1961 folgte dann eine Aufsatzsammlung von Emil Bock, einem Priester der Christengemeinschaft, der heute längst verstorbene Zeugen befragte und mit seiner Quellenarbeit insbesondere für die Jugendzeit und die frühe Theosophie so etwas wie der erste Steiner-Biograf war.[7] Wichtiges Material zu Steiner und seinem Umfeld bieten die *Beiträge zur Rudolf Steiner-Gesamtausgabe*[8] mit Informationen, die meist aus den Beständen der Rudolf Steiner-Nachlassverwaltung stammen, aber auch durch Recherchen ermittelt wurden; die Kommentierung ist allerdings, wie auch in der Gesamtausgabe, vielfach weltanschaulich geprägt. Ein reichhaltiges Bildmaterial liegt ebenfalls vor[9], nicht vergessen seien schließlich die abgelegen publizierten Aufsätze von Kurt Franz David, der in solider Kleinarbeit Informationen insbesondere zu Steiners vortheosophischer Lebensphase zusammengetragen hat.[10] Illustrativ, wenngleich vom verehrungsvollen Blick geprägt, sind die Lebenserinnerungen seiner Anhänger.[11]

Einen Durchbruch in der Steiner-Biografik bedeutete das Jahr 1982, als Gerhard Wehr, ein lutherischer Theologe, eine Lebensbeschreibung Steiners publizierte[12]: umfassend, mit Quellenbelegen, unter Einbeziehung des theosophischen Hintergrunds. Mit diesem Buch, in dem der Respekt vor Steiners Leistungen nicht in Lobhudelei versank, wurde Wehr zum Vater der kritischen Steiner-Forschung. Ein weiterer Meilenstein war Christoph Lindenbergs Chronologie zu Steiners Leben aus dem Jahr 1988.[13] Sie ist bis heute ein unverzichtbares Hilfsmittel zur Orientierung, aber in ihren Subtext von Lindenbergs anthroposophischem Steiner-Bild geprägt. Genau diese Ausrichtung macht die bislang umfangreichste Steiner-Biografie zu einem Problem – Lindenbergs zweibändiges Werk aus dem Jahr 1997.[14] In der Materialfülle steht sie bis heute unübertroffen da, aber mit den massiven, manchmal hochideologischen Deutungen überwältigt Lindenbergs Sehnsucht, den Hellseher historisch verifizieren zu können, allzu häufig die ermittelbare Wirklichkeit. Ich nenne nur ein Problemfeld: Steiner war für Lindenberg von Kindertagen an der große Hellseher, sodass seine inneren Kämpfe und Entwicklungen praktisch nie in ihrer ganzen Dramatik sichtbar werden. Mit dieser Tendenz, die Geschichte des souveränen Eingeweihten zu zeichnen, hängt auch Lindenbergs Abblendung der Theosophie zusammen. Steiner durfte einfach nicht abhängig sein und in einem Netz des Gebens und Nehmens großwerden. Ein wenig verwundert diese Engführung schon, denn Lindenberg hatte 1992 eine kleine Biografie vorgelegt[15], in der zwar seine anthroposophische Frömmigkeit auch nicht verschwiegen ist, er aber weit weg von der Huldigung schreibt, die die Lektüre seines Opus magnum oft mühsam macht. Manchmal hat man den Eindruck, Lindenberg habe sich in seiner großen Biografie doch noch als guter Anthroposoph zeigen wollen. Denn 1970 hatte er eine wegweisende Studie veröffentlicht, in der er die tief greifende Transformation von Steiners Denken zwischen 1900 und 1910 offenlegte.[16] Weil dies aber Steiners übersinnliche Einsicht infrage stellte, war er im anthroposophischen Milieu gemobbt worden.

2007 erschien meine eigene Arbeit zur Geschichte der Anthroposophie in Deutschland.[17] Dies war keine Biografie Steiners, aber ein Beitrag zum Verständnis seiner Lebenswelt: ein Versuch, die Theosophie und Anthroposophie im Rahmen der Kulturgeschichte des 19. und frühen 20. Jahrhunderts zu lesen, die Theosophie als zentralen Wurzelgrund von Steiners Anthroposophie zu identifizieren, die Überarbeitungen wichtiger Werke zu dokumentieren, schließlich die Janusköpfigkeit seiner Weltanschauung zwischen Freiheitssehnsucht und Autoritätsanspruch, zwischen flexibler Fortschreibung und ängstlicher Dogmatisierung zu reflektieren. Implizit habe ich in dieser Arbeit auch schon zu einer zentralen, umstrittenen Frage der Steiner-Biografik Stellung bezogen: War Steiners Konversion zur Theosophie ein Ausdruck von Kontinuität (so letztlich Steiner in seiner Autobiografie und mit ihm die orthodoxe anthroposophische Tradition) oder Dokument eines Bruchs (so ein Großteil der kritischen Steiner-Deutung). Ich schlage vor, von einer Transformation zu sprechen, in der die Entscheidung für eine dieser beiden Optionen eine Frage der Perspektive ist. An Steiners Monismus lässt sich diese Ambivalenz exemplarisch ablesen: Monismus kann sowohl materialistisch (vortheosophisch) als auch idealistisch (in Steiners goetheanischer Phase und seit seiner theosophischen Zeit) gedacht werden, kann auf Atheismus oder Spiritualismus hinauslaufen. Die »geistige« Weltanschauung der Theosophie kann als antimaterialistischer Monismus gelesen werden, aber wenn der Geist als Derivat der Materie gilt, eben auch als materialistischer Monismus.

Die vorliegende Biografie versucht, den bis dato erarbeiteten Wissensstand über Rudolf Steiner zusammenzutragen und in eine Deutung zu überführen, die den Anspruch Steiners, Hellseher zu sein, nicht aus der Perspektive ewiger Wahrheiten erklärt, sondern aus der Lebenswelt des 19. Jahrhunderts. Sie versucht, Steiners Leistungen anzuerkennen, ohne den Blick für »Versteinerungen« zu verschließen. Viele Anthroposophen fürchten, die historisch-kritische und kontextualisierende Biografik sei das Ende einer spirituellen Steiner-Deutung: Aber das scheint mir nur ein Ausdruck intellektueller Angst.

Meine Deutung ist natürlich nicht das letzte Wort. Eine neue Biografie wird geschrieben werden und auf neue Forschungen zurückgreifen können. Vor einer neuen Synthese benötigen wir jedoch viel Detailarbeit, und nur als Beispiele nenne ich drei ein wenig willkürlich herausgegriffene Fragen: Wie ist Steiners Verhältnis zu dem Philosophen Johannes Volkelt? Wie sah seine Bearbeitung des Misraim-Ritus genau aus? Was machte Steiner als »Arzt« am Krankenbett neben Ita Wegman? Von den Arbeiten zu dieser Art Grundlagenforschung aus den letzten zwei Jahrzehnten nenne ich exemplarisch Zeylmans van Emmichovens Offenlegung der Beziehungen zwischen Steiner und Ita Wegman[18], Norbert Klatts Untersuchung von Steiners früher theosophischer Vereinstätigkeit[19], die Studie von Johannes Kiersch zur Esoterischen Schule[20], Peter Selgs zahlreiche Publikationen[21], die präzisen Sondierungen von Günter Röschert[22], Wolfgang G. Vögeles Sammlung von Erinnerungen an Steiner aus der Feder von Nicht-Anthroposophen und kritischen Zeitgenossen mit abgelegen publiziertem Material[23], Günther Aschoffs Aufsatz zu Steiners Geburtsdatum[24], Ralf Sonnenbergs Überlegungen zu Steiners Antijudaismus[25], die Analyse der philosophischen Position Steiners durch Jaap Sijmons[26], Robin Schmidts Materialsammlung zur Geschichte der Anthroposophischen Gesellschaft[27] und seine Arbeit zu Steiners Anfängen in der Theosophischen Gesellschaft[28], schließlich Peter Staudenmaiers Forschungen zum nationalistischen und rassentheoretischen Denken Steiners.[29] Was bietet die vorliegende Biografie im Vergleich dazu Neues? Ich nenne auch hier nur exemplarisch drei Bereiche: Steiners nationalistisches Denken ist nicht nur ein theosophisches Erbe oder ein Betriebsunfall im Ersten Weltkrieg, sondern tief in seinen Kindheits- und Jugenderfahrungen am Rand des deutschsprachigen Siedlungsgebietes im Habsburgerreich verwurzelt; seinen Weg in die Theosophie sollte man nicht antagonistisch als Bruch oder Kontinuität beschreiben, sondern als komplexen Transformationsprozess; dass man Steiner an seinem Lebensende obduzierte oder dies vortäuschte, gehört wenigstens zu den fast unbekannten Geschichten aus seinem Leben. Die wissenschaftliche Arbeit an der Universität wird in den nächsten Jahren wohl intensiver werden. Auch insoweit ist meine Biografie nur vorerst »die« Biografie Rudolf Steiners.

Zur Zitierweise

Zitate Steiners sind in der Regel nicht nachgewiesen und können mit der elektronischen Gesamtausgabe der Werke Steiners verifiziert werden. Nur wenn Bezugnahmen auf die Gesamtausgabe nicht durch die elektronische Ausgabe möglich sind (etwa bei Verweisen, die nicht mit Zitaten unterlegt sind, oder bei Zitaten, die zu viele Treffer ergeben), findet man in den Anmerkungen Belege mit der gedruckten Version der Gesamtausgabe. Ebenso sind viele Informationen zu Steiners Biografie nicht gesondert nachgewiesen. Diese finden sich vor allem in meiner Publikation *Anthroposophie in Deutschland* sowie in den Biografien von Gerhard Wehr und Christoph Lindenberg.

Folgende Werke werden abgekürzt zitiert:

Lindenberg, Christoph: *Rudolf Steiner. Eine Biographie*, 2 Bde., Stuttgart 1997

Lindenberg, Christoph: *Rudolf Steiner. Eine Chronik 1861–1925*, Stuttgart 1988.

Steiner, Rudolf: *Gesamtausgabe*, Dornach 1955 ff.

Zander, Helmut: *Anthroposophie in Deutschland. Theosophische Milieus und gesellschaftliche Praxis, 1884 bis 1945*, 2 Bde., Göttingen ([1]2007) [3]2008

ANMERKUNGEN

Anfänge

1. Kindheit

1 Steiner, Rudolf: *Selbstzeugnisse. Autobiographische Dokumente*, Dornach 2007, S. 73. Der überschaubare Bestand der Daten und Fakten zur Kindheit und Jugend findet sich größtenteils bei Lindenberg: *Steiner* (Chronik), S. 27–52, und bei dems.: *Steiner* (Biografie), S. 22–58.

2 Aschoff, Günter: »Rudolf Steiners Geburtstag am 27. Februar 1861. Neue Dokumente«, in: *Das Goetheanum*, 2009, Nr. 9, S. 2–5.

3 Steiner: *Selbstzeugnisse.*

4 Lindenberg: *Steiner* (Chronik), 395.

5 Steiner: *Gesamtausgabe*, Bd. 126, S. 35.

6 Picht, Carlo Septimus: »Aus der Schulzeit Rudolf Steiners«, in: ders.: *Gesammelte Aufsätze und Fragmente*, Stuttgart 1964, S. 36–44, hier S. 38.

7 Kugler, Walter: »Von einem Knaben, der immer zeichnen mußte ... Über eine kürzlich aufgefundene Zeichnung Rudolf Steiners«, in: *Beiträge zur Rudolf Steiner Gesamtausgabe*, Heft 83/84, Dornach 1984, S. 40–44.

8 Nach Picht: »Aus der Schulzeit Rudolf Steiners«, S. 42.

9 Steiner: *Selbstzeugnisse*, S. 77.

10 Ebd., S. 25.

11 Ebd., S. 78.

12 Ebd., S. 43.

13 Ebd., S. 21; vgl. auch ebd., S. 75.

2. Studienzeit

1 David, Kurt Franz: »Rudolf Steiners Studienjahre an der Technischen Universität in Wien«, in: *Goetheanum*, 52/1973, S. 207 f.
2 Ebd., S. 207.
3 *Beiträge zur Rudolf Steiner Gesamtausgabe*, Heft 83/84, Dornach 1984, S. 17.
4 Schröer, Karl Julius: *Faust von Goethe*, Bd. 2, Heilbronn [2]1888, S. XII.
5 *Das Wirken Rudolf Steiners*, hg. v. W. Rath u. a., 4 Bde., Schaffhausen/Berlin u. a. 1971–1987, Bd. 1, S. 47, 101; Lemmermayer, Fritz: *Erinnerungen an Rudolf Steiner, Robert Hamerling, Franz Brentano, Marie E. delle Grazie, Anton Bruckner, Christine Hebbel, Alfred Formey, Fercher von Steinwand*, Basel 1992, Bildanhang.
6 *Beiträge zur Rudolf Steiner Gesamtausgabe*, Heft 55, Dornach 1976, S. 21.
7 Lindenberg: *Steiner* (Biografie), S. 74.
8 Lemmermayer: *Erinnerungen an Rudolf Steiner*, S. 37.
9 Steiner: *Gesamtausgabe*, Bd. 28, S. 118.
10 *Beiträge zur Rudolf Steiner Gesamtausgabe*, Heft 30, Dornach 1970, S. 29–31.
11 Ebd., S. 34.
12 Steiner: *Gesamtausgabe*, Bd. 28, S. 40.
13 Lindenberg: *Steiner* (Biografie), S. 90, 93.
14 Bock, Emil: *Rudolf Steiner. Studien zu seinem Lebensgang und Lebenswerk*, Stuttgart 1961, S. 28.

Der Philosoph

3. Intellektuelle Zuneigung: Goethe

1 Raub, Wolfgang: *Rudolf Steiner und Goethe. Literatur und Wissenschaftstheorie im Werk Steiners*, Diss. Kiel 1964, S. 10.
2 Zit. nach ebd.
3 Steiner: *Gesamtausgabe*, Bd. 38, S. 52, 54.
4 Lindenberg: *Steiner* (Chronik), S. 66.
5 Steiner: *Gesamtausgabe*, Bd. 1, S. 45; Hervorhebung HZ.
6 Goethe, Johann Wolfgang von: *Werke*. Hamburger Ausgabe in 14 Bänden, hg. v. E. Trunz, München 1981, Bd. 10, S. 540, 38 f.

7 Ebd., Bd. 10, S. 541, 4–6.
8 Ebd., Bd. 12, S. 467, 718.
9 Steiner, in: *Deutsche National-Litteratur*, hg. v. J. Kürschner, Bd. 117 (*Goethes Werke*, 36. Teil, *Naturwissenschaftliche Schriften. IV.* Band, Zweite Abteilung), hg. v. R. Steiner, Stuttgart o. J. [1897], S. 387.
10 Goethe, Johann Wolfgang von: *Die Schriften zur Naturwissenschaft*, hg. im Auftrag der Deutschen Akademie der Naturforscher zu Halle (Leopoldina-Ausgabe), Weimar 1947 ff., 1. Abtlg., Bd. 3, S. 228, 12.
11 Goethe: *Werke* (Hamburger Ausgabe), Bd. 14, S. 143, 21 f.
12 In Steiner: *Gesamtausgabe*, Bd. 38, S. 155.
13 Ebd., Bd. 30, S. 251.
14 Volkelt, Johannes: *Erfahrung und Denken. Kritische Grundlegung der Erkenntnistheorie*, Hamburg/Leipzig 1886, S. 53, 537.
15 Ebd., S. 242.
16 Lindenberg: *Steiner* (Chronik), S. 66.
17 *Beiträge zur Rudolf Steiner Gesamtausgabe*, Heft 112/113, Dornach 1994.
18 Steiner: *Gesamtausgabe*, Bd. 28, S. 106.
19 Hartmann, Eduard von: *Das religiöse Bewußtsein der Menschheit*, Leipzig ^{2}1888, S. 624 f.
20 Lindenberg: *Steiner* (Chronik), S. 77.
21 Zu diesen in der *Gesamtausgabe* nur teilweise abgedruckten Dokumenten siehe Zander: *Anthroposophie*, S. 454–463.
22 Steiner: *Gesamtausgabe*, Bd. 38, S. 113–116.
23 Ebd., Bd. 38, S. 151.
24 Ebd., Bd. 38, S. 177 f.
25 Brief Steiners an Lemmermayer (29. 4. 1888), in: Lemmermayer, Fritz: *Erinnerungen an Rudolf Steiner, Robert Hamerling, Franz Brentano, Marie E. delle Grazie, Anton Bruckner, Christine Hebbel, Alfred Formey, Fercher von Steinwand*, Basel 1992, S. 50.
26 Steiner: *Gesamtausgabe*, Bd. 38, S. 213.

4. Okkultistisches Intermezzo

1 Mayreder, Rosa: *Mein Pantheon. Lebenserinnerungen*, Dornach 1988, S. 177.
2 Eckstein, Friedrich: *Alte unnennbare Tage!*, Leipzig u. a. 1936, S. 184.

3 Mayreder: *Mein Pantheon*, S. 178.
4 Steiner, Rudolf: *Selbstzeugnisse. Autobiographische Dokumente*, Dornach 2007, S. 64.
5 Eckstein: *Alte unnennbare Tage*, S. 131.
6 Mayreder: *Mein Pantheon*, S. 180.
7 Hevesi, Ludwig: *Mac Eck's sonderbare Reisen zwischen Konstantinopel und San Francisco*, Stuttgart 1901, S. 20–29.
8 Zander: *Anthroposophie*, S. 221 f.
9 Eckstein: *Alte unnennbare Tage*, S. 130 f.
10 Strakosch, Alexander: *Lebenswege mit Rudolf Steiner*, Dornach 1994, S. 165. Datierung auf das Jahr 1908 bei Bock, Emil: *Rudolf Steiner. Studien zu seinem Lebensgang und Lebenswerk*, Stuttgart 1961, S. 63.

5. Der Deutsche im Habsburgerreich

1 Fichte, Johann Gottlieb: *Reden an die deutsche Nation* (1808), Hamburg 1978, S. 27 f. (zweite Rede).
2 *Deutsche Wochenschrift* (19. 12. 1886), S. 670.
3 Ebd., 1888, Nr. 17, S. 1.
4 Brief Steiners an Lemmermayer (14. 7. 1888), in Lemmermayer, Fritz: *Erinnerungen an Rudolf Steiner, Robert Hamerling, Franz Brentano, Marie E. delle Grazie, Anton Bruckner, Christine Hebbel, Alfred Formey, Fercher von Steinwand*, Basel 1992, S. 51.
5 Zu Steiners Deutung des Judentums in dieser Phase siehe Staudenmaier, Peter: »Rudolf Steiner and the Jewish Question«, in: *Leo Baeck Institute Year Book*, 50/2005, S. 127–147.
6 *Beiträge zur Rudolf Steiner Gesamtausgabe*, Heft 112/113, Dornach 1994, S. 6.

6. Weimar

1 Schneider, Wilhelm: »Rudolf Steiner in Weimar«, in: *Die Drei*, 31/1961, S. 237–243, hier S. 239.
2 Vermutungen bei Giese, Cornelia (unter dem Pseudonym Juliane Weibring): *Frauen um Rudolf Steiner. Im Zentrum seines Lebens Im Schatten seines Wirkens*, Oberhausen 1997, S. 66–72.
3 Steiner: *Gesamtausgabe*, Bd. 39, S. 58.

4 Ebd., Bd. 39, S. 28.
5 In ebd., Bd. 39, S. 31.
6 Schwab, Edmund: »Erinnerungen an Friedrich Eckstein«, in: *Blätter für Anthroposophie*, 5/1953, S. 178–183, hier S. 183.
7 Ebd., S. 182.
8 Steiner, Rudolf: *Briefe*, 2 Bde., Dornach 1953/1955, Bd. 2, Faksimile nach S. 136.
9 Steiner: *Gesamtausgabe*, Bd. 39, S. 83.
10 Ebd., Bd. 39, S. 133.
11 Hinweise auf Steiners Alkoholkonsum etwa bei Vögele, Wolfgang G.: *Der andere Rudolf Steiner. Augenzeugenberichte, Interviews, Karikaturen*, Dornach [2]2005, S. 61, 69, 75, 86 f., 232, oder bei Martens, Kurt: *Schonungslose Lebenschronik*, Wien 1921, S. 209.
12 Zit. nach Lindenberg: *Steiner* (Biografie), S. 284.
13 Hecker, Jutta: *Rudolf Steiner in Weimar*, Dornach [2]1999, S. 44.
14 Zander: *Anthroposophie*, S. 463–468.
15 Rabel, Gabriele: »Rudolf Steiner als Goethe-Herausgeber«, in: *Neue Zürcher Zeitung* vom 14. 9. 1924, Literarische Beilage, Nr. 1363, Drittes Blatt.
16 *Rudolf Steiners Dissertation »Die Grundfrage der Erkenntnistheorie« und die erweiterte Buchausgabe »Wahrheit und Wissenschaft« im Faksimile der Erstausgabe mit den Randbemerkungen von Vincenz Knauer und Karl Julius Schröer. Mit textkritischen Anmerkungen, Rezensionen und zahlreichen unveröffentlichten Briefen und Dokumenten zum Lebensgang Rudolf Steiners*, hg. v. D. M. Hoffmann u. a., Dornach 1991, S. 179.
17 Ebd., S. 180.
18 Heinrich von Stein, Brief an Rudolf Steiner (15. 11. 1890), zit. nach: ebd., S. 188.
19 Vgl. Steiner: *Gesamtausgabe*, Bd. 1, S. 129.
20 Ebd., Bd. 39, nach S. 122.
21 Ebd., Bd. 39, S. 150.
22 Ebd., Bd. 30, S. 294 f.
23 »Brief Hartmanns an Steiner vom Sommer (?) 1892«, in: *Rudolf Steiners Dissertation*, S. 214.
24 So Curt Liebich, nach Vögele: *Der andere Rudolf Steiner*, S. 60.
25 Lindenberg: *Steiner* (Chronik), S. 115.
26 Ebd., S. 98.
27 Steiner: *Gesamtausgabe*, Bd. 39, S. 161.
28 Mayreder: *Mein Pantheon*, S. 180.

29 Ebd., Bd. 39, S. 246.
30 Ebd., Bd. 39, S. 158.
31 Ebd., Bd. 39, S. 162.
32 Ebd., Bd. 39, S. 176.
33 Ebd., Bd. 39, S. 246.
34 Ebd., Bd. 39, S. 274.
35 Ebd., Bd. 4a, S. 513–515.
36 Steiner, Rudolf: *Die Philosophie der Freiheit. Grundzüge einer modernen Weltanschauung. Betrachtungs-Resultate nach naturwissenschaftlicher Methode.* Berlin 1894 (de facto 1893), S. 160; aus »Staatsgefährlicher« wurde in der Fassung von 1918 »gefährlicher Mensch«.
37 Steiner: *Die Philosophie der Freiheit* (1893), S. 239; der Satz ist 1918 gestrichen worden.
38 Steiner: *Die Philosophie der Freiheit* (1893), S. 239; 1918 ist der »persönliche Gott« verändert in »der durch abstrakte Schlußfolgerung angenommene Gott«.
39 Steiner, Rudolf: *Selbstzeugnisse. Autobiographische Dokumente*, Dornach 2007, S. 84.
40 Tönnies, Ferdinand: *Nietzsche-Narren*, Berlin 1893.
41 Sandmann, Jürgen: *Der Bruch mit der humanitären Tradition. Die Biologisierung der Ethik bei Ernst Haeckel und anderen Darwinisten seiner Zeit*, Stuttgart 1990.
42 Steiner: *Gesamtausgabe*, Bd. 39, S. 209.
43 Fritz Koegel, Brief an Josef Hofmiller (26.4.1898), zit. nach Hoffmann, David Marc: *Zur Geschichte des Nietzsche-Archivs. Elisabeth Förster-Nietzsche, Fritz Koegel, Rudolf Steiner, Gustav Naumann, Josef Hofmiller. Chronik, Studien, Dokumente*, Berlin/New York 1991, S. 273.
44 Halbe, Max: *Jahrhundertwende. Erinnerungen an eine Epoche*, München/Wien 1976, S. 179f.
45 Lehrs, Ernst: »Rudolf Steiner und Otto Erich Hartleben«, in: *Mitteilungen aus der Anthroposophischen Arbeit in Deutschland*, Weihnachtsausgabe 1964, S. 233–238, hier S. 236.
46 Reuter, Gabriele: *Vom Kinde zum Menschen. Die Geschichte meiner Jugend*, Berlin 1921, S. 450.
47 Zander: *Anthroposophie*, S. 520f.
48 Lindenberg: *Steiner* (Chronik), S. 137.
49 Steiner, Rudolf: *Goethes Weltanschauung*, Berlin 1897, S. 80f.
50 Ebd., S. 73.

51 Ebd., S. 92.
52 Steiner: *Gesamtausgabe*, Bd. 6, S. 93; 1897 keine Hervorhebungen.
53 Ebd., Bd. 39, S. 391 f.
54 Ebd., Bd. 39, S. 311.
55 Hecker: *Steiner in Weimar*, S. 46.
56 Steiner: *Gesamtausgabe*, Bd. 28, S. 305.
57 Ebd., Bd. 39, S. 316.
58 Ebd., Bd. 39, S. 331.
59 Lindenberg: *Steiner* (Chronik), S. 143.

7. Berlin

1 *Beiträge zur Rudolf Steiner Gesamtausgabe*, Heft 111, Dornach 1993, S. 11; Steiner: *Gesamtausgabe*, Bd. 39, S. 364.
2 Steiner: *Gesamtausgabe*, Bd. 28, S. 373.
3 Parr, Rolf: »Halkyonische Akademie für unangewandte Wissenschaften zu Salò«, in: *Handbuch literarisch-kultureller Vereine, Gruppen und Bünde 1825–1933*, hg. v. W. Wülfing u. a., Stuttgart/Weimar 1998, S. 191–197, hier S. 193.
4 Steiner, Rudolf: *Selbstzeugnisse. Autobiographische Dokumente*, Dornach 2007, S. 84.
5 Rudolph, Alwin Alfred: »Erinnerungen an Rudolf Steiner und seine Wirksamkeit an der Arbeiter-Bildungsschule in Berlin«, in: Mücke, Johanna/ders.: *Erinnerungen an Rudolf Steiner und seine Wirksamkeit an der Arbeiter-Bildungsschule in Berlin 1899–1904*, Basel 1989, S. 31–96, hier S. 56f.
6 Steiner: *Gesamtausgabe*, Bd. 28, S. 343.
7 Ebd., Bd. 28, S. 344.
8 Ebd., Bd. 39, S. 331
9 Lindenberg: *Steiner* (Biografie), S. 282.
10 Rudolph: »Erinnerungen an Rudolf Steiner«, S. 80.
11 Steiner: *Gesamtausgabe*, Bd. 32, S. 236–248.
12 Ebd., Bd. 31, S. 230 f.
13 Ebd., Bd. 31, S. 190–192, 288.
14 Ebd., Bd. 32, S. 212–223.
15 Rubinstein, Susanna: »Zum Gedächtnis der Kaiserin Elisabeth«, in: *Magazin für Litteratur*, 68/1899, S. 1046–1048.
16 Steiner: *Gesamtausgabe*, Bd. 39, S. 376, 379.
17 Schulte-Holtey, Ernst: »Die Freien« [Berlin], in: *Handbuch litera-*

risch-kultureller Vereine, Gruppen und Bünde 1825–1933, hg. v. W. Wülfing u.a., Stuttgart/Weimar 1998, S. 102–111, hier S. 102.

18 *Beiträge zur Rudolf Steiner Gesamtausgabe*, Heft 36, Dornach 1971/72, S. 19.

19 Mitgliedschaft zwischen 1897 und 1905 nach: http://www.friedrichshagener-dichterkreis.de/content/index.php/Friedrichshagener_Dichterkreis (aufgerufen: 28.8.2010).

20 Bruns, Karin: »Die neue Gemeinschaft« [Berlin-Schlachtensee], in: *Handbuch literarisch-kultureller Vereine, Gruppen und Bünde 1825–1933*, hg. v. W. Wülfing u.a., Stuttgart/Weimar 1998, S. 358–371, hier S. 368.

21 Lindenberg: *Steiner* (Chronik), S. 156.

22 Bruns, Karin: »Die Kommenden«, in: *Handbuch literarisch-kultureller Vereine, Gruppen und Bünde 1825–1933*, hg. v. W. Wülfing u.a., Stuttgart/Weimar 1998, S. 239–247.

23 Ebd., S. 244.

24 Steiner, Marie: *Erinnerungen*, Bd. 2, Dornach 1952, S. 21 f.

25 Emil Alfred Herrmann, zit. nach Bock, Emil: *Rudolf Steiner. Studien zu seinem Lebensgang und Lebenswerk*, Stuttgart 1961, S. 165.

26 Mühsam, Erich: *Tagebücher 1910–1924*, hg. v. Ch. Hirte, München 1994, S. 23.

27 Steiner, Marie: *Erinnerungen*, Bd. 2, S. 22f.

28 Zweig, Stefan: *Die Welt von gestern. Erinnerungen eines Europäers*, München 1947, S. 141.

29 Houben, Brief an Ludwig Jacobowski (5.10.1900), in: *Auftakt zur Literatur des 20. Jahrhunderts. Briefe aus dem Nachlaß von Ludwig Jacobowski*, Bd. 1, hg. v. F. B. Stern, Heidelberg 1974, S. 530.

30 Bauschinger, Sigrid: *Else Lasker-Schüler. Eine Biografie*, Göttingen 2004, S. 70f.

31 *Beiträge zur Rudolf Steiner Gesamtausgabe*, Heft 87, Dornach S. 31, 34.

32 Schmidt, Hans: *Das Vortragswerk Rudolf Steiners. Verzeichnis der von Rudolf Steiner gehaltenen Vorträge, Ansprachen, Kurse und Zyklen*, Dornach [2]1978, S. 20–29.

33 Ebd., S. 32–44.

34 Osborn, Max: *Der bunte Spiegel. Erinnerungen aus dem Kunst-, Kultur- und Geistesleben der Jahre 1890 bis 1933*, New York 1945, S. 157.

35 Mücke, Johanna: »Erinnerungen an Rudolf Steiner aus den Jahren 1899–1904«, in: dies./Rudolph, Alwin A.: *Erinnerungen an Rudolf*

Steiner und seine Wirksamkeit an der Arbeiter-Bildungsschule in Berlin, Basel 1989, S. 12–30, hier S. 27.

36 Rudolph: »Erinnerungen an Rudolf Steiner«, S. 87.

37 Bernstein, Eduard: *Die Geschichte der Berliner Arbeiter-Bewegung*, Bd. 3, Berlin 1910, S. 391f.

38 *Beiträge zur Rudolf Steiner Gesamtausgabe*, Heft 111, S. 16.

39 Schmidt: *Vortragswerk*, S. 19.

40 *Beiträge zur Rudolf Steiner Gesamtausgabe*, Heft 111, S. 15–17.

41 Rudolph: »Erinnerungen an Rudolf Steiner«, S. 44.

42 *Beiträge zur Rudolf Steiner Gesamtausgabe*, Heft 111, S. 14.

43 Unger-Winkelried, Emil: *Von Bebel zu Hitler. Vom Zukunftsstaat zum Dritten Reich. Aus dem Leben eines sozialdemokratischen Arbeiters*, Berlin 1934, S. 47.

44 Rudolph: »Erinnerungen an Rudolf Steiner«, S. 61.

45 Bock: *Steiner*, S. 152.

46 Unger-Winkelried: *Von Bebel zu Hitler*, S. 47.

47 Rudolph: »Erinnerungen an Rudolf Steiner«, S. 90.

48 Ebd., S. 91.

49 *Beiträge zur Rudolf Steiner Gesamtausgabe*, Heft 111, S. 32f.

50 Ebd., S. 65.

51 Ebd., S. 34.

52 Ebd., S. 18.

53 Mücke: »Erinnerungen an Rudolf Steiner«, S. 15.

54 *Beiträge zur Rudolf Steiner Gesamtausgabe*, Heft 111, S. 26.

55 Unger-Winkelried: *Von Bebel zu Hitler*, S. 49.

56 *Beiträge zur Rudolf Steiner Gesamtausgabe*, Heft 111, S. 27.

57 Ebd., S. 19.

58 *Beiträge zur Rudolf Steiner Gesamtausgabe*, Heft 36, Dornach 1971/72, S. 22; wöchentliche Vorträge nach Bock: *Steiner*, S. 157.

59 Steiner: *Gesamtausgabe*, Bd. 39, S, 393.

60 Ebd., Bd. 31, S. 382–420.

61 *Mitteilungen aus dem Verein zur Abwehr des Antisemitismus*, Bd. 10, 1900, S. 385.

62 Ebd., S. 396.

63 Zeiß-Horbach, Auguste: *Verein zur Abwehr des Antisemitismus. Zum Verhältnis von Protestantismus und Judentum im Kaiserreich und in der Weimarer Republik*, Leipzig 2008.

64 Bruns, Karin: »Giordano Bruno-Bund«, in: *Handbuch literarisch-kultureller Vereine, Gruppen und Bünde 1825–1933*, hg. v. W. Wülfing u. a., Stuttgart/Weimar 1998, S. 163–175, hier S. 163.

65 Ebd., S. 168.
66 *Beiträge zur Rudolf Steiner Gesamtausgabe*, Heft 79/80, Dornach 1983, S. 28.
67 Lindenberg: *Steiner* (Chronik), S. 160, 171.
68 Steiner: *Gesamtausgabe*, Bd. 28, S. 154.
69 Rudolph: »Erinnerungen an Rudolf Steiner«, S. 44.
70 Ebd., S. 55 f.
71 Osborn, *Der bunte Spiegel*, S. 158.
72 Rudolph: »Erinnerungen an Rudolf Steiner«, S. 82.
73 Ebd., S. 61.
74 Joseph Rolletschek, in: Vögele, Wolfgang G.: *Der andere Rudolf Steiner. Augenzeugenberichte, Interviews, Karikaturen*, Dornach [2]2005, S. 64.
75 Mayreder, Rosa: *Tagebücher 1873–1937*, hg. v. H. Anderson, Frankfurt a. M. 1988, S. 292. Vergleichbare Anspielungen bei Vögele: *Der andere Rudolf Steiner*, S. 104, 107.
76 Halbe, Max: *Jahrhundertwende. Erinnerungen an eine Epoche*, Danzig 1935, S. 183.
77 Zweig: *Die Welt von gestern*, S. 141.

Der Theosoph

8. Was ist Theosophie?

1 *Mitteilungen für die Mitglieder der Deutschen Sektion der Theosophischen* [später: Anthroposophischen] *Gesellschaft (Hauptquartier Adyar)*, Köln 1905–1913, Heft 7, S. 5.
2 Zit. nach Lindenberg: *Steiner* (Biografie), S. 533f.
3 Szittya, Emil: *Das Kuriositäten-Kabinett*, Konstanz 1923, S. 80.
4 Mahler-Werfel, Alma: *Mein Leben*, Frankfurt a. M. 1997, S. 67.
5 Baier, Karl: *Meditation und Moderne. Zur Genese eines Kernbereichs moderner Spiritualität in der Wechselwirkung zwischen Westeuropa, Nordamerika und Asien*, 2 Bde., Würzburg 2009.
6 Zu den folgenden Ausführungen siehe Cranston, Sylvia (unter Mitarbeit von Carey Williams [i. e. Caren M. Elin]): *HPB. Leben und Werk der Helena Blavatsky, Begründerin der Modernen Theosophie* ([1]1993), Satteldorf 1995; Meade, Marion: *Madame Blavatsky. The Woman behind the Myth*, New York 1980; Washington, Peter: *Madame Blavatsky's Baboon. A History of the Mystics, Mediums,*

and Misfits Who Brought Spiritualism to America, New York 1995; Zander: *Anthroposophie*, S. 75–107.

7 Olcott, Henry Steel: *Old Diary Leaves. The True Story of the Theosophical Society*, New York u. a. 1895, S. 401.

9. Verwandlung

1 Specht, Richard: »Aus Rudolf Steiners Jugendzeit«, in: *Neues Wiener Journal*, 26.4.1925.

2 Martens, Kurt: *Schonungslose Lebenschronik*, Bd. 1, Wien 1921, S. 209.

3 Wiesberger, Hella/Zoll, Julius: »Zur Datierung von Rudolf Steiners ersten Vorträgen in der ›Theosophischen Bibliothek‹« in Berlin, in: *Beiträge zur Rudolf Steiner Gesamtausgabe*, Heft 120, Dornach 1998, S. 71 f.

4 Lindenberg: *Steiner* (Chronik), S. 181.

5 Lindenberg: *Steiner* (Biografie), S. 313.

6 Schmidt, Robin: *Rudolf Steiner und die Anfänge der Theosophie. »... eine ehrliche Sehnsucht nach der geistigen Welt ...«*, Dornach 2010, S. 127.

7 Bock, Emil: *Rudolf Steiner. Studien zu seinem Lebensgang und Lebenswerk*, Stuttgart 1961, S. 165.

8 Lasker-Schüler, Brief an Steiner (2.12.1900), in: *Auftakt zur Literatur des 20. Jahrhunderts. Briefe aus dem Nachlaß von Ludwig Jacobowski*, Bd. 2, hg. v. F. B. Stern, Heidelberg 1974, S. 275.

9 Steiner: *Gesamtausgabe*, Bd. 262, S. 36.

10 Ebd., S. 36.

11 Steiner, Rudolf: *Welt- und Lebensanschauungen im neunzehnten Jahrhundert*, 2 Bde., Berlin 1900/1901, S. II.

12 Steiner: *Gesamtausgabe*, Bd. 254, S. 47.

13 Vgl. Willmann, Otto: *Geschichte des Idealismus*, Bd. 1, Braunschweig 1894, S. 33–84.

14 In: www.steiner-klartext.net (Link: 1901/02). Gedruckt mit weltanschaulich motivierten Veränderungen des Textes als Steiner, Rudolf: *Das Christentum und die Mysterien des Altertums. Ein Grundkurs in Geisteswissenschaft*, 2 Bde., hg. v. P. Archiati, München 2005.

15 Steiner: *Das Christentum und die Mysterien des Altertums*, hg. v. Archiati, Bd. 1, S. 285.

16 Ebd., Bd. 2, S. 124.
17 Ebd., Bd. 2, S. 52 f.
18 Schuré, Édouard: *Die großen Eingeweihten. Geheimlehren der Religionen*, München 1976, S. 17.
19 Steiner, Brief an Schuré (20. 12. 1906), in: *Nachrichten aus der Rudolf Steiner-Nachlassverwaltung*, Heft 6, Dornach 1961, S. 18.
20 Steiner: *Gesamtausgabe*, Bd. 264, S. 407.
21 Schmidt: *Rudolf Steiner und die Anfänge der Theosophie*, S. 140.
22 Ebd., S. 150 ff.; Zander: *Anthroposophie*, S. 125–135; Klatt, Norbert: *Theosophie und Anthroposophie. Neue Aspekte zu ihrer Geschichte aus dem Nachlaß von Wilhelm Hübbe-Schleiden (1846–1916) mit einer Auswahl von 81 Briefen*, Göttingen 1993.
23 Hübbe-Schleiden, Brief an Steiner (18. 8. 1902), in: Steiner, Rudolf: *Briefe*, 2 Bde., Dornach 1953/1955, Bd. 2, S. 257.
24 Schmidt: *Rudolf Steiner und die Anfänge der Theosophie*, S. 161.
25 Steiner: *Gesamtausgabe*, Bd. 28, S. 404.
26 Schmidt: *Rudolf Steiner und die Anfänge der Theosophie*, S. 131 f.
27 Steiner: *Gesamtausgabe*, Bd. 28, S. 412, 415.
28 Ebd., Bd. 262, S. 42.
29 Rudolph, Alwin Alfred: »Erinnerungen an Rudolf Steiner und seine Wirksamkeit an der Arbeiter-Bildungsschule in Berlin«, in: Mücke, Johanna/ders.: *Erinnerungen an Rudolf Steiner und seine Wirksamkeit an der Arbeiter-Bildungsschule in Berlin 1899–1904*, Basel 1989, S. 31–96, hier S. 92 f.
30 Steiner, Brief an Hübbe-Schleiden (14. 8. 1902), in: Steiner: *Briefe*, Bd. 2 (1953), S. 263.
31 Lindenberg: *Steiner* (Chronik), S. 199.
32 Steiner, Brief an Hübbe-Schleiden (16. 9. 1902), in: Steiner: *Briefe*, Bd. 2 (1953), S. 297.
33 Lindenberg: *Steiner* (Chronik), S. 200.
34 Schmidt: *Rudolf Steiner und die Anfänge der Theosophie*, S. 136.
35 Steiner: Brief an Hübbe-Schleiden (29. 10. 1902), in: Steiner: *Briefe*, Bd. 2, (1953), S. 309 f.
36 Ebd., S. 310.
37 Ebd., S. 310.
38 Rudolph: »Erinnerungen an Rudolf Steiner«, S. 53.
39 *Beiträge zur Rudolf Steiner Gesamtausgabe*, Heft 79/80, Dornach 1983, S. 36.

40 »Die Bildung der deuschen Sektion der Theosophischen Gesellschaft«, in: *Der Vâhan*, 1902, Heft 5, S. 61–64, hier: S. 61.
41 Mathilde Scholl, in: Meffert, Ekkehard: *Mathilde Scholl und die Geburt der Anthroposophischen Gesellschaft 1912/13. Eine biographische Skizze mit Dokumenten und Schriften von Mathilde Scholl. Erinnerungen an Rudolf Steiner, Materialien zur Entstehungsgeschichte der Anthroposophischen Gesellschaft 1912/13*, Dornach 1991, S. 383.
42 Schmidt: *Rudolf Steiner und die Anfänge der Theosophie*, S. 142.
43 Lindenberg: *Steiner* (Biografie), S. 352.
44 Steiner: *Gesamtausgabe*, Bd. 262, S. 51; Lindenberg: *Steiner* (Chronik), S. 205.
45 Emmy Bark geb. Eunike, »Brief vom 9. 11. 1929«, zit. bei Schwartz-Bostunitsch, Gregor: *Doktor Steiner – ein Schwindler wie keiner. Ein Kapitel über Anthroposophie und die geistige Verwirrungsarbeit des »Falschen Propheten«*, München o. J. (1930), S. 16.
46 Steiner: *Gesamtausgabe*, Bd. 262, S. 56.
47 Lindenberg: *Steiner* (Biografie), S. 355; Steiner: *Gesamtausgabe*, Bd. 262, S. 48.
48 Steiner: *Gesamtausgabe*, Bd. 88, S. 57, 219; siehe auch Zander: *Anthroposophie*, S. 553.

10. Theosophische Weltanschauung

1 Steiner: *Gesamtausgabe*, Bd. 88, S. 252–254.
2 Ebd., Bd. 34, S. 135.
3 Ebd., Bd. 34, S. 107.
4 Steiner: *Gesamtausgabe*, Bd. 45.
5 Steiner, Rudolf: *Theosophie. Die Textentwicklung in den Auflagen 1904–1922 in vollständiger Lesefassung*, hg. v. D. Hartmann, Dornach 2004, S. 73, 76.
6 Steiner, Rudolf: *Theosophie. Einführung in übersinnliche Welterkenntnis und Menschenbestimmung*, Berlin 1904, S. 89.
7 Steiner: *Gesamtausgabe*, Bd. 7, S. 111.
8 Steiner: *Theosophie* (1904), S. 114.
9 Steiner: *Gesamtausgabe*, Bd. 34, S. 361–363.
10 Ebd., Bd. 10, S. 211.
11 Steiner: *Theosophie* (1904), S. VII.

12 Zander: *Anthroposophie*, S. 669 f.; Alexander Lüscher: »Kommentar«, in: Steiner: *Gesamtausgabe*, Bd. 173a (2010), S. 273– 276.
13 Blavatsky, Helena Petrowna: *Isis entschleiert/Die Entschleierte Isis. Ein Meisterschlüssel zu den alten und modernen Mysterien, Wissenschaft und Theologie*, 2 Bde., Leipzig o. J. (1907–1909), Bd. 1, S. 185.
14 Dies.: *Die Geheimlehre. Die Vereinigung von Wissenschaft, Religion und Philosophie*, 4 Bde., Leipzig o. J. (1899–1921), Bd. 2, S. 279.
15 Mücke, Johanna: »Erinnerungen an Rudolf Steiner aus den Jahren 1899–1904«, in: dies./Rudolph, Alwin A.: *Erinnerungen an Rudolf Steiner und seine Wirksamkeit an der Arbeiter-Bildungsschule in Berlin*, Basel 1979, S. 27.
16 Steiner: *Gesamtausgabe*, Bd. 11, S. 24.
17 Scott-Elliot, William: *Atlantis nach okkulten Quellen. Eine geographische, historische und ethnologische Skizze mit vier farbigen Karten, welche die Erdoberfläche zu verschiedenen Zeitenepochen darstellen*, Freiburg i. B., o. J. ([2]1903), S. 67.

11. Die Organisation des Geistes

1 »Theosophische Gesellschaft. Deutsche Sektion. Allgemeine und Sektionsverfassung nebst Satzungen«. Universitäts- und Landesbibliothek Göttingen, Nachlass Hübbe-Schleiden: Signatur 800,1.
2 *Mitteilungen für die Mitglieder der Deutschen Sektion der Theosophischen* [später: Anthroposophischen] *Gesellschaft (Hauptquartier Adyar)*, Köln 1905–1913, Heft 1, S. 6.
3 Ebd., Heft 6, S. 5.
4 Faksimile bei Bock, Emil: *Rudolf Steiner. Studien zu seinem Lebensgang und Lebenswerk*, Stuttgart 1961, nach S. 196.
5 *Mitteilungen für die Mitglieder der Deutschen Sektion der Theosophischen Gesellschaft*, Heft 8, S. 11, 14.
6 Ebd., Heft 8, S. 7.
7 Kleeberg, Ludwig: *Wege und Worte. Erinnerungen an Rudolf Steiner aus Tagebüchern und aus Briefen*, Stuttgart [3]1990, S. 202.
8 Goodrick-Clarke, Clare and Nicholas: »Introduction«, in: dies.: *G. R. S. Mead and the Gnostic Quest*, Berkeley (Calif.) 2005, S. 1–32.
9 Maryn, Philip: »Collison, Harry«, in: *Anthroposophie im 20. Jahr-*

hundert. Ein Kulturimpuls in biographischen Portraits, hg. v. B. von Plato, Dornach 2003, S. 134 f.

10 »An die Mitglieder der Theosophischen Gesellschaft (Deutsche Sektion) und deren Freunde, den Johannesbau in München betreffend«, München, Ende Oktober 1911, Heft, 16 Seiten, S. 15 (Dornach, Archiv der Anthroposophischen Gesellschaft).

11 Lindenberg: *Steiner* (Biografie), 490.

12 Ebd., S. 491.

13 *Mitteilungen für die Mitglieder der Deutschen Sektion der Theosophischen Gesellschaft*, Heft 14, S. 9.

14 Lindenberg: *Steiner* (Biografie), S. 493 f.

15 Hübbe-Schleiden, Wilhelm: *Die Botschaft des Friedens*, Leipzig 1912, S. 40.

16 Lindenberg: *Steiner* (Biografie), S. 498.

17 Steiner, Rudolf: *Selbstzeugnisse. Autobiographische Dokumente*, Dornach 2007, S. 68, 71.

18 Steiner: *Gesamtausgabe*, Bd. 259, S. 631.

12. Christologie

1 Thiede, Werner: *Wer ist der kosmische Christus? Karriere und Bedeutungswandel einer modernen Metapher*, Göttingen 2001, S. 129–148.

2 Besant, Annie: *Esoterisches Christentum oder Die kleineren Mysterien* ([1]1901), Leipzig 1903, S. 90, 109, 104, 123.

3 Steiner: *Gesamtausgabe*, Bd. 96, S. 255.

4 Kleeberg, Ludwig: *Wege und Worte. Erinnerungen an Rudolf Steiner aus Tagebüchern und aus Briefen*, Stuttgart [3]1990, S. 77, 82, 85, 170 u. ö.

5 Steiner: *Gesamtausgabe*, Bd. 99, S. 110.

6 Steiner in seinem Rückblick auf den Budapester Kongress in den *Mitteilungen für die Mitglieder der Deutschen Sektion der Theosophischen* [später: Anthroposophischen] *Gesellschaft (Hauptquartier Adyar)*, Köln 1905–1913, Heft 10, S. 10.

7 Ebd., Heft 12, S. 12.

8 Zander: *Anthroposophie*, S. 806.

9 *Mitteilungen für die Mitglieder der Deutschen Sektion der Theosophischen* [später Anthroposophischen] *Gesellschaft (Hauptquartier Adyar)*, Heft 12, S. 5.

10 Treichler, Rudolf: »Wege und Umwege zu Rudolf Steiner«, Manuskriptdruck 1974, S. 37; Auslassungspunkte im Original.
11 Steiner: *Gesamtausgabe*, Bd. 103, S. 64.
12 Ebd., Bd. 10, S. 211.
13 Zander: *Anthroposophie*, S. 814–818.
14 Steiner: *Gesamtausgabe*, Bd. 131, S. 196–200.
15 Brief Besants an Steiner, privater Brief; Dornach, Rudolf Steiner Nachlassverwaltung.
16 Vgl. Hau, Felix: »Rudolf Steiner integral – Eingeweihter, Lebemann, Priester«, in: *Info3*, Heft Mai 2005, S. 27–31.

13. Esoterische Schule

1 Steiner: *Gesamtausgabe*, Bd. 267, S. 83.
2 Ebd., Bd. 264, S. 22.
3 Ebd., Bd. 264, S. 132.
4 Ebd., Bd. 264 S. 135.
5 Ebd., Bd. 264, S. 135 f.
6 Treher, Wolfgang: *Hitler, Steiner, Schreiber. Ein Beitrag zur Phänomenologie des kranken Geistes*, Emmendingen 1966.
7 Giese, Cornelia (unter dem Pseudonym Juliane Weibring): *Frauen um Rudolf Steiner. Im Zentrum seines Lebens. Im Schatten seines Wirkens*, Oberhausen 1997, S. 163–172.
8 Steiner, Brief an Hübbe-Schleiden (16. 8. 1902), in: Steiner, Rudolf: *Briefe*, 2 Bde., Dornach 1953/1955, Bd. 2, S. 270.
9 Steiner, Brief an Johanna Mücke (22. 9. 1903), in Steiner: *Gesamtausgabe*, Bd. 28 ([7]1962), Faksimile nach S. 392, fol. 1.
10 Ebd., Bd. 264, S. 26.
11 Ebd., Bd. 262, S. 86.
12 Ebd., Bd. 264, S. 32.
13 Ebd., Bd. 264, S. 87.
14 Lindenberg: *Steiner* (Biografie), S. 380.
15 Steiner: *Gesamtausgabe*, Bd. 264, S. 28.
16 Lindenberg: *Steiner* (Biografie), S. 369.
17 Steiner: *Gesamtausgabe*, Bd. 267, S. 117; Abbildung S. 123.
18 Ebd., Bd. 264, S. 60.
19 Schirmer-Bey, Jenny: »Erinnerungen«, in: *Was in der Anthroposophischen Gesellschaft vorgeht*, 51/1974, S. 139–141, hier: S. 140.
20 Beck, Walter: *Rudolf Steiner – die letzten drei Jahre. Persönliche Erinnerungen*, Dornach 1985, S. 14 f.

21 Steiner: *Gesamtausgabe*, Bd. 267, S. 111.
22 Ebd., Bd. 267, S. 438–440.
23 Ebd., Bd. 267, S. 94.
24 Ebd., Bd. 267, S. 39.
25 Steiner, in: *Lucifer Gnosis*, Heft 18, November 1904, S. 16.
26 Bamler, Erich: »Erlebnisse in der Schulung Dr. Steiners«, in: *Theosophie*, 6/1915–16, S. 326–334; ders.: »Dr. Steiners Geheimschulung«, in: *Psychische Studien*, 44/1917, S. 127–133.
27 *The Theosophical Movement. 1875–1925. A History and a* Survey, New York 1925, S. 685.
28 Steiner: *Gesamtausgabe*, Bd. 152, S. 21.
29 Zur Entstehungsgeschichte Zander: *Anthroposophie*, S. 580– 584.
30 *Lucifer Gnosis*, Heft 17, Oktober 1904, S. 129.
31 Zander: *Anthroposophie*, S. 590 f.
32 Ebd., S. 596–598.
33 *Lucifer Gnosis*, Heft 13, Juni 1904, S. 2 f.; abgewandelt in Steiner: *Gesamtausgabe*, Bd. 10, S. 19 f. Zur Veränderung dieser Stelle siehe Zander: *Anthroposophie*, S. 608–610.
34 Steiner: *Gesamtausgabe*, Bd. 12, S. 45.
35 Zander: *Anthroposophie*, S. 608f.

14. Freimaurerei

1 Zum Folgenden Zander: *Anthroposophie*, S. 961–1015.
2 Steiner: *Gesamtausgabe*, Bd. 93, S. 59.
3 Möller, Helmut/Howe, Ellic: *Merlin Peregrinus. Vom Untergrund des Abendlandes*, Würzburg 1986, S. 131.
4 Zander: *Anthroposophie*, S. 981 f., 991.
5 Zit. nach Möller/Howe: *Merlin Peregrinus*, S. 145.
6 Die meisten Informationen stammen aus Steiner: *Gesamtausgabe*, Bd. 265.
7 Ebd., Bd. 265, S. 172.
8 Goesch, Heinrich: »Ordensgroßmeister Rudolf Steiner. Mysterien eines modernen Geheimbundes«, in: *Vossische Zeitung*, 15.9.1921, Morgenausgabe.
9 Ebd.
10 Vorlage in Steiner: *Gesamtausgabe*, Bd. 265, S. 149.
11 Goesch: »Ordensgroßmeister Rudolf Steiner«.
12 Lüscher, Alexander: »Zur Einführung«, in: Steiner: *Gesamtausgabe*, Bd. 173c (2010), S. 20–22.

13 Steiner: »Vorrede«, in: Heise, Karl: *Die Entente-Freimaurerei und der Weltkrieg. Ein Beitrag zur Historie des Weltkrieges und zum Verständnis der wahren Freimaurerei*, Basel 1919.
14 Zander: *Anthroposophie*, S. 982.

15. Steiner entdeckt das Christentum

1 Toepell, Michael: »Graf von Polzer-Hoditz, Ludwig«, in: *Anthroposophie im 20. Jahrhundert*, hg. v. B. v. Plato, Dornach 2003, S. 607–609.
2 Berthold, Kurt: »Ludwig Graf Polzer-Hoditz – eine chronikartige Lebensskizze«, in: Ludwig Polzer-Hoditz: *Erinnerungen an Rudolf Steiner*, Dornach 1985, S. 247–261, hier S. 254.

16. Theosophischer Alltag

1 Schwartz-Bostunitsch, Gregor: *Doktor Steiner – ein Schwindler wie keiner. Ein Kapitel über Anthroposophie und die geistige Verwirrungsarbeit des »Falschen Propheten«*, München o. J. (1930), S. 17.
2 Haid, Christine: »Molt, Emil«, in: *Anthroposophie im 20. Jahrhundert. Ein Kulturimpuls in biographischen Portraits*, hg. v. B. von Plato, Dornach 2003, S. 527–530, hier S. 528.
3 Turgenieff, Assja: *Erinnerungen an Rudolf Steiner und die Arbeit am ersten Goetheanum*, Stuttgart 1972, S. 19 f.
4 Kleeberg, Ludwig: *Wege und Worte. Erinnerungen an Rudolf Steiner aus Tagebüchern und aus Briefen*, Stuttgart [3]1990, S. 60.
5 Vögele, Wolfgang G.: »Röchling, Helene«, in: *Anthroposophie im 20. Jahrhundert. Ein Kulturimpuls in biographischen Portraits*, hg. v. B. von Plato, Dornach 2003, S. 667 f., hier S. 668.
6 Wiesberger, Hella: *Marie Steiner-von Sivers – ein Leben für die Anthroposophie. Eine biographische Dokumentation in Briefen und Dokumenten, Zeugnissen von Rudolf Steiner, Maria Strauch, Édouard Schuré und anderen*, hg. v. H. Wiesberger, Dornach [2]1989, S. 468.
7 Turgenieff: *Erinnerungen an Rudolf Steiner*, S. 34f.
8 *Mitteilungen für die Mitglieder der Deutschen Sektion der Theosophischen* [später: Anthroposophischen] *Gesellschaft (Hauptquartier Adyar)*, Köln 1905–1913, Heft 4, S. 7.

9 Ebd., Heft 2, S. 10.
10 Ebd., Heft 6, S. 18.
11 Ebd., Heft 10, S. 18.
12 Ebd., Heft 3, S. 5.
13 Ebd., Heft 6, S. 15.
14 Ebd., Heft 9, S. 5.
15 Ebd., Heft 11, S. 11.
16 Ebd., Heft 7, S. 4.
17 Ebd., Heft 7, S. 4 f.
18 Bugajew, Boris Nikolajewitsch (unter dem Künstlernamen Andrei Bely): *Verwandeln des Lebens. Erinnerungen an Rudolf Steiner*, Basel [2]1977, S. 102.
19 Zit. nach Vögele, Wolfgang G.: *Der andere Rudolf Steiner. Augenzeugenberichte, Interviews, Karikaturen*, Dornach [2]2005, S. 276.
20 Emil Unger-Winkelried, zit. nach Vögele, ebd., S. 100. Ähnliche Beobachtungen, ebd., S. 64, 65, 228, 233.
21 Ebd., S. 169, 174, 205, 237, 274.
22 Ebd., S. 40, 144, 182, 201, 269, 272.
23 *Mitteilungen für die Mitglieder der Deutschen Sektion der Theosophischen Gesellschaft*, Heft 7, S. 5.
24 Zit. nach Lindenberg: *Steiner* (Biografie), S. 533 f.
25 Woloschin, Margarita: *Die grüne Schlange*, Stuttgart 1954, S. 200.
26 Müller, Heinz: *Spuren auf dem Weg. Erinnerungen*, Stuttgart 1983, S. 18 f.
27 Bely: *Verwandeln des Lebens*, S. 163.
28 Turgenieff: *Erinnerungen an Rudolf Steiner*, S. 36.
29 Kleeberg: *Wege und Worte*, S. 61, 66.
30 Turgenieff: *Erinnerungen an Rudolf Steiner*, S. 78.
31 Bely: *Verwandeln des Lebens*, S. 98.
32 Kleeberg: *Wege und Worte*, S. 60.
33 *Beiträge zur Rudolf Steiner Gesamtausgabe*, Heft 104, Dornach 1990, S. 23.
34 Kleeberg: *Wege und Worte*, S. 88.
35 Boegner, Karl: »Die Architektenhaus-Vorträge. Rudolf Steiners große Einführung in die Anthroposophie«, in: *Beiträge zur Rudolf Steiner Gesamtausgabe*, Heft 87, Dornach 1985, S. 35–42.
36 Bely: *Verwandeln des Lebens*, S. 108.
37 Reuter, Gabriele: *Vom Kinde zum Menschen. Die Geschichte meiner Jugend*, Berlin 1921, S. 450.
38 Rudolph, Alwin Alfred: »Erinnerungen an Rudolf Steiner und seine

Wirksamkeit an der Arbeiter-Bildungsschule in Berlin«, in: Mücke, Johanna/ders.: *Erinnerungen an Rudolf Steiner und seine Wirksamkeit an der Arbeiter-Bildungsschule in Berlin 1899– 1904*, Basel 1989, S. 31–96, hier S. 95; Curt Liebich, nach Vögele: *Der andere Rudolf Steiner*, S. 61.

39 Mühsam, Erich: *Tagebücher 1910–1924*, hg. v. Ch. Hirte, München 1994, S. 23.

40 Fechter, Paul: *An der Wende der Zeiten. Menschen und Begegnungen*, Gütersloh 1949, S. 382 f.

41 Tucholsky, Kurt: *Gesamtausgabe*, Bd. 6, hg. v. St. J. Burrows/ G. Enzmann-Kraiker, Reinbek 2000, S. 203.

42 Schmiedel, Oskar: »Aufzeichnungen«, in: Zeylmans van Emmichoven, Emanuel: *Wer war Ita Wegman?*, 4 Bde., Heidelberg/Arlesheim 1992/2009, Bd. 3, S. 414–461, hier S. 415.

43 Treichler, Rudolf: »Wege und Umwege zu Rudolf Steiner«, Manuskriptdruck 1974, S. 39.

44 Lindenberg: *Steiner* (Chronik), S. 242 f.

45 Savitch, Marie: *Marie Steiner-von Sivers. Mitarbeiterin von Rudolf Steiner*, Dornach 1965, S. 47.

46 Kleeberg: *Wege und Worte*, S. 217.

47 Bely: *Verwandeln des Lebens*, S. 125–138.

48 Kafka, Franz: *Tagebücher in der Fassung der Handschrift* [Textband], hg. v. H.-G. Koch u. a., Frankfurt a. M. 1990, S. 33, 35.

49 Ebd. [Kommentarband], S. 20.

50 Mayreder, Rosa: *Tagebücher 1873–1937*, hg. v. H. Anderson, Frankfurt a. M. 1988, S. 180 f.

17. Mysteriendramen

1 *Mitteilungen für die Mitglieder der Deutschen Sektion der Theosophischen* [später: Anthroposophischen] *Gesellschaft (Hauptquartier Adyar)*, Köln 1905–1913, Heft 5, S. 11.

2 Schuré, Édouard: *Le théâtre de l'âme*, 3 Bde., Paris 1900–1905.

3 Zander: *Anthroposophie*, S. 1026–1028.

4 Schmiedel, Oskar: »Erinnerungen an die Proben zu den Mysterienspielen in München in den Jahren 1910 bis 1913«, in: *Die Mysterienspiele. Hinweise Rudolf Steiners und Erlebnisberichte von der Uraufführung*, hg. v. D. Sixel, Dornach 1994, S. 147–151, hier S. 148 f.

5 Schmidt, Robin: »Glossar. Stichworte zur Geschichte des anthroposophischen Kulturimpulses«, in: *Anthroposophie im 20. Jahrhundert. Ein Kulturimpuls in biographischen Portraits*, hg. v. B. von Plato, Dornach 2003, S. 963–1054, hier S. 1033.

6 Lindenberg: *Steiner* (Biografie), S. 477.

7 Fels, Alice: »Studien zur Einführung in die Mysteriendramen Rudolf Steiners«, in: *Die Mysterienspiele. Hinweise Rudolf Steiners und Erlebnisberichte von der Uraufführung*, hg. v. D. Sixel, Dornach 1994, S. 186–210, hier S. 186 f.

8 Strakosch, Alexander: *Lebenswege mit Rudolf Steiner*, Dornach 1994, S. 112 f.

9 Fels: »Studien zur Einführung in die Mysteriendramen«, S. 187.

10 Woloschin, Margarita: »Mysterien des Worts«, in: *Die Mysterienspiele. Hinweise Rudolf Steiners und Erlebnisberichte von der Uraufführung*, hg. v. D. Sixel, Dornach 1994, S. 143–146, hier S. 145; Gümbel-Seiling, Max: »Einige Erinnerungen an die Mysterienspiele in München von einem Mitspieler«, in: ebd., S. 171–174, hier S. 172.

11 Steffen, Albert: »Erinnerungen an die Aufführungen von Rudolf Steiners Mysteriendramen«, in: *Das Goetheanum*, 29/1950, S. 25–27, hier S. 26.

12 Heyer, Karl: *Aus meinem Leben*, Basel 1990, S. 48.

13 Ebd.

14 Zit. nach Koerner, Thomas: *Rudolf Steiners »Mysterientheater«*, Diss. München 1982, S. 140.

15 Koerner: *Rudolf Steiners »Mysterientheater«*, S. 132–142.

16 Ernst, Wolf-Dieter: »›Worttonsprechen‹. Aufklärung und Esoterik in der Theaterreform um 1900«, Vortrag auf der Tagung »Esoterik und Aufklärung«, Halle, 9.–12. März 2010.

17 Steiner: *Gesamtausgabe*, Bd. 38, S. 155 f.

18. Eurythmie

1 Maier-Smits, Lory: »Die Anfänge der Eurythmie«, in: *Wir erlebten Rudolf Steiner*, hg. v. M. J. Krück von Poturzyn, Stuttgart [5]1977, S. 147–168, hier S. 147–149.

2 Dies.: »Erste Lebenskeime der Eurythmie«, in: *Erinnerungen an Rudolf Steiner*, hg. v. E. Beltle/K. Vierl, Stuttgart 1979, S. 104–119, hier S. 104.

3 Dies.: »Die Anfänge der Eurythmie«, S. 155.
4 Wiesberger, Hella: *Marie Steiner-von Sivers – ein Leben für die Anthroposophie. Eine biographische Dokumentation in Briefen und Dokumenten, Zeugnissen von Rudolf Steiner, Maria Strauch, Édouard Schuré und anderen*, Dornach [2]1989, S. 335–337.
5 Fels, Alice: *Vom Werden der Eurythmie*, Dornach 1986, S. 18.
6 Zit. nach Parr, Thomas: *Rudolf Steiners Bühnenkunst*, Dornach 1993, S. 180.
7 Woloschin, Margerita: *Die grüne Schlange*, Stuttgart 1954, S. 371.
8 Duncan, Isadora: *Memoiren*, hier nach: *Die Welt des Tanzes in Selbstzeugnissen*, hg. v. L. Wolgina/U. Pietzsch, Wilhelmshaven [2]1979, S. 16.
9 Dies.: *Der Tanz der Zukunft (The Dance of the Future). Eine Vorlesung*, Leipzig 1903, S. 13.
10 Steiner: *Gesamtausgabe*, Bd. 277a, S. 48.
11 Ebd., Bd. 277a, S. 48.

19. Architektur und Kunst

1 Die Baugeschichte ist bei Zander: *Anthroposophie*, und bei Ohlenschläger, Sonja: *Rudolf Steiner (1861–1925). Das architektonische Werk,* Petersberg 1999, nachgezeichnet. In beiden Publikationen findet sich auch die ältere anthroposophische Literatur. Mit markanten Beobachtungen zu Steiners Bauten und ihrem Umfeld wichtig: Pehnt, Wolfgang: *Die Architektur des Expressionismus*, Stuttgart [3]1998.
2 Steiner nach Gädeke, Wolfgang u. a.: *Anthroposophie und die Fortbildung der Religion*, Flensburg 1990, S. 154.
3 Stockmeyer, Ernst August Karl: »Von Vorläufern des Goetheanum«, in: *Beiträge zur Rudolf Steiner Gesamtausgabe*, Heft 57, Dornach 1977, S. 27–34, hier S. 30.
4 *Mitteilungen für die Mitglieder der Deutschen Sektion der Theosophischen* [später: Anthroposophischen] *Gesellschaft (Hauptquartier Adyar)*, hg. v. M. Scholl, Köln 1905–1913, Heft 12, S. 6.
5 Lüscher, Alexander (unter Mitarbeit von Adrian Gonzenbach und Ulla Trapp): »Rudolf Steiner und die Gründung der WELEDA«, in: *Beiträge zur Rudolf Steiner Gesamtausgabe*, Heft 118/119, Dornach 1997, S. 31–234, hier S. 54.
6 *Mitteilungen für die Mitglieder der Deutschen Sektion der Theosophischen Gesellschaft*, Heft 11, S. 9.

7 Kully, Max: *Das Geheimnis des Tempels von Dornach, T. 1: Geschichtliches über die Theosophie und ihre Ableger*, Basel 1920, S. 27.

8 Pehnt, Wolfgang: *Die Architektur des Expressionismus*, Stuttgart ^{1}1973, S. 137.

9 Verwaltungsrat des Johannesbau-Vereins: »An die Mitglieder der Theosophischen Gesellschaft (Deutsche Sektion) und deren Freunde den Johannesbau in München betreffend«, in: Strakosch, Alexander: *Lebenswege mit Rudolf Steiner*, Bd. 1, Straßburg/Zürich o. J. (1947), S. 344.

10 Emil Leinhas, zit. nach Gädeke u. a.: *Anthroposophie und die Fortbildung der Religion*, S. 139.

11 Ohlenschläger: *Steiner. Das architektonische Werk*, S. 217, Anm. 281.

12 Ebd., S. 87 f.

13 Steiner, Rudolf: »Brief an Alexander von Bernus vom 19. September 1913«, in: *Worte der Freundschaft für Alexander von Bernus. Zum siebzigsten Geburtstag am 6. Februar 1950*, Nürnberg 1949, S. 110 f., hier S. 110.

14 Steiner, Rudolf: »Vortrag vom 18. Mai 1913« (Separatdruck), S. 14f.

15 Grosse, Rudolf: *Die Weihnachtstagung als Zeitenwende*, Dornach 1977, S. 45.

16 Benziger, Max: »Von einem Augenzeugen der Grundsteinlegung«, in: *Erinnerungen an Rudolf Steiner*, hg. v. E. Beltle/K. Vierl, Stuttgart 1979, S. 148–152, hier S. 149.

17 Pehnt: *Architektur des Expressionismus* (^{1}1973), S. 217, Anm. 5. Bugajew, Boris Nikolajewitsch (unter dem Künstlernamen Andrei Bely): *Verwandeln des Lebens. Erinnerungen an Rudolf Steiner*, Basel ^{2}1977, S. 50.

18 Lindenberg: *Steiner* (Chronik), S. 388.

19 Linde, Hermann: »Das Goetheanum in seiner Entstehung und künstlerischen Ausgestaltung«, Typoskript, 1922, S. 2 f.

20 Müller, Heinz: *Spuren auf dem Weg. Erinnerungen*, Stuttgart 1983, S. 33 f.

21 Pelikan, Wilhelm: »Begegnung mit dem ersten Goetheanum«, Manuskriptdruck (13 Seiten), S. 3; Bemmelen, Daniel van: *Rudolf Steiners farbige Gestaltung des Goetheanum*, Stuttgart 1973, S. 8.

22 Turgenieff-Pozzo, Natalie: *Zwölf Jahre der Arbeit am Goetheanum. 1913–1925*, Dornach 1942, S. 20.

23 »Verein des Goetheanum. Protokoll der VI. ordentlichen Generalversammlung, 8.11.1918«, getipptes Manuskript, 34 Seiten, S. 28 (Dornach, Goetheanum, Archiv der Anthroposophischen Gesellschaft).
24 Schubert, Ilona: *Selbsterlebtes im Zusammensein mit Rudolf Steiner und Marie Steiner*, Basel [2]1970, S. 54.
25 »Protokoll des Johannesbauvereins«, zit. nach Raab, Rex: *Edith Maryon. Bildhauerin und Mitarbeiterin Rudolf Steiners*, Dornach 1993, S. 215.
26 Turgenieff, Assja: *Erinnerungen an Rudolf Steiner und die Arbeit am ersten Goetheanum*, Stuttgart 1972, S. 96.
27 Turgenieff, zit. bei Raab: *Edith Maryon*, S. 204.
28 Steiner: *Gesamtausgabe*, Bd. 260a, S. 229.
29 Turgenieff, zit. bei Raab: *Edith Maryon*, S. 204.
30 Zander: *Anthroposophie*, S. 1113.
31 Müller: *Spuren auf dem Weg*, S. 39.
32 Abb. bei Barkhoff, Martin: »Zwölf Throne. Das Urbild des Zusammenwirkens im Ersten Goetheanum«, in: *Das Goetheanum*, 72/1993, S. 395–397, hier S. 397.
33 Stockmeyer, Ernst August Karl: *Um die Goetheanum-Bauidee*, Basel 1957, S. 7 f.
34 Steiner: *Gesamtausgabe*, Bd. 286, S. 41.
35 Ebd., Bd. 286, S. 39.
36 Bely: *Verwandeln des Lebens*, S. 398.
37 Steiner, Rudolf: »Der Baugedanke des Goetheanum«, in: *Das Goetheanum als Gesamtkunstwerk* [Beilage], hg. v. W. Roggenkamp, Dornach 1986, S. 20. – Steiners Ausführungen zum Johannesbau/Goetheanum sind zu einem großen Teil in der Gesamtausgabe noch nicht veröffentlicht und werden deshalb mit älteren Veröffentlichungen nachgewiesen.
38 Steiner, Rudolf: *Kunst und Anthroposophie*, Dornach 1996, S. 112.
39 Steiner, Rudolf: *Kunst und Kunsterkenntnis*, Dornach 1961, S. 150.
40 Pehnt, Wolfgang: »Etwas wie Morgenröte. Die Architektur von Rudolf Steiner«, in: *Rudolf Steiner – Die Alchemie des Alltags*, hg. v. M. Kries/A. v. Vegesack, Weil am Rhein 2010, S. 108–119, hier S. 114.
41 Steiner: »Der Baugedanke des Goetheanum«, S. 34.
42 Steiner, Rudolf: *Die Aufgabe der Geisteswissenschaft und deren Bau in Dornach*, Berlin 1921, S. 32.
43 Steiner: *Gesamtausgabe*, Bd. 36, S. 325.

44 Ebd., Bd. 286, S. 28.
45 Steiner: *Kunst und Anthroposophie*, S. 118.
46 Als wörtliches Zitat Steiners ausgewiesen bei Woloschin, Margarita: »Erinnerungsbilder aus arbeitsreicher Zeit«, in: Steiner, Rudolf: *Zwölf Entwürfe für die Malerei der großen Kuppel des ersten Goetheanum*, Dornach 1930, S. 4–9, hier S. 8.
47 Bax, Marty: *Het web der schepping. Theosofie en kunst in Nederland van Lauweriks tot Mondriaan in Nederland*, Amsterdam 2006.
48 Schmidt, Robin: »Anthroposophie und akademische Esoterikforschung. Problem – Paradigmen – Perspektiven«, in: *Esoterik verstehen. Anthroposophische und akademische Esoterikforschung*, hg. v. K.-M. Dietz, Stuttgart 2008, S. 38–81, hier S. 55.

Praxis

20. Kriegszeit

1 Wachsmuth, Guenther: *Rudolf Steiners Erdenleben und Wirken*, Dornach ²1951, S. 254f.
2 Bessau, Elisabeth: »Pyle, Maria Elisabeth«, in: *Anthroposophie im 20. Jahrhundert. Ein Kulturimpuls in biografischen Porträts*, hg. v. B. v. Plato, Dornach 2003, S. 626–628, hier S. 627.
3 Bericht Marie von Sivers' nach Wachsmuth: *Rudolf Steiners Erdenleben*, S. 255.
4 Steiners »Kriegsvorträge« (*Gesamtausgabe*, Bd. 173a–c) liegen seit 2010 in einer neuen Edition vor, die beim Abschluss dieses Buches noch nicht in der elektronischen Gesamtausgabe enthalten war. Im Folgenden ist nach der elektronischen Ausgabe zitiert, allerdings sind die Vorträge der Jahre 1914/15, auf die ich vor allem zurückgreife, in den neuen Bänden 173a–c nicht enthalten.
5 Rittelmeyer, Friedrich: *Meine Lebensbegegnung mit Rudolf Steiner*, Stuttgart 1947, S. 111.
6 Steiner, Rudolf: »Samariterkurs«, in: *Beiträge zur Rudolf Steiner Gesamtausgabe*, Heft 108, Dornach 1992, S. 5–35, hier S. 6.
7 Zander: *Anthroposophie*, S. 182.
8 Besant, Annie (anonym): »On the Watch-Tower«, in: *The Theosophist*, 36/1914–15, S. 97–104, hier S. 103.
9 Steiner nach Polzer-Hoditz, Ludwig: *Erinnerungen an Rudolf Steiner*, Dornach 1985, S. 71.

10 Lindenberg: *Steiner* (Biografie), S. 558.
11 Alexander Lüscher: »Zur Einführung«, in: Steiner: *Gesamtausgabe*, Bd. 173c (2010), S. 12.
12 Steiner: *Gesamtausgabe*, Bd. 173c, S. 19.
13 Ebd., Bd. 171, S. 10.
14 Schuré, Brief an Marie von Sivers (20.3.1916), in: Wiesberger, Hella: *Marie Steiner-von Sivers – ein Leben für die Anthroposophie. Eine biographische Dokumentation in Briefen und Dokumenten, Zeugnissen von Rudolf Steiner, Maria Strauch, Édouard Schuré und anderen*, Dornach [2]1989, S. 462–468, bes. S. 468.
15 Ebd.: S. 461–474.
16 So Wiesberger unter Rückgriff auf einen Brief Marie von Sivers' an Simone Rihouët-Coroze, zit. nach ebd., S. 468.
17 Lindenberg: *Steiner* (Chronik), S. 357.
18 So der Kommentar in Steiner: *Gesamtausgabe*, Bd. 253, S. 126.
19 Zander, Helmut: *Geschichte der Seelenwanderung in Europa. Alternative religiöse Traditionen von der Antike bis heute*, Darmstadt 1999, S. 594.
20 Steiner: *Gesamtausgabe*, Bd. 253, S. 138.
21 Steiner, Rudolf: *Welt- und Lebensanschauungen im neunzehnten Jahrhundert*, 2 Bde., Berlin 1900/1901, Bd. 1, S. II.
22 Ebd., Bd. 2, S. 187 (= Steiner: *Gesamtausgabe*, Bd. 18, S. 594).
23 Ebd., Bd. 1, S. 75.
24 Steiner, Rudolf: *Die Philosophie der Freiheit. Grundzüge einer modernen Weltanschauung. Beobachtungs-Resultate nach naturwissenschaftlicher Methode*, Berlin 1894, S. 237.
25 Steiner: *Gesamtausgabe*, Bd. 4, S. 249.
26 Zit. nach Seiling, Max: *Die anthroposophische Bewegung und ihr Prophet*, Lorch [2]1921, S. 53 f.
27 »Johannesbauverein Dornach. Protokoll zur 5. ordentlichen Generalversammlung, am Sonntag, den 21. Oktober 1917, vormittags 10 Uhr, in Dornach«, Heft, 36 Seiten, S. 26 (Dornach, Archiv der Anthroposophischen Gesellschaft).
28 *Helmuth von Moltke 1848–1916. Dokumente zu seinem Leben und Wirken*, hg. v. Th. Meyer, 2 Bde., Basel 1993, Bd. 2, S. 120.
29 Dazu Zander, Helmut: »Der Generalstabschef Helmuth von Moltke d. J. und das theosophische Milieu um Rudolf Steiner«, in: *Militärgeschichtliche Zeitschrift*, 62/2003, S. 423–458.
30 Rudolf Steiner: *Gesamtausgabe*, Bd. 24, S. 412.
31 Ebd., Bd. 24, S. 404.

32 Ebd., Bd. 24, S. 302.
33 Ebd., Bd. 24, S. 351.
34 Polzer-Hoditz, Arthur Graf: *Kaiser Karl. Aus der Geheimmappe seines Kabinettschefs*, Zürich u. a. 1929, S. 520.
35 Nach Lindenberg: *Steiner* (Chronik), S. 386.

21. Gesellschaftspolitik

1 Steiner: *Gesamtausgabe*, Bd. 328, S. 135.
2 Zander: *Anthroposophie*, S. 1294–1297.
3 Steiner: *Gesamtausgabe*, Bd. 23, S. 99.
4 Ebd., Bd. 331, S. 26.
5 Molt, Emil: *Entwurf meiner Lebensbeschreibung*, Stuttgart 1972, S. 117–124; Haid, Christine: »Molt, Emil«, in: *Anthroposophie im 20. Jahrhundert*, hg. v. B. v. Plato, Dornach 2003, S. 527–531.
6 Blos, Wilhelm: *Von der Monarchie zum Volksstaat*, 2 Bde., Stuttgart 1922/23, Bd. 1, S. 72.
7 Ebd.
8 Zit. nach: Mann, Thomas: *Beteiligung an politischen Aufrufen und anderen kollektiven Publikationen. Eine Bibliographie*, bearb. von G. Potempa, Morsum 1988, S. 28.
9 Leinhas, Emil: *Aus der Arbeit mit Rudolf Steiner. Sachliches und Persönliches*, Basel 1950, S. 35.
10 Ebd., S. 36.
11 Schnitzler, Arthur: *Tagebuch 1971–1919*, hg. v. M. W. Welzig, Wien 1985, S. 229 (9. 2. 1919).
12 Leinhas: *Aus der Arbeit mit Rudolf Steiner*, S. 37.
13 Hahn, Herbert: *Der Weg, der mich führte. Lebenserinnerungen*, Stuttgart 1969, S. 672 f.
14 Hahn, Herbert: »Die Geburt der Waldorfschule aus den Impulsen der Dreigliederung des sozialen Organismus«, in: *Wir erlebten Rudolf Steiner*, hg. v. M. J. Krück von Poturzyn, Stuttgart [5]1977, S. 70–100, hier S. 92.
15 Lindenberg: *Steiner* (Biografie), S. 696–717; Zander: *Anthroposophie*, S. 1343–1345; zur »Futurum« siehe Lüscher, Alexander: *Rudolf Steiner und die »Futurum A. G.«. Gesellschaftsreform durch anthroposophische Wirtschaftspraxis?*, 2 Bde., Bern [2]2004.
16 Kühn, Hans: *Dreigliederungszeit. Rudolf Steiners Kampf für die Gesellschaftsordnung der Zukunft*, Dornach 1978, S. 63.

17 »Der Kommende Tag. Leitgedanken aus dem ersten Prospekt«, in: Molt, Emil: *Entwurf meiner Lebensbeschreibung*, Stuttgart 1972, S. 254 f., hier S. 254.
18 Lindenberg: *Steiner* (Biografie), S. 706.
19 Piston, Fritz: *Assoziative Wirtschaft als Forderung Rudolf Steiners. Der Versuch einer entwicklungsgeschichtlichen Untersuchung, einer Darstellung und Wertung dieser Forderung im Zusammenhang mit Steiners Dreigliederungs-Idee*, Diss. Tübingen 1925, S. 107.
20 Ebd., S. 109.
21 Lindenberg: *Steiner* (Biografie), S. 714.
22 Schmiedel, Oskar: »Aufzeichnungen«, in: Zeylmans van Emmichoven, Emanuel: *Wer war Ita Wegman?*, 4 Bde., Heidelberg/Arlesheim 1992/2009, Bd. 3, S. 414–461, hier S. 422.
23 Abgedruckt in: *Beiträge zur Rudolf Steiner Gesamtausgabe*, Heft 93/94, Dornach 1986, S. 38 f.
24 Hitler, Adolf: »Staatsmänner oder Nationalverbrecher?«, in: *Völkischer Beobachter*, 15.3.1921, S. 1 f., hier S. 1.
25 Steiner: *Gesamtausgabe*, Bd. 185a, S. 201.

22. Waldorfschule

1 Lindenberg: *Steiner* (Biografie), S. 678.
2 Ebd., S. 667.
3 Stockmeyer: »Aufzeichnungen« (25.4.1919), abgedruckt bei Molt, Emil: *Entwurf meiner Lebensbeschreibung*, Stuttgart 1972, S. 256.
4 Johannes Tautz, zit. in: *Der Lehrerkreis um Rudolf Steiner in der ersten Waldorfschule 1919–1925. Lebensbilder und Erinnerungen*, hg. v. G. Husemann/ders., Stuttgart 1977, S. 48.
5 Merz, Volker: »Werkhaus-Werkschule Merz – Bildung auf werktätiger Grundlage«, in: *Die Schulen der Reformpädagogik heute*, hg. v. H. Röhrs, Düsseldorf 1986, S. 186–195, hier S. 186.
6 In der elektronischen Gesamtausgabe nicht zu findende Aussage Steiners, hier zit. nach Lindenberg, Christoph: »Riskierte Schule – Die Waldorfschulen im Kreuzfeuer der Kritik«, in: *Erziehungswissenschaft und Waldorfpädagogik*, hg. v. F. Bohnsack/E.-M. Kranich, Weinheim/Basel 1990, S. 350–367, hier S. 361.
7 Steiner: *Gesamtausgabe*, Bd. 300a, S. 35.
8 Ebd., Bd. 76, S. 198.
9 Husemann/Tautz: *Der Lehrerkreis um Rudolf Steiner*, S. 29.

10 Steiner: *Gesamtausgabe*, Bd. 300b, S. 141.
11 Ebd., Bd. 300b, S. 94.
12 Ebd., Bd. 300b, S. 244.
13 Ebd., Bd. 300a, S. 86 f.
14 Grosse, Rudolf: *Erlebte Pädagogik. Schicksal und Geistesweg*, Dornach 1968, S. 73.
15 Ebd., S. 207.
16 Steiner: *Gesamtausgabe*, Bd. 300a, S. 101 f.
17 Grosse: *Erlebte Pädagogik*, S. 78.
18 Ebd., S. 92.
19 Ruths-Hoffman, Karin: »Aus der Waldorfschülerschaft«, in: *Wir erlebten Rudolf Steiner*, hg. v. M. J. Krück von Poturzyn, Stuttgart [5]1977, S. 197–210, hier S. 202.
20 Steiner: *Gesamtausgabe*, Bd. 293, S. 206.
21 Ebd., Bd. 300c, S. 119.

23. Medizin

1 Bugajew, Boris Nikolajewitsch (unter dem Künstlernamen Bely, Andrei): *Verwandeln des Lebens. Erinnerungen an Rudolf Steiner*, Basel [2]1977, S. 97.
2 *Beiträge zur Rudolf Steiner Gesamtausgabe*, Heft 17, S. 14.
3 Hahnemann, Samuel: *Organon der Heilkunst. Mit Abdruck der Vorreden und wichtigsten Varianten der fünf bis jetzt erschienenen Auflagen, neuen Bemerkungen, und einem Anhange aus Samuel Hahnemann's Schriften* ([1]1810), Köthen [6]1865, § 27 und § 9.
4 Steiner: *Gesamtausgabe*, Bd. 291a, S. 471.
5 Ritter, Marie: *Die neuro-dynamische Therapeutik im Anschluss an Studien und Erfahrungen über die photo-dynamische Wirkung von Fluorescenz- und Luminiscenz-Stoffen auf Zellengebiete und Nervenendigungen*, Leipzig 1905, Vorwort (unpaginiert, S. 2).
6 Ebd., Titel.
7 Ebd., Vorwort (unpaginiert, S. 1).
8 Schmiedel, Oskar: »Aufzeichnungen«, in: Zeylmans van Emmichoven, Emanuel: *Wer war Ita Wegman?*, 4 Bde., Heidelberg/Arlesheim 1992/2009, Bd. 3, S. 414–461, hier S. 418.
9 Selg, Peter: »Helmut Zander und seine Geschichte der anthroposophischen Medizin«, in: *Der Europäer*, 12/2007, H. 1, S. 20–25, hier S. 20.
10 Steiner: *Gesamtausgabe*, Bd. 291a, S. 450.

11 Anonym: »Hochschule für Dr. Steiners Geheimwissenschaft in München«, in: *Theosophie*, 3/1912–13, S. 154 f., hier S. 154.
12 Steiner: *Gesamtausgabe*, Bd. 334, S. 55 f.
13 Schmiedel: »Aufzeichnungen«, S. 420.
14 Deventer, Madeleine P. van: *Die anthroposophisch-medizinische Bewegung in den verschiedenen Etappen ihrer Entwicklung*, Dornach 1992, S. 15.
15 Straus, Erwin: »Anthroposophie und Naturwissenschaft«, in: *Klinische Wochenschrift*, 1/1922, S. 958–960, hier S. 959.
16 Steiner: *Gesamtausgabe*, Bd. 27, S. 8.
17 Zander: *Anthroposophie*, S. 1508–1512.
18 Schlegel, Emil: »Begegnungen mit Rudolf Steiner«, in: *Anthroposophische Blätter*, Nr. 1, 1933, S. 4–7, hier S. 4 (separat paginierte Beilage der *Anthroposophischen Blätter* 15/1932–33).
19 Lüscher, Alexander (unter Mitarbeit von Adrian Gonzenbach und Ulla Trapp): »Rudolf Steiner und die Gründung der WELEDA«, in: *Beiträge zur Rudolf Steiner Gesamtausgabe*, Heft 118/119, Dornach 1997, S. 31–234, hier S. 101, 124.
20 *Methodologisches zur Therapie am Klinisch-therapeutischen Institut »Der Kommende Tag« in Stuttgart*, hg. v. Ärzte-Kollegium des Instituts, Stuttgart 1922.
21 Steiner: *Gesamtausgabe*, Bd. 259, S. 238.
22 Ebd., Bd. 259, S. 238f.
23 Schmiedel: »Aufzeichnungen«, S. 428.
24 *Abnormitäten der geistig-seelischen Entwicklung in ihren Krankheitserscheinungen und deren Behandlungsmöglichkeiten. Wegleitung zum Verständnis einer Sammlung von Krankengeschichten mit Hinweisen von Dr. Rudolf Steiner*, hg. v. H. Walter, Arlesheim 1955, S. 100.
25 Ebd., S. 100 f.
26 Deventer: *Die anthroposophisch-medizinische Bewegung*, S. 17.
27 Kirchner-Bockholt, Margarete: »Die Erweiterung der Heilkunst«, in: *Wir erlebten Rudolf Steiner*, hg. v. M. J. von Poturzyn, Stuttgart [7]1988, S. 101–115, hier S. 104.
28 Krück von Poturzyn, Theodora Maria Josepha: »Eine Mutter erzählt«, in: Zeylmans van Emmichoven, Emanuel: *Wer war Ita Wegman?*, 4 Bde., Heidelberg/Arlesheim 1992/2009, Bd. 2, S. 314f., hier S. 314.
29 Zit. nach Lüscher: »Rudolf Steiner und die Gründung der WELEDA«, S. 107.

30 Eichler, Els: »Alltag und Feste in den dreißiger Jahren mit Ita Wegman«, in: Zeylmans van Emmichoven, Emanuel: *Wer war Ita Wegman?*, 4 Bde., Heidelberg/Arlesheim 1992/2009, Bd. 2, S. 339 f., hier S. 339.
31 Deventer, Madeleine P. van: »Ita Wegmans Wirken als Arzt«, in: ebd., Bd. 2, S. 336–338, hier S. 337.
32 Ebd. S. 336 f.
33 Ebd. S. 337.

24. Ita Wegman

1 Zeylmans van Emmichoven, Emanuel: *Ita Wegman und die Anthroposophie* (Interview mit Wolfgang Weirauch; *Flensburger Hefte*, Sonderheft 17), Flensburg 1996, S. 118; vgl. auch die Andeutungen in Zeylmans van Emmichoven, Emanuel: *Wer war Ita Wegman?*, 4 Bde., Heidelberg/Arlesheim 1992/2009, Bd. 1, S. 124.
2 Lindenberg: *Steiner* (Biografie), S. 791.
3 Zeylmans: *Wer war Ita Wegman?*, Bd. 1, S. 124 f.
4 Lehrs, Ernst: *Gelebte Erwartung. Wie ich zu Rudolf Steiner und dank ihm eine Strecke Weges zu mir selber fand*, Stuttgart 1979, S. 177.
5 Deventer, Madeleine P. van: »Wie kam das medizinische Buch zustande?«, in: *Ita Wegmans Erdenwirken aus heutiger Sicht. Eine Festschrift zu ihrem 100. Geburtstage*, hg. v. A. Grunelius, Arlesheim 1976, S. 8–10, hier S. 8.
6 Schmiedel, Oskar: »Aufzeichnungen«, in: Zeylmans van Emmichoven, Emanuel: *Wer war Ita Wegman?*, 4 Bde., Heidelberg/Arlesheim 1992/2009, Bd. 3, S. 414–461, hier S. 438.
7 Ebd.
8 Zeylmans: *Ita Wegman und die Anthroposophie*, S. 160.
9 Deventer, Madeleine P. van: *Die anthroposophisch-medizinische Bewegung in den verschiedenen Etappen ihrer Entwicklung*, Dornach [2]1992, S. 32.
10 Schmiedel: »Aufzeichnungen«, S. 439.
11 Steiner: *Gesamtausgabe*, Bd. 316, S. 224.
12 Wegman, Ita: »Notizen über ihre Zusammenarbeit mit Rudolf Steiner«, in: Zeylmans van Emmichoven, Emanuel: *Wer war Ita Wegman?*, 4 Bde., Heidelberg/Arlesheim 1992/2009, Bd. 1, S. 318–321, hier S. 318.

13 Zimmer, Erich: *Rudolf Steiner als Architekt von Wohn- und Zweckbauten*, Stuttgart [2]1985, S. 223–232.
14 Schmiedel: »Aufzeichnungen«, S. 433.
15 Zeylmans: *Wer war Ita Wegman?*, Bd. 1, S. 201 f., 207.
16 Ebd., Bd. 1, S. 202.
17 Keyserlingk, Johanna Gräfin von: »Zwölf Tage um Rudolf Steiner«, in: *Koberwitz 1924. Geburtsstunde einer neuen Landwirtschaft*, hg. v. A. Graf von Keyserlingk, Stuttgart 1985, S. 19–85, hier S. 66.
18 Zeylmans: *Wer war Ita Wegman?*, Bd. 1, S. 207.
19 Ebd., Bd. 1, S. 207.
20 Ebd., Bd. 1, S. 208.
21 Ebd., Bd. 1, S. 209.
22 Ebd., Bd. 1, S. 198, 207 f.
23 Ebd., Bd. 4.
24 Zeylmans: *Ita Wegman und die Anthroposophie*, S. 115.
25 Zeylmans: *Wer war Ita Wegman?*, Bd. 1, S. 206.

25. Untergänge, Neuanfänge

1 Lindenberg: *Steiner* (Biografie), S. 773.
2 Dazu Haid, Christiane: *Auf der Suche nach dem Menschen. Die anthroposophische Jugend- und Studentenarbeit in den Jahren 1920–1931 mit einem skizzenhaften Ausblick bis in die Gegenwart*, Dornach 2001.
3 Steiner: *Gesamtausgabe*, Bd. 266c, S. 470–485.
4 Haid: *Auf der Suche nach dem Menschen*, S. 39–58.
5 Ebd., S. 112–124.
6 Ebd., S. 128.
7 Haid, Christiane: »Kolisko, Lili«, in: *Anthroposophie im 20. Jahrhundert. Ein Kulturimpuls in biographischen Portraits*, hg. v. B. von Plato, Dornach 2003, S. 393–396, hier S. 393.
8 Wehr, Gerhard: *Rudolf Steiner. Leben, Erkenntnis, Kulturimpuls*, München [2]1987, S. 337 f.
9 Die wichtigen Daten bei Schmidt, Robin: »Glossar. Stichworte zur Geschichte des anthroposophischen Kulturimpulses«, in: *Anthroposophie im 20. Jahrhundert. Ein Kulturimpuls in biographischen Portraits*, hg. v. B. von Plato, Dornach 2003, S. 963– 1054, hier S. 972.
10 Ebd.

11 Unvollständiger Überblick bei Stieglitz, Klaus von: *Die Christosophie Rudolf Steiners. Voraussetzungen, Inhalt, Grenzen*, Witten a.d. Ruhr 1955, S. 343.
12 Steiner: *Gesamtausgabe*, Bd. 255b, S. 480 f.
13 Ebd., Bd. 255b, S. 582.
14 Ebd., Bd. 255b, S. 614.
15 Schmidt, Hans: *Das Vortragswerk Rudolf Steiners. Verzeichnis der von Rudolf Steiner gehaltenen Vorträge, Ansprachen, Kurse und Zyklen*, Dornach [2]1978, S. 390.
16 Zu diesem oft beschriebenen Vorgang Hahn, Herbert: *Rudolf Steiner wie ich ihn sah und erlebte*, Stuttgart 1961, S. 110–114; *Rudolf Steiner in München. Zu seinem 100. Geburtstag*, hg. v. der Anthroposophischen Gesellschaft, Zweig München, München 1961, S. 58–61; Beck, Walter: *Rudolf Steiner. Die letzten drei Jahre. Persönliche Erinnerungen*, Dornach 1995, S. 12; Lindenberg: *Steiner* (Biografie), S. 769 f.
17 Lindenberg, ebd. S. 770.
18 Steiner: *Gesamtausgabe*, Bd. 255b, S. 614.
19 Zeitgenössische Dokumente und Berichte ebd., Bd. 259, S. 747–870. Die Perspektive Wegmans in: Zeylmans van Emmichoven, Emanuel: *Wer war Ita Wegman?*, 4 Bde., Heidelberg/Arlesheim 1992/2009, Bd. 1, S. 121–127.
20 Zeylmans, ebd., Bd. 1, S. 123.
21 Lindenberg: *Steiner* (Biografie), S. 790.
22 Wachsmuth, Guenther: *Rudolf Steiners Erdenleben und Wirken*, Dornach [2]1951, S. 512.
23 Zeylmans: *Wer war Ita Wegman?*, Bd. 1, S. 124.
24 Leinhas, Emil: *Aus der Arbeit mit Rudolf Steiner. Sachliches und Persönliches*, Basel 1950, S. 156.
25 Turgenieff-Pozzo, Natalie: *Zwölf Jahre der Arbeit am Goetheanum. 1913–1925*, Dornach 1942, S. 51.
26 »Was in dieser Nacht oberhalb Basel geschah«, in: *National-Zeitung*, Morgenblatt; wiederabgedruckt in: *Erde und Kosmos*, 8/1982, Heft 4, S. 39–43, hier S. 42.
27 Steiner: *Gesamtausgabe*, Bd. 259, S. 64.
28 Karl Rohm, in: *Der Leuchtturm*, Oktober 1920, zitiert nach: Steiner: *Gesamtausgabe*, Bd. 259, S. 64.
29 Lindenberg: *Steiner* (Biografie), S. 820.
30 Grosheintz, Emil: »Rechenschaftsbericht«, in: *Bericht über die zehnte ordentliche Generalversammlung des Vereins des Goethea-*

num der freien Hochschule für Geisteswissenschaft in Dornach am 17. Juni 1923 (Archiv der Anthroposophischen Gesellschaft, Dornach), Heft, 24 Seiten, S. 3–8, hier S. 17.

31 Rudolf Steiner: »Vortrag auf der zehnten ordentlichen Generalversammlung des Vereins des Goetheanum, 17.6.1923«, in: ebd., S. 8–20, hier S. 17.

32 Zit. bei Rubischum, Theodor: »Fünfter offener Brief an Dr. Rudolf Steiner«, o. O., o. J. (Flugblatt, 1923 oder wenig später), 2 Seiten.

33 Zander: *Anthroposophie*, S. 1145–1149.

34 Grundlegende Informationen bei Schmidt: »Glossar«, und in der *Gesamtausgabe*, Bd. 260 und 260a.

35 Steiner: *Gesamtausgabe*, Bd. 259, S. 727.

36 Ebd., Bd. 259, S. 730.

37 Ebd., Bd. 260a, S. 248.

38 Ebd., Bd. 260, S. 82.

39 Ebd., Bd. 260, S. 55.

40 Ebd., Bd. 260, S. 85.

41 Ebd., Bd. 260, S. 149.

42 Ebd., Bd. 260a, S. 21 f.

43 Die Vorträge in Steiner: *Gesamtausgabe*, Bd. 270 a–d; dazu Kiersch, Johannes: *Zur Entwicklung der Freien Hochschule für Geisteswissenschaft. Die erste Klasse*, Dornach 2005, S. 35–61.

26. Christengemeinschaft

1 Steiner: *Gesamtausgabe*, Bd. 343, Ergänzungsband, S. 111–127.

2 Heidenreich, Alfred: *Aufbruch. Die Gründungsgeschichte der Christengemeinschaft*, Stuttgart 2000, S. 25 f.

3 Ebd.

4 Steiner: *Gesamtausgabe*, Bd. 343, S. 359.

5 Sydow, Joachim: »Aus der Begründungszeit der Christengemeinschaft«, Basel (Manuskriptdruck) 1972, S. 36.

6 Bock, Emil: *Zeitgenossen, Weggenossen, Wegbereiter*, Stuttgart 1959, S. 117 f.

7 Rittelmeyer, in Steiner: *Gesamtausgabe*, Bd. 353, S. 50 f.

8 Heidenreich: *Aufbruch*, S. 52.

9 Ebd., S. 54.

10 Koschützki, Rudolf von: *Fahrt ins Erdenland. Ein Menschenschicksal*, Stuttgart 1952, S. 319.

11 Heidenreich: *Aufbruch*, S. 34.
12 Sydow: »Aus der Begründungszeit«, S. 56.
13 Schroeder, Hans-Werner: *Die Christengemeinschaft. Entstehung, Entwicklung, Zielsetzung*, Stuttgart [1]1990, S. 102.
14 Husemann, Gottfried: »Die Begründung der Christengemeinschaft«, in: *Erinnerungen an Rudolf Steiner*, hg. v. E. Beltle/K. Vierl, Stuttgart 1979, S. 297–312, hier S. 305, 307.
15 Ebd., S. 307 f.
16 Steiner, zit. ebd., S. 305.
17 Sydow, Joachim: »Ein Weg zum neuen Priestertum«, in: *Die Christengemeinschaft*, 19/1947, S. 134–138, hier S. 137.
18 Steiner, Rudolf: »Erster anthroposophischer Kurs für Theologen, Theologie-Studenten und Religions-Übende« (Nachdruck des Typoskripts von 1921), Rotterdam o. J. (1981?) S. 121; leicht abweichend in Steiner: *Gesamtausgabe*, Bd. 342, S. 83.
19 Wolfgang Gädeke, in: Gädeke, Rudolf und Wolfgang: »Interview«, in: Wolfgang Weirauch: »Erkenntnis und Religion. Zum Verhältnis von Anthroposophischer Gesellschaft und Christengemeinschaft. Interview mit Rudolf und Wolfgang Gädeke«, in: *Flensburger Hefte*, Heft 22, Flensburg 1998, S. 7–118, hier S. 87.
20 Steiner: *Gesamtausgabe*, Bd. 345, S. 29 f.
21 Ebd., Bd. 219, S. 175.
22 Ebd., Bd. 259, S. 322.
23 Husemann: »Die Begründung der Christengemeinschaft«, S. 311.

27. Landwirtschaft

1 Meyer, Rudolf: »Die Pfingsttagung in Koberwitz 1924«, in: *Erinnerungen an Rudolf Steiner*, hg. v. E. Beltle/K. Vierl, Stuttgart 1979, S. 441–446, hier S. 442.
2 Alexander Graf von Keyserlingk, in: *Koberwitz 1924. Geburtsstunde einer neuen Landwirtschaft*, hg. v. A. Graf von Keyserlingk, Stuttgart 1985, S. 94.
3 Meyer: »Die Pfingsttagung in Koberwitz«, S. 441.
4 Wistinghausen, Almar von: *Erinnerungen an den Anfang der biologisch-dynamischen Wirtschaftsweise. Vom landwirtschaftlichen Auftrag Rudolf Steiners und von seinen Schülern*, Darmstadt 1982, S. 15.
5 Keyserlingk, Johanna Gräfin von: »Zwölf Tage um Rudolf Stei-

ner«, in: *Koberwitz 1924. Geburtsstunde einer neuen Landwirtschaft*, hg. v. A. Graf von Keyserlingk, Stuttgart 1985, S. 19–85, hier S. 32.

6 Alexander Graf von Keyserlingk, in: ebd, S. 89.

7 Ebd., S. 90 f.

8 Keyserlingk, Johanna Gräfin von: »Zwölf Tage um Rudolf Steiner«, S. 44 f.

9 Wistinghausen: *Erinnerungen an den Anfang*, S. 19 f.

10 Keyserlingk, Adalbert Graf von: *Erinnerungen an frühe Forschungsarbeiten*, Dürnau 1993, S. 84.

11 Programm faksimiliert in: *Erde und Kosmos*, 2009, Heft 2, S. 13.

12 Vgl. Schmidt, Hans: *Das Vortragswerk Rudolf Steiners. Verzeichnis der von Rudolf Steiner gehaltenen Vorträge, Ansprachen, Kurse und Zyklen*, Dornach [2]1978, S. 471–473.

13 Zit. in Koepf, Herbert H./Plato, Bodo von: *Die biologisch-dynamische Wirtschaftsweise im 20. Jahrhundert. Die Entwicklungsgeschichte der biologisch-dynamischen Landwirtschaft*, Dornach 2001, S. 52.

14 Krzymowski, Richard: *Philosophie der Landwirtschaftslehre*, Stuttgart 1919, S. 25 f.

15 Ebd., S. 80f.

16 Wistinghausen: »Erinnerungen an den Anfang«, S. 39.

17 *Koberwitz 1924. Geburtsstunde einer neuen Landwirtschaft*, hg. v. A. Graf von Keyserlingk, Stuttgart 1985, S. 95.

18 Koepf/Plato: *Die biologisch-dynamische Wirtschaftsweise*, S. 60.

28. Tod in der Werkstatt

1 Lehrs, Ernst: »Rudolf Steiner und Otto Erich Hartleben«, in: *Mitteilungen aus der Anthroposophischen Arbeit in Deutschland*, Weihnachtsausgabe 1964, S. 233–238, hier S. 234 f.

2 Zeylmans van Emmichoven, Frederick Willem: »Rudolf Steiner in Holland«, in: *Wir erlebten Rudolf Steiner*, hg. v. M. J. Krück von Poturzyn, Stuttgart 1967, S. 249–274, hier S. 269.

3 Wehr, Gerhard: *Rudolf Steiner. Leben, Erkenntnis, Kulturimpuls*, München [2]1987, S. 373.

4 Steffen, Albert: »Letzte Stunden bei Rudolf Steiner«, in: *Das Goetheanum*, 4/1925, S. 113–118, hier S. 113.

5 Gentilli-Baratto, Lidia: *Eine Erinnerung an Marie Steiner*, Freiburg

i.B. 1947, S. 20; Schubert, Ilona: *Selbsterlebtes im Zusammensein mit Rudolf Steiner und Marie Steiner*, Basel 1970, S. 65 f.; Grosse, Rudolf: *Die Weihnachtstagung als Zeitenwende*, Dornach 1976, S. 88.

6 Zeylmans van Emmichoven, Emanuel: *Wer war Ita Wegman?*, 4 Bde., Heidelberg/Arlesheim 1992/2009, Bd. 1, S. 235.

7 Etwa bei Lindenberg: *Steiner* (Chronik), S. 615; Steiner: *Gesamtausgabe*, Bd. 262, S. 268.

8 Bessau, Elisabeth: »Pyle, Maria Elisabeth«, in: *Anthroposophie im 20. Jahrhundert*, hg. v. B. von Plato, Dornach 2003, S. 626–628, hier S. 627.

9 Zeylmans: *Wer war Ita Wegman?*, Bd. 1, S. 243.

10 Ebd., S. 243.

11 Wegman, Ita: »Das Krankenlager, die letzten Tage und Stunden von Dr. Steiner«, in: *Was in der Anthroposophischen Gesellschaft vorgeht. Nachrichten für deren Mitglieder*, 2/1925, Nr. 16, S. 62 f., hier S. 62.

12 Polzer-Hoditz, Ludwig: *Erinnerungen an Rudolf Steiner*, Dornach 1985, S. 201.

13 Lindenberg: *Steiner* (Chronik), S. 627.

14 Steffen: »Letzte Stunden bei Rudolf Steiner«, S. 114.

15 Zeylmans: *Wer war Ita Wegman*, Bd. 1, S. 245.

16 Wegman: »Das Krankenlager, die letzten Tage und Stunden Dr. Steiners«, S. 63

17 Rittelmeyer, Friedrich: *Meine Lebensbegegnung mit Rudolf Steiner*, Stuttgart 2007, S. 243.

18 Schubert: »Selbsterlebtes im Zusammenhang mit Rudolf Steiner«, S. 57.

19 »Ita Wegman, ›Attest‹, 2. April 1925«; Staatsarchiv Basel-Stadt: Bestattungsakten E 1, Beilage zu Nummer 505, Blatt b.

20 »Kanton Solothurn. Aerztliche Bescheinigung der Todesursache, unterzeichnet von Ita Wegman«; Staatsarchiv Basel-Stadt: Bestattungsakten E 1, Beilage zu Nr. 505, Blatt a.

21 Vgl. etwa Polzer-Hoditz: *Erinnerungen an Rudolf Steiner*, S. 203.

22 Röschert, Günter: »Die Todeskrankheit Rudolf Steiners – eine bisher unbeantwortete Frage«, in: *Jahrbuch für anthroposophische Kritik*, 1998, S. 204–208, hier S. 207 f.

23 Ebd., S. 206 f. Hartinger, Werner: »Da capo. Zum Tod Rudolf Steiners«, in: *Jahrbuch für anthroposophische Kritik*, 2001, S. 223–227, hier S. 224 f.

24 Mohr, Johann S.: *Das Rätsel der Todeskrankheit Rudolf Steiners. Eine medizinisch-biographische Studie*, Madrid 2003, S. 70.
25 »Erklärung für Feuerbestattung«; Staatsarchiv Basel-Stadt, Bestattungsakten E 1, Beilage zu Nr. 505, Blatt e.
26 Polzer-Hoditz: *Erinnerungen an Rudolf Steiner*, S. 202.
27 »Bescheinigung über den Empfang von Leichenasche«; Staatsarchiv Basel-Stadt, Bestattungsakten E 1, Beilage 505, vor Blatt a.
28 Darstellung mit Materialien aus den Tagebuchaufzeichungen von Albert Steffen bei Matile, Heinz: »Die Urnenstreit-Szene des ›Sturz des Antichrist‹ und der Urnenstreit vom 3. April 1925«; www.steffen-stiftung.ch/documents/Urnenstreitszene.pdf (Stand 25.9.2010).
29 »Bescheinigung über den Empfang von Leichenasche«; Staatsarchiv Basel-Stadt, Bestattungsakten E 1, Beilage zu No. 505, vor Blatt a.
30 Steiner: *Gesamtausgabe*, Bd. 316, S. 224.
31 Wehr: *Rudolf Steiner*, S. 403 f.

»Die« Biografie Rudolf Steiners?

Über Bücher zu Steiners Leben und über die Grenzen des Verstehens

1 Steiner, Rudolf: *Gesamtausgabe*, Dornach 1955 ff.
2 Ders.: *Elektronische Gesamtausgabe*, Stand: November 2009. Es fehlen beispielsweise die Bände mit Steiners künstlerischem Werk.
3 Vor allem unter: www.anthroposophie.byu.edu; www.anthroposophieonline.net; www.bdn-steiner.ru; www.steiner-klartext.net; www.steinerdatenbank.de; www.uranosarchiv.de.
4 Diese und andere autobiografische Dokumente sind jetzt leicht zugänglich in Steiner, Rudolf: *Selbstzeugnisse. Autobiographische Dokumente*, Dornach 2007.
5 Hauer, Jakob Wilhelm: *Werden und Wesen der Anthroposophie. Eine Wertung und eine Kritik. Vier Vorträge*, Stuttgart 1922.
6 Wachsmuth, Guenther: *Rudolf Steiners Erdenleben und Wirken* ([1]1941), Dornach [2]1951.
7 Bock, Emil: *Rudolf Steiner. Studien zu seinem Lebensgang und Lebenswerk*, Stuttgart 1961.
8 *Beiträge zur Rudolf Steiner-Gesamtausgabe*, hg. v. der Rudolf Steiner-Nachlassverwaltung, Dornach 1970 ff.; ältere Hefte unter dem Titel *Nachrichten aus der Rudolf Steiner-Nachlassverwaltung*, Dornach 1949 ff.

9 *Das Wirken Rudolf Steiners*, hg. v. W. Rath u.a., 4 Bde., Schaffhausen/Berlin u.a. 1971–1987.

10 Eine monografische Zusammenstellung seiner Aufsätze existiert nicht. Die meisten sind im Goetheanum und im Nachrichtenblatt der Anthroposophischen Gesellschaft (Titel: *Was in der Anthroposophischen Gesellschaft vorgeht*) erschienen.

11 Viele monografische Werke sind im Text genannt. Als Sammlungen wichtig: *Erinnerungen an Rudolf Steiner*, hg. v. E. Beltle/K. Vierl, Stuttgart 1979; *Wir erlebten Rudolf Steiner*, hg. v. M.J. Krück von Poturzyn, Stuttgart [5]1977.

12 Wehr, Gerhard: *Rudolf Steiner. Leben, Erkenntnis, Kulturimpuls* ([1]1982), München [2]1987.

13 Lindenberg, Christoph: *Rudolf Steiner. Eine Chronik 1861–1925*, Stuttgart 1988.

14 Ders.: *Rudolf Steiner. Eine Biographie*, 2 Bde., Stuttgart 1997.

15 Ders.: *Rudolf Steiner, mit Selbstzeugnissen und Bilddokumenten*, Reinbek 1992.

16 Ders.: *Individualismus und offenbare Religion. Rudolf Steiners Zugang zum Christentum* ([1]1970), Stuttgart [2]1995.

17 Zander, Helmut: *Anthroposophie in Deutschland. Theosophische Milieus und gesellschaftliche Praxis, 1884 bis 1945*, 2 Bde., Göttingen ([1]2007) [3]2008.

18 Zeylmans van Emmichoven, Emanuel: *Wer war Ita Wegman?*, 4 Bde., Heidelberg/Arlesheim 1992/2009.

19 Klatt, Norbert: *Der Nachlaß von Wilhelm Hübbe-Schleiden in der Niedersächsischen Staats- und Universitätsbibliothek Göttingen. Verzeichnis der Materialien und Korrespondenten mit bio-bibliographischen Angaben*, Göttingen 1996.

20 Kiersch, Johannes: *Zur Entwicklung der Freien Hochschule für Geisteswissenschaft. Die erste Klasse*, Dornach 2005.

21 Peter Selg veröffentlicht sehr viele Bücher mit historisch interessanten Informationen; dabei dominiert jedoch spirituelles Interesse.

22 Etwa Röschert, Günther: »Die Todeskrankheit Rudolf Steiners – eine bisher unbeantwortete Frage«, in: *Jahrbuch für anthroposophische Kritik*, 1998, S. 204–208; »Rudolf Steiners Zugang zum Christentum« in: *Anthroposophie. Mitteilungen aus der anthroposophischen Arbeit in Deutschland*, Ostern 2006, S. 68–75.

23 Vögele, Wolfgang G.: *Der andere Rudolf Steiner. Augenzeugenberichte, Interviews, Karikaturen*, Dornach [2]2005.

24 Aschoff, Günter: »Rudolf Steiners Geburtstag am 27. Februar 1861. Neue Dokumente«, in: *Das Goetheanum*, 2009, Heft 9, S. 2–5.

25 Sonnenberg, Ralf: »... ein Fehler der Weltgeschichte«? Rudolf Steiners Sicht des Judentums zwischen spiritueller Würdigung und Assimilationserwartung, in: *Anthroposophie und Judentum. Perspektiven einer Beziehung*, hg. v. dems., Frankfurt a. M. 2009, 29–63.

26 Sijmons, Jaap: *Phänomenologie und Idealismus. Struktur und Methode der Philosophie Rudolf Steiners*, Basel 2008; von dieser Arbeit erhielt ich leider zu spät Kenntnis.

27 Schmidt Robin: »Glossar. Stichworte zur Geschichte des anthroposophischen Kulturimpulses«, in: *Anthroposophie im 20. Jahrhundert. Ein Kulturimpuls in biographischen Portraits*, hg. v. B. von Plato, Dornach 2003, S. 963–1054.

28 Schmidt, Robin: *Rudolf Steiner und die Anfänge der Theosophie. »... eine ehrliche Sehnsucht nach der geistigen Welt ...«*, Dornach 2010.

29 Staudenmaier, Peter: »Rudolf Steiner and the Jewish Question«, in: *Leo Baeck Institute Year Book*, 50/2005, S. 127–147. Ein Meilenstein für die weitere Forschung ist seine Arbeit *Between Occultism and Fascism. Anthroposophy and the Politics of Race and Nation in Germany and Italy, 1900–1945*, Diss. Cornell University 2010.

REGISTER

Bildnachweis

Der Verlag hat sich bemüht, alle Rechtegeber ausfindig zu machen. In einigen wenigen Fällen ist dies leider nicht gelungen. Für Hinweise sind wir dankbar.

akg-images (Bildagentur für Kunst und Geschichte), Berlin: Seite 11 oben, 16
bpk (Bildagentur für Kunst, Kultur und Geschichte), Berlin: Seite 9 oben
Fotoatelier Louis Held/Inhaber Stefan Renno, Weimar: Seite 14 unten
Österreichische Nationalbibliothek, Wien: Seiten 4 unten (KO2013C), 5 oben (PF7966C1)
Privatbesitz Helmut Zander: Seite 11 unten
Rudolf Steiner Nachlassverwaltung, Dornach 2010: Seiten 1, 2, 3, 4 oben, 6, 7 unten, 8, 9 unten, 10, 13 oben rechts, 13 unten, 14 oben, 15 oben
Staatsarchiv Basel-Stadt: Seiten 12 (1023 1-4-1/Foto: Gertrud von Heydebrand-Osthoff), 13 oben links (1023 4-4-13/Foto: Gertrud von Heydebrand-Osthoff), 15 unten (Bestattung E1)

Wir bedanken uns bei der Rudolf Steiner Nachlassverwaltung für die freundliche Bereitstellung von Bildern und Druckvorlagen, insbesondere bei Herrn Stephan Widmer vom Rudolf Steiner Archiv für seine kompetente Beratung und schnelle Hilfe, wann immer es nötig war.